Inhal

Die Fastenzeit – Österliche Bußzeit

Heilige Woche – Karwoche

Die Osterzeit

Messbuch 2021

Die vollständigen Messtexte
für Sonn- und Festtage
nach den authentischen liturgischen Ausgaben
der Bistümer des deutschen Sprachgebietes.
Mit der Feier der Gemeindemesse
und der Wort-Gottes-Feier
an Sonn- und Festtagen

Lesejahr B

Begründet von Eleonore Beck
Herausgegeben von Dorothee Sandherr-Klemp
und Susanne Sandherr

Butzon & Bercker

Die STÄNDIGE KOMMISSION FÜR DIE HERAUSGABE DER GEMEINSAMEN LITURGISCHEN BÜCHER IM DEUTSCHEN SPRACHGEBIET erteilte für die aus diesen Büchern entnommenen Texte die Abdruckerlaubnis. Die darin enthaltenen biblischen Texte sind Bestandteil der von den Bischofskonferenzen des deutschen Sprachgebietes approbierten revidierten Einheitsübersetzung der Heiligen Schrift (2016). © 2020 staeko.net

Das DEUTSCHE LITURGISCHE INSTITUT erteilte für die aus „Fünf Hochgebete“ und „Benediktionale“ entnommenen Texte die Abdruckerlaubnis. © 2020 liturgie.de

Der VEREIN ZUR FÖRDERUNG DES DEUTSCHEN LITURGISCHEN INSTITUTS E. V. (VzF) erteilte für die aus „Wort-Gottes-Feier. Werkbuch für Sonn- und Festtage“ entnommenen Texte die Abdruckgenehmigung. © 2020 liturgie.de

Hinweis zu den Lesungen:
Anstelle des Wortes „Brüder“ können bei den Anfangsworten der Lesungen auch die Worte „Brüder und Schwestern“ bzw. „Schwestern und Brüder“ gebraucht werden.

ISBN 978-3-7666-2666-0

Umschlaggestaltung: Christoph Kemkes, Geldern
Umschlagillustration: Bärbel Stangenberg, Wachtendonk
Satz: Schröder Media GbR, Dernbach
Druck und Bindung: Druckerei C. H. Beck, Nördlingen

ZU DIESEM BUCH
WIR ZIEHEN VOR DIE TORE DER STADT

Ein Leitwort und Geleitwort für das neue „Messbuch", mitten in der Corona-Krise? Da kommt uns dieses Lied in den Sinn (GL 225; KG 377). Es beginnt mit einer knappen Feststellung, oder mit einem mutigen Entschluss: „Wir ziehen vor die Tore der Stadt." Vor den Toren der Stadt beginnt die Fremde, das Elend; hier leben in biblischen Zeiten die Ausgestoßenen, die von der Gemeinschaft Ausgesonderten, seien es Menschen, die als Gesetzlose galten, seien es mit ansteckenden Krankheiten Behaftete. Ansteckende Krankheiten? Was tun, um die Gesunden zu schützen, ohne die Erkrankten zu stigmatisieren, sie auszugrenzen und aufzugeben?

Heraus

Vor die Tore der Stadt zu ziehen, das kann aber auch ganz anderes sein als Abschiebung oder Flucht oder Ausschluss. Es muss kein Fluch sein, es kann im Gegenteil einen segensreichen Aufbruch signalisieren. Vor den Toren der Stadt kann man trefflich Ausschau halten. Hier sieht man gut. Hier sieht man weiter als in der von Mauern umschlossenen Stadt. Und wie viele Menschen hatten in der Corona-Krise nur *einen* Wunsch: wieder einmal herauskommen! Aus den eigenen vier Wänden und aus der Enge der Stadt. Wie viele können ein Lied davon singen.

Der Herr ist nicht mehr fern

Es gibt, so fährt das Lied fort, einen guten Grund zum Auszug aus den Mauern der Stadt: „Der Herr ist nicht mehr fern." Ein guter Grund, ein starkes Motiv. Darum gilt: „Singt laut, wer eine Stimme hat!" In Corona-Zeiten sangen Menschen im schwer getroffenen Italien bei geöffneten Fenstern und auf Balkonen einander Mut zu. Singt laut! Ein Imperativ, der aus Freude und Begeisterung geboren ist. Stadtluft macht frei, besagt ein mittelalterlicher Rechtsgrundsatz. Wer *intra muros*, wer innerhalb der Stadtmauern leben darf, gewinnt die Freiheit, die aus der Sicherheit wächst, lebt geschützt vor Zugriff und Übergriff, ist nicht mehr vogelfrei. Und doch, der

Auszug aus den Mauern der Stadt schenkt eine Freiheit anderer Art.

Wer schwach und matt

„Erhebt die Blicke, wer schwach und matt!“ Die Nähe zur messianischen Verheißung bei Jesaja ist unübersehbar: „Sie werden die Herrlichkeit des HERRN sehen, / die Pracht unseres Gottes. / Stärkt die erschlafften Hände / und festigt die wankenden Knie!“ (Jes 35,2–3; vgl. Hebr 12,12). Dieses Kommen und diesen Kommenden gilt es zu begrüßen, von ihm her gestärkt: „Wir ziehen vor die Tore der Stadt und grüßen unsern Herrn.“

Er wird zu den Verstoßnen stehn

Die zweite Strophe beginnt darum nicht mehr mit uns, sondern mit ihm: „Er ist entschlossen, Wege zu gehn, die keiner sich getraut. / Er wird zu den Verstoßnen stehn, wird nicht nach anderer Urteil sehn.“ Die Rede ist vom verheißenen Messias, der vor den Toren der Stadt nicht nur zu erwarten und zu grüßen ist, sondern der mit Leib und Leben den Exodus aus unserer Gefangenschaft, aus unserer Selbstsicherheit und dem kopfnickenden Einverständnis, vollziehen wird, nicht episodisch, nicht einmal, sondern existenziell. Es geht um das Gegenmodell zur Wagenburg. Es geht um Mitfühlen mit allen und um tatkräftige Solidarität. Corona hat gezeigt, wie schwer uns das fällt, im Krisenfall. Und wie es uns möglich ist.

Unerwartete Wege

Schon die beiden ersten Strophen lassen so in einfachen und zugleich biblisch vielfach aufgeladenen Versen deutlich werden, was Gottes Advent heißt, und wozu er führt. Advent meint den mutigen Auszug vor die Tore der Stadt, nicht, um endlich unsere teuren neuen E-Bikes auszuprobieren, sondern um den Kommenden zu grüßen. Advent bedeutet Stärkung und Jubel, Aufrichtung und Gnade in der Nähe, aus der Nähe des Herrn. Nähe: in Zeiten des „social distancing“, des gebotenen Abstand-Haltens, ein besonders hohes Gut. Advent bedeutet den Ruf in die Nachfolge, „vor die Tore der Stadt“, Auszug aus der Sicherheit unserer Städte, die wie ein mit Wertsachen gefüllter Safe gesichert sind, das Betreten von Wegen, „vor denen allen graut“;

nicht um das Gruseln zu lernen, sondern weil es Jesu Wege sind, die unerwarteten und heilsamen Wege des Ersehnten.

Vor die Tore der Welt

Darum sind wir nicht allein vor die Tore der Stadt, nein, „vor die Tore der Welt“ sind wir gerufen. „Er ruft uns vor die Tore der Welt“, so beginnt die dritte und letzte Strophe. Er, der kommende Herr, ist schlechthin draußen. Er ist dort, wo wir schlechterdings nicht sein wollen, draußen. Vielleicht möchten wir auffallen, vielleicht herausstechen, wir wollen uns frei bewegen können, aber sicher nicht herausfallen. Wir wollen nicht, dass sich hinter uns die Türen schließen, wir wollen nicht eingeschlossen und nicht ausgeschlossen sein. Doch Lebensanfang und Lebensende des Menschgewordenen finden „draußen“ statt, die Heilsgeschichte spielt sich „draußen“ ab, Krippe und Kreuz, sie sind „draußen“.

Steht für die draußen ein

Darum ruft der Ruf in die Nachfolge „vor die Tore der Welt“. Dieses Draußen, so macht die letzte Strophe deutlich, ist kein Selbstzweck. Es geht nicht darum, sich Freiheiten zu verschaffen, während die anderen eingesperrt sind. Es geht nicht darum, weltverachtend draußen zu sein. „Ich bin raus.“ Vielmehr endet das Lied, das mit dem Indikativ des adventlichen Auszugs vor die Tore der Stadt begann, mit einem nicht minder adventlichen Imperativ: „Steht für die draußen ein!“

Dorothee Sandherr-Klemp und Susanne Sandherr

EIN NEUES LESEJAHR: DAS EVANGELIUM NACH MARKUS

Seit der Liturgiereform des II. Vaticanums sind die Evangelien-Lesungen des Sonntags in einem dreijährigen Zyklus geordnet: Lesejahr A – Matthäus, B – Markus, C – Lukas. Mit dem ersten Advent beginnt nun das Markusjahr.

Eine Provokation

Das Markus-Evangelium ist die älteste überlieferte Darstellung des Lebens Jesu. Das Evangelium wurde in den Jahren nach 70 nach Christus in griechischer Sprache wahrscheinlich in Rom verfasst, wo auch seine Erstadressaten zu suchen sind. Markus orientiert sich an den gerade beliebten Lebensdarstellungen (Viten) großer Männer der Geschichte. Ziel der Viten ist es, die dargestellten Personen, vor allem Könige und Generäle, in charakteristischen Szenen aus ihrem Leben plastisch vor Augen zu führen und ihre Lebensweise den Lesern so zur Nachahmung zu empfehlen. Wenn Markus Anekdoten und Erzählungen aus dem Leben Jesu zusammenträgt, will er den Lesern Jesus als Lebensbegleiter empfehlen. Was für eine Provokation! Ein gekreuzigter, als Aufrührer hingerichteter Jude aus dem hintersten Winkel des Römischen Reiches, so einer soll ein Vorbild sein und mit einer Vita gewürdigt werden? Zudem nennt Markus seine Erzählung nicht Vita, sondern „Evangelium": Gute Nachricht. Seine Erzählung beginnt mit einem Paukenschlag: „Anfang des Evangeliums von Jesus Christus, Gottes Sohn" (Mk 1,1).

Ein anderes Evangelium

Als *das* „Evangelium", *die* Gute Nachricht, galt damals der Herrschaftsantritt des römischen Kaisers Vespasian im Jahre 69 nach Christus. General Vespasians Machtübernahme, bei der sein Vernichtungsschlag gegen die Rebellen in Palästina eine entscheidende Rolle spielte, stand nach einem Jahr bürgerkriegsartiger Wirren für Befriedung und innere Sicherheit, Ruhe und Ordnung. Die römische Welt atmet auf. Und ein Ruck geht durchs Reich: Wenn dieser Aufsteiger es nach ganz oben geschafft hat, dann kann ich in Loyalität zu ihm auch Karriere machen! Das Evangelium nach Markus ist eine Gegenerzählung. Es handelt vom Beginn eines ganz anderen Reiches, der Gottesherrschaft, und vom Weg eines ganz anderen Herrschers, des Messias-Königs, des Gottes- und Menschensohns Jesus.

Aufsteiger und Absteiger

Vespasian ist ein Aufsteiger, Jesus ein Absteiger, so sieht es aus: ein am Ende gegeißelter, verspotteter und gekreuzigter König. Wie kann es sein, dass Jesu Weg eine „Gute Nachricht" wert ist? Markus macht mit dem ursprünglich offenen Schluss seiner Erzählung (Mk 16,1–8) deutlich, dass es an seinen Lesern und Leserinnen liegt, ob Jesus König und ob sein Evangelium in alle Welt verkündet wird. Folgen sie diesem König nach? Wird wieder ein Ruck durchs Reich gehen? Kann Jesu Weg nach unten, der Weg solidarischer Liebe, auch unser Weg sein? Der Lohn dafür ist nicht nur jenseitig, sondern ein neues Leben in einer geschwisterlichen Gemeinschaft.

Weiterlernen

Markus will den Weg Jesu für den Glaubensweg des Einzelnen durchsichtig machen. Die Handlung des Evangeliums spielt an fünf Orten mit Symbolkraft: in der Wüste (1,1–15), an beiden Ufern des Meeres von Galiläa (1,16–8,21), auf dem Wege (8,27–10,52), zwischen Berg und Tempel von Jerusalem (11,1–15,41), und schließlich beim Grabmal (15,42–16,8). In der Mitte des Evangeliums stehen die Erzählungen vom Wege: Jesus ist mit den Jüngern allein unterwegs. Er geht ihnen voraus und weist ihnen, nun unverschlüsselt, den Weg. Seine Lehre aber ist hart: Mein Königsweg ist der Weg ans Kreuz. Darum untersagt Jesus den Jüngern, ihn mit dem geläufigen Ehrentitel Messias/Christus zu bezeichnen, bevor sich ihr Verständnis vertieft hat. Sie müssen weiterlernen: Wer Jesus wirklich ist, kann nicht an einem Titel, sondern nur an seinem Weg abgelesen werden.

Der Dienstweg als Königsweg

Das Markus-Evangelium benennt Jesus mit Würdetiteln, die in der jüdischen Tradition für herausragende Heilsgestalten verwendet werden: Menschensohn, Christus bzw. Messias, Gottessohn. Doch was es vom Weg Jesu erzählt, steht auch in Spannung zu diesen Titeln, schreckt auf. Ja, Jesus ist in Wahrheit der Menschensohn, der zum endzeitlichen Gericht erwartet wird – und wird doch auf Erden selbst verurteilt und hingerichtet. Ja, Jesus ist in Wahrheit der Messias-König, von dem man erwartet, dass er die Feinde aus dem Land treibt – doch es sind dann nicht die römischen Besatzer, sondern andere „Dämonen“, von denen er befreit. Ja, Jesus ist in Wahrheit Gottes Sohn – „der Erste“ ist er aber nur, indem er anderen dient (10,42–45). Jesu Königs-Weg ist der Dienst-Weg, und sein Weg des Dienens, des Liebes-Dienstes an den Kleinen und Verachteten, wird den Männern und Frauen in seiner Nachfolge zugemutet und zugetraut.

Absoluter Neuanfang

Während Jesus in Galiläa durch seine Predigten und Heilungen regen Zulauf hat, zerfällt in Jerusalem sein Anhängerkreis: Seine Schüler fliehen (14,50). Während Jesus in Galiläa sogar die zweifelnde heidnische Bevölkerung vom anderen Ufer für sich und seine Botschaft einnehmen kann, gelingt es ihm in Jerusalem nicht, seine Gegner, die Hohepriester und Schriftgelehrten, zu gewinnen. Die beiden Eckpunkte der Erzählung, Wüste und Grab, korrespondieren. Beides sind Orte des Todes, doch es entspricht biblischer Erfahrung, dass Gott gerade in der lebensfeindlichen Wüste einen Neuanfang setzt mit seinem Volk Israel. Nur so können die Leser, die am Ende des Evangeliums ins Grab geführt werden, darauf hoffen, dass gerade an diesem Ort radikalen Abbruchs von einem absoluten Neuanfang erzählt werde. Und es geschieht. Ein Bote tritt auf und verkündet den Frauen, und durch sie allen Jüngern und Jüngerinnen Jesu, frohe Botschaft. Botschaft des Auferstandenen, Botschaft vom Auferstandenen. Die Leere wird zum Ort der Fülle. Jesu letztes Versprechen ist eingelöst: „Er geht euch voraus nach Galiläa; dort werdet ihr ihn sehen, wie er es euch gesagt hat.“ (16,7; vgl. 14,28)

Hinter ihm her

Jesus, der Auferstandene, ist der geliebte Sohn. Er ist allen voraus und ruft alle zurück, an den Ort des Anfangs und auf den Weg des Leben- und Liebenlernens, hinter ihm her. „Auf ihn sollt ihr hören.“ (9,7)

Susanne Sandherr

Der Advent

1. ADVENTSSONNTAG

29. November 2020

Fast unmerklich ist das Ende des alten Kirchenjahres wieder in den Anfang des neuen, in den Advent übergegangen. Die Motive der Erwartung des kommenden Messias und der Erwartung der Wiederkunft Christi am Ende der Zeit und der Geschichte scheinen ineinander zu verschwimmen. Beiden gemeinsam ist die Haltung der Hoffnung – die im Glauben gegebene Überzeugung, dass es überhaupt eine gute Zukunft für die Welt und das eigene Leben gibt. In Zeiten behaupteter „Alternativlosigkeiten", in denen der Sieg des kapitalistischen Systems schon mal als „Das Ende der Geschichte" proklamiert wurde (Francis Fukuyama 1992), hat sich das System geschlossen, hermetischer und totalitärer, als es die Systeme der Vergangenheit je hätten sein können. Und die Verzweiflung der Menschen weltweit über die sich verweigernde Gestaltungskraft demokratischer Politik und deren Folgen (Enthemmung, Brutalisierung im offenen Kampf aller gegen alle, zunehmende Repressionen, Sicherheitswahn …), die Verzweiflung aber auch über tatsächlich von Tag zu Tag geringer werdende Handlungsspielräume in der ökologischen Krise ist überall mit Händen zu greifen. Nur von der Umkehr zu der Hoffnung des Glaubens und einer entsprechenden Praxis ist hier noch so etwas wie Rettung zu erwarten. Die Zukunft bleibt offen, auch wenn es immer mehr Mut braucht, sie mit Leben zu füllen.

ERÖFFNUNGSVERS — Ps 25 (24), 1–3

Zu dir, Herr, erhebe ich meine Seele.
Mein Gott, dir vertraue ich.

Lass mich nicht scheitern,
lass meine Feinde nicht triumphieren!
Denn niemand, der auf dich hofft, wird zuschanden.

KYRIE-RUFE

Herr Jesus Christus, du bist in die Welt gekommen
und hast wie wir als Mensch gelebt.
V/A: Herr, erbarme dich.
Du wirst wiederkommen in Herrlichkeit,
zu richten die Lebenden und die Toten.
V/A: Christus, erbarme dich.
Du heißt uns, wachsam zu sein
und die Zeichen der Zeit zu erkennen.
V/A: Herr, erbarme dich.

TAGESGEBET

Herr, unser Gott, alles steht in deiner Macht; du schenkst das Wollen und das Vollbringen. Hilf uns, dass wir auf dem Weg der Gerechtigkeit Christus entgegengehen und uns durch Taten der Liebe auf seine Ankunft vorbereiten, damit wir den Platz zu seiner Rechten erhalten, wenn er wiederkommt in Herrlichkeit. Er, der in der Einheit des Heiligen Geistes mit dir lebt und herrscht in alle Ewigkeit.

WORTGOTTESDIENST

ZUR 1. LESUNG Der dritte Teil des Buches Jesaja („Tritojesaja", Kap. 56–66) wird gemeinhin in die Zeit nach dem Ende des babylonischen Exils, nach 538 vor Christus, datiert. Mit dem dominierenden Motiv vom kommenden Heil, „den Armen frohe Botschaft zu bringen, um die zu heilen, die gebrochenen Herzens sind" (Jes 61,1, die

1. Lesung vom 3. Adventssonntag, in Lk 4,18 direkt auf Jesus bezogen), sind Texte aus Tritojesaja in der Liturgie des Advent und von Weihnachten vielfach präsent. Jes 63,7–64,11, wo die heutige Lesung zu finden ist, ist ein herzzerreißendes Bußgebet. So bewegend, weil Gott angefleht wird, doch die hilflosen Menschen aufzufangen und die Verirrung und Hartherzigkeit des Volkes zu verhindern. Schon hier also ist bewusst, dass Gott selbst es ist, der „das Wollen und das Vollbringen bewirkt" (Phil 2, 13), wie es auch ausdrücklich das Tagesgebet formuliert: „Alles steht in deiner Macht; du schenkst das Wollen und das Vollbringen." Schon hier auch, nicht erst bei Jesus, wird Gott vertrauensvoll als „unser Vater" (Jes 64,7) angesprochen. Wunderbare adventliche Bilder finden sich in diesem Text: das Zerreißen des Himmels (Jes 63,19) – vgl. GL 231, „seit Urzeiten hat man nicht vernommen (…), kein Auge hat je (…) gesehen" (Jes 64,3) – vgl. GL 554,3.

ERSTE LESUNG — Jes 63,16b–17.19b; 64,3–7

Hättest du doch den Himmel zerrissen und wärest herabgestiegen!

Lesung aus dem Buch Jesája.

Du, HERR, bist unser Vater, „Unser Erlöser von jeher" ist dein Name. Warum lässt du uns, HERR, von deinen Wegen abirren und machst unser Herz hart, sodass wir dich nicht fürchten? Kehre zurück um deiner Knechte willen, um der Stämme willen, die dein Erbbesitz sind! Hättest du doch den Himmel zerrissen und wärest herabgestiegen, sodass die Berge vor dir erzitterten.

Seit Urzeiten hat man nicht vernommen, hat man nicht gehört; kein Auge hat je einen Gott außer dir gesehen, der an dem handelt, der auf ihn harrt. Du kamst dem entgegen, der freudig Gerechtigkeit übt, denen, die auf deinen Wegen an dich denken.

Siehe, du warst zornig und wir sündigten; bleiben wir künftig auf ihnen, werden wir gerettet werden. Wie ein Unreiner sind wir alle geworden, unsere ganze Gerechtigkeit ist wie ein beflecktes Kleid. Wie Laub sind wir alle verwelkt, unsere Schuld trägt uns fort wie der Wind.

Niemand ruft deinen Namen an, keiner rafft sich dazu auf, festzuhalten an dir. Denn du hast dein Angesicht vor uns verborgen und hast uns zergehen lassen in der Gewalt unserer Schuld. Doch nun, HERR, du bist unser Vater. Wir sind der Ton und du bist unser Töpfer, wir alle sind das Werk deiner Hände.

ANTWORTPSALM

Ps 80 (79),2ac u. 3bc.15–16.18–19 (Kv: vgl. 4)

Kv Stelle uns wieder her, o Gott!
Lass dein Angesicht leuchten und wir sind gerettet. – Kv

Du Hirte Israels, höre! *
Der du auf den Kérubim thronst, erscheine!
Wecke deine gewaltige Kraft *
und komm zu unserer Rettung! – (Kv)

Gott der Heerscharen, kehre doch zurück, /
blicke vom Himmel herab und sieh, *
sorge für diesen Weinstock!
Beschütze, was deine Rechte gepflanzt hat, *
und den Sohn, den du dir stark gemacht! – (Kv)

Deine Hand sei über dem Mann zu deiner Rechten, *
über dem Menschensohn, den du dir stark gemacht.
Wir werden nicht von dir weichen. *
Belebe uns und wir rufen deinen Namen an. – Kv

ZUR 2. LESUNG Jahre, bevor die Evangelien niedergelegt wurden, hat Paulus seine Briefe geschrieben. Als er im Jahr 54 oder 55 den 1. Brief an die Korinther verfasste, waren seit Jesu Tod und Auferstehung gerade einmal 25 Jahre vergangen. Wie ungeheuer nahe ist das doch am Ursprungsgeschehen des Glaubens! Dennoch spiegelt sich in Paulus' Text bereits ein hochdifferenziertes Leben der Gemeinde in Korinth, die er selbst im Jahr 50 oder 51 gegründet hatte.

Der Abschnitt der Lesung ist der Beginn des Textes, kenntlich an der hier weggelassenen Selbstlegitimation des Paulus als Apostel, und der Grußformel, deren Stil man von der Eröffnung liturgischer Feiern auch heute kennt. Doch Paulus beginnt mit dem Ende. Denn der Dank für die in der Gemeinde gewachsene Gnade bezieht sich auf das Offenbarwerden Christi bei seiner Wiederkunft. Das ist der Stichtag. Paulus greift damit schon vor auf das 15. Kapitel des Briefes, den wohl großartigsten Text, der jemals über die Auferstehung der Toten geschrieben wurde. Vor allem aber setzt er einen Rahmen, indem er das Ziel angibt, das auch der Maßstab für alles Weitere ist.

ZWEITE LESUNG 1 Kor 1,3–9

Wir warten auf die Offenbarung unseres Herrn Jesus Christus

Lesung aus dem ersten Brief des Apostels Paulus an die Gemeinde in Korínth.

Gnade sei mit euch und Friede von Gott, unserem Vater, und dem Herrn Jesus Christus!

Ich danke meinem Gott jederzeit euretwegen für die Gnade Gottes, die euch in Christus Jesus geschenkt wurde, dass ihr an allem reich geworden seid in ihm, an aller Rede und aller Erkenntnis. Denn das Zeugnis über Christus wurde bei euch gefestigt, sodass euch keine Gnadengabe fehlt, während ihr auf die Offenbarung unseres Herrn Jesus Christus wartet.

Er wird euch auch festigen bis ans Ende, sodass ihr schuldlos dasteht am Tag unseres Herrn Jesus Christus. Treu ist Gott, durch den ihr berufen worden seid zur Gemeinschaft mit seinem Sohn Jesus Christus, unserem Herrn.

RUF VOR DEM EVANGELIUM Vers: Ps 85 (84), 8

Halleluja. Halleluja.
Lass uns schauen, o HERR, deine Huld

und schenke uns dein Heil.
Halleluja.

ZUM EVANGELIUM Gewaltige Naturereignisse gehen der Wiederkunft Christi voraus. Was in der Bilderwelt der Apokalyptik, wie sie in der Heiligen Schrift beider Testamente immer wieder begegnet, so drastisch geschildert wird, führt in die Unterscheidung: zwischen der Endlichkeit der Welt auf der einen und der ewigen Gültigkeit von Gottes Wort auf der anderen Seite. Und es will aufrütteln, „nach den Zeichen der Zeit zu forschen und sie im Licht des Evangeliums zu deuten" (Zweites Vatikanisches Konzil, Pastoralkonstitution *Gaudium et Spes*, 4). Der Glaube fordert dazu heraus, stets wachsam zu sein und bereit, dem Herrn zu begegnen – am Ende der Geschichte und am Ende des eigenen Lebens, wann immer das sein wird. Das rückt die Verhältnisse zurecht, relativierend, aber gerade so wertschätzend. Und es unterlegt das ganze Leben mit einer eigenen Spannung – auch wenn die zeitliche Naherwartung Jesu bzw. des Evangeliums („Diese Generation wird nicht vergehen ...", Mk 13,30) sich so nicht erfüllt hat.

EVANGELIUM Mk 13,33–37

Seid wachsam! Denn ihr wisst nicht, wann der Hausherr kommt

+ **Aus dem heiligen Evangelium nach Markus.**

In jener Zeit sprach Jesus zu seinen Jüngern: Gebt Acht und bleibt wach! Denn ihr wisst nicht, wann die Zeit da ist. Es ist wie mit einem Mann, der sein Haus verließ, um auf Reisen zu gehen: Er übertrug die Vollmacht seinen Knechten, jedem eine bestimmte Aufgabe; dem Türhüter befahl er, wachsam zu sein.

Seid also wachsam! Denn ihr wisst nicht, wann der Hausherr kommt, ob am Abend oder um Mitternacht, ob beim Hahnenschrei oder erst am Morgen. Er soll euch, wenn er plötzlich kommt, nicht schlafend antreffen.

Was ich aber euch sage, das sage ich allen: Seid wachsam!

Oder:

LANGFASSUNG

Mk 13,24–37°

Dann wird man den Menschensohn in Wolken kommen sehen, mit großer Kraft und Herrlichkeit.
Seid wachsam! Denn ihr wisst nicht, wann der Hausherr kommt

+ Aus dem heiligen Evangelium nach Markus.

Jesus sprach zu seinen Jüngern: In jenen Tagen, nach jener Drangsal, wird die Sonne verfinstert werden und der Mond wird nicht mehr scheinen; die Sterne werden vom Himmel fallen und die Kräfte des Himmels werden erschüttert werden.

Dann wird man den Menschensohn in Wolken kommen sehen, mit großer Kraft und Herrlichkeit. Und er wird die Engel aussenden und die von ihm Auserwählten aus allen vier Windrichtungen zusammenführen, vom Ende der Erde bis zum Ende des Himmels.

Lernt etwas aus dem Vergleich mit dem Feigenbaum! Sobald seine Zweige saftig werden und Blätter treiben, erkennt ihr, dass der Sommer nahe ist. So erkennt auch ihr, wenn ihr das geschehen seht, dass er nahe vor der Tür ist.

Amen, ich sage euch: Diese Generation wird nicht vergehen, bis das alles geschieht. Himmel und Erde werden vergehen, aber meine Worte werden nicht vergehen. Doch jenen Tag und jene Stunde kennt niemand, auch nicht die Engel im Himmel, nicht einmal der Sohn, sondern nur der Vater.

Gebt Acht und bleibt wach! Denn ihr wisst nicht, wann die Zeit da ist. Es ist wie mit einem Mann, der sein Haus verließ, um auf Reisen zu gehen: Er übertrug die Vollmacht seinen Knechten, jedem eine bestimmte Aufgabe; dem Türhüter befahl er, wachsam zu sein.

Seid also wachsam! Denn ihr wisst nicht, wann der Hausherr kommt, ob am Abend oder um Mitternacht, ob beim Hahnenschrei oder erst am Morgen. Er soll euch, wenn er plötzlich kommt, nicht schlafend antreffen.

Was ich aber euch sage, das sage ich allen: Seid wachsam!

Glaubensbekenntnis, S. 484 ff.

FÜRBITTEN

Wachsamkeit ist biblisch kein Aufruf zur Überwachung, gar zur Angst. Wachsamkeit ist biblisch eine Haltung, die umsichtig das Gute sucht. Rufen wir gemeinsam zu Gott, dem Geber alles Guten:

- Wir bitten für die Kirche, dass sie mutig aufbricht und besonders den Bedrückten und Bedrängten nahe ist. V: Guter Gott. A: Wir bitten dich, erhöre uns.
- Wir beten für die Verantwortlichen in Politik und Gesellschaft, dass sie Gedanken des Friedens denken und sich mit aller Kraft für den Frieden einsetzen. V: Guter Gott. A: Wir bitten dich, erhöre uns.
- Wir beten für die Menschen, die miteinander in Spannungen leben oder verfeindet sind. Lass sie die heilende Macht der Vergebung erfahren. V: Guter Gott. A: Wir bitten dich, erhöre uns.
- Wir beten für die vielen jungen Menschen, die ihrer Sorge um unsere gefährdete Erde Ausdruck verleihen. Lass sie zuversichtlich auch die kleinen Schritte zur Erhaltung der Schöpfung gehen. V: Guter Gott. A: Wir bitten dich, erhöre uns.
- Wir bitten dich für unsere lieben Verstorbenen und für alle Toten, dass sie in deinem Licht des Lebens geborgen sind. V: Guter Gott. A: Wir bitten dich, erhöre uns.

Guter Gott, du rufst uns, umsichtig und aufmerksam zu leben und bewusst Schritte zum Guten zu gehen. Wir bitten dich, hilf uns auf unserem Weg, heute und alle Tage unseres Lebens.

EUCHARISTIEFEIER

GABENGEBET

Allmächtiger Gott, alles, was wir haben, kommt von dir. Nimm die Gaben an, die wir darbringen. Mache sie für uns in diesem Leben zum Sakrament der Erlösung und rufe uns an deinen Tisch im kommenden Reich. Darum bitten wir durch Christus, unseren Herrn.

Präfation, S. 491 ff.

KOMMUNIONVERS

Ps 85 (84), 13

Der Herr wird seinen Segen spenden
und unsere Erde bringt ihre Frucht hervor.

SCHLUSSGEBET

Herr, unser Gott, du hast uns an deinem Tisch mit neuer Kraft gestärkt. Zeige uns den rechten Weg durch diese vergängliche Welt und lenke unseren Blick auf das Unvergängliche, damit wir in allem dein Reich suchen. Darum bitten wir durch Christus, unseren Herrn.

FEIERLICHER SCHLUSSSEGEN

Der barmherzige Gott hat uns den Glauben an das Kommen seines Sohnes geschenkt; er segne und heilige euch durch das Licht seiner Gnade. – A: Amen.
Er mache euch standhaft im Glauben, froh in der Hoffnung und eifrig in Werken der Liebe. – A: Amen.
Die erste Ankunft des Erlösers sei euch Unterpfand der ewigen Herrlichkeit, die er uns schenken wird, wenn er wiederkommt auf den Wolken des Himmels. – A: Amen.
Das gewähre euch der dreieinige Gott, der Vater und der Sohn † und der Heilige Geist. – A: Amen.

***

EINE FUTUROLOGISCHE KURZFORMEL

Das Christentum ist die Offenhaltung der Frage nach der absoluten Zukunft, die sich als solche selbst in Selbstmitteilung geben will, diesen ihren Willen in Jesus Christus eschatologisch irreversibel festgemacht hat und Gott heißt.

Karl Rahner

2. ADVENTSSONNTAG

6. Dezember 2020

Zeiterfahrung verändert sich im Lauf des Lebens. Mit zunehmendem Alter scheint alles schneller zu gehen. Auch die Wochen des Advent, für die aufs Christkind wartenden Kleinen eine endlos lange Zeit, vergehen, „als flögen sie dahin". Nichts ist es mit Besinnung und Einkehr. Warum ist das so? Ich weiß es nicht. Man kann es interpretieren als Erinnerung, vielleicht auch Warnung, dass das schon gelebte Leben endgültig und der „Trost der Zeit" (Karl Rahner) in den noch offenen Optionen der Freiheit eine sich schnell erschöpfende Ressource ist. Was könnte da noch ein Grund zu adventlicher Freude sein, wenn nicht das Nahekommen eines Gottes, der durchaus zur Umkehr ruft, dann aber doch einfach die Gescheiterten tröstet und die gebrochenen Herzen heilt – egal, was war.

ERÖFFNUNGSVERS

Vgl. Jes 30,19.30

Der Herr wird kommen, um die Welt zu erlösen.
Volk Gottes, mach dich bereit.
Höre auf ihn und dein Herz wird sich freuen.

KYRIE-RUFE

Herr Jesus Christus, du bist der Trost der ganzen Welt.
V/A: Herr, erbarme dich.
Du beendest den Frondienst der Sünde und befreist
aus dem Verfallensein an Endlichkeit und Tod.
V/A: Christus, erbarme dich.
Du trägst die Sünder und die Leidenden in Gottes Reich.
V/A: Herr, erbarme dich.

TAGESGEBET

Allmächtiger und barmherziger Gott, deine Weisheit allein zeigt uns den rechten Weg. Lass nicht zu, dass irdische Aufgaben und Sorgen uns hindern, deinem Sohn entgegenzugehen. Führe uns durch dein Wort und deine Gnade zur Gemeinschaft mit ihm, der in der Einheit des Heiligen Geistes mit dir lebt und herrscht in alle Ewigkeit.

WORTGOTTESDIENST

ZUR 1. LESUNG Es gibt Texte, die kann ich nicht lesen, ohne sofort innerlich Musik zu hören. Bei diesem Schrifttext, mit dem der zweite Teil des Buches Jesaja (Deutero-Jesaja) beginnt, ist es die wunderbare Vertonung am Anfang von Händels Messias „Comfort ye, comfort ye, my people" – „Tröste, tröste dich, mein Volk". Eingeleitet von drei Takten einer ganz leichten, hüpfenden Melodie folgt dann der Ausruf „Comfort ye" und sagt: Alles ist gut. „Redet Jerusalem zu Herzen." (Jes 40,1) Bei Händel wie in der biblischen Vorlage ist es wie die Proklamation eines Leitmotivs. Trost, Befreiung, Beruhigung: als Inbegriff der Erfahrung von Erlösung. Und damit als Grund aller Freude. (vgl. Jes 40,9)

ERSTE LESUNG

Jes 40,1–5.9–11

Bahnt für den HERRN einen Weg!

Lesung aus dem Buch Jesája.

Tröstet, tröstet mein Volk, spricht euer Gott. Redet Jerusalem zu Herzen und ruft ihr zu, dass sie vollendet hat ihren Frondienst, dass gesühnt ist ihre Schuld, dass sie empfangen hat aus der Hand des HERRN Doppeltes für all ihre Sünden!

Eine Stimme ruft: In der Wüste bahnt den Weg des HERRN, ebnet in der Steppe eine Straße für unseren Gott! Jedes Tal soll sich heben, jeder Berg und Hügel sich senken. Was krumm ist, soll gerade werden, und was hüglig ist, werde eben. Dann offenbart sich die Herrlichkeit des HERRN, alles Fleisch wird sie sehen. Ja, der Mund des HERRN hat gesprochen.

Steig auf einen hohen Berg, Zion, du Botin der Freude! Erheb deine Stimme mit Macht, Jerusalem, du Botin der Freude! Erheb deine Stimme, fürchte dich nicht! Sag den Städten in Juda: Siehe, da ist euer Gott. Siehe, GOTT, der Herr, kommt mit Macht, er herrscht mit starkem Arm. Siehe, sein Lohn ist mit ihm und sein Ertrag geht vor ihm her.

Wie ein Hirt weidet er seine Herde, auf seinem Arm sammelt er die Lämmer, an seiner Brust trägt er sie, die Mutterschafe führt er behutsam.

ANTWORTPSALM

Ps 85 (84),9–10.11–12.13–14 (Kv: 8)

Kv Lass uns schauen, o HERR, deine Huld
und schenke uns dein Heil! – Kv

Ich will hören, was Gott redet: /
Frieden verkündet der HERR seinem Volk und seinen Frommen, *
sie sollen sich nicht zur Torheit wenden.
Fürwahr, sein Heil ist denen nahe, die ihn fürchten, *
seine Herrlichkeit wohne in unserm Land. – (Kv)

Es begegnen einander Huld und Treue; *
Gerechtigkeit und Friede küssen sich.
Treue sprosst aus der Erde hervor; *
Gerechtigkeit blickt vom Himmel hernieder. – (Kv)

Ja, der HERR gibt Gutes *
und unser Land gibt seinen Ertrag.
Gerechtigkeit geht vor ihm her *
und bahnt den Weg seiner Schritte. – Kv

ZUR 2. LESUNG Der 2. Petrusbrief, um 120 entstanden und damit der späteste Text der Bibel, hat – wie die Christen seiner Zeit überhaupt – ein Problem: Seit Jesu Tod und Auferstehung sind Generationen vergangen, und noch immer ist der Herr nicht wiedergekommen. Dabei hatte man das in nächster zeitlicher Nähe erwartet. Die „Parusieverzögerung" (Parusie: Ankunft, auch Wiederkunft), von der die Theologie spricht – der Text wendet sich gegen das Wort „Verzögerung" (2 Petr 3,9) –, war der erste Fall, bei dem die Kirche ihre Lehre in einem wichtigen Punkt ändern musste. Vielleicht eine heilsame Erfahrung? Es bleibt die Herausforderung, sich nicht im Vorläufigen einzurichten und dem neuen Himmel und der neuen Erde vorbereitet und „in Frieden" (2 Petr 3,14) entgegenzugehen.

ZWEITE LESUNG 2 Petr 3,8–14

Wir erwarten einen neuen Himmel und eine neue Erde

Lesung aus dem zweiten Brief des Apostels Petrus.

Dies eine, Geliebte, soll euch nicht verborgen bleiben, dass beim Herrn ein Tag wie tausend Jahre und tausend Jahre wie ein Tag sind. Der Herr der Verheißung zögert nicht, wie einige meinen, die von Verzögerung reden, sondern er ist geduldig mit euch, weil er nicht will, dass jemand zugrunde geht, sondern dass alle zur Umkehr gelangen.

Der Tag des Herrn wird aber kommen wie ein Dieb. Dann werden die Himmel mit Geprassel vergehen, die Elemente sich in Feuer auflösen und die Erde und die Werke auf ihr wird man nicht mehr finden.

Wenn sich das alles in dieser Weise auflöst: Wie heilig und fromm müsst ihr dann leben, die Ankunft des Tages Gottes erwarten und beschleunigen! An jenem Tag werden die Himmel in Flammen aufgehen und die Elemente im Feuer zerschmelzen. Wir erwarten gemäß seiner Verheißung einen neuen Himmel und eine neue Erde, in denen die Gerechtigkeit wohnt.

Deswegen, Geliebte, die ihr dies erwartet, bemüht euch darum, von ihm ohne Makel und Fehler in Frieden angetroffen zu werden!

RUF VOR DEM EVANGELIUM

Vers: Lk 3,4b.6

Halleluja. Halleluja.
Bereitet den Weg des Herrn!
Macht gerade seine Straßen!
Und alle Menschen werden das Heil Gottes schauen.
Halleluja.

ZUM EVANGELIUM Das Markus-Evangelium, das älteste seiner Art, ist wohl kurz nach 70 entstanden. Es ist das zentrale Gerüst des neuen liturgischen Jahres und soll es in seiner nüchternen Knappheit prägen. Der erste Vers markiert den besonderen literarischen Charakter: Als „Evangelium" – frohe Botschaft – handelt es sich um einen theologischen Text, der zwar nicht historischer Bericht sein will, aber doch einen eigenen historischen Anspruch erhebt (Mk 1,1). Eine Kindheitsgeschichte wie bei Lukas und Matthäus gibt es nicht, wohl aber eine Vorgeschichte, die das Wirken Johannes des Täufers erzählt und dann über Taufe und Versuchung Jesu direkt zu seiner Grundbotschaft führt: „Die Zeit ist erfüllt, das Reich Gottes ist nahe. Kehrt um und glaubt an das Evangelium." (Mk 1,15)

EVANGELIUM

Mk 1,1–8

Bereitet den Weg des Herrn!

+ Aus dem heiligen Evangelium nach Markus.

Anfang des Evangeliums von Jesus Christus, Gottes Sohn. Wie geschrieben steht beim Propheten Jesája –

Siehe, ich sende meinen Boten vor dir her, der deinen Weg bahnen wird. Stimme eines Rufers in der Wüste: Bereitet den Weg des Herrn! Macht gerade seine Straßen! –,

so trat Johannes der Täufer in der Wüste auf und verkündete eine Taufe der Umkehr zur Vergebung der Sünden.

Ganz Judäa und alle Einwohner Jerusalems zogen zu ihm hinaus; sie bekannten ihre Sünden und ließen sich im Jordan von ihm taufen. Johannes trug ein Gewand aus Kamelhaaren und einen ledernen Gürtel um seine Hüften und er lebte von Heuschrecken und wildem Honig.

Er verkündete: Nach mir kommt einer, der ist stärker als ich; ich bin es nicht wert, mich zu bücken und ihm die Riemen der Sandalen zu lösen. Ich habe euch mit Wasser getauft, er aber wird euch mit dem Heiligen Geist taufen.

Glaubensbekenntnis, S. 484 ff.

FÜRBITTEN

Die Chance zur Umkehr ist ein Gottesgeschenk, das wir ergreifen können. Wir bitten Gott um seinen Beistand:

- Rufe auch heute in deiner Kirche Männer und Frauen, die das Licht des Evangeliums und die Kraft der Erneuerung in die Welt tragen. V: Erbarmender Vater. A: Wir bitten dich, erhöre uns.

- Hilf uns, unsere alltäglichen Lieblosigkeiten und unsere Versäumnisse zu erkennen und zugewandter und freundlicher zu sein. V: Erbarmender Vater. A: Wir bitten dich, erhöre uns.

- Stärke alle, die in diesen Wochen des Advents ihr Leben überdenken und das Gute suchen. V: Erbarmender Vater. A: Wir bitten dich, erhöre uns.

- Ermutige diejenigen, die in Wohlstand leben, die Not der anderen nicht zu übersehen und ihnen zu helfen. V: Erbarmender Vater. A: Wir bitten dich, erhöre uns.

- Tröste die Traurigen und stärke die Schwachen und rufe auch uns, für sie da zu sein. V: Erbarmender Vater. A: Wir bitten dich, erhöre uns.

- Schenke den Verstorbenen dein Licht und deine heilvolle Nähe. V: Erbarmender Vater. A: Wir bitten dich, erhöre uns.

Erneuerung und Umkehr sind Türen, die uns offenstehen: Erneuerung und Umkehr sind aber auch Arbeit, oft mühselig und anstrengend. Segne alle, die sich auf diesen Weg der Erneuerung machen, und leite sie durch das Nahen deines Sohnes, unseres Bruders und Herrn.

EUCHARISTIEFEIER

GABENGEBET

Barmherziger Gott, wir bekennen, dass wir immer wieder versagen und uns nicht auf unsere Verdienste berufen können. Komm uns zu Hilfe, ersetze, was uns fehlt, und nimm unsere Gebete und Gaben gnädig an. Darum bitten wir durch Christus, unseren Herrn.

Präfation, S. 491 ff.

KOMMUNIONVERS

Bar 5,5; 4,36

Jerusalem, erhebe dich,
steig auf den Berg und schau die Freude,
die von deinem Gott zu dir kommt.

SCHLUSSGEBET

Herr, unser Gott, im heiligen Mahl hast du uns mit deinem Geist erfüllt. Lehre uns durch die Teilnahme an diesem Geheimnis, die Welt im Licht deiner Weisheit zu sehen und das Unvergängliche mehr zu lieben als das Vergängliche. Darum bitten wir durch Christus, unseren Herrn.

FEIERLICHER SCHLUSSSEGEN S. 21

***

TROST

Ich rede von Trost, wenn in der Seele eine innere Bewegung sich verursacht, bei welcher die Seele in Liebe zu ihrem Schöpfer und Herrn zu entbrennen beginnt und demzufolge kein geschaffenes Ding auf dem Antlitz der Erde mehr in sich zu lieben vermag, es sei denn im Schöpfer ihrer aller. Desgleichen: wenn einer Tränen vergießt, die ihn zur Liebe Seines Herrn bewegen, sei es aus Schmerz über seine Sünden oder über das Leiden Christi Unseres Herrn oder über andere unmittelbar auf Seinen Dienst und Lobpreis hin geordnete Dinge. Und endlich nenne ich Trost jede Zunahme von Hoffnung, Glaube und Liebe, und jede innere Freudigkeit, die ihn zu den himmlischen Dingen ruft und zieht und zum eigenen Heil seiner Seele, indem sie ihn besänftigt und befriedet in Seinem Schöpfer und Herrn.

Ignatius von Loyola

HOCHFEST
DER OHNE ERBSÜNDE EMPFANGENEN JUNGFRAU UND GOTTESMUTTER MARIA

8. Dezember 2020

Heute betrachtet die Kirche in besonderer Weise, was das Leben der Mutter Jesu für uns bedeutet. In Maria ist von Anfang an Wirklichkeit, was von ihrem Sohn her allen verheißen ist: Maria ist von Anbeginn an aus dem Unheilszusammenhang dieser Welt befreit. In dieser Freiheit ist Maria Urbild des Menschen, der glaubt. Die geschenkte Freiheit macht Maria demütig und nicht hochmütig, das Geschenk des Glaubens macht sie nicht klein, sondern groß. Maria glaubt Gott, und darum kann sie auch an ihre Berufung glauben.

ERÖFFNUNGSVERS

Jes 61,10

Von Herzen will ich mich freuen über den Herrn.
Meine Seele soll jubeln über meinen Gott.
Denn er kleidet mich in Gewänder des Heils,
er hüllt mich in den Mantel der Rettung
und schmückt mich köstlich wie eine Braut.

KYRIE-RUFE

Herr Jesus Christus, du hast deine Mutter Maria
zur Schönsten von allen gemacht.
V/A: Herr, erbarme dich.
Du hast deine Mutter Maria mit aller Gnade
und allem Segen des Himmels erfüllt.
V/A: Christus, erbarme dich.

Du hast deine Mutter Maria schon im ersten Augenblick
ihres Daseins vor jeder Sünde bewahrt.
V/A: Herr, erbarme dich.

Ehre sei Gott, S. 481 f.

TAGESGEBET

Großer und heiliger Gott, im Hinblick auf den Erlösertod Christi hast du die selige Jungfrau Maria schon im ersten Augenblick ihres Daseins vor jeder Sünde bewahrt, um deinem Sohn eine würdige Wohnung zu bereiten. Höre auf ihre Fürsprache: Mache uns frei von Sünden und erhalte uns in deiner Gnade, damit wir mit reinem Herzen zu dir gelangen. Darum bitten wir durch Jesus Christus.

WORTGOTTESDIENST

ZUR 1. LESUNG So ist es „seit Adam und Eva": Der Mensch ist derart in Schuld- und Schamgeschichten verstrickt, dass er aus eigener Kraft nicht mehr herauskommt. Aber Gott gibt nicht auf. Er gibt uns nicht auf. Wir können den Knoten nicht selbst lösen; auch das Mädchen Maria nicht. Die geschichtliche Verwirklichung unserer Erlösung braucht ihr reines, freies Ja. Doch das Heil kommt zuerst und zuletzt nicht aus menschlicher Kraft, sondern aus Gottes Wirken. An Maria wird deutlich, dass Gottes Handeln am Menschen, seine Gnade, den Menschen nicht bedrängt, sondern befreit; dass Gottes Nähe nicht eng macht, sondern weit.

ERSTE LESUNG

Gen 3,9–15.20

Feindschaft setze ich zwischen dir und der Frau, zwischen deinem Nachkommen und dem Nachkommen der Frau

Lesung aus dem Buch Génesis.

Nachdem Adam vom Baum gegessen hatte, rief Gott, der Herr, ihm zu und sprach: Wo bist du? Er antwortete: Ich habe deine Schritte gehört im Garten; da geriet ich in Furcht, weil ich nackt bin, und versteckte mich.

Darauf fragte er: Wer hat dir gesagt, dass du nackt bist? Hast du von dem Baum gegessen, von dem ich dir geboten habe, davon nicht zu essen? Adam antwortete: Die Frau, die du mir beigesellt hast, sie hat mir von dem Baum gegeben. So habe ich gegessen.

Gott, der Herr, sprach zu der Frau: Was hast du getan? Die Frau antwortete: Die Schlange hat mich verführt. So habe ich gegessen.

Da sprach Gott, der Herr, zur Schlange: Weil du das getan hast, bist du verflucht unter allem Vieh und allen Tieren des Feldes. Auf dem Bauch wirst du kriechen und Staub fressen alle Tage deines Lebens. Und Feindschaft setze ich zwischen dir und der Frau, zwischen deinem Nachkommen und ihrem Nachkommen. Er trifft dich am Kopf und du triffst ihn an der Ferse.

Adam gab seiner Frau den Namen Eva, Leben, denn sie wurde die Mutter aller Lebendigen.

ANTWORTPSALM

Ps 98 (97), 1.2–3b.3c–4 (Kv: 1ab)

Kv Singet dem Herrn ein neues Lied,
denn er hat wunderbare Taten vollbracht! – Kv

Singet dem Herrn ein neues Lied, *
denn er hat wunderbare Taten vollbracht!
Geholfen hat ihm seine Rechte *
und sein heiliger Arm. – (Kv)

Der Herr hat sein Heil bekannt gemacht *
und sein gerechtes Wirken enthüllt vor den Augen der Völker.
Er gedachte seiner Huld *
und seiner Treue zum Hause Israel. – (Kv)

Alle Enden der Erde *
sahen das Heil unsres Gottes.
Jauchzet dem HERRN, alle Lande, *
freut euch, jubelt und singt! – Kv

ZUR 2. LESUNG Es gibt nichts, was es nicht gibt. Es gibt sogar ein „Lexikon bedrohter Wörter". Sind „Erwählung" und „Heiligkeit" „bedrohte Wörter"? Jedenfalls benutzen wir sie ausgesprochen selten, und wer von uns würde sie schon als Eigenschaften auf sich beziehen? Doch der Autor des Epheserbriefes freut sich mit seiner Gemeinde über den allen gemeinsamen Weg der Erwählung und Heiligkeit. Damit ist nicht die Befriedigung darüber gemeint, dass sich die himmlische Personalabteilung gerade für mich und dich entschieden hat. Erwählt zu sein „vor der Erschaffung der Welt", das bedeutet: Wir sind Gott unendlich wichtig, er hat uns gehalten und getragen, noch bevor es uns gab, ja bevor es irgendetwas gab. Gott hat uns ins Leben getragen, und er trägt uns immer noch: in ein Leben in seiner Nähe und aus seiner Nähe. In sein heiliges Leben.

ZWEITE LESUNG Eph 1,3–6.11–12

In Christus hat Gott uns erwählt vor der Grundlegung der Welt, zum Lob seiner herrlichen Gnade

Lesung aus dem Brief des Apostels Paulus an die Gemeinde in Éphesus.

Gepriesen sei Gott, der Gott und Vater unseres Herrn Jesus Christus. Er hat uns mit allem Segen seines Geistes gesegnet durch unsere Gemeinschaft mit Christus im Himmel.

Denn in ihm hat er uns erwählt vor der Grundlegung der Welt, damit wir heilig und untadelig leben vor ihm. Er hat uns aus Liebe im Voraus dazu bestimmt, seine Söhne zu werden durch Jesus Christus und zu ihm zu gelangen nach seinem gnädigen Willen, zum

Lob seiner herrlichen Gnade. Er hat sie uns geschenkt in seinem geliebten Sohn.
In ihm sind wir auch als Erben vorherbestimmt nach dem Plan dessen, der alles so bewirkt, wie er es in seinem Willen beschließt; wir sind zum Lob seiner Herrlichkeit bestimmt, die wir schon früher in Christus gehofft haben.

RUF VOR DEM EVANGELIUM

Vers: vgl. Lk 1,28.42

Halleluja. Halleluja.
Gegrüßet seist du, Maria, voll der Gnade,
der Herr ist mit dir,
du bist gebenedeit unter den Frauen.
Halleluja.

ZUM EVANGELIUM Das Mädchen Maria wird von einem Boten des Herrn angesprochen. Sie erschrickt vor seiner Anrede, seinem Anspruch. Sie hört nicht bloß und staunt und schweigt; sie macht sich ihre eigenen Gedanken. Und wie alle Propheten der Bibel hält sie erst einmal dagegen. Gottes Bote aber tut, was er in diesem Fall immer tut: Er entkräftet den Einwand der zukünftigen Prophetin. Und wie manche Propheten vor ihr, lässt Gott seine Prophetin Maria durch ein Zeichen wissen: Du darfst das Unerwartete und Unwahrscheinliche von mir erwarten. Hab Vertrauen! Maria antwortet selbstbewusst und in Demut. Sie hört Gott, sie hört auf Gott, sie gehört zu Gott als „Magd des Herrn" – ein Name, der dem alttestamentlichen Ehrentitel „Gottesknecht" entspricht. Maria, eine einfache Frau, und doch gerufen, herausgerufen, mit Leib und Leben Gottes Prophetin, Trägerin des Gotteswortes, zu sein.

EVANGELIUM

Lk 1,26–38

Sei gegrüßt, du Begnadete, der Herr ist mit dir

+ Aus dem heiligen Evangelium nach Lukas.

In jener Zeit wurde der Engel Gábriel von Gott in eine Stadt in Galiläa namens Nazaret zu einer Jungfrau gesandt. Sie war mit einem Mann namens Josef verlobt, der aus dem Haus David stammte. Der Name der Jungfrau war Maria.

Der Engel trat bei ihr ein und sagte: Sei gegrüßt, du Begnadete, der Herr ist mit dir. Sie erschrak über die Anrede und überlegte, was dieser Gruß zu bedeuten habe.

Da sagte der Engel zu ihr: Fürchte dich nicht, Maria; denn du hast bei Gott Gnade gefunden. Siehe, du wirst schwanger werden und einen Sohn wirst du gebären; dem sollst du den Namen Jesus geben. Er wird groß sein und Sohn des Höchsten genannt werden. Gott, der Herr, wird ihm den Thron seines Vaters David geben. Er wird über das Haus Jakob in Ewigkeit herrschen und seine Herrschaft wird kein Ende haben.

Maria sagte zu dem Engel: Wie soll das geschehen, da ich keinen Mann erkenne?

Der Engel antwortete ihr: Heiliger Geist wird über dich kommen und Kraft des Höchsten wird dich überschatten. Deshalb wird auch das Kind heilig und Sohn Gottes genannt werden.

Siehe, auch Elisabet, deine Verwandte, hat noch in ihrem Alter einen Sohn empfangen; obwohl sie als unfruchtbar gilt, ist sie schon im sechsten Monat. Denn für Gott ist nichts unmöglich.

Da sagte Maria: Siehe, ich bin die Magd des Herrn; mir geschehe, wie du es gesagt hast.

Danach verließ sie der Engel.

Glaubensbekenntnis, S. 484 ff.

FÜRBITTEN

Maria glaubt, was der Name ihres Kindes verheißt: Gott rettet. Am heutigen Festtag rufen wir zu Gott, der unter den Menschen wohnen will und seinen Sohn sendet:

- Wir bitten auch heute um Menschen, die wie Maria offen dafür sind, zum Heil der Welt zu wirken und die Frohe Botschaft erfahrbar zu machen. V: Gott des Lebens. A: Höre unser Rufen.
- Wir bitten für die getrennten Kirchen, dass sie durch die Fürbitte Marias immer mehr zur Einheit zusammenfinden. V: Gott des Lebens. A: Höre unser Rufen.
- Wir beten für die christlichen Kirchen, dass sie gemeinsam aufstehen gegen die Benachteiligung, die Missachtung und die Gewalt, die Frauen und Mädchen weltweit erfahren. V: Gott des Lebens. A: Höre unser Rufen.
- Wir beten für alle Menschen, die sich für Frieden und Versöhnung einsetzen, auch wenn es viel Mut kostet, Vorurteile zu überwinden. V: Gott des Lebens. A: Höre unser Rufen.
- Wir bitten für unsere Verstorbenen und für alle Toten, dass sie, weil dir nichts unmöglich ist, in deiner Liebe geborgen sind. V: Gott des Lebens. A: Höre unser Rufen.

Gott, wir loben dich und danken dir für deine Treue zu uns Menschen. Hilf uns, nach dem Vorbild der heiligen Maria unseren Weg des hoffenden Glaubens und des mutigen Tuns in deinem Geist zu gehen, heute und alle Tage unseres Lebens.

EUCHARISTIEFEIER

GABENGEBET

Herr, unser Gott, in deiner Gnade hast du die selige Jungfrau Maria auserwählt und vor jeder Sünde bewahrt. An ihrem Fest feiern wir das Opfer, das alle Schuld der Menschen tilgt. Befreie uns auf ihre Fürsprache aus der Verstrickung in das Böse, damit auch wir heilig und makellos vor dir stehen. Darum bitten wir durch Christus, unseren Herrn.

PRÄFATION

In Wahrheit ist es würdig und recht, dir, Vater im Himmel, zu danken und das Werk deiner Liebe zu rühmen. Denn du hast Maria vor der Erbschuld bewahrt, du hast sie mit der Fülle der Gnade beschenkt, da sie erwählt war, die Mutter deines Sohnes zu werden. In unversehrter Jungfräulichkeit hat sie Christus geboren, der als schuldloses Lamm die Sünde der Welt hinwegnimmt. Sie ist Urbild und Anfang der Kirche, der makellosen Braut deines Sohnes. Vor allen Heiligen ist sie ein Vorbild der Heiligkeit, ihre Fürsprache erfleht uns deine Gnade durch unseren Herrn Jesus Christus. Durch ihn preisen dich Himmel und Erde, Engel und Menschen und singen wie aus einem Munde das Lob deiner Herrlichkeit: Heilig …

KOMMUNIONVERS

Großes hat man von dir gesagt, Maria,
denn aus dir ging hervor die Sonne der Gerechtigkeit,
Christus, unser Gott.

SCHLUSSGEBET

Herr und Gott, das Sakrament, das wir empfangen haben, heile in uns die Wunden jener Schuld, vor der du die allerseligste Jungfrau Maria vom ersten Augenblick ihres Daseins an auf einzigartige Weise bewahrt hast. Darum bitten wir durch Christus, unseren Herrn.

FEIERLICHER SCHLUSSSEGEN

Gott, der allmächtige Vater, segne euch durch den Erlöser der Welt, unseren Herrn Jesus Christus, den Sohn der jungfräulichen Mutter Maria. – A: Amen.

Sie hat den Urheber des Lebens geboren; ihre mütterliche Fürsprache erwirke euch Gottes Hilfe. – A: Amen.
Euch und allen, die heute das Hochfest der ohne Erbsünde empfangenen Jungfrau Maria begehen, schenke Gott die wahre Freude und den ewigen Lohn. – A: Amen.
Das gewähre euch der dreieinige Gott, der Vater und der Sohn † und der Heilige Geist. – A: Amen.

***

GOTT RETTET

(zu Lk 1,26–38)

Maria glaubt, was der Name
ihres Kindes verheißt:
Gott rettet!

Dem Gott des Lebens
vertraut sie sich an:
mit Leib und mit Leben.

Hat sich nicht Gottes
schöpferische Macht
wieder und wieder gezeigt?

Diesem Gott glaubt Maria.
Zu diesem Gott sagt sie Ja.
Gott rettet!

Sie vertraut – und lässt sich
auf Gottes Plan,
auf Gottes Risiko ein.

Das Mögliche
und das Unmögliche
traut sie ihm zu.

Sie zeigt sich jetzt
in der Schwangerschaft Elisabets,
ihrer unfruchtbaren Verwandten.

Wem trauen wir?
Was trauen wir Gott
in u n s e r e m Leben zu?

Dorothee Sandherr-Klemp

3. ADVENTSSONNTAG

13. Dezember 2020

„Ich werfe meine Freude wie Vögel an den Himmel." So beginnt ein afrikanisches Gebet. Ich werfe meine Freude wie Vögel an den Himmel. Freude öffnet, Freude bewegt, Freude will sich mitteilen. Freude hat verwandelnde Kraft. Der dritte Adventssonntag ist der Sonntag der Freude. Die Ankunft des ersehnten Messias steht bevor – Freude bricht sich Bahn. Freude will zum Grundton unseres Lebens werden, uns erneuern, durch uns die Welt erneuern. Vorfreude, die Freude auf den Kommenden, hat mich ergriffen. Ich werfe meine Freude wie Vögel an den Himmel – und der Himmel öffnet sich.

ERÖFFNUNGSVERS

Phil 4,4.5b

Freut euch im Herrn zu jeder Zeit!
Noch einmal sage ich: Freut euch!
Denn der Herr ist nahe.

KYRIE-RUFE

Herr Jesus Christus, du erregst lauten Jubel
und schenkst große Freude.
V/A: Herr, erbarme dich.
Du bringst Recht und Gerechtigkeit
jetzt und für alle Zeiten.
V/A: Christus, erbarme dich.
Du bist der Fürst des Friedens.
V/A: Herr, erbarme dich.

TAGESGEBET

Allmächtiger Gott, sieh gütig auf dein Volk, das mit gläubigem Verlangen das Fest der Geburt Christi erwartet. Mache unser Herz bereit für das Geschenk der Erlösung, damit Weihnachten für uns alle ein Tag der Freude und der Zuversicht werde. Darum bitten wir durch Jesus Christus.

WORTGOTTESDIENST

ZUR 1. LESUNG Seit der Wiederherstellung des Tempels nach der Rückkehr aus dem babylonischen Exil ist Jerusalem Stadt des Lichts, eines Lichts, das Gott selbst ist. Dennoch sind die Verhältnisse unter der Stadtbevölkerung noch nicht so, wie sie sein sollten. Die Kluft zwischen Armen und Reichen wird größer. In dieser Situation geht von der Stadt des Lichts die Lichtbotschaft aus: ein Gnadenjahr des HERRN wird ausgerufen, in dem die Verhältnisse zugunsten der Armen und Unterdrückten erneuert werden. Die Lichtstadt selbst – Jerusalem – ist die Freudenbotin und der Ort, an dem Gerechtigkeit Raum greifen wird. Seine Botin bekleidet Gott mit Gewändern des Heils und mit einem Mantel der Gerechtigkeit: jetzt wird ihr das Einstehen für gerechte Verhältnisse zur zweiten Haut.

ERSTE LESUNG Jes 61,1–2a.10–11

Von Herzen freue ich mich am HERRN

Lesung aus dem Buch Jesája.

Der Geist GOTTES, des Herrn, ruht auf mir. Denn der HERR hat mich gesalbt; er hat mich gesandt, um den Armen frohe Botschaft zu bringen, um die zu heilen, die gebrochenen Herzens sind, um den Gefangenen Freilassung auszurufen und den Gefesselten Befreiung, um ein Gnadenjahr des HERRN auszurufen.

Von Herzen freue ich mich am HERRN. Meine Seele jubelt über meinen Gott. Denn er kleidet mich in Gewänder des Heils, er hüllt mich in den Mantel der Gerechtigkeit, wie ein Bräutigam sich festlich schmückt und wie eine Braut ihr Geschmeide anlegt. Denn wie die Erde ihr Gewächs hervorbringt und der Garten seine Saat sprießen lässt, so lässt GOTT, der Herr, Gerechtigkeit sprießen und Ruhm vor allen Nationen.

ANTWORTPSALM

Lk 1,46b–48.49–50.53–54 (Kv: vgl. Jes 61,10b)

Kv Meine Seele jubelt über Gott, meinen Retter. – Kv

Meine Seele preist die Größe des Herrn *
und mein Geist jubelt über Gott, meinen Retter.
Denn auf die Niedrigkeit seiner Magd hat er geschaut. *
Siehe, von nun an preisen mich selig alle Geschlechter. – (Kv)

Denn der Mächtige hat Großes an mir getan *
und sein Name ist heilig.
Er erbarmt sich von Geschlecht zu Geschlecht *
über alle, die ihn fürchten. – (Kv)

Die Hungernden beschenkt er mit seinen Gaben *
und lässt die Reichen leer ausgehen.
Er nimmt sich seines Knechtes Israel an *
und denkt an sein Erbarmen. – Kv

ZUR 2. LESUNG Die Zeit des Wartens auf die Wiederkunft Christi ist eine Zeit aktiver Erwartung, sie will gestaltet sein. Paulus nennt Richtlinien, die dafür unbedingt zu beachten sind: den Geist nicht auslöschen, prophetisches Reden nicht verachten, alles prüfen und das Gute behalten, das Böse in jeder Gestalt meiden – dies alles dient dazu, offenzubleiben und in Bewegung auf das Kommen des Herrn hin.

Paulus weiß auch um die Grundlagen, die das Leben in der Ausrichtung auf den Messias Jesus tragen: die Freude, das Gebet, der Dank.

ZWEITE LESUNG

1 Thess 5,16–24

Der Gott des Friedens bewahre euren Geist, eure Seele und euren Leib, damit ihr ohne Tadel seid bei der Ankunft unseres Herrn

Lesung aus dem ersten Brief des Apostels Paulus an die Gemeinde in Thessalónich.

Schwestern und Brüder! Freut euch zu jeder Zeit! Betet ohne Unterlass! Dankt für alles; denn das ist der Wille Gottes für euch in Christus Jesus.

Löscht den Geist nicht aus! Verachtet prophetisches Reden nicht! Prüft alles und behaltet das Gute! Meidet das Böse in jeder Gestalt!

Er selbst, der Gott des Friedens, heilige euch ganz und gar und bewahre euren Geist, eure Seele und euren Leib unversehrt, damit ihr ohne Tadel seid bei der Ankunft unseres Herrn Jesus Christus. Gott, der euch beruft, ist treu; er wird es tun.

RUF VOR DEM EVANGELIUM

Vers: vgl. Jes 61,1ab (Lk 4,18)

Halleluja. Halleluja.
Der Geist des Herrn ruht auf mir.
Der Herr hat mich gesandt,
den Armen die frohe Botschaft zu bringen.
Halleluja.

ZUM EVANGELIUM Noch einmal begegnen wir Johannes dem Täufer als Rufer in der Wüste. Wer bist du? Im Johannes-Evangelium spitzt sich alles zu auf die Frage nach der Identität des Täufers: Wer bist du, mit welcher Vollmacht tust du, was du tust? Den bohrenden

Fragen der offiziellen Religionsvertreter, die ihn in der Wüste aufsuchen, antwortet Johannes, indem er sich mit der Stimme, die in der Wüste ruft, identifiziert. Er ist die Stimme. Mit seinem Selbstzeugnis durchbricht Johannes den Erwartungshorizont der religiösen Autoritäten: Er ist nicht Elija, nicht der Messias, nicht der Prophet. Auch der, für den er Zeugnis ablegt, geht über diese Kategorien hinaus und erfüllt sie gerade so in ungeahnter Weise: Der, der kommen und mit heiligem Geist taufen wird, ist das Wort des Anfangs, das Leben, das wahre Licht, das die Menschen erleuchtet.

EVANGELIUM

Joh 1,6–8.19–28

Mitten unter euch steht einer, den ihr nicht kennt

+ Aus dem heiligen Evangelium nach Johannes.

Ein Mensch trat auf, von Gott gesandt; sein Name war Johannes. Er kam als Zeuge, um Zeugnis abzulegen für das Licht, damit alle durch ihn zum Glauben kommen. Er war nicht selbst das Licht, er sollte nur Zeugnis ablegen für das Licht.

Und dies ist das Zeugnis des Johannes, als die Juden von Jerusalem aus Priester und Leviten zu ihm sandten mit der Frage: Wer bist du? Er bekannte und leugnete nicht; er bekannte: Ich bin nicht der Christus. Sie fragten ihn: Was dann? Bist du Elíja? Und er sagte: Ich bin es nicht. Bist du der Prophet? Er antwortete: Nein.

Da sagten sie zu ihm: Wer bist du? Wir müssen denen, die uns gesandt haben, Antwort geben. Was sagst du über dich selbst? Er sagte: Ich bin die Stimme eines Rufers in der Wüste: Ebnet den Weg für den Herrn!, wie der Prophet Jesája gesagt hat.

Die Abgesandten gehörten zu den Pharisäern. Sie fragten Johannes und sagten zu ihm: Warum taufst du dann, wenn du nicht der Christus bist, nicht Elíja und nicht der Prophet?

Johannes antwortete ihnen: Ich taufe mit Wasser. Mitten unter euch steht einer, den ihr nicht kennt, der nach mir kommt; ich bin nicht würdig, ihm die Riemen der Sandalen zu lösen.

Dies geschah in Betánien, jenseits des Jordan, wo Johannes taufte.

Glaubensbekenntnis, S. 484 ff.

FÜRBITTEN

Was ist wirklich wichtig im Leben? Was wollen wir sehen? Was zählt? Wir bitten Gott um seinen Geist der Erkenntnis und um seine stärkende Nähe:

- Für alle, die auf der Suche nach Wahrheit und Leben sind. V: Geist Gottes. A: Steh ihnen bei.
- Für alle, die ihnen uneigennützig Wegweisung und Wegzehrung geben. V: Geist Gottes. A: Steh ihnen bei.
- Für alle, die an einer schweren Krankheit leiden. V: Geist Gottes. A: Steh ihnen bei.
- Für alle, die bei ihnen bleiben und ihnen die Treue halten. V: Geist Gottes. A: Steh ihnen bei.
- Für alle, die trauern, und für alle, deren Hände erschlafft sind und deren Knie wanken. V: Geist Gottes. A: Steh ihnen bei.
- Für alle, die sie behutsam stützen und stärken. V: Geist Gottes. A: Steh ihnen bei.
- Für alle, die auf Konsum und Genuss fixiert sind. V: Geist Gottes. A: Steh ihnen bei.
- Für alle, die Freude und Besitz teilen wollen. V: Geist Gottes. A: Steh ihnen bei.

Gott, du eröffnest Hoffnung und Leben. Sei in der Kraft deines Geistes denen nahe, die besonderen Gefahren ausgesetzt sind, und hilf uns allen, unseren Nächsten zu sehen und nicht zu übersehen. Darum bitten wir dich in Christus Jesus, unserem Bruder.

EUCHARISTIEFEIER

GABENGEBET

Herr, unser Gott, in dieser Feier erfüllen wir den Auftrag deines Sohnes. Nimm unsere Gaben an und gib deiner Kirche die Gnade, immer und überall sein Opfer zu feiern. Schenke uns durch dieses Geheimnis dein Heil, das du der Welt bereitet hast. Darum bitten wir durch Christus, unseren Herrn.

Präfation, S. 491 ff.

KOMMUNIONVERS

Jes 35,4

Sagt den Verzagten: Habt Mut, fürchtet euch nicht!
Seht, hier ist euer Gott!
Er selbst wird kommen und euch erretten.

SCHLUSSGEBET

Barmherziger Gott, komm durch dieses heilige Mahl uns schwachen Menschen zu Hilfe. Reinige uns von Schuld und mache uns bereit für das kommende Fest. Darum bitten wir durch Christus, unseren Herrn.

FEIERLICHER SCHLUSSSEGEN

S. 21

***

MANCHMAL ERFÜLLT MICH

manchmal erfüllt mich
ein Sehnen
nach Himmel
mitten auf unserer Erde

manchmal erfüllt mich
ein Suchen
nach Glanz
mitten in meinem Alltag

manchmal erfüllt mich
ein Horchen nach Musik
mitten im Lärm des Verkehrs

ich richte mich aus
nach oben

UND
ES
WIRD
LICHT

Heinz Detlef Stäps

4. ADVENTSSONNTAG

20. Dezember 2020

Das Fest der Ankunft Gottes steht bevor. Die Zeit der Vorbereitung läuft auf ihr Ziel zu: Erfüllung aller Erwartung. Die Sehnsucht kommt nach Hause, findet Ruhe. Und doch – die Hoffnung findet in dem Fleisch und Mensch gewordenen Gotteswort nicht das Erwartete, das ihren Vorstellungen, Wünschen und Plänen Entsprechende, sondern das Unverhoffte. Denn das Geheimnis, das nun vor aller Welt offenbar wird, bleibt Geheimnis, durchkreuzt immer wieder unsere Vorstellungen und Wünsche, überschreitet und überbietet und verwandelt sie.

ERÖFFNUNGSVERS

Vgl. Jes 45,8

Tauet, ihr Himmel, von oben!
Ihr Wolken, regnet herab den Gerechten!
Tu dich auf, o Erde, und sprosse den Heiland hervor!

KYRIE-RUFE

Herr Jesus Christus, du bist groß, der Sohn des Höchsten.
V/A: Herr, erbarme dich.
Du hast Fleisch angenommen durch den Heiligen Geist
von der Jungfrau Maria.
V/A: Christus, erbarme dich.
Du herrschst über das Haus Jakob in Ewigkeit,
deine Herrschaft hat kein Ende.
V/A: Herr, erbarme dich.

TAGESGEBET

Allmächtiger Gott, gieße deine Gnade in unsere Herzen ein. Durch die Botschaft des Engels haben wir die Menschwerdung Christi, deines Sohnes, erkannt. Führe uns durch sein Leiden und Kreuz zur Herrlichkeit der Auferstehung. Darum bitten wir durch ihn, Jesus Christus.

WORTGOTTESDIENST

ZUR 1. LESUNG David hat sich als König etabliert und ist sesshaft geworden in seinem Palast in Jerusalem. Sollte das seinem Gott, der ihn auf dem Weg zum Königtum begleitet hat, nicht auch zukommen? Denn David hat sein Herumirren, sein Leben auf der Flucht, als Last erfahren, und diese Last will er jetzt auch Gott abnehmen. Er will dem HERRN ein Haus bauen, einen festen Tempel aus Zedernholz. Aber Gott lässt sich nicht berechnen, nicht in unsere Pläne einbauen, er lässt sich von uns nicht festnehmen und festsetzen. Ich baue *dir* ein Haus, so lautet Gottes Botschaft für David. In Gottes Perspektive meint Haus keinen festen Ort oder klar umgrenzten Raum. Das Wort „Haus" wird zu einem dynamischen Begriff, wenn Gott dem David den Fortbestand seiner Dynastie in seinem Sohn verheißt. Gott bleibt – in Bewegung.

ERSTE LESUNG

2 Sam 7, 1–5.8b–12.14a.16

Dein Haus und dein Königtum werden vor dir auf ewig bestehen bleiben

Lesung aus dem zweiten Buch Sámuel.

In jenen Tagen, als König David in seinem Haus wohnte und der Herr ihm Ruhe vor allen seinen Feinden ringsum verschafft hatte, sagte er zu dem Propheten Natan: Ich wohne in einem Haus aus

Zedernholz, die Lade Gottes aber wohnt in einem Zelt. Natan antwortete dem König: Geh nur und tu alles, was du im Herzen hast; denn der HERR ist mit dir.

Aber in jener Nacht erging das Wort des HERRN an Natan: Geh zu meinem Knecht David und sag zu ihm: So spricht der HERR: Du willst mir ein Haus bauen, damit ich darin wohne?

Ich habe dich von der Weide und von der Herde weggeholt, damit du Fürst über mein Volk Israel wirst, und ich bin überall mit dir gewesen, wohin du auch gegangen bist. Ich habe alle deine Feinde vor deinen Augen vernichtet und ich werde dir einen großen Namen machen, der dem Namen der Großen auf der Erde gleich ist. Ich werde meinem Volk Israel einen Platz zuweisen und es einpflanzen, damit es an seinem Ort wohnen kann und sich nicht mehr ängstigen muss und schlechte Menschen es nicht mehr unterdrücken wie früher und auch von dem Tag an, an dem ich Richter in meinem Volk Israel eingesetzt habe. Ich verschaffe dir Ruhe vor allen deinen Feinden.

Nun verkündet dir der HERR, dass der HERR dir ein Haus bauen wird. Wenn deine Tage erfüllt sind und du dich zu deinen Vätern legst, werde ich deinen leiblichen Sohn als deinen Nachfolger einsetzen und seinem Königtum Bestand verleihen. Ich werde für ihn Vater sein und er wird für mich Sohn sein. Dein Haus und dein Königtum werden vor dir auf ewig bestehen bleiben; dein Thron wird auf ewig Bestand haben.

ANTWORTPSALM Ps 89 (88),2–3.20a u. 4–5.27 u. 29 (Kv: 2a)

Kv Von der Huld des HERRN
will ich ewig singen. – Kv

Von der Huld des HERRN will ich ewig singen, *
von Geschlecht zu Geschlecht mit meinem Mund deine Treue verkünden.
Denn ich bekenne: Auf ewig ist Huld gegründet, *
im Himmel deine Treue gefestigt. – (Kv)

Einst hast du in einer Vision zu deinen Frommen gesprochen: /
„Ich habe einen Bund geschlossen mit meinem Erwählten *
und David, meinem Knecht, geschworen:
Auf ewig gebe ich deinem Haus festen Bestand *
und von Geschlecht zu Geschlecht gründe ich deinen Thron. – (Kv)

Er wird zu mir rufen: Mein Vater bist du, *
mein Gott, der Fels meiner Rettung.
Auf ewig werde ich ihm meine Huld bewahren, *
mein Bund mit ihm ist verlässlich.“ – Kv

ZUR 2. LESUNG Paulus verkündet am Ende des Briefes an die Gemeinde in Rom die Erfüllung der Schrift in zweifacher Weise: Das große Geheimnis, auf das die prophetischen Schriften verweisen, ist jetzt offenbar: Gott ist Mensch geworden in Jesus Christus. Der Größe dieses Geheimnisses entspricht die Erfüllung einer anderen prophetischen Hoffnung: Alle Völker kommen zum Glauben an Gott, den einen Herrn. Paulus jubelt der zum Glauben gelangten christlichen Gemeinde zu: Ihr seid es, ihr seid die Erben dieser Hoffnung, und ich danke Gott, dass er euch die Kraft dazu gegeben hat.

ZWEITE LESUNG Röm 16,25–27

Das Geheimnis, das seit ewigen Zeiten unausgesprochen war, wurde jetzt offenbar

Lesung aus dem Brief des Apostels Paulus an die Gemeinde in Rom.

Dem, der die Macht hat, euch Kraft zu geben – gemäß meinem Evangelium und der Botschaft von Jesus Christus, gemäß der Offenbarung jenes Geheimnisses, das seit ewigen Zeiten unausgesprochen war, jetzt aber nach dem Willen des ewigen Gottes offenbart und durch prophetische Schriften kundgemacht wurde, um alle Heiden zum Gehorsam des Glaubens zu führen –, ihm, dem einen, weisen Gott, sei Ehre durch Jesus Christus in alle Ewigkeit! Amen.

RUF VOR DEM EVANGELIUM

Vers: vgl. Lk 1,38

Halleluja. Halleluja.
Maria sagte:
Siehe, ich bin die Magd des Herrn;
mir geschehe nach deinem Wort.
Halleluja.

ZUM EVANGELIUM Du wirst einen Sohn bekommen. Diese Botschaft trifft Maria aus heiterem Himmel. Nicht geplant und nicht erwartet – erhofft vielleicht für später. Aber jetzt, nein! Und als ob das nicht genug wäre, kündigt der himmlische Bote das Kind als Erfüllung der prophetischen Hoffnungsbotschaften an: Er wird Sohn des Höchsten heißen, Gott selbst sein Vater. Seiner Herrschaft soll kein Ende sein, so verkündete Jesaja einst, und das ewig bestehende Reich ist ein Friedensreich. Maria verachtet prophetisches Reden nicht. Mir geschehe, wie du gesagt hast – ich vertraue ganz und gar auf dich und deinen Plan. Gott sieht den Weg vor, aber bittet uns um unser Mitgehen, vertraut auf unsere vertrauende Antwort.

EVANGELIUM

Lk 1,26–38

Du wirst schwanger werden und einen Sohn wirst du gebären

+ Aus dem heiligen Evangelium nach Lukas.

In jener Zeit wurde der Engel Gábriel von Gott in eine Stadt in Galiläa namens Nazaret zu einer Jungfrau gesandt. Sie war mit einem Mann namens Josef verlobt, der aus dem Haus David stammte. Der Name der Jungfrau war Maria.

Der Engel trat bei ihr ein und sagte: Sei gegrüßt, du Begnadete, der Herr ist mit dir. Sie erschrak über die Anrede und überlegte, was dieser Gruß zu bedeuten habe.

Da sagte der Engel zu ihr: Fürchte dich nicht, Maria; denn du hast bei Gott Gnade gefunden. Siehe, du wirst schwanger werden und einen Sohn wirst du gebären; dem sollst du den Namen Jesus geben. Er wird groß sein und Sohn des Höchsten genannt werden. Gott, der Herr, wird ihm den Thron seines Vaters David geben. Er wird über das Haus Jakob in Ewigkeit herrschen und seine Herrschaft wird kein Ende haben.

Maria sagte zu dem Engel: Wie soll das geschehen, da ich keinen Mann erkenne?

Der Engel antwortete ihr: Heiliger Geist wird über dich kommen und Kraft des Höchsten wird dich überschatten. Deshalb wird auch das Kind heilig und Sohn Gottes genannt werden.

Siehe, auch Elisabet, deine Verwandte, hat noch in ihrem Alter einen Sohn empfangen; obwohl sie als unfruchtbar gilt, ist sie schon im sechsten Monat. Denn für Gott ist nichts unmöglich.

Da sagte Maria: Siehe, ich bin die Magd des Herrn; mir geschehe, wie du es gesagt hast.

Danach verließ sie der Engel.

Glaubensbekenntnis, S. 484 ff.

FÜRBITTEN

Aus heiterem Himmel. Maria wird angesprochen. Sie ist gefragt. Wir bitten Gott um sein Erbarmen:

- Wenn Unruhe und Hast unser Handeln bestimmen. V: Guter Gott. A: Erneuere unser Denken.

- Wenn der Zwang zu Leistung und Erfolg die Prioritäten unseres Lebens bilden. V: Guter Gott. A: Erneuere unser Denken.

- Wenn Sicherheits- und Vorteilsdenken mehr und mehr Einfluss auf unseren Alltag gewinnen. V: Guter Gott. A: Erneuere unser Denken.
- Wenn wir recht haben wollen und dafür andere ins Unrecht setzen. V: Guter Gott. A: Erneuere unser Denken.
- Wenn die Erfüllung materieller Wünsche immer wichtiger wird. V: Guter Gott. A: Erneuere unser Denken.
- Wenn wir die Kränkung anderer Menschen in Kauf nehmen, um unsere Ziele zu erreichen. V: Guter Gott. A: Erneuere unser Denken.

Treuer Gott, du unser Immanuel willst an unserer Seite sein und helfen, Denken, Fühlen und Handeln zu erneuern. Stärke unsere Hoffnung auf dein Kommen in Jesus Christus, unserem Herrn und Bruder, so bitten wir dich heute und alle Tage.

EUCHARISTIEFEIER

GABENGEBET

Herr, unser Gott, wir legen die Gaben auf den Altar. Heilige sie durch deinen Geist, der mit seiner Kraft die Jungfrau Maria überschattet hat. Darum bitten wir durch Christus, unseren Herrn.

Präfation, S. 491 ff.

KOMMUNIONVERS Jes 7,14

Seht, die Jungfrau wird empfangen
und einen Sohn gebären.
Sein Name ist Immanuel, Gott mit uns.

SCHLUSSGEBET

Allmächtiger Gott, du hast uns in diesem Mahl das Heil zugesagt und uns schon jetzt Anteil daran gegeben. Lass uns das Kommen deines Sohnes in Freude erwarten und mache uns umso eifriger in deinem Dienst, je näher das Fest seiner Geburt heranrückt. Darum bitten wir durch Christus, unseren Herrn.

FEIERLICHER SCHLUSSSEGEN S. 21

***

ANTWORT

Maria

ruht
in sich

verankert
in Gottes Wort

kann sie
Antwort geben

Gottes Plan
bejahen

auch wenn es
dunkel wird

Jesus

Heinz Detlef Stäps

Die Weihnachtszeit

HOCHFEST DER GEBURT DES HERRN
WEIHNACHTEN – CHRISTTAG

Niemals habe ein Mensch irgendetwas so sehr begehrt, wie Gott begehre, beim Menschen zu sein, sagt Meister Eckhart. An Weihnachten feiern wir, was wir nicht fassen können. Gottes Sehnsucht nach uns Menschen bleibt ein großes Geheimnis.
Offenes Geheimnis: So kommt der Herr uns nah.

AM HEILIGEN ABEND

24. Dezember 2020

Ein Kind feiern? Dazu sind wir doch heute versammelt. Also: „Happy birthday!" Oder, eher: „Kleines Senfkorn Hoffnung", so sangen wir in der Studentengemeinde begeistert. Ja, die Hoffnung, sie ist wohl senfkornklein. Wohl oder übel. Wie schnell ist sie vom Winde verweht. Hoffnung klein / ging allein. Hoffnung, klein wie ein hilfloses Kindchen, ein schutzloses Neugeborenes gar. Und doch Hoffnung, Leitstern des Glaubens. Hoffen, ein gutes Wort. Ein gutes Wort für Glauben. Lassen wir das Kleine nicht allein: Lassen wir es groß werden, in unseren Herzen, in unseren Häusern, in unserer Welt.

ERÖFFNUNGSVERS — Vgl. Ex 16,6–7

Heute sollt ihr es erfahren:
Der Herr kommt, um uns zu erlösen,
und morgen werdet ihr seine Herrlichkeit schauen.

KYRIE-RUFE

Herr Jesus Christus, du bist aus dem Haus und Geschlecht Davids.
V/A: Herr, erbarme dich.
Du bist, der Verheißung gemäß, dem Volk als Retter gesandt.
V/A: Christus, erbarme dich.
Du bist die Erfüllung von allem,
was der Herr durch den Propheten gesagt hat.
V/A: Herr, erbarme dich.

Ehre sei Gott, S. 481 f.

TAGESGEBET

Gütiger Gott, Jahr für Jahr erwarten wir voll Freude das Fest unserer Erlösung. Gib, dass wir deinen Sohn von ganzem Herzen als unseren Retter und Heiland aufnehmen, damit wir ihm voll Zuversicht entgegengehen können, wenn er am Ende der Zeiten als Richter wiederkommt. Er, der in der Einheit des Heiligen Geistes mit dir lebt und herrscht in alle Ewigkeit.

WORTGOTTESDIENST

ZUR 1. LESUNG Nagender Schmerz der Exilszeit: in Jerusalem gehen die Lichter aus, und die bange Befürchtung: für immer. Nach dem Exil brannte man darauf, die Stadt im alten Glanz erstrahlen zu sehen. Der Prophet Tritojesaja – „der dritte Jesaja" – sieht tiefer, setzt einen anderen Akzent: Der Glanz einer Stadt ist nicht ihr wirtschaftliches Florieren, nicht ihre rege Bautätigkeit, nicht ihre beeindruckende Größe. Der Glanz einer Stadt ist ihre Gerechtigkeit. Diese ist keine trübe Funzel, sondern höchst erhellend. Eine wärmende Flamme, eine großartige Energiequelle für alle, denen anonyme Wohnsilos, eine kinder- und lebensfeindliche Stadtplanung und die ausgrenzenden Vorstädte und Slums der Megastädte nicht gleichgültig sind. Bezeugen wir ihn, glauben wir ihm, vertrauen wir ihm, Christus, der aufgehenden „Sonne der Gerechtigkeit"?

ERSTE LESUNG Jes 62,1–5

Der Herr hat an dir Gefallen

Lesung aus dem Buch Jesája.

Um Zions willen werde ich nicht schweigen, um Jerusalems willen nicht still sein, bis hervorbricht wie ein helles Licht seine Gerechtigkeit und sein Heil wie eine brennende Fackel.
Dann sehen die Nationen deine Gerechtigkeit und alle Könige deine Herrlichkeit. Man ruft dich mit einem neuen Namen, den der Mund des Herrn für dich bestimmt. Du wirst zu einer prächtigen Krone in der Hand des Herrn, zu einem königlichen Kopfschmuck in der Hand deines Gottes.
Nicht länger nennt man dich „Verlassene" und dein Land nicht mehr „Verwüstung", sondern du wirst heißen: „Ich habe Gefallen an dir" und dein Land wird „Vermählte" genannt. Denn der Herr hat an dir Gefallen und dein Land wird vermählt.
Wie der junge Mann sich mit der Jungfrau vermählt, so vermählt sich mit dir dein Erbauer. Wie der Bräutigam sich freut über die Braut, so freut sich dein Gott über dich.

ANTWORTPSALM Ps 89 (88), 20a u. 4–5.16–17.27 u. 29 (Kv: 2a)

Kv Von der Huld des Herrn
will ich ewig singen. – Kv

Einst hast du in einer Vision zu deinen Frommen gesprochen: /
„Ich habe einen Bund geschlossen mit meinem Erwählten *
und David, meinem Knecht, geschworen:
Auf ewig gebe ich deinem Haus festen Bestand *
und von Geschlecht zu Geschlecht gründe ich deinen Thron. – (Kv)

Selig das Volk, das den Jubelruf kennt, *
HERR, sie gehen im Licht deines Angesichts.
Sie freuen sich allezeit über deinen Namen *
und sie jubeln über deine Gerechtigkeit. – (Kv)

Er wird zu mir rufen: Mein Vater bist du, *
mein Gott, der Fels meiner Rettung.
Auf ewig werde ich ihm meine Huld bewahren, *
mein Bund mit ihm ist verlässlich.“ – Kv

ZUR 2. LESUNG In der Heilsgeschichte Israels ist Jesus der unerwartete Erwartete, gerade wie der Hütejunge David, den damals auch kein Mensch auf dem Schirm hatte und auf den doch Gottes unwiderrufliche Gnadenwahl gefallen war. Auch mit Jesus von Nazaret hatte niemand gerechnet, und doch haben auf ihn schon die Propheten gehofft. Auf ihn hat zuletzt Johannes der Täufer hingewiesen, indem er die öffentliche Aufmerksamkeit von sich ab- und auf Jesus hinlenkte: „Ich bin nicht der, für den ihr mich haltet …“ In der Synagoge der kleinen pisidischen Stadt Antiochia zeigt Paulus auf, dass die so unableitbaren wie verheißungsgemäßen Heilstaten in der Geschichte Israels und Gottes radikal unvorhersehbares und zutiefst folgerichtiges Handeln in Jesus untrennbar zusammengehören: Gott ist unverbrüchlich treu / und liebt stets neu.

ZWEITE LESUNG Apg 13,16–17.22–25

Aus Davids Geschlecht hat Gott dem Volk Israel Jesus als Retter geschickt

Lesung aus der Apostelgeschichte.

In der Synagoge von Antióchia in Pisídien stand Paulus auf, gab mit der Hand ein Zeichen und sagte:
Ihr Israeliten und ihr Gottesfürchtigen, hört! Der Gott dieses Volkes Israel hat unsere Väter erwählt und das Volk in der Fremde erhöht,

im Land Ägypten; er hat sie mit hoch erhobenem Arm von dort herausgeführt. Dann erhob er David zu ihrem König, von dem er bezeugte: Ich habe David, den Sohn des Ísai, als einen Mann nach meinem Herzen gefunden, der alles, was ich will, vollbringen wird.

Aus seinem Geschlecht hat Gott dem Volk Israel, der Verheißung gemäß, Jesus als Retter geschickt. Vor dessen Auftreten hat Johannes dem ganzen Volk Israel eine Taufe der Umkehr verkündet.

Als Johannes aber seinen Lauf vollendet hatte, sagte er: Ich bin nicht der, für den ihr mich haltet; aber siehe, nach mir kommt einer, dem die Sandalen von den Füßen zu lösen ich nicht wert bin.

RUF VOR DEM EVANGELIUM

Halleluja. Halleluja.
Morgen wird die Sünde der Erde getilgt
und über uns herrscht der Retter der Welt.
Halleluja.

ZUM EVANGELIUM Warum dieser mühselige, anstrengende Anfang? Das sind doch arge Altlasten. Das nervt. Oder was? Wann fängt es endlich an? Matthäus beginnt sein Evangelium nicht erzählend, sondern aufzählend. Er zeichnet einen Stammbaum Jesu, der ausführlich dessen Abstammung über viele Generationen auf König David und sogar auf Abraham zurückführt – auf das Urbild des von Gott erwählten, mit gläubigem Vertrauen antwortenden Menschen. Matthäus spricht so auf eine für unsere Lese- und Hörgewohnheiten fast ermüdende Weise von der mühsamen und allzu oft von Scheitern gezeichneten Menschheitsgeschichte. Eine Generation löst die andere ab, eine Generation steht auf den Schultern der früheren und versucht ihr Glück. Das verheißene Gotteskind, dies betont der Evangelist nachdrücklich, ist ein Menschenkind und stammt wirklich von Menschen ab. Gott selbst schreibt sich ein in unsere Geschichte.

EVANGELIUM

Mt 1,1–25

Stammbaum Jesu Christi, des Sohnes Davids, des Sohnes Abrahams

+ Aus dem heiligen Evangelium nach Matthäus.

Buch des Ursprungs Jesu Christi, des Sohnes Davids, des Sohnes Abrahams: Abraham zeugte den Ísaak, Ísaak zeugte den Jakob, Jakob zeugte den Juda und seine Brüder. Juda zeugte den Perez und den Serach mit der Tamar. Perez zeugte den Hezron, Hezron zeugte den Aram, Aram zeugte den Amminádab, Amminádab zeugte den Nachschon, Nachschon zeugte den Salmon. Salmon zeugte den Boas mit der Rahab. Boas zeugte den Obed mit der Rut. Obed zeugte den Ísai, Ísai zeugte David, den König.

David zeugte den Sálomo mit der Frau des Uríja. Sálomo zeugte den Rehábeam, Rehábeam zeugte den Abíja, Abíja zeugte den Asa, Asa zeugte den Jóschafat, Jóschafat zeugte den Joram, Joram zeugte den Usíja. Usíja zeugte den Jotam, Jotam zeugte den Ahas, Ahas zeugte den Hiskíja, Hiskíja zeugte den Manásse, Manásse zeugte den Amos, Amos zeugte den Joschíja. Joschíja zeugte den Jójachin und seine Brüder; das war zur Zeit der Babylonischen Gefangenschaft.

Nach der Babylonischen Gefangenschaft zeugte Jójachin den Scheáltiël, Scheáltiël zeugte den Serubbábel, Serubbábel zeugte den Ábihud, Ábihud zeugte den Éljakim, Éljakim zeugte den Azor. Azor zeugte den Zadok, Zadok zeugte den Achim, Achim zeugte den Éliud, Éliud zeugte den Eleásar, Eleásar zeugte den Mattan, Mattan zeugte den Jakob.

Jakob zeugte den Josef, den Mann Marias; von ihr wurde Jesus geboren, der der Christus genannt wird.

Im Ganzen sind es also von Abraham bis David vierzehn Generationen, von David bis zur Babylonischen Gefangenschaft vierzehn Generationen und von der Babylonischen Gefangenschaft bis zu Christus vierzehn Generationen.

Mit der Geburt Jesu Christi war es so: Maria, seine Mutter, war mit Josef verlobt; noch bevor sie zusammengekommen waren, zeigte sich, dass sie ein Kind erwartete – durch das Wirken des Heiligen Geistes. Josef, ihr Mann, der gerecht war und sie nicht bloßstellen wollte, beschloss, sich in aller Stille von ihr zu trennen.

Während er noch darüber nachdachte, siehe, da erschien ihm ein Engel des Herrn im Traum und sagte: Josef, Sohn Davids, fürchte dich nicht, Maria als deine Frau zu dir zu nehmen; denn das Kind, das sie erwartet, ist vom Heiligen Geist. Sie wird einen Sohn gebären; ihm sollst du den Namen Jesus geben; denn er wird sein Volk von seinen Sünden erlösen.

Dies alles ist geschehen, damit sich erfüllte, was der Herr durch den Propheten gesagt hat:

Siehe: Die Jungfrau wird empfangen und einen Sohn gebären und sie werden ihm den Namen Immánuel geben, das heißt übersetzt: Gott mit uns.

Als Josef erwachte, tat er, was der Engel des Herrn ihm befohlen hatte, und nahm seine Frau zu sich. Er erkannte sie aber nicht, bis sie ihren Sohn gebar. Und er gab ihm den Namen Jesus.

Oder:

KURZFASSUNG Mt 1, 18–25

Maria wird einen Sohn gebären; ihm sollst du den Namen Jesus geben

+ Aus dem heiligen Evangelium nach Matthäus.

Mit der Geburt Jesu Christi war es so: Maria, seine Mutter, war mit Josef verlobt; noch bevor sie zusammengekommen waren, zeigte sich, dass sie ein Kind erwartete – durch das Wirken des Heiligen Geistes.

Josef, ihr Mann, der gerecht war und sie nicht bloßstellen wollte, beschloss, sich in aller Stille von ihr zu trennen.

Während er noch darüber nachdachte, siehe, da erschien ihm ein Engel des Herrn im Traum und sagte: Josef, Sohn Davids, fürchte dich nicht, Maria als deine Frau zu dir zu nehmen; denn das Kind, das sie erwartet, ist vom Heiligen Geist. Sie wird einen Sohn gebären; ihm sollst du den Namen Jesus geben; denn er wird sein Volk von seinen Sünden erlösen.

Dies alles ist geschehen, damit sich erfüllte, was der Herr durch den Propheten gesagt hat:

Siehe: Die Jungfrau wird empfangen und einen Sohn gebären und sie werden ihm den Namen Immánuel geben, das heißt übersetzt: Gott mit uns.

Als Josef erwachte, tat er, was der Engel des Herrn ihm befohlen hatte, und nahm seine Frau zu sich. Er erkannte sie aber nicht, bis sie ihren Sohn gebar. Und er gab ihm den Namen Jesus.

Glaubensbekenntnis, S. 484 ff.

(*Kniebeuge zu den Worten:* „hat Fleisch angenommen" bis „Mensch geworden")

FÜRBITTEN

Gott will mit den Menschen sein. In der Geburt Jesu leuchtet sein Licht in die Welt. Wir bitten den Sohn, der in die Welt kam, in besonderer Weise für all diejenigen, denen die Sonne der Gerechtigkeit noch nicht aufgegangen ist:

- Stärke die zertrennten Kirchen in ihrem Bestreben, in Einheit dein Licht und dein Leben zu bezeugen. V: Jesus Christus, Licht der Welt. A: Wir bitten dich, erhöre uns.

- Führe die Familien zusammen, die durch Terror und Krieg auseinandergerissen wurden. V: Jesus Christus, Licht der Welt. A: Wir bitten dich, erhöre uns.

- Ermutige zu Schritten der Versöhnung, die im Unfrieden miteinander leben. V: Jesus Christus, Licht der Welt. A: Wir bitten dich, erhöre uns.

- Hilf allen, die in Unbildung und Armut leben müssen, zu einem Leben, das ihnen ermöglicht, für sich selbst zu sorgen. V: Jesus Christus, Licht der Welt. A: Wir bitten dich, erhöre uns.

- Sei du bei den vielen Wanderarbeitern und allen Menschen weltweit, die auch heute von ihren Familien getrennt sind. V: Jesus Christus, Licht der Welt. A: Wir bitten dich, erhöre uns.

- Hilf allen, denen es gut geht, zu helfen und zu teilen. V: Jesus Christus, Licht der Welt. A: Wir bitten dich, erhöre uns.

Jesus Christus ist das Licht, das uns leitet in der Dunkelheit. Sein Licht macht unser Leben hell. Dafür danken wir heute und an allen Tagen, die uns geschenkt sind.

EUCHARISTIEFEIER

GABENGEBET

Herr, unser Gott, mit der Menschwerdung deines Sohnes hat unsere Rettung begonnen. Nimm diese Gaben an und mache uns durch diese Opferfeier bereit für das Geheimnis der Heiligen Nacht, in der wir den Ursprung unserer Erlösung festlich begehen. Darum bitten wir durch Christus, unseren Herrn.

Präfation, S. 493 f.

KOMMUNIONVERS

Vgl. Jes 40, 5

Die Herrlichkeit des Herrn wird offenbar
und alle Menschen erfahren Gottes Heil.

SCHLUSSGEBET

Allmächtiger Gott, gib uns Anteil am göttlichen Leben durch die Menschwerdung deines Sohnes, dessen Fleisch und Blut wir im Sakrament empfangen haben. Darum bitten wir durch ihn, Christus, unseren Herrn.

FEIERLICHER SCHLUSSSEGEN

S. 73

***

ZU MIR VOM HIMMELSZELT

Ich lag in schweren Banden,
du kommst und machst mich los;
ich stand in Spott und Schanden,
du kommst und machst mich groß
und hebst mich hoch zu Ehren
und schenkst mir großes Gut,
das sich nicht lässt verzehren,
wie irdisch Reichtum tut.

Nichts, nichts hat dich getrieben
zu mir vom Himmelszelt
als das geliebte Lieben,
damit du alle Welt
in ihren tausend Plagen
und großen Jammerlast,
die kein Mund kann aussagen,
so fest umfangen hast.

Paul Gerhardt

IN DER HEILIGEN NACHT

24./25. Dezember 2020

„Zu Betlehem geboren" singen wir heute Nacht. Wir sind voller Freude. „Denn ein Kind wurde uns geboren, / ein Sohn wurde uns geschenkt." (Jes 9,5) Aber bürden wir ihm nicht zu viel auf? Überforderung hat so viele Menschenleben unterbrochen, unzeitig abgebrochen, zerbrochen. Und doch: Heute Nacht geht es nicht zuerst um unsere eigenen Wünsche, die hoffentlich durch manche Gaben unter dem Baum freundlich erfüllt werden. Heute Nacht geht es zuerst um die Menschen, die Hunger und Durst haben, Fieber und Schmerzen und Panik und Angst. Ihnen zuerst ist das Kindchen geboren. Der Retter geschenkt. Euch zuerst.

ERÖFFNUNGSVERS Ps 2,7

Der Herr sprach zu mir:
Mein Sohn bist du, heute habe ich dich gezeugt.

Oder:

Freut euch im Herrn,
heute ist uns der Heiland geboren.
Heute ist der wahre Friede vom Himmel herabgestiegen.

KYRIE-RUFE

Herr Jesus Christus, heute bist du uns
in der Stadt Davids als Retter geboren.
V/A: Herr, erbarme dich.
Du erregst lauten Jubel und schenkst große Freude.
V/A: Christus, erbarme dich.

Du Fürst des Friedens, die Herrschaft
liegt auf deiner Schulter.
V/A: Herr, erbarme dich.

Ehre sei Gott, S. 481 f.

TAGESGEBET

Herr, unser Gott, in dieser hochheiligen Nacht ist uns das wahre Licht aufgestrahlt. Lass uns dieses Geheimnis im Glauben erfassen und bewahren, bis wir im Himmel den unverhüllten Glanz deiner Herrlichkeit schauen. Darum bitten wir durch Jesus Christus.

WORTGOTTESDIENST

ZUR 1. LESUNG Das Dunkel gehört zur Wirklichkeit unseres Lebens. Wer wollte es leugnen, und wer vermöchte es? Verlorenheit und Angst, Verzagen, Verzweiflung und Versagen, Unfriede und Gewalt, Entbehrung und Entehrung: Nichts davon bleibt dem kleinen Gottesvolk erspart. Was schmerzt mehr: das Joch der Fremdherrschaft oder der Hunger, der im ganzen Land herrscht? Stockfinster sieht es aus. In Israel gehen die Lichter aus: ein Volk, das im Dunkel lebt. Doch diesem Volk geht ein Licht auf. Jesaja, der Prophet, sieht es schon. Friede und Freiheit, Recht und Gerechtigkeit werden in Israel wohnen – durch ein Kind und Kindeskind aus Davids Haus. Gottes leidenschaftliche Liebe macht diesen Traum wahr. Das Dunkel gehört zur Wirklichkeit unseres Lebens. Das ist wahr. Aber wirklich wahr ist auch das Licht, das in der Dunkelheit leuchtet: Gottes strahlender Stern.

ERSTE LESUNG

Jes 9, 1–6

Ein Sohn wurde uns geschenkt; man rief seinen Namen aus: Fürst des Friedens

Lesung aus dem Buch Jesája.

Das Volk, das in der Finsternis ging, sah ein helles Licht; über denen, die im Land des Todesschattens wohnten, strahlte ein Licht auf. Du mehrtest die Nation, schenktest ihr große Freude. Man freute sich vor deinem Angesicht, wie man sich freut bei der Ernte, wie man jubelt, wenn Beute verteilt wird. Denn sein drückendes Joch und den Stab auf seiner Schulter, den Stock seines Antreibers zerbrachst du wie am Tag von Mídian. Jeder Stiefel, der dröhnend daherstampft, jeder Mantel, im Blut gewälzt, wird verbrannt, wird ein Fraß des Feuers.

Denn ein Kind wurde uns geboren, ein Sohn wurde uns geschenkt. Die Herrschaft wurde auf seine Schulter gelegt. Man rief seinen Namen aus: Wunderbarer Ratgeber, Starker Gott, Vater in Ewigkeit, Fürst des Friedens. Die große Herrschaft und der Frieden sind ohne Ende auf dem Thron Davids und in seinem Königreich, um es zu festigen und zu stützen durch Recht und Gerechtigkeit, von jetzt an bis in Ewigkeit. Der Eifer des HERRN der Heerscharen wird das vollbringen.

ANTWORTPSALM

Ps 96 (95), 1–2.3 u. 11.12–13a (Kv: vgl. Lk 2, 11)

Kv Heute ist uns der Heiland geboren:
Christus, der Herr. – Kv

Singet dem HERRN ein neues Lied, *
singt dem HERRN, alle Lande,
singt dem HERRN, preist seinen Namen! *
Verkündet sein Heil von Tag zu Tag! – (Kv)

Erzählt bei den Nationen von seiner Herrlichkeit, *
bei allen Völkern von seinen Wundern!
Der Himmel freue sich, die Erde frohlocke, *
es brause das Meer und seine Fülle. – (Kv)

Es jauchze die Flur und was auf ihr wächst. *
Jubeln sollen alle Bäume des Waldes

vor dem HERRN, denn er kommt, *
denn er kommt, um die Erde zu richten. – Kv

ZUR 2. LESUNG Obwohl Gottes Gnade und sein unerschütterlicher Heilswille schon offenbar geworden sind, gibt es eine Zwischenzeit, bis diese sich durchgesetzt haben. Darauf warten wir nicht einfach, sondern wir leben mit einer guten Perspektive und verändern unser Leben. So erzieht uns die Gnade Gottes; Erziehung ist ein wechselseitiges Geben und Nehmen, ein Einwilligen darin, dass man noch lernen kann und will, und ein pädagogisches Geben, das auf ein höheres Gut ausgerichtet ist. Das Kriterium ist klar: Christus, der sich für uns hingegeben hat. Wir müssen uns nicht so hingeben wie er, aber wir dürfen in der befreit-erlösenden Hoffnung leben, dass wir schon erlöst sind.

ZWEITE LESUNG Tit 2,11–14

Die Gnade Gottes ist erschienen, um alle Menschen zu retten

Lesung aus dem Brief des Apostels Paulus an Titus.

Die Gnade Gottes ist erschienen, um alle Menschen zu retten. Sie erzieht uns dazu, uns von der Gottlosigkeit und den irdischen Begierden loszusagen und besonnen, gerecht und fromm in dieser Welt zu leben, während wir auf die selige Erfüllung unserer Hoffnung warten: auf das Erscheinen der Herrlichkeit unseres großen Gottes und Retters Christus Jesus.

Er hat sich für uns hingegeben, damit er uns von aller Ungerechtigkeit erlöse und für sich ein auserlesenes Volk schaffe, das voll Eifer danach strebt, das Gute zu tun.

RUF VOR DEM EVANGELIUM Vers: vgl. Lk 2,10–11

Halleluja. Halleluja.
Ich verkünde euch eine große Freude:

Heute ist uns der Retter geboren;
er ist der Christus, der Herr.
Halleluja.

ZUM EVANGELIUM „Den Wievielten haben wir heute?" Der Blick auf den Kalender hilft zumeist weiter. Aber nicht immer. Der Adventskalender hat mit dem 24. (oder 25.) Dezember sein Ziel erreicht. Dieser Endpunkt ist zugleich der Ausgangspunkt unserer Zeitrechnung. Die Zählung der Jahre „nach Christi Geburt" wurde ja nicht am Geburtstag selbst, sondern rund 500 Jahre später eingeführt. Die Geburt von Betlehem, kein „Event", sondern ein unspektakuläres Ereignis, unsichtbar für die weltlichen Herrscher und die Religionsfürsten, für die Schaulustigen und die Sensationspresse, für all die mit dem nimmermüden, tödlich ermüdenden Smartphone-Blick. Kenntlich nur einer Handvoll einfacher, aufmerksamer Leute sollte der Dreh- und Angelpunkt der Jahreszählungen werden. Uns stehen heute Nacht die Türen offen. Im Kind in der Krippe können wir das Ziel unserer Tage erkennen. Und wir dürfen uns von ihm führen lassen, Tag um Tag.

EVANGELIUM Lk 2,1–14

Heute ist euch der Retter geboren

+ Aus dem heiligen Evangelium nach Lukas.

Es geschah aber in jenen Tagen, dass Kaiser Augústus den Befehl erließ, den ganzen Erdkreis in Steuerlisten einzutragen. Diese Aufzeichnung war die erste; damals war Quirínius Statthalter von Syrien. Da ging jeder in seine Stadt, um sich eintragen zu lassen.

So zog auch Josef von der Stadt Nazaret in Galiläa hinauf nach Judäa in die Stadt Davids, die Betlehem heißt; denn er war aus dem Haus und Geschlecht Davids. Er wollte sich eintragen lassen mit Maria, seiner Verlobten, die ein Kind erwartete.

Es geschah, als sie dort waren, da erfüllten sich die Tage, dass sie gebären sollte, und sie gebar ihren Sohn, den Erstgeborenen. Sie wickelte ihn in Windeln und legte ihn in eine Krippe, weil in der Herberge kein Platz für sie war.

In dieser Gegend lagerten Hirten auf freiem Feld und hielten Nachtwache bei ihrer Herde.

Da trat ein Engel des Herrn zu ihnen und die Herrlichkeit des Herrn umstrahlte sie und sie fürchteten sich sehr. Der Engel sagte zu ihnen: Fürchtet euch nicht, denn siehe, ich verkünde euch eine große Freude, die dem ganzen Volk zuteilwerden soll:

Heute ist euch in der Stadt Davids der Retter geboren; er ist der Christus, der Herr.

Und das soll euch als Zeichen dienen: Ihr werdet ein Kind finden, das, in Windeln gewickelt, in einer Krippe liegt.

Und plötzlich war bei dem Engel ein großes himmlisches Heer, das Gott lobte und sprach: Ehre sei Gott in der Höhe und Friede auf Erden den Menschen seines Wohlgefallens.

Glaubensbekenntnis, S. 484 ff.

(*Kniebeuge zu den Worten:* „hat Fleisch angenommen" bis „Mensch geworden")

FÜRBITTEN

Jesus Christus, wahrer Gott und wahrer Mensch, tritt ein in die Dunkelheit der Welt, weil er sie erhellen will. Wir rufen zu ihm:

- Führe deine Kirche zu den Mühseligen und Beladenen. V: Jesus, Licht der Welt. A: Leuchte und erleuchte uns.

- Segne alle, die aus der Hoffnung und der Liebe leben. V: Jesus, Licht der Welt. A: Leuchte und erleuchte uns.

- Leite uns zu denen, die in Kälte, Not und Verlassenheit sind. V: Jesus, Licht der Welt. A: Leuchte und erleuchte uns.

- Erbarme dich aller, die schuldig geworden sind, dass sie ihre Schuld erkennen und einen Neuanfang suchen. V: Jesus, Licht der Welt. A: Leuchte und erleuchte uns.

- Stärke alle, die sich im Kleinen und im Großen um Frieden mühen. V: Jesus, Licht der Welt. A: Leuchte und erleuchte uns.
- Schenke unseren lieben Verstorbenen deine Gemeinschaft in Freude und Licht. V: Jesus, Licht der Welt. A: Leuchte und erleuchte uns.

Jesus Christus, du bist das Licht der Welt. Dafür danken wir Gott, dem Vater, und preisen ihn, heute in der heiligen Weihnacht und allezeit.

EUCHARISTIEFEIER

GABENGEBET

Allmächtiger Gott, in dieser heiligen Nacht bringen wir dir unsere Gaben dar. Nimm sie an und gib, dass wir durch den wunderbaren Tausch deinem Sohn gleichgestaltet werden, in dem unsere menschliche Natur mit deinem göttlichen Wesen vereint ist. Darum bitten wir durch ihn, Christus, unseren Herrn.

Präfation, S. 493 f.

KOMMUNIONVERS

Joh 1,14

Das Wort ist Fleisch geworden
und wir haben seine Herrlichkeit geschaut.

SCHLUSSGEBET

Herr, unser Gott, in der Freude über die Geburt unseres Erlösers bitten wir dich: Gib uns die Gnade, ihm unser ganzes Leben zu weihen, damit wir einst Anteil erhalten an der ewigen Herrlichkeit deines Sohnes, der mit dir lebt und herrscht in alle Ewigkeit.

FEIERLICHER SCHLUSSSEGEN

Der barmherzige Gott hat durch die Geburt seines Sohnes die Finsternis vertrieben und (diese Nacht) diesen Tag erleuchtet mit dem Glanz seines Lichtes; er mache eure Herzen hell mit dem Licht seiner Gnade. – A: Amen.
Den Hirten ließ er durch den Engel die große Freude verkünden; mit dieser Freude erfülle er euer ganzes Leben. – A: Amen.
In Christus hat Gott Himmel und Erde verbunden; durch ihn schenke er allen Menschen guten Willens seinen Frieden, durch ihn vereine er euch mit der Kirche des Himmels. – A: Amen.
Das gewähre euch der dreieinige Gott, der Vater und der Sohn † und der Heilige Geist. – A: Amen.

***

ALS ICH

als ich
den kindern
Gott
nahe
bringen
wollte
standen
sie plötzlich
in flammen
und gott
sprach
aus den kindern
zu mir
kindneu

Wilhelm Willms

AM MORGEN

25. Dezember 2020

Der Morgen ist doch eigentlich das Beste. „Morning has broken." Ein neuer Tag bricht an, nächtliche Gefahren sind gebannt. – Haben wir den Mut, das Wunder dieser Nacht zu bewahren, bei Lichte betrachtet? Das Wunder zu wagen, es weiterzusagen und weiterzutragen; bei Lichte betrachtet? Im Lichtglanz der Heiligen Nacht? „Ein Licht strahlt heute über uns auf, / denn geboren ist uns der Herr."

ERÖFFNUNGSVERS

Vgl. Jes 9,1.5; Lk 1,33

Ein Licht strahlt heute über uns auf,
denn geboren ist uns der Herr.
Und man nennt ihn: Starker Gott, Friedensfürst,
Vater der kommenden Welt.
Seine Herrschaft wird kein Ende haben.

KYRIE-RUFE

Jesus Christus, du bist der Messias, der Herr.
V/A: Herr, erbarme dich.
Du bist unter uns erschienen
als die Güte und Menschenliebe Gottes.
V/A: Christus, erbarme dich.
Du bist eine große Freude,
die dem ganzen Volk zuteilwerden soll.
V/A: Herr, erbarme dich.

Ehre sei Gott, S. 481 f.

TAGESGEBET

Allmächtiger Gott, dein ewiges Wort ist Fleisch geworden, um uns mit dem Glanz deines Lichtes zu erfüllen. Gib, dass in unseren Werken widerstrahlt, was durch den Glauben in unserem Herzen leuchtet. Darum bitten wir durch ihn, Jesus Christus.

WORTGOTTESDIENST

ZUR 1. LESUNG Namen sind Schall und Rauch, sagen wir manchmal wegwerfend. In der Welt der Bibel sieht man das anders, nomen est omen, ein Name ist Lebenszusage und Lebensprogramm. So wird dem Retter-Kind der Name „Immanuel" gegeben (Gott mit uns, Jes 7,14). Und im letzten Teil des Jesaja-Buches bekräftigt eine Namensänderung eine Verheißung: Der Prophet kündigt an, dass die Stadt, die so lange der Willkür ihrer Besatzer ausgeliefert war, neues Selbstbewusstsein gewinnen und in Gottes Augen anziehend und schön sein wird. Die Sehnsucht nach der neuen, geheilten Wirklichkeit spiegelt sich in einem neuen Namen, der von Dauer sein wird. Das geschundene Jerusalem heißt von nun an „Begehrte, nicht mehr verlassene Stadt". In Gottes Namen. Welche Verheißung!

ERSTE LESUNG Jes 62,11–12

Siehe, deine Rettung kommt

Lesung aus dem Buch Jesája.

Siehe, der HERR hat es bekannt gemacht bis ans Ende der Erde. Sagt der Tochter Zion: Siehe, deine Rettung kommt. Siehe, sein Lohn ist mit ihm und sein Ertrag geht vor ihm her! Dann wird man sie nennen „Heiliges Volk", „Erlöste des HERRN". Und du wirst genannt werden: „Begehrte, nicht mehr verlassene Stadt".

ANTWORTPSALM

Ps 97 (96), 1 u. 6.11–12 (Kv: vgl. Jes 9, 1; Lk 2, 11)

Kv Ein Licht strahlt heute über uns auf:
Geboren ist Christus, der Herr. – Kv

Der Herr ist König. Es juble die Erde! *
Freuen sollen sich die vielen Inseln.
Seine Gerechtigkeit verkünden die Himmel, *
seine Herrlichkeit schauen alle Völker. – (Kv)

Licht wird ausgesät für den Gerechten, *
Freude für die, die geraden Herzens sind.
Freut euch am Herrn, ihr Gerechten, *
dankt seinem heiligen Namen! – Kv

ZUR 2. LESUNG Der Brief an Titus verleiht der Überzeugung Ausdruck, dass in Jesus Christus „Güte und Menschenfreundlichkeit Gottes, unseres Retters," zur Welt gekommen ist. Er beschreibt die beglückende Erfahrung von Menschen, die entdecken, dass der Geist Gottes in ihrem Leben neues Leben möglich macht, allen Hindernissen, aller fremden und eigenen Lebensfeindschaft zum Trotz. Und er legt den so Beschenkten Freude und Demut nahe – Gott gibt nicht kärglich, sondern reichlich, er schenkt aus Gnade und Erbarmen.

ZWEITE LESUNG

Tit 3, 4–7

Gott hat uns gerettet nach seinem Erbarmen

Lesung aus dem Brief des Apostels Paulus an Titus.

Als die Güte und Menschenfreundlichkeit Gottes, unseres Retters, erschien, hat er uns gerettet – nicht aufgrund von Werken der Gerechtigkeit, die wir vollbracht haben, sondern nach seinem Erbarmen – durch das Bad der Wiedergeburt und die Erneuerung im Heiligen Geist.

Ihn hat er in reichem Maß über uns ausgegossen durch Jesus Christus, unseren Retter, damit wir durch seine Gnade gerecht gemacht werden und das ewige Leben erben, das wir erhoffen.

RUF VOR DEM EVANGELIUM

Vers: Lk 2, 14

Halleluja. Halleluja.
Ehre sei Gott in der Höhe
und Friede auf Erden den Menschen seines Wohlgefallens.
Halleluja.

ZUM EVANGELIUM Der Verkündigungsengel und die Engelscharen haben sich in den Himmel zurückgezogen. Sie haben den Stein ins Rollen gebracht: Sie haben Menschen beschwingt. Die Hirten verlieren keine Zeit. Sie suchen und finden. Nun sind sie es, die die Deutung des Engels über das Neugeborene ausgießen wie helles Licht: Staunen ringsum. Dann kehren die Hirten in ihren Alltag zurück. Doch der ist verwandelt. Sie preisen und loben Gott für das, was sich vor ihren eigenen Augen gefügt hat. In ihre Freude einzustimmen und Weihnachten zu feiern sind auch wir gerufen, Bote und Botin der Engelsbotschaft, auch wir.

EVANGELIUM

Lk 2, 15–20

Die Hirten fanden Maria und Josef und das Kind

+ Aus dem heiligen Evangelium nach Lukas.

Als die Engel von den Hirten in den Himmel zurückgekehrt waren, sagten die Hirten zueinander: Lasst uns nach Betlehem gehen, um das Ereignis zu sehen, das uns der Herr kundgetan hat!

So eilten sie hin und fanden Maria und Josef und das Kind, das in der Krippe lag. Als sie es sahen, erzählten sie von dem Wort, das ihnen über dieses Kind gesagt worden war. Und alle, die es hörten, staunten über das, was ihnen von den Hirten erzählt wurde.

Maria aber bewahrte alle diese Worte und erwog sie in ihrem Herzen.

Die Hirten kehrten zurück, rühmten Gott und priesen ihn für alles, was sie gehört und gesehen hatten, so wie es ihnen gesagt worden war.

Glaubensbekenntnis, S. 484 ff.

(*Kniebeuge zu den Worten:* „hat Fleisch angenommen" bis „Mensch geworden")

FÜRBITTEN

In Jesus Christus ist den Hirten die Liebe und Güte unseres Gottes erschienen. Rufen wir voll Vertrauen zum Vater:

- Lass die Freude über dein Licht und dein Leben allen Menschen aufscheinen, besonders denjenigen, die in Not und Sorge leben. V: Guter Gott. A: Höre und erhöre uns.
- Beschütze die Christen in Syrien und vielen Ländern dieser Erde, die sich zur Feier der Weihnacht versammeln, deren Gotteslob aber durch Anfeindung, Hass und kriegerische Auseinandersetzung bedroht ist. V: Guter Gott. A: Höre und erhöre uns.
- Stärke alle Familien, in denen ein Kind geboren wurde, und schenke ihnen Freude und Geduld, Kraft und Liebe, Langmut und Dankbarkeit. V: Guter Gott. A: Höre und erhöre uns.
- Hilf uns allen, den Frieden der Weihnacht weiterzutragen, im Kleinen und im Großen, und großzügig und vertrauend zu leben. V: Guter Gott. A: Höre und erhöre uns.
- Zeige den friedlosen Ländern des Nahen Ostens und allen Menschen auf der Welt Wege zur Versöhnung, und stärke diejenigen, die neue, nie gegangene Schritte zum Frieden gehen wollen. V: Guter Gott. A: Höre und erhöre uns.

Gott der Hoffnung, in Jesus Christus hast du dich uns Menschen unwiderruflich zugewandt. Dafür danken wir dir und preisen deine Liebe, heute am heiligen Weihnachtsmorgen und alle Tage unseres Seins.

EUCHARISTIEFEIER

GABENGEBET

Himmlischer Vater, erfülle die Gaben dieser Erde mit deinem Segen, damit sie das Geheimnis dieses Tages darstellen: Wie Christus als neugeborener Mensch und als wahrer Gott vor uns aufleuchtet, so lass uns durch diese irdische Speise das göttliche Leben empfangen. Darum bitten wir durch ihn, Christus, unseren Herrn.

Präfation, S. 493 f.

KOMMUNIONVERS

Vgl. Sach 9,9

Juble laut, Tochter Zion, jauchze, Tochter Jerusalem,
siehe, dein König kommt zu dir,
der Heilige, der Heiland der Welt.

SCHLUSSGEBET

Herr, unser Gott, die Menschwerdung deines Sohnes erfülle uns mit Freude und Dank. Lass uns dieses unergründliche Geheimnis im Glauben erfassen und in tätiger Liebe bekennen. Darum bitten wir durch Christus, unseren Herrn.

FEIERLICHER SCHLUSSSEGEN S. 73

***

AN DIESEM TAG

An diesem Tag wurde der Herr geboren,
das Leben und das Heil der Menschen.
Heute ward Versöhnung
der Gottheit mit der Menschheit
und der Menschheit mit der Gottheit.
Heute hüpft die ganze Schöpfung auf;
die oben sandten zu denen unten
und die unten zu denen oben.
Heute ward Tod der Finsternis
und Leben dem Menschen.
Heute ward dem Menschen ein Weg zu Gott
und ein Weg Gottes in die Seele.

Symeon von Mesopotamien (um 386)

AM TAG

25. Dezember 2020

Unser Kalender ist ein bemerkenswert genaues Werkstück aus Astronomie und Mathematik. Und Bekenntnis. Der Philosoph Hans Blumenberg hat aber auf die Ironie hingewiesen, die darin liegt, dass unsere so präzise Zeitrechnung die Jahre „post Christum natum", nach Christi Geburt, zählt, ohne das Geburtsdatum Jesu zu kennen. Doch diese Unsicherheit, ein paar Jahre früher, ein paar Jahre später, fällt angesichts der exorbitanten Schwankung, die das Vorwort des Johannes-Evangeliums erzeugt, nicht wirklich ins Gewicht. Und was richten unsere menschlichen Maße und Maßnahmen, angesichts des rettenden Einbruchs des unermesslichen Gottes in unsere spielzeugkleine Menschenwelt, noch aus? Wohl wahr. Es geht nicht ums Messen, Wiegen, Zählen. Doch der große Gott denkt von uns Kleinen groß.

ERÖFFNUNGSVERS

Vgl. Jes 9,5

Ein Kind ist uns geboren, ein Sohn ist uns geschenkt.
Auf seinen Schultern ruht die Herrschaft.

KYRIE-RUFE

Herr Jesus Christus, du bist Gottes ewiges Wort.
V/A: Herr, erbarme dich.
Du bist Fleisch geworden und hast unter uns gewohnt.
V/A: Christus, erbarme dich.
Du bist ganz Gott und ganz Mensch – unvermischt, unverwandelt, ungetrennt und ungesondert.
V/A: Herr, erbarme dich.

Ehre sei Gott, S. 481 f.

TAGESGEBET

Allmächtiger Gott, du hast den Menschen in seiner Würde wunderbar erschaffen und noch wunderbarer wiederhergestellt. Lass uns teilhaben an der Gottheit deines Sohnes, der unsere Menschennatur angenommen hat. Er, der in der Einheit des Heiligen Geistes mit dir lebt und herrscht in alle Ewigkeit.

WORTGOTTESDIENST

ZUR 1. LESUNG Wir kennen die Bilder zerstörter Städte nach einem Krieg oder aus einem Krieg, der kein Ende nehmen will; denken wir an Syrien. Alles liegt in Schutt und Asche. So steht es auch um die Stadt Jerusalem im 6. Jahrhundert vor Christus nach dem Sieg der Babylonier. Ein Teil ihrer Bevölkerung wurde verschleppt. In diese trostlose Stimmung hinein entwirft der Prophet ein Bild wie aus einem Spielfilm: Zunächst kündet ein einzelner Bote die gute Nachricht von der Rettung. Sie lautet: Gott ist König. Dann melden schon die Stadtwächter, die aus ihrer erhöhten Position weiter sehen können, durch ihren Jubel, dass Gott selbst zurückkehrt. Ist er mit den Gefangenen in Babylon gewesen? Und schließlich soll die ganze verbliebene Stadtbevölkerung, ja sollen sogar die Trümmer selbst in Jubel ausbrechen. All dies lässt uns an Christus denken, der in hoffnungsarmer Zeit das Evangelium, die gute Nachricht von der Rettung verkündete: Das Reich Gottes, die Königsherrschaft des HERRN, kommt heilend, helfend, rettend, nahe – aller Welt!

ERSTE LESUNG

Jes 52,7–10

Alle Enden der Erde werden das Heil unseres Gottes sehen

Lesung aus dem Buch Jesája.

Wie willkommen sind auf den Bergen die Schritte des Freudenboten, der Frieden ankündigt, der eine frohe Botschaft bringt und Heil verheißt, der zu Zion sagt: Dein Gott ist König.

Horch, deine Wächter erheben die Stimme, sie beginnen alle zu jubeln. Denn sie sehen mit eigenen Augen, wie der Herr nach Zion zurückkehrt.

Brecht in Jubel aus, jauchzt zusammen, ihr Trümmer Jerusalems! Denn der Herr hat sein Volk getröstet, er hat Jerusalem erlöst. Der Herr hat seinen heiligen Arm vor den Augen aller Nationen entblößt und alle Enden der Erde werden das Heil unseres Gottes sehen.

ANTWORTPSALM

Ps 98 (97), 1.2–3b.3c–4.5–6 (Kv: vgl. 3cd)

Kv Alle Enden der Erde
sehen das Heil unsres Gottes. – Kv

Singet dem Herrn ein neues Lied, *
denn er hat wunderbare Taten vollbracht!
Geholfen hat ihm seine Rechte *
und sein heiliger Arm. – (Kv)

Der Herr hat sein Heil bekannt gemacht *
und sein gerechtes Wirken enthüllt vor den Augen der Völker.
Er gedachte seiner Huld *
und seiner Treue zum Hause Israel. – (Kv)

Alle Enden der Erde *
sahen das Heil unsres Gottes.
Jauchzet dem Herrn, alle Lande, *
freut euch, jubelt und singt! – (Kv)

Spielt dem Herrn auf der Leier, *
auf der Leier zu lautem Gesang!

Mit Trompeten und lautem Widderhorn *
jauchzt vor dem HERRN, dem König! – Kv

ZUR 2. LESUNG Mehr als 30 wörtliche Zitate und um die 80 Anspielungen auf die Bibel führt der Hebräerbrief ins Feld, um seiner Botschaft Gewicht und Sinn zu geben. Von Beginn an stehen die fünf Bücher des Mose als Autorität im Hintergrund: „Vielfältig und auf vielerlei Weise hat Gott einst zu den Vätern gesprochen durch die Propheten." Bereits in der Eröffnung des Briefes finden sich im Blick auf Jesus drei Bibelzitate. Die göttliche Sohnschaft wird aus einer Verbindung von Psalm 2,7 („Mein Sohn bist du, / ich selber habe dich heute gezeugt") und 2 Sam 7,14 („Ich werde für ihn Vater sein und er wird für mich Sohn sein") plausibel gemacht. Selbst die Engel, wie es mit Psalm 97,7 heißt, werfen sich vor Jesus nieder. Jesus als Sohn und Erbe des Alls, durch den Gott die Welt geschaffen hat, wird durch diese Einbindung in die jüdische Tradition als derjenige erwiesen, der das Schöpferwort erneuert und mit Vollmacht bestätigt. Gerade darum kann er „Urheber und Vollender des Glaubens" (Hebr 12,2) genannt werden. Auch wir sind gerufen, ihm zu folgen, der lebendigen Gottesspur.

ZWEITE LESUNG Hebr 1,1–6

Gott hat zu uns gesprochen durch den Sohn

Lesung aus dem Hebräerbrief.

Vielfältig und auf vielerlei Weise hat Gott einst zu den Vätern gesprochen durch die Propheten; am Ende dieser Tage hat er zu uns gesprochen durch den Sohn, den er zum Erben von allem eingesetzt, durch den er auch die Welt erschaffen hat; er ist der Abglanz seiner Herrlichkeit und das Abbild seines Wesens; er trägt das All durch sein machtvolles Wort, hat die Reinigung von den Sünden bewirkt und sich dann zur Rechten der Majestät in der Höhe gesetzt; er ist umso viel erhabener geworden als die Engel, wie der Name, den er geerbt hat, ihren Namen überragt.

Denn zu welchem Engel hat er jemals gesagt: Mein Sohn bist du, ich habe dich heute gezeugt, und weiter: Ich will für ihn Vater sein und er wird für mich Sohn sein?
Wenn er aber den Erstgeborenen wieder in die Welt einführt, sagt er: Alle Engel Gottes sollen sich vor ihm niederwerfen

RUF VOR DEM EVANGELIUM

Halleluja. Halleluja.
Aufgeleuchtet ist uns aufs Neue der Tag der Erlösung:
Ein großes Licht ist heute auf Erden erschienen.
Kommt, ihr Völker, und betet an den Herrn, unseren Gott!
Halleluja.

ZUM EVANGELIUM Für Johannes fängt die Geschichte Jesu früher an als für die anderen Evangelisten. Doch was heißt hier „früher" oder „später"? Das WORT, der Logos, der Sohn, muss schon immer beim Vater gewesen sein, bei Gott, wenn es wahr sein soll, dass in Jesus von Nazaret Gott selbst dem Menschen begegnet. Um die Geschichte dieses Jesus erzählen zu können, beginnt der vierte Evangelist mit einer Vorgeschichte, die alle Kalendertabellen sprengt. Wie ein Paukenschlag erklingen die beiden ersten Worte seines Geburtstagsliedes. Es sind jene Worte, die die ganze Bibel eröffnen: „Im Anfang". (Gen 1,1) Wort, gesprochen im Anfang. Vor aller Zeit, vor aller Welt. Geboren von Maria. In der Zeit, in der Welt. Der Schwindel, den dieses Schwanken erzeugt, ist notwendig. Er ist nicht heillos, sondern heilsam. Er bringt uns nicht zu Fall, sondern stellt uns auf die Füße. Das Leben Jesu passt eben in keine Kalendergeschichte.

EVANGELIUM Joh 1,1–18

Das Wort ist Fleisch geworden und hat unter uns gewohnt

+ Aus dem heiligen Evangelium nach Johannes.

Im Anfang war das Wort und das Wort war bei Gott und das Wort war Gott. Dieses war im Anfang bei Gott. Alles ist durch das Wort geworden und ohne es wurde nichts, was geworden ist. In ihm war Leben und das Leben war das Licht der Menschen. Und das Licht leuchtet in der Finsternis und die Finsternis hat es nicht erfasst.

Ein Mensch trat auf, von Gott gesandt; sein Name war Johannes. Er kam als Zeuge, um Zeugnis abzulegen für das Licht, damit alle durch ihn zum Glauben kommen. Er war nicht selbst das Licht, er sollte nur Zeugnis ablegen für das Licht.

Das wahre Licht, das jeden Menschen erleuchtet, kam in die Welt. Er war in der Welt und die Welt ist durch ihn geworden, aber die Welt erkannte ihn nicht. Er kam in sein Eigentum, aber die Seinen nahmen ihn nicht auf.

Allen aber, die ihn aufnahmen, gab er Macht, Kinder Gottes zu werden, allen, die an seinen Namen glauben, die nicht aus dem Blut, nicht aus dem Willen des Fleisches, nicht aus dem Willen des Mannes, sondern aus Gott geboren sind.

Und das Wort ist Fleisch geworden und hat unter uns gewohnt und wir haben seine Herrlichkeit geschaut, die Herrlichkeit des einzigen Sohnes vom Vater, voll Gnade und Wahrheit.

Johannes legt Zeugnis für ihn ab und ruft: Dieser war es, über den ich gesagt habe: Er, der nach mir kommt, ist mir voraus, weil er vor mir war. Aus seiner Fülle haben wir alle empfangen, Gnade über Gnade.

Denn das Gesetz wurde durch Mose gegeben, die Gnade und die Wahrheit kamen durch Jesus Christus. Niemand hat Gott je gesehen. Der Einzige, der Gott ist und am Herzen des Vaters ruht, er hat Kunde gebracht.

Oder:

KURZFASSUNG

Joh 1, 1–5.9–14

Das Wort ist Fleisch geworden und hat unter uns gewohnt

+ **Aus dem heiligen Evangelium nach Johannes.**

Im Anfang war das Wort und das Wort war bei Gott und das Wort war Gott. Dieses war im Anfang bei Gott. Alles ist durch das Wort geworden und ohne es wurde nichts, was geworden ist. In ihm war Leben und das Leben war das Licht der Menschen. Und das Licht leuchtet in der Finsternis und die Finsternis hat es nicht erfasst.

Das wahre Licht, das jeden Menschen erleuchtet, kam in die Welt. Er war in der Welt und die Welt ist durch ihn geworden, aber die Welt erkannte ihn nicht. Er kam in sein Eigentum, aber die Seinen nahmen ihn nicht auf.

Allen aber, die ihn aufnahmen, gab er Macht, Kinder Gottes zu werden, allen, die an seinen Namen glauben, die nicht aus dem Blut, nicht aus dem Willen des Fleisches, nicht aus dem Willen des Mannes, sondern aus Gott geboren sind.

Und das Wort ist Fleisch geworden und hat unter uns gewohnt und wir haben seine Herrlichkeit geschaut, die Herrlichkeit des einzigen Sohnes vom Vater, voll Gnade und Wahrheit.

Glaubensbekenntnis, S. 484 ff.

(*Kniebeuge zu den Worten:* „hat Fleisch angenommen“ bis „Mensch geworden“)

FÜRBITTEN

Lasst uns beten zu Jesus Christus, in dem das lebendige Wort des Vaters Mensch geworden ist, weil Gott uns nahe sein wollte:

- Wir beten für alle Frauen und Männer, die auf dem ganzen Erdkreis Gottes Lebenswort verkünden und glaubhaft bezeugen. V/A: Jesus, Erlöser der Welt, höre uns.

- Wir beten für die Menschen, die kein Zuhause haben, die frieren müssen; wir bitten für die vielen, die vertrieben wurden und Gewalt erfahren haben. V/A: Jesus, Erlöser der Welt, höre uns.

- Wir beten für die Familien, die im Geist deiner Liebe barmherzig und gut miteinander leben und auch ihre schwächsten Glieder stützen und stärken. V/A: Jesus, Erlöser der Welt, höre uns.
- Wir beten um Genesung, Kraft und Zuversicht für die Kranken, um Trost für die Trauernden, um Geborgenheit für die Einsamen. V/A: Jesus, Erlöser der Welt, höre uns.
- Wir beten um dein nährendes Wort und die Hoffnung auf dein Licht und dein Leben für alle, deren Lebenslicht in diesen Tagen verlischt. V/A: Jesus, Erlöser der Welt, höre uns.

Liebender Gott, du begleitest unser Leben. Stärke und geleite uns, damit dein lebendiges Wort uns erfülle, heute und alle Tage. Darum bitten wir durch Christus, unseren Bruder und Herrn.

EUCHARISTIEFEIER

GABENGEBET

Gott, unser Vater, in diesen Gaben willst du uns Versöhnung schenken und uns wieder mit dir verbinden. Nimm sie an und gib durch sie unserem heiligen Dienst die höchste Vollendung. Darum bitten wir durch Christus, unseren Herrn.

Präfation, S. 493 f.

KOMMUNIONVERS

Ps 98 (97), 3

Alle Enden der Erde sahen
die rettende Tat unseres Gottes.

SCHLUSSGEBET

Barmherziger Gott, in dieser heiligen Feier hast du uns deinen Sohn geschenkt, der heute als Heiland der Welt geboren wurde. Durch ihn sind wir wiedergeboren zum göttlichen Leben, führe uns auch zur ewigen Herrlichkeit durch ihn, der mit dir lebt und herrscht in alle Ewigkeit.

FEIERLICHER SCHLUSSSEGEN S. 73

***

ER KOMMT

Goldthronender
kommt
aus Himmelssphären
in eines kleinen Menschen
großes Leben

auf ihn schauen
die Erdenmächte

mit himmlischen Glanz
übergossen
bringt er
Licht
in die Welt

Er ist das Leben.

Heinz Detlef Stäps

HEILIGER STEPHANUS, ERSTER MÄRTYRER
FEST

26. Dezember 2020

Die jung verstorbene, intellektuell, politisch und religiös überragend mutige französische Philosophin Simone Weil (1909–1943) notierte in ihren „Arbeitsheften" einmal sinngemäß: Für Gott zu sterben, sei kein Zeugnis, dass man den Glauben an Gott hat. Hingegen das eigene Leben einzusetzen für einen unbekannten und abstoßenden Vorbestraften, der eine Ungerechtigkeit erleidet – dies sei ein starkes Zeugnis dafür, dass man Gott, dem einen und wahren Gott, traut.

ERÖFFNUNGSVERS

Das Tor des Himmels öffnete sich für Stephanus.
Er zog als Erster der Blutzeugen ein
und empfing die Krone der Herrlichkeit.

KYRIE-RUFE

Herr Jesus Christus, du hast Stephanus zum Dienst
an den Tischen bestellt.
V/A: Herr, erbarme dich.
Du hast Stephanus mit Gnade und Kraft erfüllt.
V/A: Christus, erbarme dich.
Du hast Stephanus den Himmel aufgetan
und seinen Geist aufgenommen.
V/A: Herr, erbarme dich.

Ehre sei Gott, S. 481 f.

TAGESGEBET

Allmächtiger Gott, wir ehren am heutigen Fest den ersten Märtyrer deiner Kirche. Gib, dass auch wir unsere Feinde lieben und so das Beispiel des heiligen Stephanus nachahmen, der sterbend für seine Verfolger gebetet hat. Darum bitten wir durch Jesus Christus.

WORTGOTTESDIENST

ZUR 1. LESUNG „Er kam in sein Eigentum, aber die Seinen nahmen ihn nicht auf." (Joh 1,11) Dieser Vers vom Anfang des Johannes-Evangeliums spielt auf das Geschick Jesu an, dessen wehrlose Liebe Abwehr, Abwertung, ja Hass provozierte. Die jungen Christus-Gemeinschaften machen ähnliche Erfahrungen. Um des Evangeliums willen leben sie anders, setzen neue Akzente, fügen sich nicht nahtlos ein. Sie werden angefeindet; es kommt zu religiös motivierten oder auch nur als religiös deklarierten Übergriffen, und zu Willkürakten der Obrigkeit. In dieser Situation erinnern sie sich an die vertrauensvolle Hingabe des Messias Jesus und an die aus dem Tode rettende Kraft von Gottes Menschenliebe. Stephanus, ein herausragender Diakon der Urkirche, hat Gottes unverwandte Zugewandtheit mit Leib und Seele und bis zum letzten Atemzug gelebt.

ERSTE LESUNG

Apg 6,8–10; 7,54–60°

Ich sehe den Himmel offen

Lesung aus der Apostelgeschichte.

In jenen Tagen tat Stéphanus aber, voll Gnade und Kraft, Wunder und große Zeichen unter dem Volk. Doch einige von der sogenannten Synagoge der Libertíner und Kyrenäer und Alexandríner und Leute aus Kilíkien und der Provinz Asien erhoben sich, um mit Stéphanus zu streiten; aber sie konnten der Weisheit und dem Geist, mit dem er sprach, nicht widerstehen.

Als sie seine Rede hörten, waren sie in ihren Herzen aufs Äußerste über ihn empört und knirschten mit den Zähnen gegen ihn.
Er aber, erfüllt vom Heiligen Geist, blickte zum Himmel empor, sah die Herrlichkeit Gottes und Jesus zur Rechten Gottes stehen und rief: Siehe, ich sehe den Himmel offen und den Menschensohn zur Rechten Gottes stehen.
Da erhoben sie ein lautes Geschrei, hielten sich die Ohren zu, stürmten einmütig auf ihn los, trieben ihn zur Stadt hinaus und steinigten ihn. Die Zeugen legten ihre Kleider zu Füßen eines jungen Mannes nieder, der Saulus hieß. So steinigten sie Stéphanus; er aber betete und rief: Herr Jesus, nimm meinen Geist auf! Dann sank er in die Knie und schrie laut: Herr, rechne ihnen diese Sünde nicht an!
Nach diesen Worten starb er.

ANTWORTPSALM

Ps 31 (30), 3b–4.6 u. 8.16–17 (Kv: vgl. 6a)

Kv HERR, in deine Hand lege ich meinen Geist. – Kv

Sei mir ein schützender Fels, *
ein festes Haus, mich zu retten!
Denn du bist mein Fels und meine Festung; *
um deines Namens willen wirst du mich führen und leiten. – (Kv)

In deine Hand lege ich voll Vertrauen meinen Geist; *
du hast mich erlöst, HERR, du Gott der Treue.
Ich will jubeln und deiner Huld mich freuen; /
denn du hast mein Elend angesehn, *
du kanntest die Ängste meiner Seele. – (Kv)

In deiner Hand steht meine Zeit; *
entreiß mich der Hand meiner Feinde und Verfolger!
Lass dein Angesicht leuchten über deinem Knecht, *
hilf mir in deiner Huld! – Kv

RUF VOR DEM EVANGELIUM

Vers: vgl. Ps 118 (117),26a.27a

Halleluja. Halleluja.
Gesegnet sei, der kommt im Namen des Herrn!
Gott, der Herr, erleuchte uns.
Halleluja.

ZUM EVANGELIUM Die Zumutung, die der Messias Jesus ist, erbt sich an seine Jünger und Jüngerinnen fort. Widerstände und Leiden haben auch jene zu erwarten, die das Evangelium weitertragen in Verkündigung und Lebensform. Es geht dabei nicht um Leiden um des Leidens willen. Leiden dürfen nicht gesucht werden. Doch wenn die Kirche ganz und gar gesellschaftsfähig geworden ist, wenn sie keinerlei Anstoß mehr bietet, dann müssen wir uns fragen lassen, ob unser Licht noch leuchtet und unser Salz noch salzt.

EVANGELIUM

Mt 10,17–22

Nicht ihr werdet dann reden, sondern der Geist eures Vaters wird durch euch reden

+ Aus dem heiligen Evangelium nach Matthäus.

In jener Zeit sprach Jesus zu seinen Jüngern: Nehmt euch vor den Menschen in Acht! Denn sie werden euch an die Gerichte ausliefern und in ihren Synagogen auspeitschen. Ihr werdet um meinetwillen vor Statthalter und Könige geführt werden, ihnen und den Heiden zum Zeugnis. Wenn sie euch aber ausliefern, macht euch keine Sorgen, wie und was ihr reden sollt; denn es wird euch in jener Stunde eingegeben, was ihr sagen sollt. Nicht ihr werdet dann reden, sondern der Geist eures Vaters wird durch euch reden.

Der Bruder wird den Bruder dem Tod ausliefern und der Vater das Kind und Kinder werden sich gegen die Eltern auflehnen und sie in den Tod schicken.

Und ihr werdet um meines Namens willen von allen gehasst werden; wer aber bis zum Ende standhaft bleibt, der wird gerettet.

FÜRBITTEN

Am Fest des heiligen Diakons Stephanus, der von Gnade und von Tatkraft erfüllt war, bitten wir Gott auch für uns um seine Gnade und um seine heilige Geistkraft:

- Für unsere Kirche, dass sie den Kern der christlichen Botschaft, die Liebe, auch heute glaubwürdig erfahrbar macht. V: Gott des Lebens. A: Höre unser Gebet.
- Für die Christen, deren Wirken und Beten behindert wird, und für alle, die um ihres Glaubens willen bedrängt und verfolgt werden. V: Gott des Lebens. A: Höre unser Gebet.
- Für alle, denen Gerechtigkeit ein Anliegen ist; für alle, die einander den Tisch decken und sorgend und gebend füreinander da sind. V: Gott des Lebens. A: Höre unser Gebet.
- Für alle, die weltweit dorthin gehen und helfen, wo es nottut; für alle, die in ihrem Alltag Trauer und Not erkennen und handeln. V: Gott des Lebens. A: Höre unser Gebet.
- Wir gedenken unserer lieben Verstorbenen und bitten für sie und für alle Toten, dass sie einen Platz finden an deinem Tisch des Lebens. V: Gott des Lebens. A: Höre unser Gebet.

Liebe ist kein Lippenbekenntnis, Liebe ist sorgendes, verantwortliches Tun. Wir bitten Gott auf die Fürbitte des heiligen Diakons Stephanus um Kraft und Mut, Verantwortung zu übernehmen und aus seinem Geist zu handeln.

EUCHARISTIEFEIER

GABENGEBET

Herr, unser Gott, schau gütig auf dein Volk, das mit Freude und Hingabe den Festtag des heiligen Stephanus feiert, und nimm unsere Gaben an. Darum bitten wir durch Christus, unseren Herrn.

Präfation, S. 493 f.

KOMMUNIONVERS

Apg 7,59

Die Menge steinigte den Stephanus.
Er aber betete und rief:
Herr Jesus, nimm meinen Geist auf!

SCHLUSSGEBET

Herr, unser Gott, wir danken dir für die Gnade dieser festlichen Tage. In der Geburt deines Sohnes schenkst du uns das Heil; im Sterben des heiligen Stephanus zeigst du uns das Beispiel eines unerschrockenen Glaubenszeugen. Wir bitten dich: Stärke unsere Bereitschaft, deinen Sohn, unseren Herrn Jesus Christus, standhaft zu bekennen, der mit dir lebt und herrscht in alle Ewigkeit.

FEIERLICHER SCHLUSSSEGEN

S. 73

***

GOTT DER FREIHEIT

Gott der Freiheit,
du rufst Menschen.

Gott der Wege,
du bist das Ziel.

Gott der Treue,
du gibst dein Wort.

Gott des Lebens,
du rettest im Tod.

Eleonore Beck

FEST DER HEILIGEN FAMILIE

27. Dezember 2020

Junge Eltern und kleine Kinder. Verantwortung bis zum Anschlag. Eltern und große Kinder. Anstrengend. Oder: Schmerz der Kinderlosigkeit. Pflegenotstand. Altersarmut. Die Erde von uns nur geliehen. Ihr verscherbelt unsere Zukunft. Ihr seid unsere Zukunft. Sorge um die Kinder, um den Weg der Enkel. Angst um die gebrechlichen Eltern. Verantwortung, bis zum Anschlag. Die Schriftlesungen des heutigen Festes sprechen vielstimmig davon. Liebe und Treue, Dankbarkeit und Hoffnungskraft sind gefragt, Vertrauen und Zuversicht, die Kraft, sich aneinander zu freuen. In der Zeit, die bleibt.

ERÖFFNUNGSVERS — Lk 2, 16

Die Hirten eilten hin und fanden Maria und Josef
und das Kind, das in einer Krippe lag.

KYRIE-RUFE

Herr Jesus Christus, du hast wie wir als Mensch gelebt.
V/A: Herr, erbarme dich.
Du warst deinen Eltern gehorsam.
V/A: Christus, erbarme dich.
Du bist herangewachsen und wurdest stark,
erfüllt mit Weisheit, und Gottes Gnade ruhte auf dir.
V/A: Herr, erbarme dich.

Ehre sei Gott, S. 481 f.

TAGESGEBET

Herr, unser Gott, in der Heiligen Familie hast du uns ein leuchtendes Vorbild geschenkt. Gib unseren Familien die Gnade, dass auch sie in Frömmigkeit und Eintracht leben und einander in der Liebe verbunden bleiben. Führe uns alle zur ewigen Gemeinschaft in deinem Vaterhaus. Darum bitten wir durch Jesus Christus.

WORTGOTTESDIENST

ZUR 1. LESUNG Der biblische Weisheitslehrer Jesus Sirach hält erwachsenen Kindern vor Augen: Leben ohne gelebte Verantwortung für die Eltern ist null und nichtig. Das geht, positiv gesehen, so weit, dass die ehrende Fürsorge für den Vater Sünden tilgende Kraft besitzt, was eigentlich kultischem Handeln vorbehalten ist. Vater und Mutter. Zuerst sind wir klein. Sie bringen uns alles herbei und alles bei, damit wir leben können. Dann bringen, umgekehrt, den Eltern die Kinder manches bei, was jenen rätselhaft ist, aha, so funktioniert das neue Smartphone, und sie buchen ihnen, danke, die Reise im Internet. Dann sind die Eltern plötzlich richtig alt. Manches werden wir ausgleichen können, aber vieles doch nicht. Hingabe lässt sich nicht bezahlen, selbst wenn wir es könnten. Es geht hin und her. Ohne Solidarität, ohne Liebe, zwischen Jung und Alt, geht es nicht.

ERSTE LESUNG

Sir 3,2–6.12–14 (3–7.14–17a)

Wer den Herrn fürchtet, ehrt seine Eltern

Lesung aus dem Buch Jesus Sirach.

Der Herr hat dem Vater Ehre verliehen bei den Kindern und das Recht der Mutter bei den Söhnen bestätigt. Wer den Vater ehrt, sühnt Sünden, und wer seine Mutter ehrt, sammelt Schätze. Wer den Vater ehrt, wird Freude haben an den Kindern und am Tag

seines Gebets wird er erhört. Wer den Vater ehrt, wird lange leben, und seiner Mutter verschafft Ruhe, wer auf den Herrn hört.
Kind, nimm dich deines Vaters im Alter an und kränke ihn nicht, solange er lebt! Wenn er an Verstand nachlässt, übe Nachsicht und verachte ihn nicht in deiner ganzen Kraft! Denn die dem Vater erwiesene Liebestat wird nicht vergessen; und statt der Sünden wird sie dir zur Erbauung dienen.

ANTWORTPSALM

Ps 128 (127), 1–2.3.4–5 (Kv: vgl. 1)

Kv Selig die Menschen,
die Gottes Wege gehn. – Kv

Selig jeder, der den HERRN fürchtet, *
der auf seinen Wegen geht!
Was deine Hände erarbeitet haben, wirst du genießen; *
selig bist du – es wird dir gut ergehn. – (Kv)

Deine Frau ist wie ein fruchtbarer Weinstock *
im Innern deines Hauses.
Wie Schösslinge von Ölbäumen sind deine Kinder *
rings um deinen Tisch herum. – (Kv)

Siehe, so wird der Mann gesegnet, *
der den HERRN fürchtet.
Es segne dich der HERR vom Zion her. *
Du sollst schauen das Glück Jerusalems alle Tage deines Lebens. – Kv

Oder:

ZUR 1. LESUNG Abraham, Sara und ihr gemeinsamer Sohn Isaak – eine intakte Kleinfamilie? „Intakt" bedeutet ursprünglich „unberührt, unversehrt", heute auch „voll funktionsfähig, störungsfrei funktionierend". Was ist eine intakte Familie? „Etwas ist immer", stöhnte neulich ein Kollege, Vater dreier wohlgeratener Kinder. Etwas ist immer: Irgendwo knirscht es, um irgendwen bangt und zittert man immer in einer Familie. „Intakte", also durchweg „störungsfrei funktionierende" Familien gibt es wohl nur im seichtesten „Herzkino". Abraham und die Seinen – von reibungslos und störungsfrei kann da keine Rede sein: die Gefährdung der jungen Ehe durch seine Feigheit, der Schmerz der Kinderlosigkeit, die fragwürdige Leihmutteraffäre, die mörderische Verstoßung der Sklavin und ihres Abrahamssohnes durch das Ehepaar. Und nun dies: in die Unfruchtbarkeit der späten Jahre die Verheißung eines Kindes und unzähliger Nachfahren. „Störungen haben Vorrang", heißt es bei der Psychologin Ruth Cohen. Und daran ist vieles wahr. „Vertrauen hat Vorrang", denkt Abraham, „Hoffnung hat Vorrang" – „und der HERR rechnete es ihm als Gerechtigkeit an".

ERSTE LESUNG Gen 15,1–6; 21,1–3

Dein leiblicher Sohn wird dein Erbe sein

Lesung aus dem Buch Génesis.

In jenen Tagen erging das Wort des HERRN in einer Vision an Abram: Fürchte dich nicht, Abram, ich selbst bin dir ein Schild; dein Lohn wird sehr groß sein.

Abram antwortete: Herr und GOTT, was kannst du mir geben? Ich gehe kinderlos dahin und Erbe meines Hauses ist Eliëser aus Damáskus. Und Abram sagte: Siehe, du hast mir keine Nachkommen gegeben; so wird mich mein Haussklave beerben.

Aber siehe, das Wort des HERRN erging an ihn: Nicht er wird dich beerben, sondern dein leiblicher Sohn wird dein Erbe sein. Er führte ihn hinaus und sprach: Sieh doch zum Himmel hinauf und zähl die Sterne, wenn du sie zählen kannst! Und er sprach zu ihm: So zahlreich werden deine Nachkommen sein.

Und er glaubte dem HERRN und das rechnete er ihm als Gerechtigkeit an.

Der HERR nahm sich Saras an, wie er gesagt hatte, und er tat Sara so, wie er versprochen hatte. Sara wurde schwanger und gebar dem Abraham noch in seinem Alter einen Sohn zu der Zeit, die Gott angegeben hatte. Abraham gab seinem Sohn, den ihm Sara gebar, den Namen Ísaak.

ANTWORTPSALM

Ps 105 (104), 1–2.3–4.5–6.8–9 (Kv: vgl. 7a.8a)

Kv Der HERR ist unser Gott;
auf ewig gedenkt er seines Bundes. – Kv

Dankt dem HERRN! Ruft seinen Namen aus! *
Macht unter den Völkern seine Taten bekannt!
Singt ihm und spielt ihm, *
sinnt nach über all seine Wunder! – (Kv)

Rühmt euch seines heiligen Namens! *
Die den HERRN suchen, sollen sich von Herzen freuen.
Fragt nach dem HERRN und seiner Macht, *
sucht sein Angesicht allezeit! – (Kv)

Gedenkt der Wunder, die er getan hat, *
seiner Zeichen und der Beschlüsse seines Mundes!
Ihr Nachkommen seines Knechtes Abraham, *
ihr Kinder Jakobs, die er erwählt hat. – (Kv)

Auf ewig gedachte er seines Bundes, *
des Wortes, das er gebot für tausend Geschlechter,
des Bundes, den er mit Abraham geschlossen, *
seines Eides, den er Ísaak geschworen hat. – Kv

ZUR 2. LESUNG In der Nachfolge des Apostels Paulus schreibt der Verfasser des Kolosserbriefs: „Ihr seid von Gott geliebt, seid seine auserwählten Heiligen." Ihr alle, groß und klein, Mann und Frau, Herr und Knecht! Zugleich schließt sich der Briefautor zeitgenössischen Ordnungsmustern an: Unterordnung der Ehefrau, Gehorsamspflicht der Kinder. Und doch sprengt der Brief zementierte Rollenbilder, wenn er die Ehemänner zur Liebe mahnt und das Vater-Kind-Verhältnis neu definiert: Nicht einschüchtern, nicht entmutigen; das gilt! Und wir? Als Getaufte haben wir die Gewissheit, dass Gott uns bei sich haben will, dass er uns haben will, dass er uns wohlwill. Weil uns Jesus Christus Glück und Heil gebracht hat, darum kann es uns glücken, gut miteinander umzugehen. Weil Gott uns seine Freundschaft angetragen hat, sind wir zur Freundschaft fähig. Was das heißt? Zuversichtlich und zugewandt leben; sich nicht aufreiben und nicht wund reiben in den alltäglichen Auseinandersetzungen; schwelenden Streit nicht verdrängen, sondern an Ort und Stelle, dabei besonnen und im Blick auf Verständigung, austragen. Und vor allem: meinen Lebens- und Konfliktpartnern immer wieder friedlich, freundlich entgegenkommen. Ein großes Wort.

ZWEITE LESUNG Kol 3,12–21

Die Liebe ist das Band der Vollkommenheit

Lesung aus dem Brief des Apostels Paulus an die Gemeinde in Kolóssä.

Schwestern und Brüder! Bekleidet euch, als Erwählte Gottes, Heilige und Geliebte, mit innigem Erbarmen, Güte, Demut, Milde, Geduld! Ertragt einander und vergebt einander, wenn einer dem anderen etwas vorzuwerfen hat! Wie der Herr euch vergeben hat, so vergebt auch ihr! Vor allem bekleidet euch mit der Liebe, die das Band der Vollkommenheit ist! Und der Friede Christi triumphiere in euren Herzen. Dazu seid ihr berufen als Glieder des einen Leibes. Seid dankbar!

Das Wort Christi wohne mit seinem ganzen Reichtum bei euch. In aller Weisheit belehrt und ermahnt einander! Singt Gott Psalmen, Hymnen und geistliche Lieder in Dankbarkeit in euren Herzen! Alles, was ihr in Wort oder Werk tut, geschehe im Namen Jesu, des Herrn. Dankt Gott, dem Vater, durch ihn!

Ihr Frauen, ordnet euch den Männern unter, wie es sich im Herrn geziemt! Ihr Männer, liebt die Frauen und seid nicht erbittert gegen sie! Ihr Kinder, gehorcht euren Eltern in allem, denn das ist dem Herrn wohlgefällig! Ihr Väter, schüchtert eure Kinder nicht ein, damit sie nicht mutlos werden!

RUF VOR DEM EVANGELIUM

Duplikat: Vers: Kol 3,15a.16a

Halleluja. Halleluja.
Der Friede Christi triumphiere in euren Herzen.
Das Wort Christi wohne mit seinem ganzen Reichtum bei euch.
Halleluja.

Oder:

ZUR 2. LESUNG Abraham und seine Frau Sara sind alt, ja uralt, als ihnen Nachkommenschaft verheißen wird. Sara ist nicht naiv. Sie kennt die Grenze, die das Alter, der Tod im Leben, ihnen gesetzt hat. Wer könnte diese Grenze verrücken? Wer sollte sie überspringen? Sara ist nicht verrückt. Aber sie hält den für treu, der die Verheißung gegeben hat. Sara und Abraham stehen fest in dem, was sie erhoffen. Sie sind überzeugt von Dingen, die sie nicht sehen. Sie vertrauen einem Gott, der die Macht hat, Tote zum Leben zu erwecken. So werden sie Eltern – unsere Eltern im Glauben.

ZWEITE LESUNG

Hebr 11,8.11–12.17–19

Der Glaube Abrahams, Saras und Isaaks

Lesung aus dem Hebräerbrief.

Aufgrund des Glaubens gehorchte Abraham dem Ruf, wegzuziehen in ein Land, das er zum Erbe erhalten sollte; und er zog weg, ohne zu wissen, wohin er kommen würde.

Aufgrund des Glaubens empfing selbst Sara, die unfruchtbar war, die Kraft, trotz ihres Alters noch Mutter zu werden; denn sie hielt den für treu, der die Verheißung gegeben hatte. So stammen denn auch von einem einzigen Menschen, dessen Kraft bereits erstorben war, viele ab: zahlreich wie die Sterne am Himmel und der Sand am Meeresstrand, den man nicht zählen kann.

Aufgrund des Glaubens hat Abraham den Ísaak hingegeben, als er auf die Probe gestellt wurde; er gab den einzigen Sohn dahin, er, der die Verheißungen empfangen hatte und zu dem gesagt worden war: Durch Ísaak wirst du Nachkommen haben.

Er war überzeugt, dass Gott sogar die Macht hat, von den Toten zu erwecken; darum erhielt er Ísaak auch zurück. Das ist ein Sinnbild.

RUF VOR DEM EVANGELIUM

Vers: vgl. Hebr 1, 1–2

Halleluja. Halleluja.
Einst hat Gott zu den Vätern gesprochen durch die Propheten;
heute aber hat er zu uns gesprochen durch den Sohn.
Halleluja.

ZUM EVANGELIUM Vielleicht wissen wir kaum etwas davon, vielleicht können wir nicht viel darüber sagen, aber jeder und jede von uns trägt eine große Sehnsucht mit sich herum. Die beiden Betagten im Tempel haben diese Sehnsucht ein Leben lang lebendig gehalten. Diese Sehnsucht hat sie am Leben gehalten. Simeon und Hanna sind mit ihrer Hoffnung gewachsen. Die Hoffnung ist mit ihnen gereift. Zwei reife Menschen sehnen sich nach dem Trost und der Erlösung Israels – ihre Sehnsucht hat die Welt schon verändert. In einer Sternstunde erleben sie die Erfüllung ihrer Lebenszeit und aller Zeit: Simeon bedeutet „Erhörung", Hanna heißt „Gnade". Wem kommt das letzte Wort zu: der Kraft der Hoffnung – oder der Schwerkraft der Verhältnisse, der Macht der Entmutigung, des Zynismus und der Resignation? Begraben wir sie achselzuckend als kindische Illusion – oder lassen wir uns, wie Simeon und Hanna, von unserer Sehnsucht zum Ziel unseres Lebens tragen?

EVANGELIUM

Lk 2, 22–40

Das Kind wuchs heran, erfüllt mit Weisheit

+ Aus dem heiligen Evangelium nach Lukas.

Als sich für die Eltern Jesu die Tage der vom Gesetz des Mose vorgeschriebenen Reinigung erfüllt hatten, brachten sie das Kind nach Jerusalem hinauf, um es dem Herrn darzustellen, wie im Gesetz des Herrn geschrieben ist: Jede männliche Erstgeburt soll dem Herrn heilig genannt werden. Auch wollten sie ihr Opfer darbringen, wie es das Gesetz des Herrn vorschreibt: ein Paar Turteltauben oder zwei junge Tauben.

Und siehe, in Jerusalem lebte ein Mann namens Símeon. Dieser Mann war gerecht und fromm und wartete auf den Trost Israels und der Heilige Geist ruhte auf ihm. Vom Heiligen Geist war ihm offenbart worden, er werde den Tod nicht schauen, ehe er den Christus des Herrn gesehen habe.

Er wurde vom Geist in den Tempel geführt; und als die Eltern das Kind Jesus hereinbrachten, um mit ihm zu tun, was nach dem Gesetz üblich war, nahm Símeon das Kind in seine Arme und pries Gott mit den Worten:

Nun lässt du, Herr, deinen Knecht, wie du gesagt hast, in Frieden scheiden. Denn meine Augen haben das Heil gesehen, das du vor allen Völkern bereitet hast, ein Licht, das die Heiden erleuchtet, und Herrlichkeit für dein Volk Israel.

Sein Vater und seine Mutter staunten über die Worte, die über Jesus gesagt wurden. Und Símeon segnete sie und sagte zu Maria, der Mutter Jesu: Siehe, dieser ist dazu bestimmt, dass in Israel viele zu Fall kommen und aufgerichtet werden, und er wird ein Zeichen sein, dem widersprochen wird, – und deine Seele wird ein Schwert durchdringen. So sollen die Gedanken vieler Herzen offenbar werden.

Damals lebte auch Hanna, eine Prophetin, eine Tochter Pénuëls, aus dem Stamm Ascher. Sie war schon hochbetagt. Als junges Mädchen hatte sie geheiratet und sieben Jahre mit ihrem Mann gelebt; nun war sie eine Witwe von vierundachtzig Jahren. Sie hielt sich ständig im Tempel auf und diente Gott Tag und Nacht mit Fasten und Beten.

Zu derselben Stunde trat sie hinzu, pries Gott und sprach über das Kind zu allen, die auf die Erlösung Jerusalems warteten.

Als seine Eltern alles getan hatten, was das Gesetz des Herrn vorschreibt, kehrten sie nach Galiläa in ihre Stadt Nazaret zurück. Das Kind wuchs heran und wurde stark, erfüllt mit Weisheit, und Gottes Gnade ruhte auf ihm.

Oder:

KURZFASSUNG

Lk 2,22.39–40

Das Kind wuchs heran, erfüllt mit Weisheit

+ Aus dem heiligen Evangelium nach Lukas.

Als sich für die Eltern Jesu die Tage der vom Gesetz des Mose vorgeschriebenen Reinigung erfüllt hatten, brachten sie das Kind nach Jerusalem hinauf, um es dem Herrn darzustellen.
Als seine Eltern alles getan hatten, was das Gesetz des Herrn vorschreibt, kehrten sie nach Galiläa in ihre Stadt Nazaret zurück.
Das Kind wuchs heran und wurde stark, erfüllt mit Weisheit, und Gottes Gnade ruhte auf ihm.

Glaubensbekenntnis, S. 484 ff.

FÜRBITTEN

Am Fest der Heiligen Familie verbinden wir uns im Gebet mit Familien weltweit und mit ihren Hoffnungen, Sorgen und Nöten. Tragen wir sie vor den heiligen Gott, der uns nahe sein will wie Mutter und Vater:

- Hilf deiner Kirche, den schwer belasteten Familien ein Ort des Willkommens zu sein. V: Gott, du unsere Hoffnung. A: Höre unser Rufen.
- Stütze die Familien, deren gutes Leben wie aus heiterem Himmel durch einen Schicksalsschlag, durch die lebensbedrohliche Erkrankung eines Kindes oder Elternteils, bedroht ist. V: Gott, du unsere Hoffnung. A: Höre unser Rufen.

- Beschütze die Familien in Kriegs- und Krisengebieten, auf der Flucht und in Lagern. V: Gott, du unsere Hoffnung. A: Höre unser Rufen.
- Sei bei den Kindern und Jugendlichen, denen die Geborgenheit ihrer Familie fehlt, und lass sie Hilfe durch vertrauenswürdige und gute Menschen erfahren. V: Gott, du unsere Hoffnung. A: Höre unser Rufen.
- Umfange unsere lieben Verstorbenen, die für uns da waren, die uns gestärkt und mit ihrer Liebe begleitet haben, mit deinem Licht und deiner Liebe. V: Gott, du unsere Hoffnung. A: Höre unser Rufen.

Erbarmender Gott, als Schwestern und Brüder deines Sohnes gehören wir zu deiner Familie. Hilf uns, einander anzunehmen und miteinander zu wachsen. Darum bitten wir dich durch Jesus Christus, unseren Bruder und Herrn.

EUCHARISTIEFEIER

GABENGEBET

Herr, unser Gott, am Fest der Heiligen Familie bringen wir das Opfer der Versöhnung dar. Höre auf die Fürsprache der jungfräulichen Gottesmutter und des heiligen Josef. Erhalte unsere Familien in deiner Gnade und in deinem Frieden. Darum bitten wir durch Christus, unseren Herrn.

Präfation, S. 493 f.

KOMMUNIONVERS

Bar 3,38

Unser Gott ist auf der Erde erschienen,
als Mensch unter den Menschen.

SCHLUSSGEBET

Gott, unser Vater, du hast uns mit dem Brot des Himmels gestärkt. Bleibe bei uns mit deiner Gnade, damit wir das Vorbild der Heiligen Familie nachahmen und nach der Mühsal dieses Lebens in ihrer Gemeinschaft das Erbe erlangen, das du deinen Kindern bereitet hast. Darum bitten wir durch Christus, unseren Herrn.

FEIERLICHER SCHLUSSSEGEN S. 73

***

GIPFELTREFFEN

Ein alter Mann
trifft das Ziel
seines Lebens
es streckt sich ihm
entgegen

wo Gott wohnt
wendet sich
der Winter
zum Frühling

Blumen sprießen
zeugen Leben

auch in alten Herzen

Heinz Detlef Stäps

OKTAVTAG VON WEIHNACHTEN HOCHFEST DER GOTTESMUTTER MARIA

1. Januar 2021 – Neujahr

Das Wichtigste zuerst – so lautete die Maxime, als ich vor Jahren lernte, für die Kirchenzeitung Nachrichten zu formulieren. Was nicht ganz oben stand, sondern irgendwo weiter unten im Text, stand immer in Gefahr, der Schere – damals noch im wörtlichen Sinne – zum Opfer zu fallen. Herausgekürzt zu werden. Das Wichtigste zuerst! Je kürzer heute die Nachrichten werden, desto wichtiger ist der erste Satz. Die Nachricht für den ersten Tag im Jahr: Oktavtag (achter Tag) von Weihnachten – Hochfest der Gottesmutter Maria. Konzentrierter kann von Gottes eigener Gegenwart im Menschen Jesus gar nicht gesprochen werden. Das Wichtigste in Kürze zum neuen Jahr.

ERÖFFNUNGSVERS

Sedulius

Gruß dir, heilige Mutter, du hast den König geboren,
der in Ewigkeit herrscht über Himmel und Erde.

KYRIE-RUFE

Du Mitte der Zeit, Immanuel, Gott mit uns,
du hast durch deine Geburt auf Erden den Frieden gebracht.
V/A: Herr, erbarme dich.
Du Ziel der Zeit und der Geschichte, du hast
bei deiner Beschneidung den Namen Jesus erhalten – Gott ist Heil.
V/A: Christus, erbarme dich.
Du Herr über Zeit und Ewigkeit, du hast deine Mutter Maria
als Königin des Friedens eingesetzt.
V/A: Herr, erbarme dich.

Ehre sei Gott, S. 481 f.

TAGESGEBET

Barmherziger Gott, durch die Geburt deines Sohnes aus der Jungfrau Maria hast du der Menschheit das ewige Heil geschenkt. Lass uns (auch im neuen Jahr) immer und überall die Fürbitte der gnadenvollen Mutter erfahren, die uns den Urheber des Lebens geboren hat, Jesus Christus, deinen Sohn, unseren Herrn und Gott, der in der Einheit des Heiligen Geistes mit dir lebt und herrscht in alle Ewigkeit.

WORTGOTTESDIENST

ZUR 1. LESUNG Die erste Lesung im neuen Jahr: Zuspruch des Segens! Was für ein Anfang. Mit dem Juden Jesus stellt sich die Christenheit als Leib Christi unter den göttlichen Segen, den Aaron und seine Söhne, die Priester, hebräisch: die „Cohanim“, ganz Israel zusprechen. Zwei Dinge fallen auf beim aaronitischen Segen. Der doppelte Auftrag: von Gott über Mose zu Aaron. Und ein „du“, das ganz Israel umfasst. Warum beauftragt Gott Mose damit, Aaron und seine Söhne zum Segnen zu beauftragen? Vielleicht, weil Mose auch als Prophet gilt. Der Segen wäre dann zugleich prophetische Ansage, eine Deutung der Zeit von Gott her. Zum „Jetzt“ gehört der Segen Gottes. So sehr viele Menschen das „du“ des aaronitischen Segens ganz persönlich hören, es ist ein „du“, das die Einzelnen zur Gemeinschaft verbindet. Gemeinschaft von Gott her! Ein „du“, das die Einzelnen, so gesegnet, ihren ureigenen Gottesweg gehen lässt, und das, gerade so, niemals den Zusammenhang verliert.

ERSTE LESUNG Num 6,22–27

So sollen sie meinen Namen auf die Israeliten legen und ich werde sie segnen

Lesung aus dem Buch Númeri.

Der Herr sprach zu Mose: Sag zu Aaron und seinen Söhnen: So sollt ihr die Israeliten segnen; sprecht zu ihnen:

Der Herr segne dich und behüte dich. Der Herr lasse sein Angesicht über dich leuchten und sei dir gnädig. Der Herr wende sein Angesicht dir zu und schenke dir Frieden.

So sollen sie meinen Namen auf die Israeliten legen und ich werde sie segnen.

ANTWORTPSALM

Ps 67 (66), 2–3.5–6.7–8 (Kv: 2a)

Kv Gott sei uns gnädig und segne uns. – Kv

Gott sei uns gnädig und segne uns. *
Er lasse sein Angesicht über uns leuchten,
damit man auf Erden deinen Weg erkenne, *
deine Rettung unter allen Völkern. – (Kv)

Die Nationen sollen sich freuen und jubeln, /
denn du richtest die Völker nach Recht *
und leitest die Nationen auf Erden.
Die Völker sollen dir danken, o Gott, *
danken sollen dir die Völker alle. – (Kv)

Die Erde gab ihren Ertrag. *
Gott, unser Gott, er segne uns!
Es segne uns Gott! *
Fürchten sollen ihn alle Enden der Erde. – Kv

ZUR 2. LESUNG Biologisch gesehen, ist ein Sohn ein Kind mit dem Erbmaterial der leiblichen Eltern. Ein Kind ist, sozial betrachtet, Teil einer Familie. Sohn sein ist, in biblischer Sicht, vor allem ein Rechtsstatus: Erbe. Bevollmächtigter. Stellvertreter. Nachfolger. Repräsentant. Der Gottessohn, durch Geburt Kind seiner Mutter, eingebettet ins Judentum, macht uns kraft seiner Vollmacht, kraft seines Geistes zu Erben des Vaters, bevollmächtigt uns und hebt uns in den Stand der Freiheit. Uns, die Töchter und Söhne aus den verlorenen Völkern der Welt.

ZWEITE LESUNG Gal 4,4–7

Gott sandte seinen Sohn, geboren von einer Frau, damit wir die Sohnschaft erlangen

Lesung aus dem Brief des Apostels Paulus an die Gemeinden in Galátien.

Schwestern und Brüder! Als die Zeit erfüllt war, sandte Gott seinen Sohn, geboren von einer Frau und dem Gesetz unterstellt, damit er die freikaufe, die unter dem Gesetz stehen, und damit wir die Sohnschaft erlangen.

Weil ihr aber Söhne seid, sandte Gott den Geist seines Sohnes in unsere Herzen, den Geist, der ruft: Abba, Vater.

Daher bist du nicht mehr Sklave, sondern Sohn; bist du aber Sohn, dann auch Erbe, Erbe durch Gott.

RUF VOR DEM EVANGELIUM Vers: vgl. Hebr 1,1–2

Halleluja. Halleluja.
Einst hat Gott zu den Vätern gesprochen durch die Propheten;
heute aber hat er zu uns gesprochen durch den Sohn.
Halleluja.

ZUM EVANGELIUM Auch heute noch: am achten Tag nach der Geburt wird ein jüdischer Junge zum Zeichen des Bundes beschnitten und erhält seinen Namen. Lukas erwähnt das im Blick auf Jesus im zweiten Kapitel des Evangeliums, dem Weihnachts-Kapitel. Zu Recht setzt die Einheitsübersetzung erst danach im Druckbild eine Zäsur. Erst nach dem 21. Vers mit Beschneidung und Namensgebung des Kindes schließt die Weihnachtsgeschichte: „Als acht Tage vorüber waren …" Zugleich verweist die Namensgebung Jesu auf den Beginn der Marien-Geschichte: So hatte der Engel gesprochen, „bevor das Kind im Mutterleib empfangen war". Das neue Jahr beginnt also unter und mit dem Namen Jesu, mit der Verheißung und dem Versprechen an Maria: Jesus! Der Name bedeutet, aus dem Hebräischen übersetzt: Gott hilft! Gott rettet! Ähnlich wie der Oktavtag (der achte Tag) Ostern nach der Karwoche, ist der Oktavtag von Weihnachten Ende und Neubeginn zugleich.

EVANGELIUM

Lk 2,16–21

Sie fanden Maria und Josef und das Kind.
Als acht Tage vorüber waren, gab man dem Kind den Namen Jesus

+ Aus dem heiligen Evangelium nach Lukas.

In jener Zeit eilten die Hirten nach Betlehem und fanden Maria und Josef und das Kind, das in der Krippe lag. Als sie es sahen, erzählten sie von dem Wort, das ihnen über dieses Kind gesagt worden war. Und alle, die es hörten, staunten über das, was ihnen von den Hirten erzählt wurde.

Maria aber bewahrte alle diese Worte und erwog sie in ihrem Herzen.

Die Hirten kehrten zurück, rühmten Gott und priesen ihn für alles, was sie gehört und gesehen hatten, so wie es ihnen gesagt worden war.

Als acht Tage vorüber waren und das Kind beschnitten werden sollte, gab man ihm den Namen Jesus, den der Engel genannt hatte, bevor das Kind im Mutterleib empfangen war.

Glaubensbekenntnis, S. 484 ff.

FÜRBITTEN

Maria hat Gott vertraut, deshalb wurde uns im Kind in der Krippe das Heil von Gott her geschenkt. Wir bitten Gott um sein Geleit in diesem neuen Jahr:

- Nicht alles war gut im vergangenen Jahr. Gedankenlosigkeit, Lieblosigkeit und Härte haben Eingang gefunden in unseren Alltag. Wir bitten um die Kraft der Liebe. V: Gott, Herr unserer Zeit. A: Höre unser Rufen.

- Menschen in unserem Umfeld, aber auch viele Menschen weltweit, waren von Schicksalsschlägen, von Naturkatastrophen und Gewalt betroffen. Wir bitten um die Kraft zu solidarischer Hilfe. V: Gott, Herr unserer Zeit. A: Höre unser Rufen.

- Überraschend Schönes, Freundlichkeit, Zuwendung von lieben Menschen durften wir im jüngst vergangenen Jahr erfahren. Wir bitten um die Gabe, das Beglückende und Erfüllende unseres Lebens zu erkennen und uns daran zu freuen. V: Gott, Herr unserer Zeit. A: Höre unser Rufen.

- Auch das neue Jahr kann den Tod von Menschen, die wir kennen, schätzen, lieben, mit sich bringen. Wir bitten um deinen liebenden Beistand für alle Menschen, die schwer krank sind und den Tod vor Augen haben. V: Gott, Herr unserer Zeit. A: Höre unser Rufen.

Ewiger Gott, unsere Zeit liegt in deinen Händen. Darauf dürfen wir vertrauen, zusammen mit der Gottesmutter Maria, die mit ihrem freien Ja dem Heil der Welt Bahn brach. So bitten wir heute um dein Geleit und deinen Segen für dieses neue Jahr.

EUCHARISTIEFEIER

GABENGEBET

Barmherziger Gott, von dir kommt alles Gute und du führst es zum Ziel. Wir danken dir für den Anfang des Heiles, das du uns in der Geburt deines Sohnes aus der Jungfrau Maria eröffnet hast. Höre auf ihre Fürsprache und führe uns (in diesem Jahr) näher zu dir. Darum bitten wir durch Christus, unseren Herrn.

PRÄFATION

In Wahrheit ist es würdig und recht, dir, Herr, heiliger Vater, immer und überall zu danken, weil du Großes getan hast an der seligen Jungfrau Maria. Vom Heiligen Geist überschattet, hat sie deinen eingeborenen Sohn empfangen und im Glanz unversehrter Jungfräulichkeit der Welt das ewige Licht geboren, unseren Herrn Jesus Christus. Durch ihn loben die Engel deine Herrlichkeit, beten dich an die Mächte, erbeben die Gewalten. Die Himmel und die himmlischen Kräfte und die seligen Serafim feiern dich jubelnd im Chore. Mit ihrem Lobgesang lass auch unsere Stimmen sich vereinen und voll Ehrfurcht rufen: Heilig …

KOMMUNIONVERS Hebr 13,8

Jesus Christus ist derselbe
gestern und heute und in Ewigkeit.

SCHLUSSGEBET

Herr, unser Gott, am Fest der seligen Jungfrau Maria, die wir als Mutter deines Sohnes und Mutter der Kirche bekennen, haben wir voll Freude das heilige Sakrament empfangen. Lass es uns eine Hilfe sein, die uns zum ewigen Leben führt. Darum bitten wir durch Christus, unseren Herrn.

FEIERLICHER SCHLUSSSEGEN

Gott, unser Vater, der Quell und Ursprung alles Guten, gewähre euch seinen Segen und erhalte euch im neuen Jahr unversehrt an Leib und Seele. – A: Amen.
Er bewahre euch im rechten Glauben, in unerschütterlicher Hoffnung und in der Geduld unbeirrbarer Liebe. – A: Amen.

Eure Tage ordne er in seinem Frieden, eure Bitten erhöre er heute und immerdar; am Ende eurer Jahre schenke er euch das ewige Leben. – A: Amen.
Das gewähre euch der dreieinige Gott, der Vater und der Sohn † und der Heilige Geist. – A: Amen.

***

JESUS SOLL DIE LOSUNG SEIN

Jesus soll die Losung sein,
da ein neues Jahr erschienen;
Jesu Name soll allein
denen heut zum Zeichen dienen,
die in seinem Bunde stehn
und auf seinen Wegen gehn.

Jesus, aller Bürger Heil,
und der Stadt ein Gnadenzeichen,
auch des Landes bestes Teil,
dem kein Kleinod zu vergleichen,
Jesus, unser Trost und Hort,
sei die Losung fort und fort.

Benjamin Schmolck

2. SONNTAG NACH WEIHNACHTEN

3. Januar 2021

„Guten Rutsch!" Oft mit einem Augenzwinkern gesagt, der alte Neujahrsgruß und -wunsch. Nein, kein Aus- oder Hineinrutschen. Sondern, in der Sprache der Bibel: Mögest du einen guten „Rosch" haben (hebräisch), einen guten Anfang des Jahres. Einen guten Rutsch; das ist der fromme Wunsch, dass der Herr das Kommen und das Gehen auch dieses Jahres behüte.

ERÖFFNUNGSVERS

Weish 18,14–15

Als tiefes Schweigen das All umfing
und die Nacht bis zur Mitte gelangt war,
da stieg dein allmächtiges Wort, o Herr,
vom Himmel herab, vom königlichen Thron.

KYRIE-RUFE

Herr Jesus Christus, du bist das wahre Licht,
das in die Welt gekommen ist.
V/A: Herr, erbarme dich.
Du hast allen, die dich aufnahmen, Macht gegeben,
Kinder Gottes zu werden.
V/A: Christus, erbarme dich.
Du hast unter uns gewohnt,
und wir haben deine Herrlichkeit gesehen.
V/A: Herr, erbarme dich.

Ehre sei Gott, S. 481 f.

TAGESGEBET

Allmächtiger, ewiger Gott, du erleuchtest alle, die an dich glauben. Offenbare dich den Völkern der Erde, damit alle Menschen das Licht deiner Herrlichkeit schauen. Darum bitten wir durch Jesus Christus.

WORTGOTTESDIENST

ZUR 1. LESUNG „Eulen nach Athen tragen"? Das aus der Antike stammende Sprichwort hat mit der griechischen Götterwelt zu tun. War doch die Eule der Vogel Athenes, der Göttin der Weisheit und Schutzpatronin Athens. Griechenland und ganz besonders Athen ein Hort der Weisheit – das gehörte zum griechischen Selbstverständnis und Selbstbild. Vielleicht hatte das der jüdische Gelehrte Jesus Sirach vor Augen, als er die allegorische Gestalt der Weisheit in Jerusalem leben und aufleben ließ, ein Gegenentwurf! Die Weisheit: Geschöpf des biblischen Gottes; mit Israel und seiner Geschichte verbunden; ihre Heimat findet sich auf dem Zion und zugleich in der Höhe, bei Gott. Ihr Inhalt: die Weisung Gottes, die Tora. Der Weise Jesus Sirach scheut nicht die Begegnung mit der griechischen Mehrheitskultur seiner Zeit. Er setzt ihr sein Bild von Weisheit entgegen. Wenn an manchen anderen Stellen das Frauenbild des Jesus Sirach auch irritieren mag: der lebendigen, lebensfrohen Gestalt der Weisheit gilt unsere Liebe. Ihrer Weisung können wir trauen.

ERSTE LESUNG Sir 24,1–2.8–12 (1–4.12–16)

Die Weisheit Gottes schlug Wurzeln in einem ruhmreichen Volk

Lesung aus dem Buch Jesus Sirach.

Die Weisheit lobt sich selbst und inmitten ihres Volkes rühmt sie sich. In der Versammlung des Höchsten öffnet sie ihren Mund und in Gegenwart seiner Macht rühmt sie sich:

Der Schöpfer des Alls gebot mir, der mich schuf, ließ mein Zelt einen Ruheplatz finden. Er sagte: In Jakob schlag dein Zelt auf und in Israel sei dein Erbteil!

Vor der Ewigkeit, von Anfang an, hat er mich erschaffen und bis in Ewigkeit vergehe ich nicht. Im heiligen Zelt diente ich vor ihm, so wurde ich auf dem Zion fest eingesetzt.

In der Stadt, die er ebenso geliebt hat, ließ er mich Ruhe finden, in Jerusalem ist mein Machtbereich, ich schlug Wurzeln in einem ruhmreichen Volk, im Anteil des Herrn, seines Erbteils.

ANTWORTPSALM

Ps 147,12–13.14–15.19–20 (Kv: Joh 1,14)

Kv Das Wort ist Fleisch geworden und hat unter uns gewohnt. – Kv

(*Oder:* Halleluja.)

Jerusalem, rühme den HERRN! *
Zion, lobe deinen Gott!
Denn er hat die Riegel deiner Tore festgemacht, *
die Kinder in deiner Mitte gesegnet. – (Kv)

Er verschafft deinen Grenzen Frieden, *
er sättigt dich mit bestem Weizen.
Er sendet seinen Spruch zur Erde, *
in Eile läuft sein Wort dahin. – (Kv)

Er verkündet Jakob sein Wort, *
Israel seine Gesetze und seine Entscheide.
An keinem anderen Volk hat er so gehandelt, *
sie kennen sein Recht nicht. – Kv

ZUR 2. LESUNG Auch im Zeitalter von Twitter und WhatsApp: nicht wenige Menschen scheuen die immer gleichen Worte bei Gratulationen und noch mehr in schweren Lebenslagen. „Ich wünsche dir

Kraft“ – ja, woher nur? Bin ich doch selber schwach und kann nur wünschen und hoffen. „Bleib gesund“, „halt dich tapfer“; wer sensibel ist, spürt die Gefahr, dem anderen zu viel aufzulasten, gar den Auftrag zu geben: „Zieh dich am eigenen Schopf, durch eigene Kraft aus dem Sumpf.“ Oder, das ist die andere Seite, sich selbst mit Wünschen wie „alles Gute!“, „viel Glück!“ zu viel anzumaßen. Als ob ich es in Händen hätte, was ich dem und der anderen wünsche. Im englischen Sprachraum scheint „God bless you“ leichter von den Lippen zu gehen. Gott segne dich! Gott gebe dir von seiner Kraft! So, wie es die Epistellesung zeigt: sie erzählt von der Erfahrung mit den großen Taten Gottes. Und dann, ein kleines Stück weiter, schließt das Segenswort sich an: Gott, der Vater Jesu Christi, gebe euch Weisheit, erleuchte die Augen eures Herzens, schenke Einsicht und Freude an Gottes Wirken in eurem Leben! Die Last ist Gott anvertraut. Ich mute sie meinem Gegenüber nicht zu und maße sie mir nicht an. Stattdessen der Zuspruch: „Es segne dich Gott. Sein ist Kraft und Herrlichkeit. Sein ist Weisheit und Einsicht. Davon schenke er dir.“ So kann ich reden, ohne dich oder mich zu belasten. Ohne dich oder mich zu überfordern. Es segne dich Gott.

ZWEITE LESUNG

Eph 1,3–6.15–18

Gott hat uns im Voraus dazu bestimmt, seine Söhne zu werden durch Jesus Christus

Lesung aus dem Brief des Apostels Paulus an die Gemeinde in Éphesus.

Gepriesen sei Gott, der Gott und Vater unseres Herrn Jesus Christus. Er hat uns mit allem Segen seines Geistes gesegnet durch unsere Gemeinschaft mit Christus im Himmel. Denn in ihm hat er uns erwählt vor der Grundlegung der Welt, damit wir heilig und untadelig leben vor ihm. Er hat uns aus Liebe im Voraus dazu bestimmt, seine Söhne zu werden durch Jesus Christus und zu ihm zu gelangen nach seinem gnädigen Willen, zum Lob seiner herrlichen Gnade. Er hat sie uns geschenkt in seinem geliebten Sohn.

Darum höre ich nicht auf, für euch zu danken, wenn ich in meinen Gebeten an euch denke; denn ich habe von eurem Glauben an Jesus, den Herrn, und von eurer Liebe zu allen Heiligen gehört. Der Gott Jesu Christi, unseres Herrn, der Vater der Herrlichkeit, gebe euch den Geist der Weisheit und Offenbarung, damit ihr ihn erkennt. Er erleuchte die Augen eures Herzens, damit ihr versteht, zu welcher Hoffnung ihr durch ihn berufen seid, welchen Reichtum die Herrlichkeit seines Erbes den Heiligen schenkt.

RUF VOR DEM EVANGELIUM

Vers: vgl. 1 Tim 3,16

Halleluja. Halleluja.
Christus, offenbart im Fleisch, verkündet unter den Völkern,
Christus, geglaubt in der Welt: Ehre sei dir!
Halleluja.

ZUM EVANGELIUM Gottesbegegnungen, Gotteserscheinungen oszillieren biblisch stets zwischen dem Wunder der Nähe auf der einen Seite und ehrfurchtsgebietender Distanz auf der anderen. Das prägt auch den sogenannten Johannesprolog, das „Vorwort"-Lied des Evangeliums. Auch wenn wir gewohnt sind, von der Menschwerdung Gottes zu sprechen, das Evangelium tut es nicht. Vielmehr hält es fest: „Und das Wort (!) ist Fleisch geworden" (Vers 14). Zugleich sind die Anklänge an die Schöpfungsgeschichte unübersehbar. Wie Gott die Welt durch sein Wort erschafft (Genesis 1), so ist die johanneische Gemeinde, die johanneische Kirche, Schöpfung des ins Fleisch gekommenen Gottes-Wortes. Ähnlich wie im ersten Henochbuch (42,1–3), einem Buch außerbiblischer jüdischer Tradition, und anders als bei Jesus Sirach (vgl. die erste Lesung), die Weisheit keinen Platz findet auf Erden unter den Menschen, so ergeht es im Johannes-Evangelium dem Wort Gottes, dem Licht der Welt, so ergeht es dem Christus Jesus. Er erfährt weder freudige Aufnahme noch ehrfurchtsvolle Distanz, sondern Distanzierung, Abwertung, Abwehr. Und mit ihm die Gemeinde. Doch wenn ich einmal Gesehenes nicht mehr ungesehen machen kann und wenn einmal Gehörtes lange haften bleibt – um wie viel mehr sind dann unauslöschlich Sein Wort und Sein Licht!

EVANGELIUM

Joh 1,1–18

Das Wort ist Fleisch geworden und hat unter uns gewohnt

+ Aus dem heiligen Evangelium nach Johannes.

Im Anfang war das Wort und das Wort war bei Gott und das Wort war Gott. Dieses war im Anfang bei Gott. Alles ist durch das Wort geworden und ohne es wurde nichts, was geworden ist. In ihm war Leben und das Leben war das Licht der Menschen. Und das Licht leuchtet in der Finsternis und die Finsternis hat es nicht erfasst.

Ein Mensch trat auf, von Gott gesandt; sein Name war Johannes. Er kam als Zeuge, um Zeugnis abzulegen für das Licht, damit alle durch ihn zum Glauben kommen. Er war nicht selbst das Licht, er sollte nur Zeugnis ablegen für das Licht.

Das wahre Licht, das jeden Menschen erleuchtet, kam in die Welt. Er war in der Welt und die Welt ist durch ihn geworden, aber die Welt erkannte ihn nicht. Er kam in sein Eigentum, aber die Seinen nahmen ihn nicht auf.

Allen aber, die ihn aufnahmen, gab er Macht, Kinder Gottes zu werden, allen, die an seinen Namen glauben, die nicht aus dem Blut, nicht aus dem Willen des Fleisches, nicht aus dem Willen des Mannes, sondern aus Gott geboren sind.

Und das Wort ist Fleisch geworden und hat unter uns gewohnt und wir haben seine Herrlichkeit geschaut, die Herrlichkeit des einzigen Sohnes vom Vater, voll Gnade und Wahrheit.

Johannes legt Zeugnis für ihn ab und ruft: Dieser war es, über den ich gesagt habe: Er, der nach mir kommt, ist mir voraus, weil er vor mir war. Aus seiner Fülle haben wir alle empfangen, Gnade über Gnade.

Denn das Gesetz wurde durch Mose gegeben, die Gnade und die Wahrheit kamen durch Jesus Christus. Niemand hat Gott je gesehen. Der Einzige, der Gott ist und am Herzen des Vaters ruht, er hat Kunde gebracht.

Oder:

KURZFASSUNG

Joh 1,1–5.9–14

Das Wort ist Fleisch geworden und hat unter uns gewohnt

+ Aus dem heiligen Evangelium nach Johannes.

Im Anfang war das Wort und das Wort war bei Gott und das Wort war Gott. Dieses war im Anfang bei Gott. Alles ist durch das Wort geworden und ohne es wurde nichts, was geworden ist. In ihm war Leben und das Leben war das Licht der Menschen. Und das Licht leuchtet in der Finsternis und die Finsternis hat es nicht erfasst.

Das wahre Licht, das jeden Menschen erleuchtet, kam in die Welt. Er war in der Welt und die Welt ist durch ihn geworden, aber die Welt erkannte ihn nicht. Er kam in sein Eigentum, aber die Seinen nahmen ihn nicht auf.

Allen aber, die ihn aufnahmen, gab er Macht, Kinder Gottes zu werden, allen, die an seinen Namen glauben, die nicht aus dem Blut, nicht aus dem Willen des Fleisches, nicht aus dem Willen des Mannes, sondern aus Gott geboren sind.

Und das Wort ist Fleisch geworden und hat unter uns gewohnt und wir haben seine Herrlichkeit geschaut, die Herrlichkeit des einzigen Sohnes vom Vater, voll Gnade und Wahrheit.

Glaubensbekenntnis, S. 484 ff.

FÜRBITTEN

Jetzt ist die Zeit und jetzt ist die Stunde für einen echten Neubeginn. Bitten wir den Gott des Lebens, dass wir die Chance zum ersten Schritt, die das neue Jahr für uns bereithält, nicht versäumen:

- Wir beten für alle, die voll Sorge auf das neue Jahr blicken, weil sie krank sind oder weil sie in Unruhe um Angehörige und Freunde sind. V: Gott, du Freund des Lebens. A: Wir bitten dich, erhöre uns.

- Wir beten für alle, die freudig auf dieses neue Jahr schauen, weil es ihnen den Aufbruch in eine neue Lebensphase bringen soll, einen Schulabschluss, den Start ins Berufsleben. V: Gott, du Freund des Lebens. A: Wir bitten dich, erhöre uns.
- Wir beten für alle, die hoffnungsvoll auf dieses Jahr schauen, weil in diesem Jahr ein Kind ihr Leben bereichern und verändern wird. V: Gott, du Freund des Lebens. A: Wir bitten dich, erhöre uns.
- Wir beten für alle, die voll Energie auf dieses neue Jahr zugehen, weil sie sich für ein soziales Projekt engagieren möchten. V: Gott, du Freund des Lebens. A: Wir bitten dich, erhöre uns.
- Wir beten für alle, die traurig auf dieses Jahr schauen, durch das sie nun ohne den geliebten Menschen gehen müssen, den sie verloren haben. V: Gott, du Freund des Lebens. A: Wir bitten dich, erhöre uns.
- Wir beten für alle, die aus vergangenen Fehlern lernen und liebevoller leben wollen. V: Gott, du Freund des Lebens. A: Wir bitten dich, erhöre uns.

Vater im Himmel, dein ist die Zeit, durch die du uns geleiten willst. So bitten wir um deinen Beistand für unser Beginnen und Bemühen auf unserem Weg durch unsere Zeit. Sei du uns nahe im Heiligen Geist durch Jesus Christus, deinen Sohn.

EUCHARISTIEFEIER

GABENGEBET

Herr, unser Gott, heilige unsere Gaben durch die Menschwerdung deines Sohnes. Durch seine Geburt hast du allen Menschen den Weg der Wahrheit gewiesen und ihnen dein Reich verheißen. Lass uns in dieser Feier verkosten, was du denen bereitet hast, die dich lieben. Darum bitten wir durch Christus, unseren Herrn.

Präfation, S. 493 f.

KOMMUNIONVERS

Joh 1,12

Allen, die ihn aufnahmen,
gab er Macht, Kinder Gottes zu werden.

SCHLUSSGEBET

Herr, unser Gott, befreie uns durch die Wirkung dieses Sakramentes von unseren Fehlern und Sünden. Erfülle unser Verlangen und schenke uns alles, was wir zum Heil nötig haben. Darum bitten wir durch Christus, unseren Herrn.

***

DAMIT WIR DER ANGST STANDHALTEN

Gott, der Vater, möge uns begleiten
und seine schützende Hand über uns halten,
damit wir nicht fallen.
Gott, der Sohn, möge uns begleiten
und an unserer Seite bleiben,
damit wir der Angst und der Dunkelheit standhalten.
Gott, der Heilige Geist, möge uns begleiten
und uns aufrichten,
damit wir gestärkt werden
in der Hoffnung auf Leben.
So begleite, schütze und segne uns
der dreifaltige Gott,
der Vater und der Sohn und der Heilige Geist.

Alfons Gerhardt/ Dorothee Sandherr-Klemp

ERSCHEINUNG DES HERRN – HOCHFEST

6. Januar 2021

Heute werden wieder an vielen Türen die Sternsinger klingeln. Um Gottes Segen in die Häuser zu tragen und Kindern Gutes zukommen zu lassen. Die Liebe Gottes zu den Kindern seines Volkes soll sich spiegeln in unserer Zuwendung zu den Kindern aller Völker. Von der bitteren Realität, dass Kinder von Eltern getrennt werden, Eltern von ihren Kindern, dass Geschwister auseinandergerissen werden durch Krieg, Bürgerkrieg, auf der Flucht und durch Exil, durch politische Eingriffe, davon weiß die alttestamentliche Lesung des Tages nur zu sehr. Und kennt ein Gegenprogramm: Gottes Gegenwart, Gottes Erscheinen in der Welt, das Aufscheinen seines Lichts in der Finsternis.

ERÖFFNUNGSVERS

Vgl. Mal 3,1; 1 Chr 19,12

Seht, gekommen ist der Herrscher, der Herr.
In seiner Hand ist die Macht und das Reich.

KYRIE-RUFE

Herr Jesus Christus, du bist das Licht der Völker,
heute ist dein Stern über uns aufgegangen.
V/A: Herr, erbarme dich.
Du erstrahlst als das Licht in der Finsternis,
und die Finsternis hat es nicht erfasst.
V/A: Christus, erbarme dich.
Du bist das Licht, das die Heiden erleuchtet,
und Herrlichkeit für dein Volk Israel.
V/A: Herr, erbarme dich.

Ehre sei Gott, S. 481 f.

TAGESGEBET

Allherrschender Gott, durch den Stern, dem die Weisen gefolgt sind, hast du am heutigen Tag den Heidenvölkern deinen Sohn geoffenbart. Auch wir haben dich schon im Glauben erkannt. Führe uns vom Glauben zur unverhüllten Anschauung deiner Herrlichkeit. Darum bitten wir durch Jesus Christus.

WORTGOTTESDIENST

ZUR 1. LESUNG Steh auf, werde licht – sprächen wir hebräisch, würden wir sofort verstehen: der Weck- und Morgenruf richtet sich an ein Mädchen, eine Frau. An die personifizierte Stadt Jerusalem. Ähnlich wie Jesu Ruf an die Tochter des Synagogenvorstehers ergeht (Mk 5,41): Talita kum! Mädchen, steh auf! Auch Jerusalem blickt im Licht Gottes hinaus auf ein neues Leben. Sie darf aufschauen und aufatmen: Ihre Kinder kommen aus dem Exil wieder zu ihr. Söhne und Töchter; gerade die Mädchen mit besonderer Zärtlichkeit getragen, huckepack, oder auf der Hüfte, betreut und sicher, umsorgt und behütet. Und wie Mose (Ex 34,29–35), dessen Gesicht glänzt und strahlt nach der Gottesbegegnung am Sinai, wird Jerusalem zur lichten, strahlenden Zeugin der Gegenwart Gottes, seines Aufscheinens und Erscheinens in der Welt.

ERSTE LESUNG Jes 60,1–6

Die Herrlichkeit des Herrn geht strahlend auf über dir

Lesung aus dem Buch Jesája.

Steh auf, werde licht, Jerusalem, denn es kommt dein Licht und die Herrlichkeit des HERRN geht strahlend auf über dir.

Denn siehe, Finsternis bedeckt die Erde und Dunkel die Völker, doch über dir geht strahlend der HERR auf, seine Herrlichkeit erscheint über dir. Nationen wandern zu deinem Licht und Könige zu deinem strahlenden Glanz.

Erhebe deine Augen ringsum und sieh: Sie alle versammeln sich, kommen zu dir. Deine Söhne kommen von fern, deine Töchter werden auf der Hüfte sicher getragen. Da wirst du schauen und strahlen, dein Herz wird erbeben und sich weiten.

Denn die Fülle des Meeres wendet sich dir zu, der Reichtum der Nationen kommt zu dir. Eine Menge von Kamelen bedeckt dich, Hengste aus Mídian und Efa. Aus Saba kommen sie alle, Gold und Weihrauch bringen sie und verkünden die Ruhmestaten des HERRN.

ANTWORTPSALM Ps 72 (71),1–2.7–8.10–11.12–13 (Kv: 11)

Kv Alle Könige werfen sich vor ihm nieder,
es dienen ihm alle Völker. – Kv

Verleih dein Richteramt, o Gott, dem König, *
dem Königssohn gib dein gerechtes Walten.
Er regiere dein Volk in Gerechtigkeit *
und deine Elenden durch rechtes Urteil. – (Kv)

In seinen Tagen sprosse der Gerechte *
und Fülle des Friedens, bis der Mond nicht mehr da ist.
Er herrsche von Meer zu Meer, *
vom Strom bis an die Enden der Erde. – (Kv)

Die Könige von Tarschisch und von den Inseln bringen Gaben, *
mit Tribut nahen die Könige von Scheba und Saba.
Alle Könige werfen sich vor ihm nieder, *
es dienen ihm alle Völker. – (Kv)

Ja, er befreie den Armen, der um Hilfe schreit, *
den Elenden und den, der keinen Helfer hat.
Er habe Mitleid mit dem Geringen und Armen, *
er rette das Leben der Armen. – Kv

ZUR 2. LESUNG Auch wenn viele von einer Bekehrung des Paulus sprechen – seine Begegnung mit dem Auferstandenen steht eigentlich in einer Reihe mit all den anderen Berufungen in der Schrift: der eines Mose, eines Jesaja oder Jeremia. Der besondere Auftrag des Paulus und sein guter Grund: Jesus ist der Christus Gottes, der Gesalbte, der Messias. Mit der messianischen Zeit eröffnet sich für die Heiden, die Völker der Welt, ein Zugang zum Gott der Schrift. Davon zu künden ist die besondere Berufung des Saul aus Tarsus, der sich auch Paulus nennt.

ZWEITE LESUNG

Eph 3,2–3a.5–6

Jetzt ist offenbart worden: Auch die Heiden haben an der Verheißung in Christus Jesus teil

Lesung aus dem Brief des Apostels Paulus an die Gemeinde in Éphesus.

Schwestern und Brüder! Ihr habt gehört, welches Amt die Gnade Gottes mir für euch verliehen hat. Durch eine Offenbarung wurde mir das Geheimnis kundgetan. Den Menschen früherer Generationen wurde es nicht kundgetan, jetzt aber ist es seinen heiligen Aposteln und Propheten durch den Geist offenbart worden: dass nämlich die Heiden Miterben sind, zu demselben Leib gehören und mit teilhaben an der Verheißung in Christus Jesus durch das Evangelium.

RUF VOR DEM EVANGELIUM

Vers: vgl. Mt 2,2

Halleluja. Halleluja.
Wir haben seinen Stern gesehen
und sind gekommen, dem Herrn zu huldigen.
Halleluja.

ZUM EVANGELIUM Heidnische Sterndeuter, Astrologen aus dem Osten, suchen den König der Juden. Sie haben einen berühmten Vorgänger: den Seher Bileam vom Ufer des Euphrat (Num 22–24) Auch der hatte, unter Druck, vergleichbar dem, unter den die Sterndeuter bei Herodes geraten, nichts anderes sagen können als: „Ein Stern geht in Jakob auf, ein Zepter (also ein König) erhebt sich in Israel“ (Num 24,15). Insofern sind unsere Sterndeuter zugleich Propheten. Von Bileam her gelesen, können wir sie verstehen als von Gott angetriebene, gesandte, verpflichtete Menschen. „Wir haben seinen Stern aufgehen sehen!“ Dass sie uns als Könige erscheinen, ist mehr als Volksfrömmigkeit. Es ist vielmehr die Auslegung des 72. Psalms. Der Psalm ist so etwas wie eine Fürbitte für den König, für Salomo, den Sohn Davids. Ihm bringen die Könige aus der Ferne ihren Tribut: königliche Gaben. Und ihre Verehrung. Und dann legen die Schriftgelehrten Jerusalems neben Tora (das Buch Numeri) und Schriften (mit dem Buch der Psalmen) noch eine dritte Spur. Die Spur der Prophetie nämlich, aus dem Buch Micha (5,1.3): Aus Betlehem wird der Fürst und Hirte Israels hervorgehen. Drei Spuren, drei Stränge, die sich verflechten. Eine so feste Schnur reißt nichts entzwei (Koh 4,12). Kein Jota geht Matthäus verloren.

EVANGELIUM Mt 2,1–12

Wir haben seinen Stern aufgehen sehen und sind gekommen, um ihm zu huldigen

+ Aus dem heiligen Evangelium nach Matthäus.

Als Jesus zur Zeit des Königs Herodes in Betlehem in Judäa geboren worden war, siehe, da kamen Sterndeuter aus dem Osten nach Jerusalem und fragten: Wo ist der neugeborene König der Juden? Wir haben seinen Stern aufgehen sehen und sind gekommen, um ihm zu huldigen.

Als König Herodes das hörte, erschrak er und mit ihm ganz Jerusalem. Er ließ alle Hohepriester und Schriftgelehrten des Volkes zusammenkommen und erkundigte sich bei ihnen, wo der Christus geboren werden solle.

Sie antworteten ihm: in Betlehem in Judäa; denn so steht es geschrieben bei dem Propheten:

Du, Betlehem im Gebiet von Juda, bist keineswegs die unbedeutendste unter den führenden Städten von Juda; denn aus dir wird ein Fürst hervorgehen, der Hirt meines Volkes Israel.

Danach rief Herodes die Sterndeuter heimlich zu sich und ließ sich von ihnen genau sagen, wann der Stern erschienen war. Dann schickte er sie nach Betlehem und sagte: Geht und forscht sorgfältig nach dem Kind; und wenn ihr es gefunden habt, berichtet mir, damit auch ich hingehe und ihm huldige!

Nach diesen Worten des Königs machten sie sich auf den Weg.

Und siehe, der Stern, den sie hatten aufgehen sehen, zog vor ihnen her bis zu dem Ort, wo das Kind war; dort blieb er stehen. Als sie den Stern sahen, wurden sie von sehr großer Freude erfüllt. Sie gingen in das Haus und sahen das Kind und Maria, seine Mutter; da fielen sie nieder und huldigten ihm. Dann holten sie ihre Schätze hervor und brachten ihm Gold, Weihrauch und Myrrhe als Gaben dar.

Weil ihnen aber im Traum geboten wurde, nicht zu Herodes zurückzukehren, zogen sie auf einem anderen Weg heim in ihr Land.

Glaubensbekenntnis, S. 484 ff.

FÜRBITTEN

Wie sehr bedürfen wir des leuchtenden Sterns – und mutiger Menschen, die aufbrechen, ihn neu zu suchen. Wir bitten Gott um seinen Beistand:

- Hilf deiner Kirche, wenn sie sich durch den Glanz der Macht blenden lässt, und bestärke sie darin, deinem Licht zu folgen. V/A: Höre und erhöre uns.

- Ermutige im Jahr des Ökumenischen Kirchentages die zertrennten Kirchen, sich aus Erstarrung und Gewohnheit zu lösen und das Ziel der Einheit in dir zu suchen. V/A: Höre und erhöre uns.

- Stärke die suchenden und fragenden Menschen aller Generationen und lass dein Licht über ihnen leuchten. V/A: Höre und erhöre uns.
- Segne die Kinder und Jugendlichen, die in diesen Tagen deinen Stern durch die Straßen tragen und so auch an die weltweite Verantwortung der Christenheit erinnern. V/A: Höre und erhöre uns.
- Segne die Kranken und geleite die Sterbenden durch dein Licht in ein geborgenes Sein bei dir. V/A: Höre und erhöre uns.

Erbarmender Gott, hilf uns, deinem Stern zu folgen und in deinem Licht zu leben, heute und alle Tage, die du uns schenken willst.

EUCHARISTIEFEIER

GABENGEBET

Allmächtiger Gott, nimm die Gaben deiner Kirche an. Sie bringt nicht mehr Gold, Weihrauch und Myrrhe dar, sondern er, den diese Gaben bezeichnen, wird für uns geopfert und uns zur Speise gegeben, unser Herr Jesus Christus, der mit dir lebt und herrscht in alle Ewigkeit.

PRÄFATION

In Wahrheit ist es würdig und recht, dir, Herr, heiliger Vater, allmächtiger, ewiger Gott, immer und überall zu danken. Denn heute enthüllst du das Geheimnis unseres Heiles, heute offenbarst du das Licht der Völker, deinen Sohn Jesus Christus. Er ist als sterblicher Mensch auf Erden erschienen und hat uns neu geschaffen im Glanz seines göttlichen Lebens. Darum singen wir mit den Engeln und Erzengeln, den Thronen und Mächten und mit all den Scharen des himmlischen Heeres den Hochgesang von deiner göttlichen Herrlichkeit: Heilig …

KOMMUNIONVERS

Vgl. Mt 2,2

Wir haben seinen Stern aufgehen sehen
und sind gekommen,
dem Herrn mit Geschenken zu huldigen.

SCHLUSSGEBET

Wir danken dir, allmächtiger Gott, für die heiligen Gaben und bitten dich: Erhelle unsere Wege mit dem Licht deiner Gnade, damit wir in Glauben und Liebe erfassen, was du uns im Geheimnis der Eucharistie geschenkt hast. Darum bitten wir durch Christus, unseren Herrn.

FEIERLICHER SCHLUSSSEGEN

Gott, unser Vater, hat uns aus der Finsternis in sein wunderbares Licht gerufen; er segne euch und stärke euch im Glauben, in der Hoffnung und in der Liebe. – A: Amen.
Und Christus, der heute der Welt erschienen ist als Licht in der Finsternis, leuchte auf in euren Herzen und mache euer Leben zum Licht für eure Brüder. – A: Amen.
Die Weisen sind dem Stern gefolgt und haben Christus gefunden; Gott führe auch euch auf dem Weg der irdischen Pilgerschaft zur Anschauung seiner Herrlichkeit. – A: Amen.
Das gewähre euch der dreieinige Gott, der Vater und der Sohn † und der Heilige Geist. – A: Amen.

***

MÄDCHEN, STEH AUF

Botschaft der Weihnacht: Mädchen, steh auf!
Deine Berufung: Mädchen, steh auf!
Wort der Schrift: Mädchen, steh auf!
Mädchen, steh auf!
Wie Sara, Mirjam und Tamar,
wie Debora, Hulda und Ruth,
wie Maria und Magdalena aufstanden
im Licht Gottes
und seinem Ruf folgten: Mädchen, steh auf!

Kira Busch-Wagner

Zeit im Jahreskreis

TAUFE DES HERRN – FEST

10. Januar 2021

Im Markus-Evangelium steht die Taufe Jesu dort, wo sich bei Matthäus die Weihnachtsgeschichte findet und im Evangelium des Johannes der Prolog, das einleitende Lied. Taufe ist bei Markus Gestalt dessen, dass das Wort ins Fleisch kommt. Ins hinfällige, vergängliche Menschsein, begrenzt durch Geburt und Tod. Wenn Jesus sich taufen lässt bei Johannes, taucht er ein ins Menschsein. Er taucht ein in den Untergang. Gleich zu Beginn. So wird der Weg ans Kreuz unvermeidlich. In der Taufe nun bindet sich Gott durch sein Wort. Und verheißt Leben in seiner Gegenwart. In dieser und der kommenden Welt.

ERÖFFNUNGSVERS

Vgl. Mt 3,16–17

Als Jesus getauft war, öffnete sich der Himmel,
und er sah den Geist Gottes wie eine Taube
auf sich herabkommen.
Und die Stimme des Vaters aus dem Himmel sprach:
Das ist mein geliebter Sohn, an dem ich Gefallen habe.

KYRIE-RUFE

Herr Jesus Christus, du hast dich von Johannes
im Jordan taufen lassen.
V/A: Herr, erbarme dich.

Du hast den Himmel sich öffnen und den Geist
wie eine Taube auf dich herabkommen sehen.
V/A: Christus, erbarme dich.
Du bist Gottes geliebter Sohn,
an dem er Gefallen gefunden hat.
V/A: Herr, erbarme dich.

Ehre sei Gott, S. 481 f.

TAGESGEBET

Allmächtiger, ewiger Gott, bei der Taufe im Jordan kam der Heilige Geist auf unseren Herrn Jesus Christus herab und du hast ihn als deinen geliebten Sohn geoffenbart. Gib, dass auch wir, die aus dem Wasser und dem Heiligen Geist wiedergeboren sind, in deinem Wohlgefallen stehen und als deine Kinder aus der Fülle dieses Geistes leben. Darum bitten wir durch Jesus Christus.

WORTGOTTESDIENST

ZUR 1. LESUNG Vier Lieder vom Gottesknecht überliefert der Prophet. Manchmal scheint eine konkrete Einzelperson im Blick zu sein, dann wieder könnte der Gottesknecht für ganz Israel stehen. Heute hören wir das erste Lied. Es schildert einen von Gott erwählten und eingesetzten Herrscher, oder ist vom Gottesvolk Israel die Rede? So oder so; fehlt dem Gottesknecht nicht alles, was man so braucht, um an die Macht zu kommen und dauerhaft an der Macht zu bleiben: Durchsetzungsfreude, Unempfindlichkeit bis zur Eiseskälte, Härte, ergebene einflussreiche und wohlhabende Freunde, eine gut geölte Kriegsmaschinerie? Was kann das schon für eine Macht sein, die keine andere Grundlage hat als den Einsatz für die Schwachen und Bedrängten, für die Blinden, für die Gefangenen und in Dunkelhaft Liegenden; für ihr Recht, für Gerechtigkeit? Ist das nicht vielmehr Ohnmacht? Kann das gut gehen? Kann das gut ausgehen? Der Glaube fragt anders: Kann das scheitern? Kann der scheitern? Kann ein Mensch zugrunde gehen, der in seinem Handeln Gott gleicht, dem Schöpfer Himmels und der Erde, und den Gott stützend, hilfreich, liebend an der Hand fasst? Jener Gott, von dem der Psalmist sagt: „Gerechtigkeit und Recht sind die Stützen seines Throns"? (Ps 97,2)

ERSTE LESUNG Jes 42,5a.1–4.6–7

Siehe, das ist mein Knecht, an ihm finde ich Gefallen

Lesung aus dem Buch Jesája.

So spricht Gott, der HERR: Siehe, das ist mein Knecht, den ich stütze; das ist mein Erwählter, an ihm finde ich Gefallen. Ich habe meinen Geist auf ihn gelegt, er bringt den Nationen das Recht. Er schreit nicht und lärmt nicht und lässt seine Stimme nicht auf der Gasse erschallen. Das geknickte Rohr zerbricht er nicht und den glimmenden Docht löscht er nicht aus; ja, er bringt wirklich das Recht. Er verglimmt nicht und wird nicht geknickt, bis er auf der Erde das Recht begründet hat. Auf seine Weisung warten die Inseln.

Ich, der HERR, habe dich aus Gerechtigkeit gerufen, ich fasse dich an der Hand. Ich schaffe und mache dich zum Bund mit dem Volk, zum Licht der Nationen, um blinde Augen zu öffnen, Gefangene aus dem Kerker zu holen und die im Dunkel sitzen, aus der Haft.

ANTWORTPSALM Ps 29 (28),1–2.3ac–4.3b u. 9b–10 (Kv: vgl. 11b)

Kv Der HERR schenkt seinem Volk den Frieden. – Kv

Bringt dar dem HERRN, ihr Himmlischen, *
bringt dar dem HERRN Ehre und Macht!
Bringt dar dem HERRN die Ehre seines Namens, *
werft euch nieder vor dem HERRN in heiliger Majestät! – (Kv)

Die Stimme des HERRN über den Wassern: *
der HERR über gewaltigen Wassern.
Die Stimme des HERRN voller Kraft, *
die Stimme des HERRN voll Majestät. – (Kv)

Der Gott der Ehre hat gedonnert. *
In seinem Palast ruft alles: Ehre!
Der HERR thronte über der Flut, *
der HERR thronte als König in Ewigkeit. – Kv

Oder:

ZUR 1. LESUNG Lateinisch gibt es nur ein Wort für Preis und für Wert: pretium. Preis und Wert liegen im Idealfall der Ökonomie dicht beieinander. Jesajas Gottesrede beschreibt einen Zustand, wo Preis und Wert fast unendlich auseinanderliegen. Und zwar zulasten der Bedürftigen, oder im Jargon der Wirtschaft: „der Verbraucher". Für den Propheten steht fest: sie zahlen für Wertloses und schätzen gering, was wertvoll ist, ihnen aber gratis zur Verfügung steht. „Gratis", zu Deutsch: aus Freundlichkeit. Aus Entgegenkommen. Aus Gnade. Die Gottesrede versucht werbend, durch Werbung (!), dem etwas entgegenzusetzen. Werbung nun in ihrer ursprünglichsten Bedeutung: dass die, dass der Umworbene sich doch zuwenden möge mit Augen und Ohren. Wo doch Gottes Bundestreue zu Israel um Davids willen so groß ist, dass sie überfließt und heilvoll wird selbst für die Völker der Welt. Als „Sohn Davids" ist uns, der Kirche aus den Völkern der Welt, Jesus zum Zeugen, zum Umwerber geworden, der uns einlädt, an Israel heranzutreten. In solcher Nähe zu kosten von Gottes Gedanken, die zum Heil und zum Frieden führen (Jesaja 55,12–13).

ERSTE LESUNG Jes 55,1–11

Kommt zum Wasser; hört und ihr werdet aufleben!

Lesung aus dem Buch Jesája.

So spricht der Herr: Auf, alle Durstigen, kommt zum Wasser! Die ihr kein Geld habt, kommt, kauft Getreide und esst, kommt und kauft ohne Geld und ohne Bezahlung Wein und Milch! Warum bezahlt ihr mit Geld, was euch nicht nährt, und mit dem Lohn eurer Mühen, was euch nicht satt macht? Hört auf mich, dann bekommt ihr das Beste zu essen und könnt euch laben an fetten Speisen! Neigt euer Ohr und kommt zu mir, hört und ihr werdet aufleben! Ich schließe mit euch einen ewigen Bund: Die Erweise der Huld für David sind beständig.

Siehe, ich habe ihn zum Zeugen für die Völker gemacht, zum Fürsten und Gebieter der Nationen. Siehe, eine Nation, die du nicht kennst, wirst du rufen und eine Nation, die dich nicht kannte, eilt zu dir, um des HERRN, deines Gottes, des Heiligen Israels willen, weil er dich herrlich gemacht hat.

Sucht den HERRN, er lässt sich finden, ruft ihn an, er ist nah! Der Frevler soll seinen Weg verlassen, der Übeltäter seine Pläne. Er kehre um zum HERRN, damit er Erbarmen hat mit ihm, und zu unserem Gott; denn er ist groß im Verzeihen. Meine Gedanken sind nicht eure Gedanken und eure Wege sind nicht meine Wege – Spruch des HERRN. So hoch der Himmel über der Erde ist, so hoch erhaben sind meine Wege über eure Wege und meine Gedanken über eure Gedanken.

Denn wie der Regen und der Schnee vom Himmel fällt und nicht dorthin zurückkehrt, ohne die Erde zu tränken und sie zum Keimen und Sprossen zu bringen, dass sie dem Sämann Samen gibt und Brot zum Essen, so ist es auch mit dem Wort, das meinen Mund verlässt: Es kehrt nicht leer zu mir zurück, ohne zu bewirken, was ich will, und das zu erreichen, wozu ich es ausgesandt habe.

ANTWORTPSALM

Jes 12,2.3 u. 4bcd.5–6 (Kv: 3)

Kv Ihr werdet Wasser freudig schöpfen
aus den Quellen des Heils. – Kv

Siehe, Gott ist mein Heil; *
ich vertraue und erschrecke nicht.
Denn meine Stärke und mein Lied ist Gott, der HERR. *
Er wurde mir zum Heil. – (Kv)

Ihr werdet Wasser freudig schöpfen *
aus den Quellen des Heiles.
Dankt dem HERRN! Ruft seinen Namen an! /
Macht unter den Völkern seine Taten bekannt, *
verkündet: Sein Name ist erhaben! – (Kv)

Singet dem HERRN, denn Überragendes hat er vollbracht; *
bekannt gemacht sei dies auf der ganzen Erde.
Jauchzt und jubelt, ihr Bewohner Zions; *
denn groß ist in eurer Mitte der Heilige Israels. – Kv

ZUR 2. LESUNG Petrus begreift und bekennt: Gott sieht auf jede und jeden, der tut, was recht ist. Im heutigen Jerusalem ist den Gerechten aus den Völkern ein Wald gewidmet. Baum für Baum steht für je einen Menschen, der Leben gerettet hat aus der Gewalt der Hölle, der Vernichtungshölle des Nationalsozialismus.
Wären es doch mehr gewesen, mehr geworden aus dem Kreis all jener, die Jesus als den Gesalbten Gottes, als Christus und als ihren Herrn bezeugen. Als den, der Gutes tat und heilte und Leben bringt. Gott sieht auf jede und jeden, der tut, was recht ist. Petrus versteht das als eine Haltung, die offen ist und weit, nicht als eine, die einengt. Petrus soll recht behalten!

ZWEITE LESUNG

Apg 10,34–38

Gott hat Jesus gesalbt mit dem Heiligen Geist

Lesung aus der Apostelgeschichte.

In jenen Tagen begann Petrus zu reden und sagte: Wahrhaftig, jetzt begreife ich, dass Gott nicht auf die Person sieht, sondern dass ihm in jedem Volk willkommen ist, wer ihn fürchtet und tut, was recht ist.

Er hat das Wort den Israeliten gesandt, indem er den Frieden verkündete durch Jesus Christus: Dieser ist der Herr aller.

Ihr wisst, was im ganzen Land der Juden geschehen ist, angefangen in Galiläa, nach der Taufe, die Johannes verkündet hat:

wie Gott Jesus von Nazaret gesalbt hat mit dem Heiligen Geist und mit Kraft, wie dieser umherzog, Gutes tat und alle heilte, die in der Gewalt des Teufels waren; denn Gott war mit ihm.

RUF VOR DEM EVANGELIUM

Vers: vgl. Mt 3,16.17; Mk 9,7

Halleluja. Halleluja.
Der Himmel tat sich auf und eine Stimme sprach:
Das ist mein geliebter Sohn; auf ihn sollt ihr hören.
Halleluja.

Oder:

ZUR 2. LESUNG Seit sie klein waren, haben meine Kinder unendliche Mengen der „3 ???"-Kassetten gehört. Wenn sie sich heute treffen, längst erwachsen, gibt es immer noch bestimmte Redewendungen, bestimmte Bemerkungen, manche Witze, mit denen sie Bezug nehmen auf die gemeinsamen Hörerlebnisse, auf die Geschichten, die sie gemeinsam kennen. Fast so etwas wie eine Geheimsprache. Innerbiblisch gilt Ähnliches. Und das sogar bei Erfahrungen, die wirklich existenziell, prägend, tief waren. Wasser? Hilfreich, wenn es aus einer reinen Quelle kommt. Viel öfter aber bedrohlich, größte Gefahr. Drohender Untergang, vor dem Gott rettet – wie am Schilfmeer. Wie bei Jona. Wie auf dem See Gennesaret im Sturm. Und Blut? Blut ist Leben, Blut gehört Gott, Blut hat Kräfte, wie beim Schutz, den das Blut des Lammes den Israeliten bietet vor dem Tod, der draußen umgeht und die Erstgeburt tötet. Geist, Wasser, Blut, Zeugnis vom Sohn, Rettung für Menschen. Fast eine Geheimsprache. Eine, die von Rettung erzählt. Wir können einsteigen, um sie kennenzulernen.

ZWEITE LESUNG

1 Joh 5,1–9

Drei sind es, die Zeugnis geben: der Geist, das Wasser und das Blut

Lesung aus dem ersten Johannesbrief.

Schwestern und Brüder! Jeder, der glaubt, dass Jesus der Christus ist, ist aus Gott gezeugt und jeder, der den Vater liebt, liebt auch den, der aus ihm gezeugt ist. Daran erkennen wir, dass wir die Kinder Gottes lieben: wenn wir Gott lieben und seine Gebote erfüllen.

Denn darin besteht die Liebe zu Gott, dass wir seine Gebote halten; und seine Gebote sind nicht schwer. Denn alles, was aus Gott gezeugt ist, besiegt die Welt. Und das ist der Sieg, der die Welt besiegt hat: unser Glaube. Wer sonst besiegt die Welt, außer dem, der glaubt, dass Jesus der Sohn Gottes ist?

Dieser ist es, der durch Wasser und Blut gekommen ist: Jesus Christus. Er ist nicht nur im Wasser gekommen, sondern im Wasser und im Blut. Und der Geist ist es, der Zeugnis ablegt; denn der Geist ist die Wahrheit. Denn drei sind es, die Zeugnis ablegen: der Geist, das Wasser und das Blut; und diese drei sind eins.

Wenn wir von Menschen ein Zeugnis annehmen, so ist das Zeugnis Gottes größer; denn das ist das Zeugnis Gottes: Er hat Zeugnis abgelegt von seinem Sohn.

RUF VOR DEM EVANGELIUM

Vers: vgl. Joh 1,29

Halleluja. Halleluja.
Johannes sah Jesus auf sich zukommen und sagte:
Seht, das Lamm Gottes, das die Sünde der Welt hinwegnimmt.
Halleluja.

ZUM EVANGELIUM Hätte man Jesus erkennen können als den Stärkeren, den Größeren, den Entscheidenderen nach Johannes? Als den, von dem Johannes der Täufer geredet hatte? Wohl kaum. Nichts an seiner Gestalt wird als größer, nichts als mächtiger, nichts als stärker beschrieben. Wohl aber wird gesagt: Gott hat seine Wahl getroffen. Du bist mein geliebter Sohn. An dir habe ich meine Freude. Zugleich ist Gottes Wahl ein Auftrag. So wie (1 Sam 16) die Wahl Davids, der fast übersehen worden wäre, Auftrag bedeutet. Jesu Auftrag: ganz Mensch zu sein. Kein Wunder, dass Satan auch gleich (Vers 12) ausprobiert, wie es sich denn mit Jesu Menschsein verhält. Und er muss erkennen: Jesus ist neuer Mensch. Reis aus der Wurzel Isai, wie Jesaja (Kapitel 11) es schildert. Auf dem der Geist Gottes ruht. Der allein durch sein Wort Gerechtigkeit hervorruft. Während zugleich die wilden Tiere sich Kindern und Säuglingen fügen. Einen Vers lang blitzt die Verheißung hervor. Dann zeigt sich wieder die Tiefe des Menschseins, die harte Realität. Johannes wird ausgeliefert, wie später Jesus. Johannes ist noch nicht tot, da verkündet jetzt Jesus: Das Reich Gottes ist nahe.

EVANGELIUM Mk 1,7–11

Du bist mein geliebter Sohn, an dir habe ich Wohlgefallen gefunden

+ Aus dem heiligen Evangelium nach Markus.

In jener Zeit trat Johannes in der Wüste auf und verkündete: Nach mir kommt einer, der ist stärker als ich; ich bin es nicht wert, mich zu bücken und ihm die Riemen der Sandalen zu lösen. Ich habe euch mit Wasser getauft, er aber wird euch mit dem Heiligen Geist taufen.

In jenen Tagen kam Jesus aus Nazaret in Galiläa und ließ sich von Johannes im Jordan taufen. Und sogleich, als er aus dem Wasser stieg, sah er, dass der Himmel aufriss und der Geist wie eine Taube auf ihn herabkam. Und eine Stimme aus dem Himmel sprach: Du bist mein geliebter Sohn, an dir habe ich Wohlgefallen gefunden.

Glaubensbekenntnis, S. 484 ff.

FÜRBITTEN

Allen Menschen ist in der Taufe die gleiche Gnade zugesagt. Das kann, das darf nicht ohne Folgen bleiben, denn als Getaufte sind wir unauslöschlich mit dem dreieinen Gott verbunden. Am Fest der Taufe Jesu bitten wir:

- Für die Kirche, dass sie die Taufgnade aller Menschen ernst nimmt und die Gaben der Getauften erkennt und fördert. V: Vater im Himmel. A: Höre unser Rufen.
- Für alle Kinder, die in diesem Jahr getauft werden, dass sie im Glauben und in der Liebe wachsen können, weil sie geborgen sind in der Liebe ihrer Eltern. V: Vater im Himmel. A: Höre unser Rufen.
- Für alle jungen Menschen, die sich in diesem Jahr entscheiden müssen, welchen Ausbildungsweg sie einschlagen, dass sie Menschen finden, die sie stärken und ihnen zur Seite stehen. V: Vater im Himmel. A: Höre unser Rufen.
- Für die vielen jungen Menschen weltweit, deren Lebenswege hart und eng sind, und die keine Chancen auf schulische Ausbildung und berufliche Entwicklung haben. V: Vater im Himmel. A: Höre unser Rufen.
- Für alle, die ihre Heimat verlassen haben, weil sie bedroht und bedrängt werden oder weil sie materiell nicht überleben können. V: Vater im Himmel. A: Höre unser Rufen.
- Für alle, die ihr Christsein ernst nehmen und Not und Traurigkeit der Menschen in ihrem Alltag nicht übersehen. V: Vater im Himmel. A: Höre unser Rufen.

Gott, du Quell unseres Lebens, hilf uns, einander zu stärken auf unserem Weg und immer mehr aus der Taufgnade zu leben, die uns geschenkt ist. So bitten wir durch Jesus, deinen geliebten Sohn, unseren Herrn und Bruder.

EUCHARISTIEFEIER

GABENGEBET

Gott, unser Vater, wir feiern den Tag, an dem du Jesus als deinen geliebten Sohn geoffenbart hast. Nimm unsere Gaben an und mache sie zum Opfer Christi, der die Sünden der ganzen Welt abgewaschen hat. Er, der mit dir lebt und herrscht in alle Ewigkeit.

PRÄFATION

In Wahrheit ist es würdig und recht, dir, allmächtiger Vater, zu danken und deine Größe zu preisen. Denn bei der Taufe im Jordan offenbarst du das Geheimnis deines Sohnes durch wunderbare Zeichen: Die Stimme vom Himmel verkündet ihn als deinen geliebten Sohn, der auf Erden erschienen ist, als dein ewiges Wort, das unter uns Menschen wohnt. Der Geist schwebt über ihm in Gestalt einer Taube und bezeugt ihn als deinen Knecht, den du gesalbt hast, den Armen die Botschaft der Freude zu bringen. Darum singen wir mit den Engeln und Erzengeln, den Thronen und Mächten und mit all den Scharen des himmlischen Heeres den Hochgesang von deiner göttlichen Herrlichkeit: Heilig …

KOMMUNIONVERS

Joh 1,30.34

Dieser ist es, über den Johannes gesagt hat:
Ich habe es gesehen und lege Zeugnis ab:
Dieser ist der Sohn Gottes.

SCHLUSSGEBET

Gütiger Gott, du hast uns mit deinem Wort und dem Brot des Lebens genährt. Gib, dass wir gläubig auf deinen Sohn hören, damit wir deine Kinder heißen und es in Wahrheit sind. Darum bitten wir durch Christus, unseren Herrn.

***

DIE CHRISTLICHE TAUFE

Jesus Christus ist unser Heil. Durch ihn hat Gott die Gottesferne des Sünders überwunden (Römer 5,10), um uns zu Söhnen und Töchtern Gottes zu machen. Als Teilhabe am Geheimnis von Christi Tod und Auferstehung bedeutet die Taufe Neugeburt in Jesus Christus. Wer dieses Sakrament empfängt und im Glauben Gottes Liebe bejaht, wird mit Christus und zugleich mit seinem Volk aller Zeiten und Orte vereint. Als ein Zeichen der Einheit aller Christen verbindet die Taufe mit Jesus Christus, dem Fundament dieser Einheit. Trotz Unterschieden im Verständnis von Kirche besteht zwischen uns ein Grundeinverständnis über die Taufe.
Deshalb erkennen wir jede nach dem Auftrag Jesu im Namen des Vaters und des Sohnes und des Heiligen Geistes mit der Zeichenhandlung des Untertauchens im Wasser bzw. des Übergießens mit Wasser vollzogene Taufe an und freuen uns über jeden Menschen, der getauft wird. Diese wechselseitige Anerkennung der Taufe ist Ausdruck des in Jesus Christus gründenden Bandes der Einheit (Epheser 4,4–6). Die so vollzogene Taufe ist einmalig und unwiederholbar.
Wir bekennen mit dem Dokument von Lima: Unsere eine Taufe in Christus ist „ein Ruf an die Kirchen, ihre Trennungen zu überwinden und ihre Gemeinschaft sichtbar zu manifestieren“ (Konvergenzerklärung der Kommission für Glaube und Kirchenverfassung des Ökumenischen Rates der Kirchen, Taufe, Nr. 6).

Magdeburger Erklärung
(vom 29. April 2007, erste formelle Vereinbarung über die wechselseitige Anerkennung der in elf verschiedenen Kirchen in Deutschland vollzogenen Taufen)

2. SONNTAG IM JAHRESKREIS

17. Januar 2021

Der Sonntag nach dem Sonntag, der der Taufe Jesu gedenkt, lädt ein, ein weiteres Mal innezuhalten. Noch einmal den Gedanken zu vertiefen, wie es sich denn mit dem Ruf Gottes, mit der Berufung jedes einzelnen Menschen verhält. Was für den Einzelnen gilt, gilt letztlich auch für die Gemeinde, die Kirche als Ganzes, für den Leib Christi. Den Ruf Gottes findet der Leib Christi nicht in sich selbst. Der Leib Christi muss hinaushören. Die Stimmen unterscheiden. Auf Gottes Wort hören. Um dann den nächsten Schritt zu wagen.

ERÖFFNUNGSVERS — Ps 66 (65),4

Alle Welt bete dich an, o Gott, und singe dein Lob,
sie lobsinge deinem Namen, du Allerhöchster.

KYRIE-RUFE

Herr Jesus Christus, du rufst die Menschen, neu zu denken
und an das Evangelium zu glauben.
V/A: Herr, erbarme dich.
Du rufst die Jünger, dir nachzufolgen
und deinen Weg zu teilen: Kommt und seht.
V/A: Christus, erbarme dich.
Du rufst Menschen zu einem besonderen Dienst –
zu verkündigen und zu Menschenfischern zu werden.
V/A: Herr, erbarme dich.

Ehre sei Gott, S. 481 f.

TAGESGEBET

Allmächtiger Gott, du gebietest über Himmel und Erde, du hast Macht über die Herzen der Menschen. Darum kommen wir voll Vertrauen zu dir; stärke alle, die sich um die Gerechtigkeit mühen, und schenke unserer Zeit deinen Frieden. Darum bitten wir durch Jesus Christus.

WORTGOTTESDIENST

ZUR 1. LESUNG Dreimal hört Samuel sich von Eli, dem Priester, gerufen. Und Eli erweist sich als eine wahre und wirkliche Autorität. Er verzichtet auf den Genuss, selbst im Mittelpunkt der Aufmerksamkeit zu stehen. Eli weist den Jungen Samuel von sich weg auf Gott. Er hilft ihm, seinen Weg zu finden. Wohl dem, der solche Begleiterinnen, Begleiter hat auf dem Weg der Berufung, wie auch immer sie aussieht. Menschen, die nicht sich selbst, nicht die eigenen Pläne, die eigenen Träume als Ziel ihrer Pädagogik, ihrer Lehre, ihrer Vorbildlichkeit verstehen, sondern von sich wegzuweisen vermögen: Und der Person, die sich ihnen anvertraut, wird es möglich, Gottes Stimme, den wahren Ruf, zu hören.

ERSTE LESUNG 1 Sam 3, 3b–10.19

Rede, Herr! Dein Diener hört

Lesung aus dem ersten Buch Sámuel.

In jenen Tagen schlief der junge Sámuel im Tempel des Herrn, wo die Lade Gottes stand. Da rief der Herr den Sámuel und Sámuel antwortete: Hier bin ich. Dann lief er zu Eli und sagte: Hier bin ich, du hast mich gerufen. Eli erwiderte: Ich habe dich nicht gerufen. Geh wieder schlafen! Da ging er und legte sich wieder schlafen.

Der Herr rief noch einmal: Sámuel! Sámuel stand auf und ging zu Eli und sagte: Hier bin ich, du hast mich gerufen. Eli erwiderte: Ich habe dich nicht gerufen, mein Sohn. Geh wieder schlafen! Sámuel kannte den Herrn noch nicht und das Wort des Herrn war ihm noch nicht offenbart worden.

Da rief der Herr den Sámuel wieder, zum dritten Mal. Er stand auf und ging zu Eli und sagte: Hier bin ich, du hast mich gerufen. Da merkte Eli, dass der Herr den Knaben gerufen hatte. Eli sagte zu Sámuel: Geh, leg dich schlafen! Wenn er dich ruft, dann antworte: Rede, Herr; denn dein Diener hört. Sámuel ging und legte sich an seinem Platz nieder.

Da kam der Herr, trat heran und rief wie die vorigen Male: Sámuel, Sámuel! Und Sámuel antwortete:

Rede, denn dein Diener hört. Sámuel wuchs heran und der Herr war mit ihm und ließ keines von all seinen Worten zu Boden fallen.

ANTWORTPSALM

Ps 40 (39), 2 u. 4ab.7–8.9–10 (Kv: vgl. 8a.9a)

Kv Mein Gott, ich komme;
deinen Willen zu tun, ist mein Gefallen. – Kv

Ich hoffte, ja ich hoffte auf den Herrn. *
Da neigte er sich mir zu und hörte mein Schreien.
Er gab mir ein neues Lied in den Mund, *
einen Lobgesang auf unseren Gott. – (Kv)

An Schlacht- und Speiseopfern hattest du kein Gefallen, /
doch Ohren hast du mir gegraben, *
Brand- und Sündopfer hast du nicht gefordert.
Da habe ich gesagt: Siehe, ich komme. *
In der Buchrolle steht es über mich geschrieben. – (Kv)

Deinen Willen zu tun, mein Gott, war mein Gefallen *
und deine Weisung ist in meinem Innern.
Gerechtigkeit habe ich in großer Versammlung verkündet, *
meine Lippen verschließe ich nicht; Herr, du weißt es. – Kv

ZUR 2. LESUNG Dass Christentum leibfeindlich sei, gilt oft als ausgemacht. Doch anders als manche griechischen Philosophen, versteht Paulus den Leib nicht als Gefängnis der Seele, sondern als Tempel des Geistes. Und er nennt die Gemeinde den Leib Christi. Leibfeindlichkeit sieht anders aus. Erst wenn „Unzucht“ mit Sexualität gleichgesetzt wird, wird die ethische Rede vom Leib zur menschenfeindlichen Überforderung. Zur menschenverachtenden Feindschaft. Leib: ja; leibliches Lernen, leibliches Erleben: nein!? Paulus fürchtet zutiefst, was er in seiner Welt als verbunden mit Sexualität erlebt: Über- und Unterordnung. Gewalt und Erniedrigung. Nein, Leib ist kein Gefängnis für Seele und Geist. Sondern Bereich der Begegnung, in Verantwortung vor Gott. Bei jedem einzelnen Menschen. In der ganzen Gemeinde.

ZWEITE LESUNG 1 Kor 6,13c–15a.17–20

Eure Leiber sind Glieder Christi

Lesung aus dem ersten Brief des Apostels Paulus an die Gemeinde in Korínth.

Schwestern und Brüder! Der Leib ist nicht für die Unzucht da, sondern für den Herrn und der Herr für den Leib. Gott hat den Herrn auferweckt; er wird durch seine Macht auch uns auferwecken.

Wisst ihr nicht, dass eure Leiber Glieder Christi sind? Wer sich an den Herrn bindet, ist *ein* Geist mit ihm. Meidet die Unzucht! Jede Sünde, die der Mensch tut, bleibt außerhalb des Leibes. Wer aber Unzucht treibt, versündigt sich gegen den eigenen Leib.

Oder wisst ihr nicht, dass euer Leib ein Tempel des Heiligen Geistes ist, der in euch wohnt und den ihr von Gott habt? Ihr gehört nicht euch selbst; denn um einen teuren Preis seid ihr erkauft worden. Verherrlicht also Gott in eurem Leib!

RUF VOR DEM EVANGELIUM

Vers: vgl. Joh 1,41.17b

Halleluja. Halleluja.
Wir haben den Messias gefunden, den Gesalbten des Herrn.
Die Gnade und die Wahrheit sind durch ihn gekommen.
Halleluja.

ZUM EVANGELIUM „Nun, seid ihr angekommen?“, werde ich nach dem letzten Umzug immer wieder gefragt. Dahinter steht natürlich die Frage: Ist die neue Adresse ein Zuhause geworden? Kennt ihr jetzt Menschen und ihre Gepflogenheiten? Habt ihr Beziehungen geknüpft? Zwischen Ankommen und Bleiben kann eine fruchtbare Spannung bestehen bleiben. Im Johannes-Evangelium gibt es eine Menge von Bewegungen. Johannes der Täufer sieht Jesus vorbeigehen, nicht bleiben. Schüler des Johannes brechen auf, gehen weg von Johannes und schließen sich Jesus an. Zugleich wollen sie sehen, wo er seine Bleibe hat. Ihres eigenen Bleibens ist dort offenbar nur kurz. Schon ist Andreas unterwegs in der Nachfolge. Er legt vor seinem Bruder Simon ein Zeugnis ab. Zeugnis von Jesus, dem Christus, dem Messias. Und der Messias Jesus beruft Simon zum Felsen der kleinen Gemeinschaft. Gehen und bleiben, aufbrechen und sich anschließen, feststellen, feststehen und fest stehen – jedes Mal eine andere Situation, bevor es weitergeht. Seid ihr angekommen? Ja, schon. Um zu bleiben und um aufzubrechen. Immer neu.

EVANGELIUM

Joh 1,35–42

Sie folgten Jesus und sahen, wo er wohnte, und blieben bei ihm

+ Aus dem heiligen Evangelium nach Johannes.

In jener Zeit stand Johannes am Jordan, wo er taufte, und zwei seiner Jünger standen bei ihm. Als Jesus vorüberging, richtete Johannes seinen Blick auf ihn und sagte: Seht, das Lamm Gottes! Die beiden Jünger hörten, was er sagte, und folgten Jesus.

Jesus aber wandte sich um, und als er sah, dass sie ihm folgten, sagte er zu ihnen: Was sucht ihr? Sie sagten zu ihm: Rabbi – das heißt übersetzt: Meister –, wo wohnst du? Er sagte zu ihnen: Kommt und seht! Da kamen sie mit und sahen, wo er wohnte, und blieben jenen Tag bei ihm; es war um die zehnte Stunde.

Andreas, der Bruder des Simon Petrus, war einer der beiden, die das Wort des Johannes gehört hatten und Jesus gefolgt waren. Dieser traf zuerst seinen Bruder Simon und sagte zu ihm: Wir haben den Messias gefunden – das heißt übersetzt: Christus – der Gesalbte. Er führte ihn zu Jesus. Jesus blickte ihn an und sagte: Du bist Simon, der Sohn des Johannes, du sollst Kephas heißen, das bedeutet: Petrus, Fels.

Glaubensbekenntnis, S. 484 ff.

FÜRBITTEN

Meister, wo wohnst du? Die Jünger möchten Jesus nahe sein. Seine Nähe suchen auch wir. Wir bitten ihn:

- Führe alle, die an dich glauben, zur Einheit im Bekenntnis und im gläubigen Tun. V: Christus, höre uns. A: Christus, erhöre uns.
- Stärke alle, die die erlösende Botschaft von Gottes Zuwendung zur Welt in die Welt tragen. V: Christus, höre uns. A: Christus, erhöre uns.
- Segne alle, die Vorurteile und Hass überwinden und Schritte des Friedens gehen. V: Christus, höre uns. A: Christus, erhöre uns.
- Sei bei den Trauernden und lass sie Menschen finden, die ihnen Zeit und Raum für ihre Trauer zugestehen. V: Christus, höre uns. A: Christus, erhöre uns.
- Umfange die Sterbenden mit deiner vergebenden Liebe und lass sie leben in deinem Licht und deinem Frieden. V: Christus, höre uns. A: Christus, erhöre uns.

Jesus ist der von Gott gesandte Mensch, der Messias, dem die Jüngerinnen und Jünger einst folgten und in dessen Spur auch wir leben dürfen. Dafür danken wir, heute und allezeit.

EUCHARISTIEFEIER

GABENGEBET

Herr, gib, dass wir das Geheimnis des Altares ehrfürchtig feiern; denn sooft wir die Gedächtnisfeier dieses Opfers begehen, vollzieht sich an uns das Werk der Erlösung. Durch Christus, unseren Herrn.

Präfation, S. 496 ff.

KOMMUNIONVERS 1 Joh 4,16

Wir haben die Liebe erkannt und an die Liebe geglaubt,
die Gott zu uns hat.

SCHLUSSGEBET

Barmherziger Gott, du hast uns alle mit dem einen Brot des Himmels gestärkt. Erfülle uns mit dem Geist deiner Liebe, damit wir ein Herz und eine Seele werden. Darum bitten wir durch Christus, unseren Herrn.

***

Für eine Wort-Gottes-Feier:

ERÖFFNUNGSGEBET ZUR WAHL

Gott, unser Heil, du rufst uns durch das Wort deines Sohnes und lädst uns ein, ihm zu folgen. Wir bitten dich: Öffne unsere Ohren und unsere Herzen, damit wir erfüllt werden von seiner Botschaft und seine Nähe erfahren. Das gewähre uns durch ihn, unseren Herrn Jesus Christus, der mit dir lebt in der Gemeinschaft des Heiligen Geistes jetzt und in Ewigkeit.

***

BERUFUNG

„Schweige und höre,
neige deines Herzens Ohr,
suche den Frieden."

Michael Hermes OSB nach der Benediktsregel

Berufung.
Ein Ruf. Und jemand wird gerufen.
Ruf fragt nach Antwort.
Berufung ist Dialog.
Wir bitten für Frauen und Männer,
berufen zum Dienst in der Kirche.
Mit Haut und Haaren. Mit Leib und Seele.
Zum Dienst am Leib Christi.
An all seinen Gliedern.

Kira Busch-Wagner

3. SONNTAG IM JAHRESKREIS

24. Januar 2021

Im Spätsommer 2019 hat Papst Franziskus den 3. Sonntag im Jahreskreis zum Sonntag des Wortes Gottes bestimmt. Franziskus nimmt damit den Faden auf, der im II. Vaticanum mit der Dogmatischen Konstitution Dei Verbum einen „großen Impuls für die Wiederentdeckung des Gotteswortes" gegeben hat, so der Papst. Eucharistie und Wort Gottes stehen in unmittelbarem Zusammenhang, wie die Emmauserzählung zeigt. Dass gerade in diesen Tagen in vielen Gemeinden für die Einheit der Christen gebetet wird, schenkt dem Wort-Gottes-Sonntag einen starken ökumenischen Rahmen.

ERÖFFNUNGSVERS

Ps 96 (95), 1.6

Singet dem Herrn ein neues Lied,
singt dem Herrn, alle Lande!
Hoheit und Pracht sind vor seinem Angesicht,
Macht und Glanz in seinem Heiligtum!

KYRIE-RUFE

Herr Jesus Christus, du hast das Evangelium Gottes verkündet
und das Reich Gottes nahe herbeigebracht.
V/A: Herr, erbarme dich.
Du hast dazu aufgerufen, umzukehren
und an das Evangelium zu glauben.
V/A: Christus, erbarme dich.
Du hast die Zeit erfüllt; in Gottes Wort
bist du allzeit unter uns gegenwärtig.
V/A: Herr, erbarme dich.

Ehre sei Gott, S. 481 f.

TAGESGEBET

Allmächtiger, ewiger Gott, lenke unser Tun nach deinem Willen und gib, dass wir im Namen deines geliebten Sohnes reich werden an guten Werken. Darum bitten wir durch ihn, Jesus Christus.

WORTGOTTESDIENST

ZUR 1. LESUNG Seit vielen Jahren komme ich im Januar wegen einer Tagung nach Berlin. In meinen Studienzeiten bedeutete der Januar dort: beißende Kälte, zugefrorener Wannsee, eisige Winde durch die offenen S- und U-Bahnhöfe. Im vergangenen Jahr stattdessen: angenehm mildes Wetter, frühlingshafte Temperaturen. Wie viele Jahre noch, bis schlimme Folgen der Klimakatastrophe wirklich auch bei uns spürbar werden? Ninive kehrte um. Und wir? Wir empfinden den drohenden Gott als grausam. Würden jedoch künftige Klimaflüchtlinge, von Hungersnöten Heimgesuchte, eine göttliche Drohung nicht herbeisehnen, zu ihrem Schutz? Was wird ihnen und uns allen drohen, ohne unsere Umkehr? Im Jona-Buch lässt Gott ab vom angedrohten Unheil. Ja, dem Propheten bekennt er am Ende sein großes Mitleid (4,11) mit Mensch und Tier. Wir aber wissen nicht einmal, ob uns, selbst wenn wir Mitleid hätten, eine Kehrtwende noch möglich wäre. Vermögen wir es noch, die offenbare Bedrohung zurückzunehmen?

ERSTE LESUNG

Jona 3,1–5.10

Die Leute von Ninive wandten sich von ihren bösen Taten ab

Lesung aus dem Buch Jona.

Das Wort des HERRN erging an Jona: Mach dich auf den Weg und geh nach Nínive, der großen Stadt, und rufe ihr all das zu, was ich dir sagen werde! Jona machte sich auf den Weg und ging nach Nínive, wie der HERR es ihm befohlen hatte.

Nínive war eine große Stadt vor Gott; man brauchte drei Tage, um sie zu durchqueren. Jona begann, in die Stadt hineinzugehen; er ging einen Tag lang und rief: Noch vierzig Tage und Nínive ist zerstört!

Und die Leute von Nínive glaubten Gott. Sie riefen ein Fasten aus und alle, Groß und Klein, zogen Bußgewänder an.

Und Gott sah ihr Verhalten; er sah, dass sie umkehrten und sich von ihren bösen Taten abwandten. Da reute Gott das Unheil, das er ihnen angedroht hatte, und er tat es nicht.

ANTWORTPSALM

Ps 25 (24),4–5.6–7.8–9 (Kv: 4)

Kv Zeige mir, HERR, deine Wege,
lehre mich deine Pfade! – Kv

Zeige mir, HERR, deine Wege, *
lehre mich deine Pfade!
Führe mich in deiner Treue und lehre mich; /
denn du bist der Gott meines Heiles. *
Auf dich hoffe ich den ganzen Tag. – (Kv)

Gedenke deines Erbarmens, HERR, /
und der Taten deiner Gnade; *
denn sie bestehen seit Ewigkeit!
Gedenke nicht meiner Jugendsünden und meiner Frevel! *
Nach deiner Huld gedenke meiner, HERR, denn du bist gütig! – (Kv)

Der HERR ist gut und redlich, *
darum weist er Sünder auf den rechten Weg.
Die Armen leitet er nach seinem Recht, *
die Armen lehrt er seinen Weg. – Kv

ZUR 2. LESUNG Die Naherwartung des Paulus, dass der Messias, der Christus, zu seinen Lebzeiten wiederkomme, können wir kaum noch nachvollziehen. Wohl die wenigsten von uns teilen diese Hoffnung, obwohl sie ja Niederschlag gefunden hat in der Liturgie: „Deinen Tod, o Herr, verkünden wir, und deine Auferstehung preisen wir, bis du kommst in Herrlichkeit." Unsere Kalender, selbst die in Papierform, reichen weit über dieses Jahr hinaus. Die Planung in den Pfarreien und Diözesen gilt nicht nur dem nächsten und übernächsten Jahr, sondern den Entwicklungen in den Dreißiger-, den Fünfzigerjahren dieses Jahrhunderts. Doch ob wir alle dabei sein werden bei den Jubiläen im kommenden Jahr, bei der Pensionierung des Kollegen, bei der Firmung der Nichte? All unser Planen steht unter Vorbehalt. Die Gestalt der Welt verändert sich, Jahr um Jahr. Und die Fürbitte der Gemeinde auf dem Friedhof gilt der- oder demjenigen unter uns, der als Nächster stirbt.

ZWEITE LESUNG

1 Kor 7,29–31

Die Gestalt dieser Welt vergeht

Lesung aus dem ersten Brief des Apostels Paulus an die Gemeinde in Korínth.

Ich sage euch, Brüder: Die Zeit ist kurz. Daher soll, wer eine Frau hat, sich in Zukunft so verhalten, als habe er keine, wer weint, als weine er nicht, wer sich freut, als freue er sich nicht, wer kauft, als würde er nicht Eigentümer, wer sich die Welt zunutze macht, als nutze er sie nicht; denn die Gestalt dieser Welt vergeht.

RUF VOR DEM EVANGELIUM

Vers: Mk 1,15

Halleluja. Halleluja.
Das Reich Gottes ist nahe.
Kehrt um und glaubt an das Evangelium!
Halleluja.

ZUM EVANGELIUM Im Fernsehen, auf dem Büchermarkt, auf Homepages und in Profilen: es geht um Quote! Was viel abgerufen wird, lohnt sich für den bezahlten Anbieter. Braucht Jesus die Menschenfischer für eine bessere Quote? Wohl kaum. Die Fischer sind die, die sich mit der Katastrophe, mit dem drohenden Untergang noch am ehesten auskennen, mit dem furchterregenden Element Wasser. So zeichnet es nämlich die Bibel. Wenn Jesus auf dem stürmischen See (Mk 4,35–41) Wind und Wellen gebietet, so erinnert das an die Schöpfungsgeschichte, wo allein Gott dem bedrohlichen Wasser seinen Ort weist. Oder an den drohenden Untergang Israels am Schilfmeer – und die Rettung durch Gottes Hand allein. Menschenfischer sind Menschenretter in und aus den Alltagskatastrophen am See Gennesaret zu Jesu Zeit: Gefangenschaft, Fremdherrschaft, Todesnot. Menschenfischer zu werden, Rettende, das ist die neue Aufgabe in der Nachfolge Jesu.

EVANGELIUM Mk 1,14–20

Kehrt um, und glaubt an das Evangelium!

+ Aus dem heiligen Evangelium nach Markus.

Nachdem Johannes der Täufer ausgeliefert worden war, ging Jesus nach Galiläa; er verkündete das Evangelium Gottes und sprach: Die Zeit ist erfüllt, das Reich Gottes ist nahe. Kehrt um und glaubt an das Evangelium!

Als Jesus am See von Galiläa entlangging, sah er Simon und Andreas, den Bruder des Simon, die auf dem See ihre Netze auswarfen; sie waren nämlich Fischer. Da sagte er zu ihnen: Kommt her, mir nach! Ich werde euch zu Menschenfischern machen. Und sogleich ließen sie ihre Netze liegen und folgten ihm nach.

Als er ein Stück weiterging, sah er Jakobus, den Sohn des Zebedäus, und seinen Bruder Johannes; sie waren im Boot und richteten ihre Netze her. Sogleich rief er sie und sie ließen ihren Vater Zebedäus mit seinen Tagelöhnern im Boot zurück und folgten Jesus nach.

Glaubensbekenntnis, S. 484 ff.

FÜRBITTEN

Die Zeit ist erfüllt, doch die Fülle der Zeit steht noch aus. Wir bitten für alle, die in ihrem Leben eingeschränkt und unterdrückt werden:

- Wir beten für alle, die Opfer von Intoleranz und religiös motivierter Gewalt werden. V/A: Höre und erhöre uns.
- Wir beten für die Menschen, die isoliert werden, weil sie ihrem Gewissen treu bleiben. V/A: Höre und erhöre uns.
- Wir beten für alle, die in Unrechtssystemen überwacht, ausgespäht und verfolgt werden. V/A: Höre und erhöre uns.
- Wir beten für all diejenigen, die sich für die Rechte von Gefangenen einsetzen. V/A: Höre und erhöre uns.
- Wir beten für die Menschen, die ihre eigenen Vorurteile überwinden und so zum Frieden beitragen. V/A: Höre und erhöre uns.

Guter Gott, wir bitten dich um deinen Beistand, damit die Fülle des Heils auch heute wachsen und erfahren werden kann. Gib uns die Kraft, auf dich und dein Heil hin zu leben. Darum bitten wir im Heiligen Geist durch Christus, unseren Herrn und Bruder.

EUCHARISTIEFEIER

GABENGEBET

Herr, nimm unsere Gaben an und heilige sie, damit sie zum Sakrament der Erlösung werden, das uns Heil und Segen bringt. Darum bitten wir durch Christus, unseren Herrn.

Präfation, S. 496 ff.

KOMMUNIONVERS

Joh 8,12

Ich bin das Licht der Welt – so spricht der Herr.
Wer mir nachfolgt, wird nicht in der Finsternis gehen.
Er wird das Licht des Lebens haben.

SCHLUSSGEBET

Allmächtiger Gott, in deinem Mahl schenkst du uns göttliches Leben. Gib, dass wir dieses Sakrament immer neu als dein großes Geschenk empfangen und aus seiner Kraft leben. Darum bitten wir durch Christus, unseren Herrn.

***

Für eine Wort-Gottes-Feier:

ERÖFFNUNGSGEBET ZUR WAHL

Barmherziger Gott, in deinem Sohn kommen deine Macht und Güte in unsere zerbrechliche Welt. Nimm alles weg, was uns von ihm trennt, und lehre uns, ihm, Jesus Christus, zu folgen, der in der Einheit des Heiligen Geistes mit dir lebt und herrscht in Ewigkeit.

***

DEIN WORT, HERR, NICHT VERGEHET

Dein Wort, Herr, nicht vergehet,
es bleibet ewiglich,
so weit der Himmel gehet,
der stets beweget sich.
Dein Wahrheit bleibt zu aller Zeit
gleichwie der Grund der Erde
durch deine Hand bereit'.

Nach Cornelius Becker

4. SONNTAG IM JAHRESKREIS

31. Januar 2021

Die Fragen und die Antworten des Wort-Gottes-Sonntags werden von den heutigen Schriftlesungen, so scheint es, noch einmal aufgenommen und vertieft. Wessen Menschen Wort trägt Gottes Wort? Wer ist dazu befähigt, bereit? Hat die jeweilige Zeit eine Bedeutung, hemmend oder helfend? Wie setzt Gottes eigenes Wort sich durch? Im Großen Glaubensbekenntnis bezeugen wir jedenfalls gemeinsam: „Wir glauben an den Heiligen Geist …, der gesprochen hat durch die Propheten."

ERÖFFNUNGSVERS

Ps 106 (105),47

Hilf uns, Herr, unser Gott,
führe uns aus den Völkern zusammen!
Wir wollen deinen heiligen Namen preisen,
uns rühmen, weil wir dich loben dürfen.

KYRIE-RUFE

Herr Jesus Christus, du bist der Herr aller Mächte und Gewalten.
V/A: Herr, erbarme dich.
Du befiehlst den Dämonen, und sie gehorchen dir.
V/A: Christus, erbarme dich.
Du trittst mit göttlicher Vollmacht auf.
V/A: Herr, erbarme dich.

Ehre sei Gott, S. 481 f.

TAGESGEBET

Herr, unser Gott, du hast uns erschaffen, damit wir dich preisen. Gib, dass wir dich mit ungeteiltem Herzen anbeten und die Menschen lieben, wie du sie liebst. Darum bitten wir durch Jesus Christus.

WORTGOTTESDIENST

ZUR 1. LESUNG Immer wieder beschäftigt sich die Schrift mit der Frage: Wer ist wahrer, wer falscher Prophet? Was ist wahre, was in die Irre führende Verkündigung? Manchmal zeigt sich die Frage in namentlicher Auseinandersetzung, wie zwischen Jeremia und Hananja (Jer 28). Manchmal in Rechtsform wie in Dtn 13,2 ff. Manchmal auch durch einen sensus fidelium, eine Entscheidung der Gläubigen, der Leserinnen und Leser, im Laufe der Zeit. So ist der Untergang, den Amos sah, nicht eingetreten. Dennoch gehört sein Prophetenbuch dem Kanon an. Die Hörer des Wortes haben sein Wort als wahr bestätigt. In dem alttestamentlichen Abschnitt des heutigen Tages steht Gott selbst ein für sein Wort. Wer sich ohne Auftrag Gottes Wort anmaßt, lebt gefährlich. Lebensgefährlich. So bindet sich das rechte Wort ans Wort zurück. Das findet auch in der Liturgie seinen Ausdruck. Wer der Messfeier vorsteht und in der Regel die Predigt zu halten hat, in der das Wort Gottes, vor allem das Evangelium, ausgelegt wird, ist selbst zuerst ein Hörender. Denn: wirkt ein Diakon mit, ist diesem die Verkündigung des Evangeliums anvertraut. Und der Diakon, der das Evangelium liest, empfängt zuvor, durch Bischof oder Priester, dazu den Segen. Das Hin und Her macht deutlich: Niemand handelt aus eigener Kraft. Gegenseitig sind wir voneinander abhängig beim Hören auf das Wort Gottes. Und können nur bitten um das rechte Hören und Reden und Tun.

ERSTE LESUNG Dtn 18,15–20

Einen Propheten will ich ihnen erstehen lassen und meine Worte in seinen Mund legen

Lesung aus dem Buch Deuteronómium.

Mose sprach zum Volk: Einen Propheten wie mich wird dir der HERR, dein Gott, aus deiner Mitte, unter deinen Brüdern, erstehen lassen. Auf ihn sollt ihr hören. Der HERR wird ihn als Erfüllung von allem erstehen lassen, worum du am Horeb, am Tag der Versammlung, den HERRN, deinen Gott, gebeten hast, als du sagtest: Ich kann die donnernde Stimme des HERRN, meines Gottes, nicht noch einmal hören und dieses große Feuer nicht noch einmal sehen, ohne dass ich sterbe.

Damals sagte der HERR zu mir: Was sie von dir verlangen, ist recht. Einen Propheten wie dich will ich ihnen mitten unter ihren Brüdern erstehen lassen. Ich will ihm meine Worte in den Mund legen und er wird ihnen alles sagen, was ich ihm gebiete.

Den aber, der nicht auf meine Worte hört, die der Prophet in meinem Namen verkünden wird, ziehe ich selbst zur Rechenschaft. Doch ein Prophet, der sich anmaßt, in meinem Namen ein Wort zu verkünden, dessen Verkündigung ich ihm nicht geboten habe, oder der im Namen anderer Götter spricht, ein solcher Prophet soll sterben.

ANTWORTPSALM

Ps 95 (94), 1–2.6–7c.7d–9 (Kv: vgl. 7d.8a)

Kv Hört auf die Stimme des Herrn;
verhärtet nicht euer Herz! – Kv

Kommt, lasst uns jubeln dem HERRN, *
jauchzen dem Fels unsres Heiles!
Lasst uns mit Dank seinem Angesicht nahen, *
ihm jauchzen mit Liedern! – (Kv)

Kommt, wir wollen uns niederwerfen, uns vor ihm verneigen, *
lasst uns niederknien vor dem HERRN, unserm Schöpfer!
Denn er ist unser Gott, /
wir sind das Volk seiner Weide, *
die Herde, von seiner Hand geführt. – (Kv)

Würdet ihr doch heute auf seine Stimme hören! /
Verhärtet euer Herz nicht wie in Meríba, *
wie in der Wüste am Tag von Massa!
Dort haben eure Väter mich versucht, *
sie stellten mich auf die Probe
und hatten doch mein Tun gesehen. – Kv

ZUR 2. LESUNG „Ich wünschte aber, ihr wäret ohne Sorgen …, damit ihr euch in rechter Weise und ungestört immer an den Herrn haltet." Das ist die große Klammer, in der Paulus sein Beispiel entfaltet. Es ist ein Beispiel aus seinem eigenen Leben. Er erfährt sich, als Unverheirateter, freier und ungebundener als manche Verheirateten, die er kennt. Fast jede und jeder von uns könnte seine Lebenserfahrung dazulegen. Wann erfährt man sich frei zu einer neuen Ausrichtung, frei im Glauben, frei zu handeln? Und wann nicht? Sind es eher äußere Zwänge: Verpflichtungen, wirtschaftliche Not, problematische Bindungen? Oder eher innere: Gewohnheiten, Eingefahrenes, Zwänge, Erziehung? Vor allem anderen sollen und können wir uns begleitet wissen von der Hoffnung, von den guten Wünschen des Paulus: „Ich wünschte aber, ihr wäret ohne Sorgen … damit ihr euch in rechter Weise und ungestört immer an den Herrn haltet."

ZWEITE LESUNG 1 Kor 7,32–35

Die Jungfrau sorgt sich um die Sache des Herrn, um heilig zu sein

Lesung aus dem ersten Brief des Apostels Paulus an die Gemeinde in Korínth.

Schwestern und Brüder! Ich wünschte, ihr wäret ohne Sorgen. Der Unverheiratete sorgt sich um die Sache des Herrn; er will dem Herrn gefallen. Der Verheiratete sorgt sich um die Dinge der Welt; er will seiner Frau gefallen. So ist er geteilt.

Die unverheiratete Frau aber und die Jungfrau sorgen sich um die Sache des Herrn, um heilig zu sein an Leib und Geist. Die Verheiratete sorgt sich um die Dinge der Welt; sie will ihrem Mann gefallen.

Dies sage ich zu eurem Nutzen: nicht um euch eine Fessel anzulegen, vielmehr, damit ihr euch in rechter Weise und ungestört immer an den Herrn haltet.

RUF VOR DEM EVANGELIUM

Vers: Mt 4,16

Halleluja. Halleluja.
Das Volk, das im Dunkel saß, hat ein helles Licht gesehen;
denen, die im Schattenreich des Todes wohnten,
ist ein Licht erschienen.
Halleluja.

ZUM EVANGELIUM Macht, so sagte es der Soziologe Max Weber, ist die „Chance, innerhalb einer sozialen Beziehung den eigenen Willen auch gegen Widerstreben durchzusetzen, gleichviel worauf diese Chance beruht". Ja, Jesus setzt sich gegenüber dem Ungeist, gegenüber dem unreinen Geist, durch. Er bewegt ihn zur Flucht. Wie ist das möglich? Jesus lehrt „wie einer, der Vollmacht hat", so nehmen es die Menschen in Kafarnaum wahr. Der unreine Geist erkennt es nur zu gut: Jesus ist der Heilige Gottes! Mit Max Weber gesprochen: Der Rahmen, innerhalb dessen Jesus den unreinen Geistern entgegentritt, ist die gute und wohltuende Herrschaft des biblischen Gottes. Ihn loben Mächte und Gewalten und alle Geschöpfe der sichtbaren und unsichtbaren Welt. Im Haus dieser Herrschaft hat der Ungeist keinen Ort.

EVANGELIUM

Mk 1,21–28

Er lehrte sie wie einer, der göttliche Vollmacht hat

+ Aus dem heiligen Evangelium nach Markus.

In Kafárnaum ging Jesus am Sabbat in die Synagoge und lehrte. Und die Menschen waren voll Staunen über seine Lehre; denn er lehrte sie wie einer, der Vollmacht hat, nicht wie die Schriftgelehrten.

In ihrer Synagoge war ein Mensch, der von einem unreinen Geist besessen war. Der begann zu schreien: Was haben wir mit dir zu tun, Jesus von Nazaret? Bist du gekommen, um uns ins Verderben zu stürzen? Ich weiß, wer du bist: der Heilige Gottes.

Da drohte ihm Jesus: Schweig und verlass ihn! Der unreine Geist zerrte den Mann hin und her und verließ ihn mit lautem Geschrei.

Da erschraken alle und einer fragte den andern: Was ist das? Eine neue Lehre mit Vollmacht: Sogar die unreinen Geister gehorchen seinem Befehl.

Und sein Ruf verbreitete sich rasch im ganzen Gebiet von Galiläa.

Glaubensbekenntnis, S. 484 ff.

FÜRBITTEN

Die Worte Jesu treffen mitten ins Herz. Er sorgt sich um die Menschen und ist ihnen nahe. Darum rufen wir zu ihm und bitten ihn:

- Für alle, die im Dienst der Verkündigung stehen, dass auch sie selbst immer wieder neu von Gottes Wort berührt werden. V: Jesus, du hast Worte des Lebens. A: Leite und begleite uns.

- Für alle, die im Dienst der Verkündigung müde und krank geworden sind. V: Jesus, du hast Worte des Lebens. A: Leite und begleite uns.

- Für alle, die mit ihrem Leben ein lebendiges Zeugnis der Zuwendung Gottes zum Menschen geben. V: Jesus, du hast Worte des Lebens. A: Leite und begleite uns.

- Für alle, die im Freundeskreis oder in der Familie von psychischer Krankheit betroffen sind. V: Jesus, du hast Worte des Lebens. A: Leite und begleite uns.

- Für die Menschen in Kriegs- und Krisengebieten, und vor allem für diejenigen, die ihre Gemeinschaft und Heimat verloren haben. V: Jesus, du hast Worte des Lebens. A: Leite und begleite uns.

- Für alle, die die Schwachen stärken und den Kranken die Treue halten. V: Jesus, du hast Worte des Lebens. A: Leite und begleite uns.

Jesus, der du unser Bruder und Heiland bist, wir danken dir für das Geschenk deiner Nähe und vertrauen uns dir an, heute und alle Tage.

EUCHARISTIEFEIER

GABENGEBET

Herr, unser Gott, wir legen die Gaben als Zeichen unserer Hingabe auf deinen Altar. Nimm sie entgegen und mach sie zum Sakrament unserer Erlösung. Darum bitten wir durch Christus, unseren Herrn.

Präfation, S. 496 ff.

KOMMUNIONVERS Mt 5,3.5

Selig, die vor Gott arm sind;
denn ihnen gehört das Himmelreich.
Selig, die keine Gewalt anwenden;
denn sie werden das Land erben.

SCHLUSSGEBET

Barmherziger Gott, das Sakrament der Erlösung, das wir empfangen haben, nähre uns auf dem Weg zu dir und schenke dem wahren Glauben beständiges Wachstum. Darum bitten wir durch Christus, unseren Herrn.

***

Für eine Wort-Gottes-Feier:

ERÖFFNUNGSGEBET ZUR WAHL

Barmherziger Gott, dein Sohn hat die Menschen mit Vollmacht gelehrt und sie geheilt an Seele und Leib. Wir bitten dich: Gib, dass wir ihn erkennen und bekennen als deinen Christus, der in der Gemeinschaft des Heiligen Geistes mit dir lebt jetzt und in Ewigkeit.

***

SPRICH ZU UNS

Sprich zu uns, Jesus,
dass wir hellhörig werden.
Sag uns dein Wort,
dass es uns trifft,
als hätten wir noch nie gehört.
Brich die Verkrustungen auf,
nimm uns die Scheinsicherheiten,
an die wir uns halten.
Lass uns deine Nähe spüren,
Erfüllungslieder singen
dir, dem Heiligen Gottes.

Eleonore Beck

DARSTELLUNG DES HERRN – FEST

2. Februar 2021

„Hypapante“, „Begegnung“ – so wird dieses Fest in der Ostkirche genannt. Im Zentrum steht die Begegnung des Kindes Jesus mit dem greisen Simeon und der Prophetin Hanna, die in ihm den Messias erkennen. Vierzig Tage liegt das Weihnachtsfest zurück, Alltag ist eingekehrt. Und dann ist da plötzlich dieses Fest, ein Fest gegen die Routine, das uns deutlich macht: Weihnachten ist nicht nur ein Datum im Kalender. Das Fest will uns verändern. Gott will uns in Jesus begegnen. Und das nicht nur am 25. Dezember, sondern an jedem Tag unseres Lebens.

KERZENWEIHE UND PROZESSION

(An vielen Orten versammelt sich die Gemeinde mit dem Priester vor der Kirche oder in einem Nebenraum. Alle tragen Kerzen, die der Priester segnet. Nach der Weihe zieht man singend mit brennenden Kerzen in feierlicher Prozession in die Kirche ein. Die Messe beginnt dann mit dem Eröffnungsvers. An anderen Orten versammeln sich die Gläubigen in der Kirche. Auch sie bringen Kerzen, die gesegnet werden. Die Prozession und auch die brennenden Kerzen, mit denen wir die Messfeier dieses Tages beginnen, sind Zeichen für unseren Weg zu Gott, jenen Weg, auf dem sein Licht leuchtet.)

(Der Priester segnet die Kerzen:)

Lasset uns beten. Gott, du Quell und Ursprung allen Lichtes, du hast am heutigen Tag dem greisen Simeon Christus geoffenbart als das Licht zur Erleuchtung der Heiden. Segne † die Kerzen, die wir in unseren Händen tragen und zu deinem Lob entzünden. Führe uns auf dem Weg des Glaubens und der Liebe zu jenem Licht, das nie erlöschen wird. Darum bitten wir durch Christus, unseren Herrn.

(Der Priester fordert zur Prozession auf:)

Lasst uns ziehen in Frieden,
Christus, dem Herrn, entgegen!

(Während der Prozession wird der Lobgesang des Simeon gesungen oder ein anderes passendes Lied.)

DER LOBGESANG DES SIMEON Lk 2,29–32

Kv Ein Licht, das die Heiden erleuchtet,
und Herrlichkeit für dein Volk Israel. – Kv

Nun lässt du, Herr, deinen Knecht, *
wie du gesagt hast, in Frieden scheiden. – (Kv)

Meine Augen haben das Heil gesehen, *
das du vor allen Völkern bereitet hast. – Kv

MESSFEIER

ERÖFFNUNGSVERS Vgl. Ps 48 (47), 10–11

Wir haben dein Heil empfangen, o Gott,
inmitten deines Tempels.
Wie dein Name, Gott, so reicht dein Ruhm
bis an die Enden der Erde;
deine rechte Hand ist voll von Gerechtigkeit.

KYRIE-RUFE

Herr Jesus Christus, du bist ein Zeichen, dem widersprochen wird.
V/A: Herr, erbarme dich.

Du bringst die Gedanken vieler Menschen zum Vorschein.
V/A: Christus, erbarme dich.
Du rufst dazu auf, umzudenken und an das Evangelium zu glauben.
V/A: Herr, erbarme dich.

Ehre sei Gott, S. 481 f.

TAGESGEBET

Allmächtiger, ewiger Gott, dein eingeborener Sohn hat unsere menschliche Natur angenommen und wurde am heutigen Tag im Tempel dargestellt. Läutere unser Leben und Denken, damit wir mit reinem Herzen vor dein Antlitz treten. Darum bitten wir durch Jesus Christus.

WORTGOTTESDIENST

ZUR 1. LESUNG Er kommt. Dreimal liegt diese Formulierung in diesem kurzen Abschnitt aus dem Buch Maleachi vor. Im Kontext richtet der Prophet seine Worte an Menschen, die sich endlich Gerechtigkeit wünschen, die das Gericht Gottes über jene fordern, die auf Kosten der Schwachen leben. Er kündigt das Kommen Gottes und die Wiederherstellung dieser Gerechtigkeit an. Er kommt. Diese Verheißung gilt auch uns. Sind wir bereit, ihn zu empfangen?

ERSTE LESUNG Mal 3,1–4

Dann kommt zu seinem Tempel der Herr, den ihr sucht

Lesung aus dem Buch Maleáchi.

So spricht Gott, der Herr: Seht, ich sende meinen Boten; er soll den Weg für mich bahnen. Dann kommt plötzlich zu seinem Tem-

pel der Herr, den ihr sucht, und der Bote des Bundes, den ihr herbeiwünscht. Seht, er kommt!, spricht der HERR der Heerscharen.
Doch wer erträgt den Tag, an dem er kommt? Wer kann bestehen, wenn er erscheint? Denn er ist wie das Feuer des Schmelzers und wie die Lauge der Walker. Er setzt sich, um das Silber zu schmelzen und zu reinigen: Er reinigt die Söhne Levis, er läutert sie wie Gold und Silber. Dann werden sie dem HERRN die richtigen Opfer darbringen. Und dem HERRN wird das Opfer Judas und Jerusalems angenehm sein wie in den Tagen der Vorzeit, wie in längst vergangenen Jahren.

ANTWORTPSALM

Ps 24 (23), 7–8.9–10 (Kv: vgl. 10b)

Kv Der HERR der Heere,
er ist der König der Herrlichkeit. – Kv

Ihr Tore, hebt eure Häupter, /
hebt euch, ihr uralten Pforten, *
denn es kommt der König der Herrlichkeit!
Wer ist dieser König der Herrlichkeit? *
Der HERR, stark und gewaltig, der HERR, im Kampf gewaltig. – (Kv)

Ihr Tore, hebt eure Häupter, /
hebt euch, ihr uralten Pforten, *
denn es kommt der König der Herrlichkeit!
Wer ist er, dieser König der Herrlichkeit? *
Der HERR der Heerscharen: Er ist der König der Herrlichkeit. – Kv

ZUR 2. LESUNG Gegen den Alltag schreibt auch der Verfasser des Hebräerbriefes an. Gegen Ende des 1. Jahrhunderts nach Christus richtet er seine Worte an eine Gemeinde, deren Glaube erkaltet ist, die nicht mehr ergriffen ist von der Botschaft des Evangeliums; für die christliches Leben Routine geworden ist. Durch das Schreiben sollen sie neu für den Glauben begeistert werden. Es handelt sich weniger um einen Brief als vielmehr um eine Mahnung zu einem neuen geistlichen Aufbruch. Dreimal werden in diesem kurzen Abschnitt die Adressaten als „Brüder" angesprochen. Die „Brüder" werden identifiziert mit den Nachkommen Abrahams (V. 16), dem es verheißen ist, ein Segen für die Völker zu sein (Gen 12,3). In Jesus Christus ist die Versöhnung der ganzen Menschheit mit Gott Wirklichkeit. Deshalb sind alle Menschen Brüder und Schwestern.

ZWEITE LESUNG

Hebr 2,11–12.13c–18°

Er musste in allem seinen Brüdern gleich sein

Lesung aus dem Hebräerbrief.

Er, der heiligt, und sie, die geheiligt werden, stammen alle aus Einem; darum schämt er sich nicht, sie Brüder zu nennen und zu sagen: Ich will deinen Namen meinen Brüdern verkünden, inmitten der Gemeinde dich preisen; und ferner: Siehe, ich und die Kinder, die Gott mir geschenkt hat.

Da nun die Kinder von Fleisch und Blut sind, hat auch er in gleicher Weise daran Anteil genommen, um durch den Tod den zu entmachten, der die Gewalt über den Tod hat, nämlich den Teufel, und um die zu befreien, die durch die Furcht vor dem Tod ihr Leben lang der Knechtschaft verfallen waren. Denn er nimmt sich keineswegs der Engel an, sondern der Nachkommen Abrahams nimmt er sich an.

Darum musste er in allem seinen Brüdern gleich sein, um ein barmherziger und treuer Hohepriester vor Gott zu sein und die Sünden des Volkes zu sühnen. Denn da er gelitten hat und selbst in Versuchung geführt wurde, kann er denen helfen, die in Versuchung geführt werden.

RUF VOR DEM EVANGELIUM

Vers: vgl. Lk 2,32

Halleluja. Halleluja.
Ein Licht, das die Heiden erleuchtet,

und Herrlichkeit für das Volk Israel.
Halleluja.

ZUM EVANGELIUM Antike Kindheitserzählungen sind keine historischen Berichte. Vielmehr wollen sie etwas über das Wesen der betreffenden Person aussagen. Nach der Beschneidung und Namensgebung am achten Tag (Lk 2,21) gehen die Eltern am 40. Tag nach der Entbindung zum Tempel, um das Opfer darzubringen, wie es jüdischer Brauch ist. Dort trifft die kleine Familie auf den alten Simeon, dessen Leben ganz darauf ausgerichtet ist, auf den Messias Israels zu warten. Er erkennt, dass diese Hoffnung in dem Kind Jesus Wirklichkeit wird: Dieses Kind ist der „Trost Israels" (V. 25), der „Christus des Herrn" (V. 26), das erwartete „Zeichen" (V. 34) und das „Licht, das die Heiden erleuchtet" (V. 32), die „Herrlichkeit" für Israel (V. 32). Wie Simeon erkennt auch die hochbetagte Prophetin Hanna in diesem Kind den Messias Israels. Während sich die Freude Simeons im Lobpreis, im *Nunc dimittis*, Bahn bricht, geht Hanna in die Öffentlichkeit und verkündet den Menschen in Jerusalem die frohe Botschaft, die bis heute um die Welt geht.

EVANGELIUM Lk 2,22–40

Meine Augen haben das Heil gesehen

+ Aus dem heiligen Evangelium nach Lukas.

Als sich für die Eltern Jesu die Tage der vom Gesetz des Mose vorgeschriebenen Reinigung erfüllt hatten, brachten sie das Kind nach Jerusalem hinauf, um es dem Herrn darzustellen, wie im Gesetz des Herrn geschrieben ist: Jede männliche Erstgeburt soll dem Herrn heilig genannt werden. Auch wollten sie ihr Opfer darbringen, wie es das Gesetz des Herrn vorschreibt: ein Paar Turteltauben oder zwei junge Tauben.

Und siehe, in Jerusalem lebte ein Mann namens Símeon. Dieser Mann war gerecht und fromm und wartete auf den Trost Israels und der Heilige Geist ruhte auf ihm. Vom Heiligen Geist war ihm offenbart worden, er werde den Tod nicht schauen, ehe er den Christus des Herrn gesehen habe.

Er wurde vom Geist in den Tempel geführt; und als die Eltern das Kind Jesus hereinbrachten, um mit ihm zu tun, was nach dem Gesetz üblich war, nahm Símeon das Kind in seine Arme und pries Gott mit den Worten:

Nun lässt du, Herr, deinen Knecht, wie du gesagt hast, in Frieden scheiden. Denn meine Augen haben das Heil gesehen, das du vor allen Völkern bereitet hast, ein Licht, das die Heiden erleuchtet, und Herrlichkeit für dein Volk Israel.

Sein Vater und seine Mutter staunten über die Worte, die über Jesus gesagt wurden. Und Símeon segnete sie und sagte zu Maria, der Mutter Jesu: Siehe, dieser ist dazu bestimmt, dass in Israel viele zu Fall kommen und aufgerichtet werden, und er wird ein Zeichen sein, dem widersprochen wird, – und deine Seele wird ein Schwert durchdringen. So sollen die Gedanken vieler Herzen offenbar werden.

Damals lebte auch Hanna, eine Prophetin, eine Tochter Pénuëls, aus dem Stamm Ascher. Sie war schon hochbetagt. Als junges Mädchen hatte sie geheiratet und sieben Jahre mit ihrem Mann gelebt; nun war sie eine Witwe von vierundachtzig Jahren. Sie hielt sich ständig im Tempel auf und diente Gott Tag und Nacht mit Fasten und Beten.

Zu derselben Stunde trat sie hinzu, pries Gott und sprach über das Kind zu allen, die auf die Erlösung Jerusalems warteten.

Als seine Eltern alles getan hatten, was das Gesetz des Herrn vorschreibt, kehrten sie nach Galiläa in ihre Stadt Nazaret zurück. Das Kind wuchs heran und wurde stark, erfüllt mit Weisheit, und Gottes Gnade ruhte auf ihm.

Oder:

KURZFASSUNG Lk 2,22–32

Meine Augen haben das Heil gesehen

+ Aus dem heiligen Evangelium nach Lukas.

Als sich für die Eltern Jesu die Tage der vom Gesetz des Mose vorgeschriebenen Reinigung erfüllt hatten, brachten sie das Kind nach Jerusalem hinauf, um es dem Herrn darzustellen, wie im Gesetz des Herrn geschrieben ist: Jede männliche Erstgeburt soll dem Herrn heilig genannt werden. Auch wollten sie ihr Opfer darbringen, wie es das Gesetz des Herrn vorschreibt: ein Paar Turteltauben oder zwei junge Tauben.

Und siehe, in Jerusalem lebte ein Mann namens Símeon. Dieser Mann war gerecht und fromm und wartete auf den Trost Israels und der Heilige Geist ruhte auf ihm. Vom Heiligen Geist war ihm offenbart worden, er werde den Tod nicht schauen, ehe er den Christus des Herrn gesehen habe.

Er wurde vom Geist in den Tempel geführt; und als die Eltern das Kind Jesus hereinbrachten, um mit ihm zu tun, was nach dem Gesetz üblich war, nahm Símeon das Kind in seine Arme und pries Gott mit den Worten:

Nun lässt du, Herr, deinen Knecht, wie du gesagt hast, in Frieden scheiden. Denn meine Augen haben das Heil gesehen, das du vor allen Völkern bereitet hast, ein Licht, das die Heiden erleuchtet, und Herrlichkeit für dein Volk Israel.

FÜRBITTEN

Der fromme und gerechte Simeon und die Prophetin Hanna erkennen im Kind Jesus das Licht der Welt. Ihnen wurden die Augen geöffnet und sie öffnen sie uns. Weiten auch wir unseren Blick und bitten wir voll Hoffnung Jesus Christus:

- Um Offenheit, Weisheit und Liebe für die Kirche in unserer Zeit. V: Christus, höre uns. A: Christus, erhöre uns.

- Um treue Zuneigung und vertrauensvolle Gelassenheit für die Familien in unserer Zeit. V: Christus, höre uns. A: Christus, erhöre uns.

- Um soziale Sicherheit für Wanderarbeiter und für alle Frauen, Männer und Kinder, die bei geringer Entlohnung Schwerstarbeit verrichten müssen. V: Christus, höre uns. A: Christus, erhöre uns.
- Um prophetische Stimmen in Kirche und Gesellschaft, und um Menschen, die diese Stimmen hören. V: Christus, höre uns. A: Christus, erhöre uns.
- Um Verantwortung und soziales Denken für Politikerinnen und Politiker. V: Christus, höre uns. A: Christus, erhöre uns.
- Um Licht und Wärme für alle, die den Tod vor Augen haben. V: Christus, höre uns. A: Christus, erhöre uns.

In Jesus, unserem Herrn und Bruder, erkennen wir das Licht, das uns leiten und uns den Weg zu weisen vermag. Ihm sei Lob und Dank in Ewigkeit.

EUCHARISTIEFEIER

GABENGEBET

Allmächtiger Gott, nach deinem Ratschluss hat dein eigener Sohn sich als makelloses Lamm für das Leben der Welt geopfert. Nimm die Gabe an, die deine Kirche in festlicher Freude darbringt. Darum bitten wir durch Christus, unseren Herrn.

PRÄFATION

In Wahrheit ist es würdig und recht, dir, Herr, heiliger Vater, allmächtiger, ewiger Gott, immer und überall zu danken. Denn heute hat die jungfräuliche Mutter deinen ewigen Sohn zum Tempel getragen; Simeon, vom Geist erleuchtet, preist ihn als Ruhm deines Volkes Israel, als Licht zur Erleuchtung der Heiden. Darum gehen auch wir dem Erlöser freudig entgegen und singen mit den Engeln und Heiligen das Lob deiner Herrlichkeit: Heilig …

KOMMUNIONVERS

Lk 2,30–31

Meine Augen haben das Heil gesehen,
das du vor allen Völkern bereitet hast.

SCHLUSSGEBET

Barmherziger Gott, stärke unsere Hoffnung durch das Sakrament, das wir empfangen haben, und vollende in uns das Werk deiner Gnade. Du hast die Erwartung Simeons erfüllt und ihn Christus schauen lassen. Erfülle auch unser Verlangen: Lass uns Christus entgegengehen und in ihm das ewige Leben finden, der mit dir lebt und herrscht in alle Ewigkeit.

FEIERLICHER SCHLUSSSEGEN

Num 6,24–26

Der Herr segne euch und behüte euch; der Herr lasse sein Angesicht über euch leuchten und sei euch gnädig; er wende euch sein Antlitz zu und schenke euch seinen Frieden. – A: Amen.
Das gewähre euch der dreieinige Gott, der Vater und der Sohn † und der Heilige Geist. – A: Amen.

***

SIMEON

nacht für nacht
ein ganzes leben
der blick nach oben
zu den sternen

immer wieder
suchst du zukunft
und das heil

welches ewig schon
uns zugesagt

nicht entmutigt dich
der spott der lacher
die lange schon
den blick gesenkt

nicht hält dich fest
die dunkle kälte
sehnend zieht es dich
ins freie

hoffnung ist
was dich beseelt

nicht genug
ist dir der alltag
ohne ziel vertan der weg

kraft ziehst du
aus den tausend sternen
gottes funkelnden versprechen
bis das licht
in deinen händen
fast zu schnell
um zu begreifen

immer
hast du es
erhofft

gewusst

Thomas Schlager-Weidinger

5. SONNTAG IM JAHRESKREIS

7. Februar 2021

Nur zwei Sonntage liegen zwischen dem Aufscheinen und Hereinscheinen der weihnachtlichen Botschaft in unseren Alltag am Fest „Darstellung des Herrn“ und dem Beginn der österlichen Bußzeit. Zwei Sonntage, in denen wir den Blick wenden vom Kind in der Futterkrippe zum Leidensweg des Erwachsenen. Die Lesungstexte des heutigen Sonntags sind dabei richtungsweisend. Ijob richtet in aller Verzweiflung seine Hoffnung inmitten der Klage auf seinen Gott. So hält er daran fest, dass allein dieser ihn retten kann. Diese heilsame Dimension Gottes ist es, die in den Machttaten Jesu für Menschen spürbar wird, die in aller Not Heilung und Befreiung erfahren. So frohe Botschaft zu verkünden ist Kernaufgabe der Christen und Christinnen. Daran erinnert Paulus die Mitglieder der Gemeinde in Korinth angesichts der Konflikte, die den Blick verstellen auf das, was rettet und eint.

ERÖFFNUNGSVERS

Ps 95 (94), 6–7

Kommt, lasst uns niederfallen,
uns verneigen vor dem Herrn, unserem Schöpfer!
Denn er ist unser Gott.

KYRIE-RUFE

Herr Jesus Christus, du hast gepredigt
und die Dämonen ausgetrieben.
V/A: Herr, erbarme dich.
Du hast die Kranken und Notleidenden
bei der Hand gefasst und sie aufgerichtet.
V/A: Christus, erbarme dich.

Du hast dich an einen einsamen Ort
zurückgezogen, um zu beten.
V/A: Herr, erbarme dich.

Ehre sei Gott, S. 481 f.

TAGESGEBET

Gott, unser Vater, wir sind dein Eigentum und setzen unsere Hoffnung allein auf deine Gnade. Bleibe uns nahe in jeder Not und Gefahr und schütze uns. Darum bitten wir durch Jesus Christus.

WORTGOTTESDIENST

ZUR 1. LESUNG Hoffnungslosigkeit und tiefe Resignation sprechen aus den Worten Ijobs. Ijob leidet, er leidet an Leib, wie es der in der Lesung ausgelassene Vers 5 zum Ausdruck bringt, und Seele. Es gibt für ihn keine Perspektive mehr. Die Freunde wollen ihm einreden, dass er gesündigt haben muss und nun von Gott durch Leiden gestraft wird. Sie wollen erklären, warum Ijob leidet, können die Ungewissheit nicht aushalten. Ijob jedoch, der gerechte und fromme Mann, hält an seiner Unschuld fest – und an seinem Gott, an den er sich klagend wendet. Im Gebet bringt er sein Leid und seine Perspektivlosigkeit zum Ausdruck, sein Unverständnis und seine Verzweiflung. Ijob spricht sein Unglück aus, anders als die Freunde, ohne es erklären zu wollen, ohne selbst einen Ausweg zu sehen. Gegen die Resignation und die Ausweglosigkeit setzt er die Klage als radikale Anfrage an seinen Gott. Sein ganzes Sein entspricht dieser Anfrage, die auch in seinem Namen, Ijob (deutsch: „Wo ist der Vater?"), zum Ausdruck kommt. In Ijobs Worten hallt der Schrei der Leidenden durch die Zeit.

ERSTE LESUNG

Ijob 7,1–4.6–7

Nächte voller Mühsal teilte man mir zu

Lesung aus dem Buch Íjob.

Íjob ergriff das Wort und sprach: Ist nicht Kriegsdienst des Menschen Leben auf der Erde? Sind nicht seine Tage die eines Tagelöhners? Wie ein Knecht ist er, der nach Schatten lechzt, wie ein Tagelöhner, der auf seinen Lohn wartet.

So wurden Monde voll Enttäuschung mein Erbe und Nächte voller Mühsal teilte man mir zu. Lege ich mich nieder, sage ich: Wann darf ich aufstehn? Wird es Abend, bin ich gesättigt mit Unrast, bis es dämmert. Schneller als das Weberschiffchen eilen meine Tage, sie gehen zu Ende, ohne Hoffnung. Denk daran, dass mein Leben nur ein Hauch ist! Nie mehr schaut mein Auge Glück.

ANTWORTPSALM

Ps 147 (146),1–2.3–4.5–6 (Kv: vgl. 3a)

Kv Lobet den Herrn;
er heilt die gebrochenen Herzen. – Kv

(*Oder:* Halleluja.)

Ja, gut ist es, unserem Gott zu singen und zu spielen, *
ja, schön und geziemend ist Lobgesang.
Der HERR baut Jerusalem auf, *
er sammelt die Versprengten Israels. – (Kv)

Er heilt, die gebrochenen Herzens sind, *
er verbindet ihre Wunden.
Er bestimmt die Zahl der Sterne *
und ruft sie alle mit Namen. – (Kv)

Groß ist unser Herr und gewaltig an Kraft, *
seine Einsicht ist ohne Grenzen.
Der HERR hilft auf den Gebeugten, *
er drückt die Frevler zu Boden. – Kv

ZUR 2. LESUNG In der Gemeinde zu Korinth, an die Paulus sich wendet, ist das Miteinander belastet. Der Apostel geht in seinem Schreiben nach und nach darauf ein. Das neunte Kapitel ist dabei insofern besonders, als Paulus sich hier selbst als Vorbild vor Augen stellt. Er will die Gläubigen in Korinth daran erinnern, dass die Verkündigung des Evangeliums im Zentrum des christlichen Lebens steht und nicht in den Hintergrund gedrängt werden darf. Und er sagt noch mehr: Ein Mensch, der wahrhaft von dem Impuls geleitet wird, das Evangelium zu verkünden, wird zum Bruder, wird zur Schwester aller Menschen, auch der Schwachen und an den Rand Gedrängten. Das verändert die Sicht auf die Zerreißprobe in der Gemeinde: Nicht die Durchsetzung der eigenen Wahrheiten, Möglichkeiten und Interessen soll handlungsleitend sein, sondern die Solidarität mit den Schwachen.

ZWEITE LESUNG 1 Kor 9, 16–19.22–23

Weh mir, wenn ich das Evangelium nicht verkünde!

Lesung aus dem ersten Brief des Apostels Paulus an die Gemeinde in Korínth.

Schwestern und Brüder! Wenn ich das Evangelium verkünde, gebührt mir deswegen kein Ruhm; denn ein Zwang liegt auf mir. Weh mir, wenn ich das Evangelium nicht verkünde!

Wäre es mein freier Entschluss, so erhielte ich Lohn. Wenn es mir aber nicht freisteht, so ist es ein Dienst, der mir anvertraut wurde. Was ist nun mein Lohn? Dass ich unentgeltlich verkünde und so das Evangelium bringe und keinen Gebrauch von meinem Anrecht aus dem Evangelium mache.

Obwohl ich also von niemandem abhängig bin, habe ich mich für alle zum Sklaven gemacht, um möglichst viele zu gewinnen.

Den Schwachen bin ich ein Schwacher geworden, um die Schwachen zu gewinnen. Allen bin ich alles geworden, um auf jeden Fall einige zu retten.

Alles aber tue ich um des Evangeliums willen, um an seiner Verheißung teilzuhaben.

RUF VOR DEM EVANGELIUM

Vers: vgl. Mt 8,17

Halleluja. Halleluja.
Christus hat unsere Leiden auf sich genommen,
unsere Krankheiten hat er getragen.
Halleluja.

ZUM EVANGELIUM Der eine Tag, den Jesus gleich zu Beginn seines öffentlichen Auftretens in Kafarnaum verbringt, sorgt für große Unruhe in der Stadt. Nachdem die Nachricht von der Heilung in der Synagoge sich im Ort verbreitet hat, strömen die Menschen zum Haus der Schwiegermutter des Petrus, um Jesus zu sehen, um von Krankheiten geheilt zu werden. Jesus lässt sich von diesem Aufsehen um seine Person nicht verführen. Er bleibt nicht in Kafarnaum, denn es geht ihm nicht um den schnellen Ruhm. Er sucht am Morgen Kraft in der Stille, aus der Verbindung mit dem Vater, um sich erneut den Menschen zuwenden zu können. Sie sollen erkennen, dass Gott selbst gegenwärtig ist. Diese Botschaft soll viele Menschen erreichen, viele sollen die heilsame Zuwendung Gottes erfahren. Deshalb muss Jesus weiter, muss verkündigen, nicht nur in Kafarnaum, sondern in ganz Galiläa.

EVANGELIUM

Mk 1,29–39

Er heilte viele, die an allen möglichen Krankheiten litten

+ Aus dem heiligen Evangelium nach Markus.

In jener Zeit ging Jesus zusammen mit Jakobus und Johannes in das Haus des Simon und Andreas. Die Schwiegermutter des Simon lag mit Fieber im Bett. Sie sprachen sogleich mit Jesus über sie und er ging zu ihr, fasste sie an der Hand und richtete sie auf. Da wich das Fieber von ihr und sie diente ihnen.

Am Abend, als die Sonne untergegangen war, brachte man alle Kranken und Besessenen zu Jesus. Die ganze Stadt war vor der Haustür versammelt und er heilte viele, die an allen möglichen Krankheiten litten, und trieb viele Dämonen aus. Und er verbot den Dämonen zu sagen, dass sie wussten, wer er war.

In aller Frühe, als es noch dunkel war, stand er auf und ging an einen einsamen Ort, um zu beten. Simon und seine Begleiter eilten ihm nach, und als sie ihn fanden, sagten sie zu ihm: Alle suchen dich. Er antwortete: Lasst uns anderswohin gehen, in die benachbarten Dörfer, damit ich auch dort verkünde; denn dazu bin ich gekommen. Und er zog durch ganz Galiläa, verkündete in ihren Synagogen und trieb die Dämonen aus.

Glaubensbekenntnis, S. 484 ff.

FÜRBITTEN

Jesus lässt sich bewegen von den Sorgen der Frauen und Männer, die um ihn sind. So heilt er die schwer erkrankte Schwiegermutter des Petrus. – Lasst uns zu Gott, dem barmherzigen Vater, beten für alle Menschen, die Not und Leid sehen und nicht übersehen:

- Für die Kirche: dass sie ihre Türen weit öffnet für Menschen in Sorge, Not und Bedrückung. V: Guter Gott. A: Höre unser Rufen.
- Für Kinder und Jugendliche: dass sie das oft grausame Spiel der Ausgrenzung nicht mitspielen, sondern wachsam und sensibel auf Mobbing und Benachteiligung der Gefährdeten reagieren. V: Guter Gott. A: Höre unser Rufen.
- Für die Familien: dass sie gerade die Schwachen und die alt Gewordenen annehmen und mittragen, wie es nötig ist. V: Guter Gott. A: Höre unser Rufen.
- Für alle, die in Heilberufen tätig sind: dass sie immer wieder neu den verletzlichen Menschen sehen und ihm mit Freundlichkeit und Einfühlung begegnen. V: Guter Gott. A: Höre unser Rufen.
- Für alle, die sich geflüchteter Menschen annehmen: dass sie nicht selbst Opfer von Hassattacken und Aggression werden und ihr

Werk der Nächstenliebe frohen Herzens tun können. V: Guter Gott. A: Höre unser Rufen.

Gott, unser Vater, wir danken dir für deinen Sohn, der uns liebend nahe ist und dessen heilsames Wirken uns trägt. Dir sei Lob und Preis in Ewigkeit.

EUCHARISTIEFEIER

GABENGEBET

Herr, unser Gott, du hast Brot und Wein geschaffen, um uns Menschen in diesem vergänglichen Leben Nahrung und Freude zu schenken. Mache diese Gaben zum Sakrament, das uns ewiges Leben bringt. Darum bitten wir durch Christus, unseren Herrn.

Präfation, S. 496 ff.

KOMMUNIONVERS Mt 5,4.6

Selig, die trauern; denn sie werden getröstet werden.
Selig, die hungern und dürsten nach der Gerechtigkeit;
denn sie werden satt werden.

SCHLUSSGEBET

Barmherziger Gott, du hast uns teilhaben lassen an dem einen Brot und dem einen Kelch. Lass uns eins werden in Christus und Diener der Freude sein für die Welt. Darum bitten wir durch Christus, unseren Herrn.

***

Für eine Wort-Gottes-Feier:

ERÖFFNUNGSGEBET ZUR WAHL

Gott, unser Retter, dein Sohn richtet auf, was darniederliegt, und heilt, was verwundet ist. Wir bitten dich: Gib Mut und Trost und Kraft den Leidenden, tröste alle, die trauern, und bewahre alle in Jesus Christus, deinem Sohn, unserem Bruder und Herrn, der in der Einheit des Heiligen Geistes mit dir lebt und wirkt jetzt und in Ewigkeit.

***

AUFATMEN

Sich ankommen lassen,
hier, jetzt.
Sich so dasitzen lassen,
als sei man gerufen,
jetzt hier dazusitzen.
So dasitzen,
als sei nichts anderes
mit einem gemeint,
als jetzt hier dazusitzen.
Jetzt ist nur das gemeint.
Jetzt bin ich gemeint.
So wie ich jetzt bin.
Ausatmen.
Aufatmen.
Atmen.

Silvia Ostertag

6. SONNTAG IM JAHRESKREIS

14. Februar 2021

Die Texte des heutigen Sonntags scheinen auf den ersten Blick weit weg von unserer Lebensrealität: Die Streitigkeiten in der Gemeinde in Korinth zur Zeit des Paulus sind für uns schwer nachzuvollziehen, und was den Aussatz betrifft: Längst kennen wir die medizinischen Ursachen und haben die passenden Mittel zu seiner Bekämpfung gefunden. Archaisch scheinen uns auf diesem Hintergrund die Regelungen im Buch Levitikus. Und doch: Die Mechanismen der Ausgrenzung, die in allen drei Texten angesprochen werden, sind bis heute hochwirksam. So gelesen, werfen die Texte hochaktuelle und zugleich unbequeme Fragen auf: Wer sind die Aussätzigen unserer Zeit? Und wie gehen wir um mit den Schwachen in unseren Gemeinden?

ERÖFFNUNGSVERS

Ps 31 (30), 3–4

Sei mir ein schützender Fels,
eine feste Burg, die mich rettet.
Denn du bist mein Fels und meine Burg;
um deines Namens willen wirst du mich führen und leiten.

KYRIE-RUFE

Herr Jesus Christus, du hast Mitleid
mit den leidenden Menschen.
V/A: Herr, erbarme dich.
Du hast uns berufen, rein und heilig
vor dir zu stehen und Gott zu dienen.
V/A: Christus, erbarme dich.

Du rührst uns an
und machst Leib und Seele gesund.
V/A: Herr, erbarme dich.

Ehre sei Gott, S. 481 f.

TAGESGEBET

Gott, du liebst deine Geschöpfe und es ist deine Freude, bei den Menschen zu wohnen. Gib uns ein neues und reines Herz, das bereit ist, dich aufzunehmen. Darum bitten wir durch Jesus Christus.

WORTGOTTESDIENST

ZUR 1. LESUNG Das Buch Levitikus steht im Zentrum der Tora, der fünf Bücher Moses. Dieses Buch besteht weitgehend aus Geboten und Bestimmungen, die vor allem den Kult betreffen. Im Zentrum steht jedoch das Bestreben, eine Ordnung zu etablieren, die sowohl den kultischen Vollzug als auch den Alltag im Blick hat und letztlich auf den Schutz des Lebens des Volkes Israel abzielt. Reinheit und Unreinheit sind dabei vor allem in den Kapiteln 11 bis 15 prägende Begriffe, die jedoch weder naturwissenschaftlich noch medizinisch oder moralisch zu verstehen sind, sondern kultisch. Unreinheit gefährdet die Beziehung der Menschen zu Gott und so auch die Grundlagen der Gemeinschaft. Auch der Ausschlag ist kein bloß medizinisches Problem. Vielmehr war die Vorstellung leitend, dass Gott Menschen mit Ausschlag belegt und sie davon auch wieder befreien kann. Die Ausführungen im Lesungstext sollen die Ausbreitung des Ausschlags verhindern und zielen auf den Schutz der Gemeinschaft.

ERSTE LESUNG

Lev 13,1–2.43ac.44ab.45–46

Der Aussätzige soll abgesondert wohnen, außerhalb des Lagers

Lesung aus dem Buch Levítikus.

Der Herr sprach zu Mose und Aaron: Wenn sich auf der Haut eines Menschen eine Schwellung, ein Ausschlag oder ein heller Fleck bildet und auf der Haut zu einem Anzeichen von Aussatz wird, soll man ihn zum Priester Aaron oder zu einem seiner Söhne, den Priestern, führen.

Der Priester soll ihn untersuchen. Stellt er eine hellrote Aussatzschwellung fest, die wie Hautaussatz aussieht, so ist der Mensch aussätzig; er ist unrein. Der Priester muss ihn für unrein erklären.

Der Aussätzige mit dem Anzeichen soll eingerissene Kleider tragen und das Kopfhaar ungekämmt lassen; er soll den Bart verhüllen und ausrufen: Unrein! Unrein!

Solange das Anzeichen an ihm besteht, bleibt er unrein; er ist unrein. Er soll abgesondert wohnen, außerhalb des Lagers soll er sich aufhalten.

ANTWORTPSALM

Ps 32 (31), 1–2.5.10–11 (Kv: vgl. 7)

Kv Du bist mein Schutz, o Herr,
du rettest mich und hüllst mich in Jubel. – Kv

Selig der, dessen Frevel vergeben *
und dessen Sünde bedeckt ist.
Selig der Mensch, dem der Herr die Schuld nicht zur Last legt *
und in dessen Geist keine Falschheit ist. – (Kv)

Da bekannte ich dir meine Sünde *
und verbarg nicht länger meine Schuld vor dir.
Ich sagte: Meine Frevel will ich dem Herrn bekennen. *
Und du hast die Schuld meiner Sünde vergeben. – (Kv)

Der Frevler leidet viele Schmerzen, *
doch wer dem Herrn vertraut, den wird er mit seiner Huld umgeben.
Freut euch am Herrn und jauchzt, ihr Gerechten, *
jubelt alle, ihr Menschen mit redlichem Herzen! – Kv

ZUR 2. LESUNG Paulus reagiert in seinem Brief auf die Unsicherheit der Christen und Christinnen in Korinth bezüglich des Verzehrs von Götzenopferfleisch, das etwa bei Einladungen in heidnische Familien serviert wurde. Dabei ist grundsätzlich klar, dass nichts gegen den Verzehr des Fleisches spricht, weil es nur einen Gott gibt und das Opferfleisch sich somit in keiner Weise von anderem Fleisch unterscheidet. Paulus aber ist, wie in vielen seiner Texte darüber hinaus, die Rücksichtnahme auf die Schwachen ein Anliegen: Um ihretwillen soll auf den Verzehr des Fleisches verzichtet werden. Nicht die eigene Festigkeit im Glauben ist der Maßstab des Handelns, sondern die Sorge um den Bruder, die Schwester. So wird Gott in allem verherrlicht. Wie würde sich unser Zusammenleben ändern, wenn wir dem Vorbild des Paulus – und damit dem Vorbild Christi – folgten?

ZWEITE LESUNG 1 Kor 10,31 – 11,1

Nehmt mich zum Vorbild, wie ich Christus zum Vorbild nehme!

Lesung aus dem ersten Brief des Apostels Paulus an die Gemeinde in Korínth.

Schwestern und Brüder! Ob ihr esst oder trinkt oder etwas anderes tut: Tut alles zur Verherrlichung Gottes!

Gebt weder Juden noch Griechen, noch der Kirche Gottes Anlass zu einem Vorwurf! Auch ich suche allen in allem entgegenzukommen; ich suche nicht meinen Nutzen, sondern den Nutzen aller, damit sie gerettet werden.

Nehmt mich zum Vorbild, wie ich Christus zum Vorbild nehme!

RUF VOR DEM EVANGELIUM Vers: vgl. Lk 7,16

Halleluja. Halleluja.
Ein großer Prophet wurde unter uns erweckt:
Gott hat sein Volk heimgesucht.
Halleluja.

ZUM EVANGELIUM Der heutige Text schließt unmittelbar an das Evangelium vom vorherigen Sonntag an: Weiter suchen die Menschen Jesus und folgen ihm in großer Zahl. Sie erhoffen sich Heilung in der Begegnung mit ihm, so auch der Aussätzige. Er steht stellvertretend für die vielen, die an den Rand gedrängt, die aus der Gemeinschaft ausgeschlossen sind. Jesus lässt zu, dass dieser Mann die im Buch Levitikus festgelegten Regeln für das Verhalten Aussätziger missachtet (vgl. Lev 13,45 in der ersten Lesung). Nicht die Scheu vor der Berührung ist es, die Jesus immer wieder in den Rückzug, in die Einsamkeit führt. Auch geht es ihm nicht darum, die geltenden Regelungen außer Kraft zu setzen, denn diesen entsprechend fordert er den Geheilten auf, sich dem Priester zu zeigen, das Opfer darzubringen und sich für rein erklären zu lassen. Es ist die Sensationslust der Menschen, der sich Jesus entzieht. Es geht ihm nicht um den eigenen Ruhm, sondern um die Verkündigung des Evangeliums, um die tiefe Erfahrung der heilsamen Nähe Gottes.

EVANGELIUM Mk 1,40–45

Der Aussatz verschwand und der Mann war rein

+ Aus dem heiligen Evangelium nach Markus.

In jener Zeit kam ein Aussätziger zu Jesus und bat ihn um Hilfe; er fiel vor ihm auf die Knie und sagte: Wenn du willst, kannst du mich rein machen. Jesus hatte Mitleid mit ihm; er streckte die Hand aus, berührte ihn und sagte: Ich will – werde rein! Sogleich verschwand der Aussatz und der Mann war rein.

Jesus schickte ihn weg, wies ihn streng an und sagte zu ihm: Sieh, dass du niemandem etwas sagst, sondern geh, zeig dich dem Priester und bring für deine Reinigung dar, was Mose festgesetzt hat – ihnen zum Zeugnis.

Der Mann aber ging weg und verkündete bei jeder Gelegenheit, was geschehen war; er verbreitete die Geschichte, sodass sich Jesus in keiner Stadt mehr zeigen konnte; er hielt sich nur noch an einsamen Orten auf. Dennoch kamen die Leute von überallher zu ihm.

Glaubensbekenntnis, S. 484 ff.

FÜRBITTEN

Zum Gott des Erbarmens rufen wir – inmitten einer oft erbarmungslosen Welt:

- Wir beten für die Menschen weltweit, die schwer erkrankt sind und in Armut leben, ohne Aussicht auf medizinische Versorgung. V: Gott des Heils. A: Wir bitten dich, erhöre uns.
- Wir beten für alle, die sich für soziale Gerechtigkeit und medizinische Versorgung einsetzen. V: Gott des Heils. A: Wir bitten dich, erhöre uns.
- Wir bitten für die Einsamen und die Kranken, die hier bei uns, Wand an Wand, mit uns leben. V: Gott des Heils. A: Wir bitten dich, erhöre uns.
- Wir bitten für alle, die Einsamkeit, Bedrückung und Not in ihrer Umgebung erkennen – und helfen. V: Gott des Heils. A: Wir bitten dich, erhöre uns.
- Wir beten für die Familien, in denen ein Mitglied an einer psychischen Krankheit leidet. V: Gott des Heils. A: Wir bitten dich, erhöre uns.
- Wir beten für die Menschen, die dieses Leid nicht übersehen und fachliche Hilfe vermitteln. V: Gott des Heils. A: Wir bitten dich, erhöre uns.
- Wir beten für die Menschen, für die es keine leibliche Heilung mehr gibt. V: Gott des Heils. A: Wir bitten dich, erhöre uns.
- Wir beten für diejenigen, die den Todkranken und Sterbenden beistehen, ihnen Freundlichkeit und Geborgenheit schenken. V: Gott des Heils. A: Wir bitten dich, erhöre uns.

Gott, barmherziger Vater, du hast uns deinen Sohn gesandt, in dessen Handeln wir deine Gegenwart erfahren können. Sei mit uns und allen, die deiner heilsamen Nähe bedürfen. So bitten wir durch deinen Sohn, unseren Bruder, heute und alle Tage unseres Seins.

EUCHARISTIEFEIER

GABENGEBET

Barmherziger Gott, das heilige Opfer reinige uns von Sünden und mache uns zu neuen Menschen. Es helfe uns, nach deinem Willen zu leben, damit wir den verheißenen Lohn erlangen. Darum bitten wir durch Christus, unseren Herrn.

Präfation, S. 496 ff.

KOMMUNIONVERS

Joh 3,16

Gott hat die Welt so geliebt,
dass er seinen einzigen Sohn hingab,
damit jeder, der an ihn glaubt, nicht zugrunde geht,
sondern das ewige Leben hat.

SCHLUSSGEBET

Gott, du Spender alles Guten, du hast uns das Brot des Himmels geschenkt. Erhalte in uns das Verlangen nach dieser Speise, die unser wahres Leben ist. Darum bitten wir durch Christus, unseren Herrn.

***

Für eine Wort-Gottes-Feier:

ERÖFFNUNGSGEBET ZUR WAHL

Gott, du wendest dich den Menschen zu und sendest deinen Sohn als Heiland der Welt. Mache deine Kirche zu einem Ort, an dem alle Menschen als Brüder und Schwestern leben können. Darum bitten wir durch ihn, Jesus Christus, deinen Sohn, der in der Einheit des Heiligen Geistes mit dir lebt jetzt und in Ewigkeit.

***

TOLLE TAGE
(zu Mk 1,40.45)

Freude spüren,
Farben sehen,
Rhythmen hören,
selbstvergessen tanzen,
einander zuwinken, dazugehören,
zusammen lachen,
vor Glück schreien.

Gemeinsam aussteigen
aus dem Alltag,
miteinander Feste feiern,
tolle Tage erleben,
ausgelassen singen,
außer sich sein –
und doch beieinander.

Der biblische Aussätzige
bleibt allein.
Fern der Freude,
fern der Menschen
hat er niemanden,

der ihn zu Jesus bringt,
dem Heiland, den er sucht!

Jesus fühlt mit ihm,
berührt ihn, begegnet ihm!
Begegnung gibt Kraft,
wenn sie Schranken überwindet,
Verlorenheit nimmt und
Gemeinschaft eröffnet.

Tolle Tage.

Dorothee Sandherr-Klemp

Die Fastenzeit – Österliche Bußzeit

ASCHERMITTWOCH

17. Februar 2021

Es ist seltsam und schwer, umzukehren. Kehren wir täglich um? Erreicht uns der existenzielle Ernst der Lage? Geht das, ein Leben in ständiger Umkehr? Ginge es nur um die Frage der Gewissenserforschung, dann wäre sie nicht so schwer zu beantworten. Aber echte Umkehr? Müssen wir wirklich jeden Tag und jedes Jahr aufs Neue alle Gewissheiten infrage stellen? Wahrscheinlich ist dies gut, denn sonst schlafen wir ein, wir merken nicht mehr, dass jede Begegnung Geschenk ist und jeder Augenblick unser letzter sein könnte. Wir sollen nicht einfach gewissenlos dem Augenblick frönen, sondern vielmehr dankbar sein für all das, was uns geschenkt und ermöglicht wird.

ERÖFFNUNG UND WORTGOTTESDIENST

ERÖFFNUNGSVERS

Weish 11,24–25.27

Du erbarmst dich aller, o Herr,
und hast Nachsicht mit den Sünden der Menschen,
damit sie sich bekehren;
denn du bist der Herr, unser Gott.

(Das Allgemeine Schuldbekenntnis entfällt. Es wird ersetzt durch die Austeilung der Asche nach der Homilie.)

KYRIE-RUFE

Herr Jesus Christus, du rufst zu Umkehr und Buße,
um uns mit Gott zu versöhnen.
V/A: Herr, erbarme dich.
Du gehst uns voraus auf den Kreuzwegen unseres Lebens
und wirst am Ende alle Tränen von unseren Augen abwischen.
V/A: Christus, erbarme dich.
Du erinnerst uns an unsere Endlichkeit
und reißt uns in die Fülle des göttlichen Lebens.
V/A: Herr, erbarme dich.

TAGESGEBET

Getreuer Gott, im Vertrauen auf dich beginnen wir die vierzig Tage der Umkehr und Buße. Gib uns die Kraft zu christlicher Zucht, damit wir dem Bösen absagen und mit Entschiedenheit das Gute tun. Darum bitten wir durch Jesus Christus.

ZUR 1. LESUNG Der HERR stellt uns das zur Verfügung, womit wir ihm ein Opfer bringen können. Hier wird deutlich, wie unsinnig es wäre zu denken, dass wir ihm etwas geben könnten. Wir geben ihm nichts, denn er hat bereits alles. Wir geben ihm nichts, aber wir können unsere Dankbarkeit darüber zum Ausdruck bringen, dass er uns überreichlich gibt. Wir zeigen diese Dankbarkeit, indem wir im Kreise anderer etwas von dem Überfluss oder gar etwas vom Lebensnotwendigen nicht für uns beanspruchen, sondern als Opfer vernichten. Dies zeigt: Ich weiß, in wessen Gewalt ich stehe und lebe und wem ich alles zu verdanken habe.

ERSTE LESUNG

Joël 2,12–18

Zerreißt eure Herzen, nicht eure Kleider

Lesung aus dem Buch Joël.

Spruch des HERRN: Kehrt um zu mir von ganzem Herzen mit Fasten, Weinen und Klagen! Zerreißt eure Herzen, nicht eure Kleider, und kehrt um zum HERRN, eurem Gott! Denn er ist gnädig und barmherzig, langmütig und reich an Huld und es reut ihn das Unheil. Wer weiß, vielleicht kehrt er um und es reut ihn und er lässt Segen zurück, sodass ihr Speise- und Trankopfer darbringen könnt für den HERRN, euren Gott.

Auf dem Zion stoßt in das Horn, ordnet ein heiliges Fasten an, ruft einen Gottesdienst aus! Versammelt das Volk, heiligt die Gemeinde! Versammelt die Alten, holt die Kinder zusammen, auch die Säuglinge! Der Bräutigam verlasse seine Kammer und die Braut ihr Gemach.

Zwischen Vorhalle und Altar sollen die Priester klagen, die Diener des HERRN sollen sprechen: Hab Mitleid, HERR, mit deinem Volk und überlass dein Erbe nicht der Schande, damit die Völker nicht über uns spotten! Warum soll man bei den Völkern sagen: Wo ist denn ihr Gott?

Da erwachte im HERRN die Leidenschaft für sein Land und er hatte Erbarmen mit seinem Volk.

ANTWORTPSALM Ps 51 (50),3–4.5–6b.12–13.14 u. 17 (Kv: vgl. 3)

Kv Erbarme dich unser, o Herr,
denn wir haben gesündigt. – Kv

Gott, sei mir gnädig nach deiner Huld, *
tilge meine Frevel nach deinem reichen Erbarmen!
Wasch meine Schuld von mir ab *
und mach mich rein von meiner Sünde! – (Kv)

Denn ich erkenne meine bösen Taten, *
meine Sünde steht mir immer vor Augen.
Gegen dich allein habe ich gesündigt, *
ich habe getan, was böse ist in deinen Augen. – (Kv)

Erschaffe mir, Gott, ein reines Herz *
und einen festen Geist erneuere in meinem Innern!
Verwirf mich nicht vor deinem Angesicht, *
deinen heiligen Geist nimm nicht von mir! – (Kv)

Gib mir wieder die Freude deines Heiles, *
rüste mich aus mit dem Geist der Großmut!
Herr, öffne meine Lippen, *
damit mein Mund dein Lob verkünde! – Kv

ZUR 2. LESUNG O, welch drängendes Jetzt – jetzt ist er da, der Tag der Rettung. Ist er das? Ist heute nicht ebenso ein Tag wie gestern und morgen? Alle sehen sie gleich aus, diese Hunderte von Tagen, die wir in unserem Leben durchschreiten, und jetzt soll er da sein, der Tag der Rettung? Es geht wohl nicht um den wohlig-schönen Augenblick, es geht vielmehr um die Tat des Guten. Aber was ist das? Wie erkennen wir es? Leider ist dies so schwer in den Stürmen des Alltags. Deshalb ruft uns der Apostel zu: Lasst euch versöhnen. Täten wir immer das Gute, müssten wir es nicht; im Blick auf das Gestern müssen wir gestehen: Hier habe ich kurzsichtig gehandelt. Ach, versöhne mich mit mir, auf dass mein gesundetes Gestern mir Kraft gibt für ein gutes Morgen.

ZWEITE LESUNG 2 Kor 5,20 – 6,2

Lasst euch mit Gott versöhnen! Jetzt ist sie da, die Zeit der Gnade

Lesung aus dem zweiten Brief des Apostels Paulus an die Gemeinde in Korínth.

Schwestern und Brüder! Wir sind also Gesandte an Christi statt und Gott ist es, der durch uns mahnt. Wir bitten an Christi statt: Lasst euch mit Gott versöhnen! Er hat den, der keine Sünde kannte, für uns zur Sünde gemacht, damit wir in ihm Gerechtigkeit Gottes würden.

Als Mitarbeiter Gottes ermahnen wir euch, dass ihr seine Gnade nicht vergebens empfangt. Denn es heißt: Zur Zeit der Gnade habe ich dich erhört, am Tag der Rettung habe ich dir geholfen.

Siehe, jetzt ist sie da, die Zeit der Gnade; siehe, jetzt ist er da, der Tag der Rettung.

RUF VOR DEM EVANGELIUM

Vers: vgl. Ps 95 (94), 7d.8a

Herr Jesus, dir sei Ruhm und Ehre! – Kv
Wenn ihr heute seine Stimme hört,
verhärtet nicht euer Herz!
Herr Jesus, dir sei Ruhm und Ehre!

ZUM EVANGELIUM Gesehen werden ist zur Signatur unserer Zeit geworden. Alle wollen gesehen werden. Es geht um Beachtung und Anerkennung. Jesus verurteilt nicht diesen Antrieb unseres Handelns. Aber er macht klar, dass er selbstreferenziell ist und keinen größeren Mehrwert hat. Wenn ich etwas tue, um gesehen zu werden, und dann die gewünschte Anerkennung erhalte, hat sich meine Investition gelohnt, und der Kreis ist vollendet. Wenn ich allerdings die Gerechtigkeit, das Gebet und das Fasten um ihrer selbst willen anstrebe, dann verheißt uns Gott einen Mehrwert. Dieser ist nicht in zwischenmenschlicher Anerkennung zu finden, sondern in der Öffnung auf den anderen hin.

EVANGELIUM

Mt 6,1–6.16–18

Dein Vater, der das Verborgene sieht, wird es dir vergelten

+ Aus dem heiligen Evangelium nach Matthäus.

In jener Zeit sprach Jesus zu seinen Jüngern: Hütet euch, eure Gerechtigkeit vor den Menschen zu tun, um von ihnen gesehen zu werden; sonst habt ihr keinen Lohn von eurem Vater im Himmel zu erwarten.

Wenn du Almosen gibst, posaune es nicht vor dir her, wie es die Heuchler in den Synagogen und auf den Gassen tun, um von den Leuten gelobt zu werden! Amen, ich sage euch: Sie haben ihren Lohn bereits erhalten. Wenn du Almosen gibst, soll deine linke Hand nicht wissen, was deine rechte tut, damit dein Almosen im Verborgenen bleibt; und dein Vater, der auch das Verborgene sieht, wird es dir vergelten.

Wenn ihr betet, macht es nicht wie die Heuchler! Sie stellen sich beim Gebet gern in die Synagogen und an die Straßenecken, damit sie von den Leuten gesehen werden. Amen, ich sage euch: Sie haben ihren Lohn bereits erhalten.

Du aber, wenn du betest, geh in deine Kammer, schließ die Tür zu; dann bete zu deinem Vater, der im Verborgenen ist! Dein Vater, der auch das Verborgene sieht, wird es dir vergelten.

Wenn ihr fastet, macht kein finsteres Gesicht wie die Heuchler! Sie geben sich ein trübseliges Aussehen, damit die Leute merken, dass sie fasten. Amen, ich sage euch: Sie haben ihren Lohn bereits erhalten.

Du aber, wenn du fastest, salbe dein Haupt und wasche dein Gesicht, damit die Leute nicht merken, dass du fastest, sondern nur dein Vater, der im Verborgenen ist; und dein Vater, der das Verborgene sieht, wird es dir vergelten.

SEGNUNG UND AUSTEILUNG DER ASCHE

(Nach der Homilie lädt der Priester zum Gebet ein:)

Liebe Brüder und Schwestern, wir wollen Gott, unseren Vater, bitten, dass er diese Asche segne, die wir als Zeichen der Buße empfangen.

(Nach einer kurzen Gebetsstille betet der Priester:)

Barmherziger Gott, du bist den Demütigen nahe und lässt dich durch Buße versöhnen. Neige dein Ohr unseren Bitten und segne † alle, die gekommen sind, um das Aschenkreuz zu empfangen. Hilf uns, die vierzig Tage der Buße in rechter Gesinnung zu begehen, damit wir das heilige Osterfest mit geläutertem Herzen feiern. Darum bitten wir durch Christus, unseren Herrn.

Oder:

Gott, du willst nicht den Tod des Sünders, du willst, dass er sich bekehrt und lebt. Erhöre gnädig unsere Bitten: Segne † diese Asche, mit der wir uns bezeichnen lassen, weil wir wissen, dass wir Staub sind und zum Staub zurückkehren. Hilf uns, die vierzig Tage der Buße in rechter Gesinnung zu begehen. Verzeih uns unsere Sünden, erneuere uns nach dem Bild deines Sohnes und schenke uns durch seine Auferstehung das unvergängliche Leben. Darum bitten wir durch ihn, Christus, unseren Herrn.

(Danach legt der Priester allen, die vor ihn hintreten, die Asche auf und spricht zu jedem Einzelnen:)

Bekehrt euch und glaubt an das Evangelium. Mk 1,15

Oder: Vgl. Gen 3,19

Bedenke, Mensch, dass du Staub bist
und wieder zum Staub zurückkehren wirst.

(Während der Austeilung der Asche wird gesungen.)

ANTIPHON Joël 2,13

Lasst uns umkehren zum Herrn, unserem Gott,
denn er ist gnädig und barmherzig und langmütig.
Groß ist seine Güte
und es reut ihn, dass er Unheil verhängt hat.

Oder: Joël 2,17; Est 4,17

Zwischen Vorhalle und Altar sollen die Priester klagen,
die Diener des Herrn sollen sprechen:
Hab Mitleid, Herr, mit deinem Volk,
lass den Mund derer, die dich loben, nicht verstummen.

Oder: Ps 51 (50), 3

Tilge, Herr, meine Frevel
nach deinem reichen Erbarmen.

RESPONSORIUM

Vgl. Bar 3, 2; Ps 79 (78), 9

Wir wollen Buße tun für das, was wir gefehlt haben, und uns bessern, damit wir nicht, plötzlich vom Tod überrascht, nach einer Gnadenfrist suchen, die uns niemand geben kann.
Kv Höre, Herr, und hab Erbarmen,
denn wir haben gesündigt vor dir.

V: Hilf uns, du Gott unseres Heils!
Um der Ehre deines Namens willen reiß uns heraus! – Kv

FÜRBITTEN

„Lasst euch mit Gott versöhnen!" Die so dringliche wie zuversichtliche Einladung des Apostels hat nichts an Aktualität eingebüßt. Wir bitten Gott um sein Erbarmen und kommen zu ihm in den Nöten und Anliegen unserer Zeit:

- Wir beten für die Kirche, dass sie in der Kraft des Geistes Mut fasst zu Buße und echter Erneuerung. V: Gott des Lebens. A: Schenke uns allen dein Erbarmen.
- Wir beten für alle, die den eigenen Ansprüchen nicht gerecht werden können, dass sie neue, gute Wege ins Leben finden. V: Gott des Lebens. A: Schenke uns allen dein Erbarmen.
- Wir beten für die Menschen, besonders für jene Kinder und Jugendlichen weltweit, die kaum Lern- und Lebenschancen haben, dass sie Hilfe und Unterstützung erfahren. V: Gott des Lebens. A: Schenke uns allen dein Erbarmen.

- Wir bitten dich für alle, die durch tätige Hilfe, durch alltägliche Nächstenliebe, durch Fasten und Gebet deinem Ruf folgen. V: Gott des Lebens. A: Schenke uns allen dein Erbarmen.

- Wir beten für die Menschen, die den Tod vor Augen haben, dass sie die letzte Wegstrecke nicht allein gehen müssen, sondern umfangen sind von der Liebe ihrer Angehörigen und der Hoffnung auf dein Licht V: Gott des Lebens. A: Schenke uns allen dein Erbarmen.

Gott, du Heil der Welt: Hilf uns, deinen Ruf in dieser heiligen Fastenzeit zu hören. Darum bitten wir dich durch deinen Sohn, unseren Bruder, der mit uns auf dem Weg ist, heute und alle Tage unseres Lebens.

EUCHARISTIEFEIER

GABENGEBET

Herr, unser Gott, zu Beginn der heiligen vierzig Tage bringen wir dieses Opfer dar und bitten dich: Hilf uns, umzukehren und Taten der Buße und der Liebe zu vollbringen, damit wir unseren bösen Neigungen nicht nachgeben. Reinige uns von Sünden und mache uns fähig, das Gedächtnis des Leidens unseres Herrn Jesus Christus mit ganzer Hingabe zu begehen, der mit dir lebt und herrscht in alle Ewigkeit.

Präfation, S. 494 f.

KOMMUNIONVERS Ps 1,2–3

Wer über die Weisung des Herrn nachsinnt
bei Tag und Nacht,
bringt seine Frucht zur rechten Zeit.

SCHLUSSGEBET

Barmherziger Gott, stärke uns durch dieses heilige Mahl, damit wir fasten können, wie es dir gefällt, und durch die Feier dieser Tage Heilung finden. Darum bitten wir durch Christus, unseren Herrn.

***

MEIN GLAUBE

Mein Glaube ist klein
viel zu klein
für diesen großen Gott
für seine Schöpfung
voller Wunder
für die Nähe seines Sohnes
– erlöst hat er mich –
und für das Wirken
seines Geistes
in unserer Mitte.

Und Gott sagt:
Das macht nichts!
Gib mir deinen
kleinen Glauben
Ich mach daraus
was ich brauche.

Strecke ihn mir entgegen
jeden Tag!

Heinz Detlef Stäps

1. FASTENSONNTAG

21. Februar 2021

Mit großer Intensität führt uns die Leseordnung vor Augen und Ohren, dass das Leben des Menschen gefährdet ist. In gleichsam mythischer Sprache wird von einem Kampf zwischen Gut und Böse berichtet, in dessen Mittelpunkt die Seele des Menschen steht. Wie wird sich der Mensch entscheiden? Gibt er dem Guten Raum und gelangt zum Leben, oder erliegt er der Versuchung und unterliegt den Mächten des Todes und der Unterwelt? Hilft diese mythische Aufladung unserer Welt, oder sind wir heute so säkularisiert und durch naturwissenschaftliches Denken geprägt, dass wir den Kampf zwischen Gut und Böse gar nicht erkennen? Wie erlernen wir die Ernsthaftigkeit unserer weltlichen Existenz?

ERÖFFNUNGSVERS

Ps 91 (90), 15–16

Wenn er mich anruft, dann will ich ihn erhören.
Ich bin bei ihm in der Not,
befreie ihn und bringe ihn zu Ehren.
Ich sättige ihn mit langem Leben
und lasse ihn mein Heil schauen.

KYRIE-RUFE

Herr Jesus Christus, du bist für uns gestorben,
um uns zu Gott hinzuführen.
V/A: Herr, erbarme dich.
Du bist hinabgestiegen in das Reich des Todes,
um alle heimzuholen in Gottes Reich.
V/A: Christus, erbarme dich.

Du herrschst über das All,
um uns frei zu machen von allen Mächten und Gewalten.
V/A: Herr, erbarme dich.

TAGESGEBET

Allmächtiger Gott, du schenkst uns die heiligen vierzig Tage als eine Zeit der Umkehr und der Buße. Gib uns durch ihre Feier die Gnade, dass wir in der Erkenntnis Jesu Christi voranschreiten und die Kraft seiner Erlösungstat durch ein Leben aus dem Glauben sichtbar machen. Darum bitten wir durch ihn, der in der Einheit des Heiligen Geistes mit dir lebt und herrscht in alle Ewigkeit.

WORTGOTTESDIENST

ZUR 1. LESUNG Die Fastenzeit beginnt mit der Erinnerung an den Bund zwischen Gott und Noach. Warum? Dazu müssen wir uns an den Grund für die Sintflut erinnern: Die Lebewesen der Erde waren so verderbt, dass Gott sie mitsamt allen Menschen ausgerottet hat. Hier war offenbar keine Umkehr mehr möglich, und Gott verhängte ein äußerst hartes Urteil. Er wird es nicht mehr tun. Das ist wohl nicht als Freifahrtschein für uns zu verstehen. Umkehr tut dennoch not, aber Gott bleibt bei seiner Zusage, dass wir leben sollen. Leben besitzt seine eigene Heiligkeit und Gott heißt es gut, auch wenn Unkraut auf dem Acker wächst.

ERSTE LESUNG Gen 9,8–15

Ich richte meinen Bund mit euch auf; nie wieder soll eine Flut kommen und die Erde verderben

Lesung aus dem Buch Génesis.

Gott sprach zu Noach und seinen Söhnen, die bei ihm waren: Ich bin es. Siehe, ich richte meinen Bund auf mit euch und mit euren Nachkommen nach euch und mit allen Lebewesen bei euch, mit den Vögeln, dem Vieh und allen Wildtieren der Erde bei euch, mit allen, die aus der Arche gekommen sind, mit allen Wildtieren der Erde überhaupt.

Ich richte meinen Bund mit euch auf: Nie wieder sollen alle Wesen aus Fleisch vom Wasser der Flut ausgerottet werden; nie wieder soll eine Flut kommen und die Erde verderben.

Und Gott sprach: Das ist das Zeichen des Bundes, den ich stifte zwischen mir und euch und den lebendigen Wesen bei euch für alle kommenden Generationen: Meinen Bogen setze ich in die Wolken; er soll das Zeichen des Bundes werden zwischen mir und der Erde. Balle ich Wolken über der Erde zusammen und erscheint der Bogen in den Wolken, dann gedenke ich des Bundes, der besteht zwischen mir und euch und allen Lebewesen, allen Wesen aus Fleisch, und das Wasser wird nie wieder zur Flut werden, die alle Wesen aus Fleisch verdirbt.

ANTWORTPSALM

Ps 25 (24),4–5.6–7.8–9 (Kv: vgl. 10)

Kv Deine Wege, HERR, sind Huld und Treue
für alle, die deinen Bund wahren. – Kv

Zeige mir, HERR, deine Wege, *
lehre mich deine Pfade!
Führe mich in deiner Treue und lehre mich; /
denn du bist der Gott meines Heiles. *
Auf dich hoffe ich den ganzen Tag. – (Kv)

Gedenke deines Erbarmens, HERR, /
und der Taten deiner Gnade; *
denn sie bestehen seit Ewigkeit!

Gedenke nicht meiner Jugendsünden und meiner Frevel! *
Nach deiner Huld gedenke meiner, Herr, denn du bist gütig! – (Kv)

Der Herr ist gut und redlich, *
darum weist er Sünder auf den rechten Weg.
Die Armen leitet er nach seinem Recht, *
die Armen lehrt er seinen Weg. – Kv

ZUR 2. LESUNG Dem Noach-Bund wird der Tauf-Bund an die Seite gestellt: Wie Gott allen Menschen zugesagt hat, dass sie nicht mehr aufgrund ihrer Verdorbenheit sterben werden, sagt er ihnen in Christus auch noch zu, dass sie bei ihm leben werden – die Taufe rettet jetzt, sie rettet jetzt euch. Das ist ohne biblisches Hintergrundwissen unverständlich; neben dem Noach-Bund müssen wir hier an den Abraham-Bund denken, der Gottes Heilsversprechen an die Gebote der Tora gebunden und damit auf Israel verdichtet hat. Durch die Auferweckung Jesu ist es nun auch Heiden möglich, in diesen Bund einzutreten, sodass neben der Lebenszusage im Noach-Bund auch die Heilszusage im Abraham-Bund für alle Menschen aktiviert wird.

ZWEITE LESUNG

1 Petr 3,18–22

Euch rettet jetzt die Taufe

Lesung aus dem ersten Brief des Apostels Petrus.

Schwestern und Brüder! Christus ist der Sünden wegen ein einziges Mal gestorben, ein Gerechter für Ungerechte, damit er euch zu Gott hinführe, nachdem er dem Fleisch nach zwar getötet, aber dem Geist nach lebendig gemacht wurde. In ihm ist er auch zu den Geistern gegangen, die im Gefängnis waren, und hat ihnen gepredigt. Diese waren einst ungehorsam, als Gott in den Tagen Noachs geduldig wartete, während die Arche gebaut wurde; in ihr wurden nur wenige, nämlich acht Menschen, durch das Wasser gerettet.

Dem entspricht die Taufe, die jetzt euch rettet. Sie dient nicht dazu, den Körper von Schmutz zu reinigen, sondern sie ist eine Bitte an Gott um ein reines Gewissen aufgrund der Auferstehung Jesu Christi, der in den Himmel gegangen ist; dort ist er zur Rechten Gottes und Engel, Gewalten und Mächte sind ihm unterworfen.

RUF VOR DEM EVANGELIUM

Vers: vgl. Mt 4,4b

Lob dir, Christus, König und Erlöser! – Kv
Nicht nur vom Brot lebt der Mensch,
sondern von jedem Wort aus Gottes Mund.
Lob dir, Christus, König und Erlöser!

ZUM EVANGELIUM Das Markus-Evangelium zeichnet sich durch seine verdichtete Sprache aus. Jesus wird vom Geist in die Wüste getrieben, dort vom Satan versucht, und Engel und Tiere dienen ihm. Was bedeutet das? Wird er gerade in der Einsamkeit versucht, oder gibt ihm die Einsamkeit Kraft, der Versuchung zu widerstehen, der man im Alltagsstress erliegen würde? Kann er der Versuchung nur widerstehen, wenn ihm Engel und Tiere dienen, oder dienen sie ihm, solange er der Versuchung widersteht? Nach diesem Kampf wird Jesus jedenfalls zum Künder des Evangeliums – müssen wir alle unserem Versucher widerstehen, bevor wir das Evangelium verkünden können?

EVANGELIUM

Mk 1,12–15

Er wurde vom Satan in Versuchung geführt und die Engel dienten ihm

+ Aus dem heiligen Evangelium nach Markus.

In jener Zeit trieb der Geist Jesus in die Wüste. Jesus blieb vierzig Tage in der Wüste und wurde vom Satan in Versuchung geführt. Er lebte bei den wilden Tieren und die Engel dienten ihm.

Nachdem Johannes ausgeliefert worden war, ging Jesus nach Galiläa; er verkündete das Evangelium Gottes und sprach: Die Zeit ist erfüllt, das Reich Gottes ist nahe. Kehrt um und glaubt an das Evangelium!

Glaubensbekenntnis, S. 484 ff.

FÜRBITTEN

Johannes ist mundtot gemacht worden, doch Jesus verkündet nun die Botschaft vom nahenden Reich Gottes. Auch wir hoffen auf das Heil von Gott her und rufen zu ihm:

- Für die Kirche, dass sie den Versuchungen der Macht widersteht und ihren Platz an der Seite der Machtlosen findet. V: Gott, unser Vater. A: Wir bitten dich, erhöre uns.
- Für die vielen Menschen, die in dauernder Anspannung leben, dass ihnen Kraft und Mut zuwächst, die Stille zu suchen. V: Gott, unser Vater. A: Wir bitten dich, erhöre uns.
- Für die Kinder und Jugendlichen in Armut, dass sich ihnen Wege auftun, wie sie ihren Begabungen gemäß lernen und leben können. V: Gott, unser Vater. A: Wir bitten dich, erhöre uns.
- Für die Kinder und Jugendlichen, denen Wohlstand selbstverständlich ist, dass sie Maß und Mitte für ihr Leben finden. V: Gott, unser Vater. A: Wir bitten dich, erhöre uns.
- Für die Menschen, die im Geiste Gottes prophetisch die Stimme erheben, dass sie gehört werden. V: Gott, unser Vater. A: Wir bitten dich, erhöre uns.
- Für die Frauen, Männer und Kinder in Kriegs- und Krisengebieten, dass sie Frieden und Sicherheit finden. V: Gott, unser Vater. A: Wir bitten dich, erhöre uns.

Barmherziger Gott, erbarme dich unserer Schwachheit und sei du mit uns auf dem Weg. So bitten wir durch Christus, unseren Bruder und Lehrer.

EUCHARISTIEFEIER

GABENGEBET

Herr, unser Gott, wir bringen Brot und Wein für das heilige Opfer, das wir zum Beginn dieser Fastenzeit feiern. Nimm mit diesen Gaben uns selbst an und vereine unsere Hingabe mit dem Opfer deines Sohnes, der mit dir lebt und herrscht in alle Ewigkeit.

PRÄFATION

In Wahrheit ist es würdig und recht, dir, Herr, heiliger Vater, allmächtiger, ewiger Gott, immer und überall zu danken durch unseren Herrn Jesus Christus. Denn er hat in der Wüste vierzig Tage gefastet und durch sein Beispiel diese Zeit der Buße geheiligt. Er macht die teuflische List des Versuchers zunichte und lässt uns die Bosheit des Feindes durchschauen. Er gibt uns die Kraft, den alten Sauerteig zu entfernen, damit wir Ostern halten mit lauterem Herzen und zum ewigen Ostern gelangen. Darum preisen wir dich mit den Kerubim und Serafim und singen mit allen Chören der Engel das Lob deiner Herrlichkeit: Heilig …

KOMMUNIONVERS

Ps 91 (90),4

Mit seinen Flügeln schirmt dich der Herr,
unter seinen Schwingen findest du Zuflucht.

SCHLUSSGEBET

Gütiger Gott, du hast uns das Brot des Himmels gegeben, damit Glaube, Hoffnung und Liebe in uns wachsen. Erhalte in uns das Verlangen nach diesem wahren Brot, das der Welt das Leben gibt, und stärke uns mit jedem Wort, das aus deinem Mund hervorgeht. Darum bitten wir durch Christus, unseren Herrn.

FEIERLICHER SCHLUSSSEGEN

Der barmherzige Gott, der seinen Sohn für uns dahingegeben und uns in ihm ein Beispiel der Liebe geschenkt hat, segne euch und mache euch bereit, Gott und den Menschen zu dienen. – A: Amen.
Und Christus, der Herr, der uns durch sein Sterben dem ewigen Tode entrissen hat, stärke euren Glauben und führe euch zur unvergänglichen Herrlichkeit. – A: Amen.
Und allen, die ihm folgen auf dem Weg der Entäußerung, gebe er Anteil an seiner Auferstehung und an seiner Herrlichkeit. – A: Amen.
Das gewähre euch der dreieinige Gott, der Vater und der Sohn † und der Heilige Geist. – A: Amen.

***

WIE KÖNNEN WIR WISSEN

Wie können wir wissen, wer wir sind,
wenn du es uns nicht sagst?
Wie können wir werden, wie wir sein sollen,
wenn du uns nicht führst?
Wie können wir standhalten,
wenn du uns nicht hältst?
Wie können wir „Herr“ werden über das Leben,
wenn du nicht bleibst, unser Herr und Gott?
Wie könnte das Werk unserer Hände gelingen,
wenn du uns nicht segnest?

Eleonore Beck

2. FASTENSONNTAG

28. Februar 2021

Hören und Verstehen, das klingt so bestechend einfach, und wie schwer fällt es uns dennoch! Oft bin ich begeistert, glaube etwas verstanden zu haben und setze mich mit aller Kraft dafür ein. Aber dann zeigt sich die Ambivalenz, und aus dem, was ich nur gut machen wollte, wird nicht nur Gutes. Warum haben die ersten Menschen vom Baum der Erkenntnis gegessen, sodass wir uns bis heute damit herumschlagen, dass wir nachdenken und grübeln und oft verzweifeln, weil wir sehen, dass unsere Handlungen nicht zum Guten gereichen? In Jesus hat uns Gott den Weg zum Baum des Lebens gewiesen, aber an der Erkenntnis von Gut und Böse und von Sünde und Schuld kommen wir nicht vorbei.

ERÖFFNUNGSVERS

Ps 27 (26), 8–9

Mein Herz denkt an dein Wort:
Sucht mein Angesicht!
Dein Angesicht, Herr, will ich suchen.
Verbirg nicht dein Gesicht vor mir.

KYRIE-RUFE

Herr Jesus Christus, du bist die Auferstehung und das Leben.
V/A: Herr, erbarme dich.
Du bist Gottes geliebter Sohn.
V/A: Christus, erbarme dich.
Du bist es, auf den wir hören sollen.
V/A: Herr, erbarme dich.

TAGESGEBET

Gott, du hast uns geboten, auf deinen geliebten Sohn zu hören. Nähre uns mit deinem Wort und reinige die Augen unseres Geistes, damit wir fähig werden, deine Herrlichkeit zu erkennen. Darum bitten wir durch Jesus Christus.

WORTGOTTESDIENST

ZUR 1. LESUNG Was für ein gewaltiger Text; er verfolgt uns bis in die Osternacht. Nur ein Fanatiker wird es fertigbringen, den eigenen Sohn zu opfern. Wie soll man sich sicher sein, dass das eigene Tun dem Willen Gottes entspricht und nicht einer Wahnvorstellung des eigenen Geistes entspringt? Leider können wir uns nie sicher sein, dass wir den Willen des HERRN richtig deuten, denn das würde bedeuten, dass wir in die Zukunft schauen können. Wir können erst im Nachhinein sagen, dass es richtig war, so zu handeln. Abraham war sich sicher, richtig zu handeln, und er wird darin bestätigt, denn der HERR schickt einen Opferersatz. Wir können nur hoffen und beten, dass auch wir richtig liegen, wenn wir uns sicher sind, im Auftrag des HERRN zu handeln.

ERSTE LESUNG Gen 22,1–2.9a.10–13.15–18

Das Opfer unseres Vaters Abraham (Messbuch: 1. Hochgebet)

Lesung aus dem Buch Génesis.

In jenen Tagen stellte Gott Abraham auf die Probe. Er sprach zu ihm: Abraham! Er sagte: Hier bin ich. Er sprach: Nimm deinen Sohn, deinen einzigen, den du liebst, Ísaak, geh in das Land Moríja und bring ihn dort auf einem der Berge, den ich dir nenne, als Brandopfer dar!

Als sie an den Ort kamen, den ihm Gott genannt hatte, baute Abraham dort den Altar, schichtete das Holz auf. Abraham streckte seine Hand aus und nahm das Messer, um seinen Sohn zu schlachten. Da rief ihm der Engel des HERRN vom Himmel her zu und sagte: Abraham, Abraham! Er antwortete: Hier bin ich. Er sprach: Streck deine Hand nicht gegen den Knaben aus und tu ihm nichts zuleide! Denn jetzt weiß ich, dass du Gott fürchtest; du hast mir deinen Sohn, deinen einzigen, nicht vorenthalten. Abraham erhob seine Augen, sah hin und siehe, ein Widder hatte sich hinter ihm mit seinen Hörnern im Gestrüpp verfangen. Abraham ging hin, nahm den Widder und brachte ihn statt seines Sohnes als Brandopfer dar.

Der Engel des HERRN rief Abraham zum zweiten Mal vom Himmel her zu und sprach: Ich habe bei mir geschworen – Spruch des HERRN: Weil du das getan hast und deinen Sohn, deinen einzigen, mir nicht vorenthalten hast, will ich dir Segen schenken in Fülle und deine Nachkommen überaus zahlreich machen wie die Sterne am Himmel und den Sand am Meeresstrand. Deine Nachkommen werden das Tor ihrer Feinde einnehmen. Segnen werden sich mit deinen Nachkommen alle Völker der Erde, weil du auf meine Stimme gehört hast.

ANTWORTPSALM

Ps 116 (115), 10 u. 15.16–17.18–19 (Kv: vgl. 9)

Kv Ich gehe meinen Weg vor Gott
im Lande der Lebenden. – Kv

Ich glaube – auch wenn ich sagen muss: *
Ich bin tief erniedrigt!
Kostbar ist in den Augen des HERRN *
der Tod seiner Frommen. – (Kv)

Ach HERR, ich bin doch dein Knecht, /
dein Knecht bin ich, der Sohn deiner Magd! *
Gelöst hast du meine Fesseln.
Ich will dir ein Opfer des Dankes bringen, *
ausrufen will ich den Namen des HERRN. – (Kv)

Meine Gelübde will ich dem HERRN erfüllen *
in Gegenwart seines ganzen Volkes,
in den Höfen des Hauses des HERRN, *
in deiner Mitte, Jerusalem. – Kv

ZUR 2. LESUNG Die Logik ist bestechend: Gott hat Jesus Christus von den Toten erweckt; was soll uns Gläubigen dann noch passieren? In ihm sind auch wir auserwählt und in ihm werden auch wir gerettet werden. Das ist unsere Hoffnung, und auf sie setzen wir unser ganzes Leben. Und dieses Leben als Leben hier auf Erden liegt Gott am Herzen. Dafür hat er seinen Sohn hingegeben. Man könnte vermuten, dass es Gott lieber ist, seinen Sohn bei sich, im Himmel, zu seiner Rechten, zu haben. Das scheint Paulus aber nicht anzunehmen, denn dann wäre der Tod Jesu nur eine Verbesserung für Gott und nicht Hingabe. Gott liegt unser irdisches Leben am Herzen. Würdigen wir es?

ZWEITE LESUNG Röm 8, 31b–34

Gott hat seinen eigenen Sohn nicht verschont

Lesung aus dem Brief des Apostels Paulus an die Gemeinde in Rom.

Schwestern und Brüder! Ist Gott für uns, wer ist dann gegen uns? Er hat seinen eigenen Sohn nicht verschont, sondern ihn für uns alle hingegeben – wie sollte er uns mit ihm nicht alles schenken?

Wer kann die Auserwählten Gottes anklagen? Gott ist es, der gerecht macht. Wer kann sie verurteilen? Christus Jesus, der gestorben ist, mehr noch: der auferweckt worden ist, er sitzt zur Rechten Gottes und tritt für uns ein.

RUF VOR DEM EVANGELIUM Vers: vgl. Mt 17, 5

Lob dir, Christus, König und Erlöser! – Kv
Aus der leuchtenden Wolke rief die Stimme des Vaters:

Das ist mein geliebter Sohn; auf ihn sollt ihr hören.
Lob dir, Christus, König und Erlöser!

ZUM EVANGELIUM Den Jüngern drängt sich etwas auf, nachdem Jesus sie beiseitegenommen und auf einen hohen Berg geführt hat. Man gelangt also nicht durch eigenen Willen und aus eigener Kraft zur Erkenntnis, aber man muss doch vieles für sie tun. Vor allem mit Jesus geschieht etwas, das er selbst nicht macht. Petrus scheint den Vorrang der Passivität nicht zu verstehen, denn er will selbst etwas tun, aber darum geht es in der Begegnung mit Gott nicht. In ihr wird man beschenkt, so wie Mose auf dem wolkenverhangenen Berg die Gesetzestafeln übergeben werden, so wird auch auf dem Berg der Verklärung eine Weisung gegeben: Wir sollen hören.

EVANGELIUM Mk 9,2–10

Es erscholl eine Stimme aus der Wolke: Dieser ist mein geliebter Sohn

+ Aus dem heiligen Evangelium nach Markus.

In jener Zeit nahm Jesus Petrus, Jakobus und Johannes beiseite und führte sie auf einen hohen Berg, aber nur sie allein. Und er wurde vor ihnen verwandelt; seine Kleider wurden strahlend weiß, so weiß, wie sie auf Erden kein Bleicher machen kann.

Da erschien ihnen Elíja und mit ihm Mose und sie redeten mit Jesus.

Petrus sagte zu Jesus: Rabbi, es ist gut, dass wir hier sind. Wir wollen drei Hütten bauen, eine für dich, eine für Mose und eine für Elíja. Er wusste nämlich nicht, was er sagen sollte; denn sie waren vor Furcht ganz benommen.

Da kam eine Wolke und überschattete sie und es erscholl eine Stimme aus der Wolke: Dieser ist mein geliebter Sohn; auf ihn sollt ihr hören. Als sie dann um sich blickten, sahen sie auf einmal niemanden mehr bei sich außer Jesus.

Während sie den Berg hinabstiegen, gebot er ihnen, niemandem zu erzählen, was sie gesehen hatten, bis der Menschensohn von den Toten auferstanden sei. Dieses Wort beschäftigte sie und sie fragten einander, was das sei: von den Toten auferstehen.

Glaubensbekenntnis, S. 484 ff.

FÜRBITTEN

Gott, in der Verklärung deines Sohnes schenkst du allen Menschen den Blick auf dein Heil. Wir rufen zu dir und bitten dich:

- Für die Menschen im Dienst der Verkündigung: Lass ihnen das Taborlicht leuchten und schenke ihnen Orientierung und Kraft, wenn sie in den Mühen der Ebenen müde werden. V: Gott, du Licht des Lebens. A: Wir bitten dich, erhöre uns.

- Für die Familien: Erhalte in ihnen das Licht der Hoffnung und der Liebe, wenn im Alltag die Farben der Zuneigung zu verblassen und zu schwinden drohen. V: Gott, du Licht des Lebens. A: Wir bitten dich, erhöre uns.

- Für die Kranken: Stärke in ihnen das Licht der Hoffnung und lasse sie Zuversicht und Halt durch gute Freundschaften und in liebevollen familiären Bezügen finden. V: Gott, du Licht des Lebens. A: Wir bitten dich, erhöre uns.

- Für die Menschen in Armut und Bedrängnis: Lass sie Hilfe erfahren und schenke ihnen ein Leben in Frieden und in Sicherheit. V: Gott, du Licht des Lebens. A: Wir bitten dich, erhöre uns.

- Für die Menschen, die dem Tod nahe sind: Schenke allen Sterbenden die Verheißung deines alles verändernden Lichts. V: Gott, du Licht des Lebens. A: Wir bitten dich, erhöre uns.

Du begleitest uns mit deinem Licht, guter Gott. Dir vertrauen wir uns an. Segne unser Tun, heute und alle Tage, die uns geschenkt sind, so bitten wir durch Jesus Christus, unseren Bruder und verklärten Herrn.

EUCHARISTIEFEIER

GABENGEBET

Herr, das Opfer, das wir feiern, nehme alle Schuld von uns. Es heilige uns an Leib und Seele, damit wir uns in rechter Weise auf das Osterfest vorbereiten. Darum bitten wir durch Christus, unseren Herrn.

PRÄFATION

In Wahrheit ist es würdig und recht, dir, Vater im Himmel, zu danken durch unseren Herrn Jesus Christus. Denn er hat den Jüngern seinen Tod vorausgesagt und ihnen auf dem heiligen Berg seine Herrlichkeit kundgetan. In seiner Verklärung erkennen wir, was Gesetz und Propheten bezeugen: dass wir durch das Leiden mit Christus zur Auferstehung gelangen. Durch ihn rühmen wir deine Größe und singen mit den Chören der Engel das Lob deiner Herrlichkeit: Heilig …

KOMMUNIONVERS

Mt 17,5

Dies ist mein geliebter Sohn,
an dem ich Gefallen gefunden habe:
Auf ihn sollt ihr hören.

SCHLUSSGEBET

Herr, du hast uns im Sakrament an der Herrlichkeit deines Sohnes Anteil gegeben. Wir danken dir, dass du uns schon auf Erden teilnehmen lässt an dem, was droben ist. Durch Christus, unseren Herrn.

FEIERLICHER SCHLUSSSEGEN S. 215

***

WER LICHT

Wer Licht
in die Erde
sät

lässt Leben keimen

wo Farbe
sonnenentzündet
explodiert

kauert der Tod
ganz tief unten
im Erdreich
und wartet
bis auch ihn
das Licht erhellt

Heinz Detlef Stäps

3. FASTENSONNTAG

7. März 2021

Ja, wir haben das Gesetz und können jederzeit darauf vertrauen, dass Gott bei uns ist, wenn wir versuchen, nach den Geboten zu leben. Aber darf ich auf meine eigene Kraft vertrauen? Oder schenkt Gott mir die Kraft, das Gebot zu befolgen? Was aber dann, wenn es mir nicht gelingt? Hat er mir dann keine Kraft geschenkt, sodass er auch die Verantwortung für meine Verfehlungen übernimmt? Ja, das tut er, denn in Jesus gibt er sich hin, übernimmt meine Schuld, die mit Jesus stirbt und ihre Macht verliert. Darf auch ich dem Gesetz sterben, auf dass es mir von ihm her ermöglicht wird, nach dem Gesetz zu leben? Lass mich leben im Gesetz, ohne die Versuchung des Selbermachen-Könnens oder der Selbstoptimierung.

ERÖFFNUNGSVERS

Ez 36,22–26

Wort Gottes, des Herrn:
Ich werde euch beweisen, dass ich heilig bin.
Ich sammle euch aus allen Ländern.
Ich gieße reines Wasser über euch, damit ihr rein werdet,
und gebe euch einen neuen Geist.

KYRIE-RUFE

Herr Jesus Christus, du hast die Händler aus dem Tempel hinausgejagt.
V/A: Herr, erbarme dich.
Du heißt uns, Gott zu dienen und nicht dem Mammon.
V/A: Christus, erbarme dich.
Du machst uns frei von der Sklaverei des Götzen Markt.
V/A: Herr, erbarme dich.

TAGESGEBET

Gott, unser Vater, du bist der Quell des Erbarmens und der Güte, wir stehen als Sünder vor dir und unser Gewissen klagt uns an. Sieh auf unsere Not und lass uns Vergebung finden durch Fasten, Gebet und Werke der Liebe. Darum bitten wir durch Jesus Christus.

WORTGOTTESDIENST

ZUR 1. LESUNG Rückbesinnung auf die Grundlage des Bundes, auf das eherne Gesetz; Gebote, die das menschliche Zusammenleben ermöglichen. Es scheinen allgemeingültige Gebote zu sein, und doch sind sie mit einer ganz klaren historischen Signatur versehen: Sie kommen nicht von einem unbekannten Gott, sondern von einem, der seine Geschichtsmächtigkeit bereits erwiesen hat, der für sein Volk bereits gehandelt hat. Was ist mein Exodus? Welches Erlebnis macht mir deutlich, dass Gott in meinem Leben anwesend ist, sodass ich befähigt werde, auf ihn hin mein Handeln zu planen?

ERSTE LESUNG Ex 20,1–17

Das Gesetz wurde durch Mose gegeben (Joh 1,17)

Lesung aus dem Buch Éxodus.

In jenen Tagen sprach Gott auf dem Berg Sínai alle diese Worte: Ich bin der Herr, dein Gott, der dich aus dem Land Ägypten geführt hat, aus dem Sklavenhaus.

Du sollst neben mir keine anderen Götter haben. Du sollst dir kein Kultbild machen und keine Gestalt von irgendetwas am Himmel droben, auf der Erde unten oder im Wasser unter der Erde. Du sollst dich nicht vor ihnen niederwerfen und ihnen nicht dienen.

Denn ich bin der Herr, dein Gott, ein eifersüchtiger Gott: Ich suche die Schuld der Väter an den Kindern heim, an der dritten und vierten Generation, bei denen, die mich hassen; doch ich erweise Tausenden meine Huld bei denen, die mich lieben und meine Gebote bewahren.

Du sollst den Namen des HERRN, deines Gottes, nicht missbrauchen; denn der HERR lässt den nicht ungestraft, der seinen Namen missbraucht.

Gedenke des Sabbats: Halte ihn heilig! Sechs Tage darfst du schaffen und all deine Arbeit tun. Der siebte Tag ist ein Ruhetag, dem HERRN, deinem Gott, geweiht. An ihm darfst du keine Arbeit tun: du und dein Sohn und deine Tochter, dein Sklave und deine Sklavin und dein Vieh und dein Fremder in deinen Toren.

Denn in sechs Tagen hat der HERR Himmel, Erde und Meer gemacht und alles, was dazugehört; am siebten Tag ruhte er. Darum hat der HERR den Sabbat gesegnet und ihn geheiligt.

Ehre deinen Vater und deine Mutter, damit du lange lebst in dem Land, das der HERR, dein Gott, dir gibt! Du sollst nicht töten. Du sollst nicht die Ehe brechen. Du sollst nicht stehlen. Du sollst nicht falsch gegen deinen Nächsten aussagen. Du sollst nicht das Haus deines Nächsten begehren. Du sollst nicht die Frau deines Nächsten begehren, nicht seinen Sklaven oder seine Sklavin, sein Rind oder seinen Esel oder irgendetwas, das deinem Nächsten gehört.

Oder:

KURZFASSUNG

Ex 20,1–3.7–8.12–17

Das Gesetz wurde durch Mose gegeben (Joh 1,17)

Lesung aus dem Buch Éxodus.

In jenen Tagen sprach Gott auf dem Berg Sínai alle diese Worte: Ich bin der HERR, dein Gott, der dich aus dem Land Ägypten geführt hat, aus dem Sklavenhaus.

Du sollst neben mir keine anderen Götter haben. Du sollst den Namen des HERRN, deines Gottes, nicht missbrauchen; denn der HERR lässt den nicht ungestraft, der seinen Namen missbraucht.

Gedenke des Sabbats: Halte ihn heilig! Ehre deinen Vater und deine Mutter, damit du lange lebst in dem Land, das der HERR, dein Gott, dir gibt! Du sollst nicht töten. Du sollst nicht die Ehe brechen. Du sollst nicht stehlen. Du sollst nicht falsch gegen deinen Nächsten aussagen. Du sollst nicht das Haus deines Nächsten begehren. Du sollst nicht die Frau deines Nächsten begehren, nicht seinen Sklaven oder seine Sklavin, sein Rind oder seinen Esel oder irgendetwas, das deinem Nächsten gehört.

ANTWORTPSALM

Ps 19 (18),8.9.10.11–12 (Kv: Joh 6,68c)

Kv Herr, du hast Worte ewigen Lebens. – Kv

Die Weisung des HERRN ist vollkommen, *
sie erquickt den Menschen.
Das Zeugnis des HERRN ist verlässlich, *
den Unwissenden macht es weise. – (Kv)

Die Befehle des HERRN sind gerade, *
sie erfüllen das Herz mit Freude.
Das Gebot des HERRN ist rein, *
es erleuchtet die Augen. – (Kv)

Die Furcht des HERRN ist lauter, *
sie besteht für immer.
Die Urteile des HERRN sind wahrhaftig, *
gerecht sind sie alle. – (Kv)

Sie sind kostbarer als Gold, als Feingold in Menge. *
Sie sind süßer als Honig, als Honig aus Waben.
Auch dein Knecht lässt sich von ihnen warnen; *
reichen Lohn hat, wer sie beachtet. – Kv

ZUR 2. LESUNG Bei den Händlern können sich die Pilger und die einheimischen Frommen mit allem eindecken, was sie für die Opfer brauchen. Jesus stößt sich am Handel und womöglich an der einfachen Logik des Kaufens. Es geht beim Opfer nicht darum, Gott ein

Lebewesen zu übereignen, sondern um die zwischenmenschliche Befriedung, die das Teilen des Opfers bewirkt. In diesem Sinne verweist Jesus auf die Gabe seines Leibes, denn die Teilhabe an ihm ist nicht als Sättigung gedacht, sondern als Ausdruck von Frieden und Versöhnung der Menschen untereinander und dadurch mit Gott.

ZWEITE LESUNG 1 Kor 1,22–25

Wir verkünden Christus als den Gekreuzigten

Lesung aus dem ersten Brief des Apostels Paulus an die Gemeinde in Korínth.

Schwestern und Brüder! Die Juden fordern Zeichen, die Griechen suchen Weisheit. Wir dagegen verkünden Christus als den Gekreuzigten: für Juden ein Ärgernis, für Heiden eine Torheit, für die Berufenen aber, Juden wie Griechen, Christus, Gottes Kraft und Gottes Weisheit.

Denn das Törichte an Gott ist weiser als die Menschen und das Schwache an Gott ist stärker als die Menschen.

RUF VOR DEM EVANGELIUM Vers: vgl. Joh 3,16a.15

Lob dir, Christus, König und Erlöser! – Kv
So sehr hat Gott die Welt geliebt,
dass er seinen einzigen Sohn hingab,
damit jeder, der glaubt, in ihm das ewige Leben hat.
Lob dir, Christus, König und Erlöser!

ZUM EVANGELIUM Gott hat seinem Volk Israel oft Großtaten seiner Geschichtsmächtigkeit erwiesen und in der Antike war die griechische Weisheitssuche berühmt. Paulus verweist hier aber gegen alle Logik nicht auf den Auferstandenen, sondern auf den Gekreuzigten. Gewiss ist noch das Schwächste an Gott allem Menschlichem weitaus überlegen und deshalb stärker. Aber ist wirklich im Todeskampf eines Menschen Gottes vollkommene Liebe erkennbar? Paulus vertraut genau auf diese Absurdität und verkehrt die menschliche Sehnsucht nach Macht und souveräner Erkenntnis in ihr Gegenteil. Ach, wie selten gelingt es mir, in der Schwäche Gottes Kraft zu erkennen!

EVANGELIUM Joh 2,13–25

Reißt diesen Tempel nieder und in drei Tagen werde ich ihn wieder aufrichten

+ Aus dem heiligen Evangelium nach Johannes.

Das Paschafest der Juden war nahe und Jesus zog nach Jerusalem hinauf. Im Tempel fand er die Verkäufer von Rindern, Schafen und Tauben und die Geldwechsler, die dort saßen. Er machte eine Geißel aus Stricken und trieb sie alle aus dem Tempel hinaus samt den Schafen und Rindern; das Geld der Wechsler schüttete er aus, ihre Tische stieß er um und zu den Taubenhändlern sagte er: Schafft das hier weg, macht das Haus meines Vaters nicht zu einer Markthalle! Seine Jünger erinnerten sich, dass geschrieben steht: Der Eifer für dein Haus wird mich verzehren.

Da ergriffen die Juden das Wort und sagten zu ihm: Welches Zeichen lässt du uns sehen, dass du dies tun darfst?

Jesus antwortete ihnen: Reißt diesen Tempel nieder und in drei Tagen werde ich ihn wieder aufrichten.

Da sagten die Juden: Sechsundvierzig Jahre wurde an diesem Tempel gebaut und du willst ihn in drei Tagen wieder aufrichten? Er aber meinte den Tempel seines Leibes.

Als er von den Toten auferweckt war, erinnerten sich seine Jünger, dass er dies gesagt hatte, und sie glaubten der Schrift und dem Wort, das Jesus gesprochen hatte.

Während er zum Paschafest in Jerusalem war, kamen viele zum Glauben an seinen Namen, da sie die Zeichen sahen, die er tat. Jesus selbst aber vertraute sich ihnen nicht an, denn er kannte sie alle und brauchte von keinem ein Zeugnis über den Menschen; denn er wusste, was im Menschen war.

Glaubensbekenntnis, S. 484 ff.

FÜRBITTEN

Nur mit unserem ganzen Herzen und mit Eifer sollten wir als Getaufte leben. Wir bitten Gott um seine Nähe, um seine Kraft, um seinen Beistand:

- Wir beten für die Kirche, dass sie auch heute deine Weisungen so verkündet, dass die Menschen zur Freiheit der Kinder Gottes finden. V: Gott des Lebens. A: Höre und erhöre uns.
- Wir beten für alle, die religiös radikalisiert oder in politischen Ideologien gefangen sind, dass sich ihr Blick wieder öffne und weite. V: Gott des Lebens. A: Höre und erhöre uns.
- Wir beten für alle Menschen, die in Abhängigkeiten und mit Süchten leben müssen, dass sie Wege zur inneren Stärkung finden. V: Gott des Lebens. A: Höre und erhöre uns.
- Wir bitten für diejenigen, die über Macht und Einfluss in Politik und Wirtschaft verfügen, dass sie das Gemeinwohl, das Wohl aller, über kurzfristigen Gewinn und Erfolg stellen. V: Gott des Lebens. A: Höre und erhöre uns.
- Wir beten für alle, die mit Leidenschaft für geflüchtete Menschen da sind, die ihre Heimat verlassen mussten und ihre Familie, ihre Freunde, ihren Alltag schmerzlich vermissen. V: Gott des Lebens. A: Höre und erhöre uns.

Gott, wir sind dir nicht gleichgültig. Deine Gebote zeugen von deiner Nähe und deiner Barmherzigkeit. Auch heute willst du deinen Bund mit uns erneuern. Hilf uns, gut und richtig zu leben, so bitten wir im Heiligen Geist durch Jesus Christus, unseren Bruder.

EUCHARISTIEFEIER

GABENGEBET

Barmherziger Gott, befreie uns durch dieses Opfer von unseren Sünden und schenke uns die Kraft, auch den Brüdern zu vergeben, wenn sie an uns schuldig geworden sind. Darum bitten wir durch Christus, unseren Herrn.

Präfation, S. 494 f.

KOMMUNIONVERS Ps 84 (83),4–5

Der Sperling findet ein Haus
und die Schwalbe ein Nest für ihre Jungen
– deine Altäre, Herr der Heerscharen,
mein Gott und mein König!
Selig, die wohnen in deinem Haus, die dich allezeit loben!

SCHLUSSGEBET

Herr und Gott, du hast uns mit dem Brot des Himmels gesättigt und uns in dieser Speise ein Unterpfand dessen gegeben, was unseren Augen noch verborgen ist. Lass in unserem Leben sichtbar werden, was wir im Sakrament empfangen haben. Darum bitten wir durch Christus, unseren Herrn.

FEIERLICHER SCHLUSSSEGEN S. 215

⋆⋆⋆

PROPHETISCHER RAT

mach die Augen auf
schau ins Weite
über dich hinaus
sieh Gott in die Augen
und mach dich fest
im Du

Heinz Detlef Stäps

4. FASTENSONNTAG

14. März 2021

Es geht in unserem Leben um alles. Manchmal erscheint uns dies nicht so, aber die Fastenzeit führt uns drastisch vor Augen, dass wir nicht müde werden sollen und uns immer wieder die tiefen und schweren Fragen stellen müssen, ob wir auf dem rechten Pfad sind oder ob wir unser Leben verspielen. Der religiöse Ernst hat dabei überhaupt nichts mit Miesepeterei zu tun, sondern er führt uns in Tiefendimensionen unseres Daseins, die wir sonst nicht erreichen würden. In dieser Tiefe ist aber wahre Freude und echte Fröhlichkeit möglich, weil wir wissen: Gott hat uns in Jesus Christus erlöst und stellt uns ein Leben in seinem Angesicht in Aussicht.

ERÖFFNUNGSVERS

Vgl. Jes 66,10–11

Freue dich, Stadt Jerusalem!
Seid fröhlich zusammen mit ihr, alle, die ihr traurig wart.
Freut euch und trinkt euch satt
an der Quelle göttlicher Tröstung.

KYRIE-RUFE

Herr Jesus Christus, du bist das Licht der Welt.
V/A: Herr, erbarme dich.
Du verlangst danach, dich selbst uns zu geben.
V/A: Christus, erbarme dich.
Du lädst auch uns zu ganzer Hingabe ein.
V/A: Herr, erbarme dich.

TAGESGEBET

Herr, unser Gott, du hast in deinem Sohn die Menschheit auf wunderbare Weise mit dir versöhnt. Gib deinem Volk einen hochherzigen Glauben, damit es mit froher Hingabe dem Osterfest entgegeneilt. Darum bitten wir durch Jesus Christus.

WORTGOTTESDIENST

ZUR 1. LESUNG Israel deutet seine Geschichte auf Gott hin. Im Nachhinein wird ihm klar, dass es von Gott abgefallen ist, dass es ihm untreu war und dass deshalb Unheil über das Volk gekommen ist. In der Gegenwart fühlte es sich gut an, sich anderen Göttern zuzuwenden, und oft steht Prophetenwort gegen Prophetenwort. Welches ist es, dem man folgen soll? Ist es tragisch-notwendig, dass man dem Falschen folgt und erst nach durchlittenem Unheil den eigenen Fehler bemerkt? Die Schriftlesung will uns nicht in diesem Dunkel belassen, denn sie endet mit der frohen Botschaft, dass der Tempel wiederaufgebaut wird und Israel in das Heimatland heimkehren soll.

ERSTE LESUNG 2 Chr 36,14–16.19–23

Der Zorn und das Erbarmen des Herrn werden offenbar durch die Verbannung und die Befreiung des Volkes

Lesung aus dem zweiten Buch der Chronik.

In jenen Tagen begingen alle führenden Männer Judas und die Priester und das Volk viel Untreue. Sie ahmten die Gräueltaten der Völker nach und entweihten das Haus, das der HERR in Jerusalem zu seinem Heiligtum gemacht hatte.

Immer wieder hatte der HERR, der Gott ihrer Väter, sie durch seine Boten gewarnt; denn er hatte Mitleid mit seinem Volk und seiner Wohnung. Sie aber verhöhnten die Boten Gottes, verachteten sein

Wort und verspotteten seine Propheten, bis der Zorn des HERRN gegen sein Volk so groß wurde, dass es keine Heilung mehr gab.
Die Chaldäer verbrannten das Haus Gottes, rissen die Mauern Jerusalems nieder, legten Feuer an alle seine Paläste und zerstörten alle wertvollen Geräte. Alle, die dem Schwert entgangen waren, führte Nebukadnézzar in die Verbannung nach Babel. Dort mussten sie ihm und seinen Söhnen als Sklaven dienen, bis das Reich der Perser zur Herrschaft kam. Da ging das Wort in Erfüllung, das der HERR durch den Mund Jeremías verkündet hatte. Das Land bekam seine Sabbate ersetzt, es lag brach während der ganzen Zeit der Verwüstung, bis siebzig Jahre voll waren.
Im ersten Jahr des Königs Kyrus von Persien sollte sich erfüllen, was der HERR durch Jeremía gesprochen hatte. Darum erweckte der HERR den Geist des Königs Kyrus von Persien und Kyrus ließ in seinem ganzen Reich mündlich und schriftlich den Befehl verkünden: So spricht Kyrus, der König von Persien: Der HERR, der Gott des Himmels, hat mir alle Reiche der Erde verliehen. Er selbst hat mir aufgetragen, ihm in Jerusalem in Juda ein Haus zu bauen. Jeder unter euch, der zu seinem Volk gehört – der HERR, sein Gott, sei mit ihm –, der soll hinaufziehen.

ANTWORTPSALM

Ps 137 (136), 1–2.3–4.5–6 (Kv: vgl. 5a)

Kv Wie könnte ich dich je vergessen, Jerusalem! – Kv

An den Strömen von Babel, /
da saßen wir und wir weinten, *
wenn wir Zions gedachten.
An die Weiden in seiner Mitte *
hängten wir unsere Leiern. – (Kv)

Denn dort verlangten, die uns gefangen hielten, Lieder von uns, /
unsere Peiniger forderten Jubel: *
„Singt für uns eines der Lieder Zions!"
Wie hätten wir singen können die Lieder des HERRN, *
fern, auf fremder Erde? – (Kv)

Wenn ich dich je vergesse, Jerusalem, *
dann soll meine rechte Hand mich vergessen.
Die Zunge soll mir am Gaumen kleben, /
wenn ich deiner nicht mehr gedenke, *
wenn ich Jerusalem nicht mehr erhebe
zum Gipfel meiner Freude. – Kv

ZUR 2. LESUNG Aus dem klaren Vorrang der Gnade entsteht in diesem Text die Idee der Prädestination, der Vorherbestimmung: Uns ist alles geschenkt, nichts können wir aus eigener Kraft tun, und deshalb gibt uns Gott sogar die guten Werke, mit denen wir unser Leben gestalten sollen. Die Konsequenz dieser Gedanken ist bestechend, und doch laufen sie unserer Idee von Freiheit, Selbstgestaltung und Selbstoptimierung zuwider. Deshalb tun diese Gedanken gut, denn sie halten uns den Spiegel vor. Woher kommen die Kraft und der Wille zur Selbstoptimierung? Wenn es mir um mich geht, bin ich vom Narzissmus nicht weit entfernt; wenn es mir um den anderen geht, dann wird mir die Kraft geschenkt, ihm und ihr Gutes zu tun.

ZWEITE LESUNG

Eph 2,4–10

Wir waren tot infolge unserer Sünden; aus Gnade sind wir gerettet

Lesung aus dem Brief des Apostels Paulus an die Gemeinde in Éphesus.

Schwestern und Brüder! Gott, der reich ist an Erbarmen, hat uns, die wir infolge unserer Sünden tot waren, in seiner großen Liebe, mit der er uns geliebt hat, zusammen mit Christus lebendig gemacht.

Aus Gnade seid ihr gerettet. Er hat uns mit Christus Jesus auferweckt und uns zusammen mit ihm einen Platz in den himmlischen Bereichen gegeben, um in den kommenden Zeiten den überfließenden Reichtum seiner Gnade zu zeigen, in Güte an uns durch Christus Jesus.

Denn aus Gnade seid ihr durch den Glauben gerettet, nicht aus eigener Kraft – Gott hat es geschenkt –, nicht aus Werken, damit keiner sich rühmen kann. Denn seine Geschöpfe sind wir, in Christus Jesus zu guten Werken erschaffen, die Gott für uns im Voraus bestimmt hat, damit wir mit ihnen unser Leben gestalten.

RUF VOR DEM EVANGELIUM

Vers: vgl. Joh 3, 16a.15

Lob dir, Christus, König und Erlöser! – Kv
So sehr hat Gott die Welt geliebt,
dass er seinen einzigen Sohn hingab,
damit jeder, der glaubt, in ihm das ewige Leben hat.
Lob dir, Christus, König und Erlöser!

ZUM EVANGELIUM Glaube und Gericht, Licht und Dunkel. Das Johannes-Evangelium bedient sich mythischer Sprachbilder, um die Dramatik und den existenziellen Ernst unseres Lebens klar vor Augen zu führen. Bin ich jeden Tag gerüstet und bereit für diesen Kampf? Wie erhalte ich die Spannung in mir? Und noch viel mehr: Darf ich für mich und für andere das Licht erhoffen, wenn und weil ich böse bin oder nicht glaube? Darf ich hoffen, dass mich das Licht trifft, es das Böse und Schlechte an mir versengt und ich endlich fähig werde zu einem Leben in Liebe? Herr, lichte mich, auf dass ich leben lerne in dir.

EVANGELIUM

Joh 3, 14–21

Gott hat seinen Sohn in die Welt gesandt, damit die Welt durch ihn gerettet wird

+ Aus dem heiligen Evangelium nach Johannes.

In jener Zeit sprach Jesus zu Nikodémus: Wie Mose die Schlange in der Wüste erhöht hat, so muss der Menschensohn erhöht werden, damit jeder, der glaubt, in ihm ewiges Leben hat.

Denn Gott hat die Welt so sehr geliebt, dass er seinen einzigen Sohn hingab, damit jeder, der an ihn glaubt, nicht verloren geht, sondern ewiges Leben hat.

Denn Gott hat seinen Sohn nicht in die Welt gesandt, damit er die Welt richtet, sondern damit die Welt durch ihn gerettet wird. Wer an ihn glaubt, wird nicht gerichtet; wer nicht glaubt, ist schon gerichtet, weil er nicht an den Namen des einzigen Sohnes Gottes geglaubt hat.

Denn darin besteht das Gericht: Das Licht kam in die Welt, doch die Menschen liebten die Finsternis mehr als das Licht; denn ihre Taten waren böse.

Jeder, der Böses tut, hasst das Licht und kommt nicht zum Licht, damit seine Taten nicht aufgedeckt werden. Wer aber die Wahrheit tut, kommt zum Licht, damit offenbar wird, dass seine Taten in Gott vollbracht sind.

Glaubensbekenntnis, S. 484 ff.

FÜRBITTEN

Nicht richten, sondern retten willst du die Welt, erbarmender Gott. So rufen wir heute zu dir und tragen vor dich unsere Nöte und Sorgen:

- Hilf allen, die den Namen Christi tragen, sich an deiner erbarmenden Liebe zu orientieren. V: Rettender Gott. A: Höre unser Rufen.

- Zeige denen, die schuldig geworden sind, Wege zu Reue und Umkehr auf. V: Rettender Gott. A: Höre unser Rufen.

- Ermutige Menschen, die einander fremd geworden sind oder in Feindseligkeit verharren, zum ersten, erlösenden Schritt der Annäherung. V: Rettender Gott. A: Höre unser Rufen.

- Hilf allen, die in Sicherheit und Wohlstand leben, ihren Blick zu weiten für die vielfältigen Nöte der Welt. V: Rettender Gott. A: Höre unser Rufen.

- Stärke und behüte die Kinder, die in Armut und Perspektivlosigkeit aufwachsen, und schenke ihnen die Kraft, einen guten Weg zu gehen. V: Rettender Gott. A: Höre unser Rufen.

Dein Licht, guter Gott, will uns den Weg ins Leben weisen. Hilf du unserer Schwachheit auf, sodass wir leben im Licht und in der Wahrheit, heute und alle Tage.

EUCHARISTIEFEIER

GABENGEBET

Herr, unser Gott, in der Freude auf das Osterfest bringen wir unsere Gaben dar. Hilf uns, gläubig und ehrfürchtig das Opfer zu feiern, das der Welt Heilung schenkt und den Tod überwindet. Darum bitten wir durch Christus, unseren Herrn.

Präfation, S. 494 f.

KOMMUNIONVERS

Ps 122 (121), 3–4

Jerusalem, du starke Stadt, dicht gebaut und fest gefügt!
Dorthin ziehen die Stämme hinauf, die Stämme des Herrn,
den Namen des Herrn zu preisen.

SCHLUSSGEBET

Allmächtiger Gott, dein ewiges Wort ist das wahre Licht, das jeden Menschen erleuchtet. Heile die Blindheit unseres Herzens, damit wir erkennen, was vor dir recht ist, und dich aufrichtig lieben. Darum bitten wir durch Christus, unseren Herrn.

FEIERLICHER SCHLUSSSEGEN S. 215

***

ZUERST

Gott hat uns zuerst geliebt:

Wenn wir versagen, lässt du uns nicht fallen.
Wenn wir unterliegen, hilfst du uns wieder auf.
Wenn wir umkehren, schenkst du uns einen neuen Anfang.
Wenn wir zweifeln, sagst du uns dein Wort.
Wenn wir das Dunkel fürchten, gibst du uns das Licht.
Wenn wir vertrauen, ersparst du uns das Gericht.
Wenn wir sterben, rufst du uns ins Leben.

Darum können wir einander lieben.

Eleonore Beck

HEILIGER JOSEF, BRÄUTIGAM DER GOTTESMUTTER MARIA – HOCHFEST

19. März 2021

Es ist schwer, ein Kind aufzuziehen und zu lieben, dessen Herkunft man nicht kennt. Josef vertraut seiner Frau und übernimmt nach den Evangelien die Rolle, Jesus zu erziehen. Natürlich ist jedes Kind von Gott und jedes Kind ist einfach nur Geschenk. Warum fällt es uns dann so schwer, vorbehaltlos zu lieben? Ist es diese vorbehaltlose Liebe Josefs zu Jesus und seine unerschütterliche Treue zu Maria, die eine Erwähnung in der Heilsgeschichte und ein eigenes liturgisches Hochfest wert sind?

ERÖFFNUNGSVERS

Vgl. Lk 12,42

Seht, das ist der treue und kluge Hausvater,
dem der Herr seine Familie anvertraut,
damit er für sie sorge.

KYRIE-RUFE

Herr Jesus Christus, du stammst aus dem Haus
und Geschlecht Davids.
V/A: Herr, erbarme dich.
Du bist der Höhepunkt der Geschichte Gottes
mit seinem Volk und der ganzen Menschheit.
V/A: Christus, erbarme dich.
Du bist das Licht, das die Heiden erleuchtet,
und Herrlichkeit für dein Volk Israel.
V/A: Herr, erbarme dich.

Ehre sei Gott, S. 481 f.

TAGESGEBET

Allmächtiger Gott, du hast Jesus, unseren Heiland, und seine Mutter Maria der treuen Sorge des heiligen Josef anvertraut. Höre auf seine Fürsprache und hilf deiner Kirche, die Geheimnisse der Erlösung treu zu verwalten, bis das Werk des Heiles vollendet ist. Darum bitten wir durch Jesus Christus.

WORTGOTTESDIENST

ZUR 1. LESUNG David erhält durch den Propheten die göttliche Zusage einer ewigen Dynastie. Kann ein König so vermessen sein, kann er so naiv sein, das zu glauben? Die Geschichte zeigt sehr klar, dass kein Königtum ewigen Bestand haben kann. Was mag der Prophet als Bote, was mag David als Adressat gedacht haben, als ihnen diese Zusage aufgetragen und zuteilwurde? Es kann unmöglich um Familienbande, Herrschaft und politisch-geschichtliches Geschick gehen, aber worum dann? Samuel hatte versucht, Israel den Wunsch nach einem König auszureden, weil Gott allein König sein soll (1 Sam 8,7). Geht es bei der Dynastiezusage an David darum, dass Gott sein Königtum wahr machen wird?

ERSTE LESUNG 2 Sam 7,4–5a.12–14a.16

Der Herr wird ihm den Thron seines Vaters David geben (Lk 1,32)

Lesung aus dem zweiten Buch Sámuel.

Das Wort des HERRN erging an Natan: Geh zu meinem Knecht David und sag zu ihm: So spricht der HERR: Wenn deine Tage erfüllt sind und du dich zu deinen Vätern legst, werde ich deinen leib-

lichen Sohn als deinen Nachfolger einsetzen und seinem Königtum Bestand verleihen. Er wird für meinen Namen ein Haus bauen und ich werde seinem Königsthron ewigen Bestand verleihen. Ich werde für ihn Vater sein und er wird für mich Sohn sein.
Dein Haus und dein Königtum werden vor dir auf ewig bestehen bleiben; dein Thron wird auf ewig Bestand haben.

ANTWORTPSALM

Ps 89 (88), 2–3.4–5.27 u. 29 (Kv: Lk 1,32b)

Kv Gott, der Herr,
wird ihm den Thron seines Vaters David geben. – Kv

Von der Huld des Herrn will ich ewig singen, *
von Geschlecht zu Geschlecht
mit meinem Mund deine Treue verkünden.
Denn ich bekenne: Auf ewig ist Huld gegründet, *
im Himmel deine Treue gefestigt. – (Kv)

„Ich habe einen Bund geschlossen mit meinem Erwählten *
und David, meinem Knecht, geschworen:
Auf ewig gebe ich deinem Haus festen Bestand *
und von Geschlecht zu Geschlecht gründe ich deinen Thron. – (Kv)

Er wird zu mir rufen: Mein Vater bist du, *
mein Gott, der Fels meiner Rettung.
Auf ewig werde ich ihm meine Huld bewahren, *
mein Bund mit ihm ist verlässlich.“ – Kv

ZUR 2. LESUNG Ein schwerer Text. Paulus stellt die Glaubensgerechtigkeit der Einhaltung des Gesetzes gegenüber. Dadurch wird klar, dass er auf den Unterschied von Judentum (Gesetz) und Heidentum zu sprechen kommt. Letzteres ist nicht auf das Gesetz verpflichtet, weswegen es nicht aufgrund des eigenen Gesetzesgehorsams gerettet werden kann, sondern nur aufgrund des Glaubens. Für dieses Erlösungsmodell geht Paulus über den Sinai hinaus weiter zurück in die Heilsgeschichte und entdeckt dort Abraham, der ja der Vater der Völker, also aller Heiden ist. Er glaubte, und wir stehen auf seinen Glaubensschultern und sind in seinen Bund und Segen eingeschlossen.

ZWEITE LESUNG

Röm 4,13.16–18.22

Gegen alle Hoffnung hat er voll Hoffnung geglaubt

Lesung aus dem Brief des Apostels Paulus an die Gemeinde in Rom.

Schwestern und Brüder! Abraham und seine Nachkommen erhielten nicht aufgrund des Gesetzes die Verheißung, Erben der Welt zu sein, sondern aufgrund der Glaubensgerechtigkeit.

Deshalb gilt: „aus Glauben“, damit auch gilt: „aus Gnade“. Nur so bleibt die Verheißung für die ganze Nachkommenschaft gültig, nicht nur für die, welche aus dem Gesetz, sondern auch für die, welche aus dem Glauben Abrahams leben.

Er ist unser aller Vater, wie geschrieben steht: Ich habe dich zum Vater vieler Völker bestimmt – im Angesicht des Gottes, dem er geglaubt hat, des Gottes, der die Toten lebendig macht und das, was nicht ist, ins Dasein ruft.

Gegen alle Hoffnung hat er voll Hoffnung geglaubt, dass er der Vater vieler Völker werde, nach dem Wort: So zahlreich werden deine Nachkommen sein.

Darum wurde es ihm auch als Gerechtigkeit angerechnet.

RUF VOR DEM EVANGELIUM

Vers: vgl. Ps 84 (83),5

Dein ist die Ehre, dein ist die Macht, Christus, Herr und Erlöser. – Kv
Selig, die in deinem Hause wohnen, Herr,
die dich loben allezeit.
Dein ist die Ehre, dein ist die Macht, Christus, Herr und Erlöser.

ZUM EVANGELIUM Matthäus berichtet über die Genesis, die Herkunft, Geburt oder Abstammung Jesu. Die Geburt selbst scheint ihn nicht zu interessieren; vielmehr interessiert ihn die visionäre Begabung Josefs. Dieser hatte offenbar ein offenes Ohr, einen guten Draht zum Herrn. Das wird wichtig gewesen sein, denn es ist nicht leicht, denjenigen zu erziehen, der das Volk von seinen Sünden befreit. Welche Last für die tägliche Erziehungsarbeit, aber welch' schönes Motto für alle Mütter und Väter. Ich will ein offenes Ohr haben, damit mein Kind die Möglichkeit hat, Messias zu sein. Leben auf andere hin.

EVANGELIUM

Mt 1,16.18–21.24a

Josef tat, was der Engel des Herrn ihm befohlen hatte

+ **Aus dem heiligen Evangelium nach Matthäus.**

Jakob zeugte den Josef, den Mann Marias; von ihr wurde Jesus geboren, der der Christus genannt wird.

Mit der Geburt Jesu Christi war es so: Maria, seine Mutter, war mit Josef verlobt; noch bevor sie zusammengekommen waren, zeigte sich, dass sie ein Kind erwartete – durch das Wirken des Heiligen Geistes. Josef, ihr Mann, der gerecht war und sie nicht bloßstellen wollte, beschloss, sich in aller Stille von ihr zu trennen.

Während er noch darüber nachdachte, siehe, da erschien ihm ein Engel des Herrn im Traum und sagte: Josef, Sohn Davids, fürchte dich nicht, Maria als deine Frau zu dir zu nehmen; denn das Kind, das sie erwartet, ist vom Heiligen Geist.

Sie wird einen Sohn gebären; ihm sollst du den Namen Jesus geben; denn er wird sein Volk von seinen Sünden erlösen.

Als Josef erwachte, tat er, was der Engel des Herrn ihm befohlen hatte.

Oder:

ZUM EVANGELIUM Welch seltsame Wendung. Heute geht es um Josef, den Bräutigam, und die Liturgie stellt uns einen der zentralen Texte zu Maria zur Verfügung. Ein Fehler? Wohl kaum. Es wird nur deutlich, wie wenig wir über Josef wissen, obwohl er von höchster Bedeutung für Jesus gewesen sein muss. Wir dürfen unser Unwissen über Josef nicht falsch verstehen und es so deuten, als sei er unwichtig. Vielleicht dürfen wir die Leerstelle Josefs dahingehend verstehen, dass an diesem Punkt der Heilsgeschichte die Frauen entscheidend sind. Es geht trotz aller dynastischer Verheißungen nicht um die Männer, sondern um die Begegnung der Frauen.

EVANGELIUM

Lk 2,41–51a

Dein Vater und ich haben dich mit Schmerzen gesucht

+ **Aus dem heiligen Evangelium nach Lukas.**

Die Eltern Jesu gingen jedes Jahr zum Paschafest nach Jerusalem. Als er zwölf Jahre alt geworden war, zogen sie wieder hinauf, wie es dem Festbrauch entsprach.

Nachdem die Festtage zu Ende waren, machten sie sich auf den Heimweg. Der Knabe Jesus aber blieb in Jerusalem, ohne dass seine Eltern es merkten. Sie meinten, er sei in der Pilgergruppe, und reisten eine Tagesstrecke weit; dann suchten sie ihn bei den Verwandten und Bekannten. Als sie ihn nicht fanden, kehrten sie nach Jerusalem zurück und suchten nach ihm.

Da geschah es, nach drei Tagen fanden sie ihn im Tempel; er saß mitten unter den Lehrern, hörte ihnen zu und stellte Fragen. Alle, die ihn hörten, waren erstaunt über sein Verständnis und über seine Antworten.

Als seine Eltern ihn sahen, waren sie voll Staunen und seine Mutter sagte zu ihm: Kind, warum hast du uns das angetan? Siehe, dein Vater und ich haben dich mit Schmerzen gesucht.

Da sagte er zu ihnen: Warum habt ihr mich gesucht? Wusstet ihr nicht, dass ich in dem sein muss, was meinem Vater gehört? Doch sie verstanden das Wort nicht, das er zu ihnen gesagt hatte.

Dann kehrte er mit ihnen nach Nazaret zurück und war ihnen gehorsam.

Glaubensbekenntnis, S. 484 ff.

FÜRBITTEN

Josef ist empfänglich, er ist durchlässig für Gottes Licht. So kann er gerecht und gut, befreit und gemäß seiner Berufung handeln. Wir bitten Gott um sein Licht und seine Klarheit für unsere Welt:

- Stärke deine Kirche, damit sie, wie der heilige Josef, deine Liebe demütig und großmütig leben kann. V: Vater im Himmel. A: Wir bitten dich, erhöre uns.

- Hilf uns in unserem Alltag, Unterstellungen und Misstrauen zu überwinden und einander vertrauensvoll zu begegnen. V: Vater im Himmel. A: Wir bitten dich, erhöre uns.

- Ermutige die zertrennten Kirchen, Verzagtheit und Abgrenzungsbedürfnis zu überwinden und die Einheit der Liebe zu suchen. V: Vater im Himmel. A: Wir bitten dich, erhöre uns.

- Lass in verfeindeten Religionen, Konfessionen, Ethnien und Nationen den Wunsch nach friedlichem Miteinander statt bedrohlichem Gegeneinander wachsen. V: Vater im Himmel. A: Wir bitten dich, erhöre uns.

- Hilf den Familien, Spannungen zwischen den Ehepartnern auszuhalten und Kindern Raum zu eigenständiger Entwicklung zu geben. V: Vater im Himmel. A: Wir bitten dich, erhöre uns.

Gott, du hast den heiligen Josef im Traum zum rechten Tun geleitet. Leite auch uns durch unsere hellen und durch unsere dunklen Tage, darum bitten wir durch Jesus Christus, unseren Bruder und Lehrer.

EUCHARISTIEFEIER

GABENGEBET

Herr, unser Gott, der heilige Josef hat deinem ewigen Sohn, den die Jungfrau Maria geboren hat, in Treue gedient. Lass auch uns Christus dienen und dieses Opfer mit reinem Herzen feiern. Darum bitten wir durch Christus, unseren Herrn.

PRÄFATION

In Wahrheit ist es würdig und recht, dir, allmächtiger Vater, zu danken und am Fest des heiligen Josef die Wege deiner Weisheit zu rühmen. Denn ihm, dem Gerechten, hast du die jungfräuliche Gottesmutter anvertraut, ihn, deinen treuen und klugen Knecht, bestellt zum Haupt der Heiligen Familie. An Vaters Statt sollte er deinen eingeborenen Sohn beschützen, der durch die Überschattung des Heiligen Geistes empfangen war, unseren Herrn Jesus Christus. Durch ihn loben die Engel deine Herrlichkeit, beten dich an die Mächte, erbeben die Gewalten. Die Himmel und die himmlischen Kräfte und die seligen Serafim feiern dich jubelnd im Chore. Mit ihrem Lobgesang lass auch unsere Stimmen sich vereinen und voll Ehrfurcht rufen: Heilig …

KOMMUNIONVERS

Mt 25,21

Komm, du guter und getreuer Knecht;
nimm teil am Festmahl deines Herrn.

SCHLUSSGEBET

Herr, unser Gott, du hast uns am Fest des heiligen Josef um deinen Altar versammelt und mit dem Brot des Lebens gestärkt. Schütze deine Familie und erhalte in ihr deine Gaben. Darum bitten wir durch Christus, unseren Herrn.

FEIERLICHER SCHLUSSSEGEN

Der gütige Gott, der die Heiligen zur Vollendung geführt hat, segne euch und bewahre euch vor allem Unheil. – A: Amen.
Das Vorbild des heiligen Josef lehre euch, und ihre Fürsprache helfe euch, Gott und den Menschen zu dienen. – A: Amen.
Das gewähre euch der dreieinige Gott, der Vater und der Sohn † und der Heilige Geist. – A: Amen.

***

DER MIR IM TRAUM SAGT

Josef, Mann Gottes,
schenke mir ein waches Ohr
und lehre mich, mit dem Herzen zu hören.
Gib mir Mut aufzubrechen,
wenn es nottut mitten in der Nacht,
und jene zu wecken, die in Gefahr sind.

Zeige mir, wann es Zeit ist zu kommen
und Zeit ist zu gehen
und wann es gut ist zu bleiben.

Hilf mir, auf den Engel zu hören,
der in der Nacht spricht
und der mein Leben aufklären kann,
der mir im Traum sagt,
was ich am Tag tun soll.

Heinz Janssen

5. FASTENSONNTAG

21. März 2021

Tod und Auferstehung schieben sich ineinander. Dies sind keine ausstehenden Dinge, sondern drängen in das tägliche Leben hinein. Dieses Leben hat mit den Geboten Gottes zu tun, denn nur wer sie hält, lebt, und wer lebt, soll sie halten. Nichthalten bedeutet Tod in den Augen Gottes, der uns auferweckt, sodass wir wieder zum Leben kommen, indem wir seine Gebote halten. So faltet sich in das tägliche Leben mit unserem Bemühen, seinen Geboten gerecht zu werden, immer wieder das Drama von Tod und Auferstehung ein; diese Dramatik dynamisiert unser Leben und führt uns täglich dessen existenzielle Tiefendimensionen vor Augen.

ERÖFFNUNGSVERS

Ps 43 (42), 1–2

Verschaff mir Recht, o Gott,
und führe meine Sache gegen ein treuloses Volk!
Rette mich vor bösen und tückischen Menschen,
denn du bist mein starker Gott.

KYRIE-RUFE

Herr Jesus Christus, du bist verherrlicht und über alle erhöht.
V/A: Herr, erbarme dich.
Du hast die Herrscher dieser Welt besiegt.
V/A: Christus, erbarme dich.
Jetzt ziehst du alle zu dir.
V/A: Herr, erbarme dich.

TAGESGEBET

Herr, unser Gott, dein Sohn hat sich aus Liebe zur Welt dem Tod überliefert. Lass uns in seiner Liebe bleiben und mit deiner Gnade aus ihr leben. Darum bitten wir durch Jesus Christus.

WORTGOTTESDIENST

ZUR 1. LESUNG Wer sündigt, erkennt den HERRN nicht; mit dem Problem, dass er dann den HERRN nicht mehr erkennt. Bevor erneut Erkenntnis des HERRN möglich ist, muss der HERR die Sünde vergeben. Er kündigt dies durch den Propheten an und danach scheint es einfach zu sein, nach den Geboten des HERRN zu leben, denn er selbst schreibt sie uns aufs Herz. Aber wann ist es so weit, dass er uns unsere Schuld vergibt, wann kommen die Tage des neuen Bundes? Ja, wir wissen, dass sie in Jesus Christus schon angebrochen sind, und dennoch stehen sie aus, denn oft erkenne ich den HERRN nicht. Ständige Zerreißprobe christlicher Existenz.

ERSTE LESUNG

Jer 31,31–34

Ich schließe mit ihnen einen neuen Bund und an ihre Sünde denke ich nicht mehr

Lesung aus dem Buch Jeremía.

Siehe, Tage kommen – Spruch des HERRN –, da schließe ich mit dem Haus Israel und dem Haus Juda einen neuen Bund. Er ist nicht wie der Bund, den ich mit ihren Vätern geschlossen habe an dem Tag, als ich sie bei der Hand nahm, um sie aus dem Land Ägypten herauszuführen. Diesen meinen Bund haben sie gebrochen, obwohl ich ihr Gebieter war – Spruch des HERRN.

Sondern so wird der Bund sein, den ich nach diesen Tagen mit dem Haus Israel schließe – Spruch des HERRN: Ich habe meine Weisung

in ihre Mitte gegeben und werde sie auf ihr Herz schreiben. Ich werde ihnen Gott sein und sie werden mir Volk sein.
Keiner wird mehr den andern belehren, man wird nicht zueinander sagen: Erkennt den HERRN!, denn sie alle, vom Kleinsten bis zum Größten, werden mich erkennen – Spruch des HERRN. Denn ich vergebe ihre Schuld, an ihre Sünde denke ich nicht mehr.

ANTWORTPSALM

Ps 51 (50),3–4.12–13.14–15 (Kv: vgl. 12a)

Kv Ein reines Herz erschaffe mir, o Gott! – Kv

Gott, sei mir gnädig nach deiner Huld, *
tilge meine Frevel nach deinem reichen Erbarmen!
Wasch meine Schuld von mir ab *
und mach mich rein von meiner Sünde! – (Kv)

Erschaffe mir, Gott, ein reines Herz *
und einen festen Geist erneuere in meinem Innern!
Verwirf mich nicht vor deinem Angesicht, *
deinen heiligen Geist nimm nicht von mir! – (Kv)

Gib mir wieder die Freude deines Heiles, *
rüste mich aus mit dem Geist der Großmut!
Ich will die Frevler deine Wege lehren *
und die Sünder kehren um zu dir. – Kv

ZUR 2. LESUNG Urheber des ewigen Heils für diejenigen, die ihm gehorchen. Was ist mit meiner christlichen Freiheit, wenn ich gehorchen muss, damit ich in Christus erlöst werde? Ja, er hat den Gehorsam gelernt durch das, was er erlitten hat. Er hat Gehorsam gelernt, und in ebensolcher Weise soll ich gehorsam sein? Nicht ganz, denn hier spricht der Hebräerbrief nicht noch einmal vom Leiden. Das Leiden betrifft den einen, aber Gehorsam ist allen geboten. Gehorsam heißt hier: Hören auf die Grundlagen des Glaubens, wie sie in Hebr 6,1–2 beschrieben sind: Abkehr von toten Werken, Glaube an Gott, Lehre über die Taufe, über die Auferstehung und das ewige Gericht.

ZWEITE LESUNG

Hebr 5,7–9

Er hat den Gehorsam gelernt und ist der Urheber des ewigen Heils geworden

Lesung aus dem Hebräerbrief.

Christus hat in den Tagen seines irdischen Lebens mit lautem Schreien und unter Tränen Gebete und Bitten vor den gebracht, der ihn aus dem Tod retten konnte, und er ist erhört worden aufgrund seiner Gottesfurcht.

Obwohl er der Sohn war, hat er durch das, was er gelitten hat, den Gehorsam gelernt; zur Vollendung gelangt, ist er für alle, die ihm gehorchen, der Urheber des ewigen Heils geworden.

RUF VOR DEM EVANGELIUM

Vers: Joh 12,26a

Lob dir, Christus, König und Erlöser! – Kv
(So spricht der Herr:)
Wenn einer mir dienen will, folge er mir nach;
und wo ich bin, dort wird auch mein Diener sein.
Lob dir, Christus, König und Erlöser!

ZUM EVANGELIUM Das eindringlichste Wort des Textes lautet: Jetzt. Die Stunde ist gekommen und jetzt wird gerichtet und der Herrscher dieser Welt hinausgeworfen. Jetzt. Und eigentlich wollten doch nur ein paar Griechen Jesus sehen. Dann passiert etwas. Sie bekommen ihn zu sehen, es drängt sich ihnen etwas auf, jetzt geschieht etwas. Jesus selbst scheint dies wahrzunehmen, als die Bitte des Sehens an ihn herangetragen wird. Jetzt ist sie da, die Stunde, denn sie wollen mich sehen. Sie werden mich sehen, so wie ich bin. Denn es geht doch nicht um mich, sondern darum, dass in mir die Herrschaft des Bösen ein Ende nimmt.

EVANGELIUM

Joh 12,20–33

Wenn das Weizenkorn in die Erde fällt und stirbt, bringt es reiche Frucht

+ Aus dem heiligen Evangelium nach Johannes.

In jener Zeit gab es auch einige Griechen unter den Pilgern, die beim Paschafest in Jerusalem Gott anbeten wollten. Diese traten an Philíppus heran, der aus Betsáida in Galiläa stammte, und baten ihn: Herr, wir möchten Jesus sehen. Philíppus ging und sagte es Andreas; Andreas und Philíppus gingen und sagten es Jesus.

Jesus aber antwortete ihnen: Die Stunde ist gekommen, dass der Menschensohn verherrlicht wird. Amen, amen, ich sage euch: Wenn das Weizenkorn nicht in die Erde fällt und stirbt, bleibt es allein; wenn es aber stirbt, bringt es reiche Frucht. Wer sein Leben liebt, verliert es; wer aber sein Leben in dieser Welt gering achtet, wird es bewahren bis ins ewige Leben. Wenn einer mir dienen will, folge er mir nach; und wo ich bin, dort wird auch mein Diener sein. Wenn einer mir dient, wird der Vater ihn ehren.

Jetzt ist meine Seele erschüttert. Was soll ich sagen: Vater, rette mich aus dieser Stunde? Aber deshalb bin ich in diese Stunde gekommen. Vater, verherrliche deinen Namen!

Da kam eine Stimme vom Himmel: Ich habe ihn schon verherrlicht und werde ihn wieder verherrlichen. Die Menge, die dabeistand und das hörte, sagte: Es hat gedonnert. Andere sagten: Ein Engel hat zu ihm geredet.

Jesus antwortete und sagte: Nicht mir galt diese Stimme, sondern euch. Jetzt wird Gericht gehalten über diese Welt; jetzt wird der Herrscher dieser Welt hinausgeworfen werden. Und ich, wenn ich über die Erde erhöht bin, werde alle zu mir ziehen.

Das sagte er, um anzudeuten, auf welche Weise er sterben werde.

Glaubensbekenntnis, S. 484 ff.

FÜRBITTEN

Das Weizenkorn muss sterben. Nur so kann es Frucht tragen. Wir bitten Gott um sein Erbarmen und kommen zu ihm mit den Mühen und Sorgen unserer Zeit:

- Wir beten für die Kirche, dass auch sie sich dem Gesetz des Weizenkorns unterwerfen und Frucht bringen wird. V: Gott, du Freund des Lebens. A: Höre und erhöre uns.
- Wir beten für die vielen Frauen, Männer und Kinder in der ganzen Welt, die arbeiten und schuften, ohne dass sie satt werden. V: Gott, du Freund des Lebens. A: Höre und erhöre uns.
- Wir beten für alle, die Opfer von Verfolgung und Gewalt geworden sind, um Sicherheit und Heimat. V: Gott, du Freund des Lebens. A: Höre und erhöre uns.
- Wir bitten für die Kranken und Sterbenden um Beistand und Stärkung, dass sie ohne Angst den letzten Weg auf dieser Erde gehen können. V: Gott, du Freund des Lebens. A: Höre und erhöre uns.
- Wir bitten für uns, dass wir erspüren und tun, was Menschen in Trauer und Not nottut und guttut. V: Gott, du Freund des Lebens. A: Höre und erhöre uns.

Du, Gott des Lebens, hast deinen Sohn aus dem Tod gerettet. Hilf uns zu vertrauen, dass du auch uns wie ein Weizenkorn durch den Tod hindurchführst in neues Leben. Darum bitten wir durch Jesus Christus, unseren Bruder im Glauben und Hoffen, in Vertrauen und Angst.

EUCHARISTIEFEIER

GABENGEBET

Erhöre uns, allmächtiger Gott. Du hast uns durch dein Wort zum Zeugnis eines christlichen Lebens berufen. Reinige uns durch dieses Opfer und stärke uns zum Kampf gegen das Böse. Darum bitten wir durch Christus, unseren Herrn.

Präfation, S. 494 f.

KOMMUNIONVERS

Joh 12,24–25

Amen, Amen, ich sage euch:
Wenn das Weizenkorn nicht in die Erde fällt und stirbt,
bleibt es allein.
Wenn es aber stirbt, bringt es reiche Frucht.

SCHLUSSGEBET

Allmächtiger Gott, du hast uns das Sakrament der Einheit geschenkt. Lass uns immer lebendige Glieder Christi bleiben, dessen Leib und Blut wir empfangen haben. Darum bitten wir durch ihn, Christus, unseren Herrn.

FEIERLICHER SCHLUSSSEGEN

S. 215

***

ES WERDEN TAGE SEIN

Es werden Tage sein,
so steht geschrieben,
da blüht die Wüste auf
wie eine Rose.
Die unfruchtbare Frage
wird gebären.
Und alle Worte,
die vergeblich fielen,
werden singen.

Hans Günter Saul

VERKÜNDIGUNG DES HERRN – HOCHFEST

25. März 2021

Zum Glück sind es noch neun Monate bis Weihnachten. Gott sei Dank. Das ist wichtig, denn nur, wenn wir diese neun Monate ernst nehmen, wissen wir, was es bedeutet, Mensch zu werden. Es geht einerseits um Maria und Josef, die sich auf ihr Kind freuen und vorbereiten dürfen. Es geht aber vor allem um uns. Jesus kommt nicht unvermutet auf die Welt, sondern, wie jeder Mensch, nach neun Monaten des Wachsens im Mutterleib. Maria wird nicht zu einem einfachen Durchgangsort degradiert, sie gibt alles, gibt Nahrung und Blut. Wir müssen die Schwangerschaft Marien ernst nehmen, weil nur so das Wunder der Geburt und des Lebens ernst genommen wird.

ERÖFFNUNGSVERS

Vgl. Hebr 10,5.7

Als Christus in diese Welt eintrat,
sprach er zu seinem Vater:
Siehe, ich komme, um deinen Willen zu erfüllen.

KYRIE-RUFE

Herr Jesus Christus, du bist Mensch geworden,
um die gefallene Menschheit von Sünde und Tod zu erlösen.
V/A: Herr, erbarme dich.
Du bist Mensch geworden,
um der leidenden Menschheit Gottes Nähe zu erweisen.
V/A: Christus, erbarme dich.
Du bist Mensch geworden, um die Geschichte der Welt
in der Vereinigung mit Gott zur Vollendung zu bringen.
V/A: Herr, erbarme dich.

Ehre sei Gott, S. 481 f.

TAGESGEBET

Gott, du bist groß und unbegreiflich. Nach deinem Willen ist dein ewiges Wort im Schoß der Jungfrau Maria Mensch geworden. Gläubig bekennen wir, dass unser Erlöser wahrer Gott und wahrer Mensch ist. Mache uns würdig, Anteil zu erhalten an seinem göttlichen Leben. Darum bitten wir durch ihn, Jesus Christus.

WORTGOTTESDIENST

ZUR 1. LESUNG Welches Zeichen würde ich erbitten, wenn mir der HERR die Gunst erweisen würde, eines erbitten zu dürfen? Nichts zu erbitten kommt der Bitte gleich: Ach, sprich doch nicht mit mir, HERR. Es geht nicht darum, dass jemand seine Ruhe will, sondern dass man mit dem Signal, ich bin es nicht wert, dass du dich mir zuwendest, dem anderen klarmacht, dass er einen Fehler gemacht hat. Kann ich dem HERRN vorwerfen, mich als Gesprächspartner erwählt zu haben? Nein. Natürlich darf ich ob seiner Hinwendung zu mir erschrecken, aber Maria zeigt, dass ein Gespräch danach vonnöten ist. Liegt hierin der Verbindungspunkt zwischen dem Propheten und den Evangelisten Matthäus und Lukas?

ERSTE LESUNG Jes 7,10–14

Siehe, die Jungfrau hat ein Kind empfangen, sie gebiert einen Sohn und wird ihm den Namen Immanuel – Gott mit uns – geben

Lesung aus dem Buch Jesája.

In jenen Tagen sprach der HERR zu Ahas – dem König von Juda – und sagte: Erbitte dir ein Zeichen vom HERRN, deinem Gott, tief zur Unterwelt oder hoch nach oben hin!

Ahas antwortete: Ich werde um nichts bitten und den HERRN nicht versuchen.

Da sagte Jesája: Hört doch, Haus Davids! Genügt es euch nicht, Menschen zu ermüden, dass ihr auch noch meinen Gott ermüdet? Darum wird der Herr selbst euch ein Zeichen geben: Siehe, die Jungfrau hat empfangen, sie gebiert einen Sohn und wird ihm den Namen Immánuel – Gott mit uns – geben.

ANTWORTPSALM

Ps 40 (39), 7–8.9–10.11 (Kv: vgl. 8a.9a)

Kv Mein Gott, ich komme;
deinen Willen zu tun, ist mein Gefallen. – Kv

An Schlacht- und Speiseopfern hattest du kein Gefallen, /
doch Ohren hast du mir gegraben, *
Brand- und Sündopfer hast du nicht gefordert.
Da habe ich gesagt: Siehe, ich komme. *
In der Buchrolle steht es über mich geschrieben. – (Kv)

Deinen Willen zu tun, mein Gott, war mein Gefallen *
und deine Weisung ist in meinem Innern.
Gerechtigkeit habe ich in großer Versammlung verkündet, *
meine Lippen verschließe ich nicht; HERR, du weißt es. – (Kv)

Deine Gerechtigkeit habe ich nicht in meinem Herzen verborgen. *
Ich habe gesprochen von deinem Heil und deiner Treue,
nicht verschwiegen deine Huld *
und deine Treue vor großer Versammlung. – Kv

ZUR 2. LESUNG Siehe, ich komme, um deinen Willen zu tun. Der Hebräerbrief liest das als Ankündigung für die Fleischwerdung, für die Menschwerdung Jesu. Siehe, ich komme. Jesus nimmt diesen Auftrag an, er nimmt ihn ernst und dann ist (s)ein Kommen erst möglich. Tieropfer sind nur eine Taktik der Verschiebung, weil sie nach einem Ersatz suchen, weshalb die biblischen Religionen opferlose Religionen geworden sind. Es geht nicht darum, Ersatz zu suchen, sondern selbst in den Kreislauf von Weisung und Handlung einzutreten. Dies ist uns in seinen Spuren möglich, weil er die lastende Macht des Gehorsams von uns genommen hat.

ZWEITE LESUNG

Hebr 10,4–10

Siehe, ich komme – so steht es über mich in der Schriftrolle –, um deinen Willen, Gott, zu tun

Lesung aus dem Hebräerbrief.

Schwestern und Brüder! Das Blut von Stieren und Böcken kann unmöglich Sünden wegnehmen. Darum spricht Christus bei seinem Eintritt in die Welt:

Schlacht- und Speiseopfer hast du nicht gefordert, doch einen Leib hast du mir bereitet; an Brand- und Sündopfern hast du kein Gefallen. Da sagte ich: Siehe, ich komme – so steht es über mich in der Schriftrolle –, um deinen Willen, Gott, zu tun.

Zunächst sagt er: Schlacht- und Speiseopfer, Brand- und Sündopfer forderst du nicht, du hast daran kein Gefallen, obgleich sie doch nach dem Gesetz dargebracht werden; dann aber hat er gesagt: Siehe, ich komme, um deinen Willen zu tun. Er hebt das Erste auf, um das Zweite in Kraft zu setzen.

Aufgrund dieses Willens sind wir durch die Hingabe des Leibes Jesu Christi geheiligt – ein für alle Mal.

RUF VOR DEM EVANGELIUM

Vers: Joh 1,14ab

Christus, du ewiges Wort des Vaters, Ehre sei dir! – Kv
Das Wort ist Fleisch geworden und hat unter uns gewohnt
und wir haben seine Herrlichkeit geschaut.
Christus, du ewiges Wort des Vaters, Ehre sei dir!

ZUM EVANGELIUM Der Lukas-Evangelist skizziert den vielleicht folgenreichsten Dialog der Geschichte. Aus Zurückhaltung wird bei Maria Gewissheit. Für Gott wird nichts unmöglich sein (so das griechische Original), was damit belegt wird, dass Elisabet schwanger ist. Es ist etwas geschehen, sodass anderes nicht unmöglich sein wird. Aber erst, wer sieht – Siehe! –, kann gewahr werden, dass etwas geschehen ist. Jetzt muss ich sehen und begreifen, was in der Vergangenheit geschehen ist, um neue Zukunftswege, um all die für die Zukunft vom Engel zugesagten Verheißungen zu ermöglichen. Wer öffnet mir die Augen, damit ich Gottes Handeln in der Vergangenheit erkenne und Zukunft möglich wird?

EVANGELIUM Lk 1,26–38

Du hast bei Gott Gnade gefunden, Maria; du wirst schwanger werden und einen Sohn wirst du gebären

+ Aus dem heiligen Evangelium nach Lukas.

In jener Zeit wurde der Engel Gábriel von Gott in eine Stadt in Galiläa namens Nazaret zu einer Jungfrau gesandt. Sie war mit einem Mann namens Josef verlobt, der aus dem Haus David stammte. Der Name der Jungfrau war Maria.

Der Engel trat bei ihr ein und sagte: Sei gegrüßt, du Begnadete, der Herr ist mit dir. Sie erschrak über die Anrede und überlegte, was dieser Gruß zu bedeuten habe.

Da sagte der Engel zu ihr: Fürchte dich nicht, Maria; denn du hast bei Gott Gnade gefunden. Siehe, du wirst schwanger werden und einen Sohn wirst du gebären; dem sollst du den Namen Jesus geben. Er wird groß sein und Sohn des Höchsten genannt werden. Gott, der Herr, wird ihm den Thron seines Vaters David geben. Er wird über das Haus Jakob in Ewigkeit herrschen und seine Herrschaft wird kein Ende haben.

Maria sagte zu dem Engel: Wie soll das geschehen, da ich keinen Mann erkenne?

Der Engel antwortete ihr: Heiliger Geist wird über dich kommen und Kraft des Höchsten wird dich überschatten. Deshalb wird auch das Kind heilig und Sohn Gottes genannt werden.

Siehe, auch Elisabet, deine Verwandte, hat noch in ihrem Alter einen Sohn empfangen; obwohl sie als unfruchtbar gilt, ist sie schon im sechsten Monat. Denn für Gott ist nichts unmöglich.
Da sagte Maria: Siehe, ich bin die Magd des Herrn; mir geschehe, wie du es gesagt hast.
Danach verließ sie der Engel.

Glaubensbekenntnis, S. 484 ff.

(*Kniebeuge bei den Worten:* „hat Fleisch angenommen" bis „Mensch geworden")

FÜRBITTEN

Am Fest der Verkündigung des Herrn bitten wir auf die Fürbitte der Gottesmutter Maria um Gottes Segen für die Menschen unserer Zeit:

- Öffne deine Kirche für die prophetischen Stimmen unserer Gegenwart und für das erneuernde Wehen des Heiligen Geistes heute. V: Gott, du unser Heil. A: Wir bitten dich, erhöre uns.

- Ermutige die Politikerinnen und Politiker, sich für den Schutz des ungeborenen wie des geborenen Lebens einzusetzen. V: Gott, du unser Heil. A: Wir bitten dich, erhöre uns.

- Stärke die Frauen, die ein Kind erwarten, und segne die Familien, in denen es aufwachsen wird. V: Gott, du unser Heil. A: Wir bitten dich, erhöre uns.

- Bewege Männer und Frauen, die weltweite Benachteiligung und Diskriminierung, ja die gezielte Tötung von Frauen und Mädchen nicht länger hinzunehmen. V: Gott, du unser Heil. A: Wir bitten dich, erhöre uns.

- Gib uns Langmut und Liebe im Umgang mit alten und schwer erkrankten Menschen und lass sie deine bergende Liebe erfahren. V: Gott, du unser Heil. A: Wir bitten dich, erhöre uns.

Guter Gott, du hast Marias Ja angenommen, um mit uns Menschen einen neuen Anfang zu wagen. Wir wollen dir und deinem Heil mit unserem Leben dienen. So bitten wir durch Jesus Christus, unseren Bruder und Herrn.

EUCHARISTIEFEIER

GABENGEBET

Allmächtiger Gott, nimm die Gaben deiner Kirche gütig an. Sie erkennt in der Menschwerdung deines Sohnes ihren eigenen Ursprung; lass uns heute in der Feier dieses Geheimnisses seine Liebe erfahren. Darum bitten wir durch Christus, unseren Herrn.

PRÄFATION

In Wahrheit ist es würdig und recht, dir, Vater im Himmel, zu danken und das Werk deiner Liebe zu rühmen. Denn heute brachte der Engel Maria die Botschaft und deine Magd nahm sie auf mit gläubigem Herzen. Durch die Kraft des Heiligen Geistes empfing die Jungfrau dein ewiges Wort und das Wort wurde Mensch in ihrem Schoß, um unter uns Menschen zu wohnen. So hast du an Israel deine Verheißung erfüllt und den gesandt, den die Völker erwarten, deinen Sohn, unseren Herrn Jesus Christus. Durch ihn preisen wir dein Erbarmen und singen mit den Chören der Engel das Lob deiner Herrlichkeit: Heilig …

KOMMUNIONVERS Jes 7, 14

Seht, die Jungfrau wird empfangen
und einen Sohn gebären.
Sein Name ist: Immanuel – Gott mit uns.

SCHLUSSGEBET

Ewiger Gott, bewahre, was du uns im Sakrament des Glaubens geschenkt hast. Lass uns festhalten am Bekenntnis, dass dein Sohn, den die Jungfrau empfangen hat, wahrer Gott und wahrer Mensch ist, und führe uns in der Kraft seiner Auferstehung zur ewigen Freude. Darum bitten wir durch ihn, Christus, unseren Herrn.

FEIERLICHER SCHLUSSSEGEN

Gott, der allmächtige Vater, segne euch durch den Erlöser der Welt, unseren Herrn Jesus Christus, den Sohn der jungfräulichen Mutter Maria. – A: Amen.
Sie hat den Urheber des Lebens geboren; ihre mütterliche Fürsprache erwirke euch Gottes Hilfe. – A: Amen.
Euch und allen, die heute das Fest der Verkündigung unseres Herrn begehen, schenke Gott die wahre Freude und den ewigen Lohn. – A: Amen.
Das gewähre euch der dreieinige Gott, der Vater und der Sohn † und der Heilige Geist. – A: Amen.

***

VON DER VERWIRKLICHUNG DER ERLÖSUNG

Alles, was der Glaube weiß
von der Verwirklichung der Erlösung,
vom Heil, von der Gnade,
von der Fülle der Gnade,
ist in Maria verwirklicht.

Karl Rahner

Heilige Woche – Karwoche

PALMSONNTAG

28. März 2021

Was bedeuten Anerkennung und Ruhm? Was macht es mit einem Menschen, immer am unteren Rande der Gesellschaft zu leben, nicht einmal das Nötigste zu haben und von der Gunst anderer abhängig zu sein? Jedenfalls scheint Gehorsam nur dann menschlich zu sein, wenn er nicht erzwungen, sondern frei gewählt ist. In Selbstbestimmung kann ich gehorchen, sonst werde ich gedemütigt. Das ist eine Verletzung des anderen, wohingegen der freie Gehorsam Selbstrücknahme bedeutet, um dem anderen Raum zu schaffen.

FEIER DES EINZUGS CHRISTI IN JERUSALEM

1. PROZESSION

(Die Gemeinde versammelt sich vor der Kirche oder in einer Nebenkirche. Alle tragen Zweige in den Händen. Falls keine Prozession stattfindet, beginnt die Feier mit dem Einzug, siehe S. 269.)

ERÖFFNUNGSVERS — Mt 21,9

Hosanna dem Sohne Davids!
Gepriesen, der da kommt im Namen des Herrn,

der König von Israel.
Hosanna in der Höhe!

(Der Priester begrüßt die Gemeinde und lädt sie zur gemeinsamen Feier ein.)

GEBET

Allmächtiger, ewiger Gott, segne † diese (grünen) Zweige, die Zeichen des Lebens und des Sieges, mit denen wir Christus, unserem König, huldigen. Mit Lobgesängen begleiten wir ihn in seine heilige Stadt; gib, dass wir durch ihn zum himmlischen Jerusalem gelangen, der mit dir lebt und herrscht in alle Ewigkeit.

ZUM EVANGELIUM Ein junges Fohlen, das wohl noch nicht abgerichtet ist und keine Übung darin hat, einen Menschen zu tragen. Bockt es noch und ist wild? Für Jesus wird ein Triumphzug veranstaltet und die Episode mit dem Fohlen weist darauf hin, dass es dafür keine Vorbereitung und keine Anzeichen gab. Alles ist überraschend, und es gelingt nur, weil die Jünger bereit sind, sich überraschen zu lassen. Sind wir bereit für diese Überraschungen, oder ist unser Leben immer schon so geplant, dass es zu keinerlei Unerwartetem kommen kann?

EVANGELIUM Mk 11,1–10

Gesegnet sei er, der kommt im Namen des Herrn!

+ Aus dem heiligen Evangelium nach Markus.

Es war einige Tage vor dem Paschafest. Als sie in die Nähe von Jerusalem kamen, nach Bétfage und Betánien am Ölberg, schickte Jesus zwei seiner Jünger aus. Er sagte zu ihnen: Geht in das Dorf, das vor euch liegt; gleich wenn ihr hineinkommt, werdet ihr ein Fohlen angebunden finden, auf dem noch nie ein Mensch gesessen hat. Bindet es los und bringt es her! Und wenn jemand zu euch sagt:

Was tut ihr da?, dann antwortet: Der Herr braucht es; er lässt es bald wieder zurückbringen. Da machten sie sich auf den Weg und fanden außen an einer Tür an der Straße ein Fohlen angebunden und sie banden es los. Einige, die dabeistanden, sagten zu ihnen: Wie kommt ihr dazu, das Fohlen loszubinden? Sie gaben ihnen zur Antwort, was Jesus gesagt hatte, und man ließ sie gewähren. Sie brachten das Fohlen zu Jesus, legten ihre Kleider auf das Tier und er setzte sich darauf. Und viele breiteten ihre Kleider auf den Weg aus, andere aber Büschel, die sie von den Feldern abgerissen hatten.
Die Leute, die vor ihm hergingen und die ihm nachfolgten, riefen:
Hosanna! Gesegnet sei er, der kommt im Namen des Herrn! Gesegnet sei das Reich unseres Vaters David, das nun kommt. Hosanna in der Höhe!

Oder:

ZUM EVANGELIUM Plötzlich bricht der Jubel los; die Jünger sind mittendrin und verstehen doch nicht, was passiert. Sie können die Zeichen nicht deuten. Erst im Rückblick wird ihnen alles klar. Sie brauchten auf der einen Seite die Gewissheit der Auferweckung und auf der anderen Seite die Zeit der Reflexion und des Lesens. Traue ich mich erst dann, meinen eigenen Standpunkt zu vertreten, wenn ich etwas so Grunderschütterndes und zugleich zutiefst Festigendes erlebt habe wie die Auferweckung? Leider ist aber ja auch diese, nach unseren Maßstäben, nicht eindeutig, sodass sich der Herr in Emmaus den Jüngern entzieht. Offenbar müssen wir damit leben, dass es letzte Gewissheiten erst „danach" gibt.

EVANGELIUM Joh 12,12–16

Gesegnet sei er, der kommt im Namen des Herrn!

+ Aus dem heiligen Evangelium nach Johannes.

In jener Zeit hörte die große Volksmenge, die sich zum Paschafest eingefunden hatte, Jesus komme nach Jerusalem. Da nahmen sie Palmzweige, zogen hinaus, um ihn zu empfangen, und riefen:

Hosanna! Gesegnet sei er, der kommt im Namen des Herrn, der König Israels!

Jesus fand einen jungen Esel und setzte sich darauf – wie es in der Schrift heißt:

Fürchte dich nicht, Tochter Zion! Siehe, dein König kommt; er sitzt auf dem Fohlen einer Eselin.

Das alles verstanden seine Jünger zunächst nicht; als Jesus aber verherrlicht war, da wurde ihnen bewusst, dass es so über ihn geschrieben stand und dass man so an ihm gehandelt hatte.

(Der Priester fordert die Gemeinde zur Prozession auf. Während der Prozession singen Schola und Volk.)

HYMNUS

Chor: Ruhm und Preis und Ehre sei dir,
Erlöser und König!
Jubelnd rief einst das Volk sein Hosianna dir zu.
Alle: Ruhm und Preis und Ehre …

Chor: Du bist Israels König,
Davids Geschlechte entsprossen,
der im Namen des Herrn als der Gesegnete kommt.
Alle: Ruhm und Preis und Ehre …

Chor: Dir lobsingen im Himmel der Seligen Chöre;
so auch preist dich der Mensch,
so alle Schöpfung zugleich.
Alle: Ruhm und Preis und Ehre …

Chor: Einst mit Zweigen in Händen
eilte das Volk dir entgegen;
so mit Lied und Gebet ziehen wir heute mit dir.
Alle: Ruhm und Preis und Ehre …

Chor: Dort erklang dir der Jubel,
als du dahingingst zu leiden;
dir, dem König der Welt,

bringen wir hier unser Lob.
Alle: Ruhm und Preis und Ehre …

Chor: Hat ihr Lob dir gefallen,
nimm auch das unsre entgegen,
großer König und Herr, du, dem das Gute gefällt.
Alle: Ruhm und Preis und Ehre …

ANTWORTGESANG ZUM EINZUG IN DIE KIRCHE

Chor: Gepriesen, der kommt im Namen des Herrn!
Alle: Gepriesen …

Chor: Als das Volk hörte,
dass Jesus nach Jerusalem komme,
da zogen sie ihm entgegen.
Sie trugen Palmzweige in den Händen und riefen:
Hosanna, hosanna, hosanna in der Höhe.
Alle: Hosanna …

2. EINFACHER EINZUG

(Wenn keine Prozession oder ein feierlicher Einzug stattfindet, beginnt die Messe mit dem folgenden Eröffnungsvers.)

ERÖFFNUNGSVERS Ps 24 (23), 9–10

Sechs Tage vor dem Osterfest
kam der Herr in die Stadt Jerusalem.
Da liefen ihm Kinder entgegen
mit Palmzweigen in den Händen und riefen:
Hosanna in der Höhe!
Sei gepriesen, der du kommst als Heiland der Welt.

Ihr Tore, hebt euch nach oben,
hebt euch, ihr uralten Pforten;
denn es kommt der König der Herrlichkeit.

Wer ist der König der Herrlichkeit?
Der Herr der Heerscharen,
er ist der König der Herrlichkeit.

Hosanna in der Höhe!
Sei gepriesen, der du kommst als Heiland der Welt.

MESSE

KYRIE-RUFE

Herr Jesus Christus, du bist eingezogen
in deine Stadt Jerusalem.
V/A: Herr, erbarme dich.
Du kamst in dein Eigentum.
V/A: Christus, erbarme dich.
Du warst gehorsam bis zum Tod am Kreuz.
V/A: Herr, erbarme dich.

TAGESGEBET

Allmächtiger, ewiger Gott, deinem Willen gehorsam, hat unser Erlöser Fleisch angenommen, er hat sich selbst erniedrigt und sich unter die Schmach des Kreuzes gebeugt. Hilf uns, dass wir ihm auf dem Weg des Leidens nachfolgen und an seiner Auferstehung Anteil erlangen. Darum bitten wir durch ihn, Jesus Christus.

WORTGOTTESDIENST

ZUR 1. LESUNG Fast könnte man meinen, der Prophet beschreibt, wie ein junges Kind im vertrauten Spiel seinen Vater am Bart zieht, um zu testen, wann es ihm zu viel wird. Aber es ist wohl viel schlimmer. Es ist nicht das eigene Kind, sondern es sind ruchlose Menschen, die dem Propheten übelwollen. Doch der Prophet nimmt sie nicht ernst und lässt sie machen, so als wären sie Kinder. Er selbst fühlt sich ja auch als Schüler, der noch lernen muss. Das macht wohl den Unterschied: Das Kind und der Feind bedrängen so lange, bis der andere tut, was verlangt wird; der Schüler geht in sich und fragt, was er für den anderen tun, wie er ihn aufmuntern kann.

ERSTE LESUNG Jes 50,4–7

Mein Gesicht verbarg ich nicht vor Schmähungen, doch ich weiß, dass ich nicht in Schande gerate (Drittes Lied vom Gottesknecht)

Lesung aus dem Buch Jesája.

GOTT, der Herr, gab mir die Zunge von Schülern, damit ich verstehe, die Müden zu stärken durch ein aufmunterndes Wort. Jeden Morgen weckt er mein Ohr, damit ich höre, wie Schüler hören. GOTT, der Herr, hat mir das Ohr geöffnet.

Ich aber wehrte mich nicht und wich nicht zurück. Ich hielt meinen Rücken denen hin, die mich schlugen, und meine Wange denen, die mir den Bart ausrissen. Mein Gesicht verbarg ich nicht vor Schmähungen und Speichel.

Und GOTT, der Herr, wird mir helfen; darum werde ich nicht in Schande enden. Deshalb mache ich mein Gesicht hart wie einen Kiesel; ich weiß, dass ich nicht in Schande gerate.

ANTWORTPSALM Ps 22 (21),8–9.17–18.19–20.23–24 (Kv: 2a)

Kv Mein Gott, mein Gott,
warum hast du mich verlassen? – Kv

Alle, die mich sehen, verlachen mich, *
verziehen die Lippen, schütteln den Kopf:
„Wälze die Last auf den HERRN! /
Er soll ihn befreien, *
er reiße ihn heraus, wenn er an ihm Gefallen hat!" – (Kv)

Denn Hunde haben mich umlagert, /
eine Rotte von Bösen hat mich umkreist. *
Sie haben mir Hände und Füße durchbohrt.
Ich kann all meine Knochen zählen; *
sie gaffen und starren mich an. – (Kv)

Sie verteilen unter sich meine Kleider *
und werfen das Los um mein Gewand.
Du aber, HERR, halte dich nicht fern! *
Du, meine Stärke, eile mir zu Hilfe! – (Kv)

Ich will deinen Namen, Herr, meinen Brüdern verkünden, *
inmitten der Versammlung dich loben.
Die ihr den HERRN fürchtet, lobt ihn; /
all ihr Nachkommen Jakobs, rühmt ihn; *
erschauert vor ihm, all ihr Nachkommen Israels! – Kv

ZUR 2. LESUNG Ein Hymnus für die Ewigkeit. Er ist von zwei Bewegungen bestimmt: von oben nach unten und wieder nach oben. Seltsamerweise wird diese Bewegungsrichtung aber ständig unterlaufen. Jesus Christus hält nicht daran fest, wie Gott zu sein, sondern wird wie ein Sklave, der auf der gesellschaftlichen Leiter am unteren Rande vorkommt. Das aber ist es, was ihn auszeichnet, er ist nämlich gehorsam, so wie es auch der Christus war. Gehorsam macht nur in menschlichen Augen klein, in Wahrheit – bei Gott – steht er in hohem Ansehen. Wie können wir, wie können die Machthaber und Entscheider, wie kann Gott den Weg des Gehorsams beschreiten?

ZWEITE LESUNG Phil 2,6–11

Christus Jesus erniedrigte sich; darum hat ihn Gott über alle erhöht

Lesung aus dem Brief des Apostels Paulus an die Gemeinde in Philíppi.

Christus Jesus war Gott gleich, hielt aber nicht daran fest, Gott gleich zu sein, sondern er entäußerte sich und wurde wie ein Sklave und den Menschen gleich. Sein Leben war das eines Menschen; er erniedrigte sich und war gehorsam bis zum Tod, bis zum Tod am Kreuz.

Darum hat ihn Gott über alle erhöht und ihm den Namen verliehen, der größer ist als alle Namen, damit alle im Himmel, auf der Erde und unter der Erde ihr Knie beugen vor dem Namen Jesu und jeder Mund bekennt: „Jesus Christus ist der Herr" – zur Ehre Gottes, des Vaters.

RUF VOR DER PASSION Vers: vgl. Phil 2,8b–9

Christus Sieger, Christus König, Christus Herr in Ewigkeit! – Kv
Christus war für uns gehorsam bis zum Tod,
bis zum Tod am Kreuz.
Darum hat ihn Gott über alle erhöht
und ihm den Namen verliehen, der größer ist als alle Namen.
Christus Sieger, Christus König, Christus Herr in Ewigkeit!

ZUR PASSION Der Tag vor dem Paschafest: nach antikem Zeitverständnis wird der Zieltag immer mitgerechnet. Drei Szenen gliedern den vierten Tag der Passionswoche. In der Mittelszene sehen wir Jesus im Kreise seiner Anhänger, in den Rahmenszenen sehen wir ihn in den Fänger der Gegner. Die mittlere Passage spielt in Betanien, die Rahmenteile im Tempel. Dort wird der Leib Jesu zum Begräbnis gesalbt, hier wird sein Tod geplant. Eine Frau verschwendet teures Parfumöl für Jesus, einer der Zwölf nimmt Geld an für seine Bereitschaft,

Jesus zu überliefern. So fängt es an. Das Drehbuch der Heiligen Woche, dies alles bietet das heutige Evangelium. Kein Sonntagsevangelium ist länger. Und doch fehlt hier der Schluss, der unser aller Anfang ist, das Wunder der Auferweckung: Ostern.

(Die Passion wird meist mit verteilten Rollen gelesen:
E = Evangelist, † = Worte Jesu, S = Worte sonstiger Personen)

PASSION

Mk 14,1 – 15,47

Das Leiden unseres Herrn Jesus Christus

Das Leiden unseres Herrn Jesus Christus nach Markus.

Der Todesbeschluss der Hohepriester und Schriftgelehrten

E Es war zwei Tage vor dem Pascha und dem Fest der Ungesäuerten Brote. Die Hohepriester und die Schriftgelehrten suchten nach einer Möglichkeit, Jesus mit List in ihre Gewalt zu bringen, um ihn zu töten. Sie sagten aber: S Ja nicht am Fest, damit es im Volk keinen Aufruhr gibt!

Die Salbung im Haus Simons des Aussätzigen

E Als Jesus in Betánien im Haus Simons des Aussätzigen zu Tisch war, kam eine Frau mit einem Alabastergefäß voll echtem, kostbarem Nardenöl, zerbrach es und goss das Öl über sein Haupt. Einige aber wurden unwillig und sagten zueinander: S Wozu diese Verschwendung? Man hätte das Öl um mehr als dreihundert Denáre verkaufen und das Geld den Armen geben können. E Und sie fuhren die Frau heftig an. Jesus aber sagte: † Hört auf! Warum lasst ihr sie nicht in Ruhe? Sie hat ein gutes Werk an mir getan. Denn die Armen habt ihr immer bei euch und ihr könnt ihnen Gutes tun, sooft ihr wollt; mich aber habt ihr nicht immer. Sie hat getan, was sie konnte. Sie hat im Voraus meinen Leib für das Begräbnis gesalbt. Amen, ich sage euch: Auf der ganzen Welt, wo das Evangelium verkündet wird, wird man auch erzählen, was sie getan hat, zu ihrem Gedächtnis.

Einer der Zwölf als Überläufer

E Judas Iskáriot, einer der Zwölf, ging zu den Hohepriestern. Er wollte Jesus an sie ausliefern. Als sie das hörten, freuten sie sich und versprachen, ihm Geld dafür zu geben. Von da an suchte er nach einer günstigen Gelegenheit, ihn auszuliefern.

Die Vorbereitung des Paschamahls

E Am ersten Tag des Festes der Ungesäuerten Brote, an dem man das Paschalamm zu schlachten pflegte, sagten die Jünger zu Jesus: S Wo sollen wir das Paschamahl für dich vorbereiten? E Da schickte er zwei seiner Jünger voraus und sagte zu ihnen: † Geht in die Stadt; dort wird euch ein Mensch begegnen, der einen Wasserkrug trägt. Folgt ihm, bis er in ein Haus hineingeht; dann sagt zu dem Herrn des Hauses: Der Meister lässt dich fragen: Wo ist der Raum, in dem ich mit meinen Jüngern das Paschalamm essen kann? Und der Hausherr wird euch einen großen Raum im Obergeschoss zeigen, der schon für das Festmahl hergerichtet und mit Polstern ausgestattet ist. Dort bereitet alles für uns vor! E Die Jünger machten sich auf den Weg und kamen in die Stadt. Sie fanden alles so, wie er es ihnen gesagt hatte, und bereiteten das Paschamahl vor.

Das Mahl

E Als es Abend wurde, kam Jesus mit den Zwölf. Während sie nun zu Tisch waren und aßen, sagte Jesus: † Amen, ich sage euch: Einer von euch wird mich ausliefern, einer, der mit mir isst. E Da wurden sie traurig und einer nach dem andern fragte ihn: S Doch nicht etwa ich? E Er sagte zu ihnen: † Einer von euch Zwölf, der mit mir in dieselbe Schüssel eintunkt. Der Menschensohn muss zwar seinen Weg gehen, wie die Schrift über ihn sagt. Doch weh dem Menschen, durch den der Menschensohn ausgeliefert wird! Für ihn wäre es besser, wenn er nie geboren wäre.

E Während des Mahls nahm er das Brot und sprach den Lobpreis; dann brach er das Brot, reichte es ihnen und sagte: † Nehmt, das ist mein Leib. E Dann nahm er den Kelch, sprach das Dankgebet, gab ihn den Jüngern und sie tranken alle daraus. Und er sagte zu ihnen: † Das ist mein Blut des Bundes, das für viele vergossen wird. Amen, ich sage euch: Ich werde nicht mehr von der Frucht des Weinstocks trinken bis zu dem Tag, an dem ich von Neuem davon trinke im Reich Gottes.

Die Ankündigung der Verleugnung

E Nach dem Lobgesang gingen sie zum Ölberg hinaus. Da sagte Jesus zu ihnen: † Ihr werdet alle Anstoß nehmen; denn in der Schrift steht: Ich werde den Hirten erschlagen, dann werden sich die Schafe zerstreuen. Aber nach meiner Auferstehung werde ich euch nach Galiläa vorausgehen. E Da sagte Petrus zu ihm: S Auch wenn alle Anstoß nehmen – ich nicht! E Jesus sagte ihm: † Amen, ich sage dir: Heute, in dieser Nacht, ehe der Hahn zweimal kräht, wirst du mich dreimal verleugnen. E Petrus aber beteuerte: S Und wenn ich mit dir sterben müsste – ich werde dich nie verleugnen. E Das Gleiche sagten auch alle anderen.

Das Gebet in Getsemani

E Sie kamen zu einem Grundstück, das Getsémani heißt, und er sagte zu seinen Jüngern: † Setzt euch hier, während ich bete! E Und er nahm Petrus, Jakobus und Johannes mit sich. Da ergriff ihn Furcht und Angst und er sagte zu ihnen: † Meine Seele ist zu Tode betrübt. Bleibt hier und wacht! E Und er ging ein Stück weiter, warf sich auf die Erde nieder und betete, dass die Stunde, wenn möglich, an ihm vorübergehe. Er sprach: † Abba, Vater, alles ist dir möglich. Nimm diesen Kelch von mir! Aber nicht, was ich will, sondern was du willst. E Und er ging zurück und fand sie schlafend. Da sagte er zu Petrus: † Simon, du schläfst? Konntest du nicht einmal eine Stunde wach bleiben? Wacht und betet, damit ihr nicht in Versuchung geratet! Der Geist ist willig, aber das Fleisch ist schwach. E Und er ging wieder weg und betete mit den gleichen Worten. Als er zurückkam, fand er sie wieder schlafend, denn die Augen waren ihnen zugefallen; und sie wussten nicht, was sie ihm antworten sollten. Und er kam zum dritten Mal und sagte zu ihnen: † Schlaft ihr immer noch und ruht euch aus? Es ist genug. Die Stunde ist gekommen; siehe, jetzt wird der Menschensohn in die Hände der Sünder ausgeliefert. Steht auf, wir wollen gehen! Siehe, der mich ausliefert, ist da.

Die Gefangennahme

E Noch während er redete, kam Judas, einer der Zwölf, mit einer Schar von Männern, die mit Schwertern und Knüppeln bewaffnet waren; sie waren von den Hohepriestern, den Schriftgelehrten und den Ältesten geschickt worden. Der ihn auslieferte, hatte mit ihnen ein Zeichen vereinbart und gesagt: S Der, den ich küssen werde, der ist es. Nehmt ihn fest, führt ihn sicher ab! E Und als er kam, ging er sogleich auf Jesus zu und sagte: S Rabbi! E Und er küsste ihn. Da legten sie Hand an ihn und nahmen ihn fest. Einer von denen, die dabeistanden, zog das Schwert, schlug auf den Diener des Hohepriesters ein und hieb ihm das Ohr ab. Da sagte Jesus zu ihnen: † Wie gegen einen Räuber seid ihr mit Schwertern und Knüppeln ausgezogen, um mich festzunehmen. Tag für Tag war ich bei euch im Tempel und lehrte und ihr habt mich nicht verhaftet; aber so mussten die Schriften erfüllt werden. E Da verließen ihn alle und flohen. Ein junger Mann aber, der nur mit einem leinenen Tuch bekleidet war, wollte ihm nachfolgen. Da packten sie ihn; er aber ließ das Tuch fallen und lief nackt davon.

Das Bekenntnis Jesu und die Verleugnung durch Petrus

E Darauf führten sie Jesus zum Hohepriester und es versammelten sich alle Hohepriester und Ältesten und Schriftgelehrten. Petrus aber war Jesus von Weitem bis in den Hof des Hohepriesters gefolgt; nun saß er dort bei den Dienern und wärmte sich am Feuer.
Die Hohepriester und der ganze Hohe Rat bemühten sich um Zeugenaussagen gegen Jesus, um ihn zum Tod verurteilen zu können; sie fanden aber nichts. Viele machten zwar falsche Aussagen gegen ihn, aber die Aussagen stimmten nicht überein. Einige der falschen Zeugen, die gegen ihn auftraten, behaupteten: S Wir haben ihn sagen hören: Ich werde diesen von Menschenhand gemachten Tempel niederreißen und in drei Tagen einen anderen aufbauen, der nicht von Menschenhand gemacht ist. E Aber auch in diesem Fall stimmten die Aussagen nicht überein. Da stand der Hohepriester auf, trat in die Mitte und fragte Jesus: S Willst du denn nichts sagen zu dem, was diese Leute gegen dich vorbringen? E Er aber schwieg und gab keine Antwort. Da wandte sich der Hohepriester nochmals an ihn und

fragte: S Bist du der Christus, der Sohn des Hochgelobten? E Jesus sagte: † Ich bin es. Und ihr werdet den Menschensohn zur Rechten der Macht sitzen und mit den Wolken des Himmels kommen sehen. E Da zerriss der Hohepriester sein Gewand und rief: S Wozu brauchen wir noch Zeugen? Ihr habt die Gotteslästerung gehört. Was ist eure Meinung? E Und sie fällten einstimmig das Urteil: S Er ist des Todes schuldig. E Und einige spuckten ihn an, verhüllten sein Gesicht, schlugen ihn und riefen: S Zeig, dass du ein Prophet bist! E Auch die Diener schlugen ihn ins Gesicht.
Als Petrus unten im Hof war, kam eine von den Mägden des Hohepriesters. Sie sah, wie Petrus sich wärmte, blickte ihn an und sagte: S Auch du warst mit diesem Jesus aus Nazaret zusammen. E Doch er leugnete und sagte: S Ich weiß nicht und verstehe nicht, wovon du redest. E Dann ging er in den Vorhof hinaus. Als die Magd ihn dort bemerkte, sagte sie zu denen, die dabeistanden, noch einmal: S Der gehört zu ihnen. E Er aber leugnete wieder. Wenig später sagten die Leute, die dort standen, von Neuem zu Petrus: S Du gehörst wirklich zu ihnen; du bist doch auch ein Galiläer. E Da fing er an zu fluchen und zu schwören: S Ich kenne diesen Menschen nicht, von dem ihr redet. E Gleich darauf krähte der Hahn zum zweiten Mal und Petrus erinnerte sich an das Wort, das Jesus zu ihm gesagt hatte: Ehe der Hahn zweimal kräht, wirst du mich dreimal verleugnen. Und er begann zu weinen.

Das Verhör vor Pilatus

E Gleich in der Frühe fassten die Hohepriester, die Ältesten und die Schriftgelehrten, also der ganze Hohe Rat, über Jesus einen Beschluss. Sie ließen ihn fesseln und abführen und lieferten ihn Pilatus aus. Pilatus fragte ihn: S Bist du der König der Juden? E Er antwortete ihm: † Du sagst es. E Die Hohepriester brachten viele Anklagen gegen ihn vor. Da wandte sich Pilatus wieder an ihn und fragte: S Willst du denn nichts dazu sagen? Sieh doch, wie viele Anklagen sie gegen dich vorbringen. E Jesus aber gab keine Antwort mehr, sodass Pilatus sich wunderte.
Jeweils zum Fest ließ Pilatus einen Gefangenen frei, den sie sich ausbitten durften. Damals saß gerade ein Mann namens Bárabbas im Gefängnis, zusammen mit anderen Aufrührern, die bei einem Aufstand

einen Mord begangen hatten. Die Volksmenge zog zu Pilatus hinauf und verlangte, ihnen die gleiche Gunst zu gewähren wie sonst. Pilatus fragte sie: S Wollt ihr, dass ich euch den König der Juden freilasse? E Er merkte nämlich, dass die Hohepriester Jesus nur aus Neid an ihn ausgeliefert hatten. Die Hohepriester aber wiegelten die Menge auf, lieber die Freilassung des Bárabbas zu fordern. Pilatus wandte sich von Neuem an sie und fragte: S Was soll ich dann mit dem tun, den ihr den König der Juden nennt? E Da schrien sie: S Kreuzige ihn! E Pilatus entgegnete: S Was hat er denn für ein Verbrechen begangen? E Sie aber schrien noch lauter: S Kreuzige ihn! E Darauf ließ Pilatus, um die Menge zufriedenzustellen, Bárabbas frei. Jesus lieferte er, nachdem er ihn hatte geißeln lassen, zur Kreuzigung aus.

Die Verspottung Jesu durch die römischen Soldaten

E Die Soldaten führten ihn ab, in den Hof hinein, der Prätórium heißt, und riefen die ganze Kohórte zusammen. Dann legten sie ihm einen Purpurmantel um und flochten einen Dornenkranz; den setzten sie ihm auf und grüßten ihn: S Sei gegrüßt, König der Juden! E Sie schlugen ihm mit einem Stock auf den Kopf und spuckten ihn an, beugten die Knie und huldigten ihm. Nachdem sie so ihren Spott mit ihm getrieben hatten, nahmen sie ihm den Purpurmantel ab und zogen ihm seine eigenen Kleider wieder an.

Kreuzweg und Kreuzigung

E Dann führten sie Jesus hinaus, um ihn zu kreuzigen. Einen Mann, der gerade vom Feld kam, Simon von Kyréne, den Vater des Alexander und des Rufus, zwangen sie, sein Kreuz zu tragen. Und sie brachten Jesus an einen Ort namens Gólgota, das heißt übersetzt: Schädelhöhe. Dort reichten sie ihm Wein, der mit Myrrhe gewürzt war; er aber nahm ihn nicht. Dann kreuzigten sie ihn. Sie verteilten seine Kleider, indem sie das Los über sie warfen, wer was bekommen sollte. Es war die dritte Stunde, als sie ihn kreuzigten. Und eine Aufschrift gab seine Schuld an: Der König der Juden. Zusammen mit ihm kreuzigten sie zwei Räuber, den einen rechts von ihm, den andern links.

Die Verspottung Jesu durch die Schaulustigen

E Die Leute, die vorbeikamen, verhöhnten ihn, schüttelten den Kopf und riefen: S Ach, du willst den Tempel niederreißen und in drei Tagen wieder aufbauen? Rette dich selbst und steig herab vom Kreuz! E Ebenso verhöhnten ihn auch die Hohepriester und die Schriftgelehrten und sagten untereinander: S Andere hat er gerettet, sich selbst kann er nicht retten. Der Christus, der König von Israel! Er soll jetzt vom Kreuz herabsteigen, damit wir sehen und glauben. E Auch die beiden Männer, die mit ihm zusammen gekreuzigt wurden, beschimpften ihn.

(Hier stehen alle auf.)

Der Tod Jesu

E Als die sechste Stunde kam, brach eine Finsternis über das ganze Land herein – bis zur neunten Stunde. Und in der neunten Stunde schrie Jesus mit lauter Stimme: † Éloï, Éloï, lema sabachtáni?, E das heißt übersetzt: † Mein Gott, mein Gott, warum hast du mich verlassen? E Einige von denen, die dabeistanden und es hörten, sagten: S Hört, er ruft nach Elíja! E Einer lief hin, tauchte einen Schwamm in Essig, steckte ihn auf ein Rohr und gab Jesus zu trinken. Dabei sagte er: S Lasst, wir wollen sehen, ob Elíja kommt und ihn herabnimmt. E Jesus aber schrie mit lauter Stimme. Dann hauchte er den Geist aus.

Hier knien alle zu einer kurzen Gebetsstille nieder.

E Da riss der Vorhang im Tempel in zwei Teile von oben bis unten.
Als der Hauptmann, der Jesus gegenüberstand, ihn auf diese Weise sterben sah, sagte er: S Wahrhaftig, dieser Mensch war Gottes Sohn.
E Auch einige Frauen sahen von Weitem zu, darunter Maria aus Mágdala, Maria, die Mutter von Jakobus dem Kleinen und Joses, sowie Sálome; sie waren Jesus schon in Galiläa nachgefolgt und hatten ihm gedient. Noch viele andere Frauen waren dabei, die mit ihm nach Jerusalem hinaufgezogen waren.

Das Begräbnis Jesu

E Da es Rüsttag war, der Tag vor dem Sabbat, und es schon Abend wurde, ging Josef von Arimathäa, ein vornehmes Mitglied des Hohen Rats, der auch auf das Reich Gottes wartete, zu Pilatus und wagte es, um den Leichnam Jesu zu bitten. Pilatus war überrascht, als er hörte, dass Jesus schon tot sei. Er ließ den Hauptmann kommen und fragte ihn, ob Jesus bereits gestorben sei. Als er es vom Hauptmann erfahren hatte, überließ er Josef den Leichnam. Josef kaufte ein Leinentuch, nahm Jesus vom Kreuz, wickelte ihn in das Tuch und legte ihn in ein Grab, das in einen Felsen gehauen war. Dann wälzte er einen Stein vor den Eingang des Grabes.
Maria aus Mágdala aber und Maria, die Mutter des Joses, beobachteten, wohin er gelegt wurde.

Oder:

KURZFASSUNG Mk 15,1–39

Das Leiden unseres Herrn Jesus Christus

Das Leiden unseres Herrn Jesus Christus nach Markus.

Das Verhör vor Pilatus

E Gleich in der Frühe fassten die Hohepriester, die Ältesten und die Schriftgelehrten, also der ganze Hohe Rat, über Jesus einen Beschluss. Sie ließen ihn fesseln und abführen und lieferten ihn Pilatus aus. Pilatus fragte ihn: S Bist du der König der Juden? E Er antwortete ihm: † Du sagst es. E Die Hohepriester brachten viele Anklagen gegen ihn vor. Da wandte sich Pilatus wieder an ihn und fragte: S Willst du denn nichts dazu sagen? Sieh doch, wie viele Anklagen sie gegen dich vorbringen. E Jesus aber gab keine Antwort mehr, sodass Pilatus sich wunderte.
Jeweils zum Fest ließ Pilatus einen Gefangenen frei, den sie sich ausbitten durften. Damals saß gerade ein Mann namens Bárabbas im Gefängnis, zusammen mit anderen Aufrührern, die bei einem Aufstand einen Mord begangen hatten. Die Volksmenge zog zu Pilatus hinauf und verlangte, ihnen die gleiche Gunst zu gewähren wie sonst. Pila-

tus fragte sie: S Wollt ihr, dass ich euch den König der Juden freilasse? E Er merkte nämlich, dass die Hohepriester Jesus nur aus Neid an ihn ausgeliefert hatten. Die Hohepriester aber wiegelten die Menge auf, lieber die Freilassung des Bárabbas zu fordern. Pilatus wandte sich von Neuem an sie und fragte: S Was soll ich dann mit dem tun, den ihr den König der Juden nennt? E Da schrien sie: S Kreuzige ihn! E Pilatus entgegnete: S Was hat er denn für ein Verbrechen begangen? E Sie aber schrien noch lauter: S Kreuzige ihn! E Darauf ließ Pilatus, um die Menge zufriedenzustellen, Bárabbas frei. Jesus lieferte er, nachdem er ihn hatte geißeln lassen, zur Kreuzigung aus.

Die Verspottung Jesu durch die römischen Soldaten

E Die Soldaten führten ihn ab, in den Hof hinein, der Prätórium heißt, und riefen die ganze Kohórte zusammen. Dann legten sie ihm einen Purpurmantel um und flochten einen Dornenkranz; den setzten sie ihm auf und grüßten ihn: S Sei gegrüßt, König der Juden! E Sie schlugen ihm mit einem Stock auf den Kopf und spuckten ihn an, beugten die Knie und huldigten ihm. Nachdem sie so ihren Spott mit ihm getrieben hatten, nahmen sie ihm den Purpurmantel ab und zogen ihm seine eigenen Kleider wieder an.

Kreuzweg und Kreuzigung

E Dann führten sie Jesus hinaus, um ihn zu kreuzigen. Einen Mann, der gerade vom Feld kam, Simon von Kyréne, den Vater des Alexander und des Rufus, zwangen sie, sein Kreuz zu tragen. Und sie brachten Jesus an einen Ort namens Gólgota, das heißt übersetzt: Schädelhöhe. Dort reichten sie ihm Wein, der mit Myrrhe gewürzt war; er aber nahm ihn nicht. Dann kreuzigten sie ihn. Sie verteilten seine Kleider, indem sie das Los über sie warfen, wer was bekommen sollte. Es war die dritte Stunde, als sie ihn kreuzigten. Und eine Aufschrift gab seine Schuld an: Der König der Juden. Zusammen mit ihm kreuzigten sie zwei Räuber, den einen rechts von ihm, den andern links.

Die Verspottung Jesu durch die Schaulustigen

E Die Leute, die vorbeikamen, verhöhnten ihn, schüttelten den Kopf und riefen: S Ach, du willst den Tempel niederreißen und in drei Tagen wieder aufbauen? Rette dich selbst und steig herab vom Kreuz! E Ebenso verhöhnten ihn auch die Hohepriester und die Schriftgelehrten und sagten untereinander: S Andere hat er gerettet, sich selbst kann er nicht retten. Der Christus, der König von Israel! Er soll jetzt vom Kreuz herabsteigen, damit wir sehen und glauben. E Auch die beiden Männer, die mit ihm zusammen gekreuzigt wurden, beschimpften ihn.

(Hier stehen alle auf.)

Der Tod Jesu

E Als die sechste Stunde kam, brach eine Finsternis über das ganze Land herein – bis zur neunten Stunde. Und in der neunten Stunde schrie Jesus mit lauter Stimme: † Éloï, Éloï, lema sabachtáni?, E das heißt übersetzt: † Mein Gott, mein Gott, warum hast du mich verlassen? E Einige von denen, die dabeistanden und es hörten, sagten: S Hört, er ruft nach Elíja! E Einer lief hin, tauchte einen Schwamm in Essig, steckte ihn auf ein Rohr und gab Jesus zu trinken. Dabei sagte er: S Lasst, wir wollen sehen, ob Elíja kommt und ihn herabnimmt. E Jesus aber schrie mit lauter Stimme. Dann hauchte er den Geist aus.

Hier knien alle zu einer kurzen Gebetsstille nieder.

E Da riss der Vorhang im Tempel in zwei Teile von oben bis unten. Als der Hauptmann, der Jesus gegenüberstand, ihn auf diese Weise sterben sah, sagte er: S Wahrhaftig, dieser Mensch war Gottes Sohn.

Glaubensbekenntnis, S. 484 ff.

FÜRBITTEN

Erschreckend kurz war der Weg Jesu vom „Hosanna dem Sohne Davids“ bis zum „Kreuzige ihn“. Wir rufen zu Jesus, der unser Heil will und wirkt, und treten vor ihn mit den Nöten und Anliegen unserer Gegenwart:

- Hilf deiner Kirche, dich wiederzuerkennen in den Armen und Notleidenden dieser Erde. V: Jesus Christus, Menschensohn und Erlöser. A: Höre unser Rufen.
- Leite politisch und religiös radikalisierte junge Menschen zu einem selbstbestimmten Leben verantwortlichen Denkens und Handelns in deinem Licht. V: Jesus Christus, Menschensohn und Erlöser. A: Höre unser Rufen.
- Bewege die Angehörigen der verschiedenen Religionen und Konfessionen, besonders im Heiligen Land, im anderen nicht länger den Konkurrenten, Gegner oder Feind zu sehen. V: Jesus Christus, Menschensohn und Erlöser. A: Höre unser Rufen.
- Stärke durch dein Leiden alle, die an der Last ihres Kreuzes zu zerbrechen drohen. V: Jesus Christus, Menschensohn und Erlöser. A: Höre unser Rufen.
- Lass Frieden wachsen, wo Hass gewuchert ist. V: Jesus Christus, Menschensohn und Erlöser. A: Höre unser Rufen.
- Schenke deine erlösende Liebe denen, die uns im Tod vorausgegangen sind. V: Jesus Christus, Menschensohn und Erlöser. A: Höre unser Rufen.

Jesus Christus, unser Bruder und unser Heiland, du hast dich mit den Geringsten der Menschen identifiziert und willst, dass wir den Leidenden, den Geplagten nahe sind. Gib uns die Kraft, in deinem Geist zu handeln, heute und jeden Tag.

EUCHARISTIEFEIER

GABENGEBET

Herr, unser Gott, schenke uns Verzeihung durch das Leiden deines Sohnes. Wir haben sie zwar durch unsere Taten nicht verdient, aber wir vertrauen auf dein Erbarmen. Darum versöhne uns mit dir durch das einzigartige Opfer unseres Herrn Jesus Christus, der mit dir lebt und herrscht in alle Ewigkeit.

PRÄFATION

In Wahrheit ist es würdig und recht, dir, allmächtiger Vater, zu danken und das Werk deiner Liebe zu rühmen durch unseren Herrn Jesus Christus. Er war ohne Sünde und hat für die Sünder gelitten. Er war ohne Schuld und hat sich ungerechtem Urteil unterworfen. Sein Tod hat unsere Vergehen getilgt, seine Auferstehung uns Gnade und Leben erworben. Darum preisen wir jetzt und in Ewigkeit dein Erbarmen und singen mit den Chören der Engel das Lob deiner Herrlichkeit: Heilig …

KOMMUNIONVERS Mt 26,42

Mein Vater,
wenn dieser Kelch an mir nicht vorübergehen kann
und ich ihn trinken muss, so geschehe dein Wille.

SCHLUSSGEBET

Herr, unser Gott, du hast uns im heiligen Mahl gestärkt. Durch das Sterben deines Sohnes gibst du uns die Kraft, das Leben zu erhoffen, das uns der Glaube verheißt. Gib uns durch seine Auferstehung die Gnade, das Ziel unserer Pilgerschaft zu erreichen. Darum bitten wir durch ihn, Christus, unseren Herrn.

FEIERLICHER SCHLUSSSEGEN S. 215

⋆⋆⋆

MITGEHEN

Mitgehen
und fühlen wie Hoffnung
Gewissheit wird
die Lippen sich öffnen
zum Jubelruf
weil Erfüllung sich nicht
aufhalten lässt.
Um den Tisch sitzen an dem
Brot Wein und Leben
eines werden.
Mitgehen
in die Nacht die hereinbricht
auf Getsemani.
Zeuge werden
wie der des Wortes Mächtige
verstummt
den Rücken beugt unter der Last
den Weg geht den andere
ihn führen
die Arme breitet
am Kreuz.

Eleonore Beck

GRÜNDONNERSTAG – HOHER DONNERSTAG

1. April 2021

Pessach, das letzte Abendmahl und die Fußwaschung durch Jesus; alles in einem Lesungsgottesdienst; dazu dann noch die liturgischen Handlungen selbst – unbeschreibliche Dichte. Bei all dem geht es nicht darum, ein Historienspiel aufzuführen, sondern Erfahrungsräume zu schaffen. Ich erfahre den Herrn, hier und jetzt. Ich darf ihm begegnen, trotz der Jahrhunderte zwischen uns. Dabei ist die Begegnung sehr unscheinbar: Etwas Wasser, etwas Brot, vielleicht etwas Wein. Warum betrifft mich all dies in einer Weise, die mich mein Leben wandeln lässt? Das Einfache öffnet die Augen für die Tiefen des anderen.

MESSE VOM LETZTEN ABENDMAHL

ERÖFFNUNGSVERS

Vgl. Gal 6, 14

Wir rühmen uns des Kreuzes unseres Herrn Jesus Christus.
In ihm ist uns Heil geworden und Auferstehung und Leben.
Durch ihn sind wir erlöst und befreit.

KYRIE-RUFE

Herr Jesus Christus, du liebst die Deinen bis zur Vollendung.
V/A: Herr, erbarme dich.
Du hast dich selbst hingegeben für das Leben der Welt.
V/A: Christus, erbarme dich.
Du hast uns ein Zeichen deiner Liebe gegeben zu deinem Gedächtnis.
V/A: Herr, erbarme dich.

Ehre sei Gott, S. 481 f.

(Die Glocken läuten zu unserem Preislied. Danach verstummen sie bis zur Feier der Osternacht.)

TAGESGEBET

Allmächtiger, ewiger Gott, am Abend vor seinem Leiden hat dein geliebter Sohn der Kirche das Opfer des Neuen und Ewigen Bundes anvertraut und das Gastmahl seiner Liebe gestiftet. Gib, dass wir aus diesem Geheimnis die Fülle des Lebens und der Liebe empfangen. Darum bitten wir durch ihn, Jesus Christus.

WORTGOTTESDIENST

ZUR 1. LESUNG Die Anweisungen für das Pessach-Fest sind sehr detailliert und klar, aber wir Heidenchristen feiern dieses Fest schon lange nicht mehr. Für die Zucht bedarf es nur weniger Böcke, sodass man die männlichen Lämmer fast bedenkenlos essen kann. Aber nur fast, denn Fleischgenuss hat immer auch mit Tod zu tun. An Pessach ist er mehr als präsent, denn nur an den Häusern geht der HERR ohne weiteres Unheil vorbei, die mit Blut markiert sind. Müssen wir uns vor dem HERRN schützen? Schwer zu verstehen, doch das ist die Botschaft: Er ist es, der die Schutzlosen schützt.

ERSTE LESUNG Ex 12,1–8.11–14

Die Feier des Paschamahles

Lesung aus dem Buch Éxodus.

In jenen Tagen sprach der HERR zu Mose und Aaron im Land Ägypten: Dieser Monat soll die Reihe eurer Monate eröffnen, er soll euch als der Erste unter den Monaten des Jahres gelten. Sagt der ganzen Gemeinde Israel:

Am Zehnten dieses Monats soll jeder ein Lamm für seine Familie holen, ein Lamm für jedes Haus. Ist die Hausgemeinschaft für ein Lamm zu klein, so nehme er es zusammen mit dem Nachbarn, der seinem Haus am nächsten wohnt, nach der Anzahl der Personen. Bei der Aufteilung des Lammes müsst ihr berücksichtigen, wie viel der Einzelne essen kann. Nur ein fehlerfreies, männliches, einjähriges Lamm darf es sein, das Junge eines Schafes oder einer Ziege müsst ihr nehmen. Ihr sollt es bis zum vierzehnten Tag dieses Monats aufbewahren. In der Abenddämmerung soll die ganze versammelte Gemeinde Israel es schlachten. Man nehme etwas von dem Blut und bestreiche damit die beiden Türpfosten und den Türsturz an den Häusern, in denen man es essen will. Noch in der gleichen Nacht soll man das Fleisch essen. Über dem Feuer gebraten und zusammen mit ungesäuertem Brot und Bitterkräutern soll man es essen.

So aber sollt ihr es essen: eure Hüften gegürtet, Schuhe an euren Füßen und euren Stab in eurer Hand. Esst es hastig! Es ist ein Pessach für den HERRN – das heißt: der Vorübergang des Herrn.

In dieser Nacht gehe ich durch das Land Ägypten und erschlage im Land Ägypten jede Erstgeburt bei Mensch und Vieh. Über alle Götter Ägyptens halte ich Gericht, ich, der HERR. Das Blut an den Häusern, in denen ihr wohnt, soll für euch ein Zeichen sein. Wenn ich das Blut sehe, werde ich an euch vorübergehen und das vernichtende Unheil wird euch nicht treffen, wenn ich das Land Ägypten schlage.

Diesen Tag sollt ihr als Gedenktag begehen. Feiert ihn als Fest für den HERRN! Für eure kommenden Generationen wird es eine ewige Satzung sein, das Fest zu feiern!

ANTWORTPSALM

Ps 116 (115), 12–13.15–16.17–18 (Kv: vgl. 1 Kor 10, 16)

Kv Der Kelch des Segens gibt uns Anteil an Christi Blut. – Kv

Wie kann ich dem HERRN vergelten *
all das Gute, das er mir erwiesen?

Den Becher des Heils will ich erheben. *
Ausrufen will ich den Namen des HERRN. – (Kv)

Kostbar ist in den Augen des HERRN *
der Tod seiner Frommen.
Ach HERR, ich bin doch dein Knecht, /
dein Knecht bin ich, der Sohn deiner Magd! *
Gelöst hast du meine Fesseln. – (Kv)

Ich will dir ein Opfer des Dankes bringen, *
ausrufen will ich den Namen des HERRN.
Meine Gelübde will ich dem HERRN erfüllen *
in Gegenwart seines ganzen Volkes. – Kv

ZUR 2. LESUNG Selten haben so wenige Worte und Gesten eine solche Wirkung erzielt. Die Kirche gedenkt seit Jahrhunderten des Herrn und lässt sich immer wieder von ihm stärken und beunruhigen zugleich. Brot und Wein, Elemente unserer Ernährung. Unter diesen Zeichen und in dieser Gestalt gibt sich der Herr selbst, er ist derjenige, von dem her wir leben, dem wir uns öffnen müssen, um wir selbst zu werden. Es geht dabei nicht um Vereinnahmung, wir empfangen ihn ja, sodass er sich uns gibt. Wir nehmen uns nicht, was uns nicht zusteht, sondern empfangen ihn durch seine Selbstgabe. Verzehr ist hier nicht Aneignung, sondern Leben vom anderen her.

ZWEITE LESUNG 1 Kor 11,23–26

Sooft ihr von diesem Brot esst und aus diesem Kelch trinkt, verkündet ihr den Tod des Herrn, bis er kommt

Lesung aus dem ersten Brief des Apostels Paulus an die Gemeinde in Korínth.

Schwestern und Brüder! Ich habe vom Herrn empfangen, was ich euch dann überliefert habe:

Jesus, der Herr, nahm in der Nacht, in der er ausgeliefert wurde, Brot, sprach das Dankgebet, brach das Brot und sagte: Das ist mein Leib für euch. Tut dies zu meinem Gedächtnis!

Ebenso nahm er nach dem Mahl den Kelch und sagte: Dieser Kelch ist der Neue Bund in meinem Blut. Tut dies, sooft ihr daraus trinkt, zu meinem Gedächtnis!

Denn sooft ihr von diesem Brot esst und aus dem Kelch trinkt, verkündet ihr den Tod des Herrn, bis er kommt.

RUF VOR DEM EVANGELIUM

Vers: Joh 13,34ac

Herr Jesus, dir sei Ruhm und Ehre! – Kv
(So spricht der Herr:)
Ein neues Gebot gebe ich euch:
Wie ich euch geliebt habe, so sollt auch ihr einander lieben.
Herr Jesus, dir sei Ruhm und Ehre!

Oder:

Dies ist mein Gebot:
Liebet einander, wie ich euch geliebt.

ZUM EVANGELIUM Der Herr gibt seinen Jüngern ein Beispiel und diese erhalten durch seine Tat Anteil an ihm. Durch seine leibliche Zuwendung schafft er eine Nähe, die ihresgleichen sucht. Warum? Wenn der Herr den Schutzbefohlenen die Füße wäscht, dann bedeutet dies, dass er auch sein Leben für sie lassen würde, so wie er es tun wird. Ich tue alles für dich, um es dir gut sein zu lassen. Aber was geschieht nach dem Tod des Herrn? Gibt es dann neue Herren? Nein, den Herrn gibt es nur einmal. Wird man zum Herrn, wenn man anderen die Füße wäscht? Nein, aber man kann dem anderen eine Begegnung mit dem Herrn ermöglichen, wenn man ihm die Füße wäscht.

EVANGELIUM

Joh 13,1–15

Er liebte sie bis zur Vollendung

+ **Aus dem heiligen Evangelium nach Johannes.**

Es war vor dem Paschafest. Jesus wusste, dass seine Stunde gekommen war, um aus dieser Welt zum Vater hinüberzugehen. Da er die Seinen liebte, die in der Welt waren, liebte er sie bis zur Vollendung.

Es fand ein Mahl statt und der Teufel hatte Judas, dem Sohn des Simon Iskáriot, schon ins Herz gegeben, ihn auszuliefern. Jesus, der wusste, dass ihm der Vater alles in die Hand gegeben hatte und dass er von Gott gekommen war und zu Gott zurückkehrte, stand vom Mahl auf, legte sein Gewand ab und umgürtete sich mit einem Leinentuch. Dann goss er Wasser in eine Schüssel und begann, den Jüngern die Füße zu waschen und mit dem Leinentuch abzutrocknen, mit dem er umgürtet war.

Als er zu Simon Petrus kam, sagte dieser zu ihm: Du, Herr, willst mir die Füße waschen?

Jesus sagte zu ihm: Was ich tue, verstehst du jetzt noch nicht; doch später wirst du es begreifen.

Petrus entgegnete ihm: Niemals sollst du mir die Füße waschen!

Jesus erwiderte ihm: Wenn ich dich nicht wasche, hast du keinen Anteil an mir.

Da sagte Simon Petrus zu ihm: Herr, dann nicht nur meine Füße, sondern auch die Hände und das Haupt.

Jesus sagte zu ihm: Wer vom Bad kommt, ist ganz rein und braucht sich nur noch die Füße zu waschen. Auch ihr seid rein, aber nicht alle. Er wusste nämlich, wer ihn ausliefern würde; darum sagte er: Ihr seid nicht alle rein.

Als er ihnen die Füße gewaschen, sein Gewand wieder angelegt und Platz genommen hatte, sagte er zu ihnen: Begreift ihr, was ich an euch getan habe? Ihr sagt zu mir Meister und Herr und ihr nennt mich mit Recht so; denn ich bin es. Wenn nun ich, der Herr und Meister, euch die Füße gewaschen habe, dann müsst auch ihr einander die Füße waschen. Ich habe euch ein Beispiel gegeben, damit auch ihr so handelt, wie ich an euch gehandelt habe.

FUSSWASCHUNG

(Nach der Homilie kann die Fußwaschung folgen. Sie ist Zeichen dafür, dass wir als Kirche uns an Jesu Weisung binden. Dabei können die folgenden Antiphonen gesungen werden.)

ANTIPHON 1 Joh 13,35

Daran werden alle erkennen, dass ihr meine Jünger seid,
wenn ihr Liebe habt zueinander.
V: Jesus sagte zu seinen Jüngern:
A: Daran werden alle erkennen, dass ihr meine Jünger seid,
wenn ihr Liebe habt zueinander.

ANTIPHON 2 Joh 13,34

Ein neues Gebot gebe ich euch: „Liebt einander!"
Wie ich euch geliebt habe, so sollt auch ihr einander lieben.

ANTIPHON 3 1 Kor 13,13

In euch sollen bleiben Glaube, Hoffnung, Liebe, diese drei:
am größten unter ihnen ist die Liebe.
V: Jetzt bleiben Glaube, Hoffnung, Liebe, diese drei:
am größten unter ihnen ist die Liebe.
A: In euch sollen bleiben Glaube, Hoffnung, Liebe, diese drei:
am größten unter ihnen ist die Liebe.

FÜRBITTEN

Jesus beugt sich tief hinab. Er wird zum Diener aller. Zu ihm, dem Gottesknecht, der auch unsere Lasten trägt, rufen wir in dieser Stunde:

- Stärke die Diakone, Priester, Bischöfe und alle in der Seelsorge tätigen Männer und Frauen auf dem Weg zu einer geschwisterlichen, wahrhaft dienenden Kirche. V: Jesus, Brot des Lebens. A: Stärke uns.

- Hilf deiner Kirche, an der Seite der Notleidenden und Geschundenen zu stehen. V: Jesus, Brot des Lebens. A: Stärke uns.

- Ermutige die christlichen Kirchen, aufeinander zuzugehen und sich nicht abzufinden mit der Zertrennung. V: Jesus, Brot des Lebens. A: Stärke uns.

- Hilf uns, unseren alltäglichen Verrat aneinander und unseren Mangel an Liebe zu überwinden und ihn zu wandeln in Geduld, in fürsorgende Liebe und Langmut. V: Jesus, Brot des Lebens. A: Stärke uns.

- Wie deine Freunde im letzten Abendmahl, so versammle auch unsere Verstorbenen um dich und lass sie teilhaben an deinem Mahl der Freude. V: Jesus, Brot des Lebens. A: Stärke uns.

Jesus Christus, unsere Hoffnung und unsere Freude: Hilf uns, in der Feier des Mahles mehr und mehr aus deinem Geist gebender Liebe zu leben. Dir sei Dank, heute und alle Tage unseres Lebens.

Eucharistiefeier

OPFERGANG

(Zu Beginn der Eucharistiefeier können die Gläubigen einen Opfergang mit Gaben für die Armen halten. Dazu kann man singen:)

Wo Güte und Liebe, da wohnet Gott. – Kv

1. Christi Liebe hat uns geeint,
lasst uns frohlocken und jubeln in ihm!
Fürchten und lieben wollen wir den lebendigen Gott
und einander lieben aus lauterem Herzen. – (Kv)

2. Da wir allesamt eines geworden,
hüten wir uns, getrennt zu werden im Geiste!
Es fliehe der Streit, böser Hader entweiche;
in unserer Mitte wohne der Herr. – (Kv)

3. Christus spricht zu den Seinen:
Wo zwei oder drei
in meinem Namen versammelt sind,
da bin ich mitten unter ihnen. – (Kv)

4. So lasst uns Gott anhangen aus ganzer Seele
und nichts soll stehen vor seiner Liebe.
Lasst uns in Gott dem Nächsten gut sein wie uns selbst
und Gottes wegen lieben auch den Feind. – (Kv)

5. Mit den Heiligen wollen wir schauen
dein Antlitz, Christus, dereinst in der Herrlichkeit.
O, welch unermessliche Freude
durch die grenzenlose Weite der Ewigkeit. Amen. – Kv

GABENGEBET

Herr, gib, dass wir das Geheimnis des Altares ehrfürchtig feiern; denn sooft wir die Gedächtnisfeier dieses Opfers begehen, vollzieht sich an uns das Werk der Erlösung. Durch Christus, unseren Herrn.

PRÄFATION

In Wahrheit ist es würdig und recht, dir, Herr, heiliger Vater, allmächtiger, ewiger Gott, immer und überall zu danken durch unseren Herrn Jesus Christus. Als der wahre und ewige Hohepriester hat er die Feier eines immerwährenden Opfers gestiftet. Er hat sich selbst als Opfergabe dargebracht für das Heil der Welt und uns geboten, dass auch wir diese Gabe darbringen zu seinem Gedächtnis. Er stärkt uns, wenn wir seinen Leib empfangen, den er für uns geopfert hat. Er heiligt uns, wenn wir sein Blut trinken, das er für uns vergossen hat. Darum singen wir mit den Engeln und Erzengeln, den Thronen und Mächten und mit all den Scharen des himmlischen Heeres den Hochgesang von deiner göttlichen Herrlichkeit: Heilig ...

KOMMUNIONVERS

1 Kor 11,24.25

Das ist mein Leib, der für euch hingegeben wird.
Dieser Kelch ist der neue Bund in meinem Blut.
Sooft ihr dieses Brot esst und diesen Kelch trinkt,
tut es zum Gedenken an mich – so spricht der Herr.

SCHLUSSGEBET

Allmächtiger Gott, du hast uns heute im Abendmahl deines Sohnes gestärkt. Sättige uns beim himmlischen Gastmahl mit dem ewigen Leben. Darum bitten wir durch ihn, Christus, unseren Herrn.

(Nach dem Schlussgebet wird die heilige Eucharistie in eine Kapelle oder an einen Nebenaltar getragen. Während der Prozession singt die Gemeinde. Nach der Feier wird der Altar abgedeckt, die Kreuze werden aus der Kirche entfernt oder verhüllt. In vielen Gemeinden beten die Gläubigen in dieser Nacht vor der Eucharistie.)

★★★

NÄCHSTENLIEBE

du bist
Christus
wenn ich
teile mit dir
was ich bin

ich werde
leben
mit IHM
wenn ich
IHN liebe
in den Menschen

Heinz Detlef Stäps

KARFREITAG – DIE FEIER VOM LEIDEN UND STERBEN CHRISTI

2. April 2021

Schweigend beginnt die Liturgie, die am Vorabend so grandios begann und so paradiesisch auflebte mit Fußwaschung und letztem Abendmahl. Heute liegen wir vor dem Kreuz. Alles zerbricht. Schweigend wird die Liturgie zu Ende gehen. Ist alles vorbei? Wir wissen um Ostern, und doch ist der Karfreitag so erschütternd, dass er unser Herz berührt. Ein Mensch stirbt, mit ihm stirbt das Universum, denn in ihm ist alles eingefaltet; alles ist in dem verdichtet, dem es gegeben war, sich für die anderen zu öffnen, der ihnen Trost gespendet hat. Der Trost stirbt nicht mit dem Tröster, und so überdauert seine Botschaft auch seinen Tod.

GEBET

Gedenke, Herr, der großen Taten, die dein Erbarmen gewirkt hat. Schütze und heilige deine Diener, für die dein Sohn Jesus Christus sein Blut vergossen und das österliche Geheimnis eingesetzt hat, der mit dir lebt und herrscht in alle Ewigkeit.

Oder:

Allmächtiger, ewiger Gott, durch das Leiden deines Sohnes hast du den Tod vernichtet, der vom ersten Menschen auf alle Geschlechter übergegangen ist. Nach dem Gesetz der Natur tragen wir das Abbild des ersten Adam an uns; hilf uns durch deine Gnade, das Bild des neuen Adam in uns auszuprägen und Christus ähnlich zu werden, der mit dir lebt und herrscht in alle Ewigkeit.

WORTGOTTESDIENST

ZUR 1. LESUNG Der eine sühnt für die Vergehen und Sünden der vielen. Warum nur, warum nur ist das Leben so ungerecht? Alle verachten ihn, und er verschafft ihnen das Heil. Gibt es keine andere Möglichkeit, Schuld zu beseitigen? Muss sie erst durchlitten sein, muss der eine erst alle ihre Auswirkungen geschmeckt haben? Gott kann das Leid nicht wollen, aber Heil wird offenbar nur dort erfahrbar, wo es vorher nicht war. Gott ist kein Gott der Erfolgreichen und Schönen, er wählt Verachtung, Leid und Schmerz. Heil ist keine Steigerung irdischen Glücks, sondern bedarf des Umschlags, der Metamorphose, der Verwandlung, weil man Heil nicht für sich erwirbt, sondern für andere wirkt.

ERSTE LESUNG Jes 52,13 – 53,12

Er wurde durchbohrt wegen unserer Verbrechen (Viertes Lied vom Gottesknecht)

Lesung aus dem Buch Jesája.

Siehe, mein Knecht wird Erfolg haben, er wird sich erheben und erhaben und sehr hoch sein. Wie sich viele über dich entsetzt haben – so entstellt sah er aus, nicht mehr wie ein Mensch, seine Gestalt war nicht mehr die eines Menschen –, so wird er viele Nationen entsühnen, Könige schließen vor ihm ihren Mund. Denn was man ihnen noch nie erzählt hat, das sehen sie nun; was sie niemals hörten, das erfahren sie jetzt.

Wer hat geglaubt, was wir gehört haben? Der Arm des HERRN – wem wurde er offenbar? Vor seinen Augen wuchs er auf wie ein junger Spross, wie ein Wurzeltrieb aus trockenem Boden. Er hatte keine schöne und edle Gestalt, sodass wir ihn anschauen mochten. Er sah nicht so aus, dass wir Gefallen fanden an ihm. Er wurde verachtet und von den Menschen gemieden, ein Mann voller Schmerzen, mit Krankheit vertraut. Wie einer, vor dem man das Gesicht verhüllt, war er verachtet; wir schätzten ihn nicht.

Aber er hat unsere Krankheit getragen und unsere Schmerzen auf sich geladen. Wir meinten, er sei von Gott geschlagen, von ihm getroffen und gebeugt. Doch er wurde durchbohrt wegen unserer Vergehen, wegen unserer Sünden zermalmt. Zu unserem Heil lag die Züchtigung auf ihm, durch seine Wunden sind wir geheilt.

Wir hatten uns alle verirrt wie Schafe, jeder ging für sich seinen Weg. Doch der HERR ließ auf ihn treffen die Schuld von uns allen. Er wurde bedrängt und misshandelt, aber er tat seinen Mund nicht auf. Wie ein Lamm, das man zum Schlachten führt, und wie ein Schaf vor seinen Scherern verstummt, so tat auch er seinen Mund nicht auf.

Durch Haft und Gericht wurde er dahingerafft, doch wen kümmerte sein Geschick? Er wurde vom Land der Lebenden abgeschnitten und wegen der Vergehen meines Volkes zu Tode getroffen. Bei den Frevlern gab man ihm sein Grab und bei den Reichen seine Ruhestätte, obwohl er kein Unrecht getan hat und kein trügerisches Wort in seinem Mund war.

Doch der HERR hat Gefallen an dem von Krankheit Zermalmten. Wenn du, Gott, sein Leben als Schuldopfer einsetzt, wird er Nachkommen sehen und lange leben. Was dem HERRN gefällt, wird durch seine Hand gelingen. Nachdem er vieles ertrug, erblickt er das Licht. Er sättigt sich an Erkenntnis. Mein Knecht, der gerechte, macht die Vielen gerecht; er lädt ihre Schuld auf sich.

Deshalb gebe ich ihm Anteil unter den Großen und mit Mächtigen teilt er die Beute, weil er sein Leben dem Tod preisgab und sich unter die Abtrünnigen rechnen ließ. Er hob die Sünden der Vielen auf und trat für die Abtrünnigen ein.

ANTWORTPSALM

Ps 31 (30), 2 u. 6.12–13.15–16.17 u. 25 (Kv: Lk 23,46)

Kv Vater, in deine Hände lege ich meinen Geist. – Kv

HERR, bei dir habe ich mich geborgen. /
Lass mich nicht zuschanden werden in Ewigkeit; *
rette mich in deiner Gerechtigkeit!

In deine Hand lege ich voll Vertrauen meinen Geist; *
du hast mich erlöst, Herr, du Gott der Treue. – (Kv)

Vor all meinen Bedrängern wurde ich zum Spott, /
zum Spott sogar für meine Nachbarn.
Meinen Freunden wurde ich zum Schrecken, *
wer mich auf der Straße sieht, der flieht vor mir.
Ich bin dem Gedächtnis entschwunden wie ein Toter, *
bin geworden wie ein zerbrochenes Gefäß. – (Kv)

Ich aber, Herr, ich habe dir vertraut, *
ich habe gesagt: Mein Gott bist du.
In deiner Hand steht meine Zeit; *
entreiß mich der Hand meiner Feinde und Verfolger! – (Kv)

Lass dein Angesicht leuchten über deinem Knecht, *
hilf mir in deiner Huld!
Euer Herz sei stark und unverzagt, *
ihr alle, die ihr den Herrn erwartet. – Kv

ZUR 2. LESUNG Wer ist es, der mich aus dem Tod retten kann? Würde ich ihn anrufen und bitten, kennte ich ihn? Dürfte ich wirklich um solch eine Gunst bitten – Rettung aus dem Tod? Ist der Tod nicht das eine, das uns Menschen vereint, das uns gleich macht? Ist es nicht genau dieses Wissen um das notwendige Ende, das uns auf den anderen verpflichtet, das es uns ermöglicht, ihn zu lieben, weil uns unser Ende so klar vor Augen führt, dass wir endlich sind und uns alles geschenkt wird? Nur einer, der nicht sündigt, darf wohl um die Rettung aus dem Tod bitten, weil nur er nicht der Versuchung erliegt, das Leben auskosten zu wollen für sich.

ZWEITE LESUNG

Hebr 4,14–16; 5,7–9

Christus Jesus erniedrigte sich; darum hat ihn Gott über alle erhöht

Lesung aus dem Hebräerbrief.

Schwestern und Brüder! Da wir nun einen erhabenen Hohepriester haben, der die Himmel durchschritten hat, Jesus, den Sohn Gottes, lasst uns an dem Bekenntnis festhalten. Wir haben ja nicht einen Hohepriester, der nicht mitfühlen könnte mit unseren Schwächen, sondern einen, der in allem wie wir versucht worden ist, aber nicht gesündigt hat. Lasst uns also voll Zuversicht hinzutreten zum Thron der Gnade, damit wir Erbarmen und Gnade finden und so Hilfe erlangen zur rechten Zeit!

Christus hat in den Tagen seines irdischen Lebens mit lautem Schreien und unter Tränen Gebete und Bitten vor den gebracht, der ihn aus dem Tod retten konnte, und er ist erhört worden aufgrund seiner Gottesfurcht. Obwohl er der Sohn war, hat er durch das, was er gelitten hat, den Gehorsam gelernt; zur Vollendung gelangt, ist er für alle, die ihm gehorchen, der Urheber des ewigen Heils geworden.

Ruf vor der Passion

Vers: vgl. Phil 2,8b–9

Herr Jesus, dir sei Ruhm und Ehre! – Kv
Christus war für uns gehorsam bis zum Tod,
bis zum Tod am Kreuz.
Darum hat ihn Gott über alle erhöht
und ihm den Namen verliehen, der größer ist als alle Namen.
Herr Jesus, dir sei Ruhm und Ehre!

ZUR PASSION Verraten und verkauft stellt sich Jesus seinen letzten Stunden. Er legt Zeugnis ab für die Wahrheit, das bedeutet, dass er sich vom wogenden Hin und Her zwischen Petrus, Pilatus und dem Volk nicht aus der Ruhe bringen lässt. Er leugnet nicht, er sagt klar: Ich bin es. Wann haben wir diese Klarheit? Es geht hier nicht darum, sich beständig ändern zu können, es geht nicht um Selbstinszenierung. Es geht um ein Selbstbewusstsein, das nicht naiv ist und auch nicht blind. Jesus kennt seinen Weg, und das macht die Szene überhell. Jesus kennt seinen Weg und geht ihn schweigend und einsam. Es scheint ein kaltes Licht der letzten Klarheit zu sein, das ihn bescheint, und doch ist es erfüllt mit einer Herzenswärme, die nicht von dieser Welt ist.

(Die Passion wird meist mit verteilten Rollen gelesen:
E = Evangelist, † = Worte Jesu, S = Worte sonstiger Personen)

PASSION

Joh 18,1 – 19,42

Das Leiden unseres Herrn Jesus Christus

Das Leiden unseres Herrn Jesus Christus nach Johannes.

Die Verhaftung Jesu

E Jesus ging mit seinen Jüngern hinaus, auf die andere Seite des Baches Kidron. Dort war ein Garten; in den ging er mit seinen Jüngern hinein. Auch Judas, der ihn auslieferte, kannte den Ort, weil Jesus dort oft mit seinen Jüngern zusammengekommen war. Judas holte die Soldaten und die Gerichtsdiener der Hohepriester und der Pharisäer und kam dorthin mit Fackeln, Laternen und Waffen. Jesus, der alles wusste, was mit ihm geschehen sollte, ging hinaus und fragte sie: † Wen sucht ihr? E Sie antworteten ihm: S Jesus von Nazaret. E Er sagte zu ihnen: † Ich bin es. E Auch Judas, der ihn auslieferte, stand bei ihnen. Als er zu ihnen sagte: Ich bin es!, wichen sie zurück und stürzten zu Boden. Er fragte sie noch einmal: † Wen sucht ihr? E Sie sagten: S Jesus von Nazaret. E Jesus antwortete: † Ich habe euch gesagt, dass ich es bin. Wenn ihr also mich sucht, dann lasst diese gehen! E So sollte sich das Wort erfüllen, das er gesagt hatte: Ich habe keinen von denen verloren, die du mir gegeben hast. Simon Petrus, der ein Schwert bei sich hatte, zog es, traf damit den Diener des Hohepriesters und hieb ihm das rechte Ohr ab; der Diener aber hieß Malchus. Da sagte Jesus zu Petrus: † Steck das Schwert in die Scheide! Der Kelch, den mir der Vater gegeben hat – soll ich ihn nicht trinken?

Jesus vor Hannas

E Die Soldaten, der Hauptmann und die Gerichtsdiener der Juden nahmen Jesus fest, fesselten ihn und führten ihn zuerst zu Hannas; er war nämlich der Schwiegervater des Kájaphas, der in jenem Jahr Hohepriester war. Kájaphas aber war es, der den Juden den Rat gegeben hatte: S Es ist besser, dass ein einziger Mensch für das Volk stirbt.
E Simon Petrus und ein anderer Jünger folgten Jesus. Dieser Jünger war mit dem Hohepriester bekannt und ging mit Jesus in den Hof des Hohepriesters. Petrus aber blieb draußen am Tor stehen. Da kam der andere Jünger, der Bekannte des Hohepriesters, heraus; er sprach mit der Pförtnerin und führte Petrus hinein. Da sagte die Pförtnerin zu Petrus: S Bist nicht auch du einer von den Jüngern dieses Menschen? E Er sagte: S Ich bin es nicht. E Die Knechte und die Diener hatten sich ein Kohlenfeuer angezündet und standen dabei, um sich zu wärmen; denn es war kalt. Auch Petrus stand bei ihnen und wärmte sich.
Der Hohepriester befragte Jesus über seine Jünger und über seine Lehre. Jesus antwortete ihm: † Ich habe offen vor aller Welt gesprochen. Ich habe immer in der Synagoge und im Tempel gelehrt, wo alle Juden zusammenkommen. Nichts habe ich im Geheimen gesprochen. Warum fragst du mich? Frag doch die, die gehört haben, was ich zu ihnen gesagt habe; siehe, sie wissen, was ich geredet habe. E Als er dies sagte, schlug einer von den Dienern, der dabeistand, Jesus ins Gesicht und sagte: S Antwortest du so dem Hohepriester? E Jesus entgegnete ihm: † Wenn es nicht recht war, was ich gesagt habe, dann weise es nach; wenn es aber recht war, warum schlägst du mich? E Da schickte ihn Hannas gefesselt zum Hohepriester Kájaphas.
Simon Petrus aber stand da und wärmte sich. Da sagten sie zu ihm: S Bist nicht auch du einer von seinen Jüngern? E Er leugnete und sagte: S Ich bin es nicht. E Einer von den Knechten des Hohepriesters, ein Verwandter dessen, dem Petrus das Ohr abgehauen hatte, sagte: S Habe ich dich nicht im Garten bei ihm gesehen? E Wieder leugnete Petrus und gleich darauf krähte ein Hahn.

Jesus vor Pilatus

E Von Kájaphas brachten sie Jesus zum Prätórium; es war früh am Morgen. Sie selbst gingen nicht in das Gebäude hinein, um nicht unrein zu werden, sondern das Paschalamm essen zu können. Deshalb kam Pilatus zu ihnen heraus und fragte: S Welche Anklage erhebt ihr gegen diesen Menschen? E Sie antworteten ihm: S Wenn er kein Übeltäter wäre, hätten wir ihn dir nicht ausgeliefert. E Pilatus sagte zu ihnen: S Nehmt ihr ihn doch und richtet ihn nach eurem Gesetz! E Die Juden antworteten ihm: S Uns ist es nicht gestattet, jemanden hinzurichten. E So sollte sich das Wort Jesu erfüllen, mit dem er angedeutet hatte, welchen Tod er sterben werde.
Da ging Pilatus wieder in das Prätórium hinein, ließ Jesus rufen und fragte ihn: S Bist du der König der Juden? E Jesus antwortete: † Sagst du das von dir aus oder haben es dir andere über mich gesagt? E Pilatus entgegnete: S Bin ich denn ein Jude? Dein Volk und die Hohepriester haben dich an mich ausgeliefert. Was hast du getan? E Jesus antwortete: † Mein Königtum ist nicht von dieser Welt. Wenn mein Königtum von dieser Welt wäre, würden meine Leute kämpfen, damit ich den Juden nicht ausgeliefert würde. Nun aber ist mein Königtum nicht von hier. E Da sagte Pilatus zu ihm: S Also bist du doch ein König? E Jesus antwortete: † Du sagst es, ich bin ein König. Ich bin dazu geboren und dazu in die Welt gekommen, dass ich für die Wahrheit Zeugnis ablege. Jeder, der aus der Wahrheit ist, hört auf meine Stimme. E Pilatus sagte zu ihm: S Was ist Wahrheit?
E Nachdem er das gesagt hatte, ging er wieder zu den Juden hinaus und sagte zu ihnen: S Ich finde keine Schuld an ihm. Ihr seid aber gewohnt, dass ich euch zum Paschafest einen freilasse. Wollt ihr also, dass ich euch den König der Juden freilasse? E Da schrien sie wieder: S Nicht diesen, sondern Bárabbas! E Bárabbas aber war ein Räuber.
Darauf nahm Pilatus Jesus und ließ ihn geißeln. Die Soldaten flochten einen Kranz aus Dornen; den setzten sie ihm auf das Haupt und legten ihm einen purpurroten Mantel um. Sie traten an ihn heran und sagten: S Sei gegrüßt, König der Juden! E Und sie schlugen ihm ins Gesicht.
Pilatus ging wieder hinaus und sagte zu ihnen: S Seht, ich bringe ihn zu euch heraus; ihr sollt wissen, dass ich keine Schuld an ihm finde.

E Jesus kam heraus; er trug die Dornenkrone und den purpurroten Mantel. Pilatus sagte zu ihnen: S Seht, der Mensch! E Als die Hohepriester und die Diener ihn sahen, schrien sie: S Kreuzige ihn, kreuzige ihn! E Pilatus sagte zu ihnen: S Nehmt ihr ihn und kreuzigt ihn! Denn ich finde keine Schuld an ihm. E Die Juden entgegneten ihm: S Wir haben ein Gesetz und nach dem Gesetz muss er sterben, weil er sich zum Sohn Gottes gemacht hat.

E Als Pilatus das hörte, fürchtete er sich noch mehr. Er ging wieder in das Prätórium hinein und fragte Jesus: S Woher bist du? E Jesus aber gab ihm keine Antwort. Da sagte Pilatus zu ihm: S Du sprichst nicht mit mir? Weißt du nicht, dass ich Macht habe, dich freizulassen, und Macht, dich zu kreuzigen? E Jesus antwortete ihm: † Du hättest keine Macht über mich, wenn es dir nicht von oben gegeben wäre; darum hat auch der eine größere Sünde, der mich dir ausgeliefert hat. E Daraufhin wollte Pilatus ihn freilassen, aber die Juden schrien: S Wenn du diesen freilässt, bist du kein Freund des Kaisers; jeder, der sich zum König macht, lehnt sich gegen den Kaiser auf.

E Auf diese Worte hin ließ Pilatus Jesus herausführen und er setzte sich auf den Richterstuhl an dem Platz, der Lithóstrotos, auf Hebräisch Gábbata, heißt. Es war Rüsttag des Paschafestes, ungefähr die sechste Stunde. Pilatus sagte zu den Juden: S Seht, euer König! E Sie aber schrien: S Hinweg, hinweg, kreuzige ihn! E Pilatus sagte zu ihnen: S Euren König soll ich kreuzigen? E Die Hohepriester antworteten: S Wir haben keinen König außer dem Kaiser. E Da lieferte er ihnen Jesus aus, damit er gekreuzigt würde.

Kreuzigung, Tod und Begräbnis Jesu

E Sie übernahmen Jesus. Und er selbst trug das Kreuz und ging hinaus zur sogenannten Schädelstätte, die auf Hebräisch Gólgota heißt. Dort kreuzigten sie ihn und mit ihm zwei andere, auf jeder Seite einen, in der Mitte aber Jesus.

Pilatus ließ auch eine Tafel anfertigen und oben am Kreuz befestigen; die Inschrift lautete: Jesus von Nazaret, der König der Juden. Diese Tafel lasen viele Juden, weil der Platz, wo Jesus gekreuzigt wurde, nahe bei der Stadt lag. Die Inschrift war hebräisch, lateinisch und griechisch abgefasst. Da sagten die Hohepriester der Juden zu Pilatus:

S Schreib nicht: Der König der Juden, sondern dass er gesagt hat: Ich bin der König der Juden. E Pilatus antwortete: S Was ich geschrieben habe, habe ich geschrieben.
E Nachdem die Soldaten Jesus gekreuzigt hatten, nahmen sie seine Kleider und machten vier Teile daraus, für jeden Soldaten einen Teil, und dazu das Untergewand. Das Untergewand war aber ohne Naht von oben ganz durchgewoben. Da sagten sie zueinander: S Wir wollen es nicht zerteilen, sondern darum losen, wem es gehören soll. E So sollte sich das Schriftwort erfüllen: Sie verteilten meine Kleider unter sich und warfen das Los um mein Gewand. Dies taten die Soldaten.
Bei dem Kreuz Jesu standen seine Mutter und die Schwester seiner Mutter, Maria, die Frau des Klopas, und Maria von Mágdala. Als Jesus die Mutter sah und bei ihr den Jünger, den er liebte, sagte er zur Mutter: † Frau, siehe, dein Sohn! E Dann sagte er zu dem Jünger: † Siehe, deine Mutter! E Und von jener Stunde an nahm sie der Jünger zu sich.

(Hier stehen alle auf.)

E Danach, da Jesus wusste, dass nun alles vollbracht war, sagte er, damit sich die Schrift erfüllte: † Mich dürstet. E Ein Gefäß voll Essig stand da. Sie steckten einen Schwamm voll Essig auf einen Ysopzweig und hielten ihn an seinen Mund. Als Jesus von dem Essig genommen hatte, sprach er: † Es ist vollbracht! E Und er neigte das Haupt und übergab den Geist.

Hier knien alle zu einer kurzen Gebetsstille nieder.

E Weil Rüsttag war und die Körper während des Sabbats nicht am Kreuz bleiben sollten – dieser Sabbat war nämlich ein großer Feiertag –, baten die Juden Pilatus, man möge ihnen die Beine zerschlagen und sie dann abnehmen. Also kamen die Soldaten und zerschlugen dem ersten die Beine, dann dem andern, der mit ihm gekreuzigt worden war. Als sie aber zu Jesus kamen und sahen, dass er schon tot war, zerschlugen sie ihm die Beine nicht, sondern einer der Soldaten stieß mit der Lanze in seine Seite und sogleich floss Blut und Wasser heraus. Und der es gesehen hat, hat es bezeugt und sein Zeugnis ist wahr. Und er weiß, dass er Wahres sagt, damit auch ihr glaubt. Denn

das ist geschehen, damit sich das Schriftwort erfüllte: Man soll an ihm kein Gebein zerbrechen. Und ein anderes Schriftwort sagt: Sie werden auf den blicken, den sie durchbohrt haben.
Josef aus Arimathäa war ein Jünger Jesu, aber aus Furcht vor den Juden nur im Verborgenen. Er bat Pilatus, den Leichnam Jesu abnehmen zu dürfen, und Pilatus erlaubte es. Also kam er und nahm den Leichnam ab.
Es kam auch Nikodémus, der früher einmal Jesus bei Nacht aufgesucht hatte. Er brachte eine Mischung aus Myrrhe und Aloë, etwa hundert Pfund. Sie nahmen den Leichnam Jesu und umwickelten ihn mit Leinenbinden, zusammen mit den wohlriechenden Salben, wie es beim jüdischen Begräbnis Sitte ist.
An dem Ort, wo man ihn gekreuzigt hatte, war ein Garten und in dem Garten war ein neues Grab, in dem noch niemand bestattet worden war. Wegen des Rüsttages der Juden und weil das Grab in der Nähe lag, setzten sie Jesus dort bei.

GROSSE FÜRBITTEN

1. Für die heilige Kirche
Lasst uns beten, Brüder und Schwestern, für die heilige Kirche Gottes, dass unser Gott und Herr ihr Frieden schenke auf der ganzen Erde, sie eine und behüte und uns ein Leben gewähre in Ruhe und Sicherheit zum Lob seines Namens.
(Beuget die Knie. – Erhebet euch.)

Allmächtiger, ewiger Gott, du hast in Christus allen Völkern deine Herrlichkeit geoffenbart. Behüte, was du in deinem Erbarmen geschaffen hast, damit deine Kirche auf der ganzen Erde in festem Glauben verharre. Darum bitten wir durch Christus, unseren Herrn.

2. Für den Papst
Lasst uns auch beten für unsern Papst N.: Der allmächtige Gott, der ihn zum Bischofsamt erwählt hat, erhalte ihn seiner Kirche und gebe ihm Kraft, das heilige Volk Gottes zu leiten.
(Beuget die Knie. – Erhebet euch.)

Allmächtiger, ewiger Gott, du Hirte deines Volkes, in deiner Weisheit ist alles begründet. Höre auf unser Gebet und bewahre in deiner Güte unseren Papst N. Leite durch ihn deine Kirche und gib, dass sie wachse im Glauben und in der Liebe. Darum bitten wir durch Christus, unseren Herrn.

3. Für alle Stände der Kirche
Lasst uns beten für unseren Bischof N., für alle Bischöfe, Priester, Diakone, für alle, die zum Dienst in der Kirche bestellt sind, und für das ganze Volk Gottes.
(Beuget die Knie. – Erhebet euch.)

Allmächtiger, ewiger Gott, dein Geist heiligt den ganzen Leib der Kirche und leitet ihn. Erhöre unser Gebet für alle Stände deines Volkes und gib ihnen die Gnade, dir in Treue zu dienen. Darum bitten wir durch Christus, unseren Herrn.

4. Für die Katechumenen
Lasst uns auch beten für die (unsere) Katechumenen: Unser Herr und Gott öffne ihre Herzen für sein Wort, er schenke ihnen in der Taufe die Vergebung aller Sünden und nehme sie auf in sein Vaterhaus, damit sie das Leben finden in unserem Herrn Jesus Christus.
(Beuget die Knie. – Erhebet euch.)

Allmächtiger, ewiger Gott, du gibst deiner Kirche immer neue Fruchtbarkeit. Schenke allen, die sich auf die Taufe vorbereiten, Wachstum im Glauben und in der Erkenntnis. Führe sie zur Wiedergeburt aus dem Quell der Taufe und nimm sie an als deine Kinder. Darum bitten wir durch Christus, unseren Herrn.

5. Für die Einheit der Christen
Lasst uns beten für alle Brüder und Schwestern, die an Christus glauben, dass unser Herr und Gott sie leite auf dem Weg der Wahrheit und sie zusammenführe in der Einheit der heiligen Kirche.
(Beuget die Knie. – Erhebet euch.)

Allmächtiger Gott, du allein kannst die Spaltung überwinden und die Einheit bewahren. Erbarme dich deiner Christenheit, die geheiligt ist durch die eine Taufe. Einige sie im wahren Glauben und schließe sie zusammen durch das Band der Liebe. Darum bitten wir durch Christus, unseren Herrn.

6. Für die Juden
Lasst uns auch beten für die Juden, zu denen Gott, unser Herr, zuerst gesprochen hat: Er bewahre sie in der Treue zu seinem Bund und in der Liebe zu seinem Namen, damit sie das Ziel erreichen, zu dem sein Ratschluss sie führen will.
(Beuget die Knie. – Erhebet euch.)

Allmächtiger, ewiger Gott, du hast Abraham und seinen Kindern deine Verheißung gegeben. Erhöre das Gebet deiner Kirche für das Volk, das du als erstes zu deinem Eigentum erwählt hast: Gib, dass es zur Fülle der Erlösung gelangt. Darum bitten wir durch Christus, unseren Herrn.

7. Für alle, die nicht an Christus glauben
Lasst uns beten für alle, die nicht an Christus glauben, dass der Heilige Geist sie erleuchte und sie auf den Weg des Heils führe.
(Beuget die Knie. – Erhebet euch.)

Allmächtiger, ewiger Gott, steh allen bei, die sich nicht zu Christus bekennen, damit sie mit redlichem Herzen vor dir leben und die Wahrheit finden. Uns aber gib, dass wir das Geheimnis deines Lebens immer tiefer erfassen und in der brüderlichen Liebe wachsen, damit wir immer mehr zu glaubhaften Zeugen deiner Güte werden. Darum bitten wir durch Christus, unseren Herrn.

8. Für alle, die nicht an Gott glauben
Lasst uns auch beten für alle, die Gott nicht erkennen, dass sie mit seiner Hilfe ihrem Gewissen folgen und so zum Gott und Vater aller Menschen gelangen.
(Beuget die Knie. – Erhebet euch.)

Allmächtiger, ewiger Gott, du hast den Menschen geschaffen, dass er dich suche und in dir Ruhe finde. Gib dich zu erkennen in den Beweisen deines Erbarmens und in den Taten deiner Gläubigen, damit die Menschen trotz aller Hindernisse dich finden und als den wahren Gott und Vater bekennen. Darum bitten wir durch Christus, unseren Herrn.

9. Für die Regierenden
Lasst uns beten für die Regierenden: Unser Herr und Gott lenke ihren Geist und ihr Herz nach seinem Willen, damit sie den wahren Frieden und die Freiheit suchen zum Heil aller Völker.
(Beuget die Knie. – Erhebet euch.)

Allmächtiger, ewiger Gott, in deiner Hand sind die Herzen der Menschen und das Recht der Völker. Schau gnädig auf jene, die uns regieren, damit auf der ganzen Welt Sicherheit und Frieden herrschen, Wohlfahrt der Völker und Freiheit des Glaubens. Darum bitten wir durch Christus, unseren Herrn.

10. Für alle notleidenden Menschen
Lasst uns Gott, den allmächtigen Vater, bitten für alle, die der Hilfe bedürfen: Er reinige die Welt von allem Irrtum, nehme die Krankheiten hinweg, vertreibe den Hunger, löse ungerechte Fesseln, gebe den Heimatlosen Sicherheit, den Pilgernden und Reisenden eine glückliche Heimkehr, den Kranken die Gesundheit und den Sterbenden das ewige Leben.
(Beuget die Knie. – Erhebet euch.)

Allmächtiger, ewiger Gott, du Trost der Betrübten, du Kraft der Leidenden, höre auf alle, die in ihrer Bedrängnis zu dir rufen, und lass sie in jeder Not deine Barmherzigkeit erfahren. Darum bitten wir durch Christus, unseren Herrn.

KREUZVEREHRUNG

(Nach dem Wortgottesdienst folgt die feierliche Kreuzverehrung. Das Kreuz ist Zeichen der Niederlage, aber auch Zeichen des Sieges, es ist das Zeichen unserer Hoffnung. Im Zeichen des Kreuzes ehren wir Christus und bekennen uns zu ihm und seinem Weg.)

RUF ZUR KREUZERHEBUNG

V: Ecce lignum Crucis, in quo salus mundi pependit.	V: Seht das Kreuz, an dem der Herr gehangen, das Heil der Welt.
A: Venite, adoremus.	A: Kommt, lasset uns anbeten.

GESÄNGE ZUR KREUZVEREHRUNG

ANTWORTGESANG

A: Dein Kreuz, o Herr, verehren wir
und deine heilige Auferstehung
preisen und rühmen wir:
Denn siehe, durch das Holz des Kreuzes
kam Freude in alle Welt.

V: Gott sei uns gnädig und segne uns. Vgl. Ps 67 (66),2
Er lasse sein Angesicht über uns leuchten
und erbarme sich unser.

A: Dein Kreuz, o Herr, verehren wir
und deine heilige Auferstehung
preisen und rühmen wir:
Denn siehe, durch das Holz des Kreuzes
kam Freude in alle Welt.

IMPROPERIEN

A: Mein Volk, was habe ich dir getan, womit nur habe ich dich betrübt? Antworte mir.

V: Aus der Knechtschaft Ägyptens habe ich dich herausgeführt. Du aber bereitest das Kreuz deinem Erlöser.

A: Mein Volk …

Hagios, ho Theos,
Sanctus Deus.
Heiliger Gott.

Hagios Ischyros.
Sanctus Fortis.
Heiliger, starker Gott.

Hagios Athanatos, eleison hemas.
Sanctus Immortalis, miserere nobis.
Heiliger, unsterblicher Gott, erbarme dich unser.

V: Vierzig Jahre habe ich dich geleitet durch die Wüste. Ich habe dich mit Manna gespeist und dich hineingeführt in das Land der Verheißung. Du aber bereitest das Kreuz deinem Erlöser.

Hagios, ho Theos,
Sanctus Deus.
Heiliger Gott.

Hagios Ischyros.
Sanctus Fortis.
Heiliger, starker Gott.

Hagios Athanatos, eleison hemas.
Sanctus Immortalis, miserere nobis.
Heiliger, unsterblicher Gott, erbarme dich unser.

V: Was hätte ich dir mehr tun sollen und tat es nicht? Als meinen erlesenen Weinberg pflanzte ich dich, du aber brachtest mir bittere Trauben, du hast mich in meinem Durst mit Essig getränkt und mit der Lanze deinem Erlöser die Seite durchstoßen.

Hagios, ho Theos,
Sanctus Deus.
Heiliger Gott.

Hagios Ischyros.
Sanctus Fortis.
Heiliger, starker Gott.

Hagios Athanatos, eleison hemas.
Sanctus Immortalis, miserere nobis.
Heiliger, unsterblicher Gott, erbarme dich unser.

V: Deinetwegen habe ich Ägypten geschlagen und seine Erstgeburt, du aber hast mich geschlagen und dem Tod überliefert.
A: Mein Volk, was habe ich dir getan, womit nur habe ich dich betrübt? Antworte mir.
V: Ich habe dich aus Ägypten herausgeführt und den Pharao versinken lassen im Roten Meer, du aber hast mich den Hohenpriestern überliefert.
A: Mein Volk …
V: Ich habe vor dir einen Weg durch das Meer gebahnt, du aber hast mit der Lanze meine Seite geöffnet.
A: Mein Volk …
V: In einer Wolkensäule bin ich dir vorangezogen, du aber hast mich vor den Richterstuhl des Pilatus geführt.
A: Mein Volk …
V: Ich habe dich in der Wüste mit Manna gespeist, du aber hast mich ins Gesicht geschlagen und mich gegeißelt.
A: Mein Volk …
V: Ich habe dir Wasser aus dem Felsen zu trinken gegeben und dich gerettet, du aber hast mich getränkt mit Galle und Essig.
A: Mein Volk …
V: Deinetwegen habe ich die Könige Kanaans geschlagen, du aber schlugst mir mit einem Rohr auf mein Haupt.
A: Mein Volk …
V: Ich habe dir ein Königszepter in die Hand gegeben, du aber hast mich gekrönt mit einer Krone von Dornen.
A: Mein Volk …
V: Ich habe dich erhöht und ausgestattet mit großer Kraft, du aber erhöhtest mich am Holz des Kreuzes.
A: Mein Volk …

HYMNUS

Hier kann der Hymnus Pange, lingua, gloriosi proelium certaminis *eingefügt werden.*

KOMMUNION

(Das Allerheiligste wird zum Altar gebracht. Der Priester tritt zum Altar und spricht mit gefalteten Händen:)

Dem Wort unseres Herrn und Erlösers gehorsam und getreu seiner göttlichen Weisung, wagen wir zu sprechen:

(Er breitet die Hände aus und betet mit der Gemeinde:)

Vater unser im Himmel, geheiligt werde dein Name. Dein Reich komme. Dein Wille geschehe, wie im Himmel so auf Erden. Unser tägliches Brot gib uns heute. Und vergib uns unsere Schuld, wie auch wir vergeben unsern Schuldigern. Und führe uns nicht in Versuchung, sondern erlöse uns von dem Bösen.

(Der Priester fährt allein fort mit ausgebreiteten Händen:)

Erlöse uns, Herr, allmächtiger Vater, von allem Bösen und gib Frieden in unseren Tagen. Komm uns zu Hilfe mit deinem Erbarmen und bewahre uns vor Verwirrung und Sünde, damit wir voll Zuversicht das Kommen unseres Erlösers Jesus Christus erwarten.

(Die Gemeinde beschließt das Gebet mit dem Ruf:)

Denn dein ist das Reich und die Kraft
und die Herrlichkeit in Ewigkeit. Amen.

(Der Priester faltet die Hände und spricht leise:)

Herr Jesus Christus, der Empfang deines Leibes bringe mir nicht Gericht und Verdammnis, sondern Segen und Heil.

(Der Priester macht eine Kniebeuge, nimmt eine Hostie, hält sie über der Schale und spricht, zur Gemeinde gewendet, laut:)

Seht das Lamm Gottes,
das hinwegnimmt die Sünde der Welt.

(Zusammen mit der Gemeinde spricht er ein Mal:)

Herr, ich bin nicht würdig,
dass du eingehst unter mein Dach,
aber sprich nur ein Wort,
so wird meine Seele gesund.

SCHLUSSGEBET

Allmächtiger, ewiger Gott, durch den Tod und die Auferstehung deines Sohnes hast du uns das neue Leben geschenkt. Bewahre in uns, was deine Barmherzigkeit gewirkt hat, und gib uns durch den Empfang dieses Sakramentes die Kraft, dir treu zu dienen. Darum bitten wir durch Christus, unseren Herrn.

SEGENSGEBET ÜBER DAS VOLK

Herr, unser Gott, reicher Segen komme herab auf dein Volk, das den Tod deines Sohnes gefeiert hat und die Auferstehung erwartet. Schenke ihm Verzeihung und Trost, Wachstum im Glauben und die ewige Erlösung. Darum bitten wir durch Christus, unseren Herrn.

***

GOTT WEINT

über unsere Dummheit
über unsere Habgier
über unseren Hass

Gott weint

wenn Menschen einander bedrohen
wenn Menschen einander verfolgen
wenn Menschen einander abschlachten

Gott weint

und seine Tränen
werden zum Fluss
der in ein Land führt
das Licht ist

Heinz Detlef Stäps

Die Osterzeit

HOCHFEST DER AUFERSTEHUNG DES HERRN

OSTERSONNTAG

3./4. April 2021

DIE FEIER DER OSTERNACHT

Die Nacht der Nächte. Nicht das Schreien einer gebärenden Frau durchdringt diese Nacht oder die Klage von Angehörigen um einen gerade Gestorbenen. Es sind stille Zeichen. Wir segnen eine Kerze und setzen uns in der Stille zusammen, um Geschichten aus der Heiligen Schrift zu lesen. Wir segnen Wasser und empfangen den Herrn unter den Zeichen von Brot und Wein. Feuer, Wasser, Brot und Wein. Sind es diese einfachen Zeichen, die uns das Hören lehren? Vielleicht müssen wir uns immer wieder erden, um Geist und Sinn auf den Höhenflug des Glaubens schicken zu können.

LICHTFEIER

(In der Lichtfeier wird das Osterfeuer gesegnet. An ihm wird die Osterkerze entzündet und in feierlichem Zug in die dunkle Kirche getragen. Wenn es nicht möglich ist, das Osterfeuer anzuzünden, beginnt die Feier mit dem Einzug der Osterkerze.)

BEGRÜSSUNG

Liebe Brüder und Schwestern!
In der Osternacht ist unser Herr Jesus Christus vom Tode auferstanden und zum Leben hinübergegangen. Darum hält die Kirche in der ganzen Welt diese Nacht heilig; sie lädt ihre Söhne und Töchter, wo immer sie wohnen, ein, zu wachen und zu beten. Auch wir sind in (zu Beginn – am Ende) dieser Nacht der Einladung gefolgt. Wir begehen das Gedächtnis des österlichen Heilswerkes Christi, indem wir das Wort Gottes hören und die heiligen Mysterien feiern in der zuversichtlichen Hoffnung, dass wir einst am Sieg Christi über den Tod und an seinem Leben in Gott teilnehmen dürfen.

SEGEN ÜBER DAS FEUER

Lasset uns beten. Allmächtiger, ewiger Gott, du hast durch Christus allen, die an dich glauben, das Licht deiner Herrlichkeit geschenkt. Segne † dieses neue Feuer, das die Nacht erhellt, und entflamme in uns die Sehnsucht nach dir, dem unvergänglichen Licht, damit wir mit reinem Herzen zum ewigen Osterfest gelangen. Darum bitten wir durch Christus, unseren Herrn.

BEREITUNG DER OSTERKERZE

(Nach der Segnung des Feuers wird die Osterkerze herbeigebracht. Der Zelebrant ritzt mit einem Griffel ein Kreuz in die Kerze, darüber zeichnet er den ersten Buchstaben des griechischen Alphabets, Alpha, darunter den letzten, Omega. Zwischen die Kreuzesarme schreibt er die Jahreszahl. Dabei spricht er:)

Christus, gestern und heute *(senkrechter Balken)*,
Anfang und Ende *(Querbalken)*,
Alpha *(über dem Kreuz)*
und Omega *(unter dem Kreuz)*.

Sein ist die Zeit *(1. Ziffer)*
und die Ewigkeit *(2. Ziffer).*
Sein ist die Macht
und die Herrlichkeit *(3. Ziffer)*
in alle Ewigkeit. Amen *(4. Ziffer).*

	A	
	2 | 0	
	2 | 1	
	Ω	

(Der Priester kann in das geritzte Kreuz fünf Weihrauchkörner einfügen. Dabei spricht er:)

Durch seine heiligen Wunden *(1),*
die leuchten in Herrlichkeit *(2),*
behüte uns *(3)*
und bewahre uns *(4)*
Christus, der Herr. Amen *(5).*

	1	
4	2	5
	3	

(Danach zündet der Priester die Osterkerze am Feuer an und spricht:)

Christus ist glorreich auferstanden vom Tod.
Sein Licht vertreibe das Dunkel der Herzen.

PROZESSION

(Der Priester oder ein Diakon nimmt die Osterkerze, hebt sie empor und singt:)

Lumen Christi.
A: Deo gratias.

Christus, das Licht.
A: Dank sei Gott.

(Alle ziehen in die Kirche ein. Am Eingang wird der Preisruf wiederholt. Die Mitfeiernden zünden ihre Kerzen an der Osterkerze an. Vor dem Altar wendet sich der Priester dem Volk zu und singt zum dritten Mal den Preisruf. Nun werden in der Kirche die Lichter angezündet.)

DAS OSTERLOB

Frohlocket, ihr Chöre der Engel, frohlocket, ihr himmlischen Scharen, lasset die Posaune erschallen, preiset den Sieger, den erhabenen König! Lobsinge, du Erde, überstrahlt vom Glanz aus der Höhe! Licht des großen Königs umleuchtet dich. Siehe, geschwunden ist allerorten das Dunkel. Auch du freue dich, Mutter Kirche, umkleidet von Licht und herrlichem Glanze! Töne wider, heilige Halle, töne von des Volkes mächtigem Jubel.

(V: Der Herr sei mit euch.
A: Und mit deinem Geiste.)
V: Erhebet die Herzen.
A: Wir haben sie beim Herrn.
V: Lasset uns danken dem Herrn, unserm Gott.
A: Das ist würdig und recht.

In Wahrheit ist es würdig und recht, den verborgenen Gott, den allmächtigen Vater, mit aller Glut des Herzens zu rühmen und seinen eingeborenen Sohn, unseren Herrn Jesus Christus, mit jubelnder Stimme zu preisen. Er hat für uns beim ewigen Vater Adams Schuld bezahlt und den Schuldbrief ausgelöscht mit seinem Blut, das er aus Liebe vergossen hat. Gekommen ist das heilige Osterfest, an dem das wahre Lamm geschlachtet ward, dessen Blut die Türen der Gläubigen heiligt und das Volk bewahrt vor Tod und Verderben. Dies ist die Nacht, die unsere Väter, die Söhne Israels, aus Ägypten befreit und auf trockenem Pfad durch die Fluten des Roten Meeres geführt hat. Dies ist die Nacht, in der die leuchtende Säule das Dunkel der Sünde vertrieben hat. Dies ist die Nacht, die auf der ganzen Erde alle, die an Christus glauben, scheidet von den Lastern der Welt, dem Elend der Sünde entreißt, ins Reich der Gnade heimführt und einfügt in die heilige Kirche. Dies ist die selige Nacht, in der Christus die Ketten des Todes zerbrach und aus der Tiefe als Sieger emporstieg. O unfassbare Liebe des Vaters: Um den Knecht zu erlösen, gabst du den Sohn dahin! O wahrhaft heilbringende Sünde des Adam, du wurdest uns zum Segen, da Christi Tod dich vernichtet hat. O glückliche Schuld, welch großen Erlöser hast du gefunden. Der Glanz dieser heiligen Nacht nimmt den Frevel hinweg, reinigt von Schuld, gibt den Sündern die

Unschuld, den Trauernden Freude. O wahrhaft selige Nacht, die Himmel und Erde versöhnt, die Gott und Menschen verbindet! In dieser gesegneten Nacht, heiliger Vater, nimm an das Abendopfer unseres Lobes, nimm diese Kerze entgegen als unsere festliche Gabe! Aus dem köstlichen Wachs der Bienen bereitet, wird sie dir dargebracht von deiner heiligen Kirche durch die Hand ihrer Diener. So bitten wir dich, o Herr: Geweiht zum Ruhm deines Namens, leuchte die Kerze fort, um in dieser Nacht das Dunkel zu vertreiben. Nimm sie an als lieblich duftendes Opfer, vermähle ihr Licht mit den Lichtern am Himmel. Sie leuchte, bis der Morgenstern erscheint, jener wahre Morgenstern, der in Ewigkeit nicht untergeht: dein Sohn, unser Herr Jesus Christus, der von den Toten erstand, der den Menschen erstrahlt im österlichen Licht, der lebt und herrscht in Ewigkeit!
A: Amen.

WORTGOTTESDIENST

ZUR 1. LESUNG Die Bibel beginnt mit der Geschichte von Gott, dem alles wirkenden und alles ordnenden Baumeister. Mit der Schöpfung beginnt die Geschichte, eine sich ändernde Geschichte. Während dem Menschen am Anfang die Samen und Früchte zur Nahrung gegeben werden, wird dies nach der Sintflut anders, sodass seitdem auch der Fleischgenuss erlaubt ist (Gen 9,3). Heilsgeschichte ist offensichtlich dynamisch angelegt, und es gibt die Möglichkeit der Erneuerung – die Schöpfungsordnung ist veränderlich, ihr wohnt eine große Dynamik inne, was ganz im Sinne Gottes ist. Dieses dynamische Prinzip bedeutet nämlich, dass wir immer wieder nach seinem Willen fragen müssen, weil dieser nicht einfach festgeschrieben ist. Schenke uns diese Nacht ein fragendes Herz.

ERSTE LESUNG

Gen 1,1 – 2,2

Gott sah alles an, was er gemacht hatte: Es war sehr gut

Lesung aus dem Buch Génesis.

Im Anfang erschuf Gott Himmel und Erde.
Die Erde war wüst und wirr und Finsternis lag über der Urflut und Gottes Geist schwebte über dem Wasser. Gott sprach: Es werde Licht. Und es wurde Licht. Gott sah, dass das Licht gut war. Und Gott schied das Licht von der Finsternis. Und Gott nannte das Licht Tag und die Finsternis nannte er Nacht. Es wurde Abend und es wurde Morgen: erster Tag.

Dann sprach Gott: Es werde ein Gewölbe mitten im Wasser und scheide Wasser von Wasser. Gott machte das Gewölbe und schied das Wasser unterhalb des Gewölbes vom Wasser oberhalb des Gewölbes. Und so geschah es. Und Gott nannte das Gewölbe Himmel. Es wurde Abend und es wurde Morgen: zweiter Tag.

Dann sprach Gott: Es sammle sich das Wasser unterhalb des Himmels an einem Ort und das Trockene werde sichtbar. Und so geschah es. Und Gott nannte das Trockene Land und die Ansammlung des Wassers nannte er Meer. Gott sah, dass es gut war. Dann sprach Gott: Die Erde lasse junges Grün sprießen, Gewächs, das Samen bildet, Fruchtbäume, die nach ihrer Art Früchte tragen mit Samen darin auf der Erde. Und so geschah es. Die Erde brachte junges Grün hervor, Gewächs, das Samen nach seiner Art bildet, und Bäume, die Früchte tragen mit Samen darin nach ihrer Art. Gott sah, dass es gut war. Es wurde Abend und es wurde Morgen: dritter Tag.

Dann sprach Gott: Lichter sollen am Himmelsgewölbe sein, um Tag und Nacht zu scheiden. Sie sollen als Zeichen für Festzeiten, für Tage und Jahre dienen. Sie sollen Lichter am Himmelsgewölbe sein, um über die Erde hin zu leuchten. Und so geschah es. Gott machte die beiden großen Lichter, das große zur Herrschaft über den Tag, das kleine zur Herrschaft über die Nacht, und die Sterne. Gott setzte sie an das Himmelsgewölbe, damit sie über die Erde leuchten, über Tag und Nacht herrschen und das Licht von der Finsternis scheiden. Gott sah, dass es gut war. Es wurde Abend und es wurde Morgen: vierter Tag.

Dann sprach Gott: Das Wasser wimmle von Schwärmen lebendiger Wesen und Vögel sollen über der Erde am Himmelsgewölbe fliegen. Und Gott erschuf die großen Wassertiere und alle Lebewesen, die sich fortbewegen nach ihrer Art, von denen das Wasser wimmelt, und alle gefiederten Vögel nach ihrer Art. Gott sah, dass es gut war. Gott segnete sie und sprach: Seid fruchtbar und mehrt euch! Füllt das Wasser im Meer und die Vögel sollen sich auf Erden vermehren. Es wurde Abend und es wurde Morgen: fünfter Tag.

Dann sprach Gott: Die Erde bringe Lebewesen aller Art hervor, von Vieh, von Kriechtieren und von Wildtieren der Erde nach ihrer Art. Und so geschah es. Gott machte die Wildtiere der Erde nach ihrer Art, das Vieh nach seiner Art und alle Kriechtiere auf dem Erdboden nach ihrer Art. Gott sah, dass es gut war.

Dann sprach Gott: Lasst uns Menschen machen als unser Bild, uns ähnlich! Sie sollen walten über die Fische des Meeres, über die Vögel des Himmels, über das Vieh, über die ganze Erde und über alle Kriechtiere, die auf der Erde kriechen. Gott erschuf den Menschen als sein Bild, als Bild Gottes erschuf er ihn. Männlich und weiblich erschuf er sie. Gott segnete sie und Gott sprach zu ihnen: Seid fruchtbar und mehrt euch, füllt die Erde und unterwerft sie und waltet über die Fische des Meeres, über die Vögel des Himmels und über alle Tiere, die auf der Erde kriechen! Dann sprach Gott: Siehe, ich gebe euch alles Gewächs, das Samen bildet auf der ganzen Erde, und alle Bäume, die Früchte tragen mit Samen darin. Euch sollen sie zur Nahrung dienen. Allen Tieren der Erde, allen Vögeln des Himmels und allem, was auf der Erde kriecht, das Lebensatem in sich hat, gebe ich alles grüne Gewächs zur Nahrung. Und so geschah es. Gott sah alles an, was er gemacht hatte: Und siehe, es war sehr gut. Es wurde Abend und es wurde Morgen: der sechste Tag.

So wurden Himmel und Erde und ihr ganzes Heer vollendet. Am siebten Tag vollendete Gott das Werk, das er gemacht hatte, und er ruhte am siebten Tag, nachdem er sein ganzes Werk gemacht hatte.

Oder:

KURZFASSUNG

Gen 1,1.26–31a

Gott sah alles an, was er gemacht hatte: Es war sehr gut

Lesung aus dem Buch Génesis.

Im Anfang erschuf Gott Himmel und Erde.
Dann sprach Gott: Lasst uns Menschen machen als unser Bild, uns ähnlich! Sie sollen walten über die Fische des Meeres, über die Vögel des Himmels, über das Vieh, über die ganze Erde und über alle Kriechtiere, die auf der Erde kriechen. Gott erschuf den Menschen als sein Bild, als Bild Gottes erschuf er ihn. Männlich und weiblich erschuf er sie.
Gott segnete sie und Gott sprach zu ihnen: Seid fruchtbar und mehrt euch, füllt die Erde und unterwerft sie und waltet über die Fische des Meeres, über die Vögel des Himmels und über alle Tiere, die auf der Erde kriechen! Dann sprach Gott: Siehe, ich gebe euch alles Gewächs, das Samen bildet auf der ganzen Erde, und alle Bäume, die Früchte tragen mit Samen darin. Euch sollen sie zur Nahrung dienen. Allen Tieren der Erde, allen Vögeln des Himmels und allem, was auf der Erde kriecht, das Lebensatem in sich hat, gebe ich alles grüne Gewächs zur Nahrung. Und so geschah es.
Gott sah alles an, was er gemacht hatte: Und siehe, es war sehr gut.

ANTWORTPSALM

Ps 104 (103),1–2.5–6.10 u. 12.13–14b.24 u. 1ab (Kv: vgl. 30)

Kv Sende aus deinen Geist
und das Angesicht der Erde wird neu. – Kv

Preise den Herrn, meine Seele! /
Herr, mein Gott, überaus groß bist du! *
Du bist mit Hoheit und Pracht bekleidet.
Du hüllst dich in Licht wie in einen Mantel, *
du spannst den Himmel aus gleich einem Zelt. – (Kv)

Du hast die Erde auf Pfeiler gegründet, *
in alle Ewigkeit wird sie nicht wanken.
Einst hat die Urflut sie bedeckt wie ein Kleid, *
die Wasser standen über den Bergen. – (Kv)

Du lässt Quellen sprudeln in Bäche, *
sie eilen zwischen den Bergen dahin.
Darüber wohnen die Vögel des Himmels, *
aus den Zweigen erklingt ihr Gesang. – (Kv)

Du tränkst die Berge aus deinen Kammern, *
von der Frucht deiner Werke wird die Erde satt.
Du lässt Gras wachsen für das Vieh *
und Pflanzen für den Ackerbau des Menschen. – (Kv)

Wie zahlreich sind deine Werke, HERR, /
sie alle hast du mit Weisheit gemacht, *
die Erde ist voll von deinen Geschöpfen.
Preise den HERRN, meine Seele! *
HERR, mein Gott, überaus groß bist du! – Kv

Oder:

ANTWORTPSALM Ps 33 (32),4–5.6–7.12–13.20 u. 22 (Kv: vgl. 5b)

Kv Von deiner Huld, o HERR, ist die Erde erfüllt. – Kv

Das Wort des HERRN ist redlich, *
all sein Tun ist verlässlich.
Er liebt Gerechtigkeit und Recht, *
erfüllt von der Huld des HERRN ist die Erde. – (Kv)

Durch das Wort des HERRN wurden die Himmel geschaffen, *
ihr ganzes Heer durch den Hauch seines Mundes.
Er sammelt das Wasser des Meeres und dämmt es ein, *
legt die Fluten in Kammern. – (Kv)

Selig die Nation, deren Gott der HERR ist, *
das Volk, das er sich zum Erbteil erwählt hat.
Der HERR blickt herab vom Himmel, *
er sieht alle Menschen. – (Kv)

Unsre Seele hofft auf den HERRN; *
er ist unsre Hilfe und unser Schild.
Lass deine Huld über uns walten, o HERR, *
wie wir auf dich hofften! – Kv

GEBET

Allmächtiger Gott, du bist wunderbar in allem, was du tust. Lass deine Erlösten erkennen, dass deine Schöpfung groß ist, doch größer noch das Werk der Erlösung, die du uns in der Fülle der Zeit geschenkt hast durch den Tod des Osterlammes, unseres Herrn Jesus Christus, der mit dir lebt und herrscht in alle Ewigkeit.

ZUR 2. LESUNG Am zweiten Fastensonntag haben wir die wichtigsten Ausschnitte dieser Erzählung gelesen, heute Nacht lesen wir sie ganz. Welch grausame Gesinnung wird uns hier vor Augen geführt – ein Vater, der gewillt ist, seinen Sohn zu schlachten. Ist dies die Keimzelle aller menschlichen, vielmehr aller männlichen Gewalt, die ja den Bruderneid zwischen Kain und Abel noch einmal übertrifft, weil es um den eigenen Sohn geht? Ja, Wahn kann uns blind und taub machen, aber Abraham hört noch in dem Moment, in dem er das Opfermesser hebt, er hört den Engel seinen Namen rufen. Schenke uns diese Nacht offene Ohren.

ZWEITE LESUNG Gen 22,1–18

Das Opfer unseres Vaters Abraham (Messbuch: 1. Hochgebet)

Lesung aus dem Buch Génesis.

In jenen Tagen stellte Gott Abraham auf die Probe. Er sprach zu ihm: Abraham! Er sagte: Hier bin ich. Er sprach: Nimm deinen Sohn, deinen einzigen, den du liebst, Ísaak, geh in das Land Moríja und bring ihn dort auf einem der Berge, den ich dir nenne, als Brandopfer dar!

Frühmorgens stand Abraham auf, sattelte seinen Esel, nahm zwei seiner Jungknechte mit sich und seinen Sohn Ísaak, spaltete Holz zum Brandopfer und machte sich auf den Weg zu dem Ort, den ihm Gott genannt hatte. Als Abraham am dritten Tag seine Augen erhob, sah er den Ort von Weitem.

Da sagte Abraham zu seinen Jungknechten: Bleibt mit dem Esel hier! Ich aber und der Knabe, wir wollen dorthin gehen und uns niederwerfen; dann wollen wir zu euch zurückkehren. Abraham nahm das Holz für das Brandopfer und lud es seinem Sohn Ísaak auf. Er selbst nahm das Feuer und das Messer in die Hand. So gingen beide miteinander.

Da sprach Ísaak zu seinem Vater Abraham. Er sagte: Mein Vater! Er antwortete: Hier bin ich, mein Sohn! Dann sagte Ísaak: Hier ist Feuer und Holz. Wo aber ist das Lamm für das Brandopfer? Abraham sagte: Gott wird sich das Lamm für das Brandopfer ausersehen, mein Sohn. Und beide gingen miteinander weiter.

Als sie an den Ort kamen, den ihm Gott genannt hatte, baute Abraham dort den Altar, schichtete das Holz auf, band seinen Sohn Ísaak und legte ihn auf den Altar, oben auf das Holz. Abraham streckte seine Hand aus und nahm das Messer, um seinen Sohn zu schlachten. Da rief ihm der Engel des HERRN vom Himmel her zu und sagte: Abraham, Abraham! Er antwortete: Hier bin ich. Er sprach: Streck deine Hand nicht gegen den Knaben aus und tu ihm nichts zuleide! Denn jetzt weiß ich, dass du Gott fürchtest; du hast mir deinen Sohn, deinen einzigen, nicht vorenthalten. Abraham erhob seine Augen, sah hin und siehe, ein Widder hatte sich hinter ihm mit seinen Hörnern im Gestrüpp verfangen. Abraham ging hin, nahm den Widder und brachte ihn statt seines Sohnes als Brandopfer dar.

Abraham gab jenem Ort den Namen „Der HERR sieht“, wie man noch heute sagt: Auf dem Berg lässt sich der HERR sehen.

Der Engel des Herrn rief Abraham zum zweiten Mal vom Himmel her zu und sprach: Ich habe bei mir geschworen – Spruch des Herrn: Weil du das getan hast und deinen Sohn, deinen einzigen, mir nicht vorenthalten hast, will ich dir Segen schenken in Fülle und deine Nachkommen überaus zahlreich machen wie die Sterne am Himmel und den Sand am Meeresstrand. Deine Nachkommen werden das Tor ihrer Feinde einnehmen. Segnen werden sich mit deinen Nachkommen alle Völker der Erde, weil du auf meine Stimme gehört hast.

Oder:

KURZFASSUNG Gen 22,1–2.9a.10–13.15–18

Das Opfer unseres Vaters Abraham (Messbuch: 1. Hochgebet)

Lesung aus dem Buch Génesis.

In jenen Tagen stellte Gott Abraham auf die Probe. Er sprach zu ihm: Abraham! Er sagte: Hier bin ich. Er sprach: Nimm deinen Sohn, deinen einzigen, den du liebst, Ísaak, geh in das Land Moríja und bring ihn dort auf einem der Berge, den ich dir nenne, als Brandopfer dar!

Als sie an den Ort kamen, den ihm Gott genannt hatte, baute Abraham dort den Altar, schichtete das Holz auf. Abraham streckte seine Hand aus und nahm das Messer, um seinen Sohn zu schlachten. Da rief ihm der Engel des Herrn vom Himmel her zu und sagte: Abraham, Abraham! Er antwortete: Hier bin ich. Er sprach: Streck deine Hand nicht gegen den Knaben aus und tu ihm nichts zuleide! Denn jetzt weiß ich, dass du Gott fürchtest; du hast mir deinen Sohn, deinen einzigen, nicht vorenthalten. Abraham erhob seine Augen, sah hin und siehe, ein Widder hatte sich hinter ihm mit seinen Hörnern im Gestrüpp verfangen. Abraham ging hin, nahm den Widder und brachte ihn statt seines Sohnes als Brandopfer dar.

Der Engel des Herrn rief Abraham zum zweiten Mal vom Himmel her zu und sprach: Ich habe bei mir geschworen – Spruch des Herrn: Weil du das getan hast und deinen Sohn, deinen einzigen, mir nicht vorenthalten hast, will ich dir Segen schenken in Fülle und deine Nachkommen überaus zahlreich machen wie die Sterne am Himmel und den Sand am Meeresstrand. Deine Nachkommen werden das Tor ihrer Feinde einnehmen. Segnen werden sich mit deinen Nachkommen alle Völker der Erde, weil du auf meine Stimme gehört hast.

ANTWORTPSALM

Ps 16 (15),5 u. 8.9–10.2 u. 11 (Kv: vgl. 1)

Kv Behüte mich, Gott,
denn ich vertraue auf dich. – Kv

Der Herr ist mein Erbteil, er reicht mir den Becher, *
du bist es, der mein Los hält.
Ich habe mir den Herrn beständig vor Augen gestellt, *
weil er zu meiner Rechten ist, wanke ich nicht. – (Kv)

Darum freut sich mein Herz und jubelt meine Ehre, *
auch mein Fleisch wird wohnen in Sicherheit.
Denn du überlässt mein Leben nicht der Totenwelt; *
du lässt deinen Frommen die Grube nicht schauen. – (Kv)

Ich sagte zum Herrn: Mein Herr bist du, *
mein ganzes Glück bist du allein.
Du lässt mich den Weg des Lebens erkennen. /
Freude in Fülle vor deinem Angesicht, *
Wonnen in deiner Rechten für alle Zeit. – Kv

GEBET

Gott, du Vater aller Gläubigen, durch deine Gnade mehrst du auf dem ganzen Erdenrund die Kinder deiner Verheißung. Durch das österliche Sakrament der Taufe erfüllst du den Eid, den du Abraham geschworen hast, und machst ihn zum Vater aller Völker. Gib allen, die du zu deinem Volke berufen hast, die Gnade, diesem Ruf zu folgen. Darum bitten wir durch Christus, unseren Herrn.

ZUR 3. LESUNG Der Krieg ist mir fremd und so finde ich kein Gefallen am massenhaften Tod des Feindes. Bin ich verweichlicht und sehe nicht, dass Krieg und Kampf und Rivalität unsere Welt und auch unsere westliche Gesellschaft bis ins Kleinste betreffen und sogar strukturieren? Natürlich wird der Christ vor dieser Realität nicht naiv die Augen verschließen, aber darf ich mich am Tod der Unterdrücker berauschen? Gegen den Augenschein, der biblische Text tut es nicht. Vielleicht hoffe ich mit der Heiligen Schrift eher auf die Wolkensäule, auf dass sie in irdischer Zeit Verwirrung stiftet und Abstand erzwingt und erst am Ende der Tage der HERR zu Gericht sitzen wird, bei dem er nach nur ihm bekannten Maßstäben richten wird.

DRITTE LESUNG Ex 14,15 – 15,1

Die Israeliten zogen auf trockenem Boden mitten durch das Meer

Lesung aus dem Buch Éxodus.

In jenen Tagen, als die Israeliten sahen, dass die Ägypter ihnen nachrückten, erschraken sie sehr und schrien zum Herrn. Da sprach der Herr zu Mose: Was schreist du zu mir? Sag den Israeliten, sie sollen aufbrechen. Und du heb deinen Stab hoch, streck deine Hand über das Meer und spalte es, damit die Israeliten auf trockenem Boden in das Meer hineinziehen können! Ich aber will das Herz der Ägypter verhärten, damit sie hinter ihnen hineinziehen. So will ich am Pharao und an seiner ganzen Streitmacht, an seinen Streitwagen und Reitern meine Herrlichkeit erweisen. Die Ägypter sollen erkennen, dass ich der Herr bin, wenn ich am Pharao, an seinen Streitwagen und Reitern meine Herrlichkeit erweise.

Der Engel Gottes, der den Zug der Israeliten anführte, brach auf und ging nach hinten und die Wolkensäule brach auf und stellte sich hinter sie. Sie kam zwischen das Lager der Ägypter und das Lager der Israeliten. Die Wolke war da und Finsternis und Blitze erhellten die Nacht. So kamen sie die ganze Nacht einander nicht näher. Mose streckte seine Hand über das Meer aus und der HERR trieb die ganze Nacht das Meer durch einen starken Ostwind fort. Er ließ das Meer austrocknen und das Wasser spaltete sich. Die Israeliten zogen auf trockenem Boden ins Meer hinein, während rechts und links von ihnen das Wasser wie eine Mauer stand. Die Ägypter setzten ihnen nach; alle Pferde des Pharao, seine Streitwagen und Reiter zogen hinter ihnen ins Meer hinein.

Um die Zeit der Morgenwache blickte der HERR aus der Feuer- und Wolkensäule auf das Lager der Ägypter und brachte es in Verwirrung. Er hemmte die Räder an ihren Wagen und ließ sie nur schwer vorankommen. Da sagte der Ägypter: Ich muss vor Israel fliehen; denn der HERR kämpft auf ihrer Seite gegen Ägypten.

Darauf sprach der HERR zu Mose: Streck deine Hand über das Meer, damit das Wasser zurückflutet und den Ägypter, seine Wagen und Reiter zudeckt! Mose streckte seine Hand über das Meer und gegen Morgen flutete das Meer an seinen alten Platz zurück, während die Ägypter auf der Flucht ihm entgegenliefen. So trieb der HERR die Ägypter mitten ins Meer. Das Wasser kehrte zurück und bedeckte Wagen und Reiter, die ganze Streitmacht des Pharao, die den Israeliten ins Meer nachgezogen war. Nicht ein Einziger von ihnen blieb übrig. Die Israeliten aber waren auf trockenem Boden mitten durch das Meer gezogen, während rechts und links von ihnen das Wasser wie eine Mauer stand.

So rettete der HERR an jenem Tag Israel aus der Hand der Ägypter. Israel sah die Ägypter tot am Strand liegen. Als Israel sah, dass der HERR mit mächtiger Hand an den Ägyptern gehandelt hatte, fürchtete das Volk den HERRN. Sie glaubten an den HERRN und an Mose, seinen Knecht.

Damals sang Mose mit den Israeliten dem HERRN dieses Lied; sie sagten: Ich singe dem HERRN ein Lied, denn er ist hoch und erhaben. Ross und Reiter warf er ins Meer.

ANTWORTPSALM Ex 15,1b–2b.2c–3.4–5.6 u. 13.17–18 (Kv: vgl. 1bc)

Kv Dem Herrn will ich singen,
machtvoll hat er sich kundgetan. – Kv

Ich singe dem Herrn ein Lied, /
denn er ist hoch und erhaben. *
Ross und Reiter warf er ins Meer.
Meine Stärke und mein Lied ist der Herr, *
er ist mir zur Rettung geworden. – (Kv)

Er ist mein Gott, ihn will ich preisen; *
den Gott meines Vaters will ich rühmen.
Der Herr ist ein Krieger, *
Herr ist sein Name. – (Kv)

Pharaos Wagen und seine Streitmacht warf er ins Meer. *
Seine besten Vorkämpfer versanken im Roten Meer.
Fluten deckten sie zu, *
sie sanken in die Tiefe wie Steine. – (Kv)

Deine Rechte, Herr, ist herrlich an Stärke; *
deine Rechte, Herr, zerschmettert den Feind.
Du lenktest in deiner Güte das Volk, das du erlöst hast, *
du führtest sie machtvoll zu deiner heiligen Wohnung. – (Kv)

Du wirst sie hinbringen und einpflanzen auf den Berg deines Erbes, *
den du, Herr, zu deiner Wohnstätte gemacht hast,
um dich niederzulassen,
zu einem Heiligtum, Herr, von deinen Händen gegründet. *
Der Herr ist König für immer und ewig. – Kv

GEBET

Gott, deine uralten Wunder leuchten noch in unseren Tagen. Was einst dein mächtiger Arm an *einem* Volk getan hat, das tust du jetzt an allen Völkern: Einst hast du Israel aus der Knechtschaft des Pharao befreit und durch die Fluten des Roten Meeres geführt; nun aber führst du alle Völker durch das Wasser der Taufe zur Freiheit. Gib, dass alle Menschen Kinder Abrahams werden und zur Würde des auserwählten Volkes gelangen. Darum bitten wir durch Christus, unseren Herrn.

ZUR 4. LESUNG Der Prophet verheißt nur Gutes und malt eine schöne Zukunft. Wie gehen wir in dieser Nacht um mit den Verheißungsbildern? Die Nacht ist oft die Zeit der Bedrängnis und der Angst; heute Nacht ist dies anders, es ist eine Nacht der Hoffnung. Ja, diese Verheißungen werden wahr werden, aber die Bedrängnisse dauern an. Da tut es gut, wenn es Hoffnung gibt, Hoffnung auf das Handeln des HERRN. In dieser Hoffnung entzünden wir ein kleines Licht, aber es kann hell werden, wenn es einen Raum erfüllt. Und so wächst unsere Hoffnung, wenn wir uns an diesen Verheißungstexten erwärmen.

VIERTE LESUNG Jes 54,5–14

In ewiger Huld habe ich mich deiner erbarmt, spricht dein Erlöser, der Herr

Lesung aus dem Buch Jesája.

Jerusalem, dein Schöpfer ist dein Gemahl, „HERR der Heerscharen" ist sein Name. Der Heilige Israels ist dein Erlöser, „Gott der ganzen Erde" wird er genannt.

Ja, der HERR hat dich gerufen als verlassene, bekümmerte Frau. Kann man denn die Frau seiner Jugend verstoßen?, spricht dein Gott. Nur für eine kleine Weile habe ich dich verlassen, doch mit großem Erbarmen werde ich dich sammeln. Einen Augenblick nur verbarg ich vor dir mein Gesicht in aufwallendem Zorn; aber in ewiger Huld habe ich mich deiner erbarmt, spricht dein Erlöser, der HERR.

Wie bei der Flut Noachs soll es für mich sein: So wie ich damals schwor, dass die Flut Noachs die Erde nie mehr überschwemmen wird, so schwöre ich jetzt, dir nie mehr zu zürnen und dich nie mehr zu schelten. Mögen auch die Berge weichen und die Hügel wanken – meine Huld wird nicht von dir weichen und der Bund meines Friedens nicht wanken, spricht der HERR, der Erbarmen hat mit dir.

Ärmste, vom Sturm Gepeitschte, die ohne Trost ist: Siehe, ich selbst lege dir ein Fundament aus Malachít und Grundmauern aus Saphír. Aus Rubínen mache ich deine Zinnen, aus Berýll deine Tore und alle deine Mauern aus kostbaren Steinen. Alle deine Kinder sind Schüler des HERRN und groß ist der Friede deiner Kinder. Du wirst auf Gerechtigkeit gegründet sein. Du bist fern von Bedrängnis, denn du brauchst dich nicht mehr zu fürchten und bist fern von Schrecken; er kommt an dich nicht heran.

ANTWORTPSALM Ps 30 (29),2 u. 4.5–6b.6cd u. 12a u. 13b (Kv: vgl. 2ab)

Kv HERR, du zogst mich herauf aus der Tiefe;
ich will dich rühmen in Ewigkeit. – Kv

Ich will dich erheben, HERR, /
denn du zogst mich herauf *
und ließest nicht zu, dass meine Feinde sich über mich freuen.
HERR, du hast meine Seele heraufsteigen lassen aus der Totenwelt, *
hast mich am Leben erhalten, sodass ich nicht
in die Grube hinabstieg. – (Kv)

Singt und spielt dem HERRN, ihr seine Frommen, *
dankt im Gedenken seiner Heiligkeit!
Denn sein Zorn dauert nur einen Augenblick, *
doch seine Güte ein Leben lang. – (Kv)

Wenn man am Abend auch weint, *
am Morgen herrscht wieder Jubel.
Du hast mein Klagen in Tanzen verwandelt, *
HERR, mein Gott, ich will dir danken in Ewigkeit. – Kv

GEBET

Allmächtiger, ewiger Gott, verherrliche deinen Namen. Gewähre, was du den Vätern um ihres Glaubens willen versprochen hast, und mehre durch die Taufe die Zahl deiner Kinder. Lass deine Kirche erfahren, dass sich erfüllt, was die Heiligen des Alten Bundes gläubig erhofft haben. Darum bitten wir durch Christus, unseren Herrn.

ZUR 5. LESUNG Kauf ohne Geld – unser gesamtes Wirtschaftssystem wird hier auf den Kopf gestellt. Bei Gott zählt nicht das Geld, es zählt der Mensch und es geht darum, dass er erhält, was er zum Leben braucht. Dazu gehört Gottes unbedingte Treue, die er seinem Volk zusagt. Im Mittelpunkt stehen Erbarmen und Verzeihen – Handlungen, die man für Geld nicht kaufen kann. Deshalb betont der Prophet Gottes Andersheit gegenüber dem Menschen, und wir sind aufgefordert, uns in diese Andersheit einzuüben. Dazu müssen wir sein Wort in uns wirksam werden lassen, wir müssen sein Nährboden sein, so wie es der eine war, dessen Leben wir heute feiern.

FÜNFTE LESUNG Jes 55,1–11

Kommt zu mir und ihr werdet aufleben! Ich schließe mit euch einen ewigen Bund

Lesung aus dem Buch Jesája.

So spricht der Herr: Auf, alle Durstigen, kommt zum Wasser! Die ihr kein Geld habt, kommt, kauft Getreide und esst, kommt und kauft ohne Geld und ohne Bezahlung Wein und Milch! Warum bezahlt ihr mit Geld, was euch nicht nährt, und mit dem Lohn eurer Mühen, was euch nicht satt macht? Hört auf mich, dann bekommt ihr das Beste zu essen und könnt euch laben an fetten Speisen! Neigt euer Ohr und kommt zu mir, hört und ihr werdet aufleben! Ich schließe mit euch einen ewigen Bund: Die Erweise der Huld für David sind beständig. Siehe, ich habe ihn zum Zeugen für die Völker gemacht, zum Fürsten und Gebieter der Nationen. Siehe, eine Nation, die du nicht kennst, wirst du rufen und eine Nation, die dich nicht kannte, eilt zu dir, um des HERRN, deines Gottes, des Heiligen Israels willen, weil er dich herrlich gemacht hat.

Sucht den HERRN, er lässt sich finden, ruft ihn an, er ist nah! Der Frevler soll seinen Weg verlassen, der Übeltäter seine Pläne. Er kehre um zum HERRN, damit er Erbarmen hat mit ihm, und zu unserem Gott; denn er ist groß im Verzeihen. Meine Gedanken sind nicht eure Gedanken und eure Wege sind nicht meine Wege – Spruch des HERRN. So hoch der Himmel über der Erde ist, so hoch erhaben sind meine Wege über eure Wege und meine Gedanken über eure Gedanken.

Denn wie der Regen und der Schnee vom Himmel fällt und nicht dorthin zurückkehrt, ohne die Erde zu tränken und sie zum Keimen und Sprossen zu bringen, dass sie dem Sämann Samen gibt und Brot zum Essen, so ist es auch mit dem Wort, das meinen Mund verlässt: Es kehrt nicht leer zu mir zurück, ohne zu bewirken, was ich will, und das zu erreichen, wozu ich es ausgesandt habe.

ANTWORTPSALM

Jes 12,2.3 u. 4bcd.5–6 (Kv: 3)

Kv Ihr werdet Wasser freudig schöpfen
aus den Quellen des Heils. – Kv

Siehe, Gott ist mein Heil; *
ich vertraue und erschrecke nicht.
Denn meine Stärke und mein Lied ist Gott, der HERR. *
Er wurde mir zum Heil. – (Kv)

Ihr werdet Wasser freudig schöpfen *
aus den Quellen des Heiles.
Dankt dem HERRN! Ruft seinen Namen an! /
Macht unter den Völkern seine Taten bekannt, *
verkündet: Sein Name ist erhaben! – (Kv)

Singet dem HERRN, denn Überragendes hat er vollbracht; *
bekannt gemacht sei dies auf der ganzen Erde.
Jauchzt und jubelt, ihr Bewohner Zions; *
denn groß ist in eurer Mitte der Heilige Israels. – Kv

GEBET

Allmächtiger, ewiger Gott, du einzige Hoffnung der Welt, durch die Propheten hast du die Heilsereignisse angekündigt, die sich in unseren Tagen erfüllen. Erwecke du selbst in uns das Verlangen, dir immer treuer zu dienen; denn niemand macht Fortschritte im Guten, wenn ihn nicht deine Gnade führt. Darum bitten wir durch Christus, unseren Herrn.

ZUR 6. LESUNG Weisheit, Einsicht, Kraft, Klugheit. Der Lehrer beschreibt diese Tugenden und Haltungen. Die Kraft scheint herauszufallen, denn wir assoziieren sie mit Muskelkraft. Sie hat aber auch mit Entschlossenheit, mit Mut und Treue zu tun. Aber blinde Kraft ist nutzlos, deshalb wird die Erkenntnis gepriesen. Sie erschien auf Erden und lebte mit den Menschen. Mehr Prophezeiung ist nicht möglich. Wir erkennen in Jesus den Christus, den Sohn Gottes, und erkennen durch ihn Gott. Wer dies erkennt, der lebt in den Geboten und hat an der Verheißung teil, am ewigen Leben. Kehren wir um und beginnen wir in ihm zu leben.

SECHSTE LESUNG

Bar 3,9–15.32–4,4

Geh deinen Weg im Licht der Weisheit Gottes

Lesung aus dem Buch Baruch.

Höre, Israel, die Gebote des Lebens; merkt auf, um Einsicht zu erlangen! Warum, Israel, warum lebst du im Gebiet der Feinde, wirst alt in einem fremden Land, bist unrein geworden, den Toten gleich, wurdest gezählt zu denen, die in die Unterwelt hinabsteigen? Du hast den Quell der Weisheit verlassen. Wärest du auf Gottes Weg gegangen, du wohntest in Frieden für immer. Nun lerne, wo die Einsicht ist, wo Kraft und wo Klugheit, dann erkennst du zugleich, wo langes Leben und Lebensglück, wo Licht für die Augen und Frieden zu finden sind!

Wer hat je ihren Ort gefunden? Wer ist zu ihren Schatzkammern vorgedrungen? Doch der Allwissende kennt sie; er hat sie in seiner Einsicht entdeckt. Er hat ja die Erde für immer gegründet, er hat sie mit vierfüßigen Tieren bevölkert. Er entsendet das Licht und es eilt dahin; er ruft es zurück und zitternd gehorcht es ihm. Froh leuchten die Sterne auf ihren Posten. Ruft er sie, so antworten sie: Hier sind wir. Sie leuchten mit Freude für ihren Schöpfer.

Das ist unser Gott; kein anderer gilt neben ihm. Er hat den Weg der Erkenntnis ganz erkundet und hat sie Jakob, seinem Diener, verliehen, Israel, seinem Liebling. Dann erschien sie auf der Erde und lebte mit den Menschen.

Sie ist das Buch der Gebote Gottes, das Gesetz, das ewig besteht. Alle, die an ihr festhalten, finden das Leben; doch alle, die sie verlassen, verfallen dem Tod. Kehr um, Jakob, ergreif sie! Geh in ihrem Glanz den Weg zum Licht! Überlass deinen Ruhm keinem andern und deinen Vorzug keinem fremden Volk! Glücklich sind wir, das Volk Israel; denn wir wissen, was Gott gefällt.

ANTWORTPSALM

Ps 19 (18),8.9.10.11–12 (Kv: Joh 6,68c)

Kv Herr, du hast Worte ewigen Lebens. – Kv

Die Weisung des Herrn ist vollkommen, *
sie erquickt den Menschen.
Das Zeugnis des Herrn ist verlässlich, *
den Unwissenden macht es weise. – (Kv)

Die Befehle des Herrn sind gerade, *
sie erfüllen das Herz mit Freude.

Das Gebot des HERRN ist rein, *
es erleuchtet die Augen. – (Kv)

Die Furcht des HERRN ist lauter, *
sie besteht für immer.
Die Urteile des HERRN sind wahrhaftig, *
gerecht sind sie alle. – (Kv)

Sie sind kostbarer als Gold, als Feingold in Menge. *
Sie sind süßer als Honig, als Honig aus Waben.
Auch dein Knecht lässt sich von ihnen warnen; *
reichen Lohn hat, wer sie beachtet. – Kv

GEBET

Gott, unser Vater, du mehrst die Zahl deiner Kinder und rufst aus allen Völkern Menschen in deine Kirche. Beschütze gütig die Täuflinge, damit sie den Quell der Weisheit niemals verlassen und auf deinen Wegen gehen. Darum bitten wir durch Christus, unseren Herrn.

ZUR 7. LESUNG Der Name Gottes hängt an Israel, hängt mit ihm zusammen, sodass Israels Unterlegenheit für Gottes Schwäche gehalten wird. Gott muss sich als mächtig und geschichtsmächtig erweisen, auf dass die Größe seines Namens offenbar werde. Deshalb führt er sein Volk aus der Verbannung. Leider sind Gottes Großtaten sehr leise, auch die Auferweckung seines Sohnes ist nicht spektakulär und erfolgt in der Dunkelheit der Nacht. In der Nacht leben der Zweifel und die Angst, aber Gott wendet das Blatt. Er will unsere versteinerten Herzen mit Leben erfüllen. Öffne ich mich ihm dafür?

SIEBTE LESUNG

Ez 36,16–17a.18–28

Ich gieße reines Wasser über euch aus und gebe euch ein neues Herz

Lesung aus dem Buch Ezéchiel.

Das Wort des Herrn erging an mich: Menschensohn, als die vom Haus Israel in ihrem Land wohnten, machten sie es durch ihre Wege und ihre Taten unrein. Da goss ich meinen Zorn über sie aus, weil sie Blut vergossen im Land und es mit ihren Götzen befleckten. Ich zerstreute sie unter die Nationen; in die Länder wurden sie vertrieben. Nach ihren Wegen und nach ihren Taten habe ich sie gerichtet. Als sie aber zu den Nationen kamen, entweihten sie überall, wohin sie kamen, meinen heiligen Namen; denn man sagte von ihnen: Das ist das Volk des Herrn und doch mussten sie sein Land verlassen. Da tat mir mein heiliger Name leid, den das Haus Israel bei den Nationen entweihte, wohin es auch kam.

Darum sag zum Haus Israel: So spricht Gott, der Herr: Nicht euretwegen handle ich, Haus Israel, sondern um meines heiligen Namens willen, den ihr bei den Nationen entweiht habt, wohin ihr auch gekommen seid. Meinen großen, bei den Nationen entweihten Namen, den ihr mitten unter ihnen entweiht habt, werde ich wieder heiligen. Und die Nationen – Spruch Gottes, des Herrn – werden erkennen, dass ich der Herr bin, wenn ich mich an euch vor ihren Augen als heilig erweise. Ich nehme euch heraus aus den Nationen, ich sammle euch aus allen Ländern und ich bringe euch zu eurem Ackerboden. Ich gieße reines Wasser über euch aus, dann werdet ihr rein. Ich reinige euch von aller Unreinheit und von allen euren Götzen.

Ich gebe euch ein neues Herz und einen neuen Geist gebe ich in euer Inneres. Ich beseitige das Herz von Stein aus eurem Fleisch und gebe euch ein Herz von Fleisch. Ich gebe meinen Geist in euer Inneres und bewirke, dass ihr meinen Gesetzen folgt und auf meine Rechtsentscheide achtet und sie erfüllt. Dann werdet ihr in dem Land wohnen, das ich euren Vätern gegeben habe. Ihr werdet mir Volk sein und ich, ich werde euch Gott sein.

ANTWORTPSALM Ps 42 (41), 3.5bcd; 43 (42), 3–4 (Kv: vgl. 42 [41], 2)

Kv Wie der Hirsch verlangt nach frischem Wasser,
so verlangt meine Seele, Gott, nach dir. – Kv

Meine Seele dürstet nach Gott, *
nach dem lebendigen Gott.
Wann darf ich kommen *
und erscheinen vor Gottes Angesicht? – (Kv)

Ich will in einer Schar einherziehn. *
Ich will in ihr zum Hause Gottes schreiten,
im Schall von Jubel und Dank *
in festlich wogender Menge. – (Kv)

Sende dein Licht und deine Wahrheit; sie sollen mich leiten; *
sie sollen mich bringen zu deinem heiligen Berg
und zu deinen Wohnungen.
So will ich kommen zu Gottes Altar, /
zum Gott meiner Freude und meines Jubels. *
Ich will dir danken zur Leier, Gott, du mein Gott. – Kv

[Falls eine Taufe gespendet wird:
Jes 12,2.3 u. 4bcd.5–6 (Kv: 3)
(wie nach der fünften Lesung, s. S. 337f.)]

Oder:

ANTWORTPSALM Ps 51 (50), 12–13.14–15.18–19 (Kv: vgl. 12a)

Kv Ein reines Herz erschaffe mir, o Gott! – Kv

Erschaffe mir, Gott, ein reines Herz *
und einen festen Geist erneuere in meinem Innern!
Verwirf mich nicht vor deinem Angesicht, *
deinen heiligen Geist nimm nicht von mir! – (Kv)

Gib mir wieder die Freude deines Heiles, *
rüste mich aus mit dem Geist der Großmut!
Ich will die Frevler deine Wege lehren *
und die Sünder kehren um zu dir. – (Kv)

Schlachtopfer willst du nicht, ich würde sie geben, *
an Brandopfern hast du kein Gefallen.
Schlachtopfer für Gott ist ein zerbrochener Geist, *
ein zerbrochenes und zerschlagenes Herz
wirst du, Gott, nicht verschmähen. – Kv

GEBET

Gott, du unwandelbare Kraft, du ewiges Licht, schau gütig auf deine Kirche und wirke durch sie das Heil der Menschen. So erfahre die Welt, was du von Ewigkeit her bestimmt hast: Was alt ist, wird neu, was dunkel ist, wird licht, was tot war, steht auf zum Leben, und alles wird wieder heil in dem, der der Ursprung von allem ist, in unserem Herrn Jesus Christus, der mit dir lebt und herrscht in alle Ewigkeit.

Oder (wenn eine Taufe folgt):

Sei uns nahe, allmächtiger Gott, und wirke in den Sakramenten, die uns deine Liebe schenkt: Sende den Geist aus, der uns zu deinen Kindern macht, den Geist, durch den dir aus dem Wasser der Taufe ein neues Volk geboren wird. Was wir unter heiligen Zeichen vollziehen, das vollende du mit deiner Kraft. Darum bitten wir durch Christus, unseren Herrn.

Ehre sei Gott, S. 481 f.

(Es läuten die Glocken.)

TAGESGEBET

Lasset uns beten. Gott, du hast diese Nacht hell gemacht durch den Glanz der Auferstehung unseres Herrn. Erwecke in deiner Kirche den Geist der Kindschaft, den du uns durch die Taufe geschenkt hast, damit wir neu werden an Leib und Seele und dir mit aufrichtigem Herzen dienen. Darum bitten wir durch Jesus Christus.

ZUR EPISTEL Die Hoffnung führt weiter. Wir hängen unser Leben an den Christus, der gestorben ist und auferweckt wurde. Er bedeutet für uns Leben, zuerst: Leben außerhalb des Machtbereiches der Sünde. Leider heißt das nicht, dass wir nicht sündigen können, weiß Gott. Wir leben für Gott, das bedeutet erst einmal, dass die Verheißungen Gottes für sein Volk auch auf uns, die Heiden, übergegangen sind. Das bedeutet aber wiederum nicht, dass wir seinem Volk gleich werden, denn nur für Israel gelten die Gesetze, während für uns der eine das Gesetz erfüllt hat, wir in ihm, sodass wir mit ihm leben, auferweckt aus dem Todesbann der Heidenvölker, hineingeboren in seine göttliche Verheißung.

EPISTEL

Röm 6,3–11

Sind wir mit Christus gestorben, so glauben wir, dass wir auch mit ihm leben werden

Lesung aus dem Brief des Apostels Paulus an die Gemeinde in Rom.

Schwestern und Brüder! Wir, die wir auf Christus Jesus getauft wurden, sind auf seinen Tod getauft worden. Wir wurden ja mit ihm begraben durch die Taufe auf den Tod, damit auch wir, so wie Christus durch die Herrlichkeit des Vaters von den Toten auferweckt wurde, in der Wirklichkeit des neuen Lebens wandeln.

Wenn wir nämlich mit der Gestalt seines Todes verbunden wurden, dann werden wir es auch mit der seiner Auferstehung sein. Wir wissen doch: Unser alter Mensch wurde mitgekreuzigt, damit der von der Sünde beherrschte Leib vernichtet werde, sodass wir nicht mehr Sklaven der Sünde sind. Denn wer gestorben ist, der ist frei geworden von der Sünde.

Sind wir nun mit Christus gestorben, so glauben wir, dass wir auch mit ihm leben werden. Wir wissen, dass Christus, von den Toten auferweckt, nicht mehr stirbt; der Tod hat keine Macht mehr über ihn. Denn durch sein Sterben ist er ein für alle Mal gestorben für die Sünde, sein Leben aber lebt er für Gott. So begreift auch ihr euch als Menschen, die für die Sünde tot sind, aber für Gott leben in Christus Jesus.

ANTWORTPSALM

Ps 118 (117), 1–2.16–17.22–23

Kv Halleluja, Halleluja, Halleluja. – Kv

Danket dem Herrn, denn er ist gut, *
denn seine Huld währt ewig!
So soll Israel sagen: *
Denn seine Huld währt ewig. – (Kv)

Die Rechte des Herrn, sie erhöht, *
die Rechte des Herrn, Taten der Macht vollbringt sie.
Ich werde nicht sterben, sondern leben, *
um die Taten des Herrn zu verkünden. – (Kv)

Ein Stein, den die Bauleute verwarfen, *
er ist zum Eckstein geworden.
Vom Herrn her ist dies gewirkt, *
ein Wunder in unseren Augen. – Kv

ZUM EVANGELIUM Irgendwie stürzen die Zeiten ineinander. Der Sabbat ist vorüber und noch vor dem ersten Sonnenstrahl kaufen die Frauen wohlriechende Öle. Es geht weiter mit dem Zeitensturz. Die Frage, wer wohl behilflich sein könnte mit dem Stein, wird damit beantwortet, dass er, bei genauerem Hinsehen, schon weggewälzt ist. So ist das mit Gott: Wer richtig hinblickt, erkennt: Der Herr hat schon gehandelt. Das ist nicht leicht zu verstehen und deshalb ist die Furcht der Frauen nur zu verständlich. Stimmt es doch, was er gesagt hat? Können wir uns wirklich darauf verlassen? Waren es nicht nur warme, sondern wirklichkeitsgetreue Worte? Wollten wir mit ihm nur ein wenig der Realität entfliehen oder bricht diese mit ihm ganz neu an?

EVANGELIUM Mk 16,1–7

Ihr sucht Jesus von Nazaret, den Gekreuzigten; er ist auferstanden

+ Aus dem heiligen Evangelium nach Markus.

Als der Sabbat vorüber war, kauften Maria aus Mágdala, Maria, die Mutter des Jakobus, und Sálome wohlriechende Öle, um damit zum Grab zu gehen und Jesus zu salben.

Am ersten Tag der Woche kamen sie in aller Frühe zum Grab, als eben die Sonne aufging. Sie sagten zueinander: Wer könnte uns den Stein vom Eingang des Grabes wegwälzen? Doch als sie hinblickten, sahen sie, dass der Stein schon weggewälzt war; er war sehr groß.

Sie gingen in das Grab hinein und sahen auf der rechten Seite einen jungen Mann sitzen, der mit einem weißen Gewand bekleidet war; da erschraken sie sehr.

Er aber sagte zu ihnen: Erschreckt nicht! Ihr sucht Jesus von Nazaret, den Gekreuzigten. Er ist auferstanden; er ist nicht hier. Seht, da ist die Stelle, wohin man ihn gelegt hat. Nun aber geht und sagt seinen Jüngern und dem Petrus: Er geht euch voraus nach Galiläa; dort werdet ihr ihn sehen, wie er es euch gesagt hat.

TAUFFEIER

(Die Tauffeier besteht, je nach den Umständen, aus drei Teilen: Segnung des Taufwassers, Spendung der Taufe, Erneuerung des Taufversprechens. Die Täuflinge kommen mit Eltern und Paten zum Taufbrunnen und werden der Gemeinde vorgestellt.)

LITANEI

(Die Namen der Kirchen- und Ortspatrone oder der Namenspatrone der Täuflinge können in die Litanei eingefügt werden.)

V/A:	Kyrie, eleison.	*Oder:*	Herr, erbarme dich.
V/A:	Christe, eleison.		Christus, erbarme dich.
V/A:	Kyrie, eleison.		Herr, erbarme dich.

V:	Heilige Maria, Mutter Gottes	A:	Bitte für uns.
	Heiliger Michael		
	Ihr heiligen Engel Gottes	A:	Bittet für uns.
	Heiliger Johannes der Täufer	A:	Bitte für uns.
	Heiliger Josef		
	Heilige Apostel Petrus und Paulus	A:	Bittet für uns.
	Heiliger Andreas	A:	Bitte für uns.
	Heiliger Johannes		
	Heilige Maria Magdalena		
	Heiliger Stephanus		
	Heiliger Ignatius von Antiochien		
	Heiliger Laurentius		
	Heilige Perpetua und Felizitas	A:	Bittet für uns.
	Heilige Agnes	A:	Bitte für uns.
	Heiliger Gregor		
	Heiliger Augustinus		
	Heiliger Athanasius		
	Heiliger Basilius		
	Heiliger Martin		
	Heiliger Benedikt		
	Heiliger Franziskus		
	Heiliger Dominikus		
	Heiliger Franz Xaver		
	Heiliger Pfarrer von Ars		
	Heilige Katharina von Siena		
	Heilige Theresia von Jesus		
	Alle Heiligen Gottes	A:	Bittet für uns.
	Jesus, sei uns gnädig	A:	Herr, befreie uns.
	Von allem Bösen		

Von aller Sünde
Von der ewigen Verdammnis
Durch deine Menschwerdung
und dein heiliges Leben
Durch dein Sterben und dein Auferstehn
Durch die Sendung des Heiligen Geistes
Wir armen Sünder A: Wir bitten dich, erhöre uns.

(Wenn Täuflinge anwesend sind:)

V: Schenke diesen Erwählten im Wasser der Taufe
das neue Leben.

(Wenn keine Täuflinge anwesend sind:)

V: Heilige in deiner Gnade dieses Wasser für die Taufe
deiner Kinder.
V: Jesus, Sohn des lebendigen Gottes.
V: Christus, höre uns. A: Christus, erhöre uns.

TAUFWASSERWEIHE

(Der Priester segnet das Taufwasser und singt oder spricht mit gefalteten Händen:)

Allmächtiger, ewiger Gott, deine unsichtbare Macht bewirkt das Heil der Menschen durch sichtbare Zeichen. Auf vielfältige Weise hast du das Wasser dazu erwählt, dass es hinweise auf das Geheimnis der Taufe: Schon im Anfang der Schöpfung schwebte dein Geist über dem Wasser und schenkte ihm die Kraft, zu retten und zu heiligen. Selbst die Sintflut war ein Zeichen der Taufe, denn das Wasser brachte der Sünde den Untergang und heiligem Leben einen neuen Anfang. Als die Kinder Abrahams, aus Pharaos Knechtschaft befreit, trockenen Fußes das Rote Meer durchschritten, da waren sie ein Bild deiner Gläubigen, die durch das Wasser der Taufe aus der Knechtschaft des Bösen befreit sind.
Allmächtiger, ewiger Gott, dein geliebter Sohn wurde von Johannes im Jordan getauft und von dir gesalbt mit Heiligem Geiste. Als er am

Kreuz hing, flossen aus seiner Seite Blut und Wasser. Nach seiner Auferstehung befahl er den Jüngern: „Geht hin und lehret alle Völker und taufet sie im Namen des Vaters und des Sohnes und des Heiligen Geistes."
Allmächtiger, ewiger Gott, schau gnädig auf deine Kirche und öffne ihr den Brunnen der Taufe. Dieses Wasser empfange die Gnade deines eingeborenen Sohnes vom Heiligen Geiste, damit der Mensch, der auf dein Bild hin geschaffen ist, durch das Sakrament der Taufe gereinigt wird von der alten Schuld und aus Wasser und Heiligem Geiste aufersteht zum neuen Leben deiner Kinder.

(Bei den folgenden Worten senkt der Priester die Osterkerze – einmal oder dreimal – in das Wasser:)

Durch deinen geliebten Sohn steige herab in dieses Wasser die Kraft des Heiligen Geistes, damit alle, die durch die Taufe mit Christus begraben sind in seinen Tod, durch die Taufe mit Christus auferstehen zum ewigen Leben. Darum bitten wir durch Jesus Christus, deinen Sohn, unseren Herrn und Gott, der in der Einheit des Heiligen Geistes mit dir lebt und herrscht in Ewigkeit. – A: Amen.

(Die Kerze wird aus dem Wasser genommen. Dabei singt man:)

Preist, ihr Quellen, den Herrn, Dan 3,77
lobt und erhebt ihn in Ewigkeit.

TAUFSPENDUNG

(Die einzelnen Täuflinge versprechen Christus die Treue. Sie werden nach ihrem Glauben befragt und getauft. Erwachsene Täuflinge empfangen sofort nach der Taufe die Firmung, wenn ein Bischof oder ein Priester mit Firmvollmacht anwesend ist.)

(SEGNUNG DES WASSERS)

(Wenn keine Taufe stattfindet und auch kein Taufwasser gesegnet wird, so segnet der Priester das Wasser mit dem folgenden Gebet:)

Liebe Brüder und Schwestern!
Wir bitten den Herrn, dass er dieses Wasser segne, mit dem wir nun besprengt werden. Das geweihte Wasser soll uns an die Taufe erinnern; Gott aber erneuere in uns seine Gnade, damit wir dem Geist treu bleiben, den wir empfangen haben.

(Nach einer kurzen Gebetsstille spricht der Priester mit gefalteten Händen:)

Herr, unser Gott, sei deinem Volk nahe, das wachend und betend diese Osternacht feiert. Du hast uns wunderbar erschaffen und noch wunderbarer wiederhergestellt. Wir gedenken deiner großen Taten und bitten dich:

† Segne dieses Wasser, das uns an deine Sorge für uns Menschen erinnert. Im Anfang hast du das Wasser erschaffen, damit es der Erde Fruchtbarkeit bringt und uns Menschen zum frischen Trunk und zum reinigenden Bad wird. Du hast das Wasser in Dienst genommen für das Werk deines Erbarmens: Im Roten Meer hast du dein Volk durch das Wasser aus der Knechtschaft Ägyptens befreit, in der Wüste mit Wasser aus dem Felsen seinen Durst gestillt. Die Propheten sahen im Bild des lebendigen Wassers den Neuen Bund, den du mit uns Menschen schließen wolltest.

Durch das Wasser, das Christus im Jordan geheiligt hat, reinigst du im Bad der Taufe den sündigen Menschen und schenkst ihm das neue Leben deiner Kinder. Darum sei dieses Wasser eine Erinnerung an unsere Taufe, es vereinige uns in österlicher Freude mit unseren Brüdern und Schwestern, die in dieser heiligen Nacht getauft werden, und mit allen, die aus dem Wasser und dem Heiligen Geist wiedergeboren sind zum ewigen Leben. Darum bitten wir durch Christus, unseren Herrn. A: Amen.

ERNEUERUNG DES TAUFVERSPRECHENS

(Nach der Spendung der Taufe oder nach der Segnung des Wassers erneuern alle, mit brennenden Kerzen in den Händen, ihr Taufversprechen. Der Priester führt dazu mit etwa folgenden Worten ein:)

Liebe Brüder und Schwestern!
Wir alle sind einst durch das österliche Geheimnis der Taufe mit Christus begraben worden, damit wir mit ihm auferstehen zu einem neuen Leben. Nach den vierzig Tagen der Fastenzeit, in denen wir uns auf Ostern vorbereitet haben, wollen wir darum das Taufversprechen erneuern, mit dem wir einst dem Satan abgeschworen und Gott versprochen haben, ihm, unserem Herrn, in der heiligen katholischen Kirche zu dienen.

Deshalb frage ich euch:
P: Widersagt ihr dem Bösen, um in der Freiheit der Kinder Gottes leben zu können?
A: Ich widersage.
P: Widersagt ihr den Verlockungen des Bösen, damit es nicht Macht über euch gewinnt?
A: Ich widersage.
P: Widersagt ihr dem Satan, dem Urheber des Bösen?
A: Ich widersage.
P: Glaubt ihr an Gott, den Vater, den Allmächtigen, den Schöpfer des Himmels und der Erde?
A: Ich glaube.
P: Glaubt ihr an Jesus Christus, seinen eingeborenen Sohn, unseren Herrn, der geboren ist von der Jungfrau Maria, der gelitten hat und begraben wurde, von den Toten auferstand und zur Rechten des Vaters sitzt?
A: Ich glaube.
P: Glaubt ihr an den Heiligen Geist, die heilige katholische Kirche, die Gemeinschaft der Heiligen, die Vergebung der Sünden, die Auferstehung der Toten und das ewige Leben?
A: Ich glaube.
P: Der allmächtige Gott, der Vater unseres Herrn Jesus Christus, hat uns aus dem Wasser und dem Heiligen Geist neues Leben geschenkt und uns alle Sünden vergeben. Er bewahre uns durch seine Gnade in Christus Jesus, unserem Herrn, zum ewigen Leben.
A: Amen.

(Der Priester besprengt die Gemeinde mit gesegnetem Wasser; alle singen die Antiphon oder ein Tauflied.)

ANTIPHON

Vgl. Ez 47,1–2.9

Ich sah ein Wasser ausgehen vom Tempel,
von dessen rechter Seite.
Halleluja, halleluja.
Und alle, zu denen das Wasser kam, wurden gerettet
und sie werden rufen:
Halleluja, halleluja.

FÜRBITTEN

Jesus ist nicht im Tod geblieben. Durch Todesdunkel hindurch hat Gott ihn befreit zu einem neuen Leben in Hoffnung und Licht. Zu Christus, dem Lebendigen, rufen wir:

- Durch das Dunkel von Leid und Tod wurdest du zum Licht für alle Welt. Bestärke die Kirche in der Verkündigung dieser frohen Botschaft und hilf ihr, eine Sprache zu finden, die die Menschen erreicht. V: Jesus Christus, Licht der Welt. A: Wir bitten dich, erhöre uns.

- Viele Menschen leben im undurchdringlichen Dunkel von Angst und Not. Wecke in uns die Bereitschaft, Leid zu sehen und nicht zu übersehen, und zu helfen, wo und wie es möglich ist. V: Jesus Christus, Licht der Welt. A: Wir bitten dich, erhöre uns.

- Wie du deinen Freunden nach Galiläa vorausgegangen bist, so gehe auch den Christinnen und Christen heute voraus und sei ihnen nahe in ihrer Lebenswelt. V: Jesus Christus, Licht der Welt. A: Wir bitten dich, erhöre uns.

- In deiner Auferstehung ist die Finsternis durchbrochen. Nimm unsere lieben Verstorbenen und alle Toten auf in dein lichtes, österliches Sein. V: Jesus Christus, Licht der Welt. A: Wir bitten dich, erhöre uns.

Du stärkst uns in der Hoffnung, denn wir glauben, dass du lebst. Befähige uns zu Glaube, Liebe und Hoffnung, jetzt, in der heiligen Osternacht, und an allen Tagen, die du uns schenkst.

EUCHARISTIEFEIER

GABENGEBET

Herr, unser Gott, nimm die Gebete und Gaben deines Volkes an und gib, dass diese österliche Feier, die im Opfer des wahren Osterlammes ihren Ursprung hat, uns zum ewigen Heil führt. Darum bitten wir durch Christus, unseren Herrn.

Präfation, S. 495 f.

KOMMUNIONVERS

1 Kor 5,7–8

Unser Osterlamm ist geopfert, Christus, der Herr.
Halleluja!
Wir sind befreit von Sünde und Schuld.
So lasst uns Festmahl halten in Freude.
Halleluja!

SCHLUSSGEBET

Herr, unser Gott, du hast uns durch die österlichen Sakramente gestärkt. Schenke uns den Geist deiner Liebe, damit deine Gemeinde ein Herz und eine Seele wird. Darum bitten wir durch Christus, unseren Herrn.

FEIERLICHER SCHLUSSSEGEN

In dieser Nacht, die erhellt ist durch die Auferstehung unseres Herrn Jesus Christus, segne euch der gütige Gott und bewahre euch vor der Finsternis der Sünde. – A: Amen.
In Christus haben wir Anteil am ewigen Leben; in ihm führe euch Gott zur unvergänglichen Herrlichkeit. – A: Amen.

Unser Erlöser hat uns durch die Tage seines Leidens zur österlichen Freude geführt; er geleite euch alle Tage des Lebens bis zu jener Osterfreude, die niemals endet. – A: Amen.
Das gewähre euch der dreieinige Gott, der Vater und der Sohn † und der Heilige Geist. – A: Amen.

***

DARAUF KANNST DU DICH VERLASSEN

Darauf kannst du dich
verlassen:
Hoffnung
wächst nicht in den Himmel,
Liebe
bewahrt nicht vor Leid,
Vertrauen
schützt nicht vor dem Tod.
Alle Wege
führen zum Grab.

Am Grab beginnen
alle Wege neu:
Vertrauen
überdauert den Tod,
Liebe
überwindet das Leid,
Hoffnung
wächst in den Himmel.
Darauf kannst du dich verlassen:
Ostern.

Eleonore Beck

AM TAG

4. April 2021

Die Nacht ist vorbei und es ist helllichter Tag. Das Evangelium befindet sich noch an der Tagesschwelle, während die anderen Texte bereits im Tageslicht zu lesen sind. Eigentlich blendet heute alles, wie auf dem Berg der Verklärung das Licht zu hell war für die Augen. Wieder werden wir daran erinnert, dass man das Entscheidende nicht sehen kann, wir können es fühlen, wir bemerken es aufgrund der Handlungen eines Menschen. Vertrauen ist ein scheuer Vogel, und dieser muss behütet und gepflegt werden. Gehen wir behutsam miteinander um, denn oft erkennen wir wie Maria von Magdala auf der Schwelle noch nicht sicher, wo wir stehen und wer wir sind.

ERÖFFNUNGSVERS

Vgl. Ps 139 (138), 18.5–6

Ich bin erstanden und bin immer bei dir. Halleluja.
Du hast deine Hand auf mich gelegt. Halleluja.
Wie wunderbar ist für mich dieses Wissen. Halleluja.

Oder: Vgl. Lk 24,34; Offb 1,6

Der Herr ist auferstanden,
er ist wahrhaft auferstanden. Halleluja.
Sein ist die Macht und die Herrlichkeit in Ewigkeit.
Halleluja.

KYRIE-RUFE

Herr Jesus Christus, du bist glorreich auferstanden vom Tod.
V/A: Herr, erbarme dich.

Du lässt die Nacht des Leids, der Sünde und des Todes
erstrahlen wie den hellen Tag.
V/A: Christus, erbarme dich.
Du vertreibst mit deinem Licht das Dunkel der Herzen.
V/A: Herr, erbarme dich.

Ehre sei Gott, S. 481 f.

TAGESGEBET

Allmächtiger, ewiger Gott, am heutigen Tag hast du durch deinen Sohn den Tod besiegt und uns den Zugang zum ewigen Leben erschlossen. Darum begehen wir in Freude das Fest seiner Auferstehung. Schaffe uns neu durch deinen Geist, damit auch wir auferstehen und im Licht des Lebens wandeln. Darum bitten wir durch Jesus Christus.

WORTGOTTESDIENST

ZUR 1. LESUNG Sofort mit Ostern beginnt die eine Frage: Wer kann die Auferweckung bezeugen? Warum erscheint der Christus nicht dem ganzen Volk, sondern nur vorherbestimmten Zeugen? Gott geht damit ein hohes Risiko ein, so scheint es, aber er setzt genau auf die Größe, die in unseren Tagen so sehr ins Wanken geraten ist: auf das Vertrauen. Ostern ist ein Fest des Vertrauens, denn nur dann, wenn das stimmt, was die Zeugen aller Welt erzählen, nur dann können wir mit Fug und Recht darauf vertrauen, dass das Bezeugte auch unser Leben verwandeln soll.

ERSTE LESUNG — Apg 10,34a.37–43

Wir haben mit ihm nach seiner Auferstehung gegessen und getrunken

Lesung aus der Apostelgeschichte.

In jenen Tagen begann Petrus zu reden und sagte: Ihr wisst, was im ganzen Land der Juden geschehen ist, angefangen in Galiläa, nach der Taufe, die Johannes verkündet hat: wie Gott Jesus von Nazaret gesalbt hat mit dem Heiligen Geist und mit Kraft, wie dieser umherzog, Gutes tat und alle heilte, die in der Gewalt des Teufels waren; denn Gott war mit ihm. Und wir sind Zeugen für alles, was er im Land der Juden und in Jerusalem getan hat.

Ihn haben sie an den Pfahl gehängt und getötet. Gott aber hat ihn am dritten Tag auferweckt und hat ihn erscheinen lassen, zwar nicht dem ganzen Volk, wohl aber den von Gott vorherbestimmten Zeugen: uns, die wir mit ihm nach seiner Auferstehung von den Toten gegessen und getrunken haben.

Und er hat uns geboten, dem Volk zu verkünden und zu bezeugen: Dieser ist der von Gott eingesetzte Richter der Lebenden und der Toten.

Von ihm bezeugen alle Propheten, dass jeder, der an ihn glaubt, durch seinen Namen die Vergebung der Sünden empfängt.

ANTWORTPSALM Ps 118 (117), 1–2.16–17.22–23 (Kv: vgl. 24)

Kv Das ist der Tag, den der Herr gemacht;
wir wollen jubeln und uns über ihn freuen. – Kv

Oder:

Kv Halleluja. – Kv

Danket dem Herrn, denn er ist gut, *
denn seine Huld währt ewig!
So soll Israel sagen: *
Denn seine Huld währt ewig. – (Kv)

Die Rechte des Herrn, sie erhöht, *
die Rechte des Herrn, Taten der Macht vollbringt sie.
Ich werde nicht sterben, sondern leben, *
um die Taten des Herrn zu verkünden. – (Kv)

Ein Stein, den die Bauleute verwarfen, *
er ist zum Eckstein geworden.
Vom Herrn her ist dies gewirkt, *
ein Wunder in unseren Augen. – Kv

ZUR 2. LESUNG Strebt nach dem, was oben ist. Ein hehres Ziel, aber was ist oben? Ist es so einfach zu erkennen? Weiß ich es als Christin und Christ einfach? Wie ist das Irdische zu begreifen? Der Kolosserbrief geht von einer klaren Zweiteilung aus, aber ist das heute so klar? War es das je? Ist es nicht genau das Zeichen unserer Zeit, dass wir mit allen Abstufungen leben müssen? Oben hört sich nach licht und klar und einfach an und, ja, da wollen wir alle hin. Aber im Irdischen ist unser Leben noch verborgen, das heißt, wir müssen uns mühen, um dorthin zu gelangen, wo wir sein wollen und sollen.

ZWEITE LESUNG

Kol 3, 1–4

Strebt nach dem, was oben ist, wo Christus zur Rechten Gottes sitzt

Lesung aus dem Brief des Apostels Paulus an die Gemeinde in Kolóssä.

Schwestern und Brüder! Seid ihr nun mit Christus auferweckt, so strebt nach dem, was oben ist, wo Christus zur Rechten Gottes sitzt! Richtet euren Sinn auf das, was oben ist, nicht auf das Irdische! Denn ihr seid gestorben und euer Leben ist mit Christus verborgen in Gott. Wenn Christus, unser Leben, offenbar wird, dann werdet auch ihr mit ihm offenbar werden in Herrlichkeit.

Oder:

ZUR 2. LESUNG Wir sind neuer Teig, ungesäuerter Teig. Uns hat die Bosheit und Schlechtigkeit noch nicht ergriffen. Ja, in dieser Heiligkeit zu leben, sind wir Christinnen und Christen aufgefordert. Warum gelingt uns dies nur so selten? Warum sind wir gleichsam hartes Brot für uns und die Welt? Mit Sauerteig wird Brot locker und verdaulich. Bosheit macht das Leben scheinbar einfacher, aber wir sollen nicht den einfachen Weg gehen. Ist das erstrebenswert in einer Welt voller Hast und selbstoptimierter Netz-Menschen? Aber wie könnte ich nicht wählen, hartes Brot zu sein, wenn nur so auch anderen das Nötigste zum Leben gegeben werden kann?

ZWEITE LESUNG

1 Kor 5,6b–8

Schafft den alten Sauerteig weg, damit ihr neuer Teig seid

Lesung aus dem ersten Brief des Apostels Paulus an die Gemeinde in Korínth.

Schwestern und Brüder! Wisst ihr nicht, dass ein wenig Sauerteig den ganzen Teig durchsäuert? Schafft den alten Sauerteig weg, damit ihr neuer Teig seid! Ihr seid ja schon ungesäuertes Brot; denn als unser Paschalamm ist Christus geopfert worden. Lasst uns also das Fest nicht mit dem alten Sauerteig feiern, nicht mit dem Sauerteig der Bosheit und Schlechtigkeit, sondern mit den ungesäuerten Broten der Aufrichtigkeit und Wahrheit!

SEQUENZ

(Wenn die musikalische Gestaltung es nahelegt, kann die Sequenz nach dem Hallelujavers gesungen werden, wobei sie dann mit „Amen. Halleluja“ abgeschlossen wird.)

Singt das Lob dem Osterlamme,
bringt es ihm dar, ihr Christen.

Das Lamm erlöst’ die Schafe:
Christus, der ohne Schuld war,
versöhnte die Sünder mit dem Vater.

Tod und Leben, die kämpften
unbegreiflichen Zweikampf;
des Lebens Fürst, der starb, herrscht nun lebend.

Maria Magdalena,
sag uns, was du gesehen.

Sah Engel in dem Grabe,
die Binden und das Linnen.

Das Grab des Herrn sah ich offen
und Christus von Gottes Glanz umflossen.

Er lebt, der Herr, meine Hoffnung,
er geht euch voran nach Galiläa.

Lasst uns glauben, was Maria den Jüngern verkündet.
Sie sah den Herren, den Auferstandnen.

Ja, der Herr ist auferstanden, ist wahrhaft erstanden.
Du Sieger, König, Herr, hab Erbarmen! (Amen. Halleluja.)

RUF VOR DEM EVANGELIUM

Vers: vgl. 1 Kor 5,7b–8a

Halleluja. Halleluja.
Unser Paschalamm ist geopfert: Christus.
So lasst uns das Festmahl feiern im Herrn.
Halleluja.

ZUM EVANGELIUM Maria von Magdala kommt im Dunkeln zum Grab. Dieses ist offen und sie schlussfolgert, dass das Grab leer sein muss. Ohne sich davon zu überzeugen, berichtet sie davon. Die Jünger, die sie holt, untersuchen das Grab, schauen hinein, gehen hinein, sehen nur die Binden und das Schweißtuch. Hätten sich Grabschänder die Mühe gemacht, den Leichnam auszuwickeln und die Tücher ordentlich zu hinterlassen? Wohl kaum. Der Glaube jedenfalls setzt nur langsam ein. Das ist tröstlich, denn wenn es schon im leeren Grab Jesu schwer ist, zu verstehen, dann entlastet das uns Nachgeborene. So ist das heutige Evangelium ein einziger Trost.

EVANGELIUM

Joh 20,1–9

Er sah und glaubte

+ Aus dem heiligen Evangelium nach Johannes.

Am ersten Tag der Woche kam Maria von Mágdala frühmorgens, als es noch dunkel war, zum Grab und sah, dass der Stein vom Grab weggenommen war. Da lief sie schnell zu Simon Petrus und dem anderen Jünger, den Jesus liebte, und sagte zu ihnen: Sie haben den Herrn aus dem Grab weggenommen und wir wissen nicht, wohin sie ihn gelegt haben.

Da gingen Petrus und der andere Jünger hinaus und kamen zum Grab; sie liefen beide zusammen, aber weil der andere Jünger schneller war als Petrus, kam er als Erster ans Grab. Er beugte sich vor und sah die Leinenbinden liegen, ging jedoch nicht hinein.

Da kam auch Simon Petrus, der ihm gefolgt war, und ging in das Grab hinein. Er sah die Leinenbinden liegen und das Schweißtuch, das auf dem Haupt Jesu gelegen hatte; es lag aber nicht bei den Leinenbinden, sondern zusammengebunden daneben an einer besonderen Stelle.

Da ging auch der andere Jünger, der als Erster an das Grab gekommen war, hinein; er sah und glaubte. Denn sie hatten noch nicht die Schrift verstanden, dass er von den Toten auferstehen müsse.

Oder:

LANGFASSUNG

Joh 20,1–18°

Er sah und glaubte. –
Ich gehe hinauf zu meinem Vater und zu eurem Vater

+ Aus dem heiligen Evangelium nach Johannes.

Am ersten Tag der Woche kam Maria von Mágdala frühmorgens, als es noch dunkel war, zum Grab und sah, dass der Stein vom Grab weggenommen war. Da lief sie schnell zu Simon Petrus und dem anderen Jünger, den Jesus liebte, und sagte zu ihnen: Sie haben den Herrn aus dem Grab weggenommen und wir wissen nicht, wohin sie ihn gelegt haben.

Da gingen Petrus und der andere Jünger hinaus und kamen zum Grab; sie liefen beide zusammen, aber weil der andere Jünger schneller war als Petrus, kam er als Erster ans Grab. Er beugte sich vor und sah die Leinenbinden liegen, ging jedoch nicht hinein.

Da kam auch Simon Petrus, der ihm gefolgt war, und ging in das Grab hinein. Er sah die Leinenbinden liegen und das Schweißtuch, das auf dem Haupt Jesu gelegen hatte; es lag aber nicht bei den Leinenbinden, sondern zusammengebunden daneben an einer besonderen Stelle.

Da ging auch der andere Jünger, der als Erster an das Grab gekommen war, hinein; er sah und glaubte. Denn sie hatten noch nicht die Schrift verstanden, dass er von den Toten auferstehen müsse. Dann kehrten die Jünger wieder nach Hause zurück.

Maria aber stand draußen vor dem Grab und weinte. Während sie weinte, beugte sie sich in die Grabkammer hinein. Da sah sie zwei Engel in weißen Gewändern sitzen, den einen dort, wo der Kopf, den anderen dort, wo die Füße des Leichnams Jesu gelegen hatten. Diese sagten zu ihr: Frau, warum weinst du? Sie antwortete ihnen: Sie haben meinen Herrn weggenommen und ich weiß nicht, wohin sie ihn gelegt haben.

Als sie das gesagt hatte, wandte sie sich um und sah Jesus dastehen, wusste aber nicht, dass es Jesus war. Jesus sagte zu ihr: Frau, warum weinst du? Wen suchst du? Sie meinte, es sei der Gärtner, und sagte zu ihm: Herr, wenn du ihn weggebracht hast, sag mir, wohin du ihn gelegt hast! Dann will ich ihn holen.

Jesus sagte zu ihr: Maria! Da wandte sie sich um und sagte auf Hebräisch zu ihm: Rabbúni!, das heißt: Meister. Jesus sagte zu ihr: Halte mich nicht fest; denn ich bin noch nicht zum Vater hinaufgegangen. Geh aber zu meinen Brüdern und sag ihnen: Ich gehe hinauf zu meinem Vater und eurem Vater, zu meinem Gott und eurem Gott.

Maria von Mágdala kam zu den Jüngern und verkündete ihnen: Ich habe den Herrn gesehen. Und sie berichtete, was er ihr gesagt hatte.

(Anstelle dieses Evangeliums kann auch das Evangelium aus der Osternacht – S. 346 – gewählt werden; wenn die Messe am Abend stattfindet, steht das Evangelium von Ostermontag – S. 372 f. – zur Wahl, mit dem dazugehörigen Ruf vor dem Evangelium.)

Glaubensbekenntnis, S. 484 ff.

FÜRBITTEN

In österlicher Freude wenden wir uns an Jesus Christus, der durch Leid und Tod hindurchgegangen ist, und rufen gemeinsam:

- Erfülle deine Kirche mit österlicher Freude und hilf ihr, Botschafterin deines Friedens und deiner Versöhnung zu sein. V: Jesus, du unsere Hoffnung und unsere Freude. A: Höre und erhöre uns.
- Ermutige die Christen verschiedener Konfessionen, Wege zu gehen, die zueinanderführen. V: Jesus, du unsere Hoffnung und unsere Freude. A: Höre und erhöre uns.
- Stärke alle Menschen, die in Krisen- und Kriegsgebieten unserer Erde die Hand zur Versöhnung ausstrecken. V: Jesus, du unsere Hoffnung und unsere Freude. A: Höre und erhöre uns.
- Stehe den Gefangenen weltweit bei, die oft als lebendig Begrabene, ohne ausreichende Nahrung und medizinische Versorgung, jeglicher Willkür ausgesetzt sind. V: Jesus, du unsere Hoffnung und unsere Freude. A: Höre und erhöre uns.
- Segne die Kinder und Erwachsenen, die in der Osternacht getauft wurden, und hilf uns, allen Kindern gute Lebensbedingungen zu ermöglichen. V: Jesus, du unsere Hoffnung und unsere Freude. A: Höre und erhöre uns.

- Lass die Verstorbenen Fülle und Geborgenheit erfahren bei dir. V: Jesus, du unsere Hoffnung und unsere Freude. A: Höre und erhöre uns.

Auferstandener Jesus, der du Gottes Christus bist, du schenkst der Welt den Frieden, den sie sich selbst nicht geben kann. Dein Geist bewirke, dass wir ihn weitertragen, heute, am heiligen Ostertag, und alle Tage unseres Lebens.

EUCHARISTIEFEIER

GABENGEBET

Herr, unser Gott, nimm die Gaben an, die wir in österlicher Freude darbringen für das Opfer, durch das deine Kirche auf wunderbare Weise wiedergeboren und gestärkt wird. Darum bitten wir durch Christus, unseren Herrn.

Präfation, S. 495 f.

KOMMUNIONVERS

1 Kor 6,7–8

Unser Osterlamm ist geopfert, Christus, der Herr.
Halleluja.
Wir sind befreit von Sünde und Schuld.
So lasst uns Festmahl halten in Freude. Halleluja.

SCHLUSSGEBET

Allmächtiger Gott, du hast deiner Kirche durch die österlichen Geheimnisse neues Leben geschenkt. Bewahre und beschütze uns in deiner Liebe und führe uns zur Herrlichkeit der Auferstehung. Darum bitten wir durch Christus, unseren Herrn.

FEIERLICHER SCHLUSSSEGEN

An diesem Tag, der geheiligt ist durch die Auferstehung unseres Herrn Jesus Christus, segne euch der gütige Gott und bewahre euch vor der Finsternis der Sünde. – A: Amen.
In Christus haben wir Anteil am ewigen Leben; in ihm führe euch Gott zur unvergänglichen Herrlichkeit. – A: Amen.
Unser Erlöser hat uns durch die Tage seines Leidens zur österlichen Freude geführt; er geleite euch alle Tage des Lebens bis zu jener Osterfreude, die niemals endet. – A: Amen.
Das gewähre euch der dreieinige Gott, der Vater und der Sohn † und der Heilige Geist. – A: Amen.

***

WENDEZEIT

In der Wende
zwischen Schmerz und Trost
zwischen Trauer und Freude
zwischen Ende und Neubeginn
zwischen Tag und Nacht
GOTTES BEGEGNUNG
beim Namen gerufen werden
die Stimme des Anfangs hören
umgekehrt werden
von der Suche nach dem Toten
zur Begegnung mit dem Leben
neu ausgerichtet sein
weil das Zwischen
mit meinem Namen gefüllt ist
weil in der Wende
Gott begegnet

Susanne Ruschmann

OSTERMONTAG

5. April 2021

Ostern ist überwältigend. Wir können gar nicht genug darüber in den Schriften lesen, und so versammelt sich die Gemeinde heute noch einmal in aller Festlichkeit. Es hallt gleichsam in uns immer noch die Unfassbarkeit wider, die den ersten Jüngerinnen und dann auch den Jüngern zugemutet wurde: Er ist nicht tot, Gott hat ihn auferweckt. Ist es menschliche Weigerung, bittere Realität anzuerkennen, ist es ein psychologischer Trick, der uns hoffen lässt? Was kann uns dazu bringen, der unfassbaren Aussage, er lebt, Glauben zu schenken? Wahrscheinlich kann man dies nur nachvollziehen, wenn man den Worten eines anderen Menschen Glauben schenken kann, zum Beispiel den Worten: Ich liebe dich.

ERÖFFNUNGSVERS

Der Herr ist vom Tod auferstanden, wie er gesagt hat.
Freut euch und frohlockt, denn er herrscht in Ewigkeit.
Halleluja.

KYRIE-RUFE

Jesus Christus, Bruder und Herr,
du gehst mit uns auf unserem Weg.
V/A: Herr, erbarme dich.
Du bleibst bei uns, wenn es Abend wird.
V/A: Christus, erbarme dich.
Du erschließt uns die Schrift und gibst dich zu erkennen,
wenn du das Brot für uns brichst.
V/A: Herr, erbarme dich.

Ehre sei Gott, S. 481 f.

TAGESGEBET

Gott, du Herr allen Lebens, durch die Taufe schenkst du deiner Kirche Jahr für Jahr neue Söhne und Töchter. Gib, dass alle Christen in ihrem Leben dem Sakrament treu bleiben, das sie im Glauben empfangen haben. Darum bitten wir durch Jesus Christus.

WORTGOTTESDIENST

ZUR 1. LESUNG Ein zwingender Schriftbeweis. David kann an dieser Stelle nicht von sich reden, da es sein Grabmal gibt. Also muss er gestorben sein. Er redet nicht über sich, sondern über einen seiner Nachkommen. Dieser ist der Christus, der nicht in den Fängen des Todes bleiben wird. Zwar musste er sterben, doch der Tod hat keine letztgültige Macht über ihn. Gilt das auch für uns, die wir mit ihm gestorben sind? Ist die Macht des Todes an ihr Ende gekommen? Kann ich wirklich die mir geschenkte Lebenszeit freimütig an andere weitergeben, indem ich mich ihnen widme? Wie schön wäre ein solch angstfreies Handeln aus der Taufgnade heraus.

ERSTE LESUNG Apg 2,14.22b–33

Gott hat Jesus auferweckt, dafür sind wir alle Zeugen

Lesung aus der Apostelgeschichte.

Am Pfingsttag trat Petrus auf, zusammen mit den Elf; er erhob seine Stimme und begann zu reden: Ihr Juden und alle Bewohner von Jerusalem! Dies sollt ihr wissen, achtet auf meine Worte!
Jesus, den Nazoräer, einen Mann, den Gott vor euch beglaubigt hat durch Machttaten, Wunder und Zeichen, die er durch ihn in eurer

Mitte getan hat, wie ihr selbst wisst – ihn, der nach Gottes beschlossenem Willen und Vorauswissen hingegeben wurde, habt ihr durch die Hand von Gesetzlosen ans Kreuz geschlagen und umgebracht.

Gott aber hat ihn von den Wehen des Todes befreit und auferweckt; denn es war unmöglich, dass er vom Tod festgehalten wurde. David nämlich sagt über ihn:

Ich hatte den Herrn beständig vor Augen. Denn er steht mir zur Rechten, dass ich nicht wanke. Darum freute sich mein Herz und frohlockte meine Zunge und auch mein Leib wird in Hoffnung wohnen; denn du gibst meine Seele nicht der Unterwelt preis, noch lässt du deinen Frommen die Verwesung schauen. Du hast mir die Wege zum Leben gezeigt, du wirst mich erfüllen mit Freude vor deinem Angesicht.

Brüder, ich darf freimütig zu euch über den Patriarchen David reden: Er starb und wurde begraben und sein Grabmal ist bei uns erhalten bis auf den heutigen Tag. Da er ein Prophet war und wusste, dass Gott ihm einen Eid geschworen hatte, einer von seinen Nachkommen werde auf seinem Thron sitzen, sagte er vorausschauend über die Auferstehung des Christus: Er gab ihn nicht der Unterwelt preis und sein Leib schaute die Verwesung nicht. Diesen Jesus hat Gott auferweckt, dafür sind wir alle Zeugen. Zur Rechten Gottes erhöht, hat er vom Vater den verheißenen Heiligen Geist empfangen und ihn ausgegossen, wie ihr seht und hört.

ANTWORTPSALM

Ps 89 (88),2–3.4–5 (Kv: 2a)

Kv Von der Huld des Herrn will ich ewig singen. – Kv

Oder:

Kv Halleluja. – Kv

Von der Huld des Herrn will ich ewig singen, *
von Geschlecht zu Geschlecht mit meinem Mund
deine Treue verkünden.

Denn ich bekenne: Auf ewig ist Huld gegründet, *
im Himmel deine Treue gefestigt. – (Kv)

„Ich habe einen Bund geschlossen mit meinem Erwählten *
und David, meinem Knecht, geschworen:
Auf ewig gebe ich deinem Haus festen Bestand *
und von Geschlecht zu Geschlecht gründe ich deinen Thron." – Kv

ZUR 2. LESUNG Was von Gott kommt, kann nicht falsch sein. Deshalb verweist Paulus auf die Kette derer, die bezeugen können, dass Jesus Christus auferweckt wurde. Und er verweist auf die Heilige Schrift. Gewiss wäre manches einfacher, wenn der Christus jedem Menschen erscheinen könnte. Allerdings würde das bedeuten, dass wir keine andere Wahl hätten, als ihn anzuerkennen. Gott will das offenbar nicht, er will sich nicht aufdrängen, er will, dass wir anderen Menschen vertrauen. Gott fördert und fordert gerade dieses Vertrauen zwischen uns Menschen. In gewissem Sinne stellt er uns damit auf die Probe, ermöglicht aber auch echte Hingabe.

ZWEITE LESUNG

1 Kor 15,1–8.11

Das Evangelium, das ich euch verkündet habe, ist der Grund, auf dem ihr steht

Lesung aus dem ersten Brief des Apostels Paulus an die Gemeinde in Korínth.

Ich erinnere euch, Schwestern und Brüder, an das Evangelium, das ich euch verkündet habe. Ihr habt es angenommen; es ist der Grund, auf dem ihr steht. Durch dieses Evangelium werdet ihr gerettet werden, wenn ihr festhaltet an dem Wort, das ich euch verkündet habe, es sei denn, ihr hättet den Glauben unüberlegt angenommen.

Denn vor allem habe ich euch überliefert, was auch ich empfangen habe:

Christus ist für unsere Sünden gestorben, gemäß der Schrift, und ist begraben worden. Er ist am dritten Tag auferweckt worden, gemäß der Schrift, und erschien dem Kephas, dann den Zwölf.

Danach erschien er mehr als fünfhundert Brüdern zugleich; die meisten von ihnen sind noch am Leben, einige sind entschlafen. Danach erschien er dem Jakobus, dann allen Aposteln. Zuletzt erschien er auch mir, gleichsam der Missgeburt.

Ob nun ich verkünde oder die anderen: Das ist unsere Botschaft und das ist der Glaube, den ihr angenommen habt.

RUF VOR DEM EVANGELIUM

Vers: vgl. Lk 24,32

Halleluja. Halleluja.
Brannte nicht unser Herz,
als der Herr unterwegs mit uns redete
und uns den Sinn der Schriften eröffnete?
Halleluja.

ZUM EVANGELIUM Die Emmaus-Jünger werden durch zwei Eigenschaften charakterisiert. Einerseits ist ihr Herz zu träge, um zu glauben, auf der anderen Seite drängen sie den Herrn, bei ihnen zu bleiben. Vielleicht handelt es sich um dasselbe Problem: Wer nicht den Mut zum Glauben hat, der braucht einen anderen, der ihm die Dinge erklärt und für sie zeugt, der sie bewahrheitet. Im Prinzip ist das heutige Evangelium die klare Aufforderung an jeden und jede von uns, selbst die Schrift in die Hand zu nehmen und zu glauben, was dort geschrieben steht. Ja, wir bedürfen bei der ersten und zweiten Lektüre bestimmt einiger Erklärungen, aber dann dürfen wir auf das vertrauen, was wir selbst verstehen. Haben wir den Mut dazu?!

EVANGELIUM

Lk 24,13–35°

Sie erkannten ihn, als er das Brot brach

+ Aus dem heiligen Evangelium nach Lukas.

Am ersten Tag der Woche waren zwei von den Jüngern Jesu auf dem Weg in ein Dorf namens Emmaus, das sechzig Stadien von Jerusalem entfernt ist. Sie sprachen miteinander über all das, was sich ereignet hatte. Und es geschah: Während sie redeten und ihre Gedanken austauschten, kam Jesus selbst hinzu und ging mit ihnen. Doch ihre Augen waren gehalten, sodass sie ihn nicht erkannten. Er fragte sie: Was sind das für Dinge, über die ihr auf eurem Weg miteinander redet?

Da blieben sie traurig stehen und der eine von ihnen – er hieß Kléopas – antwortete ihm: Bist du so fremd in Jerusalem, dass du als Einziger nicht weißt, was in diesen Tagen dort geschehen ist? Er fragte sie: Was denn?

Sie antworteten ihm: Das mit Jesus aus Nazaret. Er war ein Prophet, mächtig in Tat und Wort vor Gott und dem ganzen Volk. Doch unsere Hohepriester und Führer haben ihn zum Tod verurteilen und ans Kreuz schlagen lassen. Wir aber hatten gehofft, dass er der sei, der Israel erlösen werde. Und dazu ist heute schon der dritte Tag, seitdem das alles geschehen ist.

Doch auch einige Frauen aus unserem Kreis haben uns in große Aufregung versetzt. Sie waren in der Frühe beim Grab, fanden aber seinen Leichnam nicht. Als sie zurückkamen, erzählten sie, es seien ihnen Engel erschienen und hätten gesagt, er lebe. Einige von uns gingen dann zum Grab und fanden alles so, wie die Frauen gesagt hatten; ihn selbst aber sahen sie nicht.

Da sagte er zu ihnen: Ihr Unverständigen, deren Herz zu träge ist, um alles zu glauben, was die Propheten gesagt haben. Musste nicht der Christus das erleiden und so in seine Herrlichkeit gelangen? Und er legte ihnen dar, ausgehend von Mose und allen Propheten, was in der gesamten Schrift über ihn geschrieben steht.

So erreichten sie das Dorf, zu dem sie unterwegs waren. Jesus tat, als wolle er weitergehen, aber sie drängten ihn und sagten: Bleibe bei uns; denn es wird Abend, der Tag hat sich schon geneigt! Da ging er mit hinein, um bei ihnen zu bleiben. Und es geschah: Als er mit ihnen bei Tisch war, nahm er das Brot, sprach den Lobpreis, brach es und gab es ihnen. Da wurden ihre Augen aufgetan und sie erkannten ihn; und er entschwand ihren Blicken. Und sie sagten zueinander: Brannte nicht unser Herz in uns, als er unterwegs mit uns redete und uns den Sinn der Schriften eröffnete?

Noch in derselben Stunde brachen sie auf und kehrten nach Jerusalem zurück und sie fanden die Elf und die mit ihnen versammelt waren. Diese sagten: Der Herr ist wirklich auferstanden und ist dem Simon erschienen. Da erzählten auch sie, was sie unterwegs erlebt und wie sie ihn erkannt hatten, als er das Brot brach.

Oder:

RUF VOR DEM EVANGELIUM

Vers: vgl. Ps 118 (117),24

Halleluja. Halleluja.
Das ist der Tag, den der Herr gemacht;
lasst uns jubeln und seiner uns freuen.
Halleluja.

ZUM EVANGELIUM Der Evangelientext ist zwiegespalten. Einerseits betont er die Ersterscheinung Jesu vor den Frauen, fast am Ort des Geschehens. Den Männern erscheint Jesus erst weit weg in der ehemaligen Heimat; die Frauen brauchen offenbar nicht die vertraute Umgebung, um zu sehen und zu verstehen. Andererseits wird eine Geschichte konstruiert, um das Verschwinden des Leichnams zu erklären. Aber woher sollen die Soldaten wissen, dass es die Jünger waren, die den Leichnam stahlen, wenn sie doch geschlafen haben? Die Geschichte geht von der Kostbarkeit des Leichnams für die Jünger aus. Der respektvolle Umgang mit den Gebeinen unserer Ahnen zeugt von unserem Wissen um den Zusammenhang von Person und Körper, Leib.

EVANGELIUM

Mt 28,8–15

Sagt meinen Brüdern, sie sollen nach Galiläa gehen und dort werden sie mich sehen

+ **Aus dem heiligen Evangelium nach Matthäus.**

Nachdem die Frauen die Botschaft des Engels vernommen hatten, verließen sie sogleich das Grab voll Furcht und großer Freude und sie eilten zu seinen Jüngern, um ihnen die Botschaft zu verkünden.

Und siehe, Jesus kam ihnen entgegen und sagte: Seid gegrüßt! Sie gingen auf ihn zu, warfen sich vor ihm nieder und umfassten seine Füße. Da sagte Jesus zu ihnen: Fürchtet euch nicht! Geht und sagt meinen Brüdern, sie sollen nach Galiläa gehen und dort werden sie mich sehen.

Noch während die Frauen unterwegs waren, siehe, da kamen einige von den Wächtern in die Stadt und berichteten den Hohenpriestern alles, was geschehen war. Diese fassten gemeinsam mit den Ältesten den Beschluss, die Soldaten zu bestechen. Sie gaben ihnen viel Geld und sagten: Erzählt den Leuten: Seine Jünger sind bei Nacht gekommen und haben ihn gestohlen, während wir schliefen. Falls der Statthalter davon hört, werden wir ihn beschwichtigen und dafür sorgen, dass ihr nichts zu befürchten habt. Die Soldaten nahmen das Geld und machten alles so, wie man es ihnen gesagt hatte. Und dieses Gerücht verbreitete sich bei den Juden bis heute.

FÜRBITTEN

Die Frauen sahen und verkündeten Jesus als den Auferstandenen. Ihre Botschaft gilt auch uns. Wir beten zu Gott, dem Vater, der den Sohn nicht im Tode ließ:

- Worauf hören wir? Guter Gott, hilf uns, die vielen Stimmen zu unterscheiden und der Stimme der Liebe und des Lebens zu folgen. V: Barmherziger Gott. A: Wir bitten dich, erhöre uns.
- Wovon reden wir? Guter Gott, hilf deiner Kirche und allen in der Seelsorge Tätigen, die befreiende Freude der Osterbotschaft zu vermitteln. V: Barmherziger Gott. A: Wir bitten dich, erhöre uns.

- Was suchen wir? Guter Gott, schenke deinen Getauften den Blick auf die Schwachen und hilf ihnen, dort zu helfen, wo es nottut. V: Barmherziger Gott. A: Wir bitten dich, erhöre uns.
- Wovon träumen wir? Guter Gott, stärke alle Menschen, die vom Frieden träumen und immer wieder neu Schritte zum Frieden gehen. V: Barmherziger Gott. A: Wir bitten dich, erhöre uns.
- Worauf hoffen wir? Guter Gott, stärke die Hoffnung auf ein befreites Sein bei dir in allen, denen der Tod nahegekommen ist. V: Barmherziger Gott. A: Wir bitten dich, erhöre uns.

Der erbarmende Gott erfüllt unsere Herzen mit großer Osterfreude. Dafür danken wir heute und alle Tage, die uns geschenkt sind, durch Jesus Christus, unseren Bruder und Heiland.

EUCHARISTIEFEIER

GABENGEBET

Gott, du hast deinem Volk durch das Bekenntnis des Glaubens und den Empfang der Taufe neues Leben geschenkt. Nimm die Gaben (der Neugetauften und aller) deiner Gläubigen gnädig an und lass uns in dir Seligkeit und ewiges Leben finden. Darum bitten wir durch Christus, unseren Herrn.

Präfation, S. 495 f.

KOMMUNIONVERS

Vgl. Röm 6,9

Christus ist vom Tod erstanden; er stirbt nicht mehr.
Gebrochen ist die Macht des Todes. Halleluja.

SCHLUSSGEBET

Allmächtiger Gott, du hast uns durch die österlichen Geheimnisse auf den Weg des Lebens geführt. Lass deine Gnade in uns mächtig werden, damit wir uns deiner Gaben würdig erweisen und unseren Weg zu dir vollenden. Darum bitten wir durch Christus, unseren Herrn.

FEIERLICHER SCHLUSSSEGEN

S. 365

***

ES IST DER HERR

Im Kreuz
spielt sich
das Leben ab

und alles wahre Leben
ist Begegnung

der Lebendige
begegnet seinen Freunden
baut ihren Glauben
wieder auf
und sendet sie
zu uns

Heinz Detlef Stäps

2. SONNTAG DER OSTERZEIT
SONNTAG DER GÖTTLICHEN BARMHERZIGKEIT
WEISSER SONNTAG

11. April 2021

Was hält die christliche Gemeinde zusammen? Nach dem Fest der Auferstehung bereiten die Lesungen des zweiten Sonntags der Osterzeit den Weg in den Alltag. Das wesentliche Stichwort ist die Liebe. Sie schenkt die Kraft, aus der die neue Gemeinschaft entstehen kann. Sie lässt nicht zu, dass soziale Unterschiede die Gemeinde spalten, sie verbindet alle, die an Christus glauben, in der Zuversicht, die Welt mit ihren Lasten und Sorgen überwunden zu haben. Die Liebe lässt aber auch den Zweifel zu. Jesus weist Thomas nicht mit harschen Worten zurecht, sondern wendet sich ihm in Liebe zu. In solcher Liebe erkennen wir, dass wir Gottes Kinder sind. Diese Liebe bringt in uns die Kraft der Auferstehung zum Blühen.

ERÖFFNUNGSVERS

Vgl. 5 Esra 2,36–37 (apokr.)

Freut euch und dankt Gott, der euch zu sich gerufen hat.
Ihr seid Kinder Gottes und Erben seiner Herrlichkeit.
Halleluja.

KYRIE-RUFE

Jesus Christus, auferstandener Herr, du bist den Jüngern
immer wieder lebendig begegnet.
V/A: Herr, erbarme dich.

Gegenwärtiger Herr, du lässt dich erfahren
in Wort und Sakrament.
V/A: Christus, erbarme dich.
Barmherziger Herr, du willst, dass wir durch den Glauben
das Leben haben in deinem Namen.
V/A: Herr, erbarme dich.

Ehre sei Gott, S. 481 f.

TAGESGEBET

Barmherziger Gott, durch die jährliche Osterfeier erneuerst du den Glauben deines Volkes. Lass uns immer tiefer erkennen, wie heilig das Bad der Taufe ist, das uns gereinigt hat, wie mächtig dein Geist, aus dem wir wiedergeboren sind, und wie kostbar das Blut, durch das wir erkauft sind. Darum bitten wir durch Jesus Christus.

WORTGOTTESDIENST

ZUR 1. LESUNG Wie die Christen der ersten Stunde gemeinsam lebten, erscheint nach dem Bericht der Apostelgeschichte wie eine sozialromantische Utopie. Alle verkaufen ihren Besitz und legen das Geld in einen gemeinsamen Topf, aus dem alle leben können. Keiner leidet Not (V. 34). Doch Lukas entwirft keine Bedienungsanleitung für eine christliche Kommune. Selbst damals werden einige an dem Ideal gescheitert sein. Im Kern geht es vielmehr um die Liebe. Wenn ich den anderen in den Blick nehme, dann kann es mir nicht mehr nur darum gehen, mein Geld so gut wie möglich zusammenzuhalten. Dann teile ich mit denen, die es nötiger haben, und kann entdecken, dass aus dem scheinbaren Verlust großer Reichtum erwächst: die Gemeinschaft, die durch die Liebe miteinander verbunden bleibt.

ERSTE LESUNG

Apg 4,32–35

Die Menge derer, die gläubig geworden waren, war ein Herz und eine Seele

Lesung aus der Apostelgeschichte.

Die Menge derer, die gläubig geworden waren, war *ein* Herz und *eine* Seele. Keiner nannte etwas von dem, was er hatte, sein Eigentum, sondern sie hatten alles gemeinsam.

Mit großer Kraft legten die Apostel Zeugnis ab von der Auferstehung Jesu, des Herrn, und reiche Gnade ruhte auf ihnen allen.

Es gab auch keinen unter ihnen, der Not litt. Denn alle, die Grundstücke oder Häuser besaßen, verkauften ihren Besitz, brachten den Erlös und legten ihn den Aposteln zu Füßen. Jedem wurde davon so viel zugeteilt, wie er nötig hatte.

ANTWORTPSALM

Ps 118 (117),2 u. 4.16–17.18 u. 22.23–24 (Kv: 1)

Kv Danket dem Herrn, denn er ist gut,
denn seine Huld währt ewig. – Kv

Oder:

Kv Halleluja. – Kv

So soll Israel sagen: *
Denn seine Huld währt ewig.
So sollen sagen, die den Herrn fürchten: *
Denn seine Huld währt ewig. – (Kv)

Die Rechte des Herrn, sie erhöht, *
die Rechte des Herrn, Taten der Macht vollbringt sie.
Ich werde nicht sterben, sondern leben, *
um die Taten des Herrn zu verkünden. – (Kv)

Der Herr hat mich gezüchtigt, ja, gezüchtigt, *
doch mich dem Tod nicht übergeben.

Ein Stein, den die Bauleute verwarfen, *
er ist zum Eckstein geworden. – (Kv)

Vom HERRN her ist dies gewirkt, *
ein Wunder in unseren Augen.
Dies ist der Tag, den der HERR gemacht hat; *
wir wollen jubeln und uns über ihn freuen. – Kv

ZUR 2. LESUNG Die Liebe der christlichen Gemeinde ist kein Gefühl, bei dem es mir warm ums Herz wird. Diese Liebe drückt sich in erkennbarem Handeln aus. Der Autor des Briefes gibt dazu einen Maßstab an die Hand. Echte Liebe zum Nächsten erwächst nicht aus eigenen Motiven, seien sie noch so edel. Nur aus der Liebe zu Gott kann die wahre Liebe zum Nächsten wachsen. In dieser Liebe sind Gottes Gebote keine Last, sondern Ausdruck einer tiefen und belastbaren Gottesbeziehung. Jesus hat sein Werk in der Taufe, im Wasser, begonnen und im Blut, also in seinem Tod, vollendet und das Böse überwunden. Im Geist wirkt er auch in diesen beiden Zeichen in der Gemeinde fort. Daher kann die Gemeinde aus Taufe und Eucharistie Kraft für die Liebe zu Gott und dem Nächsten schöpfen.

ZWEITE LESUNG 1 Joh 5,1–6

Alles, was aus Gott gezeugt ist, besiegt die Welt

Lesung aus dem ersten Johannesbrief.

Schwestern und Brüder! Jeder, der glaubt, dass Jesus der Christus ist, ist aus Gott gezeugt und jeder, der den Vater liebt, liebt auch den, der aus ihm gezeugt ist. Daran erkennen wir, dass wir die Kinder Gottes lieben: wenn wir Gott lieben und seine Gebote erfüllen.

Denn darin besteht die Liebe zu Gott, dass wir seine Gebote halten; und seine Gebote sind nicht schwer. Denn alles, was aus Gott gezeugt ist, besiegt die Welt. Und das ist der Sieg, der die Welt besiegt hat: unser Glaube. Wer sonst besiegt die Welt, außer dem, der glaubt, dass Jesus der Sohn Gottes ist?

Dieser ist es, der durch Wasser und Blut gekommen ist: Jesus Christus. Er ist nicht nur im Wasser gekommen, sondern im Wasser und im Blut. Und der Geist ist es, der Zeugnis ablegt; denn der Geist ist die Wahrheit.

RUF VOR DEM EVANGELIUM

Vers: vgl. Joh 20,29

Halleluja. Halleluja.
(So spricht der Herr:)
Weil du mich gesehen hast, Thomas, glaubst du.
Selig sind, die nicht sehen und doch glauben.
Halleluja.

ZUM EVANGELIUM Von Beginn an war der Zweifel der Zwillingsbruder des Glaubens. Selbst im Kreis der ersten Jünger zweifelten einige, ob Jesus wirklich von den Toten auferstanden war. Thomas wollte im wahrsten Wortsinn „begreifen", ob tatsächlich etwas dran war an dieser Botschaft. Jesus weist ihn nicht zurecht, sondern lässt sich auf ihn ein und wendet sich ihm liebevoll zu. Der Evangelist macht mit dieser Geschichte deutlich, dass die Kraft des Wortes und der Liebe stärker sind als alle Beweise. Letztlich kann mich auch ein vermeintlicher Beweis nicht zum Glauben bringen. Selbst einige Zeugen der Wunder Jesu haben sich kopfschüttelnd von ihm abgewandt. Überzeugend ist letztlich nur die Liebe, die alle Barrieren und Grenzen überwindet und aus dem Geist Jesu eine neue Gemeinschaft formt.

EVANGELIUM

Joh 20,19–31

Acht Tage darauf kam Jesus bei verschlossenen Türen und trat in ihre Mitte

+ Aus dem heiligen Evangelium nach Johannes.

Am Abend dieses ersten Tages der Woche, als die Jünger aus Furcht vor den Juden bei verschlossenen Türen beisammen waren, kam Jesus, trat in ihre Mitte und sagte zu ihnen: Friede sei mit euch! Nach diesen Worten zeigte er ihnen seine Hände und seine Seite. Da freuten sich die Jünger, als sie den Herrn sahen.

Jesus sagte noch einmal zu ihnen: Friede sei mit euch! Wie mich der Vater gesandt hat, so sende ich euch. Nachdem er das gesagt hatte, hauchte er sie an und sagte zu ihnen: Empfangt den Heiligen Geist! Denen ihr die Sünden erlasst, denen sind sie erlassen; denen ihr sie behaltet, sind sie behalten.

Thomas, der Dídymus – Zwilling – genannt wurde, einer der Zwölf, war nicht bei ihnen, als Jesus kam. Die anderen Jünger sagten zu ihm: Wir haben den Herrn gesehen.

Er entgegnete ihnen: Wenn ich nicht das Mal der Nägel an seinen Händen sehe und wenn ich meinen Finger nicht in das Mal der Nägel und meine Hand nicht in seine Seite lege, glaube ich nicht.

Acht Tage darauf waren seine Jünger wieder drinnen versammelt und Thomas war dabei.

Da kam Jesus bei verschlossenen Türen, trat in ihre Mitte und sagte: Friede sei mit euch!

Dann sagte er zu Thomas: Streck deinen Finger hierher aus und sieh meine Hände! Streck deine Hand aus und leg sie in meine Seite und sei nicht ungläubig, sondern gläubig!

Thomas antwortete und sagte zu ihm: Mein Herr und mein Gott! Jesus sagte zu ihm: Weil du mich gesehen hast, glaubst du. Selig sind, die nicht sehen und doch glauben.

Noch viele andere Zeichen hat Jesus vor den Augen seiner Jünger getan, die in diesem Buch nicht aufgeschrieben sind. Diese aber sind aufgeschrieben, damit ihr glaubt, dass Jesus der Christus ist, der Sohn Gottes, und damit ihr durch den Glauben Leben habt in seinem Namen.

Glaubensbekenntnis, S. 484 ff.

FÜRBITTEN

Im Zeichen des Brotes wird unser Glaube gestärkt wie im nährenden Wort. Wir rufen zu Gott, der unser Heil will, und bitten ihn:

- Für die Kinder weltweit und für die Kinder unserer Gemeinde, die heute aufgenommen werden in die Mahlgemeinschaft Jesu Christi. V: Barmherziger Gott. A: Höre und erhöre uns.
- Für ihre Familien und für alle, die sie stärken, wenn sie traurig oder in Not sind. V: Barmherziger Gott. A: Höre und erhöre uns.
- Für die Katechetinnen und Katecheten, die sie begleiten durften. V: Barmherziger Gott. A: Höre und erhöre uns.
- Für alle Menschen, die suchen und fragen, und für alle, die sich für das Gute einsetzen in ihrem Leben. V: Barmherziger Gott. A: Höre und erhöre uns.
- Für die Kinder in der ganzen Welt, die arbeiten müssen, anstatt zu spielen; für alle, denen es verwehrt war, Kind zu sein. V: Barmherziger Gott. A: Höre und erhöre uns.
- Für alle, die sich für Gerechtigkeit einsetzen, und für alle, die großzügig teilen. V: Barmherziger Gott. A: Höre und erhöre uns.
- Für die verstorbenen Angehörigen der Kommunionkinder und für alle, die heute nicht teilhaben können am Fest der Gemeinden und Familien. V: Barmherziger Gott. A: Höre und erhöre uns.

Gott, wir leben aus deinem Erbarmen und sagen dir Dank für die Zeichen deiner Nähe, die wir heute erfahren durften. Lass uns nun als österliche Menschen leben durch Christus, unseren Bruder und Herrn.

EUCHARISTIEFEIER

GABENGEBET

Gott, du hast deinem Volk durch das Bekenntnis des Glaubens und den Empfang der Taufe neues Leben geschenkt. Nimm die Gaben (der Neugetauften und aller) deiner Gläubigen gnädig an und lass uns in dir Seligkeit und ewiges Leben finden. Darum bitten wir durch Christus, unseren Herrn.

Präfation, S. 495 f.

KOMMUNIONVERS

Joh 20,29

Selig, die nicht sehen und doch glauben.
Halleluja.

SCHLUSSGEBET

Allmächtiger Gott, im heiligen Sakrament haben wir den Leib und das Blut deines Sohnes empfangen. Lass diese österliche Gabe in uns weiterwirken und fruchtbar sein. Darum bitten wir durch Christus, unseren Herrn.

FEIERLICHER SCHLUSSSEGEN

Der allmächtige Gott hat uns durch die Auferstehung seines Sohnes aus Sünde und Tod befreit; er segne euch und schenke euch seine Freude. – A: Amen.
Und Christus, mit dem wir auferstanden sind durch den Glauben, bewahre in euch die Gabe der Erlösung. – A: Amen.
Gott hat uns in der Taufe angenommen als Kinder seiner Gnade; er schenke euch das verheißene Erbe. – A: Amen.

Das gewähre euch der dreieinige Gott, der Vater und der Sohn † und der Heilige Geist. – A: Amen.

***

LIEBE, DIE FÜR IHRE MÖRDER FLEHTE

Liebe, du ans Kreuz für uns erhöhte,
Liebe, die für ihre Mörder flehte,
durch deine Flammen schmelz
in Liebe Herz und Herz zusammen.

Karl Bernhard Garve

3. SONNTAG DER OSTERZEIT

18. April 2021

Mit dem eindringlichen Ruf zur Umkehr beginnt Jesus sein öffentliches Wirken (Mk 1,14). Nach Jesu Auferstehung setzt die Gemeinde diese Verkündigung fort. Die Bekehrung ist kein einmaliger Akt, der uns in der Taufe in den Schoß gelegt wird. Bekehrung ist ein fortlaufender Prozess, eine Lebensaufgabe. Jeden Tag stellen sich neue Herausforderungen und Hindernisse in den Weg, die den Glauben infrage stellen wollen. Erneut beschreiben die Lesungen des heutigen Sonntages, wie wir unser Leben und unseren Glauben im Licht der Osterbotschaft gestalten können. Und wir werden eindrücklich daran erinnert, dass uns Jesus auf diesem Weg begleitet – jeden Tag.

ERÖFFNUNGSVERS

Ps 66 (65), 1–2

Jauchzt vor Gott, alle Menschen der Erde!
Spielt zum Ruhm seines Namens!
Verherrlicht ihn mit Lobpreis! Halleluja.

KYRIE-RUFE

Jesus Christus, auferstandener Herr, du trittst in unsere Mitte
und sprichst uns den Frieden zu.
V/A: Herr, erbarme dich.
Du öffnest uns die Augen für das Verständnis der Schrift.
V/A: Christus, erbarme dich.
Du lässt uns deine Zeugen sein.
V/A: Herr, erbarme dich.

Ehre sei Gott, S. 481 f.

TAGESGEBET

Allmächtiger Gott, lass die österliche Freude in uns fortdauern, denn du hast deiner Kirche neue Lebenskraft geschenkt und die Würde unserer Gotteskindschaft in neuem Glanz erstrahlen lassen. Gib, dass wir den Tag der Auferstehung voll Zuversicht erwarten als einen Tag des Jubels und des Dankes. Darum bitten wir durch Jesus Christus.

WORTGOTTESDIENST

ZUR 1. LESUNG Bei Gott ist niemand verloren. In seiner Predigt wiederholt Petrus, dass selbst diejenigen, die den Urheber des Lebens getötet haben (V. 15), von Gottes Liebe umfangen sind. Es bleibt ein Geheimnis, dass Gott selbst aus dem Widerstand noch Gutes erwachsen lassen kann. Paulus hat es erfahren, auch Petrus erlebte am eigenen Leib, wie er Jesus verriet und nun zur tragenden Figur der jungen Kirche wird. Bewusst setzt Lukas in der Predigt des Petrus Begriffe ein, in denen jüdische Leserinnen und Leser den Messias erkennen: Was jetzt geschehen ist, war schon längst in Gottes Plan verborgen. Bekehrung ist keine Moralpredigt, sondern Erkenntnis meiner Geschichte mit Gott. Dies erkennen wir, wenn wir uns ganz auf Gott einlassen.

ERSTE LESUNG Apg 3,12a.13–15.17–19

Den Urheber des Lebens habt ihr getötet, aber Gott hat ihn von den Toten auferweckt

Lesung aus der Apostelgeschichte.

In jenen Tagen wandte sich Petrus an das Volk: Der Gott Abrahams, Ísaaks und Jakobs, der Gott unserer Väter, hat seinen Knecht Jesus verherrlicht, den ihr ausgeliefert und vor Pilatus verleugnet habt, obwohl dieser entschieden hatte, ihn freizulassen. Ihr aber habt den Heiligen und Gerechten verleugnet und die Freilassung eines

Mörders erbeten. Den Urheber des Lebens habt ihr getötet, aber Gott hat ihn von den Toten auferweckt. Dafür sind wir Zeugen.

Nun, Brüder, ich weiß, ihr habt aus Unwissenheit gehandelt, ebenso wie eure Anführer. Gott aber hat auf diese Weise erfüllt, was er durch den Mund aller Propheten im Voraus verkündet hat: dass sein Christus leiden werde. Also kehrt um und tut Buße, damit eure Sünden getilgt werden.

ANTWORTPSALM

Ps 4,2.4 u. 7.8–9 (Kv: vgl. 7b)

Kv Lass dein Angesicht über uns leuchten, o Herr! – Kv

Oder:

Kv Halleluja. – Kv

Wenn ich rufe, gib mir Antwort, *
Gott meiner Gerechtigkeit!
Du hast mir weiten Raum geschaffen in meiner Bedrängnis. *
Sei mir gnädig und hör auf mein Flehen! – (Kv)

Erkennt, dass der HERR sich seinen Frommen erwählt hat, *
der HERR hört, wenn ich zu ihm rufe.
Viele sagen: „Wer lässt uns Gutes schauen?“ *
HERR, lass dein Angesicht über uns leuchten! – (Kv)

Du legst mir größere Freude ins Herz, *
als andere haben bei Korn und Wein in Fülle.
In Frieden leg ich mich nieder und schlafe; *
denn du allein, HERR, lässt mich sorglos wohnen. – Kv

ZUR 2. LESUNG In der zweiten Lesung wird das Angebot Gottes nochmals unterstrichen. Jesus Christus hat sich ganz für uns hingegeben, an unsere Seite gestellt. Dort bleibt er und nimmt uns an die Hand. Seine Gnade gilt der ganzen Welt. Daher darf ich mich nicht absondern, mich für etwas Besseres halten. Mit der ganzen Gemeinde bin ich vielmehr in die Pflicht genommen. Mein Leben muss auch das ausstrahlen, was ich glaube und verkünde. Das ist kein moralischer Appell, sondern der Hinweis darauf, dass ich mich immer wieder neu auf Gott einlassen kann. Zum Beispiel jetzt im Gottesdienst.

ZWEITE LESUNG 1 Joh 2, 1–5a

Er ist die Sühne, nicht nur für unsere Sünden, sondern auch für die der ganzen Welt

Lesung aus dem ersten Johannesbrief.

Meine Kinder, ich schreibe euch dies, damit ihr nicht sündigt. Wenn aber einer sündigt, haben wir einen Beistand beim Vater: Jesus Christus, den Gerechten. Er ist die Sühne für unsere Sünden, aber nicht nur für unsere Sünden, sondern auch für die der ganzen Welt.

Und daran erkennen wir, dass wir ihn erkannt haben: wenn wir seine Gebote halten. Wer sagt: Ich habe ihn erkannt!, aber seine Gebote nicht hält, ist ein Lügner und in dem ist die Wahrheit nicht. Wer sich aber an sein Wort hält, in dem ist die Gottesliebe wahrhaft vollendet.

RUF VOR DEM EVANGELIUM Vers: vgl. Lk 24, 32

Halleluja. Halleluja.
Herr Jesus, erschließ uns die Schrift!
Lass unser Herz entbrennen, wenn du zu uns redest.
Halleluja.

ZUM EVANGELIUM Ostern ist zuerst einmal verwirrend und störend. Selbst als Jesus in die Mitte seiner Freunde tritt, zittern sie vor Angst. Erst als er ihnen die heiligen Schriften erklärt, erkennen sie mehr und mehr, was ihnen gerade widerfährt. Gott will sich und seine Herrlichkeit an den Tod Jesu binden und sich dort finden lassen, wo man diesen Tod von den heiligen Schriften des Gottesvolkes Israel her, der Bibel Jesu, unserem Alten Testament, versteht. Auch wenn wir es nicht gleich verstehen, auch wenn sich uns die Bibel noch nicht geöffnet hat: Jesus lässt uns auch dann nicht allein. Er gibt uns Zeit. Gott ist kein blindes Schicksal, das uns letztlich kaltlassen kann. Er kommt vielmehr an den Mittagstisch, wo wir miteinander besprechen, was uns jeden Tag beschäftigt, und öffnet uns die Augen für das Wunder des Lebens, das er in seinen Händen hält.

EVANGELIUM Lk 24,35–48

So steht es geschrieben: Der Christus wird leiden und am dritten Tag von den Toten auferstehen

+ Aus dem heiligen Evangelium nach Lukas.

Die beiden Jünger, die von Emmaus zurückgekehrt waren, erzählten den Elf und die mit ihnen versammelt waren, was sie unterwegs erlebt und wie sie Jesus erkannt hatten, als er das Brot brach.

Während sie noch darüber redeten, trat er selbst in ihre Mitte und sagte zu ihnen: Friede sei mit euch! Sie erschraken und hatten große Angst, denn sie meinten, einen Geist zu sehen.

Da sagte er zu ihnen: Was seid ihr so bestürzt? Warum lasst ihr in eurem Herzen Zweifel aufkommen? Seht meine Hände und meine Füße an: Ich bin es selbst. Fasst mich doch an und begreift: Kein Geist hat Fleisch und Knochen, wie ihr es bei mir seht. Bei diesen Worten zeigte er ihnen seine Hände und Füße.

Als sie es aber vor Freude immer noch nicht glauben konnten und sich verwunderten, sagte er zu ihnen: Habt ihr etwas zu essen hier? Sie gaben ihm ein Stück gebratenen Fisch; er nahm es und aß es vor ihren Augen.

Dann sagte er zu ihnen: Das sind meine Worte, die ich zu euch gesprochen habe, als ich noch bei euch war: Alles muss in Erfüllung gehen, was im Gesetz des Mose, bei den Propheten und in den Psalmen über mich geschrieben steht.

Darauf öffnete er ihren Sinn für das Verständnis der Schriften. Er sagte zu ihnen: So steht es geschrieben: Der Christus wird leiden und am dritten Tag von den Toten auferstehen und in seinem Namen wird man allen Völkern Umkehr verkünden, damit ihre Sünden vergeben werden.

Angefangen in Jerusalem, seid ihr Zeugen dafür.

Glaubensbekenntnis, S. 484 ff.

FÜRBITTEN

„Friede sei mit euch!" Der Auferstandene schenkt seinen Freunden den Frieden – den Schalom, der Veränderung verlangt und ermöglicht. Wir rufen vertrauensvoll zu Jesus, der unser Lehrer und Bruder ist:

- Segne die Kirche, wenn sie deinen Frieden in Wort und Tat verkündet. V: Christus höre uns. A: Christus, erhöre uns.

- Beschütze die Menschen, die um ihres Glaubens willen benachteiligt, bedroht und vertrieben werden. V: Christus, höre uns. A: Christus, erhöre uns.

- Stärke die Politikerinnen und Politiker, die sich für Versöhnung und Frieden einsetzen. V: Christus, höre uns. A: Christus, erhöre uns.

- Segne alle, die nach einem Streit in der Familie, in der Schule, am Arbeitsplatz die Hand zur Versöhnung ausstrecken. V: Christus, höre uns. A: Christus, erhöre uns.

- Bestärke die jungen Menschen, die für einen schonenden Umgang mit der Natur eintreten und eigene Konsumgewohnheiten ändern. V: Christus, höre uns. A: Christus, erhöre uns.

- Ermutige alle, die im Wohlstand leben, zu teilen und sich für Gerechtigkeit einzusetzen. V: Christus höre uns. A: Christus, erhöre uns.

Jesus Christus, in Gottes Namen bist du den Menschen nahe. Dafür danken wir dir und hoffen auf dich, heute und alle Tage, die uns geschenkt sind.

EUCHARISTIEFEIER

GABENGEBET

Allmächtiger Gott, nimm die Gaben an, die deine Kirche dir in österlicher Freude darbringt. Du hast ihr Grund gegeben zu solchem Jubel, erhalte ihr die Freude bis zur Vollendung. Darum bitten wir durch Christus, unseren Herrn.

Präfation, S. 495 f.

KOMMUNIONVERS

Lk 24,46–47

Es steht geschrieben: Der Messias wird leiden und am dritten Tag von den Toten auferstehen, und in seinem Namen wird man allen Völkern die Bekehrung predigen, damit ihre Sünden vergeben werden. Halleluja.

SCHLUSSGEBET

Ewiger Gott, du hast uns durch die Ostergeheimnisse erneuert. Wende dich uns voll Güte zu und bleibe bei uns mit deiner Huld, bis wir mit verklärtem Leib zum unvergänglichen Leben auferstehen. Darum bitten wir durch Christus, unseren Herrn.

FEIERLICHER SCHLUSSSEGEN

S. 383 f.

***

IN DEN HEILIGEN BÜCHERN

In den Heiligen Büchern kommt ja der Vater, der im Himmel ist, seinen Kindern in Liebe entgegen und nimmt mit ihnen das Gespräch auf. Und solche Gewalt und Kraft west im Worte Gottes, dass es für die Kirche Halt und Leben, für die Kinder der Kirche Glaubensstärke, Seelenspeise und reiner, unversieglicher Quell des geistlichen Lebens ist.

Zweites Vatikanisches Konzil
(Dogmatische Konstitution über die göttliche Offenbarung 21)

4. SONNTAG DER OSTERZEIT

25. April 2021

Mit Ostern ist das Leben aufgebrochen. Der Tod hat keine Macht mehr, weil das Licht des Lebens alles Dunkel erhellt. Um dieses Leben, um den, der lebendig macht, dreht sich alles, wie in der ersten Lesung deutlich wird. Dieses Leben schenkt uns jeden Tag neuen Lebensmut, weil wir aus der unverbrüchlichen Liebe Gottes leben dürfen, wie es in der zweiten Lesung heißt. Jesus ist der Hirte, ihm dürfen wir mehr vertrauen als allen sonstigen „Hirten", unterstreicht das Evangelium. Weil Jesus sein Leben hingegeben hat, ist unser Leben neu geworden.

ERÖFFNUNGSVERS

Ps 33 (32),5–6

Die Erde ist voll von der Huld des Herrn.
Durch das Werk des Herrn wurden die Himmel geschaffen.
Halleluja.

KYRIE-RUFE

Herr Jesus Christus, du bist der gute Hirt.
V/A: Herr, erbarme dich.
Du kennst die Deinen, und die Deinen kennen dich.
V/A: Christus, erbarme dich.
Du gibst dein Leben hin für die Schafe.
V/A: Herr, erbarme dich.

Ehre sei Gott, S. 481 f.

TAGESGEBET

Allmächtiger, ewiger Gott, dein Sohn ist der Kirche siegreich vorausgegangen als der Gute Hirt. Geleite auch die Herde, für die er sein Leben dahingab, aus aller Not zur ewigen Freude. Darum bitten wir durch ihn, Jesus Christus.

WORTGOTTESDIENST

ZUR 1. LESUNG Der Glaube, den Petrus verkündet, lebt nicht von Effekten, die das Publikum begeistern. Selbst wenn Wunder geschehen, wenn Kranke geheilt werden, soll das immer wieder auf das eine Zentrum führen, von dem aus und aus dem alles ist und lebt: Jesus selbst. Er ist der Grundstein, der Eckstein, auf dem alles aufgebaut ist. Was Petrus von Beginn an verdeutlicht, scheint heute manchmal vergessen zu werden. Im Leben der Gemeinde geht es nur um eines: um Jesus Christus. Er versöhnt und vergibt, er schenkt das Leben und spendet den Geist. Wenn wir uns wieder mehr darauf besinnen und von dieser Mitte aus unser Leben gestalten, werden wir ein Wunder erleben: das Leben überwindet alles, was uns den Hals zuschnüren will, ja letztlich sogar den Tod.

ERSTE LESUNG Apg 4,8–12

In keinem anderen ist das Heil zu finden

Lesung aus der Apostelgeschichte.

In jenen Tagen sagte Petrus, erfüllt vom Heiligen Geist: Ihr Führer des Volkes und ihr Ältesten! Wenn wir heute wegen einer guten Tat an einem kranken Menschen darüber vernommen werden, durch wen er geheilt worden ist, so sollt ihr alle und das ganze Volk Israel wissen: im Namen Jesu Christi, des Nazoräers, den ihr gekreuzigt habt und den Gott von den Toten auferweckt hat. Durch ihn steht dieser Mann gesund vor euch.

Dieser Jesus ist der Stein, der von euch Bauleuten verworfen wurde, der aber zum Eckstein geworden ist. Und in keinem anderen ist das Heil zu finden. Denn es ist uns Menschen kein anderer Name unter dem Himmel gegeben, durch den wir gerettet werden sollen.

ANTWORTPSALM

Ps 118 (117), 1 u. 4.8–9.21–22.23 u. 26.28–29 (Kv: 22)

Kv Ein Stein, den die Bauleute verwarfen,
er ist zum Eckstein geworden. – Kv

Oder:

Kv Halleluja. – Kv

Danket dem Herrn, denn er ist gut, *
denn seine Huld währt ewig!
So sollen sagen, die den Herrn fürchten: *
Denn seine Huld währt ewig. – (Kv)

Besser, sich zu bergen beim Herrn, *
als zu vertrauen auf Menschen.
Besser, sich zu bergen beim Herrn, *
als zu vertrauen auf Fürsten. – (Kv)

Ich will dir danken, dass du mir Antwort gabst, *
du bist mir zur Rettung geworden.
Ein Stein, den die Bauleute verwarfen, *
er ist zum Eckstein geworden. – (Kv)

Vom Herrn her ist dies gewirkt, *
ein Wunder in unseren Augen.
Gesegnet sei, der da kommt im Namen des Herrn! *
Wir segnen euch vom Haus des Herrn her. – (Kv)

Mein Gott bist du, dir will ich danken. *
Mein Gott bist du, dich will ich erheben.
Danket dem HERRN, denn er ist gut, *
denn seine Huld währt ewig! – Kv

ZUR 2. LESUNG Mit dieser Zuversicht, dass wir Kinder Gottes heißen, wird in der Feier des Gottesdienstes das Vaterunser eingeleitet. Letztlich nährt sich unser Glaube nicht von dem, was wir tun oder was wir leisten können, sondern allein aus der Gewissheit, Kinder Gottes zu sein. So wie unsere Eltern auch dann noch Vater und Mutter bleiben, wenn wir keine Beziehung mehr zu ihnen zu haben glauben, so bleibt Gott zu allen Zeiten der Grund unseres Lebens. Und der Autor deutet an, dass diese Kindschaft uns am Ende ein verändertes Sein schenken wird. Doch wichtiger ist es, dass wir jetzt aus dieser Gewissheit Zuversicht erhalten und uns mit allem, was uns bewegt, an Gott wenden können.

ZWEITE LESUNG 1 Joh 3,1–2

Wir werden Gott sehen, wie er ist

Lesung aus dem ersten Johannesbrief.

Schwestern und Brüder! Seht, welche Liebe uns der Vater geschenkt hat: Wir heißen Kinder Gottes und wir sind es. Deshalb erkennt die Welt uns nicht, weil sie ihn nicht erkannt hat. Geliebte, jetzt sind wir Kinder Gottes. Doch ist noch nicht offenbar geworden, was wir sein werden. Wir wissen, dass wir ihm ähnlich sein werden, wenn er offenbar wird; denn wir werden ihn sehen, wie er ist.

RUF VOR DEM EVANGELIUM

Vers: Joh 10,14

Halleluja. Halleluja.
(So spricht der Herr:)
Ich bin der gute Hirt;
ich kenne die Meinen und die Meinen kennen mich.
Halleluja.

ZUM EVANGELIUM In der Zeit, in der das Evangelium entstand, wurde die Bezeichnung „Hirte" gerne von Königen und Fürsten gebraucht. Doch für den Evangelisten gibt es nur einen guten Hirten. Der sieht nicht auf seine Interessen wie ein Fürst, der seine Untertanen ausnutzt, um seinen Einfluss zu vergrößern. Er lässt die Seinen nicht im Stich wie ein Lohnarbeiter, dem es nicht um die Schafe, sondern um seinen Lohn geht, und der flieht, wenn die Bedingungen nicht stimmen (V. 13). Jesus ist deswegen der einzig wahre Hirte, weil er sein Leben in völliger Freiheit eingesetzt hat und er dieses Leben allen schenken kann und will (V. 18).

EVANGELIUM

Joh 10,11–18

Der gute Hirt gibt sein Leben hin für die Schafe

+ **Aus dem heiligen Evangelium nach Johannes.**

In jener Zeit sprach Jesus: Ich bin der gute Hirt. Der gute Hirt gibt sein Leben hin für die Schafe. Der bezahlte Knecht aber, der nicht Hirt ist und dem die Schafe nicht gehören, sieht den Wolf kommen, lässt die Schafe im Stich und flieht; und der Wolf reißt sie und zerstreut sie. Er flieht, weil er nur ein bezahlter Knecht ist und ihm an den Schafen nichts liegt.

Ich bin der gute Hirt; ich kenne die Meinen und die Meinen kennen mich, wie mich der Vater kennt und ich den Vater kenne; und ich gebe mein Leben hin für die Schafe.

Ich habe noch andere Schafe, die nicht aus diesem Stall sind; auch sie muss ich führen und sie werden auf meine Stimme hören; dann wird es nur eine Herde geben und einen Hirten.

Deshalb liebt mich der Vater, weil ich mein Leben hingebe, um es wieder zu nehmen. Niemand entreißt es mir, sondern ich gebe es von mir aus hin. Ich habe Macht, es hinzugeben, und ich habe Macht, es wieder zu nehmen. Diesen Auftrag habe ich von meinem Vater empfangen.

Glaubensbekenntnis, S. 484 ff.

FÜRBITTEN

Jesus ist der gute Hirt, der voll Liebe und Erbarmen weit über das hinausgeht, was von einem ordentlichen Hirten verlangt wird. Wir rufen zu Gott, dem erbarmenden Vater aller:

- Wir bitten für all diejenigen, die das Hirtenamt in einer der bedrängten und verfolgten Kirchen unserer Zeit ausüben. V: Gott des Lebens. A: Wir bitten dich, erhöre uns.
- Wir bitten um Wachsamkeit und Hilfsbereitschaft, wo Menschen abgewertet und verächtlich gemacht werden. V: Gott des Lebens. A: Wir bitten dich, erhöre uns.
- Wir bitten um die Kraft, die Einheit im Glauben nicht nur zu erhoffen, sondern bewusst Schritte zur vollen Einheit zu gehen. V: Gott des Lebens. A: Wir bitten dich, erhöre uns.
- Wir beten für die Menschen, die Opfer von Naturkatastrophen und Menschengewalt geworden sind. V: Gott des Lebens. A: Wir bitten dich, erhöre uns.
- Wir bitten dich für alle, deren Lebensplan durch eine schwere Erkrankung durchkreuzt wird. V: Gott des Lebens. A: Wir bitten dich, erhöre uns.

Barmherziger Gott, du rufst uns zur Einheit im Glauben und in der Liebe. Wir bitten dich um die Stärke, diesen Weg bewusst im Geist deines Sohnes zu gehen, heute und alle Tage unseres Lebens.

EUCHARISTIEFEIER

GABENGEBET

Herr, unser Gott, gib, dass wir dir allzeit danken durch die Feier der österlichen Geheimnisse. In ihnen führst du das Werk der Erlösung fort, mache sie für uns zur Quelle der unvergänglichen Freude. Darum bitten wir durch Christus, unseren Herrn.

Präfation, S. 495 f.

KOMMUNIONVERS

Auferstanden ist der Gute Hirt.
Er gab sein Leben für die Schafe.
Er ist für seine Herde gestorben. Halleluja.

SCHLUSSGEBET

Gott, du Hirt deines Volkes, sieh voll Huld auf deine Herde, die durch das kostbare Blut deines Sohnes erkauft ist; bleibe bei ihr und führe sie auf die Weide des ewigen Lebens. Darum bitten wir durch ihn, Christus, unseren Herrn.

FEIERLICHER SCHLUSSSEGEN

S. 383 f.

***

DU BIST MEIN, ICH BIN DEIN

Herr, mein Hirt, Brunn aller Freuden,
du bist mein, ich bin dein,
niemand kann uns scheiden.
Ich bin dein, weil du dein Leben
und dein Blut mir zugut
in den Tod gegeben;

du bist mein, weil ich dich fasse
und dich nicht, o mein Licht,
aus dem Herzen lasse.
Lass mich, lass mich hingelangen,
da du mich und ich dich
leiblich werd umfangen.

Paul Gerhardt

5. SONNTAG DER OSTERZEIT

2. Mai 2021

Die Texte dieses Sonntags führen nochmals in das Zentrum der Botschaft in der Osterzeit: die Liebe. Diese lebensgesättigte Liebe lässt sogar die Grenzen zu den scheinbaren Feinden fallen, so der Hinweis der ersten Lesung. Sie drängt zum Handeln aus der Kraft des Gebets, nicht zum Aktivismus, wie erneut der erste Brief des Johannes in der zweiten Lesung ausführt. Und mit einem weiteren starken „Ich bin"-Wort aus dem Johannes-Evangelium werden wir darauf hingewiesen, dass eine Liebe, die nicht aus der Beziehung zu Gott gelebt wird, ein Strohfeuer bleibt.

ERÖFFNUNGSVERS

Ps 98 (97), 1–2

Singt dem Herrn ein neues Lied,
denn er hat wunderbare Taten vollbracht
und sein gerechtes Wirken enthüllt
vor den Augen der Völker. Halleluja.

KYRIE-RUFE

Herr Jesus Christus, du bist der Weinstock, wir sind die Reben.
V/A: Herr, erbarme dich.
Du hast uns dazu bestimmt, uns aufzumachen
und Frucht zu bringen.
V/A: Christus, erbarme dich.
Du willst, dass wir in dir bleiben und du in uns –
so können wir reiche Frucht bringen.
V/A: Herr, erbarme dich.

Ehre sei Gott, S. 481 f.

TAGESGEBET

Gott, unser Vater, du hast uns durch deinen Sohn erlöst und als deine geliebten Kinder angenommen. Sieh voll Güte auf alle, die an Christus glauben, und schenke ihnen die wahre Freiheit und das ewige Erbe. Darum bitten wir durch Jesus Christus.

WORTGOTTESDIENST

ZUR 1. LESUNG So stark kann die Liebe sein, die aus dem Beispiel Jesu lebt. Für die Gemeinde in Jerusalem war Paulus zunächst der Feind, der sie mit aller Härte verfolgt hat. Einige unter ihnen werden auf seinen Befehl ausgepeitscht worden sein, andere wurden auf sein Wort hin verhaftet. Dieser unerbittliche Verfolger soll nun ein Mitglied der Gemeinde sein? Schon Hananias, der Paulus zunächst in Damaskus aufnehmen sollte, hatte daran seine Zweifel (Apg 9,13f.). Aber die Liebe Gottes überwindet alle Grenzen und kann sogar Feinde dazu bringen, ihren Hass zu begraben. Was trauen wir dieser Liebe zu? Wen könnte diese Liebe für mich plötzlich in neuem Licht erscheinen lassen?

ERSTE LESUNG Apg 9,26–31

Barnabas berichtete den Jüngern, wie Saulus auf dem Weg den Herrn gesehen habe

Lesung aus der Apostelgeschichte.

In jenen Tagen, als Saulus nach Jerusalem kam, versuchte er, sich den Jüngern anzuschließen. Aber alle fürchteten sich vor ihm, weil sie nicht glaubten, dass er ein Jünger war.

Bárnabas jedoch nahm sich seiner an und brachte ihn zu den Aposteln. Er berichtete ihnen, wie Saulus auf dem Weg den Herrn gesehen habe und dass dieser zu ihm gesprochen habe und wie er in Damáskus freimütig im Namen Jesu aufgetreten sei.

So ging er bei ihnen in Jerusalem ein und aus, trat freimütig im Namen des Herrn auf und führte auch Streitgespräche mit den Hellenísten. Diese aber planten, ihn zu töten. Als die Brüder das erkannten, brachten sie ihn nach Cäsaréa hinab und schickten ihn von dort nach Tarsus.

Die Kirche in ganz Judäa, Galiläa und Samárien hatte nun Frieden; sie wurde gefestigt und lebte in der Furcht des Herrn. Und sie wuchs durch die Hilfe des Heiligen Geistes.

ANTWORTPSALM

Ps 22 (21), 26–27.28 u. 30ab.31–32 (Kv: 26a)

Kv Von dir, Herr, kommt mein Lobpreis in großer Versammlung. – Kv

Oder:

Kv Halleluja. – Kv

Von dir kommt mein Lobpreis in großer Versammlung, *
ich erfülle mein Gelübde vor denen, die Gott fürchten.
Die Armen sollen essen und sich sättigen; /
den HERRN sollen loben, die ihn suchen. *
Aufleben soll euer Herz für immer. – (Kv)

Alle Enden der Erde sollen daran denken /
und sich zum HERRN bekehren: *
Vor dir sollen sich niederwerfen alle Stämme der Nationen.
Es aßen und warfen sich nieder alle Mächtigen der Erde. *
Alle, die in den Staub gesunken sind,
sollen vor ihm sich beugen. – (Kv)

Nachkommen werden ihm dienen. *
Vom Herrn wird man dem Geschlecht erzählen, das kommen wird.

Seine Heilstat verkündet man einem Volk, das noch geboren wird: *
Ja, er hat es getan. – Kv

ZUR 2. LESUNG Gott ist größer als unser Herz (V. 20). Seine Liebe ist auch größer als unsere Liebe, die oft daran scheitert, den zu lieben, der mir unsympathisch ist. Die Liebe Jesu deckt nicht alles mit dem Mantel der Harmonie zu, sondern entdeckt in dem anderen einen Menschen, der ebenso von Gott geliebt ist wie ich, der ebenso von Jesus erlöst wurde wie ich. Wenn wir Gott um diese Liebe immer wieder bitten, wenn wir uns klarmachen, was wir selbst alles empfangen haben, dann wird uns dies auch im Verhältnis zu unserem Nächsten nicht egal bleiben. Dann fällt es uns wie einst Paulus wie Schuppen von den Augen (Apg 9,18): „Wer in mir bleibt, der bringt reiche Frucht."

ZWEITE LESUNG 1 Joh 3,18–24

Wir sollen an den Namen Jesu Christi glauben und einander lieben

Lesung aus dem ersten Johannesbrief.

Meine Kinder, wir wollen nicht mit Wort und Zunge lieben, sondern in Tat und Wahrheit.

Und daran werden wir erkennen, dass wir aus der Wahrheit sind. Und wir werden vor ihm unser Herz überzeugen, dass, wenn unser Herz uns verurteilt, Gott größer ist als unser Herz und alles weiß.

Geliebte, wenn das Herz uns aber nicht verurteilt, haben wir gegenüber Gott Zuversicht; und alles, was wir erbitten, empfangen wir von ihm, weil wir seine Gebote halten und tun, was ihm gefällt.

Und das ist sein Gebot: Wir sollen an den Namen seines Sohnes Jesus Christus glauben und einander lieben gemäß dem Gebot, das er uns gegeben hat. Wer seine Gebote hält, bleibt in Gott und Gott in ihm. Und daran erkennen wir, dass er in uns bleibt: an dem Geist, den er uns gegeben hat.

RUF VOR DEM EVANGELIUM

Vers: Joh 15,4a.5b

Halleluja. Halleluja.
(So spricht der Herr:)
Bleibt in mir und ich bleibe in euch.
Wer in mir bleibt, der bringt reiche Frucht.
Halleluja.

ZUM EVANGELIUM Mit einem weiteren starken „Ich bin"-Wort verdeutlicht der Evangelist, dass der ganze Glaube sich um unser Verhältnis zu Jesus Christus dreht. Ohne ihn können wir nichts tun, ohne ihn bleibt unser Glaube kraftlos. Dabei geht es nicht um Personenkult. Die „Frucht", von der hier die Rede ist, beschreibt Paulus als das „Leben im Geist" in Friede, Freude, Freundlichkeit und Güte (Gal 5,22). Kurz: es ist die Liebe, die achtsam das Dreieck der Liebe zwischen Gott, mir und meinem Nächsten in fruchtbarer Balance hält. Sobald wir dieses Gleichgewicht stören, indem wir einen Bereich vernachlässigen, bleibt unsere Liebe fruchtlos. Sich lieben lassen und Liebe schenken ist oft schwer; doch wer sich vom Beispiel Jesu leiten lässt, wird erkennen: „getrennt von mir könnt ihr nichts vollbringen" (V. 5).

EVANGELIUM

Joh 15,1–8

Wer in mir bleibt und in wem ich bleibe, der bringt reiche Frucht

+ Aus dem heiligen Evangelium nach Johannes.

In jener Zeit sprach Jesus zu seinen Jüngern: Ich bin der wahre Weinstock und mein Vater ist der Winzer. Jede Rebe an mir, die keine Frucht bringt, schneidet er ab und jede Rebe, die Frucht bringt, reinigt er, damit sie mehr Frucht bringt.

Ihr seid schon rein kraft des Wortes, das ich zu euch gesagt habe. Bleibt in mir und ich bleibe in euch. Wie die Rebe aus sich keine Frucht bringen kann, sondern nur, wenn sie am Weinstock bleibt, so auch ihr, wenn ihr nicht in mir bleibt.

Ich bin der Weinstock, ihr seid die Reben. Wer in mir bleibt und in wem ich bleibe, der bringt reiche Frucht; denn getrennt von mir könnt ihr nichts vollbringen. Wer nicht in mir bleibt, wird wie die Rebe weggeworfen und er verdorrt. Man sammelt die Reben, wirft sie ins Feuer und sie verbrennen.

Wenn ihr in mir bleibt und meine Worte in euch bleiben, dann bittet um alles, was ihr wollt: Ihr werdet es erhalten. Mein Vater wird dadurch verherrlicht, dass ihr reiche Frucht bringt und meine Jünger werdet.

Glaubensbekenntnis, S. 484 ff.

FÜRBITTEN

Weinstock und Rebe sind verbunden, sie gehören zusammen. In diesem Bild verdeutlicht Jesus die Innigkeit seiner Verbindung mit dem Vater und mit uns. Wir rufen zu ihm voll Hoffnung und Vertrauen und bitten ihn:

- Für die Priester, Diakone und alle in der Seelsorge Tätigen, dass ihre Verbindung zum Weinstock Jesus lebendig bleibe. V: Jesus, Quell des Lebens. A: Höre und erhöre uns.

- Für alle, die einsam und auf der Suche sind, dass sie guten Halt und Verwurzelung finden. V: Jesus, Quell des Lebens. A: Höre und erhöre uns.

- Für alle, die in ihrer Umgebung Trauer und Einsamkeit erkennen und helfen, wo es nottut. V: Jesus, Quell des Lebens. A: Höre und erhöre uns.

- Für Menschen, die sich weltweit für Kinder und Jugendliche einsetzen und ihnen Wege in ein gesichertes und selbstbestimmtes Leben ermöglichen. V: Jesus, Quell des Lebens. A: Höre und erhöre uns.

- Für alle, deren Verbindung zu einem nahen Menschen der Tod schmerzhaft durchtrennt hat und die nun voll Trauer sind. V: Jesus, Quell des Lebens. A: Höre und erhöre uns.

Jesus Christus, immer wieder neu schenkst du den Menschen deine Nähe. Hilf uns, aus der Quelle deiner Barmherzigkeit zu leben und gute Frucht zu bringen, zur Ehre Gottes, des Vaters.

EUCHARISTIEFEIER

GABENGEBET

Erhabener Gott, durch die Feier des heiligen Opfers gewährst du uns Anteil an deiner göttlichen Natur. Gib, dass wir dich nicht nur als den einen wahren Gott erkennen, sondern unser ganzes Leben nach dir ausrichten. Darum bitten wir durch Christus, unseren Herrn.

Präfation, S. 495 f.

KOMMUNIONVERS Joh 15,1.5

So spricht der Herr:
Ich bin der wahre Weinstock, ihr seid die Rebzweige.
Wer in mir bleibt und in wem ich bleibe,
der bringt reiche Frucht. Halleluja.

SCHLUSSGEBET

Barmherziger Gott, höre unser Gebet. Du hast uns im Sakrament das Brot des Himmels gegeben, damit wir an Leib und Seele gesunden. Gib, dass wir die Gewohnheiten des alten Menschen ablegen und als neue Menschen leben. Darum bitten wir durch Christus, unseren Herrn.

FEIERLICHER SCHLUSSSEGEN S. 383 f.

***

FÜR EINE IMMER STÄRKER EINS WERDENDE WELT

Alle sind ja geschaffen nach dem Bild Gottes, der „aus einem alle Völker hervorgehen ließ, die das Antlitz der Erde bewohnen" (Apg 17,26), und alle sind zu einem und demselben Ziel, d. h. zu Gott selbst, berufen. Daher ist die Liebe zu Gott und zum Nächsten das erste und größte Gebot. Von der Heiligen Schrift werden wir belehrt, dass die Liebe zu Gott nicht von der Liebe zum Nächsten getrennt werden kann (…). Das ist offenkundig von höchster Bedeutung für die immer mehr voneinander abhängig werdenden Menschen und für eine immer stärker eins werdende Welt.

Zweites Vatikanisches Konzil
(Pastorale Konstitution über die Welt von heute, 24)

6. SONNTAG DER OSTERZEIT

9. Mai 2021

„Liebt einander!" Mit dieser starken Aufforderung endet die heutige Lesung des Evangeliums. In diesem göttlichen Imperativ konzentriert sich die Botschaft der Auferstehung. Denn wir können nur lieben, weil Gott in Jesus Christus ein für alle Mal gezeigt hat, was Liebe bedeutet: der Gewalt den Frieden, dem Hass die Liebe, dem Tod das Leben entgegenzusetzen. Diese Liebe überschreitet alle Grenzen, sie gilt allen Menschen zu allen Zeiten und an allen Orten. Wer diese Liebe in sein Leben lässt, der wird schließlich aus dem Ostergeheimnis sein Leben verwandeln, so beschreibt es das Tagesgebet. „Liebt einander!" ist also kein Gebot, das mich quälend knechtet, sondern frohe Botschaft, die das Leben von Grund auf erneuert.

ERÖFFNUNGSVERS

Vgl. Jes 48,20

Verkündet es jauchzend, damit man es hört!
Ruft es hinaus bis ans Ende der Erde!
Ruft: Der Herr hat sein Volk befreit. Halleluja.

KYRIE-RUFE

Herr Jesus Christus, du nennst uns
nicht mehr Knechte, sondern Freunde.
V/A: Herr, erbarme dich.
Du trägst uns auf, einander zu lieben,
so wie du uns geliebt hast.
V/A: Christus, erbarme dich.
Du willst, dass deine Freude in uns ist
und unsere Freude vollkommen wird.
V/A: Herr, erbarme dich.

Ehre sei Gott, S. 481 f.

TAGESGEBET

Allmächtiger Gott, lass uns die österliche Zeit in herzlicher Freude begehen und die Auferstehung unseres Herrn preisen, damit das Ostergeheimnis, das wir in diesen fünfzig Tagen feiern, unser ganzes Leben prägt und verwandelt. Darum bitten wir durch Jesus Christus.

WORTGOTTESDIENST

ZUR 1. LESUNG Mit der Erzählung vom Hauptmann Kornelius markiert Lukas einen Wendepunkt: Gottes Liebe überschreitet alle Grenzen. Seine Liebe gilt auch den Heiden und nicht nur dem Volk Israel. Petrus erfährt dies in einer Vision, in der ihm ein Leintuch mit unreinen Speisen erscheint und eine Stimme befiehlt, er solle essen (Apg 10,9–20). Dabei geht es letztlich nicht um die Frage, welche Speisen zulässig und welche verboten sind. Petrus wird vielmehr klar, dass es ihm, ja dass es keinem Menschen zusteht, die Heiden auszuschließen. Nachdem Lukas bereits erzählt hat, wie Paulus Christus begegnete (Apg 9,1–19), zeigt er mit der Begegnung zwischen Petrus und Kornelius den Weg der Heilsgeschichte auf, die eine Geschichte der Liebe Gottes zu allen Menschen ist.

ERSTE LESUNG

Apg 10,25–26.34–35.44–48

Auch auf die Heiden wurde die Gabe des Heiligen Geistes ausgegossen

Lesung aus der Apostelgeschichte.

Als Petrus in Cäsaréa beim Hauptmann Kornélius ankam, ging ihm dieser entgegen und warf sich ihm ehrfürchtig zu Füßen. Petrus aber richtete ihn auf und sagte: Steh auf! Auch ich bin nur ein Mensch.

Da begann Petrus zu reden und sagte: Wahrhaftig, jetzt begreife ich, dass Gott nicht auf die Person sieht, sondern dass ihm in jedem Volk willkommen ist, wer ihn fürchtet und tut, was recht ist.

Noch während Petrus redete, kam der Heilige Geist auf alle herab, die das Wort hörten. Die gläubig gewordenen Juden, die mit Petrus gekommen waren, konnten es nicht fassen, dass auch auf die Heiden die Gabe des Heiligen Geistes ausgegossen wurde. Denn sie hörten sie in Zungen reden und Gott preisen.

Petrus aber sagte: Kann jemand denen das Wasser zur Taufe verweigern, die ebenso wie wir den Heiligen Geist empfangen haben? Und er ordnete an, sie im Namen Jesu Christi zu taufen. Danach baten sie ihn, einige Tage zu bleiben.

ANTWORTPSALM

Ps 98 (97), 1.2–3b.3c–4 (Kv: vgl. 2)

Kv Der Herr hat sein Heil enthüllt
vor den Augen der Völker. – Kv

Oder:

Kv Halleluja. – Kv

Singet dem HERRN ein neues Lied, *
denn er hat wunderbare Taten vollbracht!
Geholfen hat ihm seine Rechte *
und sein heiliger Arm. – (Kv)

Der HERR hat sein Heil bekannt gemacht *
und sein gerechtes Wirken enthüllt vor den Augen der Völker.
Er gedachte seiner Huld *
und seiner Treue zum Hause Israel. – (Kv)

Alle Enden der Erde *
sahen das Heil unsres Gottes.
Jauchzet dem HERRN, alle Lande, *
freut euch, jubelt und singt! – Kv

ZUR 2. LESUNG Nur wer liebt, kann Gott erkennen. Für den Johannesbrief ist der Glaube keine reine Lehre, kein dogmatisches Gebäude, in dem ich mich nur mühsam, aber bitte ganz korrekt, sonst bist du raus, zurechtfinde. Es geht um die Liebe, um nicht mehr und auch nicht weniger. Denn alle Liebe, so der Autor, stammt aus Gott. Ja, die Liebe ist letztlich Gott selbst (V. 8). Und dann erschließt sich der Glaube mehr und mehr: Aus Liebe schuf Gott die Welt, aus Liebe erhält und bewahrt er sie, aus Liebe hat er mich geschaffen und will mich erlösen von dem, was mich belastet und mich gefangen hält. Wenn ich meinen Nächsten liebe, wenn ich Gott liebe und ihm vertraue, dann entdecke ich, wie diese Liebe mich tragen wird und mir das Leben erschließt.

ZWEITE LESUNG 1 Joh 4,7–10

Gott ist Liebe

Lesung aus dem ersten Johannesbrief.

Geliebte, wir wollen einander lieben; denn die Liebe ist aus Gott und jeder, der liebt, stammt von Gott und erkennt Gott. Wer nicht liebt, hat Gott nicht erkannt; denn Gott ist Liebe.

Darin offenbarte sich die Liebe Gottes unter uns, dass Gott seinen einzigen Sohn in die Welt gesandt hat, damit wir durch ihn leben.

Darin besteht die Liebe: Nicht dass wir Gott geliebt haben, sondern dass er uns geliebt und seinen Sohn als Sühne für unsere Sünden gesandt hat.

RUF VOR DEM EVANGELIUM Vers: vgl. Joh 14,23

Halleluja. Halleluja.
(So spricht der Herr:)
Wer mich liebt, hält mein Wort.
Mein Vater wird ihn lieben
und wir werden bei ihm Wohnung nehmen.
Halleluja.

ZUM EVANGELIUM Im Bild vom Weinstock und den Reben, das dem heutigen Evangelium vorausgeht, scheint es um eine bedingungslose Abhängigkeit zu gehen: Nur wer in Jesus bleibt, kann Frucht bringen. Der heutige Abschnitt aus dem Evangelium führt den Gedanken aber weiter aus. Wir sind Freunde und nicht Knechte Gottes (V. 15). Gott begegnet uns auf Augenhöhe und will uns vollkommene Freude schenken. Das „Fruchtbringen" zeichnet diesen Weg nach. Wenn wir aus Gottes Liebe leben, sehen wir unsere Nächsten durch die Augen Gottes. Kann ich dann einen Menschen hassen, den Gott ebenso mit seiner Liebe umfängt wie mich?

EVANGELIUM

Joh 15,9–17

Es gibt keine größere Liebe, als wenn einer sein Leben für seine Freunde hingibt

+ **Aus dem heiligen Evangelium nach Johannes.**

In jener Zeit sprach Jesus zu seinen Jüngern: Wie mich der Vater geliebt hat, so habe auch ich euch geliebt. Bleibt in meiner Liebe! Wenn ihr meine Gebote haltet, werdet ihr in meiner Liebe bleiben, so wie ich die Gebote meines Vaters gehalten habe und in seiner Liebe bleibe.

Dies habe ich euch gesagt, damit meine Freude in euch ist und damit eure Freude vollkommen wird. Das ist mein Gebot, dass ihr einander liebt, so wie ich euch geliebt habe. Es gibt keine größere Liebe, als wenn einer sein Leben für seine Freunde hingibt.

Ihr seid meine Freunde, wenn ihr tut, was ich euch auftrage. Ich nenne euch nicht mehr Knechte; denn der Knecht weiß nicht, was sein Herr tut. Vielmehr habe ich euch Freunde genannt; denn ich habe euch alles mitgeteilt, was ich von meinem Vater gehört habe.

Nicht ihr habt mich erwählt, sondern ich habe euch erwählt und dazu bestimmt, dass ihr euch aufmacht und Frucht bringt und dass eure Frucht bleibt. Dann wird euch der Vater alles geben, um was ihr ihn in meinem Namen bittet.

Dies trage ich euch auf, dass ihr einander liebt.

Glaubensbekenntnis, S. 484 ff.

FÜRBITTEN

Nicht Knechte, sondern Freunde, so nennt Jesus die Menschen in seiner Nähe. Bitten wir Gott um seinen Geist der Freiheit und wenden wir uns an ihn mit den Sorgen und Anliegen unserer Zeit:

- Bestärke deine Kirche darin, die Menschen zur befreiten Freiheit der Kinder Gottes zu führen. V: Liebender Gott. A: Wir bitten dich, erhöre uns.

- Hilf allen, die als Christen getauft sind, nicht zu herrschen und andere abzuwerten, sondern zu dienen und zu lieben. V: Liebender Gott. A: Wir bitten dich, erhöre uns.

- Bewege die Politikerinnen und Politiker, ihren Einfluss zugunsten der Menschen ohne Lobby und Macht einzusetzen. V: Liebender Gott. A: Wir bitten dich, erhöre uns.

- Ermutige die Menschen aller Generationen, Gewohnheiten zu ändern und so dazu beizutragen, deine Schöpfung zu bewahren. V: Liebender Gott. A: Wir bitten dich, erhöre uns.

- Nimm unsere lieben Verstorbenen und alle Toten bei dir auf und lass sie Fülle und Freude erfahren an deinem Tisch des Lebens. V: Liebender Gott. A: Wir bitten dich, erhöre uns.

Guter und treuer Gott, du nimmst uns auf in deine Gemeinschaft der Liebe. Stärke unser Vertrauen in deinen Beistand durch Jesus Christus, deinen Sohn, unseren Herrn und Bruder.

EUCHARISTIEFEIER

GABENGEBET

Herr und Gott, lass unser Gebet zu dir aufsteigen und nimm unsere Gaben an. Reinige uns durch deine Gnade, damit wir fähig werden, das Sakrament deiner großen Liebe zu empfangen. Darum bitten wir durch Christus, unseren Herrn.

Präfation, S. 495 f.

KOMMUNIONVERS

Joh 14,15–16

So spricht der Herr:
Wenn ihr mich liebt, werdet ihr meine Gebote halten.
Ich werde den Vater bitten
und er wird euch einen anderen Beistand geben,
damit er immer bei euch bleibe. Halleluja.

SCHLUSSGEBET

Allmächtiger Gott, du hast uns durch die Auferstehung Christi neu geschaffen für das ewige Leben. Erfülle uns mit der Kraft dieser heilbringenden Speise, damit das österliche Geheimnis in uns reiche Frucht bringe. Darum bitten wir durch Christus, unseren Herrn.

FEIERLICHER SCHLUSSSEGEN

S. 383 f.

***

DIE WURZEL UNSERS HANDELNS

Lass die Wurzel unsers Handelns Liebe sein,
senke sie in unser Wesen tief hinein.
Herr, lass alles, alles hier auf Erden
Liebe, Liebe werden!
Herr, lass alles, alles hier auf Erden
Liebe, Liebe werden!

Paul Kaestner

CHRISTI HIMMELFAHRT – HOCHFEST

13. Mai 2021

Nicht zum Himmel emporschauen, sondern den Blick zuversichtlich in die Gegenwart und Zukunft richten, darum geht es bei der Himmelfahrt Christi. Jesus Christus ist bei Gott, er trägt und hält uns. Die Bibel schildert dies in der Sprache ihrer Zeit. Auch wenn wir unter der Unsichtbarkeit Gottes leiden, die Welt ist wie auf den Ikonen von einem goldenen Grund umgeben, durchwoben und getragen. Gott denkt Gedanken des Friedens und der Hoffnung über unsere Welt, das kann uns Kraft und Zuversicht geben. Himmelfahrt ist also kein astronomisches, auch kein jenseitiges Fest, sondern unser Blick wird ganz ins Diesseits gerichtet: Wer darum weiß, dass Gottes Christus die Welt trägt, der kann nie ganz verzweifelt sein.

ERÖFFNUNGSVERS Apg 1,11

Ihr Männer von Galiläa,
was steht ihr da und schaut zum Himmel?
Der Herr wird wiederkommen,
wie er jetzt aufgefahren ist. Halleluja.

KYRIE-RUFE

Jesus Christus, auferstandener Herr, du wurdest von Gott
auf den Platz zu seiner Rechten im Himmel erhoben.
V/A: Herr, erbarme dich.
Du bist erhoben hoch über alle Fürsten und Gewalten,
Mächte und Herrschaften.
V/A: Christus, erbarme dich.

Alles überragst du als Haupt,
der du das All ganz und gar beherrschst.
V/A: Herr, erbarme dich.

Ehre sei Gott, S. 481 f.

TAGESGEBET

Allmächtiger, ewiger Gott, erfülle uns mit Freude und Dankbarkeit, denn in der Himmelfahrt deines Sohnes hast du den Menschen erhöht. Schenke uns das feste Vertrauen, dass auch wir zu der Herrlichkeit gerufen sind, in die Christus uns vorausgegangen ist, der in der Einheit des Heiligen Geistes mit dir lebt und herrscht in alle Ewigkeit.

WORTGOTTESDIENST

ZUR 1. LESUNG Die zwei Männer in den weißen Gewändern beugen dem Missverständnis vor, das die Himmelfahrt meist begleitet. Den Blick in den Himmel zu richten, bringt gar nichts. Wenn wir Gott finden wollen, dann sollen wir die Ärmel hochkrempeln und in Jesu Fußstapfen den Menschen die frohe Botschaft bringen. In den ersten Versen seiner Apostelgeschichte zeigt Lukas, dass der Glaube vor allem Zeugenschaft bedeutet. Wie die Apostel selbst sollen auch alle, die an Christus glauben, die Kraft des Heiligen Geistes empfangen. Wenn wir uns von diesem Geist leiten lassen, dann schauen wir nicht mehr verträumt zum Himmel, sondern wir leben aus der Gewissheit, dass diese Welt getragen ist und dass ihr Ende nicht heillos ist. Das macht gelassen und befreit.

ERSTE LESUNG

Apg 1, 1–11

Dieser Jesus, der in den Himmel aufgenommen wurde, wird ebenso wiederkommen, wie ihr ihn habt zum Himmel hingehen sehen

Lesung aus der Apostelgeschichte.

Im ersten Buch, lieber Theóphilus, habe ich über alles berichtet, was Jesus von Anfang an getan und gelehrt hat, bis zu dem Tag, an dem er in den Himmel aufgenommen wurde. Vorher hat er den Aposteln, die er sich durch den Heiligen Geist erwählt hatte, Weisung gegeben. Ihnen hat er nach seinem Leiden durch viele Beweise gezeigt, dass er lebt; vierzig Tage hindurch ist er ihnen erschienen und hat vom Reich Gottes gesprochen.

Beim gemeinsamen Mahl gebot er ihnen: Geht nicht weg von Jerusalem, sondern wartet auf die Verheißung des Vaters, die ihr von mir vernommen habt! Denn Johannes hat mit Wasser getauft, ihr aber werdet schon in wenigen Tagen mit dem Heiligen Geist getauft werden.

Als sie nun beisammen waren, fragten sie ihn: Herr, stellst du in dieser Zeit das Reich für Israel wieder her? Er sagte zu ihnen: Euch steht es nicht zu, Zeiten und Fristen zu erfahren, die der Vater in seiner Macht festgesetzt hat. Aber ihr werdet Kraft empfangen, wenn der Heilige Geist auf euch herabkommen wird; und ihr werdet meine Zeugen sein in Jerusalem und in ganz Judäa und Samárien und bis an die Grenzen der Erde.

Als er das gesagt hatte, wurde er vor ihren Augen emporgehoben und eine Wolke nahm ihn auf und entzog ihn ihren Blicken.

Während sie unverwandt ihm nach zum Himmel emporschauten, siehe, da standen zwei Männer in weißen Gewändern bei ihnen und sagten: Ihr Männer von Galiläa, was steht ihr da und schaut zum Himmel empor? Dieser Jesus, der von euch fort in den Himmel aufgenommen wurde, wird ebenso wiederkommen, wie ihr ihn habt zum Himmel hingehen sehen.

ANTWORTPSALM

Ps 47 (46), 2–3.6–7.8–9 (Kv: vgl. 6)

Kv Gott steigt empor unter Jubel,
der Herr beim Schall der Posaunen. – Kv

Oder:

Kv Halleluja. – Kv

Ihr Völker alle, klatscht in die Hände; *
jauchzt Gott zu mit lautem Jubel!
Denn Furcht gebietend ist der HERR, der Höchste, *
ein großer König über die ganze Erde. – (Kv)

Gott stieg empor unter Jubel, *
der HERR beim Schall der Hörner.
Singt unserm Gott, ja singt ihm! *
Singt unserm König, singt ihm! – (Kv)

Denn König der ganzen Erde ist Gott. *
Singt ihm ein Weisheitslied!
Gott wurde König über die Völker, *
Gott hat sich auf seinen heiligen Thron gesetzt. – Kv

ZUR 2. LESUNG Was Lukas in der Apostelgeschichte erzählt, wird im Epheserbrief noch einmal unterstrichen: Gott hat Christus aus dem Tod geholt, damit er über allen Mächten, Herrschaften und Gewalten steht. Dies betonte die Barmer Theologische Erklärung bereits im Jahr 1934, als sie die Herrschaft Christi allen Ansprüchen menschlicher Macht entgegenstellte. Wenn Gott Christus alles zu Füßen gelegt hat, dann darf es nichts geben, was uns knechtet und bedrängt. Dann regiert die Freiheit, die sich aus der Liebe Gottes zu allen Menschen nährt. Diese Freiheit gilt überall, auch in der Kirche, die Christi Leib ist. Sie wird von ihm erfüllt und lebt aus der Gewissheit, dass Gott in Christus alles befreit, heilt und hält.

ZWEITE LESUNG Eph 1,17–23

Gott hat Christus auf den Platz zu seiner Rechten erhoben

Lesung aus dem Brief des Apostels Paulus an die Gemeinde in Éphesus.

Schwestern und Brüder! Der Gott Jesu Christi, unseres Herrn, der Vater der Herrlichkeit, gebe euch den Geist der Weisheit und Offenbarung, damit ihr ihn erkennt. Er erleuchte die Augen eures Herzens, damit ihr versteht, zu welcher Hoffnung ihr durch ihn berufen seid, welchen Reichtum die Herrlichkeit seines Erbes den Heiligen schenkt und wie überragend groß seine Macht sich an uns, den Gläubigen, erweist durch das Wirken seiner Kraft und Stärke.

Er ließ sie wirksam werden in Christus, den er von den Toten auferweckt und im Himmel auf den Platz zu seiner Rechten erhoben hat, hoch über jegliche Hoheit und Gewalt, Macht und Herrschaft und über jeden Namen, der nicht nur in dieser Weltzeit, sondern auch in der künftigen genannt wird.

Alles hat er ihm zu Füßen gelegt und ihn, der als Haupt alles überragt, über die Kirche gesetzt. Sie ist sein Leib, die Fülle dessen, der das All in allem erfüllt.

Oder:

ZUR 2. LESUNG Der Abschnitt aus dem Epheserbrief macht konkret, was in der Erzählung von der Himmelfahrt angedeutet wird. Nun geht es um tatkräftige Liebe, nicht um dogmatische Ein- und Ausgrenzungen. Demut, Geduld, Friedfertigkeit, Liebe: Ganz praktisch zeigt der Epheserbrief, wie dieses Leben in der Gemeinde geprägt sein soll. Dies können wir, weil uns Christus nicht einfach Lehrsätze hinterlassen hat, sondern weil er lebt und bis in die Gegenwart wirkt. Keiner wird überfordert, sondern kann sich mit seinen Gaben und Fähigkeiten einbringen. Die Himmelfahrt Christi garantiert, dass seine Gemeinde aus dieser Fülle leben kann und sich nicht überfordern muss (vgl. Eph 1,22f.).

ZWEITE LESUNG Eph 4,1–13

Der herabstieg ist auch hinaufgestiegen über alle Himmel

Lesung aus dem Brief des Apostels Paulus an die Gemeinde in Éphesus.

Schwestern und Brüder! Ich, der Gefangene im Herrn, ermahne euch, ein Leben zu führen, das des Rufes würdig ist, der an euch erging.

Seid demütig, friedfertig und geduldig, ertragt einander in Liebe und bemüht euch, die Einheit des Geistes zu wahren durch das Band des Friedens! *Ein* Leib und *ein* Geist, wie ihr auch berufen seid zu *einer* Hoffnung in eurer Berufung: *ein* Herr, *ein* Glaube, *eine* Taufe, *ein* Gott und Vater aller, der über allem und durch alles und in allem ist.

Aber jeder von uns empfing die Gnade in dem Maß, wie Christus sie ihm geschenkt hat. Deshalb heißt es: Er stieg hinauf zur Höhe und erbeutete Gefangene, er gab den Menschen Geschenke. Wenn es heißt: Er stieg aber hinauf, was bedeutet dies anderes, als dass er auch zur Erde herabstieg? Derselbe, der herabstieg, ist auch hinaufgestiegen über alle Himmel, um das All zu erfüllen.

Und er setzte die einen als Apostel ein, andere als Propheten, andere als Evangelisten, andere als Hirten und Lehrer, um die Heiligen für die Erfüllung ihres Dienstes zuzurüsten, für den Aufbau des Leibes Christi, bis wir alle zur Einheit im Glauben und der Erkenntnis des Sohnes Gottes gelangen, zum vollkommenen Menschen, zur vollen Größe, die der Fülle Christi entspricht.

Oder:

KURZFASSUNG Eph 4,1–7.11–13

Der Fülle Christi entsprechen

Lesung aus dem Brief des Apostels Paulus an die Gemeinde in Éphesus.

Schwestern und Brüder! Ich, der Gefangene im Herrn, ermahne euch, ein Leben zu führen, das des Rufes würdig ist, der an euch erging.

Seid demütig, friedfertig und geduldig, ertragt einander in Liebe und bemüht euch, die Einheit des Geistes zu wahren durch das Band des Friedens! *Ein* Leib und *ein* Geist, wie ihr auch berufen seid zu *einer* Hoffnung in eurer Berufung: *ein* Herr, *ein* Glaube, *eine* Taufe, *ein* Gott und Vater aller, der über allem und durch alles und in allem ist.

Aber jeder von uns empfing die Gnade in dem Maß, wie Christus sie ihm geschenkt hat. Und er setzte die einen als Apostel ein, andere als Propheten, andere als Evangelisten, andere als Hirten und Lehrer, um die Heiligen für die Erfüllung ihres Dienstes zuzurüsten, für den Aufbau des Leibes Christi, bis wir alle zur Einheit im Glauben und der Erkenntnis des Sohnes Gottes gelangen, zum vollkommenen Menschen, zur vollen Größe, die der Fülle Christi entspricht.

RUF VOR DEM EVANGELIUM

Vers: Mt 28,19a.20b

Halleluja. Halleluja.
(So spricht der Herr:)
Geht und macht alle Völker zu meinen Jüngern.
Ich bin mit euch alle Tage bis zum Ende der Welt.
Halleluja.

ZUM EVANGELIUM In seinem gewohnt knappen Stil spricht Markus von der Himmelfahrt und bringt sie in engen Zusammenhang mit dem Auftrag der Kirche, allen Menschen das Evangelium zu verkündigen. Der Schluss Mk 16,9–20 ist vermutlich erst später an das Evangelium angehängt worden und liefert eine Zusammenfassung dessen, was der ursprüngliche Schluss des Evangeliums (vgl. Mk 16,8) offenließ. Die Verse wollen aufzeigen, wie die frohe Botschaft von der rettenden Nähe und Herrschaft Gottes auch heute noch befreien und heilen kann. Auch wenn der Text nicht ursprünglich zum biblischen Kanon gehörte, ist er zu einer Art Magna Charta einer dynamisch missionarischen Verkündigung geworden.

EVANGELIUM

Mk 16,15–20

Er wurde in den Himmel aufgenommen und setzte sich zur Rechten Gottes

+ Aus dem heiligen Evangelium nach Markus.

In jener Zeit erschien Jesus den Elf und sprach zu ihnen: Geht hinaus in die ganze Welt und verkündet das Evangelium der ganzen Schöpfung! Wer glaubt und sich taufen lässt, wird gerettet; wer aber nicht glaubt, wird verurteilt werden.

Und durch die, die zum Glauben gekommen sind, werden folgende Zeichen geschehen: In meinem Namen werden sie Dämonen austreiben; sie werden in neuen Sprachen reden; wenn sie Schlangen anfassen oder tödliches Gift trinken, wird es ihnen nicht schaden; und die Kranken, denen sie die Hände auflegen, werden gesund werden.

Nachdem Jesus, der Herr, dies zu ihnen gesagt hatte, wurde er in den Himmel aufgenommen und setzte sich zur Rechten Gottes.

Sie aber zogen aus und verkündeten überall. Der Herr stand ihnen bei und bekräftigte das Wort durch die Zeichen, die es begleiteten.

Glaubensbekenntnis, S. 484 ff.

FÜRBITTEN

Jesus, unser Bruder, ist erhöht zur Rechten Gottes. So ist auch uns ein neuer Zugang zum himmlischen Vater geschenkt. Ihn bitten wir nun voll Hoffnung:

- Für die Kirche, dass ihr Blick zum Himmel ihre Verantwortung für die Menschen hier auf der Erde stärkt. V: Himmlischer Vater. A: Höre unser Rufen.
- Für alle Getauften, dass durch ihr Wirken in deinem Geist das Antlitz der Erde neu wird. V: Himmlischer Vater. A: Höre unser Rufen.

- Für die Menschen mit Macht und Einfluss in Politik und Gesellschaft, dass sie das Wohl aller im Blick haben. V: Himmlischer Vater. A: Höre unser Rufen.

- Für die Angehörigen der verschiedenen Religionen und Konfessionen, dass der gemeinsame Blick nach oben den Geist der Geschwisterlichkeit belebt. V: Himmlischer Vater. A: Höre unser Rufen.

- Für die Menschen, die, den Tod vor Augen, den Himmel nicht sehen können. Nimm Angst und Enge von ihnen und umfange sie mit deinem Licht der Liebe. V: Himmlischer Vater. A: Höre unser Rufen.

Gott, du willst uns als freie Menschen mit klarem, erkennendem Blick. Schenke uns deinen Geist der Freiheit und der Liebe, heute und alle Tage, die uns unter deiner Sonne geschenkt sind.

EUCHARISTIEFEIER

GABENGEBET

Allmächtiger Gott, am Fest der Himmelfahrt deines Sohnes bringen wir dieses Opfer dar. Gib uns durch diese heilige Feier die Gnade, dass wir uns über das Irdische erheben und suchen, was droben ist. Darum bitten wir durch Christus, unseren Herrn.

PRÄFATION

In Wahrheit ist es würdig und recht, dir, allmächtiger Vater, zu danken durch unseren Herrn Jesus Christus, den König der Herrlichkeit. Denn er ist heute als Sieger über Sünde und Tod aufgefahren in den Himmel. Die Engel schauen den Mittler zwischen Gott und den Menschen, den Richter der Welt, den Herrn der ganzen Schöpfung. Er kehrt zu dir heim, nicht um uns Menschen zu verlassen, er gibt den

Gliedern seines Leibes die Hoffnung, ihm dorthin zu folgen, wohin er als Erster vorausging. Darum jubelt heute der ganze Erdkreis in österlicher Freude, darum preisen dich die himmlischen Mächte und die Chöre der Engel und singen das Lob deiner Herrlichkeit: Heilig …

KOMMUNIONVERS

Mt 28,20

Ich bin bei euch alle Tage
bis zum Ende der Welt. Halleluja.

SCHLUSSGEBET

Allmächtiger, ewiger Gott, du hast uns, die wir noch auf Erden leben, deine göttlichen Geheimnisse anvertraut. Lenke unser Sinnen und Verlangen zum Himmel, wo Christus als Erster der Menschen bei dir ist, der mit dir lebt und herrscht in alle Ewigkeit.

FEIERLICHER SCHLUSSSEGEN

Der allherrschende Gott, der heute Christus zu seiner Rechten erhöht und uns den Zugang zum Leben erschlossen hat, gewähre euch die Fülle seines Segens. – A: Amen.
Vor den Augen seiner Jünger wurde Christus zum Himmel erhoben; er sei euch ein gnädiger Richter, wenn er wiederkommt. – A: Amen.
Er thront in der Herrlichkeit des Vaters und bleibt dennoch inmitten seiner Kirche; er schenke euch den Trost seiner Gegenwart. – A: Amen.
Das gewähre euch der dreieinige Gott, der Vater und der Sohn † und der Heilige Geist. – A: Amen.

***

ALLEIN VON SEINEM TROST UND VON SEINER WEISUNG

Die christliche Kirche ist die Gemeinde von Brüdern, in der Jesus Christus in Wort und Sakrament durch den Heiligen Geist als der Herr gegenwärtig handelt. Sie hat mit ihrem Glauben wie mit ihrem Gehorsam, mit ihrer Botschaft wie mit ihrer Ordnung mitten in der Welt der Sünde als die Kirche der begnadigten Sünder zu bezeugen, dass sie allein sein Eigentum ist, allein von seinem Trost und von seiner Weisung in Erwartung seiner Erscheinung lebt und leben möchte.

Die Theologische Erklärung der Bekenntnissynode von Barmen, 1934, These 3

7. SONNTAG DER OSTERZEIT

16. Mai 2021

Als Zwischenstation vor Pfingsten bereiten die Texte des heutigen Sonntags auf die Ausgießung des Heiligen Geistes vor. Darin deuten sich schon gewisse Ordnungsprinzipien an, die aber nicht um der Ordnung willen beschrieben sind. Alles soll dem Auftrag dienen, das Evangelium zu verkünden. Es braucht dafür gewisse Strukturen und Ämter, wie die erste Lesung aufzeigt. Es braucht aber auch das klare Bekenntnis zur Liebe, wie der Johannesbrief in der zweiten Lesung nochmals unterstreicht. Und die Gemeinde soll sich heiligen, sie soll immer mehr aus dem Wort und Gebot der Liebe Jesu leben, damit alle die Freude in Fülle haben (vgl. Joh 17,13).

ERÖFFNUNGSVERS

Ps 27 (26),7–9

Vernimm, o Herr, mein lautes Rufen;
sei mir gnädig und erhöre mich!
Mein Herz denkt an dein Wort:
„Sucht mein Angesicht!“
Dein Angesicht, Herr, will ich suchen.
Verbirg nicht dein Gesicht vor mir! Halleluja.

KYRIE-RUFE

Herr Jesus Christus, du hast zum Vater gebetet,
uns in der Einheit zu erhalten.
V/A: Herr, erbarme dich.
Du hast zum Vater gebetet, uns vor dem Bösen zu bewahren.
V/A: Christus, erbarme dich.

Du hast zum Vater gebetet, uns in der Wahrheit zu heiligen.
V/A: Herr, erbarme dich.

Ehre sei Gott, S. 481 f.

TAGESGEBET

Allmächtiger Gott, wir bekennen, dass unser Erlöser bei dir in deiner Herrlichkeit ist. Erhöre unser Rufen und lass uns erfahren, dass er alle Tage bis zum Ende der Welt bei uns bleibt, wie er uns verheißen hat. Er, der in der Einheit des Heiligen Geistes mit dir lebt und herrscht in alle Ewigkeit.

WORTGOTTESDIENST

ZUR 1. LESUNG Es ist „notwendig", schreibt Lukas, dass die Apostel für Judas einen Nachfolger wählten. Wenn Lukas dieses „Müssen" verwendet, dann beschreibt er die Notwendigkeit im göttlichen Heilsplan: Es musste so kommen, um das Heil für alle zu offenbaren. So „müssen" es zwölf Apostel sein, da das Volk Israel aus zwölf Stämmen bestand. Die zehnfach vergrößerte Menge von 120 Brüdern zeigt, dass es sich also um symbolische Zahlen handelt: Alle Menschen sollen von Gottes Liebe erreicht werden. Niemand ist ausgeschlossen, daher braucht es „alle" Zeugen und Zeuginnen. Matthias wird durch das Los benannt, eine damals übliche Form der Entscheidungsfindung (vgl. Mk 15,24). Schon vor der Ausgießung des Heiligen Geistes wird klar: Ein kirchliches Amt wird mir „zuteil", ich kann es mir nicht selbst „nehmen".

ERSTE LESUNG

Apg 1,15–17.20ac–26

Einer von diesen muss nun zusammen mit uns Zeuge seiner Auferstehung sein

Lesung aus der Apostelgeschichte.

In jenen Tagen erhob sich Petrus im Kreis der Brüder – etwa hundertzwanzig waren zusammengekommen – und sagte: Brüder! Es musste sich das Schriftwort erfüllen, das der Heilige Geist durch den Mund Davids im Voraus über Judas gesprochen hat. Judas wurde zum Anführer derer, die Jesus gefangen nahmen. Er wurde zu uns gezählt und hatte Anteil am gleichen Dienst.

Es steht im Buch der Psalmen: Sein Amt soll ein anderer erhalten! Es ist also nötig, dass einer von den Männern, die mit uns die ganze Zeit zusammen waren, als Jesus, der Herr, bei uns ein und aus ging, angefangen von der Taufe durch Johannes bis zu dem Tag, an dem er von uns ging und in den Himmel aufgenommen wurde – einer von diesen muss nun zusammen mit uns Zeuge seiner Auferstehung sein.

Und sie stellten zwei Männer auf: Josef, genannt Barsábbas, mit dem Beinamen Justus, und Matthías. Dann beteten sie: Du, Herr, kennst die Herzen aller; zeige, wen von diesen beiden du erwählt hast, diesen Dienst und dieses Apostelamt zu übernehmen! Denn Judas hat es verlassen und ist an den Ort gegangen, der ihm bestimmt war. Sie warfen das Los über sie; das Los fiel auf Matthías und er wurde den elf Aposteln zugezählt.

ANTWORTPSALM

Ps 103 (102), 1–2.11–12.19–20b (Kv: 19a)

Kv Der HERR hat seinen Thron errichtet im Himmel. – Kv

Oder:

Kv Halleluja. – Kv

Preise den HERRN, meine Seele, *
und alles in mir seinen heiligen Namen!
Preise den HERRN, meine Seele, *
und vergiss nicht, was er dir Gutes getan hat! – (Kv)

Denn so hoch der Himmel über der Erde ist, *
so mächtig ist seine Huld über denen, die ihn fürchten.

So weit der Aufgang entfernt ist vom Untergang, *
so weit entfernt er von uns unsere Frevel. – (Kv)

Der Herr hat seinen Thron errichtet im Himmel, *
seine königliche Macht beherrscht das All.
Preist den Herrn, ihr seine Engel, *
ihr starken Helden, die sein Wort vollstrecken. – Kv

ZUR 2. LESUNG Gott lässt sich nicht definieren, sein Wirken lässt sich nur schildern. Als ob wir vor der Ausgießung des Geistes nochmals „geerdet" werden sollten, verdichtet der Johannesbrief abermals im Liebesgebot die Fülle des Glaubens. Der Glaube dringt nicht in das Geheimnis Gottes vor, auch der Heilige Geist bringt keine überirdischen Erkenntnisse. Glaube lebt ganz schlicht aus der Liebe und der Gemeinschaft. Und auch der Geist wird uns immer wieder zu dieser Quelle des Miteinanders führen. Wer sich von Gott geliebt weiß, wer in Jesus Christus die Liebe Gottes erkennt, der wird diese Liebe weitergeben wollen. Darin will uns der Geist stärken und immer wieder neu beleben.

ZWEITE LESUNG 1 Joh 4,11–16

Wer in der Liebe bleibt, bleibt in Gott und Gott bleibt in ihm

Lesung aus dem ersten Johannesbrief.

Geliebte, wenn Gott uns so geliebt hat, müssen auch wir einander lieben. Niemand hat Gott je geschaut; wenn wir einander lieben, bleibt Gott in uns und seine Liebe ist in uns vollendet.

Daran erkennen wir, dass wir in ihm bleiben und er in uns bleibt: Er hat uns von seinem Geist gegeben. Wir haben geschaut und bezeugen, dass der Vater den Sohn gesandt hat als Retter der Welt.

Wer bekennt, dass Jesus der Sohn Gottes ist, in dem bleibt Gott und er bleibt in Gott. Wir haben die Liebe, die Gott zu uns hat, erkannt und gläubig angenommen. Gott ist Liebe, und wer in der Liebe bleibt, bleibt in Gott und Gott bleibt in ihm.

RUF VOR DEM EVANGELIUM

Vers: vgl. Joh 14,18; 16,22b

Halleluja. Halleluja.
(So spricht der Herr:)
Ich lasse euch nicht als Waisen zurück.
Ich komme zu euch. Dann wird euer Herz sich freuen.
Halleluja.

ZUM EVANGELIUM So wie Jesus Christus mit der Himmelfahrt nicht der Welt entrückt wurde, sondern sie vielmehr nun von innen her durchdringt, so lebt auch die Gemeinde Jesu in einem geheimnisvollen Zwischenstadium. Sie ist nicht von der Welt, aber in der Welt. Auch wenn die Gemeinde also mit dem Heiligen Geist eine besondere Kraft erhalten wird, erhöht sie diese nicht über andere; im Gegenteil. Der Geist bestärkt darin, dem Beispiel Jesu zu folgen und an der Wahrheit festzuhalten. Johannes sieht diese Wahrheit im Wort Gottes gegeben. Damit meint er insbesondere Jesus selbst. Er ist das Wort, der Logos (Joh 1,1). Wenn wir uns an ihn halten, dann sehen wir uns und die Welt in einem neuen Licht: Alles soll von seiner Freude in Fülle leben (V. 13).

EVANGELIUM

Joh 17,6a.11b–19

Bewahre sie in deinem Namen, den du mir gegeben hast, damit sie eins sind wie wir!

+ Aus dem heiligen Evangelium nach Johannes.

In jener Zeit erhob Jesus seine Augen zum Himmel und sprach: Vater, ich habe deinen Namen den Menschen offenbart, die du mir aus der Welt gegeben hast. Heiliger Vater, bewahre sie in deinem Namen, den du mir gegeben hast, damit sie eins sind wie wir! Solange ich bei ihnen war, bewahrte ich sie in deinem Namen, den du mir gegeben hast. Und ich habe sie behütet und keiner von ihnen ging verloren, außer dem Sohn des Verderbens, damit sich die Schrift erfüllte.

Aber jetzt komme ich zu dir und rede dies noch in der Welt, damit sie meine Freude in Fülle in sich haben. Ich habe ihnen dein Wort gegeben und die Welt hat sie gehasst, weil sie nicht von der Welt sind, wie auch ich nicht von der Welt bin. Ich bitte nicht, dass du sie aus der Welt nimmst, sondern dass du sie vor dem Bösen bewahrst. Sie sind nicht von der Welt, wie auch ich nicht von der Welt bin.

Heilige sie in der Wahrheit; dein Wort ist Wahrheit. Wie du mich in die Welt gesandt hast, so habe auch ich sie in die Welt gesandt. Und ich heilige mich für sie, damit auch sie in der Wahrheit geheiligt sind.

Glaubensbekenntnis, S. 484 ff.

FÜRBITTEN

Herr Jesus Christus, du bleibst bei uns und bist unter uns. Wir bitten dich um deinen Beistand:

- Unsere Heimat ist bei dir: Stärke alle deine Getauften, besonders die Kinder, dass sie mit dir verbunden bleiben und ihren guten Weg gehen können. V: Christus, höre uns. A: Christus, erhöre uns.

- Durch deinen Geist willst du das Antlitz der Erde erneuern: Gib, dass er in uns und durch uns wirken kann. V: Christus, höre uns. A: Christus, erhöre uns.

- Du bist der Weg, der zur Vollendung führt: Hilf allen Getauften, die vielfältige Not nah und fern zu sehen und nicht zu übersehen und entsprechend zu handeln. V: Christus, höre uns. A: Christus, erhöre uns.

- Dein Geist will, dass alle eins sind, die an dich glauben: Wecke die getrennten Kirchen aus dem Schlaf der Gewöhnung und führe sie zur vollen Einheit. V: Christus, höre uns. A: Christus, erhöre uns.

- In dir sind wir geborgen: Nimm unsere Verstorbenen auf in dein helles Licht. V: Christus, höre uns. A: Christus, erhöre uns.

Jesus, deine Worte eröffnen uns Leben in Fülle: Aus dieser Fülle können wir leben. Hilf uns, der du unser Bruder und Lehrer bist, uneigennützig zu teilen und aus der Liebe zu leben, heute und allezeit.

EUCHARISTIEFEIER

GABENGEBET

Herr und Gott, nimm die Gebete und Opfergaben deiner Gläubigen an. Lass uns diese heilige Feier mit ganzer Hingabe begehen, damit wir einst das Leben in der Herrlichkeit des Himmels erlangen. Darum bitten wir durch Christus, unseren Herrn.

PRÄFATION

In Wahrheit ist es würdig und recht, dir, allmächtiger Vater, zu danken durch unseren Herrn Jesus Christus, den König der Herrlichkeit. Denn er ist als Sieger über Sünde und Tod aufgefahren in den Himmel. Die Engel schauen den Mittler zwischen Gott und den Menschen, den Richter der Welt, den Herrn der ganzen Schöpfung. Er kehrt zu dir heim, nicht um uns Menschen zu verlassen, er gibt den Gliedern seines Leibes die Hoffnung, ihm dorthin zu folgen, wohin er als Erster vorausging. Darum preisen wir dich in österlicher Freude und singen mit den Chören der Engel das Lob deiner Herrlichkeit: Heilig …

KOMMUNIONVERS

Vgl. Joh 17,22

Ich bitte dich, Vater, lass sie eins sein,
wie wir eins sind. Halleluja.

SCHLUSSGEBET

Erhöre uns, Gott, unser Heil, und schenke uns die feste Zuversicht, dass durch die Feier der heiligen Geheimnisse die ganze Kirche jene Vollendung erlangen wird, die Christus, ihr Haupt, in deiner Herrlichkeit schon besitzt, der mit dir lebt und herrscht in alle Ewigkeit.

FEIERLICHER SCHLUSSSEGEN

S. 383 f.

***

UND MACH UNS UNVERZAGT

O du, den unser größter
Regent uns zugesagt:
komm zu uns, werter Tröster,
und mach uns unverzagt.
Gib uns in dieser schlaffen
und glaubensarmen Zeit
die scharf geschliffnen Waffen
der ersten Christenheit.

Philipp Spitta

PFINGSTEN – HOCHFEST

Pascha, Feier der Befreiung aus harter Knechtschaft in Ägypterland. An Pascha feiert Israel, feiert die jüngere Schwester Kirche, das Geheimnis des einen und einzigen Gottes, der die Menschen zum Aufbruch ruft. Zum Aufbruch aus Not und Fron und Tod. Auf! Macht auf! Ein Gott ist es, der seine Menschen auf neue Wege führt, in immer neue Freiheiten führt. Ein Gott, der nie zwingt. Nie verführt. Israel hat die Fülle dieser Freuden-Botschaft in drei Festen entfaltet. Im Fest der Ungesäuerten Brote (Mazzuot), in der Feier des Pascha-Mahles, und, sieben Wochen später, im Wochenfest (Schawuot), Gedächtnis des ungekündigten Bundes, den Gott mit seinem Volk schloss. Die christliche Liturgie entfaltet das eine österliche Festgeheimnis gerade darum, gerade so, in drei Schritten: Auferstehung des gekreuzigten Herrn, Ostern. Seine Erhöhung zu Gott, Himmelfahrt. Und Pfingsten: Freudenfeier des einen Geistes des Herrn, der lebendig macht, der Mutlosen Mut macht, der Vielfalt sät, wo Verhärtung herrschte, der aus Zwietracht Einmütigkeit schafft. „Deus semper maior", wie es bei Ignatius von Loyola heißt: Euer Gott, unser Gott – treu, und immer neu!

AM VORABEND

22. Mai 2021

Gegen alle Mutlosigkeit, gegen alle Verzweiflung lautet die Botschaft der Bibel von der ersten Seite an: Hoffnung. In allen Texten des Alten Testaments zeigt sich, dass Gott die in Sünden verstrickte Welt nicht ihrem Schicksal überlässt, sondern selbst das Totgesagte wieder neu zum Leben erwecken wird. Pfingsten ist das Fest des Lebens und der Belebung. Es ist das Fest der Hoffnung, die der Kirche eingeprägt ist und die sie auch in den düstersten Zeiten nicht verlieren wird. Die Hoffnung auf ein Leben, aus dem Ströme lebendigen Wassers fließen, wie es im Evangelium lautet. An Pfingsten wurde das Feuer ausgesandt, und bis heute glimmt die Glut. Mit frischem Wind entfachen wir diese Hoffnung aufs Neue.

ERÖFFNUNGSVERS

Röm 5,5

Die Liebe Gottes ist ausgegossen in unsere Herzen
durch den Heiligen Geist, der uns gegeben ist.
Halleluja.

KYRIE-RUFE

Herr Jesus Christus, du hast als erste Gabe für alle,
die glauben, den Heiligen Geist gesandt.
V/A: Herr, erbarme dich.
Du hast ihn gesandt, damit er dein Werk auf Erden
weiterführt und alle Heiligung vollendet.
V/A: Christus, erbarme dich.
Du hast ihn gesandt, damit wir nicht mehr uns selber leben,
sondern dir, der du für uns gestorben und auferstanden bist.
V/A: Herr, erbarme dich.

Ehre sei Gott, S. 481 f.

TAGESGEBET

Gott, unser Herr, du hast das österliche Geheimnis im Geschehen des Pfingsttages vollendet und Menschen aus allen Völkern das Heil geoffenbart. Vereine im Heiligen Geist die Menschen aller Sprachen und Nationen zum Bekenntnis deines Namens. Darum bitten wir durch Jesus Christus.

WORTGOTTESDIENST

ZUR 1. LESUNG Der Turmbau zu Babel spannt den Bogen von den Anfängen der Menschheit hin zum Pfingstereignis. Weil sich die Menschen selbst für groß hielten, wurden sie in zahlreiche Sprachen geteilt und haben das Verständnis füreinander verloren. Weil sie den Himmel selbst erobern wollten, ist Gott ihnen ferngeblieben. Das Kommen des Heiligen Geistes schließt diesen aus dem Hochmut entstandenen Graben und führt zu neuem, innigem Verstehen. Aus den vielen Völkern wird wieder ein Volk, alle können sich in der Sprache der Liebe wieder verständigen und entdecken, dass in Christus alle miteinander verbunden sind.

ERSTE LESUNG Gen 11,1–9

Man gab der Stadt den Namen Babel; denn dort hat der Herr die Sprache der ganzen Erde verwirrt

Lesung aus dem Buch Génesis.

Die ganze Erde hatte eine Sprache und ein und dieselben Worte. Als sie ostwärts aufbrachen, fanden sie eine Ebene im Land Schinar und siedelten sich dort an.

Sie sagten zueinander: Auf, formen wir Lehmziegel und brennen wir sie zu Backsteinen. So dienten ihnen gebrannte Ziegel als Steine und Erdpech als Mörtel. Dann sagten sie: Auf, bauen wir uns eine Stadt und einen Turm mit einer Spitze bis in den Himmel! So wollen wir uns einen Namen machen, damit wir uns nicht über die ganze Erde zerstreuen.

Da stieg der HERR herab, um sich Stadt und Turm anzusehen, die die Menschenkinder bauten. Und der HERR sprach: Siehe, ein Volk sind sie und eine Sprache haben sie alle. Und das ist erst der Anfang ihres Tuns. Jetzt wird ihnen nichts mehr unerreichbar sein, wenn sie es sich zu tun vornehmen. Auf, steigen wir hinab und verwirren wir dort ihre Sprache, sodass keiner mehr die Sprache des anderen versteht.

Der Herr zerstreute sie von dort aus über die ganze Erde und sie hörten auf, an der Stadt zu bauen. Darum gab man der Stadt den Namen Babel, Wirrsal, denn dort hat der Herr die Sprache der ganzen Erde verwirrt und von dort aus hat er die Menschen über die ganze Erde zerstreut.

Oder:

ZUR 1. LESUNG Mit dem Text aus dem Buch Exodus, in dem der Bundesschluss zwischen Gott und dem Volk Israel beschrieben wird, knüpft die Lesung an eine Tradition im Judentum an. Fünfzig Tage nach dem Pessachfest wird Schawuot, das Wochenfest, begangen. An ihm soll Mose die Gesetze auf dem Sinai empfangen haben. Man erkennt rasch die Parallelen mit dem Pfingstfest, besonders im Feuer, in dem Gott herabsteigt (V. 18). So wird abermals deutlich, wie untrennbar das Christentum im Judentum verwurzelt ist. Der Name „Pfingsten" stammt von „pentekoste", was schlicht „50" bedeutet. Durch das Pfingstfest bricht aber auch etwas Neues auf: Das Gesetz ist durch den Heiligen Geist in die Herzen geschrieben, das Gesetz der Liebe stiftet eine neue Gemeinschaft im Geist, die allen offensteht, die sich auf diesen Geist einlassen.

ERSTE LESUNG Ex 19,3–8a.16–20

Vor den Augen des ganzen Volkes stieg der Herr auf den Berg Sinai herab

Lesung aus dem Buch Éxodus.

In jenen Tagen stieg Mose zu Gott hinauf. Da rief ihm der Herr vom Berg her zu: Das sollst du dem Haus Jakob sagen und den Israeliten verkünden: Ihr habt gesehen, was ich den Ägyptern angetan habe, wie ich euch auf Adlerflügeln getragen und zu mir gebracht habe. Jetzt aber, wenn ihr auf meine Stimme hört und meinen Bund haltet, werdet ihr unter allen Völkern mein besonderes Eigentum sein. Mir gehört die ganze Erde, ihr aber sollt mir als ein

Königreich von Priestern und als ein heiliges Volk gehören. Das sind die Worte, die du den Israeliten mitteilen sollst.

Mose ging und rief die Ältesten des Volkes zusammen. Er legte ihnen alles vor, was der HERR ihm aufgetragen hatte. Das ganze Volk antwortete einstimmig und erklärte: Alles, was der HERR gesagt hat, wollen wir tun.

Am dritten Tag, im Morgengrauen, begann es zu donnern und zu blitzen. Schwere Wolken lagen über dem Berg und gewaltiger Hörnerschall erklang. Das ganze Volk im Lager begann zu zittern. Mose führte das Volk aus dem Lager hinaus Gott entgegen. Unten am Berg blieben sie stehen.

Der ganze Sínai war in Rauch gehüllt, denn der HERR war im Feuer auf ihn herabgestiegen. Der Rauch stieg vom Berg auf wie Rauch aus einem Schmelzofen. Der ganze Berg bebte gewaltig und der Hörnerschall wurde immer lauter. Mose redete und Gott antwortete ihm mit verstehbarer Stimme. Der HERR war auf den Sínai, auf den Gipfel des Berges, herabgestiegen. Er hatte Mose zu sich auf den Gipfel des Berges gerufen und Mose war hinaufgestiegen.

Oder:

ZUR 1. LESUNG Mehrere große Visionen werden im Buch des Propheten Ezechiel berichtet. Der Prophet wirkte während des babylonischen Exils, das fast das gesamte sechste Jahrhundert vor Christus andauerte. Jerusalem war erobert, der Tempel zerstört, das Volk Israel in großen Teilen nach Babylon deportiert worden. Eine schier aussichtslose Situation. Und doch keimt Hoffnung auf, dafür ist Ezechiel Zeuge. Gottes Odem wird das Totenfeld beleben, das ganze Volk wird aus dem Grab geholt und wieder in das Land Israel zurückgeführt werden. Tatsächlich kehrte das Volk heim. Gott erneuert das Antlitz der Erde, mit dem Kommen des Heiligen Geistes ist uns eine unzerstörbare Hoffnung gegeben. Einst wird Gott selbst die Gräber öffnen und alles Volk zum Leben bringen.

ERSTE LESUNG Ez 37,1–14

Ihr ausgetrockneten Gebeine, ich selbst bringe Geist in euch, dann werdet ihr lebendig

Lesung aus dem Buch Ezéchiel.

In jenen Tagen legte sich die Hand des HERRN auf mich und er brachte mich im Geist des HERRN hinaus und versetzte mich mitten in die Ebene. Sie war voll von Gebeinen.

Er führte mich ringsum an ihnen vorüber und siehe, es waren sehr viele über die Ebene hin; und siehe, sie waren ganz ausgetrocknet.

Er fragte mich: Menschensohn, können diese Gebeine wieder lebendig werden? Ich antwortete: GOTT und Herr, du weißt es.

Da sagte er zu mir: Sprich als Prophet über diese Gebeine und sag zu ihnen: Ihr ausgetrockneten Gebeine, hört das Wort des HERRN! So spricht GOTT, der Herr, zu diesen Gebeinen: Siehe, ich selbst bringe Geist in euch, dann werdet ihr lebendig. Ich gebe euch Sehnen, umgebe euch mit Fleisch und überziehe euch mit Haut; ich gebe Geist in euch, sodass ihr lebendig werdet. Dann werdet ihr erkennen, dass ich der HERR bin.

Da sprach ich als Prophet, wie mir befohlen war; und noch während ich prophetisch redete, war da ein Geräusch: Und siehe, ein Beben: Die Gebeine rückten zusammen, Bein an Bein. Und als ich hinsah, siehe, da waren Sehnen auf ihnen, Fleisch umgab sie und Haut überzog sie von oben. Aber es war kein Geist in ihnen.

Da sagte er zu mir: Rede als Prophet zum Geist, rede prophetisch, Menschensohn, sag zum Geist: So spricht GOTT, der Herr: Geist, komm herbei von den vier Winden! Hauch diese Erschlagenen an, damit sie lebendig werden!

Da sprach ich als Prophet, wie er mir befohlen hatte, und es kam der Geist in sie. Sie wurden lebendig und sie stellten sich auf ihre Füße – ein großes, gewaltiges Heer.

Er sagte zu mir: Menschensohn, diese Gebeine sind das ganze Haus Israel. Siehe, sie sagen: Ausgetrocknet sind unsere Gebeine, unsere Hoffnung ist untergegangen, wir sind abgeschnitten. Deshalb tritt als Prophet auf und sag zu ihnen: So spricht GOTT, der Herr:

Siehe, ich öffne eure Gräber und hole euch, mein Volk, aus euren Gräbern herauf. Ich bringe euch zum Ackerboden Israels. Und ihr werdet erkennen, dass ich der Herr bin, wenn ich eure Gräber öffne und euch, mein Volk, aus euren Gräbern heraufhole. Ich gebe meinen Geist in euch, dann werdet ihr lebendig und ich versetze euch wieder auf euren Ackerboden. Dann werdet ihr erkennen, dass ich der Herr bin.
Ich habe gesprochen und ich führe es aus – Spruch des Herrn.

Oder:

ZUR 1. LESUNG In seiner Pfingstpredigt hat Petrus auf diese Stelle beim Propheten Joël Bezug genommen (vgl. Apg 2,17–21). Damit markiert Lukas bereits zu Beginn der Apostelgeschichte, dass mit dem Kommen Jesu eine neue Zeit angebrochen ist und sich in ihm das Heil allen Menschen geöffnet hat. Nicht nur auf die berufenen Propheten wird der Geist kommen; alle „Knechte und Mägde", „alles Fleisch" empfängt den Geist Gottes, der vor keiner Grenze Halt macht. Der „Tag des HERRN", den Joël als Tag des Gerichts versteht, ist also schon angebrochen. Doch durch den Tod und die Auferstehung Jesu sowie das Ausgießen des Geistes überwiegt die Hoffnung: Es ist die Liebe, die alle Menschen retten kann.

ERSTE LESUNG

Joël 3,1–5

Ich werde meinen Geist ausgießen über meine Knechte und Mägde

Lesung aus dem Buch Joël.

So spricht Gott, der Herr: Es wird Folgendes geschehen: Ich werde meinen Geist ausgießen über alles Fleisch. Eure Söhne und Töchter werden Propheten sein, eure Alten werden Träume haben und eure jungen Männer haben Visionen. Auch über Knechte und Mägde werde ich meinen Geist ausgießen in jenen Tagen.
Ich werde wunderbare Zeichen wirken am Himmel und auf der Erde: Blut und Feuer und Rauchsäulen. Die Sonne wird sich in Finster-

nis verwandeln und der Mond in Blut, ehe der Tag des HERRN kommt, der große und schreckliche Tag.
Und es wird geschehen: Jeder, der den Namen des HERRN anruft, wird gerettet. Denn auf dem Berg Zion und in Jerusalem gibt es Rettung, wie der HERR gesagt hat, und wen der HERR ruft, der wird entrinnen.

ANTWORTPSALM Ps 104 (103), 1–2.24–25.27–28.29–30 (Kv: vgl. 30)

Kv Sende aus deinen Geist
und das Angesicht der Erde wird neu. – Kv

Oder:

Kv Halleluja. – Kv

Preise den HERRN, meine Seele! /
HERR, mein Gott, überaus groß bist du! *
Du bist mit Hoheit und Pracht bekleidet.
Du hüllst dich in Licht wie in einen Mantel, *
du spannst den Himmel aus gleich einem Zelt. – (Kv)

Wie zahlreich sind deine Werke, HERR, /
sie alle hast du mit Weisheit gemacht, *
die Erde ist voll von deinen Geschöpfen.
Da ist das Meer, so groß und weit, *
darin ein Gewimmel, nicht zu zählen: kleine und große Tiere. – (Kv)

Auf dich warten sie alle, *
dass du ihnen ihre Speise gibst zur rechten Zeit.
Gibst du ihnen, dann sammeln sie ein, *
öffnest du deine Hand, werden sie gesättigt mit Gutem. – (Kv)

Verbirgst du dein Angesicht, sind sie verstört, /
nimmst du ihnen den Atem, so schwinden sie hin *
und kehren zurück zum Staub.
Du sendest deinen Geist aus: Sie werden erschaffen *
und du erneuerst das Angesicht der Erde. – Kv

ZUR 2. LESUNG Auch mit dem Kommen des Heiligen Geistes ist die Welt noch nicht vollendet. Noch immer wartet die gesamte Schöpfung auf das Offenbarwerden der Kinder Gottes, also darauf, dass Gott die Gemeinschaft mit seinen Kindern vollendet. Dies wird Folgen für die gesamte Schöpfung haben. Das Kommen des Geistes ist schon ein Anzeichen dafür, dass die Welt einmal ganz erlöst werden wird. Gott selbst trägt die Not der Schöpfung mit, was Paulus durch den Hinweis verdeutlicht, der Geist trete für uns ein (V. 26). Das kann uns beides schenken: den Mut, die Dinge zu verändern und dem Reich Gottes aktiv Raum zu geben, und die Gelassenheit des Glaubens, dass am Ende Gott selbst die Welt vollenden wird.

ZWEITE LESUNG Röm 8,22–27

Der Geist selber tritt für uns ein mit unaussprechlichen Seufzern

Lesung aus dem Brief des Apostels Paulus an die Gemeinde in Rom.

Schwestern und Brüder! Wir wissen, dass die gesamte Schöpfung bis zum heutigen Tag seufzt und in Geburtswehen liegt. Aber nicht nur das, sondern auch wir, obwohl wir als Erstlingsgabe den Geist haben, auch wir seufzen in unserem Herzen und warten darauf, dass wir mit der Erlösung unseres Leibes als Söhne offenbar werden.

Denn auf Hoffnung hin sind wir gerettet. Hoffnung aber, die man schon erfüllt sieht, ist keine Hoffnung. Denn wie kann man auf etwas hoffen, das man sieht? Hoffen wir aber auf das, was wir nicht sehen, dann harren wir aus in Geduld.

So nimmt sich auch der Geist unserer Schwachheit an. Denn wir wissen nicht, was wir in rechter Weise beten sollen; der Geist selber tritt jedoch für uns ein mit unaussprechlichen Seufzern. Der die Herzen erforscht, weiß, was die Absicht des Geistes ist. Denn er tritt so, wie Gott es will, für die Heiligen ein.

RUF VOR DEM EVANGELIUM

(*Zum Vers* Komm, Heiliger Geist … *knien alle.*)

Halleluja. Halleluja.
Komm, Heiliger Geist,
erfülle die Herzen deiner Gläubigen
und entzünde in ihnen das Feuer deiner Liebe!
Halleluja.

ZUM EVANGELIUM Nach alter Tradition wurde beim Laubhüttenfest vom Priester Wasser aus dem Teich Schiloach geschöpft und in den Altar des Tempels gegossen. Dabei sprach er ein Gebet für reichen Regen und eine gute Ernte. Daran knüpft Jesus an, indem er allen, die an sein Wort glauben, lebendige Wasserströme verheißt. Wasser ist in einigen Prophetentexten ein Bild für den Geist, den Gott auf die Menschen ausgießen wird (vgl. Jes 44,3; Ez 36,25–27). Der Geist wird aber nicht nur beleben, sondern führt auch dazu, dass die Geistbegabten selbst zu einer Quelle des Lebens werden. Wer den Geist empfängt, kann seine Hände nicht in den Schoß legen, sondern will die Liebe weitergeben, die er selbst geschenkt bekommt.

EVANGELIUM

Joh 7,37–39

Ströme von lebendigem Wasser werden fließen

+ Aus dem heiligen Evangelium nach Johannes.

Am letzten Tag des Festes, dem großen Tag, stellte sich Jesus hin und rief: Wer Durst hat, komme zu mir, und es trinke, wer an mich glaubt. Wie die Schrift sagt: Aus seinem Inneren werden Ströme von lebendigem Wasser fließen.

Damit meinte er den Geist, den alle empfangen sollten, die an ihn glauben; denn der Geist war noch nicht gegeben, weil Jesus noch nicht verherrlicht war.

Glaubensbekenntnis, S. 484 ff.

FÜRBITTEN

Wasser des Lebens ist uns verheißen, Wasser, das Leben ermöglicht und Leben schenkt. Wir bitten um den Beistand des Gottesgeistes:

- Für alle Söhne und Töchter, für alle Frauen und Männer, dass sie ihrer Berufung folgen können. V: Lebendiger Gott. A: Sende aus deinen Geist.
- Für die Kirche, dass sie auch heute auf die prophetischen Stimmen zu hören lernt. V: Lebendiger Gott. A: Sende aus deinen Geist.
- Für alle, die in Abhängigkeiten und zerstörerischen Gewohnheiten gefangen sind. V: Lebendiger Gott. A: Sende aus deinen Geist.
- Für alle, die helfen und handeln, weil ihnen andere Menschen nicht gleichgültig sind. V: Lebendiger Gott. A: Sende aus deinen Geist.
- Für alle, die krank sind und leiden, einsam und niedergedrückt. V: Lebendiger Gott. A: Sende aus deinen Geist.
- Für alle, die an sie denken und sie nicht alleine lassen. V: Lebendiger Gott. A: Sende aus deinen Geist.
- Für alle, die nicht nur den eigenen Durst stillen, sondern auch den der anderen. V: Lebendiger Gott. A: Sende aus deinen Geist.

Gottes Geist ist unter den Menschen ausgegossen. Hilf uns, teilzuhaben an der erneuernden Geistkraft und sie weiterzugeben, so bitten wir durch Jesus Christus, unseren Menschenbruder und erhöhten Herrn.

EUCHARISTIEFEIER

GABENGEBET

Herr, unser Gott, dein Geist segne diese Gaben und erfülle durch sie die Kirche mit der Kraft deiner Liebe, damit die ganze Welt erkennt, dass du sie zum Heil gerufen hast. Darum bitten wir durch Christus, unseren Herrn.

Präfation, S. 460

KOMMUNIONVERS

Joh 7,37

Am letzten Tag des Festes, dem großen Tag,
stand Jesus da und rief:
Wer Durst hat, komme zu mir und trinke. Halleluja.

SCHLUSSGEBET

Herr, unser Gott, du hast uns im heiligen Mahl gesättigt. Erfülle uns durch dieses Sakrament mit der Glut des Heiligen Geistes, den du am Pfingstfest den Aposteln gesandt hast. Darum bitten wir durch Christus, unseren Herrn.

FEIERLICHER SCHLUSSSEGEN

S. 461

***

EINE LEBENDIGE, VERWEGENE ZUVERSICHT

Glaube ist eine lebendige, verwegene Zuversicht auf Gottes Gnade, so gewiss, dass er tausendmal dafür sterben würde. Und solche Zuversicht und Erkenntnis göttlicher Gnade macht fröhlich, trotzig und lustig gegen Gott und alle Kreaturen; das wirkt der Heilige Geist im Glauben.

Martin Luther

AM TAG

23. Mai 2021

Wann ist Pfingsten und wohin wirkt die Gabe des Heiligen Geistes? Die Schriftlesungen geben unterschiedliche Antworten, die sich nicht widersprechen, sondern einander ergänzen. In der Apostelgeschichte fällt die Gabe des Heiligen Geistes zeitlich mit Schawuot, dem jüdischen Wochenfest, zusammen, das 50 Tage nach dem Paschafest gefeiert wird. Daher hat das Fest, das wir 50 Tage nach Ostern feiern, seinen Namen: Pfingsten, aus dem Griechischen von pentecoste abgeleitet, was den Fünfzigsten (Tag) meint. Diese Verbindung weist auf die enge Bindung unserer Glaubenstradition an die jüdische Tradition hin; ohne die jüdische ist die christliche nicht denkbar.

Im Johannes-Evangelium gibt es im Grunde zwei Pfingstereignisse. Bereits im Sterben am Kreuz haucht Jesus den Geist über die Menschen aus. Nochmals geschieht dies ausdrücklich in der Begegnung des Auferstandenen mit seinen Jüngern, womit sich erfüllt, was Jesus in den johanneischen Abschiedsreden ankündigt, dass er den Seinen einen Beistand sendet. Diese Verbindungslinien erinnern daran, dass die Hingabe Jesu am Kreuz, seine Auferstehung und die Geistgabe nicht ohne einander zu verstehen sind. Während in der Apostelgeschichte die Erfüllung mit Heiligem Geist die Jünger und Jüngerinnen nach draußen und zum öffentlichen Zeugnis drängt, erwirkt im Johannes-Evangelium die Geistgabe zunächst nach innen hin Bestärkung und Erkenntnisgewinn, sodass der Sendungsauftrag erfüllt werden kann. Ähnlich ist es bei Paulus, wo die Gaben des Heiligen Geistes den Gemeinden nach innen hin Gestalt geben, um nach außen ausstrahlen zu können.

An Pfingsten können wir zweierlei feiern: den „Geburtstag" der Kirche aus dem Geist und (Ernte-)Dank für alle Frucht, die aus Heiligem Geist heute noch wächst.

ERÖFFNUNGSVERS

Vgl. Weish 1,7

Der Geist des Herrn erfüllt den Erdkreis.
In ihm hat alles Bestand.
Nichts bleibt verborgen vor ihm. Halleluja.

KYRIE-RUFE

Herr Jesus Christus, du sendest uns den Beistand,
der Zeugnis für dich ablegt.
V/A: Herr, erbarme dich.
Du sendest uns den Geist der Wahrheit,
der uns in die ganze Wahrheit führt.
V/A: Christus, erbarme dich.
Du heißt auch uns, Zeugnis abzulegen von der Wahrheit.
V/A: Herr, erbarme dich.

Ehre sei Gott, S. 481 f.

TAGESGEBET

Allmächtiger, ewiger Gott, durch das Geheimnis des heutigen Tages heiligst du deine Kirche in allen Völkern und Nationen. Erfülle die ganze Welt mit den Gaben des Heiligen Geistes, und was deine Liebe am Anfang der Kirche gewirkt hat, das wirke sie auch heute in den Herzen aller, die an dich glauben. Darum bitten wir durch Jesus Christus.

WORTGOTTESDIENST

ZUR 1. LESUNG Parallel zur Taufe Jesu endet mit der Gabe des Heiligen Geistes die Vorbereitungszeit der Jünger und Jüngerinnen Jesu, sie beginnen ihr öffentliches Wirken und verkünden Gottes große Taten. Damit erfüllt sich zudem, was Johannes der Täufer in Lk 3,16 verheißen hat: „Er wird euch mit dem Heiligen Geist und mit Feuer taufen." Die Begleiterscheinungen der Geistgabe – Sturm und Feuer – sind im Alten Testament mit Gotteserscheinungen (z. B. Ex 13,21f.) verbunden und machen deutlich, dass Gott selbst hier wirkt. Der Heilige Geist wirbelt die Versammelten auf, bringt Energie in die Runde und bewirkt, dass sie sich mit jüdischen Menschen aus ganz unterschiedlichen Völkern, Regionen und Ländern verständigen können, weil die Frohe Botschaft universell gilt.

ERSTE LESUNG Apg 2,1–11

Alle wurden mit dem Heiligen Geist erfüllt und begannen zu reden

Lesung aus der Apostelgeschichte.

Als der Tag des Pfingstfestes gekommen war, waren alle zusammen am selben Ort. Da kam plötzlich vom Himmel her ein Brausen, wie wenn ein heftiger Sturm daherfährt, und erfüllte das ganze Haus, in dem sie saßen.

Und es erschienen ihnen Zungen wie von Feuer, die sich verteilten; auf jeden von ihnen ließ sich eine nieder. Und alle wurden vom Heiligen Geist erfüllt und begannen, in anderen Sprachen zu reden, wie es der Geist ihnen eingab.

In Jerusalem aber wohnten Juden, fromme Männer aus allen Völkern unter dem Himmel. Als sich das Getöse erhob, strömte die Menge zusammen und war ganz bestürzt; denn jeder hörte sie in seiner Sprache reden. Sie waren fassungslos vor Staunen und sagten:

Seht! Sind das nicht alles Galiläer, die hier reden? Wieso kann sie jeder von uns in seiner Muttersprache hören: Parther, Meder und Elamíter, Bewohner von Mesopotámien, Judäa und Kappadókien, von Pontus und der Provinz Asien, von Phrýgien und Pamphýlien, von Ägypten und dem Gebiet Líbyens nach Kyréne hin, auch die Römer, die sich hier aufhalten, Juden und Proselýten, Kreter und Áraber – wir hören sie in unseren Sprachen Gottes große Taten verkünden.

ANTWORTPSALM Ps 104 (103), 1–2.24–25.29–30.31 u. 34 (Kv: vgl. 30)

Kv Sende aus deinen Geist
und das Angesicht der Erde wird neu. – Kv

Oder:

Kv Halleluja. – Kv

Preise den HERRN, meine Seele! /
HERR, mein Gott, überaus groß bist du! *
Du bist mit Hoheit und Pracht bekleidet.
Du hüllst dich in Licht wie in einen Mantel, *
du spannst den Himmel aus gleich einem Zelt. – (Kv)

Wie zahlreich sind deine Werke, HERR, /
sie alle hast du mit Weisheit gemacht, *
die Erde ist voll von deinen Geschöpfen.
Da ist das Meer, so groß und weit, *
darin ein Gewimmel, nicht zu zählen: kleine und große Tiere. – (Kv)

Verbirgst du dein Angesicht, sind sie verstört, /
nimmst du ihnen den Atem, so schwinden sie hin *
und kehren zurück zum Staub.
Du sendest deinen Geist aus: Sie werden erschaffen *
und du erneuerst das Angesicht der Erde. – (Kv)

Die Herrlichkeit des HERRN währe ewig, *
der HERR freue sich seiner Werke.
Möge ihm mein Dichten gefallen. *
Ich will mich freuen am HERRN. – Kv

ZUR 2. LESUNG In dem kurzen Ausschnitt aus dem 12. Kapitel des ersten Briefes an die Gemeinde in Korinth verdichten sich wesentliche Überzeugungen des Paulus: Alles, Gnadengaben, Dienste, Kräfte, geht auf den einen Gott zurück. Als Christen sind und bleiben wir Monotheisten, glauben an den einen Gott, der sich uns verschieden zeigt. Die Gaben des Geistes sind ganz verschiedene; sie sind immer unverdient und unverfügbar (Gnadengabe, griechisch *charisma*) und sollen anderen nützen. Daran lässt sich messen, ob sie Geistesgaben sind. Und wie der eine Geist Gottes die Gemeinde Jesu Christi mit unterschiedlichen Gaben beschenkt, so zeichnet die christliche Gemeinde aus, dass sie aus unterschiedlichen Mit-Gliedern besteht, die in der Taufe durch Gottes Geist zu dem einen Leib Christi zusammengefügt sind: die einzelnen Glieder dürfen und können genauso wenig gegeneinander ausgespielt werden wie die verschiedenen Geistesgaben.

ZWEITE LESUNG 1 Kor 12,3b–7.12–13

Durch den einen Geist wurden wir in der Taufe alle in einen einzigen Leib aufgenommen

Lesung aus dem ersten Brief des Apostels Paulus an die Gemeinde in Korínth.

Schwestern und Brüder! Keiner kann sagen: Jesus ist der Herr!, wenn er nicht aus dem Heiligen Geist redet.

Es gibt verschiedene Gnadengaben, aber nur den einen Geist. Es gibt verschiedene Dienste, aber nur den einen Herrn. Es gibt verschiedene Kräfte, die wirken, aber nur den einen Gott: Er bewirkt alles in allen. Jedem aber wird die Offenbarung des Geistes geschenkt, damit sie anderen nützt.

Denn wie der Leib einer ist, doch viele Glieder hat, alle Glieder des Leibes aber, obgleich es viele sind, einen einzigen Leib bilden: So ist es auch mit Christus. Durch den einen Geist wurden wir in der Taufe alle in einen einzigen Leib aufgenommen, Juden und Griechen, Sklaven und Freie; und alle wurden wir mit dem einen Geist getränkt.

Oder:

ZUR 2. LESUNG Zu uns Menschen gehört wesentlich, dass wir sterblich und vergänglich sind. Immer wieder sind wir versucht, uns dagegen zu wehren, und reagieren darauf mit einer Selbstbezogenheit, die sich gegen die Nächsten und gegen Gott verschließt. Das beschreibt Paulus mit dem Begriff „Fleisch". Sein Lasterkatalog (Vers 19) benennt beispielhaft die „Werke des Fleisches". Dass solche Werke nicht dem Aufbau des Reiches Gottes dienen, verwundert nicht. Sich den Nächsten und Gott zu öffnen, gelingt nach paulinischer Sicht denen, die sich von Gottes Geist führen lassen. Interessanterweise bringt der Geist Gottes keine guten Werke hervor, sondern „Frucht". So wie das Ernten-Können der Früchte des Feldes immer auch unverfügbar und nicht allein das Werk unserer Arbeit ist, so sind die Früchte des Geistes immer auch Gottes Geschenk. Mit der Taufe ist jedem Christen durch Gottes Geist die Möglichkeit geschenkt, sich aus Selbstbezogenheit zu befreien. Sich immer neu genau darauf einzulassen, also im Geist zu wandeln, zeichnet die Freiheit der Kinder Gottes aus (Gal 5,13).

ZWEITE LESUNG Gal 5,16–25

Wandelt im Geist!

Lesung aus dem Brief des Apostels Paulus an die Gemeinden in Galátien.

Schwestern und Brüder! Wandelt im Geist, dann werdet ihr das Begehren des Fleisches nicht erfüllen!

Denn das Fleisch begehrt gegen den Geist, der Geist gegen das Fleisch, denn diese sind einander entgegengesetzt, damit ihr nicht tut, was ihr wollt.

Wenn ihr euch aber vom Geist führen lasst, dann steht ihr nicht unter dem Gesetz.

Die Werke des Fleisches sind deutlich erkennbar: Unzucht, Unreinheit, Ausschweifung, Götzendienst, Zauberei, Feindschaften, Streit, Eifersucht, Jähzorn, Eigennutz, Spaltungen, Parteiungen, Neid, maßloses Trinken und Essen und Ähnliches mehr. Ich sage euch voraus, wie ich es früher vorausgesagt habe: Wer so etwas tut, wird das Reich Gottes nicht erben.

Die Frucht des Geistes aber ist Liebe, Freude, Friede, Langmut, Freundlichkeit, Güte, Treue, Sanftmut und Enthaltsamkeit; gegen all das ist das Gesetz nicht.
Die zu Christus Jesus gehören, haben das Fleisch und damit ihre Leidenschaften und Begierden gekreuzigt.
Wenn wir im Geist leben, lasst uns auch im Geist wandeln!

SEQUENZ

(Wenn die musikalische Gestaltung es nahelegt, kann die Sequenz nach dem Hallelujavers gesungen werden, wobei sie dann mit „Amen. Halleluja" abgeschlossen wird.)

Komm herab, o Heil'ger Geist,
der die finstre Nacht zerreißt,
strahle Licht in diese Welt.

Komm, der alle Armen liebt,
komm, der gute Gaben gibt,
komm, der jedes Herz erhellt.

Höchster Tröster in der Zeit,
Gast, der Herz und Sinn erfreut,
köstlich Labsal in der Not,

in der Unrast schenkst du Ruh,
hauchst in Hitze Kühlung zu,
spendest Trost in Leid und Tod.

Komm, o du glückselig Licht,
fülle Herz und Angesicht,
dring bis auf der Seele Grund.

Ohne dein lebendig Wehn
kann im Menschen nichts bestehn,
kann nichts heil sein noch gesund.

Was befleckt ist, wasche rein,
Dürrem gieße Leben ein,
heile du, wo Krankheit quält.

Wärme du, was kalt und hart,
löse, was in sich erstarrt,
lenke, was den Weg verfehlt.

Gib dem Volk, das dir vertraut,
das auf deine Hilfe baut,
deine Gaben zum Geleit.

Lass es in der Zeit bestehn,
deines Heils Vollendung sehn
und der Freuden Ewigkeit.
(Amen. Halleluja.)

RUF VOR DEM EVANGELIUM

(*Zum Vers* Komm, Heiliger Geist … *knien alle.*)

Halleluja. Halleluja.
Komm, Heiliger Geist,
erfülle die Herzen deiner Gläubigen
und entzünde in ihnen das Feuer deiner Liebe!
Halleluja.

ZUM EVANGELIUM Das Johannes-Evangelium verbindet die Geistgabe erzählerisch mit dem Abend des Ostertages. Dass Jesus seine Hände und Seite zeigt, also seine Wundmale, verbindet diese pfingstliche Ostererzählung mit der pfingstlichen Karfreitagsszene, wo Jesus bereits im Sterben seinen Geist ausgießt (Joh 19,30). Erst im Sehen begreifen die Jünger und Jüngerinnen, was Maria von Magdala ihnen verkündet hatte, dass der Herr lebt (Joh 20,18). Mit dieser Erkenntnis wandelt sich Furcht in Freude; der Auferstandene überwindet nicht nur verschlossene Türen, sondern auch verschlossene Herzen. Er schenkt Frieden, also, im Sinne des alttestamentlichen Verständnisses, Heilsein, allseitiges Wohlergehen, womit sich das Vermächtnis aus den Abschiedsreden erneuert: „Frieden hinterlasse ich euch, meinen Frieden gebe ich euch …" (Joh 14,27). Aus dem zweiten Friedensgruß erwächst die Sendung der Jünger und Jüngerinnen, die hier analog zur Sendung Jesu durch seinen Vater verstanden wird. Die folgende Geistgabe erinnert an die Schöpfungserzählung Gen 2,7: Wie der Schöpfer dem von ihm geformten Erdling Leben einhaucht, so haucht der Auferstandene der Jüngerschar Heiligen Geist, seinen Geist ein; sie werden neu geschaffen. Zudem verleiht er ihnen die Vollmacht der Sündenvergebung, was nichts anderes bedeutet, als Menschen in die Heils- und Lebenssphäre Gottes hineinziehen zu können. Wer sich gegen die Frohe Botschaft abschottet, dem Leben spendenden Wort Jesu nicht glaubt, bleibt im Bereich der lebensfeindlichen Kräfte. – Jesu Vermächtnis bis in die Gegenwart hinein an uns und für die Welt: Frieden, Freude, Leben, Vergebung und Heil zu erfahren, anzunehmen und zu bezeugen.

EVANGELIUM Joh 20,19–23

Wie mich der Vater gesandt hat, so sende ich euch: Empfangt den Heiligen Geist!

+ Aus dem heiligen Evangelium nach Johannes.

Am Abend des ersten Tages der Woche, als die Jünger aus Furcht vor den Juden bei verschlossenen Türen beisammen waren, kam Jesus, trat in ihre Mitte und sagte zu ihnen: Friede sei mit euch!

Nach diesen Worten zeigte er ihnen seine Hände und seine Seite. Da freuten sich die Jünger, als sie den Herrn sahen.

Jesus sagte noch einmal zu ihnen: Friede sei mit euch! Wie mich der Vater gesandt hat, so sende ich euch.

Nachdem er das gesagt hatte, hauchte er sie an und sagte zu ihnen: Empfangt den Heiligen Geist! Denen ihr die Sünden erlasst, denen sind sie erlassen; denen ihr sie behaltet, sind sie behalten.

Oder:

ZUM EVANGELIUM Im Johannes-Evangelium bereitet Jesus seine Jünger in Abschiedsreden auf die Zeit vor, da er nicht mehr wie zuvor unter ihnen sein wird. Diese Zeit wird nicht leicht sein, sondern geprägt von Hass und Verfolgung (Joh 15,18–21). Darin drückt sich die Erfahrung der johanneischen Gemeinde aus. Solche Zeiten der Anfechtung müssen aber keine Angst machen, denn Jesus bleibt in seiner Gemeinde durch den Beistand, den er vom Vater aus sendet, präsent. Dieser Beistand, der Geist der Wahrheit, leitet die Gemeinde. Durch ihn werden das Lebenszeugnis Jesu und seine Hingabe verständlich. Durch ihn legt die Gemeinde Jesu – in ihrer jeweiligen und für ihre jeweilige Zeit – Zeugnis von der Frohen Botschaft ab. Durch ihn offenbart sich die An-Wesenheit des Vaters im Sohn immer neu durch alle Zeiten hindurch bis in die Gegenwart. Mit diesem Beistand gelingt Nachfolge auch unter widrigen Umständen.

EVANGELIUM Joh 15,26–27; 16,12–15

Der Geist der Wahrheit wird euch in der ganzen Wahrheit leiten

+ **Aus dem heiligen Evangelium nach Johannes.**

In jener Zeit sprach Jesus zu seinen Jüngern: Wenn der Beistand kommt, den ich euch vom Vater aus senden werde, der Geist der Wahrheit, der vom Vater ausgeht, dann wird er Zeugnis für mich ablegen. Und auch ihr legt Zeugnis ab, weil ihr von Anfang an bei mir seid.

Noch vieles habe ich euch zu sagen, aber ihr könnt es jetzt nicht tragen. Wenn aber jener kommt, der Geist der Wahrheit, wird er euch in der ganzen Wahrheit leiten. Denn er wird nicht aus sich selbst heraus reden, sondern er wird reden, was er hört, und euch verkünden, was kommen wird.

Er wird mich verherrlichen; denn er wird von dem, was mein ist, nehmen und es euch verkünden. Alles, was der Vater hat, ist mein; darum habe ich gesagt: Er nimmt von dem, was mein ist, und wird es euch verkünden.

Glaubensbekenntnis, S. 484 ff.

FÜRBITTEN

„Friede sei mit euch!" Die Furcht lösende Friedenskraft des Geistes kann in jedem einzelnen Leben und im Leben der Kirche echte Erneuerung schaffen. Wir beten:

- Komm, Geist der Weisheit: Bewege alle, die heute Entscheidungen fällen und die Zukunft der Kirche prägen. V: Komm, Heiliger Geist. A: Komm heute.

- Komm, Geist des Rates: Leite alle, die weltweit Wege zum Frieden gehen wollen. V: Komm, Heiliger Geist. A: Komm heute.

- Komm, Geist der Wahrheit und der Klarheit: Mäßige und führe all diejenigen zur Einsicht, die sich in religiösem Eifer, Rechthaberei und der Abwertung anderer verfangen haben. V: Komm, Heiliger Geist. A: Komm heute.

- Komm, Geist der Stärke: Richte auf und belebe all jene, die unter den vielfältigen Lasten ihres Lebens zu zerbrechen drohen. V: Komm, Heiliger Geist. A: Komm heute.

- Komm, Geist des Trostes: Umfange sanft die Menschen, die traurig sind und um einen lieben Menschen weinen. V: Komm, Heiliger Geist. A: Komm heute.

- Komm, Geist der Liebe: Entzünde das Feuer der Liebe und der Verantwortung in unseren Herzen und hilf uns, die Getretenen und Gedemütigten nicht zu übersehen. V: Komm, Heiliger Geist. A: Komm heute.

Wir bitten dich: „Komm, Heiliger Geist, der Leben schafft, erfülle uns mit deiner Kraft" – heute und alle Tage, die uns geschenkt sind.

EUCHARISTIEFEIER

GABENGEBET

Allmächtiger Gott, erfülle die Verheißung deines Sohnes: Sende uns deinen Geist, damit er uns in die volle Wahrheit einführt und uns das Geheimnis dieses Opfers immer mehr erschließt. Darum bitten wir durch Christus, unseren Herrn.

PRÄFATION

In Wahrheit ist es würdig und recht, dir, Herr, heiliger Vater, immer und überall zu danken und diesen Tag in festlicher Freude zu feiern. Denn heute hast du das österliche Heilswerk vollendet, heute hast du den Heiligen Geist gesandt über alle, die du mit Christus auferweckt und zu deinen Kindern berufen hast. Am Pfingsttag erfüllst du deine Kirche mit Leben: Dein Geist schenkt allen Völkern die Erkenntnis des lebendigen Gottes und vereint die vielen Sprachen im Bekenntnis des einen Glaubens. Darum preisen dich alle Völker auf dem Erdenrund in österlicher Freude. Darum rühmen dich die himmlischen Kräfte und die Mächte der Engel und singen das Lob deiner Herrlichkeit: Heilig …

KOMMUNIONVERS

Vgl. Apg 2,4.11

Alle wurden mit dem Heiligen Geist erfüllt
und verkündeten Gottes große Taten. Halleluja.

SCHLUSSGEBET

Herr, unser Gott, du hast deine Kirche mit himmlischen Gaben beschenkt. Erhalte ihr deine Gnade, damit die Kraft aus der Höhe, der

Heilige Geist, in ihr weiterwirkt und die geistliche Speise sie nährt bis zur Vollendung. Darum bitten wir durch Christus, unseren Herrn.

FEIERLICHER SCHLUSSSEGEN

Der gütige Gott hat am heutigen Tag die Jünger durch die Eingießung des Heiligen Geistes erleuchtet; er segne euch und schenke euch den Reichtum seiner Gaben. – A: Amen.
Jenes Feuer, das in vielen Zungen auf die Jünger herabkam, reinige eure Herzen und entzünde in euch die göttliche Liebe. – A: Amen.
Der Heilige Geist, der die vielen Sprachen im Bekenntnis des Glaubens geeint hat, festige euch in der Wahrheit und führe euch vom Glauben zum Schauen. – A: Amen.
Das gewähre euch der dreieinige Gott, der Vater und der Sohn † und der Heilige Geist. – A: Amen.

***

GEISTES KRAFT

Geistes Kraft
sprengt Mauern, öffnet Türen
ermutigt und beseelt
bestärkt und löst die Zunge

Geistes Kraft
erklärt und schildert
warum mit Jesu Tod nicht
die Hoffnung und die Botschaft starben

Geistes Wehen
findet die Worte für deinen Glauben
verbindet Menschen zu Gemeinschaft
überwindet Grenzen im Handeln und Denken

Geistes Wehen
ist Motor für Veränderung und Bestehen
ist Antrieb für Wandel und Beständigkeit
ist Quelle für Visionen und Träume

Geistes Glut
bringt durcheinander und verwirrt
wirft über den Haufen und irritiert
stiftet Unruhe und bringt in Bewegung

Geistes Glut
fremd und beängstigend
wärmend und Funken sprühend
durchglüht dich mit Vertrauen und Zuversicht

zu bezeugen, woran du glaubst
zu verkünden, wovon dein Herz überfließt
zu verbreiten Gottes Botschaft

Inga Schmitt

PFINGSTMONTAG

24. Mai 2021

Geisterfahrung – ja, damals! Nein, heute. Gottes guter Geist wird erfahren, wo Angst nicht das letzte Wort hat, wo Widerstand gegen Gewaltverhältnisse wächst, wo Versöhnung und nicht Vernichtung gesucht wird, wo Freude verspürt wird ohne Triumph, wo Hoffnung keimt ohne Illusion, wo Schuld nicht bagatellisiert, sondern erkannt und vergeben wird. Komm, heiliger Hauch! Nimm von uns Enge und Kälte. Entzünde in uns das Feuer deiner Liebe. Komm, Heiliger Geist!

ERÖFFNUNGSVERS

Offb 1,5–6

Christus liebt uns
und hat uns durch sein Blut befreit von unseren Sünden;
er hat uns die Würde von Königen gegeben
und uns zu Priestern gemacht
für den Dienst vor seinem Gott und Vater. Halleluja.

KYRIE-RUFE

Herr Jesus Christus, du sendest deinen Geist aus,
und du erneuerst das Angesicht deiner Kirche.
V/A: Herr, erbarme dich.
Du gießt deinen Geist aus und erweckst die Bereitschaft zur Wahrheit,
die Kraft zur Erkenntnis und die Sehnsucht nach der Einheit.
V/A: Christus, erbarme dich.
Du erfüllst dein Volk mit dem Heiligen Geist und führst
die reiche Verschiedenheit zum Reichtum der Einheit zusammen.
V/A: Herr, erbarme dich.

Ehre sei Gott, S. 481 f.

TAGESGEBET

Gott und Vater unseres Herrn Jesus Christus, im Neuen Bund berufst du aus allen Völkern dein Volk und führst es zusammen im Heiligen Geist. Gib, dass deine Kirche ihrer Sendung treu bleibt, dass sie ein Sauerteig ist für die Menschheit, die du in Christus erneuern und zu deiner Familie umgestalten willst. Darum bitten wir durch ihn, der in der Einheit des Heiligen Geistes mit dir lebt und herrscht in alle Ewigkeit.

WORTGOTTESDIENST

ZUR 1. LESUNG Wörtlich bedeutet das Wort Kirche in seinem griechischen Ursprung: die zum Herrn Gehörende. Sich von Gottes Wort treffen lassen, das Leben neu ausrichten, mit Christus sich senden lassen, auf ihn schauen, zu ihm sich stellen – und zu ihm stehen: das bedeutet Kirche sein. Die Ersten, die Kirche wurden, bleiben Juden wie Jesus, sind Söhne und Töchter des Volkes Israel, das von Gott nicht irgendwelcher Vorzüge wegen, sondern aus Liebe erwählt wurde (Ex 3,13–15; Jes 42,5–6). Das Judentum zur Zeit Jesu und zur Zeit der Apostel ist vielfältig. Neben Alteingesessenen leben in Jerusalem zahlreiche Juden aus der Diaspora. Nach der Lynchjustiz an Stephanus werden die griechisch sprechenden Christus-Juden aus Jerusalem vertrieben. Doch was zerstören sollte, setzt unverhofftes Wachsen und Blühen frei. Die Verjagten tragen die Christusbotschaft in die weite Welt. Durch Handauflegen und Gebet empfangen nun auch die einstigen Heiden Heiligen Geist. Im Schmerz der Ausgrenzung und Verfolgung bricht sich die Erkenntnis Bahn, dass Gottes Geist sich nicht an menschliche Grenzsetzungen hält.

ERSTE LESUNG

Apg 8,1bc.4.14–17

Petrus und Johannes legten ihnen die Hände auf

Lesung aus der Apostelgeschichte.

In jenen Tagen brach eine schwere Verfolgung über die Kirche in Jerusalem herein. Alle wurden in die Gegenden von Judäa und Samárien zerstreut, mit Ausnahme der Apostel. Die Gläubigen, die zerstreut worden waren, zogen umher und verkündeten das Wort.

Als die Apostel in Jerusalem hörten, dass Samárien das Wort Gottes angenommen hatte, schickten sie Petrus und Johannes dorthin. Diese zogen hinab und beteten für sie, dass sie den Heiligen Geist empfingen. Denn er war noch auf keinen von ihnen herabgekommen; sie waren nur getauft auf den Namen Jesu, des Herrn. Dann legten sie ihnen die Hände auf und sie empfingen den Heiligen Geist.

Oder:

ZUR 1. LESUNG Ein gespenstisches Bild, auf den ersten Blick. Gott selbst wird die Gräber öffnen und die Leichen des Volkes herausholen – doch hier geht es nicht um makabre Effekte, sondern darum, Menschen das Leben wiederzugeben, auch wenn sie bereits alle Hoffnung begraben haben. Alles ist sinnlos, wir sind doch schon längst tot: So fühlt man sich in der Verbannung, zur Zeit Ezechiels. Der Prophet hält dagegen: Gott sagt dem Volk zu, dass sein Leben spendender Geist wirken und es wieder beleben wird – und dies sagt der Herr auch heute jedem verzweifelten Menschen zu: ob jung oder alt, Frau oder Mann, einheimisch oder vertrieben, Flüchtling, festgefahren, verzweifelt, verloren, fremd.

ERSTE LESUNG

Ez 37,1–14

Ihr ausgetrockneten Gebeine, ich selbst bringe Geist in euch, dann werdet ihr lebendig

Lesung aus dem Buch Ezéchiel.

In jenen Tagen legte sich die Hand des Herrn auf mich und er brachte mich im Geist des Herrn hinaus und versetzte mich mitten in die Ebene. Sie war voll von Gebeinen.

Er führte mich ringsum an ihnen vorüber und siehe, es waren sehr viele über die Ebene hin; und siehe, sie waren ganz ausgetrocknet.

Er fragte mich: Menschensohn, können diese Gebeine wieder lebendig werden? Ich antwortete: Gott und Herr, du weißt es.

Da sagte er zu mir: Sprich als Prophet über diese Gebeine und sag zu ihnen: Ihr ausgetrockneten Gebeine, hört das Wort des Herrn! So spricht Gott, der Herr, zu diesen Gebeinen: Siehe, ich selbst bringe Geist in euch, dann werdet ihr lebendig. Ich gebe euch Sehnen, umgebe euch mit Fleisch und überziehe euch mit Haut; ich gebe Geist in euch, sodass ihr lebendig werdet. Dann werdet ihr erkennen, dass ich der Herr bin.

Da sprach ich als Prophet, wie mir befohlen war; und noch während ich prophetisch redete, war da ein Geräusch: Und siehe, ein Beben: Die Gebeine rückten zusammen, Bein an Bein. Und als ich hinsah, siehe, da waren Sehnen auf ihnen, Fleisch umgab sie und Haut überzog sie von oben. Aber es war kein Geist in ihnen.

Da sagte er zu mir: Rede als Prophet zum Geist, rede prophetisch, Menschensohn, sag zum Geist: So spricht Gott, der Herr: Geist, komm herbei von den vier Winden! Hauch diese Erschlagenen an, damit sie lebendig werden!

Da sprach ich als Prophet, wie er mir befohlen hatte, und es kam der Geist in sie. Sie wurden lebendig und sie stellten sich auf ihre Füße – ein großes, gewaltiges Heer.

Er sagte zu mir: Menschensohn, diese Gebeine sind das ganze Haus Israel. Siehe, sie sagen: Ausgetrocknet sind unsere Gebeine, unsere Hoffnung ist untergegangen, wir sind abgeschnitten. Deshalb tritt als Prophet auf und sag zu ihnen: So spricht Gott, der Herr: Siehe, ich öffne eure Gräber und hole euch, mein Volk, aus euren Gräbern herauf. Ich bringe euch zum Ackerboden Israels. Und ihr werdet erkennen, dass ich der Herr bin, wenn ich eure Gräber öffne und euch, mein Volk, aus euren Gräbern heraufhole. Ich

gebe meinen Geist in euch, dann werdet ihr lebendig und ich versetze euch wieder auf euren Ackerboden. Dann werdet ihr erkennen, dass ich der HERR bin.
Ich habe gesprochen und ich führe es aus – Spruch des HERRN.

ANTWORTPSALM Ps 22 (21),23–24.26–27.28 u. 31b–32 (Kv: vgl. 23a)

Kv Deinen Namen, Herr, will ich verkünden. – Kv

Oder:

Kv Halleluja. – Kv

Ich will deinen Namen, Herr, meinen Brüdern verkünden, *
inmitten der Versammlung dich loben.
Die ihr den HERRN fürchtet, lobt ihn; /
all ihr Nachkommen Jakobs, rühmt ihn; *
erschauert vor ihm, all ihr Nachkommen Israels! – (Kv)

Von dir kommt mein Lobpreis in großer Versammlung, *
ich erfülle mein Gelübde vor denen, die Gott fürchten.
Die Armen sollen essen und sich sättigen; /
den HERRN sollen loben, die ihn suchen. *
Aufleben soll euer Herz für immer. – (Kv)

Alle Enden der Erde sollen daran denken /
und sich zum HERRN bekehren: *
Vor dir sollen sich niederwerfen alle Stämme der Nationen.
Vom Herrn wird man dem Geschlecht erzählen, das kommen wird. /
Seine Heilstat verkündet man einem Volk, das noch geboren wird: *
Ja, er hat es getan. – Kv

ZUR 2. LESUNG Der Verfasser des Epheserbriefes formuliert das Danklied einer Gemeinde, die Gottes Güte als das Glück ihres Lebens preist: Wir sind in Christus erwählt. Gottes Wort hören, zu Gott gehören, Gott gehören, das macht nicht hörig, das engt nicht ein; das macht weit, das befreit. Wir sind erwählt. Erwählt sein von Anfang an, das bedeutet, von Gott getragen sein von Anfang an, getragen zu einem Leben in Gottes Nähe. Zu einem heiligen Leben. Heiligkeit des Lebens heißt: Gott hat unser Leben von Grund auf recht gemacht, gerecht gemacht, zurechtgebracht. Heilig leben heißt, in Freude leben. Hoffnungsvoll leben. Heilig leben heißt, so zusammenleben, dass wir einander gerecht werden. Dann sind wir Gott recht. Verstehen wir nun, zu welcher Hoffnung uns der Geist berufen hat?

ZWEITE LESUNG Eph 1,3a.4a.13–19a

Ihr habt das Siegel des verheißenen Heiligen Geistes empfangen

Lesung aus dem Brief des Apostels Paulus an die Gemeinde in Éphesus.

Gepriesen sei Gott, der Gott und Vater unseres Herrn Jesus Christus. In ihm hat er uns erwählt vor der Grundlegung der Welt.

In ihm habt auch ihr das Wort der Wahrheit gehört, das Evangelium von eurer Rettung; in ihm habt ihr das Siegel des verheißenen Heiligen Geistes empfangen, als ihr zum Glauben kamt.

Der Geist ist der erste Anteil unseres Erbes, hin zur Erlösung, durch die ihr Gottes Eigentum werdet, zum Lob seiner Herrlichkeit.

Darum höre ich nicht auf, für euch zu danken, wenn ich in meinen Gebeten an euch denke; denn ich habe von eurem Glauben an Jesus, den Herrn, und von eurer Liebe zu allen Heiligen gehört. Der Gott Jesu Christi, unseres Herrn, der Vater der Herrlichkeit, gebe euch den Geist der Weisheit und Offenbarung, damit ihr ihn erkennt. Er erleuchte die Augen eures Herzens, damit ihr versteht, zu welcher Hoffnung ihr durch ihn berufen seid, welchen Reichtum die Herrlichkeit seines Erbes den Heiligen schenkt und wie überragend groß seine Macht sich an uns, den Gläubigen, erweist.

RUF VOR DEM EVANGELIUM

(*Zum Vers* Komm, Heiliger Geist … *knien alle.*)

Halleluja. Halleluja.
Komm, Heiliger Geist,
erfülle die Herzen deiner Gläubigen
und entzünde in ihnen das Feuer deiner Liebe!
Halleluja.

ZUM EVANGELIUM „Großer Gott, wir loben dich"! (GL 380) Gott ist groß. Das bezeugt der biblische Glaube. Doch der unermesslich große Gott macht sich um des Menschen willen dem Menschen zugänglich. Auch diese Erfahrung spiegelt, auf vielerlei Weise, die Bibel Alten und Neuen Testaments. Ist darum das Geheimnis Jesu, des Menschen, in dem „des Vaters ewigs Wort" (GL 236) menschenklein wurde, gerade denen zugegangen und aufgegangen, die man für klein hält und die man kleinhält? Gott, dessen Sohn für uns und um unseres Heiles willen Mensch geworden ist, hält uns nicht klein und nicht für klein. Darum müssen wir vor ihm nicht großtun und nicht einmal voreinander. Vor ihm können wir heute unser Kleinsein annehmen – und, in seinem Geist der Weite, sogar unser Kleinlichsein.

EVANGELIUM

Lk 10,21–24

Selig, die sehen, was ihr seht, und hören, was ihr hört

+ Aus dem heiligen Evangelium nach Lukas.

In jener Stunde rief Jesus, vom Heiligen Geist erfüllt, voll Freude aus: Ich preise dich, Vater, Herr des Himmels und der Erde, weil du das vor den Weisen und Klugen verborgen und es den Unmündigen offenbart hast. Ja, Vater, so hat es dir gefallen.

Alles ist mir von meinem Vater übergeben worden; niemand erkennt, wer der Sohn ist, nur der Vater, und niemand erkennt, wer der Vater ist, nur der Sohn und der, dem es der Sohn offenbaren will.

Jesus wandte sich an die Jünger und sagte zu ihnen allein: Selig sind die Augen, die sehen, was ihr seht. Denn ich sage euch: Viele Propheten und Könige wollten sehen, was ihr seht, und haben es nicht gesehen, und wollten hören, was ihr hört, und haben es nicht gehört.

FÜRBITTEN

Lassen wir uns vom Geist der geschwisterlichen Kerngemeinde, vom Geist, der die Gottesmutter Maria erfüllte, bewegen. Nur so wird das Kleine und Unscheinbare sichtbar, das scheinbar Unwürdige gewürdigt, das Niedrige erhöht. Wir beten um Gottes Geistkraft:

- Für die Kirche, dass sie sich aufmacht, um an der Seite der Kleinen und Entrechteten zu stehen. V: Heiliger Geist, der Leben schafft. A: Komm uns zu Hilfe.
- Für die Menschen, die, wie die Propheten der Bibel, auch heute heilsame, aber unbequeme Wahrheiten aussprechen. V: Heiliger Geist, der Leben schafft. A: Komm uns zu Hilfe.
- Für die Kinder in bitterer Armut weltweit, für alle Menschen, deren Chancen auf ein Leben in Würde und Sicherheit gering sind. V: Heiliger Geist, der Leben schafft. A: Komm uns zu Hilfe.
- Für alle, die Not und Traurigkeit sehen und still helfen. V: Heiliger Geist, der Leben schafft. A: Komm uns zu Hilfe.
- Für die Toten, die uns lieb hatten und die von uns geliebt wurden, und für die, derer niemand mehr gedenkt. V: Heiliger Geist, der Leben schafft. A: Komm uns zu Hilfe.

Heiliger Geist, komm in unsere Mitte. Schenke uns den Mut zur Veränderung, zur Erneuerung, damit Gerechtigkeit wachse in unseren Tagen. Heiliger Geist, Gottes Geist, dich suchen wir und zu dir rufen wir, jetzt und in Ewigkeit.

EUCHARISTIEFEIER

GABENGEBET

Gott, unser Vater, nimm unsere Gaben an, in denen das Opfer deines Sohnes gegenwärtig wird. Aus seiner Seitenwunde ist die Kirche hervorgegangen als Werk des Heiligen Geistes. Lass sie ihren Ursprung nie vergessen, sondern daraus in dieser Feier Heil und Leben schöpfen. Darum bitten wir durch Christus, unseren Herrn.

Präfation, S. 460

KOMMUNIONVERS

Joh 16,13

Wenn der Geist der Wahrheit kommt,
wird er euch in die volle Wahrheit einführen. Halleluja.

SCHLUSSGEBET

Herr, du hast uns gestärkt durch das Sakrament deines Sohnes. Mache das Werk deiner Kirche fruchtbar und enthülle durch sie den Armen das Geheimnis unserer Erlösung; denn die Armen hast du vor allen dazu berufen, Anteil zu haben an deinem Reich. Darum bitten wir durch Christus, unseren Herrn.

Oder:

Gütiger Gott, bewahre dem Volk der Erlösten deine Liebe und Treue. Das Leiden deines Sohnes hat uns gerettet, sein Geist, der von dir ausgeht, führe uns den rechten Weg. Darum bitten wir durch Christus, unseren Herrn.

***

KOMM IN UNSERE MITTE

Komm in unsere Mitte, Herr,
wenn wir aus Furcht vor den Menschen
hinter verschlossenen Türen sitzen;
kleingläubig die Argumente hin und her wenden,
von unseren Zweifeln nicht loskommen.

Lass uns deiner sicher werden,
dass wir wagen, die Türen zu öffnen
für alle, die Heimat brauchen;
hinausgehen zu denen,
die warten, dass einer sie finde.

Bleib uns nah, dass wir deinen Geist
nicht vergeblich empfangen haben:
den Geist, der nicht recht haben und behalten will,
der Schuld vergibt und vergisst,
der Geist, der lehrt, Leben zu teilen,
Frieden zu stiften.

Eleonore Beck

Die Feier der Gemeindemesse

**Deinen Tod, o Herr, verkünden wir,
und deine Auferstehung preisen wir,
bis du kommst in Herrlichkeit.**

Inhaltsübersicht der Feier der Gemeindemesse

P = Priester　A = Alle　L = Lektor/in
G = Gemeinde　D = Diakon

ERÖFFNUNG

EINZUG – GESANG ZUR ERÖFFNUNG

(Die Gemeinde versammelt sich. Darauf tritt der Priester an den Altar. Er wird begleitet von denen, die bei der Messfeier einen besonderen Dienst an Altar oder Ambo versehen. Während des Einzugs wird der Gesang zur Eröffnung gesungen.)

VEREHRUNG DES ALTARES

(Der Priester verehrt gemeinsam mit seiner Begleitung den Altar und küsst ihn. Nach der Verehrung des Altares gehen der Priester und seine Begleitung zu ihren Sitzen. Alle stehen und machen das Kreuzzeichen. Der Priester spricht:)

P: † Im Namen des Vaters und des Sohnes und des Heiligen Geistes. Amen.	P: † In nómine Patris, et Fílii, et Spíritus Sancti. Amen.

BEGRÜSSUNG DER GEMEINDE

P: Der Herr sei mit euch.	P: Dóminus vobíscum.
G: Und mit deinem Geiste.	G: Et cum spíritu tuo.

Oder:

Die Gnade unseres Herrn Jesus Christus,
die Liebe Gottes des Vaters
und die Gemeinschaft des Heiligen Geistes
sei mit euch.

Oder:

Gnade und Friede von Gott, unserem Vater,
und dem Herrn Jesus Christus
sei mit euch.

Oder:

Gnade und Friede von dem,
der ist und der war und der kommen wird,
sei mit euch.

Oder:

Gnade und Friede
in der heiligen Versammlung der Kirche Gottes
sei mit euch.

Oder:

Der Herr der Herrlichkeit
und Spender jeder Gnade
sei mit euch.

Oder:

Die Gnade des Herrn Jesus,
der für uns Mensch geworden ist
(gelitten hat, gestorben ist ...),
sei mit euch.

Oder:

Die Gnade unseres Herrn Jesus Christus
sei mit euch.

(Der Priester, der Diakon oder ein anderer dazu Beauftragter kann eine knappe Einführung in die Feier geben.)

ALLGEMEINES SCHULDBEKENNTNIS

(Es folgt das Allgemeine Schuldbekenntnis mit Einladung und Stille.)

FORM A

EINLADUNG

Brüder und Schwestern,
damit wir die heiligen Geheimnisse
in rechter Weise feiern können,
wollen wir bekennen, dass wir gesündigt haben.

Oder:

Bevor wir das Gedächtnis des Herrn begehen,
wollen wir uns besinnen und bekennen,
dass wir sündige Menschen sind.

(Oder eine andere, frei formulierte Einladung.)

SCHULDBEKENNTNIS

P: Wir sprechen das Schuldbekenntnis:
A: Ich bekenne Gott, dem Allmächtigen,
und allen Brüdern und Schwestern,
dass ich Gutes unterlassen
und Böses getan habe
– ich habe gesündigt
in Gedanken, Worten und Werken –

(alle schlagen an die Brust)

durch meine Schuld, durch meine Schuld,
durch meine große Schuld.
Darum bitte ich die selige Jungfrau Maria,
alle Engel und Heiligen

und euch, Brüder und Schwestern,
für mich zu beten bei Gott, unserem Herrn.

VERGEBUNGSBITTE

P: Der allmächtige Gott erbarme sich unser.
Er lasse uns die Sünden nach
und führe uns zum ewigen Leben.
A: Amen.

FORM B

EINLADUNG

Brüder und Schwestern,
bevor wir das Wort Gottes hören
und das Opfer Christi feiern,
wollen wir uns bereiten
und Gott um Vergebung unserer Sünden bitten.

Oder:

Damit wir das Gedächtnis des Herrn recht begehen,
prüfen wir uns selbst
und bekennen unsere Schuld
vor Gott und der Kirche.

(Oder eine andere, frei formulierte Einladung.)

SCHULDBEKENNTNIS

P: Erbarme dich, Herr, unser Gott,
erbarme dich.
A: Denn wir haben vor dir gesündigt.
P: Erweise, Herr, uns deine Huld.
A: Und schenke uns dein Heil.

VERGEBUNGSBITTE

P: Nachlass, Vergebung und Verzeihung
unserer Sünden gewähre uns
der allmächtige und barmherzige Herr.
A: Amen.

FORM C

KYRIE-LITANEI

EINLADUNG

Zu Beginn dieser Messfeier wollen wir uns besinnen und das Erbarmen des Herrn auf uns herabrufen.

(Oder eine andere, frei formulierte Einladung.)

ANRUFUNGEN

V: Herr Jesus Christus,
du bist vom Vater gesandt, zu heilen,
was verwundet ist:
V: Kyrie, eléison.
A: Kyrie, eléison.

Oder:

V: Herr, erbarme dich (unser).
A: Herr, erbarme dich (unser).

V: Du bist gekommen, die Sünder zu berufen:
V: Christe, eléison.
A: Christe, eléison.

Oder:

V: Christus, erbarme dich (unser).
A: Christus, erbarme dich (unser).

V: Du bist zum Vater heimgekehrt,
um für uns einzutreten:
V: Kyrie, eléison.
A: Kyrie, eléison.

Oder:

V: Herr, erbarme dich (unser).
A: Herr, erbarme dich (unser).

(Diese mit dem Kyrie verbundenen Anrufungen können frei formuliert werden.)

VERGEBUNGSBITTE

P: Der Herr erbarme sich unser.
Er nehme von uns Sünde und Schuld,
damit wir mit reinem Herzen
diese Feier begehen.
A: Amen.

KYRIE

(Es folgen die Kyrie-Rufe – falls sie nicht schon vorausgegangen sind.)

V: Herr, erbarme dich (unser).
A: Herr, erbarme dich (unser).
V: Christus, erbarme dich (unser).
A: Christus, erbarme dich (unser).
V: Herr, erbarme dich (unser).
A: Herr, erbarme dich (unser).

V: Kyrie, eléison.
A: Kyrie, eléison.
V: Christe, eléison.
A: Christe, eléison.
V: Kyrie, eléison.
A: Kyrie, eléison.

(An den Sonntagen außerhalb der Advents- und Fastenzeit, an Hochfesten, Festen und bei anderen festlichen Gottesdiensten folgt das Gloria.)

EHRE SEI GOTT IN DER HÖHE

A: Ehre sei Gott in der Höhe
und Friede auf Erden
den Menschen seiner Gnade.
Wir loben dich,
wir preisen dich,
wir beten dich an,
wir rühmen dich
und danken dir,
denn groß ist deine Herrlichkeit:
Herr und Gott, König des Himmels,
Gott und Vater, Herrscher über das All,
Herr, eingeborener Sohn, Jesus Christus.
Herr und Gott, Lamm Gottes, Sohn des Vaters,
du nimmst hinweg die Sünde der Welt:
erbarme dich unser;
du nimmst hinweg die Sünde der Welt:
nimm an unser Gebet;
du sitzest zur Rechten des Vaters:
erbarme dich unser.
Denn du allein bist der Heilige,
du allein der Herr,
du allein der Höchste:
Jesus Christus,
mit dem Heiligen Geist,
zur Ehre Gottes des Vaters.
Amen.

Oder:

GLORIA

A: Glória in excélsis Deo
et in terra pax
homínibus bonae voluntátis.
Laudámus te,

benedícimus te,
adorámus te,
glorificámus te,
grátias ágimus tibi
propter magnam glóriam tuam,
Dómine Deus, Rex caeléstis,
Deus Pater omnipotens.
Dómine Fili unigénite, Iesu Christe,
Dómine Deus, Agnus Dei, Fílius Patris,
qui tollis peccáta mundi,
miserére nobis;
qui tollis peccáta mundi,
súscipe deprecatiónem nostram.
Qui sedes ad déxteram Patris,
miserére nobis.
Quóniam tu solus Sanctus,
tu solus Dóminus,
tu solus Altíssimus,
Iesu Christe,
cum Sancto Spíritu:
in glória Dei Patris.
Amen.

TAGESGEBET

(Der Priester lädt zum Gebet ein. Er singt oder spricht:)

P: Lasset uns beten.

(Nach einer kurzen Stille, in der sich alle zum Gebet sammeln, breitet der Priester die Hände aus und singt oder spricht das Tagesgebet. Die Gemeinde beschließt das Gebet mit dem Ruf:)

G: Amen.

WORTGOTTESDIENST

ERSTE LESUNG UND ZWISCHENGESANG

(Der Lektor geht zum Ambo und trägt die erste Lesung vor. Alle hören sitzend zu. Wo nach der Lesung ein Zuruf der Gemeinde üblich ist, fügt der Lektor folgenden Ruf an:)

L: Wort des lebendigen Gottes.
G: Dank sei Gott.

L: Verbum Dómini.
G: Deo grátias.

(Dann trägt der Kantor (Psalmist) als ersten Zwischengesang den Antwortpsalm vor. Die Gemeinde übernimmt den Kehrvers.)

ZWEITE LESUNG UND ZWISCHENGESANG

(Folgt eine zweite Lesung, so wird auch sie durch einen Lektor vom Ambo aus vorgetragen. Sie wird in der gleichen Weise abgeschlossen wie die erste Lesung. Auf die zweite Lesung folgt als Zwischengesang das Halleluja bzw. der an dessen Stelle vorgesehene andere Gesang.)

EVANGELIUM

(Der Diakon oder der Priester geht zum Ambo: Ministranten – mit Kerzen und Weihrauch – begleiten ihn.)

D/P: Der Herr sei mit euch.
G: Und mit deinem Geiste.
D/P: † Aus dem heiligen Evangelium nach N.

D/P: Dóminus vobíscum.
G: Et cum spíritu tuo.
D/P: Inítium *oder* Sequéntia sancti Evangélii secúndum N.

(Dabei bezeichnet er das Buch und sich selbst auf Stirn, Mund und Brust mit dem Kreuzzeichen.)

G: Ehre sei dir, o Herr.

G: Glória tibi, Dómine.

(Wo nach dem Evangelium ein Zuruf der Gemeinde üblich ist, fügt der Diakon/Priester an:)

D/P: Evangelium unseres Herrn Jesus Christus.
G: Lob sei dir, Christus.

D/P: Verbum Dómini.
G: Laus tibi, Christe.

(Danach küsst der Diakon/Priester das Buch und spricht leise:)

D/P: Herr, durch dein Evangelium nimm hinweg unsere Sünden.

HOMILIE

(Die Homilie ist ein Teil der Liturgie. Sie ist an allen Sonntagen und gebotenen Feiertagen vorgeschrieben, sonst empfohlen. An Sonntagen, an Hochfesten und bei anderen festlichen Gottesdiensten folgt das Credo.)

DAS GROSSE GLAUBENSBEKENNTNIS

(Das Apostolische Glaubensbekenntnis siehe S. 487.)

(P: Wir sprechen das Große Glaubensbekenntnis.)

A: Wir glauben an den einen Gott,
den Vater, den Allmächtigen,
der alles geschaffen hat, Himmel und Erde,
die sichtbare und die unsichtbare Welt.
Und an den einen Herrn Jesus Christus,
Gottes eingeborenen Sohn,
aus dem Vater geboren vor aller Zeit:
Gott von Gott, Licht vom Licht,
wahrer Gott vom wahren Gott,
gezeugt, nicht geschaffen,
eines Wesens mit dem Vater;
durch ihn ist alles geschaffen.
Für uns Menschen und zu unserem Heil
ist er vom Himmel gekommen,

(Zu den folgenden Worten bis zu „Mensch geworden“ verbeugen sich alle – an Weihnachten und am Hochfest der Verkündigung des Herrn kniet man nieder.)

hat Fleisch angenommen
durch den Heiligen Geist
von der Jungfrau Maria
und ist Mensch geworden.
Er wurde für uns gekreuzigt
unter Pontius Pilatus,
hat gelitten und ist begraben worden,
ist am dritten Tage auferstanden
nach der Schrift
und aufgefahren in den Himmel.
Er sitzt zur Rechten des Vaters
und wird wiederkommen in Herrlichkeit,
zu richten die Lebenden und die Toten;
seiner Herrschaft wird kein Ende sein.
Wir glauben an den Heiligen Geist,
der Herr ist und lebendig macht,
der aus dem Vater und dem Sohn hervorgeht,
der mit dem Vater und dem Sohn
angebetet und verherrlicht wird,
der gesprochen hat durch die Propheten,
und die eine, heilige, katholische
und apostolische Kirche.
Wir bekennen die eine Taufe
zur Vergebung der Sünden.
Wir erwarten die Auferstehung der Toten
und das Leben der kommenden Welt. Amen.

Oder:

CREDO

A: Credo in unum Deum,
Patrem omnipoténtem,

factórem caeli et terrae,
visibílium ómnium et invisibílium.
Et in unum Dóminum Iesum Christum,
Fílium Dei unigénitum,
et ex Patre natum ante ómnia sáecula.
Deum de Deo, lumen de lúmine,
Deum verum de Deo vero,
génitum, non factum,
consubstantiálem Patri:
per quem ómnia facta sunt.
Qui propter nos hómines et propter nostram salútem
descéndit de caelis.

(Zu den folgenden Worten bis zu „factus est" verbeugen sich alle – an Weihnachten und am Hochfest der Verkündigung des Herrn kniet man nieder.)

Et incarnátus est
de Spíritu Sancto
ex María Vírgine,
et homo factus est.
Crucifíxus étiam pro nobis
sub Póntio Piláto;
passus et sepúltus est,
et resurréxit tértia die,
secúndum Scriptúras,
et ascéndit in caelum,
sedet ad déxteram Patris.
Et íterum ventúrus est cum glória,
iudicáre vivos et mórtuos,
cuius regni non erit finis.
Et in Spíritum Sanctum,
Dóminum et vivificántem:
qui ex Patre Filióque procédit.
Qui cum Patre et Fílio
simul adorátur et conglorificátur:
qui locútus est per prophétas.

Et unam, sanctam, cathólicam
et apostólicam Ecclésiam.
Confíteor unum baptísma
in remissiónem peccatórum.
Et expécto resurrectiónem mortuórum,
et vitam ventúri sáeculi. Amen.

Oder:

DAS APOSTOLISCHE GLAUBENSBEKENNTNIS

(P: Wir sprechen das Apostolische Glaubensbekenntnis.)

A: Ich glaube an Gott,
den Vater, den Allmächtigen,
den Schöpfer des Himmels und der Erde,
und an Jesus Christus,
seinen eingeborenen Sohn, unsern Herrn,

(Zu den folgenden Worten bis zu „Jungfrau Maria" verbeugen sich alle – an Weihnachten und am Hochfest der Verkündigung des Herrn kniet man nieder.)

empfangen durch den Heiligen Geist,
geboren von der Jungfrau Maria,
gelitten unter Pontius Pilatus,
gekreuzigt, gestorben und begraben,
hinabgestiegen in das Reich des Todes,
am dritten Tage auferstanden von den Toten,
aufgefahren in den Himmel;
er sitzt zur Rechten Gottes,
des allmächtigen Vaters;
von dort wird er kommen,
zu richten die Lebenden und die Toten.
Ich glaube an den Heiligen Geist,
die heilige katholische Kirche,
Gemeinschaft der Heiligen,
Vergebung der Sünden,

Auferstehung der Toten
und das ewige Leben. Amen.

FÜRBITTEN (ALLGEMEINES GEBET)

(Es folgen die Fürbitten.)

EUCHARISTIEFEIER

GABENBEREITUNG

GESANG ZUR GABENBEREITUNG

(Das Herbeibringen und die Bereitung der Gaben können von einem geeigneten Gesang oder von Orgelspiel begleitet werden oder auch in der Stille geschehen.)

HERBEIBRINGEN DER GABEN

(Es empfiehlt sich, dass die Gläubigen ihre Teilnahme durch eine Gabe bekunden. Sie können durch Vertreter Brot und Wein für die Eucharistie oder selber andere Gaben herbeibringen, die für die Bedürfnisse der Kirche und der Armen bestimmt sind.)

ZURÜSTUNG DES ALTARES

(Die Ministranten/Akolythen bringen den Kelch mit Korporale und Kelchtüchlein und das Messbuch zum Altar.)

BEGLEITGEBETE ZUR GABENBEREITUNG

(Der Priester nimmt die Schale mit dem Brot, hält sie über den Altar und spricht leise:)

Gepriesen bist du, Herr, unser Gott, Schöpfer der Welt. Du schenkst uns das Brot, die Frucht der Erde und der menschlichen Arbeit. Wir bringen dieses Brot vor dein Angesicht, damit es uns das Brot des Lebens werde. (Gepriesen bist du in Ewigkeit, Herr, unser Gott.)

(Er stellt die Schale auf das Korporale.)

(Der Priester/Diakon gießt Wein und ein wenig Wasser in den Kelch und spricht leise:)

Wie das Wasser sich mit dem Wein verbindet zum heiligen Zeichen, so lasse uns dieser Kelch teilhaben an der Gottheit Christi, der unsere Menschennatur angenommen hat.

(Der Priester nimmt den Kelch, hält ihn über den Altar und spricht leise:)

Gepriesen bist du, Herr, unser Gott, Schöpfer der Welt. Du schenkst uns den Wein, die Frucht des Weinstocks und der menschlichen Arbeit. Wir bringen diesen Kelch vor dein Angesicht, damit er uns der Kelch des Heiles werde. (Gepriesen bist du in Ewigkeit, Herr, unser Gott.)

(Er stellt den Kelch auf das Korporale.)

(Der Priester verneigt sich und spricht leise:)

Herr, wir kommen zu dir mit reumütigem Herzen und mit demütigem Sinn. Nimm uns an und gib, dass unser Opfer dir gefalle.

HÄNDEWASCHUNG

(Zur Händewaschung an der Seite des Altares spricht der Priester leise:)

Herr, wasche ab meine Schuld,
von meinen Sünden mach mich rein.

EINLADUNG ZUM GABENGEBET

(Der Priester steht, der Gemeinde zugewandt, in der Mitte des Altares und spricht:)

FORM A

P: Lasset uns beten
zu Gott, dem allmächtigen Vater,
dass er die Gaben der Kirche annehme
zu seinem Lob und zum Heil der ganzen Welt.

Oder:

FORM B

P: Lasset uns beten.

(Oder eine andere geeignete Gebetseinladung.)

(Alle verharren eine kurze Zeit in stillem Gebet.)

Oder:

FORM C

P: Betet, Brüder und Schwestern,
dass mein und euer Opfer
Gott, dem allmächtigen Vater, gefalle.
A: Der Herr nehme das Opfer an
aus deinen Händen
zum Lob und Ruhm seines Namens,
zum Segen für uns
und seine ganze heilige Kirche.

GABENGEBET

(Der Priester breitet die Hände aus und trägt das Gabengebet vor. Die Gemeinde beschließt das Gebet mit dem Ruf:)

G: Amen.

DAS EUCHARISTISCHE HOCHGEBET

(Der Priester beginnt das Eucharistische Hochgebet. Er breitet die Hände aus und singt oder spricht:)

P: Der Herr sei mit euch.	P: Dóminus vobíscum.
G: Und mit deinem Geiste.	G: Et cum spíritu tuo.
P: Erhebet die Herzen.	P: Sursum corda.
G: Wir haben sie beim Herrn.	G: Habémus ad Dóminum.
P: Lasset uns danken dem Herrn, unserm Gott.	P: Grátias agámus Dómino Deo nostro.
G: Das ist würdig und recht.	G: Dignum et iustum est.

(Der Priester singt oder spricht die Präfation.)

PRÄFATIONEN

FÜR DIE ADVENTSZEIT

(29. November – 24. Dezember 2020)

I.
In Wahrheit ist es würdig und recht, dir, allmächtiger Vater, zu danken durch unseren Herrn Jesus Christus. Denn in seinem ersten Kommen hat er sich entäußert und ist Mensch geworden. So hat er die alte Verheißung erfüllt und den Weg des Heiles erschlossen. Wenn er wiederkommt im Glanz seiner Herrlichkeit, werden wir sichtbar empfangen, was wir jetzt mit wachem Herzen gläubig erwarten. Darum preisen wir dich mit allen Engeln und Heiligen und singen vereint mit ihnen das Lob deiner Herrlichkeit: Heilig …

II.
In Wahrheit ist es würdig und recht, dir, Herr, heiliger Vater, allmächtiger, ewiger Gott, immer und überall zu danken durch unseren Herrn Jesus Christus. Von ihm redet die Botschaft aller Propheten, die jungfräuliche Mutter trug ihn voll Liebe in ihrem Schoß,

seine Ankunft verkündete Johannes der Täufer und zeigte auf ihn, der unerkannt mitten unter den Menschen war. Er schenkt uns in diesen Tagen die Freude, uns für das Fest seiner Geburt zu bereiten, damit wir ihn wachend und betend erwarten und bei seinem Kommen mit Liedern des Lobes empfangen. Darum singen wir mit den Engeln und Erzengeln, den Thronen und Mächten und mit all den Scharen des himmlischen Heeres den Hochgesang von deiner göttlichen Herrlichkeit: Heilig …

III.
Wir danken dir, Vater im Himmel, und rühmen dich durch unseren Herrn Jesus Christus. Ihn hast du der verlorenen Menschheit als Erlöser verheißen. Seine Wahrheit leuchtet den Suchenden, seine Kraft stärkt die Schwachen, seine Heiligkeit bringt den Sündern Vergebung. Denn er ist der Heiland der Welt, den du gesandt hast, weil du getreu bist. Darum preisen wir dich mit den Kerubim und Serafim und singen mit allen Chören der Engel das Lob deiner Herrlichkeit: Heilig …

IV.
In Wahrheit ist es würdig und recht, dir, Herr, heiliger Vater, allmächtiger, ewiger Gott, immer und überall zu danken und dein Erbarmen zu preisen. Denn was durch Adams Sünde verloren ging, bringt uns Christus zurück, unser Retter und Heiland. Was du durch sein erstes Kommen begonnen hast, wirst du bei seiner Wiederkunft an uns vollenden. Darum dienen dir alle Geschöpfe, ehren dich die Erlösten, rühmt dich die Schar deiner Heiligen. Auch wir preisen dich mit den Chören der Engel und singen vereint mit ihnen das Lob deiner Herrlichkeit: Heilig …

V.
(Diese Präfation wird vor allem an den Tagen vom 17. bis 24. Dezember gewählt.)
In Wahrheit ist es würdig und recht, dir, Vater im Himmel, zu danken und dein Erbarmen zu preisen. Denn schon leuchtet auf der Tag der Erlösung und nahe ist die Zeit unseres Heiles, da der Retter kommt, unser Herr Jesus Christus. Durch ihn rühmen wir das Werk

deiner Liebe und vereinen uns mit den Chören der Engel zum Hochgesang von deiner göttlichen Herrlichkeit: Heilig …

Hochfest der ohne Erbsünde empfangenen Jungfrau und Gottesmutter Maria (8. Dezember 2020) – siehe S. 38.

FÜR DIE WEIHNACHTSZEIT

(24. Dezember 2020 – 5. Januar 2021)

I.
In Wahrheit ist es würdig und recht, dir, Herr, heiliger Vater, allmächtiger, ewiger Gott, immer und überall zu danken. Denn Fleisch geworden ist das Wort, und in diesem Geheimnis erstrahlt dem Auge unseres Geistes das neue Licht deiner Herrlichkeit. In der sichtbaren Gestalt des Erlösers lässt du uns den unsichtbaren Gott erkennen, um in uns die Liebe zu entflammen zu dem, was kein Auge geschaut hat. Darum singen wir mit den Engeln und Erzengeln, den Thronen und Mächten und mit all den Scharen des himmlischen Heeres den Hochgesang von deiner göttlichen Herrlichkeit: Heilig …

II.
In Wahrheit ist es würdig und recht, dir, Vater im Himmel, zu danken durch unseren Herrn Jesus Christus. Denn groß ist das Geheimnis seiner Geburt: er, der unsichtbare Gott, ist (heute) sichtbar als Mensch erschienen. Vor aller Zeit aus dir geboren, hat er sich den Gesetzen der Zeit unterworfen. In ihm ist alles neu geschaffen. Er heilt die Wunden der ganzen Schöpfung, richtet auf, was darniederliegt, und ruft den verlorenen Menschen ins Reich deines Friedens. Darum rühmen dich Himmel und Erde, Engel und Menschen und singen das Lob deiner Herrlichkeit: Heilig …

III.
In Wahrheit ist es würdig und recht, dir, allmächtiger Vater, zu danken und dein Erbarmen zu rühmen durch unseren Herrn Jesus Christus. Durch ihn schaffst du den Menschen neu und schenkst ihm ewige Ehre. Denn einen wunderbaren Tausch hast du vollzogen: dein göttliches Wort wurde ein sterblicher Mensch und wir

sterbliche Menschen empfangen in Christus dein göttliches Leben. Darum preisen wir dich mit allen Chören der Engel und singen vereint mit ihnen das Lob deiner Herrlichkeit: Heilig …

Fest der Heiligen Familie (27. Dezember 2020) – siehe S. 493 f.
Hochfest der Gottesmutter Maria (1. Januar 2021) – siehe S. 115.
Erscheinung des Herrn (6. Januar 2021) – siehe S. 132 f.
Taufe des Herrn (10. Januar 2021) – siehe S. 145.
Für die Sonntage im Jahreskreis – siehe S. 496 ff.
Darstellung des Herrn (2. Februar 2021) – siehe S. 178.
Aschermittwoch (17. Februar 2021) – siehe unten.
1. Fastensonntag (21. Februar 2021) – siehe S. 214.
2. Fastensonntag (28. Februar 2021) – siehe S. 222
Heiliger Josef (19. März 2021) – siehe S. 248.
Verkündigung des Herrn (25. März 2021) – siehe S. 263.

PRÄFATIONEN FÜR DIE FASTENZEIT

I.

In Wahrheit ist es würdig und recht, dir, Vater im Himmel, zu danken und dein Erbarmen zu preisen. Denn jedes Jahr schenkst du deinen Gläubigen die Gnade, das Osterfest in der Freude des Heiligen Geistes zu erwarten. Du mahnst uns in dieser Zeit der Buße zum Gebet und zu Werken der Liebe, du rufst uns zur Feier der Geheimnisse, die in uns die Gnade der Kindschaft erneuern. So führst du uns mit geläutertem Herzen zur österlichen Freude und zur Fülle des Lebens durch unseren Herrn Jesus Christus. Durch ihn rühmen wir deine Größe und vereinen uns mit den Chören der Engel zum Hochgesang von deiner göttlichen Herrlichkeit: Heilig …

II.

Wir danken dir, Vater im Himmel, und rühmen deinen heiligen Namen. Denn jetzt ist die Zeit der Gnade, jetzt sind die Tage des Heiles. Du hilfst uns, das Böse zu überwinden, du schenkst uns von Neuem die Reinheit des Herzens. Du gibst deinen Kindern die Kraft, in dieser vergänglichen Welt das unvergängliche Heil zu wirken durch unseren Herrn Jesus Christus. Durch ihn preisen wir dich in deiner Kirche und vereinen uns mit den Engeln und Heiligen zum Hochgesang von deiner göttlichen Herrlichkeit: Heilig …

Palmsonntag (28. März 2021) – siehe S. 285.
Gründonnerstag (1. April 2021) – siehe S. 295 f.

FÜR DIE OSTERZEIT

I.

(**Osternacht:** 3/4. April 2021; **Ostersonntag:** 4. April 2021; **Ostermontag:** 5. April 2021; **2. Sonntag der Osterzeit:** 11. April 2021)

In Wahrheit ist es würdig und recht, dir, Vater, immer und überall zu danken, diese Nacht (diesen Tag, diese Tage) aber aufs Höchste zu feiern, da unser Osterlamm geopfert ist, Jesus Christus. Denn er ist das wahre Lamm, das die Sünde der Welt hinwegnimmt. Durch seinen Tod hat er unseren Tod vernichtet und durch seine Auferstehung das Leben neu geschaffen. Darum jubelt in dieser Nacht (heute) der ganze Erdkreis in österlicher Freude, darum preisen dich die himmlischen Mächte und die Chöre der Engel und singen das Lob deiner Herrlichkeit: Heilig …

II.

(**3.–7. Sonntag der Osterzeit:** 18. April – 16. Mai 2021)

Wir danken dir, Vater im Himmel, und rühmen dich durch unseren Herrn Jesus Christus. Durch ihn erstehen die Kinder des Lichtes zum ewigen Leben, durch ihn wird den Gläubigen das Tor des himmlischen Reiches geöffnet. Denn unser Tod ist durch seinen Tod überwunden, in seiner Auferstehung ist das Leben für alle erstanden. Durch ihn preisen wir dich in österlicher Freude und singen mit den Chören der Engel das Lob deiner Herrlichkeit: Heilig …

III.
In Wahrheit ist es würdig und recht, dir, Vater, in diesen Tagen freudig zu danken, da unser Osterlamm geopfert ist, Jesus Christus. Er bringt sich dir allzeit für uns dar und steht vor dir als unser Anwalt. Denn einmal geopfert, stirbt er nicht wieder, sondern lebt auf ewig als das Lamm, das geschlachtet ist. Durch ihn preisen wir dich in österlicher Freude und singen mit den Chören der Engel das Lob deiner Herrlichkeit: Heilig …

IV.
In Wahrheit ist es würdig und recht, dir, Vater, in diesen Tagen freudig zu danken, da unser Osterlamm geopfert ist, Jesus Christus. Das Alte ist vergangen, die gefallene Welt erlöst, das Leben in Christus erneuert. Darum preisen wir dich in österlicher Freude und singen mit den Chören der Engel das Lob deiner Herrlichkeit: Heilig …

V.
In Wahrheit ist es würdig und recht, dir, Vater, in diesen Tagen freudig zu danken, da unser Osterlamm geopfert ist, Jesus Christus. Als er seinen Leib am Kreuz dahingab, hat er die Opfer der Vorzeit vollendet. Er hat sich dir dargebracht zu unserem Heil, er selbst ist der Priester, der Altar und das Opferlamm. Durch ihn preisen wir dich in österlicher Freude und singen mit den Chören der Engel das Lob deiner Herrlichkeit: Heilig …

FÜR DIE SONNTAGE IM JAHRESKREIS

(17. Januar – 14. Februar 2021)
(6. Juni – 14. November 2021)

I.
In Wahrheit ist es würdig und recht, dir, Herr, heiliger Vater, allmächtiger, ewiger Gott, immer und überall zu danken durch unseren Herrn Jesus Christus. Denn er hat Großes an uns getan: durch seinen Tod und seine Auferstehung hat er uns von der Sünde und von der Knechtschaft des Todes befreit und zur Herrlichkeit des neuen Lebens berufen. In ihm sind wir ein auserwähltes Ge-

schlecht, dein heiliges Volk, dein königliches Priestertum. So verkünden wir die Werke deiner Macht, denn du hast uns aus der Finsternis in dein wunderbares Licht gerufen. Darum singen wir mit den Engeln und Erzengeln, den Thronen und Mächten und mit all den Scharen des himmlischen Heeres den Hochgesang von deiner göttlichen Herrlichkeit: Heilig …

II.
In Wahrheit ist es würdig und recht, dir, allmächtiger Vater, zu danken und das Werk deiner Gnade zu rühmen durch unseren Herrn Jesus Christus. Denn aus Erbarmen mit uns sündigen Menschen ist er Mensch geworden aus Maria, der Jungfrau. Durch sein Leiden am Kreuz hat er uns vom ewigen Tod befreit und durch seine Auferstehung uns das unvergängliche Leben erworben. Darum preisen dich deine Erlösten und singen mit den Chören der Engel das Lob deiner Herrlichkeit: Heilig …

III.
In Wahrheit ist es würdig und recht, dir, Herr, heiliger Vater, allmächtiger, ewiger Gott, immer und überall zu danken. Denn wir erkennen deine Herrlichkeit in dem, was du an uns getan hast: Du bist uns mit der Macht deiner Gottheit zu Hilfe gekommen und hast uns durch deinen menschgewordenen Sohn Rettung und Heil gebracht aus unserer menschlichen Sterblichkeit. So kam uns aus unserer Vergänglichkeit das unvergängliche Leben durch unseren Herrn Jesus Christus. Durch ihn preisen wir jetzt und in Ewigkeit dein Erbarmen und singen mit den Chören der Engel das Lob deiner Herrlichkeit: Heilig …

IV.
Wir danken dir, Vater im Himmel, und rühmen dich durch unseren Herrn Jesus Christus. Denn durch seine Geburt hat er den Menschen erneuert, durch sein Leiden unsere Sünden getilgt, in seiner Auferstehung den Weg zum Leben erschlossen und in seiner Auffahrt zu dir das Tor des Himmels geöffnet. Durch ihn rühmen dich deine Erlösten und singen mit den Chören der Engel das Lob deiner Herrlichkeit: Heilig …

V.
In Wahrheit ist es würdig und recht, dir, allmächtiger Vater, zu danken und dich mit der ganzen Schöpfung zu loben. Denn du hast die Welt mit all ihren Kräften ins Dasein gerufen und sie dem Wechsel der Zeiten unterworfen. Den Menschen aber hast du auf dein Bild hin geschaffen und ihm das Werk deiner Allmacht übergeben. Du hast ihn bestimmt, über die Erde zu herrschen, dir, seinem Herrn und Schöpfer, zu dienen und das Lob deiner großen Taten zu verkünden durch unseren Herrn Jesus Christus. Darum singen wir mit den Engeln und Erzengeln, den Thronen und Mächten und mit all den Scharen des himmlischen Heeres den Hochgesang von deiner göttlichen Herrlichkeit: Heilig …

VI.
In Wahrheit ist es würdig und recht, dir, Vater im Himmel, zu danken und dich mit der ganzen Schöpfung zu loben. Denn in dir leben wir, in dir bewegen wir uns und sind wir. Jeden Tag erfahren wir aufs Neue das Wirken deiner Güte. Schon in diesem Leben besitzen wir den Heiligen Geist, das Unterpfand ewiger Herrlichkeit. Durch ihn hast du Jesus auferweckt von den Toten und uns die sichere Hoffnung gegeben, dass sich an uns das österliche Geheimnis vollendet. Darum preisen wir dich mit allen Chören der Engel und singen vereint mit ihnen das Lob deiner Herrlichkeit: Heilig …

VII.
In Wahrheit ist es würdig und recht, dir, Vater im Himmel, zu danken und deine Gnade zu rühmen. So sehr hast du die Welt geliebt, dass du deinen Sohn als Erlöser gesandt hast. Er ist uns Menschen gleich geworden in allem, außer der Sünde, damit du in uns lieben kannst, was du in deinem eigenen Sohne geliebt hast. Durch den Ungehorsam der Sünde haben wir deinen Bund gebrochen, durch den Gehorsam deines Sohnes hast du ihn erneuert. Darum preisen wir das Werk deiner Liebe und vereinen uns mit den Chören der Engel zum Hochgesang von deiner göttlichen Herrlichkeit: Heilig …

VIII.

In Wahrheit ist es würdig und recht, dir, allmächtiger Vater, zu danken und dein Erbarmen zu rühmen. Die Sünde hatte die Menschen von dir getrennt, du aber hast sie zu dir zurückgeführt durch das Blut deines Sohnes und die Kraft deines Geistes. Wie du eins bist mit dem Sohn und dem Heiligen Geist, so ist deine Kirche geeint nach dem Bild des dreieinigen Gottes. Sie ist dein heiliges Volk, der Leib Christi und der Tempel des Heiligen Geistes zum Lob deiner Weisheit und Liebe. Darum preisen wir dich in deiner Kirche und vereinen uns mit den Engeln und Heiligen zum Hochgesang von deiner göttlichen Herrlichkeit: Heilig ...

Christi Himmelfahrt (13. Mai 2021) – siehe S. 425 f.
7. Sonntag der Osterzeit (16. Mai 2021) – siehe S. 434.
Pfingsten (23. Mai 2021) – siehe S. 460.
Pfingstmontag (24. Mai 2021) – siehe S. 460.
Dreifaltigkeitssonntag (30. Mai 2021) – siehe S. 597 f.
Hochfest des Leibes und Blutes Christi – Fronleichnam (3. Juni 2021) – siehe S. 612.
Herz-Jesu-Fest (11. Juni 2021) – siehe S. 629 f.
Geburt Johannes' des Täufers (24. Juni 2021) – siehe S. 656.
Hochfest der Apostel Petrus und Paulus (29. Juni 2021) – siehe S. 673.
Verklärung des Herrn (6. August 2021) – siehe S. 721.
Mariä Aufnahme in den Himmel (15. August 2021) – siehe S. 739 f.
Allerheiligen (1. November 2021) – siehe S. 840.
Allerseelen (2. November 2021) – siehe S. 848.
Christkönigssonntag (21. November 2021) – siehe S. 872.

(Zum Schluss der Präfation faltet der Priester die Hände. Gemeinsam mit der Gemeinde singt er das Sanctus.)

A: Heilig, heilig, heilig
Gott, Herr aller Mächte
und Gewalten.
Erfüllt sind Himmel

A: Sanctus, Sanctus,
Sanctus Dóminus Deus
Sábaoth.
Pleni sunt caeli

und Erde	et terra
von deiner Herrlichkeit.	glória tua.
Hosanna in der Höhe.	Hosánna in excélsis.
Hochgelobt sei,	Benedíctus
der da kommt	qui venit
im Namen des Herrn.	in nómine Dómini.
Hosanna in der Höhe.	Hosánna in excélsis.

ANFÄNGE DER HOCHGEBETE

Dich, gütiger Vater, bitten wir – siehe unten.

Ja, du bist heilig, großer Gott,
du bist der Quell aller Heiligkeit – siehe S. 511.

Ja, du bist heilig, großer Gott,
und alle deine Werke verkünden dein Lob – siehe S. 518.

Wir preisen dich, heiliger Vater – siehe S. 527.

ERSTES HOCHGEBET

(Der Priester breitet die Hände aus und spricht:)

P: Dich, gütiger Vater, bitten wir
durch deinen Sohn,
unseren Herrn Jesus Christus:
Nimm diese heiligen,
makellosen Opfergaben an
und † segne sie.
Wir bringen sie dar
vor allem für deine heilige katholische Kirche
in Gemeinschaft mit deinem Diener,
unserem Papst N.,
mit unserem Bischof N.
und mit allen, die Sorge tragen
für den rechten,

katholischen und apostolischen Glauben.
Schenke deiner Kirche Frieden und Einheit,
behüte und leite sie auf der ganzen Erde.

GEDÄCHTNIS DER LEBENDEN

Gedenke deiner Diener
und Dienerinnen N. N.
(für die wir heute besonders beten)
und aller, die hier versammelt sind.

Herr, du kennst ihren Glauben
und ihre Hingabe;
für sie bringen wir dieses Opfer des Lobes dar,
und sie selber weihen es dir
für sich und für alle, die ihnen verbunden sind,
für ihre Erlösung
und für ihre Hoffnung
auf das unverlierbare Heil.
Vor dich,
den ewigen, lebendigen und wahren Gott,
bringen sie ihre Gebete und Gaben.

GEDÄCHTNIS DER HEILIGEN

(Mit dem Gedächtnis der Heiligen wird an bestimmten Tagen die Erwähnung des Festgeheimnisses verbunden:)

In Gemeinschaft mit der ganzen Kirche
gedenken wir deiner Heiligen.
Wir ehren vor allem Maria,
die glorreiche, allzeit jungfräuliche Mutter
unseres Herrn und Gottes Jesus Christus. ► S. 505

An Sonntagen:

In Gemeinschaft mit der ganzen Kirche
feiern wir den ersten Tag der Woche als den Tag,

an dem Christus von den Toten erstanden ist,
und gedenken deiner Heiligen:
Wir ehren vor allem Maria,
die glorreiche, allzeit jungfräuliche Mutter
unseres Herrn und Gottes Jesus Christus. ▶ S. 505

An Mariä Empfängnis:

In Gemeinschaft mit der ganzen Kirche
feiern wir den Tag,
an dem Maria ohne Erbschuld empfangen wurde,
da sie auserwählt war,
die Mutter des Erlösers zu werden.
Wir ehren vor allen Heiligen sie,
die glorreiche, allzeit jungfräuliche Mutter
unseres Herrn und Gottes Jesus Christus. ▶ S. 505

Von Weihnachten bis Neujahr:

In Gemeinschaft mit der ganzen Kirche
feiern wir (die hochheilige Nacht) den hochheiligen Tag,
(in der) an dem Maria in unversehrter Jungfräulichkeit
der Welt den Erlöser geboren hat.
Wir ehren vor allen Heiligen sie,
die glorreiche, allzeit jungfräuliche Mutter
unseres Herrn und Gottes Jesus Christus. ▶ S. 505

An Erscheinung des Herrn:

In Gemeinschaft mit der ganzen Kirche
feiern wir den hochheiligen Tag,
an dem dein eingeborener Sohn,
dir gleich in ewiger Herrlichkeit,
als wahrer Mensch
leibhaftig und sichtbar erschienen ist.
Wir gedenken deiner Heiligen
und ehren vor allem Maria,
die glorreiche, allzeit jungfräuliche Mutter
unseres Herrn und Gottes Jesus Christus. ▶ S. 505

An Lichtmess:

In Gemeinschaft mit der ganzen Kirche
feiern wir den Tag,
an dem dein eingeborener Sohn
im Tempel dargestellt wurde.
Wir gedenken deiner Heiligen
und ehren vor allem Maria,
die glorreiche, allzeit jungfräuliche Mutter
unseres Herrn und Gottes Jesus Christus. ▶ S. 505

An Verkündigung des Herrn:

In Gemeinschaft mit der ganzen Kirche
feiern wir den Tag,
an dem Maria deinen ewigen Sohn
durch den Heiligen Geist empfangen hat.
Wir ehren vor allen Heiligen sie,
die glorreiche, allzeit jungfräuliche Mutter
unseres Herrn und Gottes
Jesus Christus. ▶ S. 505

Am Gründonnerstag:

In Gemeinschaft mit der ganzen Kirche
feiern wir den hochheiligen Tag,
an dem unser Herr Jesus Christus
sich für uns hingegeben hat.
Wir gedenken deiner Heiligen
und ehren vor allem Maria,
die glorreiche, allzeit jungfräuliche Mutter
unseres Herrn und Gottes
Jesus Christus. ▶ S. 505

Von der Osternacht bis zum Weißen Sonntag:

In Gemeinschaft mit der ganzen Kirche
feiern wir
das Hochfest der Auferstehung

unseres Herrn Jesus Christus.
Wir gedenken deiner Heiligen
und ehren vor allem Maria,
die glorreiche, allzeit jungfräuliche Mutter
unseres Herrn und Gottes Jesus Christus. ▶ S. 505

An Christi Himmelfahrt:

In Gemeinschaft mit der ganzen Kirche
feiern wir den Tag,
an dem unser Herr Jesus Christus,
dein eingeborener Sohn,
unsere schwache,
mit seiner Gottheit vereinte Menschennatur
zu deiner Rechten erhoben hat.
Wir gedenken deiner Heiligen
und ehren vor allem Maria,
die glorreiche, allzeit jungfräuliche Mutter
unseres Herrn und Gottes Jesus Christus. ▶ S. 505

Am Pfingsttag:

In Gemeinschaft mit der ganzen Kirche
feiern wir das hohe Pfingstfest,
an dem der Heilige Geist
in Feuerzungen auf die Jünger herabkam.
Wir gedenken deiner Heiligen
und ehren vor allem Maria,
die glorreiche, allzeit jungfräuliche Mutter
unseres Herrn und Gottes Jesus Christus. ▶ S. 505

An Johannes' Geburt:

In Gemeinschaft mit der ganzen Kirche
feiern wir den Tag,
an dem Johannes geboren wurde,
der Christus voranging, um ihm den Weg zu bereiten,
dem Erlöser der Welt.

Wir gedenken deiner Heiligen
und ehren vor allem Maria,
die glorreiche, allzeit jungfräuliche Mutter
unseres Herrn und Gottes Jesus Christus. ▶ unten

An Mariä Himmelfahrt:

In Gemeinschaft mit der ganzen Kirche
feiern wir den Tag,
an dem die jungfräuliche Gottesmutter
in den Himmel aufgenommen wurde.
Wir ehren vor allen Heiligen sie,
die glorreiche, allzeit jungfräuliche Mutter
unseres Herrn und Gottes Jesus Christus. ▶ unten

An Allerheiligen:

In Gemeinschaft mit der ganzen Kirche
feiern wir den Tag,
der dem Gedächtnis aller Heiligen geweiht ist,
die im Leben Christus nachfolgten
und im Sterben
von ihm die Krone der Herrlichkeit empfingen.
Wir ehren vor allen Heiligen Maria,
die glorreiche, allzeit jungfräuliche Mutter
unseres Herrn und Gottes Jesus Christus.

Wir ehren ihren Bräutigam, den heiligen Josef;
deine heiligen Apostel und Märtyrer:
Petrus und Paulus, Andreas
(Jakobus, Johannes, Thomas, Jakobus,
Philippus, Bartholomäus, Matthäus,
Simon und Thaddäus,
Linus, Kletus, Klemens, Xystus, Kornelius,
Cyprianus, Laurentius, Chrysogonus,
Johannes und Paulus, Kosmas und Damianus)
und alle deine Heiligen;
blicke auf ihr heiliges Leben und Sterben

und gewähre uns auf ihre Fürsprache
in allem deine Hilfe und deinen Schutz.

(Das folgende Gebet hat an bestimmten Tagen und bei verschiedenen Feiern eine besondere Form:)

Nimm gnädig an, o Gott,
diese Gaben deiner Diener
und deiner ganzen Gemeinde;
ordne unsere Tage in deinem Frieden,
rette uns vor dem ewigen Verderben
und nimm uns auf in die Schar
deiner Erwählten. ► S. 507

Am Gründonnerstag:

Nimm gnädig an, o Gott,
diese Gaben deiner Diener
und deiner ganzen Gemeinde.
Wir bringen sie dar am Tag,
an dem unser Herr Jesus Christus
seinen Jüngern aufgetragen hat,
die Geheimnisse seines Leibes und Blutes zu feiern.
Ordne unsere Tage in deinem Frieden,
rette uns vor dem ewigen Verderben
und nimm uns auf in die Schar deiner Erwählten. ► S. 507

Von der Osternacht bis zum Weißen Sonntag:

Nimm gnädig an, o Gott, diese Gaben deiner Diener
und deiner ganzen Gemeinde.
Wir bringen sie dar auch für jene,
die an diesem Osterfest
aus dem Wasser und dem Heiligen Geist
zum neuen Leben geboren wurden,
denen du alle Sünden vergeben hast.
Ordne unsere Tage in deinem Frieden,
rette uns vor dem ewigen Verderben
und nimm uns auf in die Schar deiner Erwählten. ► S. 507

Schenke, o Gott, diesen Gaben Segen in Fülle
und nimm sie zu eigen an.
Mache sie uns zum wahren Opfer im Geiste,
das dir wohlgefällt:
zum Leib und Blut deines geliebten Sohnes,
unseres Herrn Jesus Christus.

Am Abend vor seinem Leiden
nahm er das Brot
in seine heiligen und ehrwürdigen Hände,
erhob die Augen zum Himmel,
zu dir, seinem Vater, dem allmächtigen Gott,
sagte dir Lob und Dank,
brach das Brot,
reichte es seinen Jüngern und sprach:

NEHMET UND ESSET ALLE DAVON:
DAS IST MEIN LEIB,
DER FÜR EUCH HINGEGEBEN WIRD.

Ebenso nahm er nach dem Mahl
diesen erhabenen Kelch
in seine heiligen und ehrwürdigen Hände,
sagte dir Lob und Dank,
reichte den Kelch seinen Jüngern und sprach:

NEHMET UND TRINKET ALLE DARAUS:
DAS IST DER KELCH
DES NEUEN UND EWIGEN BUNDES,
MEIN BLUT,
DAS FÜR EUCH
UND FÜR ALLE VERGOSSEN WIRD
ZUR VERGEBUNG DER SÜNDEN.
TUT DIES ZU MEINEM GEDÄCHTNIS.

Geheimnis des Glaubens:

G: Deinen Tod, o Herr,
verkünden wir
und deine Auferstehung
preisen wir,
bis du kommst in
Herrlichkeit.

G: Mortem tuam
annuntiámus,
Dómine,
et tuam resurrectiónem confitémur,
donec vénias.

P: Darum, gütiger Vater,
feiern wir, deine Diener
und dein heiliges Volk,
das Gedächtnis deines Sohnes,
unseres Herrn Jesus Christus.
Wir verkünden sein heilbringendes Leiden,
seine Auferstehung von den Toten
und seine glorreiche Himmelfahrt.
So bringen wir aus den Gaben,
die du uns geschenkt hast,
dir, dem erhabenen Gott,
die reine, heilige und makellose Opfergabe dar:
das Brot des Lebens
und den Kelch des ewigen Heiles.

Blicke versöhnt und gütig darauf nieder
und nimm sie an
wie einst die Gaben
deines gerechten Dieners Abel,
wie das Opfer unseres Vaters Abraham,
wie die heilige Gabe, das reine Opfer
deines Hohenpriesters Melchisedek.

Wir bitten dich,
allmächtiger Gott:
Dein heiliger Engel trage diese Opfergabe
auf deinen himmlischen Altar
vor deine göttliche Herrlichkeit;
und wenn wir durch unsere Teilnahme am Altar

den heiligen Leib und das Blut
deines Sohnes empfangen,
erfülle uns mit aller Gnade
und allem Segen des Himmels.

GEDÄCHTNIS DER VERSTORBENEN

Gedenke auch deiner Diener,
und Dienerinnen (N. und N.),
die uns vorangegangen sind,
bezeichnet mit dem Siegel des Glaubens,
und die nun ruhen in Frieden.

Wir bitten dich:
Führe sie und alle,
die in Christus entschlafen sind,
in das Land der Verheißung,
des Lichtes und des Friedens.

Auch uns, deinen sündigen Dienern,
die auf deine reiche Barmherzigkeit hoffen,
gib Anteil und Gemeinschaft
mit deinen heiligen Aposteln und Märtyrern:
Johannes, Stephanus, Matthias, Barnabas
(Ignatius, Alexander, Marzellinus, Petrus,
Felizitas, Perpetua, Agatha, Luzia,
Agnes, Cäcilia, Anastasia)
und mit allen deinen Heiligen;
wäge nicht unser Verdienst,
sondern schenke gnädig Verzeihung
und gib uns mit ihnen das Erbe des Himmels.
Darum bitten wir dich
durch unseren Herrn Jesus Christus.
Denn durch ihn erschaffst du immerfort
all diese guten Gaben,
gibst ihnen Leben und Weihe
und spendest sie uns.

DURCH IHN UND MIT IHM UND IN IHM IST DIR, GOTT, ALLMÄCHTIGER VATER, IN DER EINHEIT DES HEILIGEN GEISTES ALLE HERRLICHKEIT UND EHRE JETZT UND IN EWIGKEIT.

G: Amen.

(Fortsetzung: Gebet des Herrn – siehe S. 545 f.)

ZWEITES HOCHGEBET

P: Der Herr sei mit euch.
G: Und mit deinem Geiste.
P: Erhebet die Herzen.
G: Wir haben sie beim Herrn.
P: Lasset uns danken
dem Herrn, unserm Gott.
G: Das ist würdig und recht.

P: Dóminus vobíscum.
G: Et cum spíritu tuo.
P: Sursum corda.
G: Habémus ad Dóminum.
P: Grátias agámus
Dómino Deo nostro.
G: Dignum et iustum est.

P: In Wahrheit ist es würdig und recht,
dir, Herr, heiliger Vater,
immer und überall zu danken
durch deinen geliebten Sohn Jesus Christus.
Er ist dein Wort,
durch ihn hast du alles erschaffen.
Ihn hast du gesandt
als unseren Erlöser und Heiland.
Er ist Mensch geworden durch den Heiligen Geist,
geboren von der Jungfrau Maria.
Um deinen Ratschluss zu erfüllen
und dir ein heiliges Volk zu erwerben,
hat er sterbend die Arme ausgebreitet
am Holze des Kreuzes.
Er hat die Macht des Todes gebrochen
und die Auferstehung kundgetan.

Darum preisen wir dich
mit allen Engeln und Heiligen
und singen vereint mit ihnen
das Lob deiner Herrlichkeit:

A: Heilig, heilig, heilig Gott, Herr aller Mächte und Gewalten. Erfüllt sind Himmel und Erde von deiner Herrlichkeit. Hosanna in der Höhe. Hochgelobt sei, der da kommt im Namen des Herrn. Hosanna in der Höhe.	A: Sanctus, Sanctus, Sanctus Dóminus Deus Sábaoth. Pleni sunt caeli et terra glória tua. Hosánna in excélsis. Benedíctus qui venit in nómine Dómini. Hosánna in excélsis.

P: Ja, du bist heilig, großer Gott,
du bist der Quell aller Heiligkeit. ► S. 515

(In diesem Gebet kann an bestimmten Tagen das Festgeheimnis erwähnt werden.)

An Sonntagen:

Darum kommen wir vor dein Angesicht
und feiern in Gemeinschaft mit der ganzen Kirche
den ersten Tag der Woche als den Tag,
an dem Christus von den Toten erstanden ist.
Durch ihn, den du zu deiner Rechten erhöht hast,
bitten wir dich: ► S. 515

An Mariä Empfängnis:

Darum kommen wir vor dein Angesicht
und feiern in Gemeinschaft
mit der ganzen Kirche den Tag,
an dem Maria ohne Erbschuld empfangen wurde,

da sie auserwählt war,
die Mutter des Erlösers zu werden.
Durch ihn, der unsere Sünden hinwegnimmt,
bitten wir dich: ▶ S. 515

Von Weihnachten bis Neujahr:

Darum kommen wir vor dein Angesicht
und feiern in Gemeinschaft mit der ganzen Kirche
(die hochheilige Nacht) den hochheiligen Tag,
(in der) an dem Maria in unversehrter Jungfräulichkeit
der Welt den Erlöser geboren hat.
Durch ihn, unseren Retter und Herrn,
bitten wir dich: ▶ S. 515

An Erscheinung des Herrn:

Darum kommen wir vor dein Angesicht
und feiern in Gemeinschaft mit der ganzen Kirche
den hochheiligen Tag,
an dem dein eingeborener Sohn,
dir gleich in ewiger Herrlichkeit,
als wahrer Mensch
leibhaft und sichtbar erschienen ist.
Durch ihn, unseren Erlöser und Heiland,
bitten wir dich: ▶ S. 515

An Lichtmess:

Darum kommen wir vor dein Angesicht
und feiern in Gemeinschaft
mit der ganzen Kirche den Tag,
an dem dein eingeborener Sohn
im Tempel dargestellt wurde.
Durch ihn, das Licht von deinem Licht,
bitten wir dich: ▶ S. 515

An Verkündigung des Herrn:

Darum kommen wir vor dein Angesicht
und feiern in Gemeinschaft
mit der ganzen Kirche den Tag,
an dem Maria deinen ewigen Sohn
durch den Heiligen Geist empfangen hat.
Durch ihn, der zu unserem Heil Mensch geworden ist,
bitten wir dich: ▸ S. 515

Am Gründonnerstag:

Darum kommen wir vor dein Angesicht
und feiern in Gemeinschaft mit der ganzen Kirche
den hochheiligen Tag,
an dem unser Herr Jesus Christus
sich für uns hingegeben hat.
Durch ihn, unseren Erlöser und Heiland,
den du verherrlicht hast, bitten wir dich: ▸ S. 515

Von der Osternacht bis zum Weißen Sonntag:

Darum kommen wir vor dein Angesicht
und feiern in Gemeinschaft
mit der ganzen Kirche
das Hochfest
der Auferstehung unseres Herrn Jesus Christus.
Durch ihn, der zu deiner Rechten erhöht ist,
bitten wir dich: ▸ S. 515

An Christi Himmelfahrt:

Darum kommen wir vor dein Angesicht
und feiern in Gemeinschaft
mit der ganzen Kirche den Tag,
an dem unser Herr Jesus Christus,
dein eingeborener Sohn,
unsere schwache,
mit seiner Gottheit vereinte Menschennatur

zu deiner Rechten erhoben hat.
Durch ihn bitten wir dich: ► S. 515

Am Pfingsttag:

Darum kommen wir vor dein Angesicht
und feiern in Gemeinschaft mit der ganzen Kirche
das hohe Pfingstfest,
an dem der Heilige Geist
in Feuerzungen auf die Jünger herabkam.
Und wir bitten dich: ► S. 515

An Johannes' Geburt:

Darum kommen wir vor dein Angesicht
und feiern in Gemeinschaft
mit der ganzen Kirche den Tag,
an dem Johannes geboren wurde,
der Christus voranging, um ihm den Weg zu bereiten,
dem Erlöser der Welt.
Durch ihn, der nach Johannes kam
und doch vor ihm war,
bitten wir dich: ► S. 515

An Mariä Himmelfahrt:

Darum kommen wir vor dein Angesicht
und feiern in Gemeinschaft
mit der ganzen Kirche den Tag,
an dem die jungfräuliche Gottesmutter
in den Himmel aufgenommen wurde
von unserem Herrn Jesus Christus.
Durch ihn,
den Urheber und Vollender unseres Glaubens,
bitten wir dich: ► S. 515

An Allerheiligen:

Darum kommen wir vor dein Angesicht
und feiern in Gemeinschaft
mit der ganzen Kirche den Tag,
der dem Gedächtnis aller Heiligen geweiht ist,
die im Leben Christus nachfolgten
und im Sterben
von ihm die Krone der Herrlichkeit empfingen.
Durch ihn,
den Urheber und Vollender unseres Glaubens,
bitten wir dich:

Darum bitten wir dich:

Sende deinen Geist auf diese Gaben herab
und heilige sie,
damit sie uns werden Leib † und Blut
deines Sohnes, unseres Herrn Jesus Christus.

Denn am Abend,
an dem er ausgeliefert wurde
und sich aus freiem Willen
dem Leiden unterwarf,
nahm er das Brot und sagte Dank,
brach es,
reichte es seinen Jüngern und sprach:

NEHMET UND ESSET ALLE DAVON:
DAS IST MEIN LEIB,
DER FÜR EUCH HINGEGEBEN WIRD.

Ebenso nahm er nach dem Mahl den Kelch,
dankte wiederum,
reichte ihn seinen Jüngern und sprach:

NEHMET UND TRINKET ALLE DARAUS:
DAS IST DER KELCH
DES NEUEN UND EWIGEN BUNDES,

MEIN BLUT,
DAS FÜR EUCH
UND FÜR ALLE VERGOSSEN WIRD
ZUR VERGEBUNG DER SÜNDEN.
TUT DIES ZU MEINEM GEDÄCHTNIS.

Geheimnis des Glaubens:

G: Deinen Tod, o Herr,
verkünden wir
und deine Auferstehung
preisen wir,
bis du kommst in
Herrlichkeit.

G: Mortem tuam
annuntiámus,
Dómine,
et tuam resurrec-
tiónem confitémur,
donec vénias.

P: Darum, gütiger Vater,
feiern wir das Gedächtnis
des Todes und der Auferstehung deines Sohnes
und bringen dir so das Brot des Lebens
und den Kelch des Heiles dar.
Wir danken dir, dass du uns berufen hast,
vor dir zu stehen und dir zu dienen.
Wir bitten dich:
Schenke uns Anteil an Christi Leib und Blut
und lass uns eins werden
durch den Heiligen Geist.

Gedenke deiner Kirche auf der ganzen Erde
und vollende dein Volk in der Liebe,
vereint mit unserem Papst N.,
unserem Bischof N. und allen Bischöfen,
unseren Priestern und Diakonen
und mit allen,
die zum Dienst in der Kirche bestellt sind. ▶ S. 517

(An bestimmten Tagen und bei verschiedenen Anlässen kann hier eine besondere Bitte angefügt werden.)

Von der Osternacht bis zum Weißen Sonntag:

Gedenke auch jener, die an diesem Osterfest
aus dem Wasser und dem Heiligen Geist
zum neuen Leben geboren wurden,
denen du alle Sünden vergeben hast. ▶ unten

(In einer Messe für Verstorbene kann der Priester hier einfügen:)

Erbarme dich
unseres Bruders N. (unserer Schwester N.),
den (die) du aus dieser Welt zu dir gerufen hast.
Durch die Taufe gehört er (sie) Christus an,
ihm ist er (sie) gleichgeworden im Tod:
lass ihn (sie) mit Christus zum Leben auferstehen.

Gedenke (aller) unserer Brüder und Schwestern,
die entschlafen sind in der Hoffnung,
dass sie auferstehen.
Nimm sie
und alle, die in deiner Gnade
aus dieser Welt geschieden sind,
in dein Reich auf,
wo sie dich schauen
von Angesicht zu Angesicht.

Vater, erbarme dich über uns alle,
damit uns das ewige Leben zuteil wird
in der Gemeinschaft mit der seligen
Jungfrau und Gottesmutter Maria,
mit deinen Aposteln
und mit allen,
die bei dir Gnade gefunden haben
von Anbeginn der Welt,
dass wir dich loben und preisen
durch deinen Sohn Jesus Christus.

DURCH IHN UND MIT IHM UND IN IHM IST DIR, GOTT, ALLMÄCHTIGER VATER, IN DER EINHEIT DES HEILIGEN GEISTES ALLE HERRLICHKEIT UND EHRE JETZT UND IN EWIGKEIT.

G: Amen.

(Fortsetzung: Gebet des Herrn – siehe S. 545 f.)

DRITTES HOCHGEBET

(Der Priester breitet die Hände aus und spricht:)

P: Ja, du bist heilig, großer Gott,
und alle deine Werke verkünden dein Lob.
Denn durch deinen Sohn,
unseren Herrn Jesus Christus,
und in der Kraft des Heiligen Geistes
erfüllst du die ganze Schöpfung
mit Leben und Gnade.
Bis ans Ende der Zeiten
versammelst du dir ein Volk,
damit deinem Namen
das reine Opfer dargebracht werde
vom Aufgang der Sonne bis zum Untergang. ▶ S. 522

(Hier kann an bestimmten Tagen das Festgeheimnis erwähnt werden.)

An Sonntagen:

Darum kommen wir vor dein Angesicht
und feiern in Gemeinschaft mit der ganzen Kirche
den ersten Tag der Woche als den Tag,
an dem Christus von den Toten erstanden ist.
Durch ihn, den du zu deiner Rechten erhöht hast,
bitten wir dich, allmächtiger Gott: ▶ S. 522

An Mariä Empfängnis:

Darum kommen wir vor dein Angesicht
und feiern in Gemeinschaft
mit der ganzen Kirche den Tag,
an dem Maria ohne Erbschuld empfangen wurde,
da sie auserwählt war,
die Mutter des Erlösers zu werden.
Durch ihn, der unsere Sünden hinwegnimmt,
bitten wir dich, allmächtiger Gott: ► S. 522

Von Weihnachten bis Neujahr:

Darum kommen wir vor dein Angesicht
und feiern in Gemeinschaft mit der ganzen Kirche
(die hochheilige Nacht) den hochheiligen Tag,
(in der) an dem Maria
in unversehrter Jungfräulichkeit
der Welt den Erlöser geboren hat.
Durch ihn, unseren Retter und Herrn,
bitten wir dich, allmächtiger Gott: ► S. 522

An Erscheinung des Herrn:

Darum kommen wir vor dein Angesicht
und feiern in Gemeinschaft mit der ganzen Kirche
den hochheiligen Tag,
an dem dein eingeborener Sohn,
dir gleich in ewiger Herrlichkeit,
als wahrer Mensch
leibhaft und sichtbar erschienen ist.
Durch ihn, unseren Erlöser und Heiland,
bitten wir dich, allmächtiger Gott: ► S. 522

An Lichtmess:

Darum kommen wir vor dein Angesicht
und feiern in Gemeinschaft
mit der ganzen Kirche den Tag,

an dem dein eingeborener Sohn
im Tempel dargestellt wurde.
Durch ihn, das Licht von deinem Licht,
bitten wir dich, allmächtiger Gott: ▶ S. 522

An Verkündigung des Herrn:

Darum kommen wir vor dein Angesicht
und feiern in Gemeinschaft
mit der ganzen Kirche den Tag,
an dem Maria deinen ewigen Sohn
durch den Heiligen Geist empfangen hat.
Durch ihn, der zu unserem Heil
Mensch geworden ist,
bitten wir dich, allmächtiger Gott: ▶ S. 522

Am Gründonnerstag:

Darum kommen wir vor dein Angesicht
und feiern in Gemeinschaft
mit der ganzen Kirche
den Tag, an dem unser Herr Jesus Christus
sich für uns hingegeben hat.
Durch ihn, unseren Erlöser und Heiland,
den du verherrlicht hast,
bitten wir dich, allmächtiger Gott: ▶ S. 522

Von der Osternacht bis zum Weißen Sonntag:

Darum kommen wir vor dein Angesicht
und feiern in Gemeinschaft
mit der ganzen Kirche
das Hochfest
der Auferstehung unseres Herrn Jesus Christus.
Durch ihn, der zu deiner Rechten erhöht ist,
bitten wir dich, allmächtiger Gott: ▶ S. 522

An Christi Himmelfahrt:

Darum kommen wir vor dein Angesicht
und feiern in Gemeinschaft
mit der ganzen Kirche den Tag,
an dem unser Herr Jesus Christus,
dein eingeborener Sohn,
unsere schwache,
mit seiner Gottheit vereinte Menschennatur
zu deiner Rechten erhoben hat.
Durch ihn bitten wir dich,
allmächtiger Gott: ▶ S. 522

Am Pfingsttag:

Darum kommen wir vor dein Angesicht
und feiern in Gemeinschaft mit der ganzen Kirche
das hohe Pfingstfest,
an dem der Heilige Geist
in Feuerzungen auf die Jünger herabkam.
Und wir bitten dich, allmächtiger Gott: ▶ S. 522

An Johannes' Geburt:

Darum kommen wir vor dein Angesicht
und feiern in Gemeinschaft
mit der ganzen Kirche den Tag,
an dem Johannes geboren wurde,
der Christus voranging,
um ihm den Weg zu bereiten,
dem Erlöser der Welt.
Durch ihn,
der nach Johannes kam und doch vor ihm war,
bitten wir dich, allmächtiger Gott: ▶ S. 522

An Mariä Himmelfahrt:

Darum kommen wir vor dein Angesicht
und feiern in Gemeinschaft

mit der ganzen Kirche den Tag,
an dem die jungfräuliche Gottesmutter
in den Himmel aufgenommen wurde
von unserem Herrn Jesus Christus.
Durch ihn,
den Urheber und Vollender unseres Glaubens,
bitten wir dich, allmächtiger Gott: ► unten

An Allerheiligen:

Darum kommen wir vor dein Angesicht
und feiern in Gemeinschaft
mit der ganzen Kirche den Tag,
der dem Gedächtnis aller Heiligen geweiht ist,
die im Leben Christus nachfolgten
und im Sterben
von ihm die Krone der Herrlichkeit empfingen.
Durch ihn,
den Urheber und Vollender unseres Glaubens,
bitten wir dich, allmächtiger Gott:

Darum bitten wir dich,
allmächtiger Gott:

Heilige unsere Gaben durch deinen Geist,
damit sie uns werden Leib † und Blut
deines Sohnes, unseres Herrn Jesus Christus,
der uns aufgetragen hat,
dieses Geheimnis zu feiern.

Denn in der Nacht, da er verraten wurde,
nahm er das Brot und sagte Dank,
brach es,
reichte es seinen Jüngern und sprach:

NEHMET UND ESSET ALLE DAVON:
DAS IST MEIN LEIB,
DER FÜR EUCH HINGEGEBEN WIRD.

Ebenso nahm er nach dem Mahl den Kelch,
dankte wiederum,
reichte ihn seinen Jüngern und sprach:

NEHMET UND TRINKET ALLE DARAUS:
DAS IST DER KELCH
DES NEUEN UND EWIGEN BUNDES,
MEIN BLUT,
DAS FÜR EUCH
UND FÜR ALLE VERGOSSEN WIRD
ZUR VERGEBUNG DER SÜNDEN.
TUT DIES ZU MEINEM GEDÄCHTNIS.

Geheimnis des Glaubens:

G: Deinen Tod, o Herr,
verkünden wir
und deine Auferstehung
preisen wir,
bis du kommst in
Herrlichkeit.

G: Mortem tuam
annuntiámus,
Dómine,
et tuam resurrec-
tiónem confitémur,
donec vénias.

P: Darum, gütiger Vater,
feiern wir das Gedächtnis deines Sohnes.
Wir verkünden sein heilbringendes Leiden,
seine glorreiche Auferstehung
und Himmelfahrt
und erwarten seine Wiederkunft.
So bringen wir dir mit Lob und Dank
dieses heilige und lebendige Opfer dar.
Schau gütig auf die Gabe deiner Kirche.
Denn sie stellt dir
das Lamm vor Augen,
das geopfert wurde
und uns nach deinem Willen
mit dir versöhnt hat.
Stärke uns durch den Leib und das Blut
deines Sohnes

und erfülle uns mit seinem Heiligen Geist,
damit wir *ein* Leib und *ein* Geist werden
in Christus.

Er mache uns auf immer
zu einer Gabe, die dir wohlgefällt,
damit wir das verheißene Erbe erlangen
mit deinen Auserwählten,
mit der seligen Jungfrau
und Gottesmutter Maria,
mit deinen Aposteln und Märtyrern
(mit dem – der – heiligen N.:

Tagesheiliger oder Patron)

und mit allen Heiligen,
auf deren Fürsprache wir vertrauen.

Barmherziger Gott, wir bitten dich:
Dieses Opfer unserer Versöhnung
bringe der ganzen Welt Frieden und Heil.
Beschütze deine Kirche
auf ihrem Weg durch die Zeit
und stärke sie im Glauben und in der Liebe:
deinen Diener, unseren Papst N.,
unseren Bischof N.
und die Gemeinschaft der Bischöfe,
unsere Priester und Diakone,
alle, die zum Dienst in der Kirche bestellt sind,
und das ganze Volk deiner Erlösten. ▶ S. 525

(An bestimmten Tagen und bei verschiedenen Anlässen kann hier eine besondere Bitte eingefügt werden.)

Von der Osternacht bis zum Weißen Sonntag:

Gedenke auch jener, die an diesem Osterfest
aus dem Wasser und dem Heiligen Geist

zum neuen Leben geboren wurden,
denen du alle Sünden vergeben hast.

Erhöre, gütiger Vater,
die Gebete der hier versammelten Gemeinde
und führe zu dir
auch alle deine Söhne und Töchter,
die noch fern sind von dir.

(In einer Messe für Verstorbene kann der Priester hier einfügen:)

Erbarme dich unseres Bruders N.
(unserer Schwester N.),
den (die) du aus dieser Welt zu dir gerufen hast.
Durch die Taufe gehört er (sie) Christus an,
ihm ist er (sie) gleichgeworden im Tod:
gib ihm (ihr) auch Anteil an der Auferstehung,
wenn Christus die Toten auferweckt
und unseren irdischen Leib
seinem verklärten Leib ähnlich macht.

Erbarme dich (aller) unserer
verstorbenen Brüder und Schwestern
und aller, die in deiner Gnade
aus dieser Welt geschieden sind.
Nimm sie auf in deine Herrlichkeit.
Und mit ihnen lass auch uns,
wie du verheißen hast,
zu Tische sitzen in deinem Reich.

(In einer Messe für Verstorbene:)

Dann wirst du alle Tränen trocknen.
Wir werden dich, unseren Gott,
schauen, wie du bist,
dir ähnlich sein auf ewig
und dein Lob singen ohne Ende.

Darum bitten wir dich
durch unseren Herrn Jesus Christus.
Denn durch ihn
schenkst du der Welt alle guten Gaben.

DURCH IHN UND MIT IHM UND IN IHM IST DIR, GOTT, ALLMÄCHTIGER VATER, IN DER EINHEIT DES HEILIGEN GEISTES ALLE HERRLICHKEIT UND EHRE JETZT UND IN EWIGKEIT.

G: Amen.

(Fortsetzung: Gebet des Herrn – siehe S. 545 f.)

VIERTES HOCHGEBET

P: Der Herr sei mit euch.
G: Und mit deinem Geiste.
P: Erhebet die Herzen.
G: Wir haben sie beim Herrn.
P: Lasset uns danken
dem Herrn, unserm Gott.
G: Das ist würdig und recht.

P: Dóminus vobíscum.
G: Et cum spíritu tuo.
P: Sursum corda.
G: Habémus ad Dóminum.
P: Grátias agámus
Dómino Deo nostro.
G: Dignum et iustum est.

P: In Wahrheit ist es würdig,
dir zu danken, heiliger Vater.
Es ist recht, dich zu preisen.
Denn du allein bist der lebendige und wahre Gott.
Du bist vor den Zeiten und lebst in Ewigkeit.
Du wohnst in unzugänglichem Lichte.
Alles hast du erschaffen,
denn du bist die Liebe
und der Ursprung des Lebens.
Du erfüllst deine Geschöpfe mit Segen
und erfreust sie alle
mit dem Glanz deines Lichtes.
Vor dir stehen die Scharen der Engel

und schauen dein Angesicht.
Sie dienen dir Tag und Nacht,
nie endet ihr Lobgesang.
Mit ihnen preisen auch wir deinen Namen,
durch unseren Mund rühmen dich alle Geschöpfe
und künden voll Freude
das Lob deiner Herrlichkeit:

A: Heilig, heilig, heilig
Gott, Herr aller Mächte
und Gewalten.
Erfüllt sind Himmel und Erde
von deiner Herrlichkeit.
Hosanna in der Höhe.
Hochgelobt sei, der da kommt
im Namen des Herrn.
Hosanna in der Höhe.

A: Sanctus, Sanctus,
Sanctus Dóminus Deus
Sábaoth.
Pleni sunt caeli et terra
glória tua.
Hosánna in excélsis.
Benedíctus qui venit
in nómine Dómini.
Hosánna in excélsis.

P: Wir preisen dich, heiliger Vater,
denn groß bist du
und alle deine Werke
künden deine Weisheit und Liebe.

Den Menschen hast du
nach deinem Bild geschaffen
und ihm die Sorge für die ganze Welt anvertraut.
Über alle Geschöpfe sollte er herrschen
und allein dir, seinem Schöpfer, dienen.

Als er im Ungehorsam deine Freundschaft verlor
und der Macht des Todes verfiel,
hast du ihn dennoch nicht verlassen,
sondern voll Erbarmen allen geholfen,
dich zu suchen und zu finden.

Immer wieder hast du den Menschen
deinen Bund angeboten
und sie durch die Propheten gelehrt,
das Heil zu erwarten.

So sehr hast du die Welt geliebt,
heiliger Vater,
dass du deinen eingeborenen Sohn
als Retter gesandt hast,
nachdem die Fülle der Zeiten gekommen war.

Er ist Mensch geworden
durch den Heiligen Geist,
geboren von der Jungfrau Maria.
Er hat wie wir als Mensch gelebt,
in allem uns gleich außer der Sünde.

Den Armen verkündete er
die Botschaft vom Heil,
den Gefangenen Freiheit,
den Trauernden Freude.

Um deinen Ratschluss zu erfüllen,
hat er sich dem Tod überliefert,
durch seine Auferstehung
den Tod bezwungen
und das Leben neu geschaffen.

Damit wir nicht mehr uns selber leben,
sondern ihm,
der für uns gestorben und auferstanden ist,
hat er von dir, Vater,
als erste Gabe für alle, die glauben,
den Heiligen Geist gesandt,
der das Werk deines Sohnes
auf Erden weiterführt
und alle Heiligung vollendet.

So bitten wir dich, Vater:
der Geist heilige diese Gaben,
damit sie uns werden Leib † und Blut
unseres Herrn Jesus Christus,
der uns die Feier dieses Geheimnisses

aufgetragen hat
als Zeichen des ewigen Bundes.

Da er die Seinen liebte,
die in der Welt waren,
liebte er sie bis zur Vollendung.
Und als die Stunde kam,
da er von dir verherrlicht werden sollte,
nahm er beim Mahl das Brot
und sagte Dank,
brach das Brot,
reichte es seinen Jüngern und sprach:

NEHMET UND ESSET ALLE DAVON:
DAS IST MEIN LEIB,
DER FÜR EUCH HINGEGEBEN WIRD.

Ebenso nahm er den Kelch mit Wein,
dankte wiederum,
reichte den Kelch seinen Jüngern
und sprach:

NEHMET UND TRINKET ALLE DARAUS:
DAS IST DER KELCH
DES NEUEN UND EWIGEN BUNDES,
MEIN BLUT,
DAS FÜR EUCH
UND FÜR ALLE VERGOSSEN WIRD
ZUR VERGEBUNG DER SÜNDEN.
TUT DIES ZU MEINEM GEDÄCHTNIS.

Geheimnis des Glaubens:

G: Deinen Tod, o Herr,
verkünden wir
und deine Auferstehung
preisen wir,
bis du kommst in
Herrlichkeit.

G: Mortem tuam
annuntiámus,
Dómine,
et tuam resurrec-
tiónem confitémur,
donec vénias.

P: Darum, gütiger Vater,
feiern wir das Gedächtnis unserer Erlösung.
Wir verkünden den Tod deines Sohnes
und sein Hinabsteigen zu den Vätern,
bekennen seine Auferstehung
und Himmelfahrt
und erwarten sein Kommen in Herrlichkeit.
So bringen wir dir seinen Leib und sein Blut dar,
das Opfer, das dir wohlgefällt
und der ganzen Welt Heil bringt.

Sieh her auf die Opfergabe,
die du selber deiner Kirche bereitet hast,
und gib, dass alle, die Anteil erhalten
an dem *einen* Brot und dem *einen* Kelch,
ein Leib werden im Heiligen Geist,
eine lebendige Opfergabe in Christus
zum Lob deiner Herrlichkeit.

Herr, gedenke aller, für deren Heil
wir das Opfer darbringen.
Wir bitten dich für unseren Papst N.,
unseren Bischof N.
und die Gemeinschaft der Bischöfe,
für unsere Priester und Diakone
und für alle,
die zum Dienst in der Kirche bestellt sind,
für alle, die ihre Gaben spenden,
für die hier versammelte Gemeinde,
für dein ganzes Volk
und für alle Menschen,
die mit lauterem Herzen dich suchen.

Wir empfehlen dir auch jene,
die im Frieden Christi heimgegangen sind,
und alle Verstorbenen,
um deren Glauben niemand weiß als du.

Gütiger Vater,
gedenke, dass wir deine Kinder sind,
und schenke uns allen das Erbe des Himmels
in Gemeinschaft mit der seligen Jungfrau
und Gottesmutter Maria,
mit deinen Aposteln und mit allen Heiligen.
Und wenn die ganze Schöpfung
von der Verderbnis der Sünde
und des Todes befreit ist,
lass uns zusammen mit ihr dich verherrlichen
in deinem Reich
durch unseren Herrn Jesus Christus.
Denn durch ihn
schenkst du der Welt alle guten Gaben.

DURCH IHN UND MIT IHM UND IN IHM IST DIR, GOTT, ALLMÄCHTIGER VATER, IN DER EINHEIT DES HEILIGEN GEISTES ALLE HERRLICHKEIT UND EHRE JETZT UND IN EWIGKEIT.

G: Amen.

(Fortsetzung: Gebet des Herrn – siehe S. 545 f.)

VOTIVHOCHGEBET „VERSÖHNUNG“

Der Bund des Friedens

PRÄFATION

P: Der Herr sei mit euch.
G: Und mit deinem Geiste.
P: Erhebet die Herzen.
G: Wir haben sie beim Herrn.
P: Lasset uns danken dem Herrn, unserm Gott.
G: Das ist würdig und recht.

P: Wir danken dir, Gott, allmächtiger Vater,
und preisen dich
für dein Wirken in dieser Welt
durch unseren Herrn Jesus Christus:
Denn inmitten einer Menschheit,
die gespalten und zerrissen ist,
erfahren wir,
dass du Bereitschaft zur Versöhnung schenkst.
Dein Geist bewegt die Herzen,
wenn Feinde wieder miteinander sprechen,
Gegner sich die Hände reichen
und Völker einen Weg zueinander suchen.
Dein Werk ist es,
wenn der Wille zum Frieden den Streit beendet,
Verzeihung den Hass überwindet
und Rache der Vergebung weicht.

Darum können wir nicht aufhören,
dir zu danken und dich zu preisen.
Wir stimmen ein
in den Lobgesang der Chöre des Himmels,
die ohne Ende rufen:

A: Heilig, heilig, heilig
Gott, Herr aller Mächte und Gewalten.
Erfüllt sind Himmel und Erde
von deiner Herrlichkeit.
Hosanna in der Höhe.
Hochgelobt sei,
der da kommt im Namen des Herrn.
Hosanna in der Höhe.

P: Herr aller Mächte und Gewalten,
gepriesen bist du
in deinem Sohn Jesus Christus,
der in deinem Namen gekommen ist.
Er ist dein rettendes Wort für uns Menschen.

Er ist die Hand,
die du den Sündern entgegenstreckst.
Er ist der Weg,
auf dem dein Friede zu uns kommt.

Gott, unser Vater,
als wir Menschen
uns von dir abgewandt hatten,
hast du uns durch deinen Sohn zurückgeholt.
Du hast ihn in den Tod gegeben,
damit wir zu dir und zueinander finden.

Darum feiern wir die Versöhnung,
die Christus uns erwirkt hat,
und bitten dich:

Heilige diese Gaben durch deinen Geist,
da wir nun den Auftrag
deines † Sohnes erfüllen.

Denn bevor er sein Leben hingab,
um uns zu befreien,
nahm er beim Mahl das Brot in seine Hände,
dankte dir, brach es,
reichte es seinen Jüngern und sprach:

NEHMET UND ESSET ALLE DAVON:
DAS IST MEIN LEIB,
DER FÜR EUCH HINGEGEBEN WIRD.

Ebenso nahm er an jenem Abend
den Kelch in seine Hände,
pries dein Erbarmen,
reichte den Kelch seinen Jüngern und sprach:

NEHMET UND TRINKET ALLE DARAUS:
DAS IST DER KELCH
DES NEUEN UND EWIGEN BUNDES,
MEIN BLUT, DAS FÜR EUCH

UND FÜR ALLE VERGOSSEN WIRD
ZUR VERGEBUNG DER SÜNDEN.
TUT DIES ZU MEINEM GEDÄCHTNIS.

Geheimnis des Glaubens:

G: Deinen Tod, o Herr, verkünden wir
und deine Auferstehung preisen wir,
bis du kommst in Herrlichkeit.

P: Herr, unser Gott.
Dein Sohn hat uns dieses Vermächtnis
seiner Liebe anvertraut.
In der Gedächtnisfeier
seines Todes und seiner Auferstehung
bringen wir dar,
was du uns gegeben hast:
das Opfer der Versöhnung.
Wir bitten dich,
nimm auch uns an in deinem Sohn
und schenke uns in diesem Mahl den Geist,
den er verheißen hat,
den Geist der Einheit,
der wegnimmt, was trennt,
und der uns zusammenhält in der Gemeinschaft
mit unserem Papst N.,
unserem Bischof N.,
mit allen Bischöfen
und mit deinem ganzen Volk.

Mach deine Kirche zum Zeichen der Einheit
unter den Menschen
und zum Werkzeug deines Friedens.

Wie du uns hier am Tisch deines Sohnes
versammelt hast,
in Gemeinschaft mit der seligen Jungfrau
und Gottesmutter Maria

und allen Heiligen,
so sammle die Menschen
aller Rassen und Sprachen,
aller Schichten und Gruppen
zum Gastmahl der ewigen Versöhnung
in der neuen Welt
deines immerwährenden Friedens
durch unseren Herrn Jesus Christus.

DURCH IHN UND MIT IHM UND IN IHM
IST DIR, GOTT, ALLMÄCHTIGER VATER,
IN DER EINHEIT DES HEILIGEN GEISTES
ALLE HERRLICHKEIT UND EHRE
JETZT UND IN EWIGKEIT.

G: Amen.

(Fortsetzung: Gebet des Herrn – siehe S. 545 f.)

HOCHGEBET FÜR MESSEN FÜR BESONDERE ANLIEGEN

PRÄFATION I

Die Kirche auf dem Weg zur Einheit

P: Der Herr sei mit euch.
G: Und mit deinem Geiste.
P: Erhebet die Herzen.
G: Wir haben sie beim Herrn.
P: Lasset uns danken dem Herrn, unserm Gott.
G: Das ist würdig und recht.

P: Wir danken dir, gütiger Vater,
und preisen dich,
denn durch die Frohe Botschaft deines Sohnes
hast du Menschen
aus allen Völkern und Sprachen

vereint in der Gemeinschaft der Kirche.
Durch sie,
die aus der Kraft deines Geistes lebt,
führst du alle Menschen zur Einheit.
So bezeugt die Kirche deine Liebe
und schenkt allen
die Hoffnung auf ewige Vollendung.
Sie wird zum Zeichen deiner Treue,
die du uns für immer versprochen hast
in unserem Herrn Jesus Christus.

Darum rühmen dich Himmel und Erde
und mit der ganzen Kirche
singen wir das Lob deiner Herrlichkeit:

A: Heilig, heilig, heilig
Gott, Herr aller Mächte und Gewalten.
Erfüllt sind Himmel und Erde
von deiner Herrlichkeit.
Hosanna in der Höhe.
Hochgelobt sei,
der da kommt im Namen des Herrn.
Hosanna in der Höhe. ▶ S. 539

PRÄFATION II

Gott führt die Kirche

P: Der Herr sei mit euch.
G: Und mit deinem Geiste.
P: Erhebet die Herzen.
G: Wir haben sie beim Herrn.
P: Lasset uns danken dem Herrn, unserm Gott.
G: Das ist würdig und recht.

P: Wir danken dir, Gott, unser Vater,
und preisen dich,
denn du hast uns ins Leben gerufen.

Du lässt uns niemals allein auf unserm Weg
und bist immer da für uns.
Einst hast du Israel, dein Volk,
mit starker Hand
durch die weglose Wüste geleitet.
Heute führst du deine pilgernde Kirche
in der Kraft des Heiligen Geistes.
Du bahnst ihr den Weg durch diese Zeit
in die ewige Freude deines Reiches
durch unseren Herrn Jesus Christus.

Darum singen wir mit allen Engeln und Heiligen
das Lob deiner Herrlichkeit:

A: Heilig, heilig, heilig
Gott, Herr aller Mächte und Gewalten.
Erfüllt sind Himmel und Erde
von deiner Herrlichkeit.
Hosanna in der Höhe.
Hochgelobt sei,
der da kommt im Namen des Herrn.
Hosanna in der Höhe. ▶ S. 539

PRÄFATION III

Jesus, unser Weg

P: Der Herr sei mit euch.
G: Und mit deinem Geiste.
P: Erhebet die Herzen.
G: Wir haben sie beim Herrn.
P: Lasset uns danken dem Herrn, unserm Gott.
G: Das ist würdig und recht.

P: Wir danken dir, Vater,
Herr des Himmels und der Erde,
und preisen dich
durch unseren Herrn Jesus Christus.

Durch ihn, dein Wort,
hast du die Welt geschaffen
und lenkst sie in deiner Weisheit.
Ihn, deinen menschgewordenen Sohn,
hast du uns zum Mittler gegeben.
Er hat deine Botschaft verkündet
und uns gerufen, ihm zu folgen.
Er hat uns erlöst durch sein Kreuz
und mit deinem Geiste besiegelt.
Er ist der Weg, der uns zu dir führt,
er ist die Wahrheit, die uns frei macht;
er ist das Leben
und erfüllt uns mit Freude.
Durch ihn
führst du deine Söhne und Töchter
zusammen zu einer einzigen Familie.
Darum rühmen wir jetzt und in Ewigkeit
dein Erbarmen
und singen mit den Chören der Engel
das Lob deiner Herrlichkeit:

A: Heilig, heilig, heilig
Gott, Herr aller Mächte und Gewalten.
Erfüllt sind Himmel und Erde
von deiner Herrlichkeit.
Hosanna in der Höhe.
Hochgelobt sei,
der da kommt im Namen des Herrn.
Hosanna in der Höhe. ► S. 539

PRÄFATION IV

Jesus, der Bruder aller

P: Der Herr sei mit euch.
G: Und mit deinem Geiste.
P: Erhebet die Herzen.

G: Wir haben sie beim Herrn.
P: Lasset uns danken dem Herrn, unserm Gott.
G: Das ist würdig und recht.

P: Wir danken dir,
treuer Gott und barmherziger Vater,
für deinen Sohn Jesus Christus,
unseren Herrn und Erlöser.
Er hatte ein Herz
für die Armen und die Kranken,
die Ausgestoßenen und die Sünder.
Den Bedrängten und den Verzweifelten
war er ein Bruder.
Sein Leben und seine Botschaft lehren uns,
dass du für deine Kinder sorgst
wie ein guter Vater
und eine liebende Mutter.

Darum rühmen wir deine Güte und Treue
und singen mit allen Engeln und Heiligen
das Lob deiner Herrlichkeit:

A: Heilig, heilig, heilig
Gott, Herr aller Mächte und Gewalten.
Erfüllt sind Himmel und Erde
von deiner Herrlichkeit.
Hosanna in der Höhe.
Hochgelobt sei,
der da kommt im Namen des Herrn.
Hosanna in der Höhe.

P: Ja, du bist heilig, großer Gott.
Du liebst die Menschen
und bist ihnen nahe.
Gepriesen sei dein Sohn,
der immer mit uns auf dem Weg ist
und uns um sich versammelt

zum Mahl der Liebe.
Wie den Jüngern (von Emmaus)
deutet er uns die Schrift
und bricht das Brot für uns.

So bitten wir dich, gütiger Vater:
Sende deinen Heiligen Geist
über die Gaben von Brot und Wein.
Er heilige sie,
damit sie uns werden Leib † und Blut
unseres Herrn Jesus Christus.

Am Abend vor seinem Leiden
nahm er beim Mahl das Brot
und sagte dir Dank,
brach das Brot,
reichte es seinen Jüngern
und sprach:

NEHMET UND ESSET ALLE DAVON:
DAS IST MEIN LEIB,
DER FÜR EUCH HINGEGEBEN WIRD.

Ebenso nahm er nach dem Mahl den Kelch,
dankte wiederum,
reichte ihn seinen Jüngern
und sprach:

NEHMET UND TRINKET ALLE DARAUS:
DAS IST DER KELCH
DES NEUEN UND EWIGEN BUNDES,
MEIN BLUT, DAS FÜR EUCH
UND FÜR ALLE VERGOSSEN WIRD
ZUR VERGEBUNG DER SÜNDEN.
TUT DIES ZU MEINEM GEDÄCHTNIS.

Geheimnis des Glaubens:

G: Deinen Tod, o Herr, verkünden wir
und deine Auferstehung preisen wir,
bis du kommst in Herrlichkeit.

P: Darum, gütiger Vater,
feiern wir das Gedächtnis deines Sohnes,
der uns erlöst hat.
Durch sein Leiden
und seinen Tod am Kreuz
hast du ihn zur Herrlichkeit
der Auferstehung geführt
und ihn erhöht zu deiner Rechten.
Wir verkünden dieses Werk deiner Liebe,
bis er wiederkommt,
und bringen dir das Brot des Lebens
und den Kelch des Segens dar.

Wir feiern das Opfer Christi,
das er uns anvertraut hat.
Er hat sich für uns hingegeben
und schenkt uns Anteil
an seinem Leib und Blut.
Wir bitten dich:
Schau gütig auf die Gabe deiner Kirche
und gib, dass wir im Geist deiner Liebe
für immer verbunden bleiben
mit ihm und untereinander.

INTERZESSION I
(wenn Präfation I gewählt wurde)

Barmherziger Gott,
erleuchte deine Kirche
(in unserem Land

und auf der ganzen Erde)
und erneuere sie durch das Evangelium.
Festige das Band der Einheit
zwischen den Gläubigen und ihren Hirten,
in der Gemeinschaft mit unserem Papst N.,
unserem Bischof N.
und allen Bischöfen.
Mache dein Volk
in unserer zerrissenen Welt
zum Werkzeug der Einheit
und des Friedens. ▶ S. 544

INTERZESSION II
(wenn Präfation II gewählt wurde)

Barmherziger Gott,
durch die Teilnahme an diesem Mahl
stärke uns in der Einheit.
Lass uns
in Gemeinschaft mit unserem Papst N.
und unserem Bischof N.,
mit allen Bischöfen, Priestern und Diakonen
und mit deinem ganzen Volk
in Vertrauen und Hoffnung
deine Wege gehen
und für alle
eine Quelle der Freude
und Zuversicht sein. ▶ S. 544

INTERZESSION III
(wenn Präfation III gewählt wurde)

Barmherziger Gott,
schenke uns

durch die Teilnahme an dieser Feier
den Geist, der uns mit Leben erfüllt.
Erneuere uns
nach dem Bild deines Sohnes.
Stärke unsere Einheit
mit deinem ganzen Volk,
mit unserem Papst N.
und unserem Bischof N.,
mit allen Bischöfen, Priestern und Diakonen
und mit allen Männern und Frauen,
die zu einem Dienst in der Kirche bestellt sind.
Lass die Gläubigen
die Zeichen der Zeit verstehen
und sich mit ganzer Kraft
für das Evangelium einsetzen.
Mache uns offen für das,
was die Menschen bewegt,
dass wir ihre Trauer und Angst,
ihre Freude und Hoffnung teilen
und als treue Zeugen der Frohen Botschaft
mit ihnen dir entgegengehen. ► S. 544

INTERZESSION IV
(wenn Präfation IV gewählt wurde)

Barmherziger Gott,
vollende deine Kirche im Glauben
und in der Liebe:
unseren Papst N. und unseren Bischof N.,
alle Bischöfe, Priester und Diakone
und das ganze Volk,
das du dir erworben hast.
Öffne unsere Augen für jede Not.
Gib uns das rechte Wort,
wenn Menschen Trost und Rat suchen.

Hilf uns zur rechten Tat,
wo Menschen uns brauchen.
Lass uns denken und handeln
nach dem Wort und Beispiel Christi.
Mache deine Kirche
zu einem Ort der Wahrheit
und der Freiheit,
des Friedens und der Gerechtigkeit,
damit die Menschen
neue Hoffnung schöpfen.

Vater, erbarme dich
unserer Brüder und Schwestern (N. und N.),
die im Frieden Christi heimgegangen sind,
und aller Verstorbenen,
deren Glauben du allein kennst.

Lass sie dein Angesicht schauen
und schenke ihnen das Leben in Fülle.
Wenn unser eigener Weg zu Ende geht,
nimm auch uns für immer bei dir auf,
und lass uns
zusammen mit der seligen Jungfrau
und Gottesmutter Maria,
mit den Aposteln und den Märtyrern
(mit dem/der heiligen N.,
mit den heiligen N. und N.)
und mit allen Heiligen
dich loben und preisen
durch unseren Herrn Jesus Christus.

DURCH IHN UND MIT IHM UND IN IHM IST DIR, GOTT, ALLMÄCHTIGER VATER, IN DER EINHEIT DES HEILIGEN GEISTES ALLE HERRLICHKEIT UND EHRE JETZT UND IN EWIGKEIT.

G: Amen.

KOMMUNION

GEBET DES HERRN

(Der Priester lädt zum Gebet des Herrn ein:)

P: Dem Wort unseres
Herrn und Erlösers
gehorsam und getreu
seiner göttlichen
Weisung wagen wir
zu sprechen:

P: Praecéptis
salutáribus móniti,
et divína institutióne
formáti, audémus
dícere:

Oder:

P: Lasset uns beten, wie der Herr uns zu beten gelehrt hat:

Oder:

P: Wir heißen Kinder Gottes und sind es. Darum beten wir voll Vertrauen:

Oder:

P: Wir haben den Geist empfangen, der uns zu Kindern Gottes macht. Darum wagen wir zu sprechen:

(Priester und Gemeinde singen oder sprechen gemeinsam:)

A: Vater unser
im Himmel,
geheiligt werde dein
Name.
Dein Reich komme.
Dein Wille geschehe, wie
im Himmel so auf Erden.
Unser tägliches Brot
gib uns heute.
Und vergib uns
unsere Schuld,

A: Pater noster,
qui es in caelis:
sanctificétur nomen
tuum;
advéniat regnum tuum;
fiat volúntas tua,
sicut in caelo, et in terra.
Panem nostrum cotidiá-
num da nobis hódie;
et dimítte nobis
débita nostra,

wie auch wir vergeben
unsern Schuldigern.
Und führe uns nicht in
Versuchung,
sondern erlöse uns
von dem Bösen.

sicut et nos dimíttimus
debitóribus nostris;
et ne nos indúcas in
tentatiónem;
sed líbera nos
a malo.

(Der Priester singt oder spricht:)

P: Erlöse uns, Herr, allmächtiger Vater, von allem Bösen und gib Frieden in unseren Tagen. Komm uns zu Hilfe mit deinem Erbarmen und bewahre uns vor Verwirrung und Sünde, damit wir voll Zuversicht das Kommen unseres Erlösers Jesus Christus erwarten.

(Die Gemeinde beschließt das Gebet mit dem Ruf:)

G: Denn dein ist das Reich
und die Kraft
und die Herrlichkeit
in Ewigkeit. Amen.

G: Quia tuum est regnum,
et potéstas,
et glória
in sáecula. Amen.

FRIEDENSGEBET

(Der Priester lädt nun mit folgenden oder ähnlichen Worten zum Friedensgebet ein:)

P: Der Herr hat zu seinen Aposteln gesagt:
Frieden hinterlasse ich euch,
meinen Frieden gebe ich euch.
Deshalb bitten wir: ▶ S. 547

In der Weihnachtszeit:

Als Christus geboren wurde,
verkündeten Engel den Frieden auf Erden.
Deshalb bitten wir:
Herr Jesus Christus, starker Gott, Friedensfürst,
▶ S. 547

In der Fastenzeit:

Christus ist unser Friede und unsere Versöhnung.
Deshalb bitten wir:
Herr Jesus Christus, ▶ unten

In der Osterzeit:

Am Ostertag trat Jesus in die Mitte seiner Jünger
und sprach den Friedensgruß.
Deshalb bitten wir:
Herr Jesus Christus,
du Sieger über Sünde und Tod, ▶ unten

Am Pfingsttag:

Unser Herr Jesus Christus
hat den Heiligen Geist gesandt,
damit er die Kirche aus allen Völkern
in Einheit und Liebe zusammenfüge.
Deshalb bitten wir:

Herr Jesus Christus,
schau nicht auf unsere Sünden,
sondern auf den Glauben deiner Kirche
und schenke ihr nach deinem Willen
Einheit und Frieden.

(Der Gemeinde zugewandt, breitet der Priester die Hände aus und singt oder spricht:)

P: Der Friede des Herrn
sei allezeit mit euch.
G: Und mit deinem Geiste.

P: Pax Dómini sit
semper vobíscum.
G: Et cum spíritu tuo.

(Der Diakon oder der Priester kann dazu auffordern, in einer den örtlichen Gewohnheiten entsprechenden Weise einander die Bereitschaft zu Frieden und Versöhnung zu bekunden, etwa:)

D/P: Gebt einander ein Zeichen
des Friedens und der Versöhnung.

BRECHUNG DES BROTES

(Der Priester bricht die Hostie über der Schale. Ein kleines Fragment der Hostie senkt er in den Kelch. Dabei spricht er leise:)

P: Das Sakrament des Leibes und Blutes Christi
schenke uns ewiges Leben.

(Inzwischen wird der Gesang zur Brechung – Agnus Dei – gesungen bzw. gesprochen:)

AGNUS DEI

A: Lamm Gottes,
du nimmst hinweg
die Sünde der Welt:
erbarme dich unser.

Lamm Gottes,
du nimmst hinweg
die Sünde der Welt:
erbarme dich unser.

Lamm Gottes,
du nimmst hinweg
die Sünde der Welt:
gib uns deinen Frieden.

A: Agnus Dei,
qui tollis
peccáta mundi:
miserére nobis.

Agnus Dei,
qui tollis
peccáta mundi:
miserére nobis.

Agnus Dei,
qui tollis
peccáta mundi:
dona nobis pacem.

(Falls die Brechung länger andauert, kann der Ruf öfter wiederholt werden. Der letzte Ruf schließt: „Gib uns deinen Frieden“ bzw. „Dona nobis pacem“.)

STILLES GEBET VOR DER KOMMUNION

(Der Priester faltet die Hände und spricht leise:)

P: Herr Jesus Christus, Sohn des lebendigen Gottes, dem Willen des Vaters gehorsam, hast du im Heiligen Geist durch deinen Tod der Welt das Leben geschenkt. Erlöse mich durch deinen Leib und dein Blut von allen Sünden und allem Bösen. Hilf mir, dass ich deine Gebote treu erfülle, und lass nicht zu, dass ich jemals von dir getrennt werde.

Oder:

P: Herr Jesus Christus, der Empfang deines Leibes und Blutes bringe mir nicht Gericht und Verdammnis, sondern Segen und Heil.

EINLADUNG ZUR KOMMUNION

(Der Priester macht eine Kniebeuge, nimmt ein Stück der Hostie, hält es über der Schale und spricht, zur Gemeinde gewandt, laut:)

P: Seht das Lamm Gottes,
das hinwegnimmt die Sünde der Welt.

(Gemeinsam mit der Gemeinde spricht er ein Mal:)

A: Herr, ich bin nicht würdig,
dass du eingehst unter mein Dach,
aber sprich nur ein Wort,
so wird meine Seele gesund.

(Der Priester kann hinzufügen:)

P: Selig, die zum Hochzeitsmahl des Lammes
geladen sind.

Oder:

P: Kostet und seht, wie gut der Herr ist.

Oder:

P: Wer von diesem Brot isst, wird in Ewigkeit leben.

(Oder einen anderen Kommunionvers aus dem Messbuch, vor allem den der Tagesmesse.)

KOMMUNIONSPENDUNG

(Zum Altar gewandt, spricht der Priester leise:)

P: Der Leib Christi schenke mir das ewige Leben.

(Dann nimmt er den Kelch und spricht leise:)

P: Das Blut Christi schenke mir das ewige Leben.

(Nachdem er Leib und Blut Christi empfangen hat, teilt er die Kommunion aus. Er zeigt jedem Kommunikanten die Hostie, indem er sie ein wenig emporhebt, und spricht:)

P: Der Leib Christi.

(Der Kommunikant antwortet:) Amen.

(In gleicher Weise teilen auch Diakon, Akolyth und Kommunionhelfer die Kommunion aus. Wird die Kommunion unter beiden Gestalten gereicht, so geschieht das in einer der dafür vorgesehenen Weisen.)

(Beim Reichen des Kelches spricht der Kommunionspender:)

Das Blut Christi.

(Der Kommunikant antwortet:) Amen.

GESANG ZUR KOMMUNION

(Während der Priester den Leib des Herrn empfängt, wird der Gesang zur Kommunion angestimmt.)

PURIFIKATION DER GEFÄSSE

(Nach der Kommunionausteilung reinigt der Priester, Diakon oder Akolyth die Hostienschale über dem Kelch und dann auch den Kelch. Unterdessen betet er still:)

P/D: Was wir mit dem Munde empfangen haben, Herr, das lass uns mit reinem Herzen aufnehmen, und diese zeitliche Speise werde uns zur Arznei der Unsterblichkeit.

(Der Priester, Diakon oder Akolyth kann die Gefäße auch nach der Messe reinigen.)

BESINNUNG UND DANKHYMNUS

(Nach der Kommunionausteilung kann der Priester an seinen Sitz zurückkehren. Auch kann man einige Zeit in stillem Gebet verweilen. Es empfiehlt sich, einen Dankpsalm oder ein Loblied zu singen.)

SCHLUSSGEBET

(Der Priester steht am Altar oder am Sitz. Er singt oder spricht:)

P: Lasset uns beten.

(Falls schon vorher Zeit zum stillen Gebet gegeben war, folgt sofort das Gebet. Der Priester breitet die Hände aus und singt oder spricht das Schlussgebet. Die Gemeinde beschließt das Gebet mit dem Ruf:)

G: Amen.

ENTLASSUNG

VERLAUTBARUNGEN

(Wenn noch kurze Verlautbarungen für die Gemeinde zu machen sind, werden sie hier eingefügt.)

SEGEN UND ENTLASSUNG

(Es folgt die Entlassung. Der Priester, zur Gemeinde gewandt, breitet die Hände aus und singt oder spricht:)

P: Der Herr sei mit euch.	P: Dóminus vobíscum.
G: Und mit deinem Geiste.	G: Et cum spíritu tuo.

(Der Priester segnet die Gemeinde, indem er singt oder spricht:)

P: Es segne euch der allmächtige Gott, der Vater und der Sohn † und der Heilige Geist.	P: Benedícat vos omnípotens Deus, Pater, et Fílius, † et Spíritus Sanctus.
G: Amen.	G: Amen.

(An bestimmten Tagen und zu bestimmten Anlässen kann der Priester statt des einfachen Segens eine feierliche Segensformel bzw. ein Gebet über die Gläubigen sprechen.)

(Der Diakon – oder der Priester selbst – singt oder spricht, zur Gemeinde gewandt, mit gefalteten Händen:)

P: Gehet hin in Frieden.	P: Ite, missa est.
G: Dank sei Gott, dem Herrn.	G: Deo grátias.

(In der Osterwoche bis zum Weißen Sonntag:)

P: Gehet hin in Frieden. Halleluja, halleluja.
G: Dank sei Gott, dem Herrn. Halleluja, halleluja.

(Wenn der Entlassungsruf gesungen wird, kann das doppelte „Halleluja" in der ganzen Osterzeit hinzugefügt werden.)

(Wie zu Beginn des Gottesdienstes küsst der Priester den Altar. Gemeinsam mit allen, die bei der Messfeier einen besonderen Dienst versehen haben, macht er die vorgesehene Ehrenbezeigung und kehrt zur Sakristei zurück.
Folgt unmittelbar auf die Messfeier eine andere liturgische Feier, endet die Messfeier mit dem Schlussgebet ohne den Schlusssegen und die Entlassung.)

Die Wort-Gottes-Feier
an Sonn- und Festtagen

**Brannte nicht unser Herz in uns,
als er unterwegs mit uns redete
und uns den Sinn der Schriften
eröffnete?**

Lk 24, 32

Aufbau der Wort-Gottes-Feier

L = Leiter/in V = Vorbeter/in A = Alle
D = Diakon K = Kantor/in GL = Gotteslob

ERÖFFNUNG

EINZUG – GESANG ZUR ERÖFFNUNG

(Vor Beginn des Einzugs kann zur Einstimmung Orgel- oder andere Instrumentalmusik gespielt werden. Beim Einzug kann von einem Lektor/einer Lektorin das Mess-Lektionar bzw. Evangeliar mitgetragen werden. Falls das Taufgedächtnis gefeiert wird, können Ministranten/Ministrantinnen auch ein Gefäß mit Wasser mittragen. Während des Einzugs wird der Gesang zur Eröffnung gesungen.)

KREUZZEICHEN – LITURGISCHER GRUSS – EINFÜHRUNG

(Am Sitz wendet sich der Leiter/die Leiterin zur Gemeinde und spricht:)

L: Im Namen des Vaters und des Sohnes
und des Heiligen Geistes. Amen.

(Alle machen das Kreuzzeichen.)

D: Gnade und Friede von Gott, unserem Vater,
und dem Herrn Jesus Christus sei mit euch.
A: Und mit deinem Geiste.

(Oder ein anderer im Messbuch vorgesehener Text.)

L: Der auferstandene Herr Jesus Christus
ist bei uns heute
und alle Tage bis in Ewigkeit.
A: Amen.

Oder:

L: Jesus Christus ist in unserer Mitte
und schenkt uns seinen Frieden.
A: Amen.

Oder:

L: Der Name des Herrn sei gepriesen.
A: Von nun an bis in Ewigkeit.

Oder:

L: Unsere Hilfe ist im Namen des Herrn.
A: Der Himmel und Erde erschaffen hat.

(Oder ein anderes geeignetes Eröffnungswort.)

[Der Leiter/die Leiterin oder jemand anderes führt nun mit folgenden oder ähnlichen Worten in die sonn-(fest-)tägliche Feier ein:]

L: Am ersten Tag der Woche, dem Sonntag, versammeln sich Christen, um Gott für Tod und Auferstehung Jesu Christi zu preisen. Auch wenn wir an diesem Sonntag nicht Eucharistie feiern können, gedenken wir beim Hören des Wortes Gottes der großen Taten, die Gott an uns Menschen getan hat und heute noch an uns tut. Ihm danken wir für die Hoffnung, die er uns im Tod und in der Auferstehung seines Sohnes geschenkt hat.

Oder:

L: Nach einer Woche, die wir unterschiedlich erlebt haben, lädt Christus uns ein, zu ihm zu kommen. Ihm halten wir unser Leben hin mit allem, was es gerade ausmacht: was uns erfreut, aber auch unsere Sorgen und unsere Schuld. Danken wir ihm für das, was gelungen ist, bitten wir ihn um Kraft für das, was uns aufgegeben ist.

Oder:

L: Gottes heilende und befreiende Liebe ist uns in den Worten und Taten Jesu Christi sichtbar geworden. Wir haben uns versammelt, um sein befreiendes Wort zu hören und seine heilsame Nähe zu erfahren.

Oder:

L: Die Heilige Schrift ist für Christen kein totes Wort. Wir glauben, dass der Herr in seinem Wort in der Gemeinde fortlebt und seine Kirche aufbaut. Christus selbst spricht zu uns und erklärt uns die Schrift, um uns Freiheit und Erlösung zu schenken. Ihm huldigen wir.

Oder:

L: Ganz verschiedene Menschen haben sich zu unserem Gottesdienst versammelt: Frauen und Männer, Alte und Junge, Menschen mit unterschiedlichen Ansichten, Meinungen und Lebenserfahrungen. Uns alle verbindet: Gott hat uns als seine Gemeinde hier zusammengerufen. Er beschenkt uns mit seinem Wort. Er stärkt uns im Glauben und in der Gemeinschaft. Er gibt uns von seinem Geist. Er ermutigt uns zum Christsein im Alltag.

Oder:

L: Es kann unterschiedliche Gründe dafür geben, dass wir jetzt hier sind. Doch gemeinsam ist unsere Zuversicht: Wir werden in dieser Feier beschenkt. Wir dürfen sehen und erfahren, dass wir als Glaubende nicht allein sind. Es wird uns Gottes Wort verkündet, wir hören, was Gott durch Christus getan hat und bis heute unter uns tut. Christus grüßen wir jetzt mit dem Ruf, mit dem ihn seit 2000 Jahren Christen begrüßen:

CHRISTUSRUFE (KYRIE-LITANEI)

(Nun können sich Anrufungen an Christus anschließen, die in der Regel gesungen werden.)

V: Herr Jesus Christus, du bist das lebendige Wort Gottes.
K: Herr, erbarme dich. *oder:* Kyrie, eleison.
A: Herr, erbarme dich. *oder:* Kyrie, eleison.

V: Dein Wort ist das Licht auf unseren Wegen.
K: Christus, erbarme dich. *oder:* Christe, eleison.
A: Christus, erbarme dich. *oder:* Christe, eleison.

V: Du hast Worte des ewigen Lebens.
K: Herr, erbarme dich. *oder:* Kyrie, eleison.
A: Herr, erbarme dich. *oder:* Kyrie, eleison.

Oder:

Kyrie-Litanei (GL 163, 1)

Oder:

(Es können auch andere Kyrie-Rufe, etwa aus dem Gotteslob, oder die in diesem Messbuch für die einzelnen Tage formulierten Kyrie-Rufe verwendet werden.)

ERÖFFNUNGSGEBET

(Der Leiter/die Leiterin lädt zum Gebet ein.)

L: Lasset uns beten.

(Nach einer kurzen Stille trägt der Leiter/die Leiterin das Eröffnungsgebet vor.
Es wird das Tagesgebet vom betreffenden Sonntag/Festtag genommen. Für die Sonntage im Jahreskreis wird eine weitere, auf das Evangelium des Tages bezogene Oration zur Wahl angeboten. Siehe jeweils „Eröffnungsgebet zur Wahl".)

VERKÜNDIGUNG DES WORTES GOTTES

ERSTE LESUNG

(An Sonn- und Festtagen sind vor dem Evangelium zwei Lesungen vorgesehen.
Die Gemeinde kann durch kurze Hinweise in die Lesungen eingeführt werden.

Der Lektor/die Lektorin holt gegebenenfalls das Mess-Lektionar, geht zum Ambo und trägt die erste Lesung vor.
Nach der Lesung soll eine kurze Stille gehalten werden.)

PSALM (GESANG)

(Der Kantor/die Kantorin trägt den vorgesehenen Antwortpsalm oder einen anderen passenden Psalm vom Ambo aus vor. Die Gemeinde antwortet mit der Antiphon/dem Kehrvers.)

ZWEITE LESUNG

(Es folgt die zweite Lesung.
Falls eine Evangelienprozession vorgesehen ist, wird das Mess-Lektionar nach der Lesung zum Kredenztisch gebracht.)

RUF VOR DEM EVANGELIUM

(Wer das Evangelium verkündet, holt das Evangeliar vom Ambo bzw. dem Platz, wo es sich befindet, und geht zusammen mit den Ministranten/Ministrantinnen, die brennende Kerzen und gegebenenfalls Weihrauch tragen, in Prozession zum Ambo. Die Gemeinde erhebt sich.
Während der Prozession wird das Halleluja oder der in der Fastenzeit vorgesehene Christusruf gesungen.)

EVANGELIUM

(Am Ambo trägt der Diakon, ein Lektor/eine Lektorin oder der Leiter/die Leiterin das Evangelium vor.)

(D: Der Herr sei mit euch.
A: Und mit deinem Geiste.)
D/L: Aus dem heiligen Evangelium nach N.
A: Ehre sei dir, o Herr.

(Wird Weihrauch verwendet, so wird nun das Buch beräuchert; dann wird das Evangelium verkündet.

Wo nach dem Evangelium ein Zuruf der Gemeinde üblich ist, wird angefügt:)

D/L: Evangelium unseres Herrn Jesus Christus.
A: Lob sei dir, Christus.

(Als Zuruf nach dem Evangelium kann auch das Halleluja bzw. in der Fastenzeit der Christusruf wiederholt und in feierlicher Mehrstimmigkeit abgeschlossen werden.)

AUSLEGUNG UND DEUTUNG

(Es folgen die Auslegung und Deutung der Schriftlesungen.)

STILLE

ANTWORT DER GEMEINDE

Aus den folgenden Elementen wird eine sinnvolle Auswahl getroffen:
- Glaubensbekenntnis
- Predigtlied
- Taufgedächtnis
- Schuldbekenntnis und Vergebungsbitte
- Segnungen, die zum Sonn-(Fest-)tag gehören

A) GLAUBENSBEKENNTNIS

(Das Apostolische oder das Große Glaubensbekenntnis wird von dem Leiter/der Leiterin zusammen mit der ganzen Gemeinde gesprochen oder gesungen.)

L: Wir sprechen das Apostolische (*oder:* Große) Glaubensbekenntnis.
A: Ich glaube an Gott … (GL 3,4/S. 487 f.)

Oder:

A: Wir glauben an den einen Gott ... (GL 586,2/S. 484 f.)

▶ FRIEDENSZEICHEN

B) PREDIGTLIED

(Schriftlesung, Auslegung und Deutung können im Predigtlied nachklingen und vertieft werden.)

▶ FRIEDENSZEICHEN

C) TAUFGEDÄCHTNIS (FORM A)

(Der Leiter/die Leiterin geht zum Taufbrunnen oder es wird ein geeignetes Gefäß mit Wasser gebracht.
Der Leiter/die Leiterin lädt mit folgenden oder ähnlichen Worten zum Taufgedächtnis ein:)

L: Das Wasser erinnert uns daran: Wir alle sind in der Taufe von Gott erwählt, sein heiliges Volk zu sein, wir alle haben teil am Priestertum seines Sohnes und sind berufen, seine großen Taten zu verkünden.

Lasset uns beten.
Gott, du Quelle des Lebens.
Du schenkst uns dein Heil in sichtbaren Zeichen.
So sei uns dieses Wasser
ein Zeichen für das neue Leben,
das du in der Taufe in uns gewirkt hast.
Erneuere in uns die Gaben deines Geistes.
Darum bitten wir durch Christus, unseren Herrn.

A: Amen.

(Nach dem Gebet wird das Wasser ausgeteilt. Zur Austeilung des Wassers kann die Gemeinde singen. Die Austeilung kann auf verschiedene Weise geschehen:
– Das Wasser wird über die Gläubigen ausgesprengt.

- *Das Wasser wird den Gläubigen gereicht; die Gläubigen bekreuzigen sich.*
- *In einer Prozession gehen die Mitfeiernden zum Taufort, nehmen vom Wasser im Taufbrunnen und bekreuzigen sich damit. Der Leiter/die Leiterin kann auch den Einzelnen mit dem Wasser ein Kreuz auf die Stirn zeichnen.)*

► FRIEDENSZEICHEN

D) SCHULDBEKENNTNIS UND VERGEBUNGSBITTE

(Der Leiter/die Leiterin lädt die Gemeinde mit folgenden oder ähnlichen Worten zum Schuldbekenntnis ein. In der Einleitung kann auch ein Wort aus dem Evangelium aufgegriffen werden.)

L: Schwestern und Brüder,
das Wort Gottes hat unser Gewissen erleuchtet.
Es ist wirksam,
es vermag die Gedanken des Herzens zu richten.
Alles liegt offen vor den Augen Gottes.
Besinnen wir uns auf unser Versagen
und bekennen wir unsere Schuld.

(Nach einer kurzen Stille sprechen alle gemeinsam das Schuldbekenntnis:)

A: Ich bekenne Gott, dem Allmächtigen,
und allen Brüdern und Schwestern,
dass ich Gutes unterlassen
und Böses getan habe
– ich habe gesündigt
in Gedanken, Worten und Werken –

(alle schlagen an die Brust)

durch meine Schuld, durch meine Schuld,
durch meine große Schuld.

Darum bitte ich die selige Jungfrau Maria,
alle Engel und Heiligen
und euch, Brüder und Schwestern,
für mich zu beten bei Gott, unserem Herrn.

Oder:

L: Wir haben Gottes Wort gehört.
Es ist für uns Rettung und Heil.
Vor Gott und unseren Schwestern und Brüdern
wollen wir bekennen, dass wir gesündigt haben.

(Stille)

A: Ich bekenne …

Oder:

L: Das Wort Gottes hat unser Gewissen erleuchtet;
es lädt uns ein, umzukehren zum Herrn.
Es drängt uns, ihm zu bekennen:

(Stille)

A: Ich bekenne …

Oder:

L: Gott hat uns im Wort der Schrift
seinen Willen kundgetan.
Vor diesem Wort prüfen wir uns
und bitten den Herrn um Vergebung unserer Schuld.

(Stille)

A: Ich bekenne …

Oder:

L: Jesus Christus ist nicht gekommen, um zu richten,
sondern zu suchen, was verloren ist,
und zu befreien, was in Schuld und Angst gefangen liegt,
um uns zu retten, wenn unser Herz uns anklagt.
So wollen wir vertrauensvoll vor Gott
und voreinander bekennen,
dass wir gesündigt haben.

Oder:

L: Schwestern und Brüder,
das Wort Gottes hat uns gestärkt und ermutigt.
Es lässt uns aber auch unser Versagen
und unsere Schuld erkennen.
Im Vertrauen auf die Güte des Herrn rufen wir:

L: Erbarme dich, Herr, unser Gott, erbarme dich.
A: Denn wir haben vor dir gesündigt.
L: Erweise uns, Herr, deine Huld.
A: Und schenke uns dein Heil.

Oder: Psalm 130 (GL 639)

L: Der allmächtige Gott erbarme sich unser.
Er lasse uns die Sünden nach
und führe uns zum ewigen Leben.
A: Amen.

► FRIEDENSZEICHEN

E) SEGNUNGEN, DIE ZUM SONN-(FEST-)TAG GEHÖREN

(Anrufungen und Segensgebet werden aus der jeweiligen Ordnung des Benediktionale für die katholischen Bistümer des deutschen Sprachgebietes übernommen. Gegebenenfalls können auch Weihwasser und Weihrauch verwendet werden. Bei der Segnung von Personen kann diesen ein Kreuz auf die Stirn gezeichnet werden.)

FRIEDENSZEICHEN

(Der Leiter/die Leiterin lädt zum Friedensgruß mit folgenden oder ähnlichen Worten ein:)

L: Jesus Christus ist unser Friede und unsere Versöhnung.
Friede mit ihm ist die Quelle des Friedens
unter uns Menschen.
Geben wir einander ein Zeichen dieses Friedens.

Oder:

L: Der auferstandene Herr hat uns
seinen Frieden zugesprochen.
Deshalb gilt auch für uns die Aufforderung:
In euren Herzen herrsche der Friede Christi,
dazu seid ihr berufen als Glieder eines Leibes.
Geben wir einander ein Zeichen dieses Friedens.

(Es kann ein Friedenslied gesungen werden.)

KOLLEKTE (SAMMLUNG DER GABEN)

(Auf die Verwendung der Kollekte kann mit folgenden oder ähnlichen Worten hingewiesen werden:)

L: Die Verbundenheit, die wir im Friedensgruß bekundet haben, geht über unsere Gemeinde hinaus. Dies wird auch in unserer Kollekte sichtbar, die heute bestimmt ist für …

(Zur Kollekte wird ein Lied gesungen oder Instrumentalmusik gespielt.)

LOBPREIS UND BITTE

SONN-(FEST-)TÄGLICHER LOBPREIS

(Am Sitz lädt der Leiter/die Leiterin zum Lobpreis ein. Die Gemeinde erhebt sich.)

L: Schwestern und Brüder,
Gott hat zu uns gesprochen in den heiligen Schriften.
Wir haben sein Wort gehört.
Im Sonntäglichen Lobpreis (*oder:* Festtäglichen Lobpreis)
geben wir ihm Antwort.
Wir vereinen uns mit allen auf der Erde,
die heute den Tag des Herrn feiern, und beten:

Oder:

L: Lasst uns einstimmen in den Sonntäglichen Lobpreis (*oder:* Festtäglichen Lobpreis).

Oder:

L: Kommt, lasst uns den Herrn loben und preisen.

(Stille)

A. LOBPREIS UND DANK FÜR DAS GESCHENK DES SONNTAGS

„Das ist der Tag, den der Herr gemacht“

T: nach Lk 2,14 M: Heino Schubert

Oder:

T u. M: Franz Forsthuber

Oder:

Das ist der Tag, den der Herr gemacht (GL 66, 1 / 335)
Jubelt dem Herrn alle Lande (GL 643, 3)
Auf, lasst uns jubeln dem Herrn (GL 141)

L: Gepriesen bist du, Schöpfer der Welt:
Am Sonntag gedenken wir deiner Güte,
mit der du Himmel und Erde erschaffen hast.
Du bist die Quelle und der Ursprung allen Lebens.
Du hast am siebten Tag geruht von deinem Werk;
du lädst auch uns nach den Tagen der Arbeit ein,
an deiner schöpferischen Ruhe teilzuhaben.
Du willst, dass wir das Leben feiern,
das du uns immerfort schenkst.
Du lässt uns ausruhen von Mühe und Hast
und aufatmen im Blick auf deine Treue
zu uns und allen Geschöpfen.

K/A: Ehre Gott in der Höhe (siehe S. 566)

Oder:

K/A: Dir sei Preis und Dank und Ehre! (siehe S. 566)

L: Gepriesen bist du, Gott, für den Tag,
an dem du Christus, deinen Sohn, aus dem Tod erweckt
und zur Sonne des Heils gemacht hast.
Am Sonntag sammelst du deine Gemeinde um ihn
und stellst sie in das Licht seiner Liebe.
Am Sonntag erneuerst du den Bund der Treue,
den du mit uns geschlossen hast
in Christi Tod und Auferstehung.
Christus, dein Sohn, tritt in unsere Mitte:
Er bringt uns deine Versöhnung und deinen Frieden.
Er schenkt uns immer neu seinen Heiligen Geist,
der uns das Herz aufschließt
für das Geheimnis deiner Liebe
und uns den Mund auftut zum Lob deiner großen Taten,
die du für uns und alle Welt vollbracht hast.

K/A: Ehre Gott in der Höhe (siehe S. 566)

Oder:

K/A: Dir sei Preis und Dank und Ehre! (siehe S. 566)

L: Gepriesen bist du, Vater, für den Tag,
an dem wir die lebendige Hoffnung feiern,
zu der du die Welt berufen hast
durch die Auferweckung deines Sohnes.
Sie ist uns Unterpfand der kommenden Vollendung,
die wir mit der ganzen Schöpfung
(voll Sehnsucht) erwarten.
Dein Sohn hat Sünde, Leid und Tod besiegt.
Er lässt uns in dieser Feier
den Geschmack der Hoffnung verkosten:
dass deine Liebe stärker ist als alle Mächte des Todes
und deine Herrschaft des Erbarmens sich durchsetzt
in dieser Welt voll Unrecht und Gewalt.

K/A: Ehre Gott in der Höhe (siehe S. 566)

Oder:

K/A: Dir sei Preis und Dank und Ehre! (siehe S. 566)

L: Gepriesen bist du, Freund unseres Lebens,
für das Geschenk des (dieses) Sonntags.
Wir heißen ihn an diesem Morgen (Abend)
dankbar willkommen.
Befreie uns aus aller Enge und Hast,
und lass uns aufatmen in deiner Liebe.
Wir preisen dich mit deinem Sohn im Heiligen Geist
und stimmen freudig ein
in das Lied der himmlischen Chöre,
die das Lob deiner Herrlichkeit singen:

▶ HYMNUS

[Weitere Texte für den sonn-(fest-)täglichen Lobpreis (Form B–G) siehe S. 576 ff.]

HYMNUS

[An den Festtagen und an den Sonntagen außerhalb der Advents- und Fastenzeit schließt der Hymnus „Ehre sei Gott in der Höhe" (Gloria-Hymnus) den Lobpreis ab. In der Advents- und Fastenzeit

schließt der Lobpreis mit einem anderen Hymnus, beispielsweise: „Dir gebührt unser Lob".]

FÜRBITTEN (ALLGEMEINES GEBET)

(Nach dem Hymnus folgen die Fürbitten. Es sollte in der Regel gebetet werden für die Anliegen der Weltkirche und der Ortsgemeinde, die Regierenden, die Notleidenden, alle Menschen und das Heil der ganzen Welt, ausdrücklich auch für den Papst und den Diözesanbischof. Es ist sinnvoll, regelmäßig darum zu beten, dass die Gemeinde wieder gemeinsam die Eucharistie feiern kann. Der Leiter/die Leiterin spricht die Einleitung. Die einzelnen Anliegen werden von verschiedenen Gemeindegliedern vorgetragen. Dabei sollte eine ausreichende Zeit der Stille gegeben werden, damit auch für eigene Anliegen gebetet werden kann. Die Antwort der Gemeinde kann gesungen werden. Der Leiter/die Leiterin lädt nach der letzten Bitte sogleich zum Vaterunser ein.)

VATERUNSER

(Der Leiter/die Leiterin lädt zum gemeinsamen Gebet des Vaterunsers ein:)

L: Wir heißen Kinder Gottes und sind es.
Darum beten wir voll Vertrauen:

Oder:

L: Lasst uns beten,
wie der Herr uns zu beten gelehrt hat:

Oder:

L: Wir haben den Geist empfangen,
der uns zu Kindern Gottes macht.
Darum wagen wir zu sprechen:

A: Vater unser im Himmel,
geheiligt werde dein Name.
Dein Reich komme.

Dein Wille geschehe,
wie im Himmel so auf Erden.
Unser tägliches Brot gib uns heute.
Und vergib uns unsere Schuld,
wie auch wir vergeben unsern Schuldigern.
Und führe uns nicht in Versuchung,
sondern erlöse uns von dem Bösen.
Denn dein ist das Reich und die Kraft
und die Herrlichkeit in Ewigkeit.
Amen.

LOBLIED/DANKLIED

(An dieser Stelle kann ein Loblied, ein Danklied oder ein der Kirchenjahreszeit entsprechendes Lied gesungen werden.)

ABSCHLUSS

MITTEILUNGEN

(An dieser Stelle kann auf Gottesdienste und Veranstaltungen der Gemeinde an den kommenden Tagen hingewiesen oder anderes bekannt gemacht werden.)

SEGENSBITTE

(Leitet ein Diakon die Feier, so erteilt er am Sitz den Segen in der für ihn vorgesehenen Weise. Leitet ein Beauftragter Laie die Feier, so kann die Segensbitte in folgender oder ähnlicher Weise erfolgen:)

L: Der Herr segne uns und behüte uns.
Der Herr lasse sein Angesicht über uns leuchten
und sei uns gnädig.
Der Herr wende uns sein Angesicht zu
und schenke uns seinen Frieden.

A: Amen.

Oder:

L: Der Vater schenke uns seine Liebe.
A: Amen.
L: Der Sohn erfülle uns mit seinem Leben.
A: Amen.
L: Der Heilige Geist stärke uns mit seiner Kraft.
A: Amen.

(Die Segensbitte schließt mit den Worten:)

L: Und der Segen des allmächtigen Gottes,
des Vaters und des Sohnes und des Heiligen Geistes
komme auf uns herab und bleibe bei uns allezeit.

(Währenddessen machen alle das Kreuzzeichen.)

A: Amen.

ENTLASSUNG

D: Gehet hin in Frieden.
A: Dank sei Gott, dem Herrn.

L: Singet Lob und Preis.
A: Dank sei Gott, dem Herrn.

(ABENDLIED/MORGENLIED/MARIENLIED)

(Zum Abschluss kann gegebenenfalls ein Abend- oder Morgenlied oder ein Marienlied gesungen werden.)

AUSZUG

(Der Auszug findet in derselben Ordnung statt wie der Einzug. Er kann mit Orgel- oder anderer Instrumentalmusik begleitet werden.)

AUSTEILUNG UND EMPFANG DER KOMMUNION

(Die Wort-Gottes-Feier folgt bis einschließlich der Fürbitten der oben aufgeführten Ordnung. Die Fürbitten werden jedoch in diesem Fall vom Leiter/von der Leiterin durch ein Lobgebet abgeschlossen. Die Austeilung der Kommunion schließt sich nach dem folgenden Modell an.)

HINWEIS AUF DIE EUCHARISTISCHE GEMEINSCHAFT

(Der Leiter/die Leiterin verweist am Sitz mit folgenden oder ähnlichen Worten auf die eucharistische Tischgemeinschaft:)

L: Wir haben die Gegenwart
unseres Herrn Jesus Christus erfahren
in der Verkündigung seines Wortes.
Das eucharistische Brot, das uns jetzt geschenkt wird,*
verbindet uns mit der Eucharistiefeier,
die wir am vergangenen Sonntag
(in der vergangenen Woche, im vergangenen Monat,
am Fest …)
hier zuletzt gefeiert haben.

(Oder:
*verbindet uns mit der Eucharistiefeier,
die heute in unserer Nachbargemeinde gefeiert wurde.)

Die bleibende Gegenwart des Herrn im eucharistischen Brot ist uns kostbares Gut, das den Glauben nährt, die Hoffnung stärkt und die Gemeinschaft mit unserem Herrn Jesus Christus festigt.

BEREITUNG DES ALTARES – ÜBERTRAGUNG DES ALLERHEILIGSTEN

(Ein Ministrant/eine Ministrantin breitet das Korporale auf dem Altar aus.
Die Gemeinde kniet.

Während der Übertragung wird ein Christus- oder ein Sakramentslied gesungen.)

STILLE ANBETUNG

(Nach der Übertragung lädt der Leiter/die Leiterin zur stillen Anbetung ein und kniet zusammen mit den anderen liturgischen Diensten vor dem Altar nieder.)

VATERUNSER

(Die Gemeinde erhebt sich. Der Leiter/die Leiterin lädt zum Gebet des Herrn ein.)

L: Lasst uns beten,
wie der Herr uns zu beten gelehrt hat:

(Alle singen oder sprechen gemeinsam:)

A: Vater unser im Himmel,
geheiligt werde dein Name.
Dein Reich komme.
Dein Wille geschehe,
wie im Himmel so auf Erden.
Unser tägliches Brot gib uns heute.
Und vergib uns unsere Schuld,
wie auch wir vergeben unsern Schuldigern.
Und führe uns nicht in Versuchung,
sondern erlöse uns von dem Bösen.
Denn dein ist das Reich und die Kraft
und die Herrlichkeit in Ewigkeit.
Amen.

EINLADUNG ZUR KOMMUNION – KOMMUNION

(Der Leiter/die Leiterin macht vor dem Altar eine Kniebeuge, nimmt eine Hostie, hält sie über der Hostienschale und spricht der Gemeinde zugewandt:)

L: Seht das Lamm Gottes,
das hinwegnimmt die Sünde der Welt.
A: Herr, ich bin nicht würdig,
dass du eingehst unter mein Dach,
aber sprich nur ein Wort,
so wird meine Seele gesund.

(Dann teilt der Leiter/die Leiterin die Kommunion an die anderen Kommunionhelfer/Kommunionhelferinnen aus und empfängt selbst die Kommunion. Anschließend wird die Kommunion in der gewohnten Weise an die Gemeinde ausgeteilt.)

(Leiter/in oder Kommunionhelfer/in:)

Der Leib Christi.

(Kommunizierende/r:)

Amen.

(Während der Kommunionausteilung kann Orgel- oder andere Instrumentalmusik gespielt werden. Es kann auch ein geeigneter Wechselgesang gewählt oder Stille gehalten werden.
Die Schale/n mit den nach der Kommunionausteilung verbliebenen Hostien wird/werden in den Tabernakel zurückgestellt. Die leeren Gefäße werden zur Kredenz gebracht und – nach dem Gottesdienst – gereinigt.)

STILLE – DANKLIED

(Nach einer angemessenen Zeit der Stille kann ein geeignetes Danklied gesungen werden.)

SCHLUSSGEBET

(Der Leiter/die Leiterin spricht am Sitz das folgende oder ein anderes Schlussgebet; siehe S. 588 ff.)

L: Lasset uns beten.

(Nach einer kurzen Stille trägt der Leiter/die Leiterin das Schlussgebet vor.)

L: Barmherziger Gott,
du hast uns gestärkt durch das lebendige Brot,
das vom Himmel kommt.
Deine Liebe,
die wir in der heiligen Speise empfangen haben,
mache uns bereit,
dir in unseren Schwestern und Brüdern zu dienen.
Darum bitten wir durch Christus, unseren Herrn.
A: Amen.

(Die Feier wird in der Weise abgeschlossen, wie es auf S. 571 f. vorgesehen ist.)

Auswahlelemente

AUSWAHLELEMENTE

SONNTÄGLICHER LOBPREIS

B. LOBPREIS DES DREIEINIGEN GOTTES

„Preist den dreieinigen Gott, den Vater, den Sohn
und den Heiligen Geist“

(Die folgende Akklamation wird beim ersten Mal vorgesungen und dann von allen wiederholt.)

K/A: Dir sei Preis und Dank und Ehre! (siehe S. 566)

L: Gepriesen bist du, Herr, unser Gott,
für das Leben, das du geschaffen hast.
Die ganze Welt hältst du in der Hand,
und wir dürfen dich unseren Vater nennen.

A: Dir sei Preis und Dank und Ehre! (siehe S. 566)

L: Wir danken dir für deinen Sohn Jesus Christus,
unseren Herrn und Bruder.
Durch ihn wurde deine Güte
in menschlicher Gestalt sichtbar.
In seinem Tod und seiner Auferstehung
hast du uns erlöst
und bleibende Hoffnung geschenkt.
Er ist das Wort, das uns den Weg weist,
er ist die Wahrheit, die uns frei macht.

A: Dir sei Preis und Dank und Ehre! (siehe S. 566)

L: Wir preisen dich für den Heiligen Geist,
der uns zusammenführt und als Kirche eint.
Aus seiner Fülle haben wir empfangen,
aus seiner Kraft dürfen wir leben.

A: Dir sei Preis und Dank und Ehre! (siehe S. 566)

L: Wir danken dir für alle,
die den Weg mit uns gemeinsam gehen

und ihr Leben mit uns teilen.
Für alle, die bei uns bleiben in Stunden der Freude,
aber auch in Stunden der Not und der Angst.

A: Dir sei Preis und Dank und Ehre! (siehe S. 566)

L: Wir preisen dich, Herr, unser Gott,
durch ihn, Jesus Christus, deinen Sohn,
im Heiligen Geist
und stimmen ein in den Lobgesang
der himmlischen Chöre:

▶ HYMNUS

C. LOBPREIS UND DANK FÜR SCHÖPFUNG UND NEUSCHÖPFUNG

„Gott ruft sein Volk zusammen“

(Die folgende Akklamation wird beim ersten Mal vorgesungen und dann von allen wiederholt. Anstelle der gesungenen Akklamation kann der folgende Ruf auch jeweils gesprochen werden.)

(Kantor/in oder Leiter/in:)

K: Wir loben dich, wir preisen dich, wir beten dich an. (nach GL 131)
A: Wir loben dich, wir preisen dich, wir beten dich an.

L: Gepriesen bist du, Herr, unser Gott,
für die Gabe des ersten Tages der Woche.
Dies ist der Tag,
an dem du das Werk der Schöpfung begonnen hast,
indem du Licht und Finsternis trenntest.
Dies ist der Tag,
an dem du durch die Auferweckung deines Sohnes
mitten in der alten Schöpfung
die neue Schöpfung schon begonnen hast.
Dies ist der Tag
der Ruhe und Unterbrechung,
den du uns allen am Berg Sinai
durch dein Sabbatgebot geschenkt hast.

Denn du hast uns deinem geliebten Volk Israel
im Neuen Bunde zugesellt.
So halten auch wir einen Tag der Woche für dich frei.
Wie dein Volk Israel
sehnen wir uns nach der Erfüllung deiner Verheißungen.
Wir vereinen uns mit allen, die deinen Namen kennen,
und rufen:

K/A: Wir loben dich, wir preisen dich,
wir beten dich an.

L: Als die Zeit ihre Fülle erreicht hatte,
hast du uns Jesus, den Christus, geschenkt,
dein ewiges, nun sichtbares und Leben schaffendes Wort.
Seiner vor allem gedenken wir am Sonntag.
Es ist der Tag,
an dem er den Geist
auf die im Saal Versammelten sandte
und so deine Kirche schuf.
Als deine Gemeinde (von …)
sind wir versammelt
(in der Ortskirche/im Bistum von …),
um auf deinen Sohn zu hören
und ihm im Glauben zu folgen.

(An dieser Stelle kann entsprechend der Zeit im Kirchenjahr einer der folgenden Einschübe eingefügt werden:)

Sonntage im Jahreskreis:

Sein Wort ist Frohe Botschaft.
Seine Taten zeugen von Barmherzigkeit
und Gerechtigkeit.
Sein Leiden und Tod machen Solidarität
und Wahrheit offenbar.
Seine Auferstehung kündet von einer Liebe,
die kein Hass zerstören kann.

► S. 580

Oder:

Er hat Großes an uns getan:
Durch seinen Tod und seine Auferstehung
hat er uns von der Sünde
und von der Knechtschaft des Todes befreit
und neues Leben geschenkt.
In ihm sind wir ein auserwähltes Geschlecht,
dein heiliges Volk, dein königliches Priestertum.

▶ S. 580

Oder:

Er hat den Armen eine gute Nachricht gebracht,
den Gefangenen die Entlassung verkündet,
Blinden das Augenlicht geschenkt,
Tauben die Ohren geöffnet,
Aussätzige rein gemacht
und Tote zum Leben gerufen.

▶ S. 580

Sonntage im Advent:

Ihn hast du der Menschheit als Erlöser verheißen.
Seine Wahrheit leuchtet den Suchenden,
seine Kraft stärkt die Schwachen,
seine Barmherzigkeit bringt den Sündern Vergebung.
Er ist der Heiland der Welt,
den du gesandt hast in Treue zu deinem Wort.

▶ S. 580

Sonntage in der Weihnachtszeit:

Er ist Mensch geworden
und hat der Welt Rettung und Licht gebracht.
Er heilt die Wunden der Schöpfung,
richtet auf, was gebeugt ist und darniederliegt,
er ruft die Menschen ins Reich deines Friedens.

▶ S. 580

Sonntage in der Österlichen Bußzeit:

Er hat Erbarmen mit uns Menschen.
Sein Wort ruft uns zu Umkehr und Buße.
Seine Botschaft schenkt uns Hoffnung und Vergebung.
Seine Taten eröffnen Heil und Leben.

▶ unten

Sonntage in der Osterzeit:

Er hat den Tod besiegt und
durch seine Auferstehung das Leben neu geschaffen.
Er schenkt uns Hoffnung,
die dem Leben Licht
und im Sterben Halt schenkt.

K/A: Wir loben dich, wir preisen dich,
wir beten dich an.

L: Als die Gemeinde Jesu Christi,
die er aus der Zerstreuung und Vereinzelung sammelt,
folgen wir ihm auf seinem Weg durch die Zeit.
In ihm geschwisterlich verbunden,
teilen wir die Sorgen und Nöte,
die Hoffnungen und Freuden aller Menschen guten Willens.
Sie stehen vor uns an diesem Tag,
und im Geist Christi beten wir.
Wir bitten dich, Gott, um den Heiligen Geist,
den Tröster und Befreier,
den Atem und Wind.
Als deine heilige Versammlung rufen wir:

K: Sende aus deinen Geist,
und das Antlitz der Erde wird neu. (GL 645,3)
A: Sende aus deinen Geist,
und das Antlitz der Erde wird neu.

L: Wir feiern (diesen …) Sonntag.
Du hast uns heute zusammengerufen,

dass wir dein Wort hören
und dir das Lob singen konnten.
(Das Brot zu brechen, ist uns nicht gegeben,
doch deine Nähe ist uns zugesagt.)
Herr, es ist die Kirche,
die Jesus als dein Volk aus allen Völkern gesammelt hat.
Als seine Kirche halten wir Ausschau
nach seinem endgültigen Kommen.
Mit allen, die den Weg auf dein Reich hin gehen,
geben wir dir, Gott, die Ehre.

▶ HYMNUS

D. LOBPREIS UND DANK FÜR JESUS CHRISTUS

„Jesus Christus ist der Herr zur Ehre Gottes des Vaters“

(Die folgende Akklamation wird beim ersten Mal vorgesungen und dann von allen wiederholt. Anstelle der gesungenen Akklamation kann der folgende Ruf auch jeweils gesprochen werden.)

(Kantor/in oder Leiter/in:)

M: Walter Röder / Rechte: Christophorus, Freiburg

L: Menschenfreundlicher Gott,
Vater unseres Herrn Jesus Christus,
so sehr hast du die Welt geliebt,
dass du uns deinen einzigen Sohn gabst,
damit jeder, der an ihn glaubt,

nicht zugrunde geht,
sondern das ewige Leben hat.

A: Jesus Christus ist der Herr zur Ehre Gottes des Vaters.

L: Wir preisen dich, Vater,
für die Menschwerdung deines Sohnes,
für seine Geburt aus der Jungfrau Maria,
für sein Leben in unserer Mitte.

A: Jesus Christus ist der Herr zur Ehre Gottes des Vaters.

L: Wir preisen dich, Vater,
für Jesu Leben in Nazaret,
für die Offenbarung deines Sohnes am Jordan,
für seinen Sieg über den Versucher in der Wüste.

A: Jesus Christus ist der Herr zur Ehre Gottes des Vaters.

L: Wir preisen dich, Vater,
für jedes Wort aus dem Munde Jesu,
für sein heilendes Wirken,
für die Zeichen seiner Herrlichkeit.

A: Jesus Christus ist der Herr zur Ehre Gottes des Vaters.

L: Wir preisen dich, Vater,
für das Abendmahl deines Sohnes,
für sein Leiden und Sterben,
für seine Grabesruhe
und seine Auferstehung.

A: Jesus Christus ist der Herr zur Ehre Gottes des Vaters.

L: Wir preisen dich, Vater,
für alle Macht,
die du Christus gegeben hast,
im Himmel und auf Erden,
für seine Auffahrt zu dir,
für die Sendung des Heiligen Geistes.

A: Jesus Christus ist der Herr zur Ehre Gottes des Vaters.

L: Wir preisen dich, Vater,
dass dein Sohn uns nicht allein lässt;
dass er gegenwärtig ist,
wo zwei oder drei
in seinem Namen versammelt sind;
dass er alle Tage bei uns ist
bis zum Ende der Welt.

A: Jesus Christus ist der Herr zur Ehre Gottes des Vaters.

L: Wir preisen dich, Vater,
Herr des Himmels und der Erde,
in Dankbarkeit, in Ehrfurcht und in Liebe
durch deinen Sohn im Heiligen Geist
und stimmen ein in das Loblied der himmlischen Chöre:

▶ HYMNUS

E. LOBPREIS UND DANK FÜR GOTTES WIRKEN

„Durch ihn und auf ihn hin ist alles geschaffen“

(Die folgende Akklamation wird beim ersten Mal vorgesungen und dann von allen wiederholt. Anstelle der gesungenen Akklamation kann der folgende Ruf auch jeweils gesprochen werden.)

(Kantor/in oder Leiter/in:)

K: Lobet den Herrn, preist seine Huld und Treue. (GL 401)
A: Lobet den Herrn, preist seine Huld und Treue.

L: Gepriesen bist du, Herr, unser Gott.
Alles, was du geschaffen hast, ist gut.

A: Lobet den Herrn, preist seine Huld und Treue.

L: Die Welt kündet deine Weisheit und Größe.
Der Mensch kann dich erkennen und dir dienen.

A: Lobet den Herrn, preist seine Huld und Treue.

L: Du lässt uns in der Sorge um die Welt nicht allein.
In Jesus Christus ist uns deine Liebe erschienen.

A: Lobet den Herrn, preist seine Huld und Treue.

L: Auf ihn hin ist alles geschaffen;
er schenkt uns die Fülle des Lebens.

A: Lobet den Herrn, preist seine Huld und Treue.

L: Er heilt die Wunden der Schöpfung
und gibt uns unzerstörbare Hoffnung.

A: Lobet den Herrn, preist seine Huld und Treue.

L: Er ist der Anfang einer neuen Schöpfung;
durch ihn willst du die Welt vollenden.

A: Lobet den Herrn, preist seine Huld und Treue.

L: Gepriesen bist du, Herr, unser Gott,
durch ihn, Jesus Christus, deinen Sohn.
Im Heiligen Geist versammelt, stimmen wir ein
in den Lobgesang der himmlischen Chöre:

▶ HYMNUS

F. LOBPREIS UND DANK FÜR GOTTES WORT

„Dein Wort, o Herr, geleitet uns“

(Die folgende Akklamation wird beim ersten Mal vorgesungen und dann von allen wiederholt. Anstelle der gesungenen Akklamation kann der folgende Ruf auch jeweils gesprochen werden.)

(Kantor/in oder Leiter/in:)

K: Dein Wort ist Licht und Wahrheit;
es leuchtet mir auf all meinen Wegen. (GL 630,4)
A: Dein Wort ist Licht und Wahrheit;
es leuchtet mir auf all meinen Wegen.

L: Gott, unser Vater,
wir leben nicht vom Brot allein,
sondern von jedem Wort
aus deinem Munde.
Denn durch dein Wort

hast du die Welt erschaffen;
durch dein Wort hast du alles ins Leben gerufen.

A: Dein Wort ist Licht und Wahrheit;
es leuchtet mir auf all meinen Wegen.

L: Auf dein Wort hast du den Bund
mit Israel gegründet.
Du hast Mose
das Wort deiner Treue anvertraut
als Halt und Weisung für dein Volk,
als Kraft und Stärke für dein Erbe.

A: Dein Wort ist Licht und Wahrheit;
es leuchtet mir auf all meinen Wegen.

L: Du hast die Propheten berufen
als Künder deiner Liebe.
Durch dein Wort mahnten sie das Volk
zu Umkehr und Buße,
sagten an dein Gericht,
spendeten Trost in Not und Bedrängnis.

A: Dein Wort ist Licht und Wahrheit;
es leuchtet mir auf all meinen Wegen.

L: Dein Wort hat Israels Sänger bewegt
und sie erfüllt mit dem Geist des Gebetes.
Deine Weisheit haben sie bekundet,
uns gelehrt, deinen Namen zu preisen.

A: Dein Wort ist Licht und Wahrheit;
es leuchtet mir auf all meinen Wegen.

L: In der Fülle der Zeiten
hast du deinen Sohn gesandt:
das ewige Wort am Herzen des Vaters.
Gnade und Wahrheit kamen durch ihn.
Geist und Leben sind seine Worte.

A: Dein Wort ist Licht und Wahrheit;
es leuchtet mir auf all meinen Wegen.

L: Um das Werk deines Sohnes zu vollenden,
hast du den Heiligen Geist ausgegossen,
damit er uns alles lehre
und uns stärke
zum Zeugnis des Glaubens.

A: Dein Wort ist Licht und Wahrheit;
es leuchtet mir auf all meinen Wegen.

L: Wir preisen dich für dein Wort
und danken dir für dein Wirken.
Ja, dir gebührt unser Lob,
dir unser rühmendes Lied:

► HYMNUS

G. LOBPREIS UND DANK FÜR DEN SONNTAG

„Dankt unserm Gott, lobsinget ihm“

L: Schwestern und Brüder,
wir sind im Namen Jesu versammelt.
Er ist in unserer Mitte.
Er ist unser Mittler bei Gott.
Deshalb beten wir:

(Stille)

L: Allmächtiger Gott,
den Sabbat hast du geheiligt
als Tag des Lobes und Dankes
für das Werk deiner Schöpfung.
Der Mensch soll ausruhen von der Arbeit,
dein Wort hören und deinen Namen preisen.
Dankbar erheben wir unsere Stimme:

T: Liturgie / M: Erhard Quack

(In der österlichen Bußzeit:)
Danket dem Herrn, denn er ist gütig,
denn seine Huld währt ewig. (GL 558,1)

L: Den Sonntag hast du uns geschenkt,
damit wir uns freuen
und deines geliebten Sohnes gedenken.
Er kam in die Welt als dein Wort.
Er lebte mit den Menschen.
Sie überlieferten ihn dem Tod.
Du aber hast ihn gerettet.
Darum feiern wir diesen Tag
und gedenken seiner Auferstehung:

K/A: Dank sei Gott, Halleluja.

L: In Christus hast du alle Menschen berufen,
dein auserwähltes Volk zu werden.
Von dir geliebt, schreitet es durch die Zeit,
zur ewigen Vollendung hin,
um dich für immer zu schauen und zu loben:

K/A: Dank sei Gott, Halleluja.

L: Ja, dieser Tag ist ein Geschenk deiner Liebe.
Darum loben und preisen wir dich,
beten wir dich an und danken dir
durch Jesus Christus im Heiligen Geist
und vereinen uns mit den Chören des Himmels
zu deinem Lobgesang:

▶ HYMNUS

SCHLUSSGEBETE

(Wenn die Wort-Gottes-Feier mit einer Kommunionfeier verbunden wird, kann das Schlussgebet aus den folgenden Texten gewählt werden.)

SCHLUSSGEBET 1

Gott, unser himmlischer Vater,
du schenkst Vergebung und Frieden.
Bleib bei uns auf dem Weg.
Lass uns Sorge tragen für alle, die uns brauchen,
und wo Unrecht deinem Reich entgegensteht,
lass uns Verzeihung üben
durch Jesus Christus, unseren Herrn.

SCHLUSSGEBET 2

Gott,
du bist reich an Liebe und Güte.
Wie eine Mutter für ihre Kinder sorgt,
so bist du uns zugetan.
Begleite uns in dieser Woche,
dass wir deinen Namen
in Wort und Tat verherrlichen
durch Jesus Christus, unseren Herrn.

SCHLUSSGEBET 3

Gott, Spender aller Gaben!
Du hast uns bewirtet
mit deinem Wort und dem Brot des Lebens.
Gib uns ein wachsames Herz,
damit wir dich erkennen in allem,
was uns im Alltag begegnet.
Darum bitten wir
durch Jesus Christus, unseren Herrn.

SCHLUSSGEBET 4

Gott, Urgrund unseres Seins!
Wir danken dir für Jesus, deinen Sohn,
unseren Herrn und Bruder.
Er sei unsere Stärke,
wenn wir dich, den Verborgenen, suchen.
Er sei unsere Kraft,
wenn wir auf seinen Spuren durchs Leben gehen.
Darum bitten wir durch ihn,
Jesus Christus, unseren Herrn.

SCHLUSSGEBET 5

Herr, unser Gott,
du hast uns als deine Gemeinde versammelt.
Wir bitten dich:
Ruf uns zusammen mit den Menschen aller Völker
und Nationen in das Reich deines Sohnes,
der mit dir lebt und herrscht in Ewigkeit.

SCHLUSSGEBET 6

Allmächtiger Gott und Vater,
du hast deinen gekreuzigten Sohn auferweckt
und ihm, dem Lebendigen,
die Macht des Leben spendenden Geistes gegeben.
Nimm dich deiner Kirche an, o Herr,
und erneuere ihre Jugend.
Lass sie aufleben durch deinen Heiligen Geist
durch Jesus Christus, unseren Herrn.

SCHLUSSGEBET 7

Gott, unser Vater,
dein Sohn hat uns von dir Kunde gebracht.
Er hat uns erkennen lassen, wie du bist:

groß in deiner Huld für deine Geschöpfe,
gewaltig in deiner Hoheit,
wehrlos in deiner Liebe.
Wir sagen dir Dank durch ihn,
der sich uns im Wort und im Brot des Lebens
geschenkt hat,
Jesus Christus, unseren Herrn.

SCHLUSSGEBET 8

Herr, unser Gott,
du hast gewollt,
dass sich das Bild deines Sohnes auspräge
im Wesen der Getauften,
die du zu deinem Tisch geladen hast.
Ermutige uns, dem Evangelium zu folgen
und deinem Heiligen Geist Raum zu geben,
durch Jesus Christus, unseren Herrn.

SCHLUSSGEBET 9

Allmächtiger Gott,
in dieser Feier
hast du uns an deinem göttlichen Leben Anteil geschenkt.
Lass uns niemals von dir getrennt werden,
sondern bewahre uns in deiner Liebe
durch Jesus Christus, unseren Herrn.

Zeit im Jahreskreis

DREIFALTIGKEITSSONNTAG – HOCHFEST

30. Mai 2021

Der Dreifaltigkeitssonntag erzählt von der Bewegung, die Gott eigen ist, ja die Gott selber ist. Dieser Sonntag feiert, dass Gott von jeher in Beziehung steht, ja dass er in sich selbst Beziehung ist. Der Lehre von der Dreifaltigkeit geht es darum, dem Spiel der klärenden, heilenden, lösenden, belebenden Gottes-Kräfte, die wir in den biblischen Texten finden, nach-zudenken. Es gilt, in Gedanken und ins eigene Leben zu entfalten, was uns im reichen biblischen Zeugnis verdichtet begegnet.

ERÖFFNUNGSVERS

Gepriesen sei der dreieinige Gott:
der Vater und sein eingeborener Sohn
und der Heilige Geist;
denn er hat uns sein Erbarmen geschenkt.

KYRIE-RUFE

Jesus Christus, mit dem Vater und dem Heiligen Geist
bist du der eine Gott und der eine Herr.
V/A: Herr, erbarme dich.
Du lebst mit dem Vater und dem Heiligen Geist
in der Sonderheit der Personen, der Einheit im Wesen
und der gleichen Fülle in der Herrlichkeit.
V/A: Christus, erbarme dich.

Mit dem Vater und dem Heiligen Geist wendest du
die göttliche Liebe der Welt und den Menschen zu.
V/A: Herr, erbarme dich.

Ehre sei Gott, S. 481 f.

TAGESGEBET

Herr, himmlischer Vater, du hast dein Wort und deinen Geist in die Welt gesandt, um das Geheimnis des göttlichen Lebens zu offenbaren. Gib, dass wir im wahren Glauben die Größe der göttlichen Dreifaltigkeit bekennen und die Einheit der drei Personen in ihrem machtvollen Wirken verehren. Darum bitten wir durch Jesus Christus.

WORTGOTTESDIENST

ZUR 1. LESUNG Mose ahnte nichts von Google, als er damals das Volk aufforderte: Forsche einmal in früheren Zeiten nach! Erinnere dich der Taten unseres Gottes und schau dich um – sie sind unvergleichlich. Er ist unvergleichlich. Einen solchen Einsatz eines Gottes für sein Volk hat die Welt noch nicht gesehen. Ist das so? Ob ein Religionsvergleich im Internet Klarheit brächte? Israels Gott wirkt in der Welt, im Menschen, in der Geschichte; der Auszug aus dem Sklavenhaus Ägypten spricht besonders deutlich davon. Israels Gott bleibt nicht jenseits der Welt, jenseits der Zeit, in unnahbarer Macht und Herrlichkeit, in eisiger Ewigkeit und seliger Einsamkeit. Er gibt sich zu erkennen, er setzt sich aus, nicht nur den Vätern und Müttern Israels, sondern allen ihren Nachkommen, ja aller Welt. Ein Gott, der liebt, jeden und jede besonders, von Person zu Person. Ein Gott, der Geschichte macht, und vor allem: ein Gott, der mit uns allen eine Geschichte hat.

ERSTE LESUNG

Dtn 4,32–34.39–40

Der Herr ist der Gott im Himmel droben und auf der Erde unten, keiner sonst

Lesung aus dem Buch Deuteronómium.

Mose sprach zum Volk; er sagte: Forsche einmal in früheren Zeiten nach, die vor dir gewesen sind, seit dem Tag, als Gott den Menschen auf der Erde erschuf; forsche nach vom einen Ende des Himmels bis zum andern Ende:

Hat sich je etwas so Großes ereignet wie dieses und hat man je solches gehört? Hat je ein Volk mitten aus dem Feuer die donnernde Stimme eines Gottes reden gehört, wie du sie gehört hast, und ist am Leben geblieben?

Oder hat je ein Gott es ebenso versucht, zu einer Nation zu kommen und sie sich mitten aus einer anderen herauszuholen unter Prüfungen, unter Zeichen, Wundern und Krieg, mit starker Hand und hoch erhobenem Arm und unter großen Schrecken, wie alles, was der Herr, euer Gott, in Ägypten mit euch getan hat, vor deinen Augen?

Heute sollst du erkennen und zuinnerst begreifen: Der Herr ist der Gott im Himmel droben und auf der Erde unten, keiner sonst. Daher sollst du seine Gesetze und seine Gebote, auf die ich dich heute verpflichte, bewahren, damit es dir und später deinen Nachkommen gut geht und du lange lebst in dem Land, das der Herr, dein Gott, dir gibt für alle Zeit.

ANTWORTPSALM

Ps 33 (32),4–5.6 u. 9.18–19.20 u. 22 (Kv: vgl. 12b)

Kv Selig das Volk, das der Herr sich zum Erbteil erwählt hat. – Kv

Das Wort des Herrn ist redlich, *
all sein Tun ist verlässlich.
Er liebt Gerechtigkeit und Recht, *
erfüllt von der Huld des Herrn ist die Erde. – (Kv)

Durch das Wort des Herrn wurden die Himmel geschaffen, *
ihr ganzes Heer durch den Hauch seines Mundes.
Denn er sprach und es geschah; *
er gebot und da stand es. – (Kv)

Siehe, das Auge des Herrn ruht auf denen, die ihn fürchten, *
die seine Huld erwarten,
dass er ihre Seele dem Tod entreiße *
und, wenn sie hungern, sie am Leben erhalte. – (Kv)

Unsre Seele hofft auf den Herrn; *
er ist unsre Hilfe und unser Schild.
Lass deine Huld über uns walten, o Herr, *
wie wir auf dich hofften! – Kv

ZUR 2. LESUNG Jetzt lebt ihr „in Christus Jesus"! (Röm 8,1) In der Taufe, sagt Paulus, haben wir Gottes eigenen Lebensatem empfangen, keinen Kleingeist, sondern den einen Geist, der Enges weit macht und Ungelöstes löst. Den wir zum Leben brauchen wie das täglich Brot und tiefer als das täglich Brot. Der uns befreit von allen Mächten und Gewalten, die uns die Luft zum Atmen nehmen oder sie uns zuteilen wollen, selbstherrlich, gängelnd und geizig. Woran wir merken, dass Gottes Geisthauch durch unser Leben weht und das Leben belebt? Paulus nennt hier das neue Gottesverhältnis, das sich im vertraut-herzlichen Gebetsruf „Abba" ausspricht. Wenn wir zu Gott von Herzen Abba rufen, dann ist es sein eigener Atem, der in unserem Atem spricht und uns zusagt, was wir nicht aus uns selbst heraus wissen noch wirken können: Es ist Zeit für einen Neuanfang. Und diesen Anfang hat Gott in seinem Christus und im Neu-Schöpfer Geist schon gemacht.

ZWEITE LESUNG Röm 8,14–17

Ihr habt den Geist der Kindschaft empfangen, in dem wir rufen: Abba, Vater!

Lesung aus dem Brief des Apostels Paulus an die Gemeinde in Rom.

Schwestern und Brüder! Alle, die sich vom Geist Gottes leiten lassen, sind Kinder Gottes. Denn ihr habt nicht einen Geist der Knechtschaft empfangen, sodass ihr immer noch Furcht haben müsstet, sondern ihr habt den Geist der Kindschaft empfangen, in dem wir rufen: Abba, Vater!

Der Geist selber bezeugt unserem Geist, dass wir Kinder Gottes sind. Sind wir aber Kinder, dann auch Erben; Erben Gottes und Miterben Christi, wenn wir mit ihm leiden, um mit ihm auch verherrlicht zu werden.

RUF VOR DEM EVANGELIUM

Vers: vgl. Offb 1,8

Halleluja. Halleluja.
Ehre sei dem Vater und dem Sohn und dem Heiligen Geist.
Ehre sei dem einen Gott,
der war und der ist und der kommen wird.
Halleluja.

ZUM EVANGELIUM Das Alte Testament endet in seiner hebräischen Fassung mit dem 2. Buch der Chronik. In den letzten Versen sagt der heidnische Perserkönig Kyros von sich: „Der HERR, der Gott des Himmels, hat mir alle Reiche der Erde verliehen." (2 Chr 36,23) Und er lädt die Zerstreuten Israels ein, aus dem Exil zurückzukehren zum Zion. Bewusst und deutlich nimmt Matthäus darauf Bezug. Im Evangelium, „Matthäi am Letzten", sagt der Auferstandene: Gott hat mir alle Vollmacht gegeben – im Himmel *und* auf der Erde. Und die Jünger, in ihrer Zwölfzahl Repräsentanten ganz Israels, werden nun, in umgekehrter Richtung als damals bei Kyros, hinausgesandt zu den Völkern der Welt, um auch jene bekannt zu machen mit aller Lehre Jesu, mit allem, was er geboten hat; um sie bekannt zu machen mit der Weisung des biblischen Gottes. Die Taufe auf den Namen des Vaters und des Sohnes und des Heiligen Geistes gliedert uns aus den

Völkern der Welt hinein in die Schar der Elf. Sie führt uns in die Spannung zwischen dem Beginn – der Sendung der Jünger und Jüngerinnen zu den Völkern – und dem Ende aller Tage. Wo auch immer wir uns da befinden: Der Auferstandene sagt seine Gegenwart zu.

EVANGELIUM

Mt 28,16–20

Tauft sie auf den Namen des Vaters und des Sohnes und des Heiligen Geistes!

+ Aus dem heiligen Evangelium nach Matthäus.

In jener Zeit gingen die elf Jünger nach Galiläa auf den Berg, den Jesus ihnen genannt hatte. Und als sie Jesus sahen, fielen sie vor ihm nieder, einige aber hatten Zweifel.

Da trat Jesus auf sie zu und sagte zu ihnen: Mir ist alle Vollmacht gegeben im Himmel und auf der Erde. Darum geht und macht alle Völker zu meinen Jüngern; tauft sie auf den Namen des Vaters und des Sohnes und des Heiligen Geistes und lehrt sie, alles zu befolgen, was ich euch geboten habe.

Und siehe, ich bin mit euch alle Tage bis zum Ende der Welt.

Glaubensbekenntnis, S. 484 ff.

FÜRBITTEN

Dreieiner, einziger Gott, du willst uns Menschen vielfältig nahe sein. Darum kommen wir heute zu dir mit den Bitten und Anliegen unserer Zeit:

- Wir bitten dich für den Papst, die Bischöfe, Priester und Diakone, für alle Seelsorgerinnen und Seelsorger, die sich in deiner Kirche für den Schalom, den Frieden, der von dir kommt, einsetzen. V: Dreieiner Gott. A: Höre unser Rufen.

- Wir beten für alle, die auch heute mit prophetischer Stimme sprechen, für alle, die angefeindet und ausgegrenzt werden, weil das Wehen des Geistes und Veränderungen beunruhigen und unbequem sind. V: Dreieiner Gott. A: Höre unser Rufen.
- Wir beten für alle, die ihre politische Verantwortung nutzen, um die Freiheit der religiösen Überzeugungen zu achten und zu schützen. V: Dreieiner Gott. A: Höre unser Rufen.
- Wir beten für die vielen armen und rechtlosen Menschen weltweit, für die Benachteiligten und Verfolgten. V: Dreieiner Gott. A: Höre unser Rufen.
- Wir beten für die Kranken und Sterbenden und für alle, die sie liebevoll begleiten. V: Dreieiner Gott. A: Höre unser Rufen.

Erbarmender Gott, hilf uns, immer bewusster zu leben in deiner Gegenwart der Liebe. Dazu segne uns der Vater, der Sohn und die Heilige Geistkraft.

EUCHARISTIEFEIER

GABENGEBET

Gott, unser Vater, wir rufen deinen Namen an über Brot und Wein. Heilige diese Gaben und nimm mit ihnen auch uns an, damit wir dir auf ewig gehören. Darum bitten wir durch Christus, unseren Herrn.

PRÄFATION

In Wahrheit ist es würdig und recht, dir, Herr, heiliger Vater, allmächtiger, ewiger Gott, immer und überall zu danken. Mit deinem eingeborenen Sohn und dem Heiligen Geist bist du der eine Gott und der eine Herr, nicht in der Einzigkeit einer Person, sondern in den drei Personen des einen göttlichen Wesens. Was wir auf deine Offenbarung hin von deiner Herrlichkeit glauben, das bekennen wir ohne

Unterschied von deinem Sohn, das bekennen wir vom Heiligen Geiste. So beten wir an im Lobpreis des wahren und ewigen Gottes die Sonderheit in den Personen, die Einheit im Wesen und die gleiche Fülle in der Herrlichkeit. Dich loben die Engel und Erzengel, die Kerubim und Serafim. Wie aus einem Mund preisen sie dich Tag um Tag und singen auf ewig das Lob deiner Herrlichkeit: Heilig ...

KOMMUNIONVERS

Gal 4,6

Weil ihr Söhne seid,
sandte Gott den Geist seines Sohnes in eure Herzen,
den Geist, der ruft: Abba, Vater.

SCHLUSSGEBET

Herr, unser Gott, wir haben den Leib und das Blut deines Sohnes empfangen. Erhalte uns durch dieses Sakrament im wahren Glauben und im Bekenntnis des einen Gottes in drei Personen. Darum bitten wir durch Christus, unseren Herrn.

FEIERLICHER SCHLUSSSEGEN

Gott, unser Vater, segne euch mit allem Segen des Himmels, damit ihr rein und heilig lebt vor seinem Angesicht. – A: Amen.
Er lehre euch durch das Wort der Wahrheit; er bilde euer Herz nach dem Evangelium Christi und gebe euch Anteil an seiner Herrlichkeit. – A: Amen.
Er schenke euch jene brüderliche Liebe, an der die Welt die Jünger Christi erkennen soll. – A: Amen.
Das gewähre euch der dreieinige Gott, der Vater und der Sohn † und der Heilige Geist. – A: Amen.

***

WO IST GOTT?

Du Wort
das die Welt erschuf

Du Mensch
der die Menschheit rettet

springst
in mein Leben

öffnest dich mir

damit ich sehe
höre
dir begegne

Du Gott
bei mir

Heinz Detlef Stäps

HOCHFEST DES LEIBES UND BLUTES CHRISTI

FRONLEICHNAM

3. Juni 2021

„Fron-Leichnam" heißt „Herren-Leib". Wir feiern an diesem Tag, dass der Kyrios (Herr) Jesus unter den Gestalten von Brot und Wein bei uns ist: zu sehen, zu schmecken, zu berühren. Brot, zumindest für Menschen des Abendlandes und rund ums Mittelmeer, war und ist das Grundnahrungsmittel. Wein trinken wir bei festlicher Gelegenheit, „Wein, der das Herz des Menschen erfreut", wie der Psalmist sagt. Aber diese Erfahrbarkeit macht uns auch Schwierigkeiten. Denn wir sehen ja gerade nicht den Menschen Jesus, sondern Brot und Wein. „Augen, Mund und Hände täuschen sich in dir", hat Thomas von Aquin gedichtet, „doch des Wortes Botschaft offenbart dich mir." Wenn wir die Zusage Gottes glaubend annehmen, können wir erfahren, dass Gott sich in Christus ganz auf unsere Leiblichkeit einlässt – auf unser ganzes Leben.

ERÖFFNUNGSVERS

Vgl. Ps 81 (80), 17

Er hat uns mit bestem Weizen genährt
und mit Honig aus dem Felsen gesättigt.

KYRIE-RUFE

Herr Jesus Christus, du bist in deiner Kirche
gegenwärtig im heiligen Mahl.
V/A: Herr, erbarme dich.

Du bist da, wenn wir dich
im Zeichen des Brotes anbeten und verehren.
V/A: Christus, erbarme dich.
Du bist da – beim stillen Gebet des Einzelnen
wie bei der Feier der vielen.
V/A: Herr, erbarme dich.

Ehre sei Gott, S. 481 f.

TAGESGEBET

Herr Jesus Christus, im wunderbaren Sakrament des Altares hast du uns das Gedächtnis deines Leidens und deiner Auferstehung hinterlassen. Gib uns die Gnade, die heiligen Geheimnisse deines Leibes und Blutes so zu verehren, dass uns die Frucht der Erlösung zuteil wird. Der du in der Einheit des Heiligen Geistes mit Gott dem Vater lebst und herrschest in alle Ewigkeit.

WORTGOTTESDIENST

ZUR 1. LESUNG Der HERR gibt sich unmittelbar zu sehen und zu hören, dem Mose allein. Mose ist der Mittler. Er übermittelt dem Volk alle Worte und Weisungen des HERRN. Das Volk antwortet; es ist bereit. Es ist beschenkt. Auf dieses Geschenk antwortet es mit einem Opfer und einem Bundesritus, einem Blutritus. Dieser Ritus, im Alten Testament so ohne Parallele, ist das äußere Zeichen für den Bund, den Gott „aufgrund all dieser Worte" mit Israel schließt. Gott selber naht sich – und das Volk antwortet. Ja, ich will. Wir wollen in deiner Nähe sein und deine Nähe leben.

ERSTE LESUNG Ex 24,3–8

Das ist das Blut des Bundes, den der HERR mit euch schließt

Lesung aus dem Buch Éxodus.

In jenen Tagen kam Mose und übermittelte dem Volk alle Worte und Rechtssatzungen des Herrn. Das ganze Volk antwortete einstimmig und sagte: Alles, was der Herr gesagt hat, wollen wir tun.

Mose schrieb alle Worte des Herrn auf. Am frühen Morgen stand er auf und errichtete am Fuß des Berges einen Altar und zwölf Steinmale für die zwölf Stämme Israels.

Er schickte die jungen Männer der Israeliten aus und sie brachten Brandopfer dar und schlachteten junge Stiere als Heilsopfer für den Herrn. Mose nahm die Hälfte des Blutes und goss es in eine Schüssel, mit der anderen Hälfte besprengte er den Altar. Darauf nahm er das Buch des Bundes und verlas es vor dem Volk. Sie antworteten: Alles, was der Herr gesagt hat, wollen wir tun; und wir wollen es hören.

Da nahm Mose das Blut, besprengte damit das Volk und sagte: Das ist das Blut des Bundes, den der Herr aufgrund all dieser Worte mit euch schließt.

ANTWORTPSALM

Ps 116 (115), 12–13.15–16.17–18 (Kv: vgl. 1 Kor 10, 16)

Kv Der Kelch des Segens gibt uns Anteil an Christi Blut. – Kv

Oder:

Kv Halleluja. – Kv

Wie kann ich dem Herrn vergelten *
all das Gute, das er mir erwiesen?
Den Becher des Heils will ich erheben. *
Ausrufen will ich den Namen des Herrn. – (Kv)

Kostbar ist in den Augen des Herrn *
der Tod seiner Frommen.
Ach Herr, ich bin doch dein Knecht, /

dein Knecht bin ich, der Sohn deiner Magd! *
Gelöst hast du meine Fesseln. – (Kv)

Ich will dir ein Opfer des Dankes bringen, *
ausrufen will ich den Namen des Herrn.
Meine Gelübde will ich dem Herrn erfüllen *
in Gegenwart seines ganzen Volkes. – Kv

ZUR 2. LESUNG Die Opfer- und Blutriten des Alten Testaments erscheinen uns unverständlich und grausam. Dabei ging es nicht darum, Gott durch Gewalt zu besänftigen und Tiere zu töten. Das Blut ist Träger des Lebens. Was mit Blut besprengt wird, ist dem Leben geweiht, gereinigt von allem, was von Gott fernhält. Aus Sicht des Bundesvolkes Israel hat Gott selber das Opfer geschenkt, damit die Menschen ihm befreit begegnen können. Das Neue Testament erneuert das Opferdenken des Ersten Bundes von innen heraus. Für den Hebräerbrief ist Christus Opfer und Priester zugleich. Heute und für immer, ein für alle Mal, befreit sein Blut von Schuld und führt uns in die Gemeinschaft mit Gott.

ZWEITE LESUNG Hebr 9,11–15

Das Blut Christi wird unser Gewissen von toten Werken reinigen

Lesung aus dem Hebräerbrief.

Christus ist gekommen als Hohepriester der künftigen Güter durch das größere und vollkommenere Zelt, das nicht von Menschenhand gemacht, das heißt nicht von dieser Schöpfung ist. Nicht mit dem Blut von Böcken und jungen Stieren, sondern mit seinem eigenen Blut ist er ein für alle Mal in das Heiligtum hineingegangen und so hat er eine ewige Erlösung bewirkt.

Denn wenn schon das Blut von Böcken und Stieren und die Asche einer jungen Kuh die Unreinen, die damit besprengt werden, so heiligt, dass sie leiblich rein werden, um wie viel mehr wird das

Blut Christi, der sich selbst als makelloses Opfer kraft des ewigen Geistes Gott dargebracht hat, unser Gewissen von toten Werken reinigen, damit wir dem lebendigen Gott dienen.

Und darum ist er der Mittler eines neuen Bundes; sein Tod hat die Erlösung von den im ersten Bund begangenen Übertretungen bewirkt, damit die Berufenen das verheißene ewige Erbe erhalten.

SEQUENZ

Deinem Heiland, deinem Lehrer,
deinem Hirten und Ernährer,
Sion, stimm ein Loblied an!

Preis nach Kräften seine Würde,
da kein Lobspruch, keine Zierde
seinem Ruhm genügen kann.

Dieses Brot sollst du erheben,
welches lebt und gibt das Leben,
das man heut den Christen weist.

Dieses Brot, mit dem im Saale
Christus bei dem Abendmahle
die zwölf Jünger hat gespeist.

Laut soll unser Lob erschallen
und das Herz in Freude wallen,
denn der Tag hat sich genaht,

da der Herr zum Tisch der Gnaden
uns zum ersten Mal geladen
und dies Mahl gestiftet hat.

Neuer König, neue Zeiten,
neue Ostern, neue Freuden,
neues Opfer allzumal!

Vor der Wahrheit muss das Zeichen,
vor dem Licht der Schatten weichen,
hell erglänzt des Tages Strahl.

Was von Christus dort geschehen,
sollen wir fortan begehen,
seiner eingedenk zu sein.

Treu dem heiligen Befehle
wandeln wir zum Heil der Seele
in sein Opfer Brot und Wein.

Doch wie uns der Glaube kündet,
der Gestalten Wesen schwindet,
Fleisch und Blut wird Brot und Wein.

Was das Auge nicht kann sehen,
der Verstand nicht kann verstehen,
sieht der feste Glaube ein.

Unter beiderlei Gestalten
hohe Dinge sind enthalten,
in den Zeichen tief verhüllt.

Blut ist Trank und Fleisch ist Speise,
doch der Herr bleibt gleicherweise
ungeteilt in beider Bild.

Wer ihm nahet voll Verlangen,
darf ihn unversehrt empfangen,
ungemindert, wunderbar.

Einer kommt und tausend kommen,
doch so viele ihn genommen,
er bleibt immer, der er war.

Gute kommen, Böse kommen,
alle haben ihn genommen,
die zum Leben, die zum Tod.

Bösen wird er Tod und Hölle,
Guten ihres Lebens Quelle,
wie verschieden wirkt dies Brot!

Wird die Hostie auch gespalten,
zweifle nicht an Gottes Walten,
dass die Teile das enthalten,
was das ganze Brot enthält.

Niemals kann das Wesen weichen,
teilen lässt sich nur das Zeichen,
Sach und Wesen sind die gleichen,
beide bleiben unentstellt.

Seht das Brot, die Engelspeise!
Auf des Lebens Pilgerreise
nehmt es nach der Kinder Weise,
nicht den Hunden werft es hin!

Lang im Bild war's vorbereitet:
Isaak, der zum Opfer schreitet;
Osterlamm, zum Mahl bereitet;
Manna nach der Väter Sinn.

Guter Hirt, du wahre Speise,
Jesus, gnädig dich erweise!
Nähre uns auf deinen Auen,
lass uns deine Wonnen schauen
in des Lebens ewigem Reich!

Du, der alles weiß und leitet,
uns im Tal des Todes weidet,
lass an deinem Tisch uns weilen,

deine Herrlichkeit uns teilen.
Deinen Seligen mach uns gleich!

Oder (Kurzfassung):

SEQUENZ

Seht das Brot, die Engelspeise!
Auf des Lebens Pilgerreise
nehmt es nach der Kinder Weise,
nicht den Hunden werft es hin!

Lang im Bild war's vorbereitet:
Isaak, der zum Opfer schreitet;
Osterlamm, zum Mahl bereitet;
Manna nach der Väter Sinn.

Guter Hirt, du wahre Speise,
Jesus, gnädig dich erweise!
Nähre uns auf deinen Auen,
lass uns deine Wonnen schauen
in des Lebens ewigem Reich!

Du, der alles weiß und leitet,
uns im Tal des Todes weidet,
lass an deinem Tisch uns weilen,
deine Herrlichkeit uns teilen.
Deinen Seligen mach uns gleich!

Oder:

SEQUENZ

Lobe, Zion, deinen Hirten;
dem Erlöser der Verirrten
stimme Dank und Jubel an.
Lass dein Lob zum Himmel dringen;

ihn zu rühmen, ihm zu singen,
hat kein Mensch genug getan.

Er ist uns im Brot gegeben,
Brot, das lebt und spendet Leben,
Brot das Ewigkeit verheißt,
Brot, mit dem der Herr im Saale
dort beim österlichen Mahle
die zwölf Jünger hat gespeist.

Lobt und preist, singt Freudenlieder;
festlich kehrt der Tag uns wieder,
jener Tag von Brot und Wein,
da der Herr zu Tisch geladen
und dies heilge Mahl der Gnaden
setzte zum Gedächtnis ein.

Was bei jenem Mahl geschehen,
sollen heute wir begehen
und verkünden seinen Tod.
Wie der Herr uns aufgetragen,
weihen wir, Gott Dank zu sagen,
nun zum Opfer Wein und Brot.

Seht das Brot, der Engel Speise,
Brot auf unsrer Pilgerreise,
das den Hunger wahrhaft stillt.
Abrams Opfer hats gedeutet,
war im Manna vorbereitet,
fand im Osterlamm sein Bild.

Guter Hirt, du Brot des Lebens,
wer dir traut, hofft nicht vergebens,
geht getrost durch diese Zeit.
Die du hier zu Tisch geladen,
ruf auch dort zum Mahl der Gnaden
in des Vaters Herrlichkeit.

Oder (Kurzfassung):

SEQUENZ

Seht das Brot, der Engel Speise,
Brot auf unsrer Pilgerreise,
das den Hunger wahrhaft stillt.
Abrams Opfer hats gedeutet,
war im Manna vorbereitet,
fand im Osterlamm sein Bild.

Guter Hirt, du Brot des Lebens,
wer dir traut, hofft nicht vergebens,
geht getrost durch diese Zeit.
Die du hier zu Tisch geladen,
ruf auch dort zum Mahl der Gnaden
in des Vaters Herrlichkeit.

RUF VOR DEM EVANGELIUM

Vers: vgl. Joh 6,51

Halleluja. Halleluja.
(So spricht der Herr:)
Ich bin das lebendige Brot, das vom Himmel gekommen ist.
Wer dieses Brot isst, wird in Ewigkeit leben.
Halleluja.

ZUM EVANGELIUM Das letzte Abendmahl schließt an die Mahlgemeinschaften an, schließt sie ab, die Jesus mit Verachteten und Sündern und mit den vielen Menschen, die zu ihm kamen, gehalten hat. Oder schließt es sie end-gültig auf? Die Zwölf, mit denen Jesus seine leidenschaftliche Freude über das Nahekommen Gottes in fröhlichen und festlichen Mahlzeiten teilte, werden mit diesem letzten Mahl nun auch in seinen Leidensweg hineingezogen. Das Abendmahl Jesu besiegelt ein Bündnis zwischen Gott und seinem Volk, das offen ist auch für jene, die nach traditionellem Verständnis davon ausgeschlossen sind. Auch dieses Abschiedsmahl Jesu durchdringt die Botschaft seines Lebens: Gott kommt seinem Volk nahe, er kommt ohne Bedingungen, ohne Wenn und Aber. Doch nun versteht Jesus sein Leben noch tiefer: als Geschenk, das Gottes Kommen entgegenkommt. Gottes Reich, Gottes Wirklichkeit, kommt heilend und befreiend zu allen, auch zu den Sündern und Unberufenen. Der Weg führt über Jesu Tod.

EVANGELIUM Mk 14,12–16.22–26

Das ist mein Leib. Das ist mein Blut des Bundes

+ Aus dem heiligen Evangelium nach Markus.

Am ersten Tag des Festes der Ungesäuerten Brote, an dem man das Paschalamm zu schlachten pflegte, sagten die Jünger zu Jesus: Wo sollen wir das Paschamahl für dich vorbereiten?

Da schickte er zwei seiner Jünger voraus und sagte zu ihnen: Geht in die Stadt; dort wird euch ein Mensch begegnen, der einen Wasserkrug trägt.

Folgt ihm, bis er in ein Haus hineingeht; dann sagt zu dem Herrn des Hauses: Der Meister lässt dich fragen: Wo ist der Raum, in dem ich mit meinen Jüngern das Paschalamm essen kann? Und der Hausherr wird euch einen großen Raum im Obergeschoss zeigen, der schon für das Festmahl hergerichtet und mit Polstern ausgestattet ist. Dort bereitet alles für uns vor!

Die Jünger machten sich auf den Weg und kamen in die Stadt. Sie fanden alles so, wie er es ihnen gesagt hatte, und bereiteten das Paschamahl vor.

Während des Mahls nahm er das Brot und sprach den Lobpreis; dann brach er das Brot, reichte es ihnen und sagte: Nehmt, das ist mein Leib.

Dann nahm er den Kelch, sprach das Dankgebet, gab ihn den Jüngern und sie tranken alle daraus. Und er sagte zu ihnen: Das ist mein Blut des Bundes, das für viele vergossen wird. Amen, ich sage euch: Ich werde nicht mehr von der Frucht des Weinstocks trinken bis zu dem Tag, an dem ich von Neuem davon trinke im Reich Gottes.

Nach dem Lobgesang gingen sie zum Ölberg hinaus.

Glaubensbekenntnis, S. 484 ff.

FÜRBITTEN

Wir sind eingeladen zum Fest des Glaubens und des Teilens. So beten wir voll Vertrauen zu Jesus Christus, der sein Leben teilte:

- Im Brot des Lebens bist du unsere Kraft. Erfülle deine Kirche mit Dankbarkeit für die Eucharistie und lass sie großzügig teilen, was ihr geschenkt wird. V: Brot des Lebens. A: Nähre uns.
- In Brot und Wein nährst und belebst du uns. Erfülle mit Glauben, die dich empfangen, und lass sie teilen mit denen, die Mangel leiden. V: Brot des Lebens. A: Nähre uns.
- Im Wort der Hoffnung bist du in unserer Mitte. Belebe und bewege alle, die am Tisch des Wortes versammelt sind, dass sie vertrauensvoll aufbrechen und das Gesicht der Erde erneuern. V: Brot des Lebens. A: Nähre uns.
- Im liebenden Teilen bist du mitten unter uns. Stärke die Menschen aller Generationen, Unrecht zu erkennen und Gerechtigkeit zu suchen. V: Brot des Lebens. A: Nähre uns.
- In deinem Schalom kommt der Friede in unsere Mitte. Ermutige die in Angst oder Gleichgültigkeit Erstarrten, deinen Frieden und deine Versöhnung zu suchen. V: Brot des Lebens. A: Nähre uns.

Jesus, du unser Bruder und Heiland, wir danken dir für das Geschenk deiner Nähe. Schenke deiner Kirche Einheit und Frieden, und lass auch uns dazu beitragen, heute und allezeit bis in Ewigkeit.

EUCHARISTIEFEIER

GABENGEBET

Herr, unser Gott, wir bringen das Brot dar, das aus vielen Körnern bereitet, und den Wein, der aus vielen Trauben gewonnen ist.

Schenke deiner Kirche, was diese Gaben geheimnisvoll bezeichnen: die Einheit und den Frieden. Darum bitten wir durch Christus, unseren Herrn.

PRÄFATION

In Wahrheit ist es würdig und recht, dir, Herr, heiliger Vater, allmächtiger, ewiger Gott, immer und überall zu danken durch unseren Herrn Jesus Christus. Denn er hat beim letzten Abendmahl das Gedächtnis des Kreuzesopfers gestiftet zum Heil der Menschen bis ans Ende der Zeiten. Er hat sich dargebracht als Lamm ohne Makel, als Gabe, die dir gefällt, als Opfer des Lobes. Dieses erhabene Geheimnis heiligt und stärkt deine Gläubigen, damit der eine Glaube die Menschen der einen Erde erleuchte, die eine Liebe sie alle verbinde. So kommen wir zu deinem heiligen Tisch, empfangen von dir Gnade um Gnade und werden neu gestaltet nach dem Bild deines Sohnes. Durch ihn rühmen dich Himmel und Erde, Engel und Menschen und singen wie aus einem Munde das Lob deiner Herrlichkeit: Heilig …

KOMMUNIONVERS Joh 6,56

So spricht der Herr:
Wer mein Fleisch isst und mein Blut trinkt,
der bleibt in mir und ich bleibe in ihm.

SCHLUSSGEBET

Herr Jesus Christus, der Empfang deines Leibes und Blutes ist für uns ein Vorgeschmack der kommenden Herrlichkeit. Sättige uns im ewigen Leben durch den vollen Genuss deiner Gottheit. Der du lebst und herrschest in alle Ewigkeit.

FEIERLICHER SCHLUSSSEGEN S. 215

Oder:

Gott hat euch zu Königen gemacht und zu Priestern. Er gebe euch die Kraft, aus dem Opfer Christi zu leben. – A: Amen.
Er hat euch um den einen Tisch versammelt und euch gestärkt mit dem einen Brot. Er mache euch eines Herzens und eines Sinnes. – A: Amen.
Er hat euch gesandt, euren Glauben zu bezeugen. Er helfe euch, die Menschen durch das Beispiel eurer Liebe zu Jesus Christus zu führen. – A: Amen.
Das gewähre euch der dreieinige Gott, der Vater und der Sohn † und der Heilige Geist. – A: Amen.

***

GOTTES WERK

nichts ist
ohne ihn

alles ist
auf ihn hin

wir sind
Gottes Bild

Mann und Frau
Greis und Kind

von einem Rand des Lebens
bis zum anderen

sind wir uns entzogen
gehören wir ihm

Heinz Detlef Stäps

10. SONNTAG IM JAHRESKREIS

6. Juni 2021

Der Sonntag ist ein Tag der Ruhe und der heilsamen Unterbrechung täglicher Arbeit. Die Notwendigkeit der Unterbrechung zeigt sich, wenn wir unsere Orientierung im Getriebe des Alltags zu verlieren drohen. Daher sind die heutigen biblischen Texte wie Perlen, die sich auf einer Richtschnur als Markierungen gelingenden Lebens aufreihen. Zweierlei wird dabei deutlich: Zum einen, dass Gott um uns und unser Heil besorgt ist; zum anderen, dass der Mensch eine tiefe Gottessehnsucht in sich trägt.

ERÖFFNUNGSVERS

Ps 27 (26), 1–2

Der Herr ist mein Licht und mein Heil;
vor wem sollte ich mich fürchten?
Der Herr ist die Kraft meines Lebens;
vor wem sollte mir bangen?
Meine Bedränger und Feinde,
sie müssen straucheln und fallen.

KYRIE-RUFE

Herr Jesus Christus, du bist die Sehnsucht der Menschen.
V/A: Herr, erbarme dich.
Du machst Gottes Nähe unter den Menschen ungeteilt erfahrbar.
V/A: Christus, erbarme dich.
Du nennst Bruder und Schwester und Mutter,
wer den Willen Gottes tut.
V/A: Herr, erbarme dich.

Ehre sei Gott, S. 481 f.

TAGESGEBET

Gott, unser Vater, alles Gute kommt allein von dir. Schenke uns deinen Geist, damit wir erkennen, was recht ist, und es mit deiner Hilfe auch tun. Darum bitten wir durch Jesus Christus.

WORTGOTTESDIENST

ZUR 1. LESUNG Wie kann man sich ein Gespräch zwischen Gott und Mensch vorstellen? Worüber wird gesprochen? Wer eröffnet die Redesituation? Die Bibel entwirft ein bilderreiches Panorama, das uns über Gott und Mensch und über ihre Beziehung viel verrät. Das erste Wort, mit dem Gott sich dem Menschen zuwendet, lässt die Größe und Tragik der ganzen Szene erkennen. Gott sucht den Menschen, er spricht ihn an und befragt ihn nach seinem Standpunkt. Der Mensch erscheint als ein Hörender dieses Wortes, das ihm die Scham und Schuld bewusst macht. Ein jüdischer Dichter hat einmal gesagt, dass das schlechte Gewissen das Gute im Menschen sei. In der besorgten Rückfrage Gottes, der dem Menschen auch in Dunkelheiten hinein folgt, wird dieses Gute sichtbar.

ERSTE LESUNG Gen 3,9–15

Feindschaft setze ich zwischen dir und der Frau, zwischen deinem Nachkommen und ihrem Nachkommen

Lesung aus dem Buch Génesis.

Nachdem Adam von der Frucht des Baumes gegessen hatte, rief Gott, der HERR nach ihm und sprach zu ihm: Wo bist du? Er antwortete: Ich habe deine Schritte gehört im Garten; da geriet ich in Furcht, weil ich nackt bin, und versteckte mich.

Darauf fragte er: Wer hat dir gesagt, dass du nackt bist? Hast du von dem Baum gegessen, von dem ich dir geboten habe, davon nicht zu essen? Adam antwortete: Die Frau, die du mir beigesellt hast, sie hat mir von dem Baum gegeben. So habe ich gegessen.

Gott, der Herr, sprach zu der Frau: Was hast du getan? Die Frau antwortete: Die Schlange hat mich verführt. So habe ich gegessen.

Da sprach Gott, der Herr, zur Schlange: Weil du das getan hast, bist du verflucht unter allem Vieh und allen Tieren des Feldes. Auf dem Bauch wirst du kriechen und Staub fressen alle Tage deines Lebens. Und Feindschaft setze ich zwischen dir und der Frau, zwischen deinem Nachkommen und ihrem Nachkommen. Er trifft dich am Kopf und du triffst ihn an der Ferse.

ANTWORTPSALM

Ps 130 (129), 1–2.3–4.5–6.7–8 (Kv: 7bc)

Kv Beim Herrn ist die Huld,
bei ihm ist Erlösung in Fülle. – Kv

Aus den Tiefen rufe ich, Herr, zu dir: *
Mein Herr, höre doch meine Stimme!
Lass deine Ohren achten *
auf mein Flehen um Gnade. – (Kv)

Würdest du, Herr, die Sünden beachten, *
mein Herr, wer könnte bestehen?
Doch bei dir ist Vergebung, *
damit man in Ehrfurcht dir dient. – (Kv)

Ich hoffe auf den Herrn, es hofft meine Seele, *
ich warte auf sein Wort.
Meine Seele wartet auf meinen Herrn /
mehr als Wächter auf den Morgen, *
ja, mehr als Wächter auf den Morgen. – (Kv)

Israel, warte auf den Herrn, /
denn beim Herrn ist die Huld, *
bei ihm ist Erlösung in Fülle.
Ja, er wird Israel erlösen *
aus all seinen Sünden. – Kv

ZUR 2. LESUNG Was für ein tröstliches Bild, das der Apostel Paulus seiner Gemeinde vor Augen stellt: Auch wenn der „äußere Mensch" im Alltag aufgerieben wird, gibt es einen „inneren Menschen", der von Tag zu Tag erneuert wird. Der Gottesglaube wird hier als eine sprudelnde Quelle des Lebens erkannt. Die Erneuerung geschieht von innen heraus, aus dem „Geist des Glaubens". Auch wenn die schroffen Gegenüberstellungen von Sichtbarem und Unsichtbarem, Vergänglichem und Unvergänglichem nicht leicht nachvollziehbar sein mögen, sind sie doch Ausdruck der Erfahrung, dass das Leben längst in jedem Menschen begonnen hat, bevor ich mich aktiv dazu verhalten kann. Mit Jürgen Habermas lässt sich diese Wendung als „Transzendenz von innen" beschreiben.

ZWEITE LESUNG

2 Kor 4, 13 – 5, 1

Wir glauben, darum reden wir

Lesung aus dem zweiten Brief des Apostels Paulus an die Gemeinde in Korínth.

Schwestern und Brüder! Wir haben den gleichen Geist des Glaubens, von dem es in der Schrift heißt: Ich habe geglaubt, darum habe ich geredet. Auch wir glauben und darum reden wir. Denn wir wissen, dass der, welcher Jesus, den Herrn, auferweckt hat, auch uns mit Jesus auferwecken und uns zusammen mit euch vor sich stellen wird.

Alles tun wir euretwegen, damit immer mehr Menschen aufgrund der überreich gewordenen Gnade den Dank vervielfachen zur Verherrlichung Gottes. Darum werden wir nicht müde; wenn auch unser äußerer Mensch aufgerieben wird, der innere wird Tag für Tag erneuert. Denn die kleine Last unserer gegenwärtigen Not schafft uns in maßlosem Übermaß ein ewiges Gewicht an Herrlichkeit, uns, die wir nicht auf das Sichtbare, sondern auf das Unsichtbare blicken; denn das Sichtbare ist vergänglich, das Unsichtbare ist ewig.

Wir wissen: Wenn unser irdisches Zelt abgebrochen wird, dann haben wir eine Wohnung von Gott, ein nicht von Menschenhand errichtetes ewiges Haus im Himmel.

RUF VOR DEM EVANGELIUM

Vers: vgl. Joh 12,31b.32

Halleluja. Halleluja.
(So spricht der Herr:)
Jetzt wird der Herrscher dieser Welt hinausgeworfen.
Und wenn ich über die Erde erhöht bin,
werde ich alle an mich ziehen.
Halleluja.

ZUM EVANGELIUM „Schwestern und Brüder in Christus!" oder einfach nur: „Schwestern und Brüder!" Wer einmal eine Predigt gehört oder gehalten hat, kennt diese Anredeform gut. Bedauerlicherweise aber bleibt die Anrede meist auf diesen Kontext beschränkt. Bedauerlicherweise, weil uns der heutige Evangeliumstext erläutert, was es mit der Charakterisierung von Christinnen und Christen als Schwestern und Brüder auf sich hat. Für Jesus ist klar, dass der Geist Gottes nicht einfach nur behauptet oder in Anspruch genommen werden kann, ohne dass er gleichzeitig Früchte trägt. Innen und Außen gehören zusammen. Nur dann, wenn wir den Willen Gottes als Richtschnur unseres Lebens wählen, sind wir auf dem richtigen Weg. Dann sind wir diejenigen, als die wir in der Predigt bezeichnet werden: engste Angehörige Jesu Christi.

EVANGELIUM

Mk 3,20–35

Das Reich des Satans hat keinen Bestand

+ Aus dem heiligen Evangelium nach Markus.

In jener Zeit ging Jesus in ein Haus und wieder kamen so viele Menschen zusammen, dass er und die Jünger nicht einmal mehr essen konnten. Als seine Angehörigen davon hörten, machten sie sich auf den Weg, um ihn mit Gewalt zurückzuholen; denn sie sagten: Er ist von Sinnen.

Die Schriftgelehrten, die von Jerusalem herabgekommen waren, sagten: Er ist von Beélzebul besessen; mit Hilfe des Herrschers der Dämonen treibt er die Dämonen aus. Da rief er sie zu sich und belehrte sie in Gleichnissen:

Wie kann der Satan den Satan austreiben? Wenn ein Reich in sich gespalten ist, kann es keinen Bestand haben. Wenn eine Familie in sich gespalten ist, kann sie keinen Bestand haben. Und wenn sich der Satan gegen sich selbst erhebt und gespalten ist, kann er keinen Bestand haben, sondern es ist um ihn geschehen. Es kann aber auch keiner in das Haus des Starken eindringen und ihm den Hausrat rauben, wenn er nicht zuerst den Starken fesselt; erst dann kann er sein Haus plündern.

Amen, ich sage euch: Alle Vergehen und Lästerungen werden den Menschen vergeben werden, so viel sie auch lästern mögen; wer aber den Heiligen Geist lästert, der findet in Ewigkeit keine Vergebung, sondern seine Sünde wird ewig an ihm haften. Sie hatten nämlich gesagt: Er hat einen unreinen Geist.

Da kamen seine Mutter und seine Brüder; sie blieben draußen stehen und ließen ihn herausrufen. Es saßen viele Leute um ihn herum und man sagte zu ihm: Siehe, deine Mutter und deine Brüder stehen draußen und suchen dich. Er erwiderte: Wer ist meine Mutter und wer sind meine Brüder? Und er blickte auf die Menschen, die im Kreis um ihn herumsaßen, und sagte: Das hier sind meine Mutter und meine Brüder.

Wer den Willen Gottes tut, der ist für mich Bruder und Schwester und Mutter.

Glaubensbekenntnis, S. 484 ff.

FÜRBITTEN

„Wer ist meine Mutter und wer sind meine Brüder?“ Die Frage Jesu traf und trifft ins Mark: Offenheit, Bereitschaft zu Wachstum und Veränderung sind Voraussetzung jeder lebendigen Jesus-Gemeinschaft. Wir bitten Gott um seinen bewegenden Geist:

- Für die Kirche: Hilf allen, die Leitungsverantwortung tragen, deine Stimme zu hören und das Wehen des Geistes zuzulassen. V: Gott des Lebens. A: Wir bitten dich, erhöre uns.

- Für die Menschen in Orden, Geistlichen Gemeinschaften und christlichen Familien: Schenke ihnen die Kraft, aufeinander zu hören und im lebendigen Gespräch zu bleiben. V: Gott des Lebens. A: Wir bitten dich, erhöre uns.

- Für die Konfessionen und Religionen: Weise ihnen den Weg zu Toleranz und Frieden. V: Gott des Lebens. A: Wir bitten dich, erhöre uns.

- Für die Menschen in Einsamkeit und Krankheit: Lass sie freundliche Begleitung und heilende Begegnungen erfahren. V: Gott des Lebens. A: Wir bitten dich, erhöre uns.

- Für unsere Verstorbenen und für alle Toten: Schenke du ihnen deine lichte Gegenwart im ewigen Vaterhaus. V: Gott des Lebens. A: Wir bitten dich, erhöre uns.

Gott, du erbarmst dich unserer Schwächen und begleitest uns durch unser Leben, jeden Tag neu. Hilf uns, mutig und beweglich die Wege zu gehen, die ins Leben führen. Darum bitten wir durch Christus, unseren Bruder und Herrn.

EUCHARISTIEFEIER

GABENGEBET

Herr, sieh gütig auf dein Volk, das sich zu deinem Lob versammelt hat. Nimm an, was wir darbringen, und mehre durch diese Feier unsere Liebe. Darum bitten wir durch Christus, unseren Herrn.

Präfation, S. 496 ff.

KOMMUNIONVERS

1 Joh 4,16

Gott ist Liebe,
und wer in der Liebe bleibt, bleibt in Gott
und Gott bleibt in ihm.

SCHLUSSGEBET

Barmherziger Gott, die heilende Kraft dieses Sakramentes befreie uns von allem verkehrten Streben und führe uns auf den rechten Weg. Darum bitten wir durch Christus, unseren Herrn.

***

Für eine Wort-Gottes-Feier:

ERÖFFNUNGSGEBET ZUR WAHL

Allmächtiger Gott, immer wieder erfahren wir den Einfluss des Bösen. Gib uns die Kraft, seiner Macht zu widerstehen, damit dein Reich unter uns wachse. Darum bitten wir durch unseren Herrn Jesus Christus, deinen Sohn, der mit dir und dem Heiligen Geist lebt von Ewigkeit zu Ewigkeit.

***

KENNST DU DAS AUCH:

Völlig unerwartet,
wenn andere in Stille
schweigen,
wenn die Blicke aller
auf mir lasten,
wenn ich mich unwohl
fühle in meiner Haut,
findet mich – trotz allem –
ein Wort des Trostes.

Kennst du das auch:
Nach langer Wanderung
sind alle müde,
sprechen seit Stunden
nur das Nötigste.
Der Rucksack ist schwerer
geworden und immer schwerer,
die Füße schmerzen. Aber
als dann jemandem vor mir
eine Flasche Wasser zu Boden
fällt, springe ich hin,
hebe sie auf und
ernte ein Lächeln.

René Dausner

HEILIGSTES HERZ JESU – HOCHFEST

11. Juni 2021

„Der Motor des Lebens." Diese sehr technische Beschreibung des Herzens bietet die inzwischen globale Ausstellung „Körperwelten", die seit ihrer Eröffnung im Jahr 1996 immer wieder einen Sturm der Entrüstung entfacht. Darf man einen menschlichen Körper in Einzelteile zerlegt und plastiniert der Öffentlichkeit vorführen?
Mit dem heutigen Hochfest rückt das Herz Jesu in den Fokus der Aufmerksamkeit. Vielleicht kann ein nüchterner Blick auf dessen Inhalt durchaus nicht schaden. Medizinisch betrachtet ist das Herz ein Muskel, der als Schaltzentrale eines Blutkreislaufs fungiert, der den menschlichen Körper mit Nährstoffen versorgt und Restbestände des Stoffwechsels wieder abtransportiert. Die Texte des heutigen Festtags laden dazu ein, die Bedeutung des Herzens Jesu in all seinen Schattierungen auszuleuchten: vom zentralen, lebenswichtigen Organ bis zum bildstarken Ausdruck der Reue und der Zuwendung.

ERÖFFNUNGSVERS

Vgl. Ps 33 (32), 11.19

Der Ratschluss des Herrn bleibt ewig bestehen,
die Pläne seines Herzens überdauern die Zeiten:
Er will uns dem Tod entreißen
und in der Hungersnot unser Leben erhalten.

KYRIE-RUFE

Herr Jesus Christus, mit ewiger Liebe
liebst du jede und jeden Einzelnen von uns.
V/A: Herr, erbarme dich.

Du heißt uns, Gott zu lieben von ganzem Herzen und mit aller Kraft
und den Nächsten wie uns selbst.
V/A: Christus, erbarme dich.
Du heißt uns, auch unsere Feinde zu lieben
und denen Gutes zu tun, die uns hassen.
V/A: Herr, erbarme dich.

Ehre sei Gott, S. 481 f.

TAGESGEBET

Allmächtiger Gott, wir verehren das Herz deines geliebten Sohnes und preisen die großen Taten seiner Liebe. Gib, dass wir aus dieser Quelle göttlichen Erbarmens die Fülle der Gnade und des Lebens empfangen. Darum bitten wir durch Jesus Christus.

WORTGOTTESDIENST

ZUR 1. LESUNG Der Prophet Hosea (8. Jahrhundert vor Christus) wählt eine höchst anschauliche Sprache, um die Botschaft der Liebe Gottes in gesellschaftspolitisch schwierigen Zeiten vorzutragen. Die Zuneigung Gottes zu seinem Volk Israel bleibt nicht abstrakt, sondern findet ihren Ausdruck in der Liebe, die Eltern ihren Kindern entgegenbringen. Die Frage, was ein Herz bedeutet, wird in diesem Zusammenhang näher beleuchtet. Wie elterliche Arme Schutz bieten und Wangen Trost, so steht das Herz für Mitleid und Mitgefühl mit den Schwachen und Mittellosen.

ERSTE LESUNG

Hos 11,1.3–4.8ac–9

Gegen mich selbst wendet sich mein Herz, heftig entbrannt ist mein Mitleid

Lesung aus dem Buch Hoséa.

So spricht der Herr: Als Israel jung war, gewann ich ihn lieb, ich rief meinen Sohn aus Ägypten. Ich war es, der Éfraim gehen lehrte, der sie nahm auf seine Arme. Sie aber haben nicht erkannt, dass ich sie heilen wollte. Mit menschlichen Fesseln zog ich sie, mit Banden der Liebe. Ich war da für sie wie die, die den Säugling an ihre Wangen heben. Ich neigte mich ihm zu und gab ihm zu essen.

Wie könnte ich dich preisgeben, Éfraim, wie dich ausliefern, Israel? Gegen mich selbst wendet sich mein Herz, heftig entbrannt ist mein Mitleid. Ich will meinen glühenden Zorn nicht vollstrecken und Éfraim nicht noch einmal vernichten. Denn ich bin Gott, nicht ein Mensch, der Heilige in deiner Mitte. Darum komme ich nicht in der Hitze des Zorns.

ANTWORTPSALM

Jes 12,2.3 u. 4bcd.5–6 (Kv: 3)

Kv Ihr werdet Wasser freudig schöpfen
aus den Quellen des Heils. – Kv

Siehe, Gott ist mein Heil; *
ich vertraue und erschrecke nicht.
Denn meine Stärke und mein Lied ist Gott, der Herr. *
Er wurde mir zum Heil. – (Kv)

Ihr werdet Wasser freudig schöpfen *
aus den Quellen des Heiles.
Dankt dem Herrn! Ruft seinen Namen an! /
Macht unter den Völkern seine Taten bekannt, *
verkündet: Sein Name ist erhaben! – (Kv)

Singet dem Herrn, denn Überragendes hat er vollbracht; *
bekannt gemacht sei dies auf der ganzen Erde.
Jauchzt und jubelt, ihr Bewohner Zions; *
denn groß ist in eurer Mitte der Heilige Israels. – Kv

ZUR 2. LESUNG Der Glaube ist ein eigenartiges Phänomen. Wie leicht geht im Glaubensbekenntnis das Wort „ich glaube" über die Lippen; aber was bedeutet dieses Bekenntnis? Bin ich Urheber des Glaubens? Oder bekenne ich im Glauben das, was mich im Herzen ergriffen hat? Paulus und sein Schülerkreis, auf den der Brief an die griechische Gemeinde in Ephesus zurückgeht, wissen um die Verantwortung, die der Glaube fordert. Blindes Vertrauen ohne Nachdenken haben die christlichen Gemeinden abgelehnt – bis heute. Aber was bedeutet es dann, dass „durch den Glauben Christus in unseren Herzen" wohnt (vgl. Eph 3,17)? Glauben bedeutet immer auch Vertrauen, das sich nicht auf Wissen reduzieren lässt und im Wissen nicht wurzelt, aber dennoch dem Nachdenken der Vernunft offensteht.

ZWEITE LESUNG Eph 3,8–12.14–19

Die Liebe Christi erkennen, die alle Erkenntnis übersteigt

Lesung aus dem Brief des Apostels Paulus an die Gemeinde in Éphesus.

Schwestern und Brüder! Mir, dem Geringsten unter allen Heiligen, wurde diese Gnade zuteil: Ich soll den Heiden mit dem Evangelium den unergründlichen Reichtum Christi verkünden und enthüllen, was die Verwirklichung des geheimen Ratschlusses beinhaltet, der von Ewigkeit her in Gott, dem Schöpfer des Alls, verborgen war.

So soll jetzt den Fürsten und Gewalten des himmlischen Bereichs durch die Kirche die vielfältige Weisheit Gottes kundgetan werden, nach seinem ewigen Plan, den er durch Christus Jesus, unseren Herrn, ausgeführt hat. In ihm haben wir den freien und vertrauensvollen Zugang, den der Glaube an ihn schenkt.

Daher beuge ich meine Knie vor dem Vater, von dem jedes Geschlecht im Himmel und auf der Erde seinen Namen hat. Er gebe euch aufgrund des Reichtums seiner Herrlichkeit, dass ihr in Bezug auf den inneren Menschen durch seinen Geist an Kraft und Stärke zunehmt. Durch den Glauben wohne Christus in euren Herzen, in der Liebe verwurzelt und auf sie gegründet.

So sollt ihr mit allen Heiligen dazu fähig sein, die Länge und Breite, die Höhe und Tiefe zu ermessen und die Liebe Christi zu erkennen, die alle Erkenntnis übersteigt. So werdet ihr erfüllt werden in die ganze Fülle Gottes hinein.

RUF VOR DEM EVANGELIUM

Vers: Mt 11,29ab

Halleluja. Halleluja.
(So spricht der Herr:)
Nehmt mein Joch auf euch und lernt von mir;
denn ich bin gütig und von Herzen demütig.
Halleluja.

Oder: Vers: vgl. 1 Joh 4,10b

Halleluja. Halleluja.
Gott hat uns geliebt
und seinen Sohn gesandt als Sühne für unsere Sünden.
Halleluja.

ZUM EVANGELIUM Die zerstörerische Kraft bewusster Falschmeldungen, sogenannter Fake News, erleben wir beinahe täglich. Der Evangelist Johannes scheint ähnliche Verwirrungsstrategien geahnt zu haben und arbeitet bewusst dagegen an. Höchst anschaulich schildert er die Ereignisse, die mit dem Tod Jesu am Kreuz verknüpft sind; dabei geht es ihm vor allem um das Zeugnis, das er um der Wahrheit und um des Glaubens der Hörenden willen gibt. Auffällig dabei ist mindestens zweierlei: Zum einen zeigt die Erzählung vom Zerschlagen der Beine sowie vom Lanzenstich die extreme Verletzlichkeit Jesu; zum anderen betont Johannes den Bezug zur alttestamentlichen Überlieferung. Ihm ist wichtig, dass die Schriftworte auf Jesus zutreffen, weil sie als Zeugnis gelten, so wie er selbst Zeugnis ablegt.

EVANGELIUM

Joh 19,31–37

Einer der Soldaten stieß mit der Lanze in seine Seite und sogleich floss Blut und Wasser heraus

+ Aus dem heiligen Evangelium nach Johannes.

Weil Rüsttag war und die Körper während des Sabbats nicht am Kreuz bleiben sollten – dieser Sabbat war nämlich ein großer Feiertag –, baten die Juden Pilatus, man möge ihnen die Beine zerschlagen und sie dann abnehmen.

Also kamen die Soldaten und zerschlugen dem ersten die Beine, dann dem andern, der mit ihm gekreuzigt worden war.

Als sie aber zu Jesus kamen und sahen, dass er schon tot war, zerschlugen sie ihm die Beine nicht, sondern einer der Soldaten stieß mit der Lanze in seine Seite und sogleich floss Blut und Wasser heraus.

Und der es gesehen hat, hat es bezeugt und sein Zeugnis ist wahr. Und er weiß, dass er Wahres sagt, damit auch ihr glaubt. Denn das ist geschehen, damit sich das Schriftwort erfüllte: Man soll an ihm kein Gebein zerbrechen. Und ein anderes Schriftwort sagt: Sie werden auf den blicken, den sie durchbohrt haben.

Glaubensbekenntnis, S. 484 ff.

FÜRBITTEN

In der Liebe Jesu erkennen wir die Fülle göttlicher Liebe. Ihn, Jesus, unseren Heiland, bitten wir voll Vertrauen:

- Schenke dein Erbarmen allen, die ein Amt in der Kirche innehaben, und stärke ihren Glauben und ihre Liebe. V: Jesus Christus, Heil und Leben. A: Wir bitten dich, erhöre uns.
- Schenke deine Kraft allen, die Kinder auch unter schwierigen Bedingungen treu begleiten. V: Jesus Christus, Heil und Leben. A: Wir bitten dich, erhöre uns.

- Schenke deine Hoffnung allen, deren Lebenspläne und -hoffnungen durch eine schwere Krankheit infrage gestellt wurden. V: Jesus Christus, Heil und Leben. A: Wir bitten dich, erhöre uns.
- Schenke deine Zuwendung allen, die ausgebeutet und an den Rand gedrängt werden. V: Jesus Christus, Heil und Leben. A: Wir bitten dich, erhöre uns.
- Schenke deinen stärkenden Geist allen, die sich für Gerechtigkeit und Frieden einsetzen. V: Jesus Christus, Heil und Leben. A: Wir bitten dich, erhöre uns.

Jesus, du unsere Hoffnung, in deinem Herzen sind wir geborgen. Hilf uns, dankbar unsere Kraft für die Schwachen einzusetzen, wie du es uns vorgelebt hast. Dir sei Lob und Dank, heute und allezeit.

EUCHARISTIEFEIER

GABENGEBET

Allmächtiger Gott, sieh auf das durchbohrte Herz deines Sohnes, der uns geliebt und sich für uns hingegeben hat. Lass unser Opfer dir wohlgefallen und zur Sühne für unsere Sünden werden. Darum bitten wir durch Christus, unseren Herrn.

PRÄFATION

In Wahrheit ist es würdig und recht, dir, allmächtiger Vater, zu danken und dich mit der ganzen Schöpfung zu loben, durch unseren Herrn Jesus Christus. Am Kreuz erhöht, hat er sich für uns dahingegeben aus unendlicher Liebe und alle an sich gezogen. Aus seiner geöffneten Seite strömen Blut und Wasser, aus seinem durchbohrten Herzen entspringen die Sakramente der Kirche. Das Herz des Erlösers steht offen für alle, damit sie freudig schöpfen aus den Quellen des

Heiles. Durch ihn rühmen dich deine Erlösten und singen mit den Chören der Engel das Lob deiner Herrlichkeit: Heilig …

KOMMUNIONVERS

Joh 7,37–38

Wer Durst hat, komme zu mir,
und es trinke, wer an mich glaubt!
Die Schrift sagt:
Aus seinem Inneren werden
Ströme von lebendigem Wasser fließen.

Oder: Joh 19,34

Ein Soldat stieß mit der Lanze in seine Seite
und sogleich floss Blut und Wasser heraus.

SCHLUSSGEBET

Herr, unser Gott, du hast uns gestärkt mit dem Sakrament jener Liebe, durch die dein Sohn alles an sich zieht. Entzünde auch in uns das Feuer seiner Liebe, damit wir in unseren Brüdern ihn erkennen und ihm dienen. Darum bitten wir durch ihn, Christus, unseren Herrn.

⋆⋆⋆

EIN NEUES HERZ

Das Gebet hat große Kraft,
das ein Mensch verrichtet
nach bestem Können.

Es macht ein bitteres Herz süß,
ein trauriges froh,
ein armes reich,
ein törichtes weise,
ein verzagtes kühn,
ein schwaches stark,
ein kaltes brennend.

Es zieht den großen Gott
in ein kleines Herz.

Gertrud von Helfta

11. SONNTAG IM JAHRESKREIS

13. Juni 2021

Die jüdische Dichterin Hilde Domin (1909–2006) hat in ihrem Gedichtband „Nur eine Rose als Stütze" den schönen Vers geprägt: „Ich setzte meinen Fuß in die Luft / und sie trug." Auf poetische Weise wird hier ein Grundvertrauen ausgedrückt, das ohne doppelten Boden und ohne Sicherungsnetze auskommt. Vertrauen ist darum nicht nur ein anderes Wort für Zuversicht, sondern zugleich Inbegriff des christlichen Gottesglaubens als eines Lebensstils. Am heutigen Sonntag hören wir Bibeltexte, die von diesem Vertrauen in den biblischen Gott zutiefst geprägt sind. Wer die Texte liest oder hört, wird zu dem mutigen Schritt eingeladen, den eigenen Fuß in die Luft zu setzen – und die Erfahrung zu machen, getragen zu werden.

ERÖFFNUNGSVERS

Ps 27 (26),7.9

Vernimm, o Herr, mein lautes Rufen,
sei mir gnädig und erhöre mich.
Du bist meine Hilfe: Verstoß mich nicht,
verlass mich nicht, du Gott meines Heils!

KYRIE-RUFE

Herr Jesus Christus, du bist der Sämann,
der den Samen des Reiches Gottes aussät.
V/A: Herr, erbarme dich.
Du lässt die Saat wachsen,
bis die Pflanze groß und die Frucht reif ist.
V/A: Christus, erbarme dich.

Du tröstest uns, denn die mit Tränen säen,
werden mit Jubel ernten.
V/A: Herr, erbarme dich.

Ehre sei Gott, S. 481 f.

TAGESGEBET

Gott, du unsere Hoffnung und unsere Kraft, ohne dich vermögen wir nichts. Steh uns mit deiner Gnade bei, damit wir denken, reden und tun, was dir gefällt. Darum bitten wir durch Jesus Christus.

WORTGOTTESDIENST

ZUR 1. LESUNG Als der Prophet Ezechiel in der ersten Hälfte des 6. Jahrhundert vor Christus. auftrat, war die Gesellschaft in Jerusalem stark erschüttert. Viele waren ins sogenannte babylonische Exil verschleppt worden; die noch verbleibende Bevölkerung blieb verunsichert zurück. In dieser Situation verkündet der Prophet das Wort Gottes, das ein Wort des Trostes und der Hoffnung ist. Die naturnahen Bilder, die hier gewählt werden, stellen uns heute vor die Frage der Glaubwürdigkeit dieser biblischen Botschaft. Vertrauen wir der Verlässlichkeit Gottes? Auf welcher Basis dürfen wir uns darauf einlassen?

ERSTE LESUNG Ez 17,22–24

Ich mache den niedrigen Baum hoch

Lesung aus dem Buch Ezéchiel.

So spricht Gott, der Herr: Ich selbst nehme vom hohen Wipfel der Zeder und setze ihn ein. Einen zarten Zweig aus ihren obersten

Ästen breche ich ab, ich selbst pflanze ihn auf einen hohen und aufragenden Berg. Auf dem hohen Berg Israels pflanze ich ihn. Dort treibt er dann Zweige, er trägt Früchte und wird zur prächtigen Zeder. Alle Vögel wohnen darin; alles, was Flügel hat, wohnt im Schatten ihrer Zweige.

Dann werden alle Bäume des Feldes erkennen, dass ich der HERR bin. Ich mache den hohen Baum niedrig, den niedrigen Baum mache ich hoch. Ich lasse den grünenden Baum verdorren, den verdorrten Baum lasse ich erblühen. Ich, der HERR, habe gesprochen und ich führe es aus.

ANTWORTPSALM

Ps 92 (91), 2–3.13–14.15–16 (Kv: 2a)

Kv Gut ist es, dem HERRN zu danken. – Kv

Gut ist es, dem HERRN zu danken, *
deinem Namen, du Höchster, zu singen und zu spielen,
am Morgen deine Huld zu verkünden *
und in den Nächten deine Treue. – (Kv)

Der Gerechte sprießt wie die Palme, *
er wächst wie die Zeder des Líbanon.
Gepflanzt im Hause des HERRN, *
sprießen sie in den Höfen unseres Gottes. – (Kv)

Sie tragen Frucht noch im Alter *
und bleiben voll Saft und Frische;
sie verkünden: Der HERR ist redlich, *
mein Fels! An ihm ist kein Unrecht. – Kv

ZUR 2. LESUNG Der zweite Lesungstext könnte leicht den Eindruck der Lebensferne, der Abwendung von der Welt erwecken. Umso wichtiger ist es daher, die vorausgehenden Verse zu lesen. Denn hier wird verkündet, dass Gott allen Gläubigen den „ersten Anteil des Geistes gegeben" (2 Kor 5,5) habe. Die schroffe Gegenüberstellung von irdischer Fremdheit und himmlischer Heimat liest sich dann neu und anders, wenn wir jetzt schon den Geist empfangen haben, der uns zu Kindern Gottes macht (vgl. Röm 8,16). Himmel und Erde sind dann keine beziehungslosen Bereiche, die aufeinanderfolgen; vielmehr geht es darum, in unserem jetzigen Leben einzuüben, was uns im kommenden erwarten wird. Die Extreme treffen und kreuzen sich – mitten in unserer Lebenszeit.

ZWEITE LESUNG

2 Kor 5,6–10

Wir suchen unsere Ehre darin, dem Herrn zu gefallen

Lesung aus dem zweiten Brief des Apostels Paulus an die Gemeinde in Korínth.

Schwestern und Brüder! Wir sind immer zuversichtlich, auch wenn wir wissen, dass wir fern vom Herrn in der Fremde leben, solange wir in diesem Leib zu Hause sind; denn als Glaubende gehen wir unseren Weg, nicht als Schauende. Weil wir aber zuversichtlich sind, ziehen wir es vor, aus dem Leib auszuwandern und daheim beim Herrn zu sein.

Deswegen suchen wir unsere Ehre darin, ihm zu gefallen, ob wir daheim oder in der Fremde sind. Denn wir alle müssen vor dem Richterstuhl Christi offenbar werden, damit jeder seinen Lohn empfängt für das Gute oder Böse, das er im irdischen Leben getan hat.

RUF VOR DEM EVANGELIUM

Halleluja. Halleluja.
Der Samen ist das Wort Gottes, der Sämann ist Christus.
Wer Christus findet, der bleibt in Ewigkeit.
Halleluja.

ZUM EVANGELIUM Im Zentrum der Botschaft Jesu von Nazaret steht nicht seine eigene Person, sondern das Reich Gottes. Wie aber können wir uns das Reich Gottes vorstellen? Diese Frage beschäftigt nicht erst uns Heutige. Sie ist eine, ja die Schlüsselfrage christlichen Glaubens. Jesus selbst hat immer wieder Vergleiche angestellt, weil er die Nähe des Reiches Gottes vermitteln wollte. Entscheidend zum Verständnis dieser Nähe ist die Geduld. Oder, abstrakter gesagt, die Zeit. Das Wachsen der Saat beschreibt diese Nähe des Reiches Gottes als einen Wachstumsprozess. Der Keim ist bereits jetzt gelegt, aber das Reich muss nach und nach wachsen. Christliches Leben meint somit nichts anderes als messianisches Leben: Leben in geduldiger Hoffnung auf die Zukunft Gottes, die immer schon als Setzling in unsere Gegenwart eingebrochen ist.

EVANGELIUM Mk 4,26–34

Das kleinste von allen Samenkörnern geht auf und wird größer als alle anderen Gewächse

+ **Aus dem heiligen Evangelium nach Markus.**

In jener Zeit sprach Jesus zu der Menge: Mit dem Reich Gottes ist es so, wie wenn ein Mann Samen auf seinen Acker sät; dann schläft er und steht wieder auf, es wird Nacht und wird Tag, der Samen keimt und wächst und der Mann weiß nicht, wie. Die Erde bringt von selbst ihre Frucht, zuerst den Halm, dann die Ähre, dann das volle Korn in der Ähre. Sobald aber die Frucht reif ist, legt er die Sichel an; denn die Zeit der Ernte ist da.

Er sagte: Womit sollen wir das Reich Gottes vergleichen, mit welchem Gleichnis sollen wir es beschreiben? Es gleicht einem Senfkorn. Dieses ist das kleinste von allen Samenkörnern, die man in die Erde sät. Ist es aber gesät, dann geht es auf und wird größer als alle anderen Gewächse und treibt große Zweige, sodass in seinem Schatten die Vögel des Himmels nisten können.

Durch viele solche Gleichnisse verkündete er ihnen das Wort, so wie sie es aufnehmen konnten. Er redete nur in Gleichnissen zu ihnen; seinen Jüngern aber erklärte er alles, wenn er mit ihnen allein war.

Glaubensbekenntnis, S. 484 ff.

FÜRBITTEN

Guter Gott, wir müssen nicht alles leisten und erbringen. Das Entscheidende wird uns geschenkt. Vertrauensvoll rufen wir zu dir, dem erbarmenden Gott des Lebens:

- Wir beten für die Menschen, die im Dienste des Wortes Gottes stehen: Lass sie erfahren, dass dein Wort Frucht bringt. V: Gott, du Freund des Lebens. A: Höre unser Rufen.
- Wie bitten für alle, die unter zerstörerischem Leistungsdruck stehen: Schenk ihnen die Erfahrung des Gelingens ohne Zwang und Perfektionismus. V: Gott, du Freund des Lebens. A: Höre unser Rufen.
- Wir beten für die vielen Menschen weltweit, die nicht von ihrer Arbeit leben können: Lass Gerechtigkeit wachsen und hilf ihnen, ein menschenwürdiges Leben ohne Not und Missachtung zu führen. V: Gott, du Freund des Lebens. A: Höre unser Rufen.
- Wir beten für alle, die sich in Zeiten des Priestermangels in den christlichen Gemeinden engagieren: Segne und stärke sie, denn sie erhalten die Gemeinschaft, die von dir Zeugnis gibt und ein Segen sein soll. V: Gott, du Freund des Lebens. A: Höre unser Rufen.
- Wir beten für alle, die mit einem leeren Platz an ihrer Seite leben müssen. Schenke ihnen Zeit zum Trauern und liebevolle Menschen in ihrer Nähe. V: Gott, du Freund des Lebens. A: Höre unser Rufen.

Deine Botschaft, guter Gott, ist in uns lebendig. Hilf uns, durch unser Vertrauen und durch unser Handeln mitzuwirken am Wachsen deines Reiches. Darum bitten wir durch Jesus Christus, deinen Sohn, unseren Lehrer.

EUCHARISTIEFEIER

GABENGEBET

Herr, durch diese Gaben nährst du den ganzen Menschen: du gibst dem irdischen Leben Nahrung und dem Leben der Gnade Wachstum. Lass uns daraus immer neue Kraft schöpfen für Seele und Leib. Darum bitten wir durch Christus, unseren Herrn.

Präfation, S. 496 ff.

KOMMUNIONVERS Joh 17,11

Heiliger Vater, bewahre sie in deinem Namen,
die du mir gegeben hast,
damit sie eins sind wie wir.

SCHLUSSGEBET

Herr, unser Gott, das heilige Mahl ist ein sichtbares Zeichen, dass deine Gläubigen in dir eins sind. Lass diese Feier wirksam werden für die Einheit der Kirche. Darum bitten wir durch Christus, unseren Herrn.

FEIERLICHER SCHLUSSSEGEN

Gott, der allmächtige Vater, segne euch; er bewahre euch vor Unheil und Schaden. – A: Amen.
Er öffne eure Herzen für sein göttliches Wort und bereite sie für die unvergänglichen Freuden. – A: Amen.
Er lasse euch erkennen, was zum Heile dient, und führe euch auf dem Weg seiner Gebote zur Gemeinschaft der Heiligen. – A: Amen.

Das gewähre euch der dreieinige Gott, der Vater und der Sohn † und der Heilige Geist. – A: Amen.

***

Für eine Wort-Gottes-Feier:

ERÖFFNUNGSGEBET ZUR WAHL

Unbegreiflicher Gott, in deiner Weisheit hast du die Schöpfung mit deiner Kraft erfüllt. Lass den Samen deines Wortes in unseren Herzen aufgehen, damit alle deine Größe erkennen und dich preisen mit deinem Sohn, unserem Herrn Jesus Christus, der mit dir und dem Heiligen Geist lebt und herrscht jetzt und in Ewigkeit.

***

WUNDER DES WACHSTUMS
(zu Mk 4,26–34)

Die Kräfte des Wachsens,
das Wunder des Reifens
entziehen sich unserem Zugriff.
Die Erde lässt den Samen
von selbst zur Frucht gelangen.

Wer ständig beunruhigt
mit dem Spaten zum Acker eilt,
um nachzuschauen,
was aus dem Samenkorn wird,
hat ein Problem.

Wer das frische Grün,
das die Krume durchbricht,
noch ein Stück weiter herausziehen

und so Wachstum beschleunigen will,
wird wohl nicht ernten können!

Was also können wir tun?
Nach Kräften das,
was wir tun können,
dann, aber – ohne Übergriff –
auf das Wunder des Wachstums
vertrauen!

Dorothee Sandherr-Klemp

12. SONNTAG IM JAHRESKREIS

20. Juni 2021

Einer der bedeutendsten katholischen Theologen des 20. Jahrhunderts, Karl Rahner (1904–1984), hat den Menschen als „Hörer des Wortes" beschrieben. Wir Menschen sind demnach Angesprochene, die zunächst das Wort Gottes hören dürfen und müssen. Unsere Rede folgt als Antwort auf diesen Ruf. Nicht wir ergreifen das Wort, sondern das Wort Gottes ergreift uns, wenn wir bereit sind, uns diesem Wort zu öffnen. Wenn wir in uns hineinhören, können wir mitunter die Erfahrung machen, dass sich eine Stimme in uns zu Wort meldet, die uns anhält, nicht um uns besorgt zu bleiben, sondern zum Wohl der anderen beizutragen. Die biblischen Texte laden uns Sonntag für Sonntag ein, zu prüfen, ob in uns beim Hören des Wortes diese Saite zum Klingen kommt. Was wir dazu tun müssen? Nichts als: hören.

ERÖFFNUNGSVERS

Ps 28 (27),8–9

Der Herr ist die Stärke seines Volkes,
er ist Schutz und Heil für seinen Gesalbten.
Herr, hilf deinem Volk und segne dein Erbe,
führe und trage es in Ewigkeit.

KYRIE-RUFE

Jesus Christus, du bist der Herr aller Mächte und Gewalten.
V/A: Herr, erbarme dich.
Du bist mit uns alle Tage bis zum Ende der Welt.
V/A: Christus, erbarme dich.
Du beschützt uns und bewahrst unser Leben.
V/A: Herr, erbarme dich.

Ehre sei Gott, S. 481 f.

TAGESGEBET

Heiliger Gott, gib, dass wir deinen Namen allezeit fürchten und lieben. Denn du entziehst keinem deine väterliche Hand, der fest in deiner Liebe verwurzelt ist. Darum bitten wir durch Jesus Christus.

WORTGOTTESDIENST

ZUR 1. LESUNG Das Buch Ijob erzählt eine bekannte Geschichte, die unter die Haut geht. Einer, der alles hat, was man sich nur erträumen kann, verliert nach und nach alles: den Besitz, die Familie, die eigene Gesundheit. Die frühere Vorstellung, dass es demjenigen, der ein gutes, gerechtes Leben führt, auch gut ergeht, wird völlig auf den Kopf gestellt. Mit Weisheit scheinen all diese Erfahrungen nichts zu tun zu haben. Der Schlussvers der heutigen Lesung verweist auf eine Grenze, die zwischen Gott und uns Menschen verläuft. Auch wenn wir noch so viel wissen und noch so viel können, gilt es, sich bewusst zu halten, dass die Grundunterscheidung zwischen dem Schöpfer und den Geschöpfen nicht aufgehoben wird. Ijob erkennt diese Grenze an – und erfährt sich am Ende reicher beschenkt als zuvor.

ERSTE LESUNG

Ijob 38, 1.8–11

Hier muss sich legen deiner Wogen Stolz

Lesung aus dem Buch Íjob.

Der Herr antwortete dem Íjob aus dem Wettersturm und sprach: Wer verschloss das Meer mit Toren, als schäumend es dem Mutterschoß entquoll, als Wolken ich zum Kleid ihm machte, ihm zur

Windel dunklen Dunst, als ich ihm ausbrach meine Grenze, ihm Tor und Riegel setzte und sprach: Bis hierher darfst du und nicht weiter, hier muss sich legen deiner Wogen Stolz?

ANTWORTPSALM

Ps 107 (106),23–24.26–27.28–29.30–31 (Kv: vgl. 15a)

Kv Danken sollen alle dem Herrn;
denn seine Huld währt ewig. – Kv

(*Oder:* Halleluja.)

Sie, die mit Schiffen das Meer befuhren, *
Handel trieben auf den großen Wassern,
die dort schauten die Werke des Herrn, *
seine Wundertaten in der Tiefe. – (Kv)

Sie stiegen empor zum Himmel, /
in die Urtiefen sanken sie hinab, *
sodass ihre Seele vor Not verzagte,
sie wankten und schwankten wie Betrunkene, *
verschlungen war all ihre Weisheit. – (Kv)

Sie schrien zum Herrn in ihrer Bedrängnis *
und er führte sie heraus aus ihren Nöten,
er machte aus dem Sturm ein Säuseln *
und es schwiegen die Wogen des Meeres. – (Kv)

Sie freuten sich, dass die Wogen sich legten, *
und er führte sie zum ersehnten Hafen.
Sie sollen dem Herrn danken für seine Huld, *
für seine Wundertaten an den Menschen. – Kv

ZUR 2. LESUNG Der Apostel Paulus wendet sich mit einer Botschaft an die Gemeinde in Korinth, die bis heute nichts von ihrer Anstößigkeit verloren hat. Denn wenn eines gewiss ist, so ist es unser Wissen um den eigenen Tod. Niemand kann dem Tod entkommen. Aber: es ist eine Frage, ob wir uns von diesem Tod her bestimmen lassen und unser Leben als ein Vorlaufen auf den Tod verstehen. Oder ob ich, obwohl ich weiß, dass ich sterben muss, glauben kann, dass Jesus auch meinen Tod getötet hat. Mein Leben, auch wenn es auf den Tod zuläuft, endet nicht im Tod. Ist diese Hoffnung auf Auferstehung ein Trost der Untröstlichen – oder eine Wahrheit, für die es sich zu leben lohnt?

ZWEITE LESUNG 2 Kor 5, 14–17

Wenn jemand in Christus ist, dann ist er eine neue Schöpfung

Lesung aus dem zweiten Brief des Apostels Paulus an die Gemeinde in Korínth.

Schwestern und Brüder! Die Liebe Christi drängt uns, da wir erkannt haben: Einer ist für alle gestorben, also sind alle gestorben. Er ist aber für alle gestorben, damit die Lebenden nicht mehr für sich leben, sondern für den, der für sie starb und auferweckt wurde.

Also kennen wir von jetzt an niemanden mehr dem Fleische nach; auch wenn wir früher Christus dem Fleische nach gekannt haben, jetzt kennen wir ihn nicht mehr so.

Wenn also jemand in Christus ist, dann ist er eine neue Schöpfung: Das Alte ist vergangen, siehe, Neues ist geworden.

RUF VOR DEM EVANGELIUM Vers: vgl. Lk 7, 16

Halleluja. Halleluja.
Ein großer Prophet wurde unter uns erweckt:
Gott hat sein Volk heimgesucht.
Halleluja.

ZUM EVANGELIUM Wenn man dem griechischen Originaltext folgt, müsste der Schlussvers des heutigen Evangeliumstextes anders übersetzt werden. Der Satz lautet wörtlich nicht: „Was ist das für ein Mensch …?", sondern „Wer ist dieser …?" Der Unterschied könnte kaum größer sein. Denn die Fassung der Einheitsübersetzung zielt auf eine Bewunderung eines Menschen, der im Vergleich mit den anderen Menschen in besonderer Weise herausgehoben ist. Die wörtliche Übersetzung hingegen fragt, wer denn dieser Jesus sei, fragt somit nach seiner Person, die sich gerade als unvergleichlich erweist. Die Einzigartigkeit dieses Jesus von Nazaret gibt zu denken und hat in den folgenden Jahrhunderten zu intensivsten Überlegungen Veranlassung gegeben. Im Konzil von Chalkedon (451 nach Christus) wurde dann Jesus als „wahrer Mensch" und zugleich als „wahrer Gott" bekannt. Um diesen Inhalt des Glaubens zu verstehen, bedarf es der radikalen Frage, vor die sich die Gemeinde auch im heutigen Gottesdienst gestellt sieht: Wer ist denn dieser, dass ihm Meer und Wind gehorchen?

EVANGELIUM

Mk 4,35–41

Wer ist denn dieser, dass ihm sogar der Wind und der See gehorchen?

+ Aus dem heiligen Evangelium nach Markus.

An jenem Tag, als es Abend geworden war, sagte Jesus zu seinen Jüngern: Wir wollen ans andere Ufer hinüberfahren. Sie schickten die Leute fort und fuhren mit ihm in dem Boot, in dem er saß, weg;

und andere Boote begleiteten ihn. Plötzlich erhob sich ein heftiger Wirbelsturm und die Wellen schlugen in das Boot, sodass es sich mit Wasser zu füllen begann. Er aber lag hinten im Boot auf einem Kissen und schlief. Sie weckten ihn und riefen:

Meister, kümmert es dich nicht, dass wir zugrunde gehen? Da stand er auf, drohte dem Wind und sagte zu dem See: Schweig, sei still! Und der Wind legte sich und es trat völlige Stille ein. Er sagte zu ihnen: Warum habt ihr solche Angst?

Habt ihr noch keinen Glauben? Da ergriff sie große Furcht und sie sagten zueinander: Wer ist denn dieser, dass ihm sogar der Wind und das Meer gehorchen?

Glaubensbekenntnis, S. 484 ff.

FÜRBITTEN

Gott will falsche Furcht, will Enge und Ängstlichkeit von uns nehmen. Zu ihm rufen wir heute voll Vertrauen und bitten ihn:

- Für die Kirche, dass sie sich mutig und tatkräftig den Herausforderungen der Gegenwart stellt. V/A: Höre und erhöre uns.
- Für alle, die im Gefängnis der Angst und im Haus der Sorgen gefangen sind. V/A: Höre und erhöre uns.
- Für alle, denen im Berufsleben, in der Schule, in der Ausbildung der raue Wind der Ablehnung entgegenschlägt. V/A: Höre und erhöre uns.
- Für alle, deren Lebenspläne und -hoffnungen durch den Tod eines geliebten Menschen durchkreuzt wurden. V/A: Höre und erhöre uns.
- Für alle, die den nahen Tod vor Augen haben. V/A: Höre und erhöre uns.

Gott, du allein kannst den Frieden des Herzens schenken. Lass nicht zu, dass unser Herz sich verhärtet durch den Druck des Alltags. Wir bitten um deine Nähe, damit Vertrauen und Zuversicht wieder wachsen: heute und alle Tage, die uns geschenkt sind.

EUCHARISTIEFEIER

GABENGEBET

Barmherziger Gott, nimm das Opfer des Lobes und der Versöhnung an. Löse uns durch diese Feier aus aller Verstrickung, damit wir in freier Hingabe ganz dir angehören. Darum bitten wir durch Christus, unseren Herrn.

Präfation, S. 496 ff.

KOMMUNIONVERS

Joh 10,11.15

Ich bin der gute Hirt.
Ich gebe mein Leben für meine Schafe –
so spricht der Herr.

SCHLUSSGEBET

Gütiger Gott, du hast uns durch den Leib und das Blut Christi gestärkt. Gib, dass wir niemals verlieren, was wir in jeder Feier der Eucharistie empfangen. Darum bitten wir durch Christus, unseren Herrn.

***

Für eine Wort-Gottes-Feier:

ERÖFFNUNGSGEBET ZUR WAHL

Gott des Himmels und der Erde, du bist Herr der ganzen Schöpfung, in dir sind wir geborgen. Nimm alle Angst von uns und stärke unser Vertrauen in deine rettende Kraft. Darum bitten wir durch Jesus Christus, unseren Fürsprecher und Herrn, der mit dir und dem Heiligen Geist lebt und herrscht, Gott von Ewigkeit zu Ewigkeit.

***

WER IST DIESER?

Wer ist dieser,
dass wir seiner gedenken?

Ein gelehrter Lehrer, so heißt es;
einer, der weiß, was er sagt,
und glaubt, was er tut.

Einer, der Kindern
Aufmerksamkeit schenkt
und Verachteten
Achtung.

Seine Botschaft
sind keine *Fake News.*
Er verspricht nicht das Blaue
vom Himmel, sondern
den Himmel auf Erden.

Er sucht nicht den Tod,
er sucht das Leben,
das er zu geben
nicht scheut.

Wer ist dieser?
Sein Name –
Emmanuel –
bedeutet:
Gott in uns.

René Dausner

GEBURT DES HEILIGEN JOHANNES DES TÄUFERS HOCHFEST

24. Juni 2021

Sein Name bedeutet: „Gott ist gnädig". Doch der Dienst des Täufers wird gewaltsam beendet werden. Enttäuschung und Scheitern gehören fast unvermeidlich zum Weg eines Gesandten des gnädigen Gottes. Warum nur? Der Gottesbote des Jesaja-Buches (vgl. die erste Lesung) hat diese Spannung ebenso erfahren wie die Gottkünder Johannes und Jesus von Nazaret. Verdunkelung und Todesnacht behalten dennoch nicht das letzte Wort: „Gott ist gnädig." Im Lichte dieses Wissens hat die junge Kirche nicht nur die Bedeutung des hingerichteten Täufers, sondern auch den unbegreiflichen Weg des gekreuzigten Messias Jesus entdeckt.

ERÖFFNUNGSVERS

Joh 1,6–7; Lk 1,17

Ein Mensch trat auf, der von Gott gesandt war;
sein Name war Johannes.
Er kam als Zeuge, um Zeugnis abzulegen für das Licht
und das Volk für den Herrn bereitzumachen.

KYRIE-RUFE

Herr Jesus Christus, du hast Johannes schon im Mutterleib
mit dem Heiligen Geist erfüllt.
V/A: Herr, erbarme dich.
Du hast Johannes berufen, viele in Israel
zum Herrn, ihrem Gott zu bekehren.
V/A: Christus, erbarme dich.

Du hast Johannes berufen, dir mit dem Geist
und mit der Kraft des Elija voranzugehen.
V/A: Herr, erbarme dich.

Ehre sei Gott, S. 481 f.

TAGESGEBET

Gott, du hast den heiligen Johannes den Täufer berufen, das Volk des Alten Bundes Christus, seinem Erlöser, entgegenzuführen. Schenke deiner Kirche die Freude im Heiligen Geist und führe alle, die an dich glauben, auf dem Weg des Heiles und des Friedens. Darum bitten wir durch Jesus Christus.

WORTGOTTESDIENST

ZUR 1. LESUNG Zum Geburtsfest des Umkehrpredigers Johannes, des Täufers und Herolds Jesu, erinnert die Kirche an einen anderen Vorläufer, an ein anderes Menschenleben wider alle Widerstände, ganz von Gottes Gnaden. Wie der Täufer wird der für uns Namenlose schon vorgeburtlich von Adonai berufen und beim Namen genannt. Er soll ihm Stütze sein, Gottes „Knecht". Die Weisungen des HERRN macht er allenthalben bekannt. Heil und Heilung bringt er Israel, damit es zu einem hellen Licht werde, das auch die Fremden anzieht und zum einen und wahren Gott führt. Mensch unter Menschen, in Treue rastlos tätig, namenlos, verbraucht, verbrannt, verkannt. Und doch namhaft, im Namen des HERRN, unvergessen: „Er ist gerecht, ein Helfer wert" (GL 218,2; EG 1,2), „Licht der Nationen", einmal für immer berufen, zum Heil der Welt.

ERSTE LESUNG

Jes 49,1–6

Ich mache dich zum Licht der Nationen

Lesung aus dem Buch Jesája.

Hört auf mich, ihr Inseln, merkt auf, ihr Völker in der Ferne! Der HERR hat mich schon im Mutterleib berufen; als ich noch im Schoß meiner Mutter war, hat er meinen Namen genannt.

Er machte meinen Mund wie ein scharfes Schwert, er verbarg mich im Schatten seiner Hand. Er machte mich zu einem spitzen Pfeil und steckte mich in seinen Köcher. Er sagte zu mir: Du bist mein Knecht, Israel, an dem ich meine Herrlichkeit zeigen will.

Ich aber sagte: Vergeblich habe ich mich bemüht, habe meine Kraft für Nichtiges und Windhauch vertan. Aber mein Recht liegt beim HERRN und mein Lohn bei meinem Gott.

Jetzt aber hat der HERR gesprochen, der mich schon im Mutterleib zu seinem Knecht geformt hat, damit ich Jakob zu ihm heimführe und Israel bei ihm versammelt werde. So wurde ich in den Augen des HERRN geehrt und mein Gott war meine Stärke.

Und er sagte: Es ist zu wenig, dass du mein Knecht bist, nur um die Stämme Jakobs wieder aufzurichten und die Verschonten Israels heimzuführen. Ich mache dich zum Licht der Nationen; damit mein Heil bis an das Ende der Erde reicht.

ANTWORTPSALM

Ps 139 (138), 1–3.13–14.15–16 (Kv: vgl. 14a)

Kv Ich danke dir, Herr:
Ich bin so staunenswert und wunderbar gestaltet. – Kv

HERR, du hast mich erforscht und kennst mich. /
Ob ich sitze oder stehe, du kennst es. *
Du durchschaust meine Gedanken von fern.
Ob ich gehe oder ruhe, du hast es gemessen. *
Du bist vertraut mit all meinen Wegen. – (Kv)

Du selbst hast mein Innerstes geschaffen, *
hast mich gewoben im Schoß meiner Mutter.
Ich danke dir, dass ich so staunenswert und wunderbar gestaltet bin. *
Ich weiß es genau: Wunderbar sind deine Werke. – (Kv)

Dir waren meine Glieder nicht verborgen, /
als ich gemacht wurde im Verborgenen, *
gewirkt in den Tiefen der Erde.
Als ich noch gestaltlos war, sahen mich bereits deine Augen. /
In deinem Buch sind sie alle verzeichnet: *
die Tage, die schon geformt waren,
als noch keiner von ihnen da war. – Kv

ZUR 2. LESUNG Die Missionare Barnabas und Paulus besuchen am Sabbat die Synagoge. Wie es üblich ist, werden die ortsfremden Glaubensbrüder von den Einheimischen eingeladen, die Schriftlesung auszulegen. Paulus ergreift das Wort. Der Gott, der einst Israels Väter und Mütter aus der ägyptischen Fron in die Freiheit führte, der Gott, der Isais jüngsten Sohn zu einem großen König machte, ist auch der Gott, der dem Volk Jesus als Retter geschickt hat. Jesus ist der Erwartete, auf den nicht nur die Propheten hofften, sondern auf den zuletzt auch der Täufer hingewiesen hat. In der Synagoge von Antiochia zeigt Paulus auf, dass Gottes Heilstaten in der Geschichte Israels und Gottes rettendes Handeln an Jesus unverbrüchlich zusammengehören. Der Eine ist unser Gott, und unser Gott ist Einer.

ZWEITE LESUNG

Apg 13,16.22–26°

Vor dem Auftreten Jesu hat Johannes eine Taufe der Umkehr verkündet

Lesung aus der Apostelgeschichte.

In der Synagoge von Antióchia in Pisídien stand Paulus auf, gab mit der Hand ein Zeichen und sagte:

Ihr Israeliten und ihr Gottesfürchtigen, hört! Gott erhob David zum König, von dem er bezeugte: Ich habe David, den Sohn des Ísai, als einen Mann nach meinem Herzen gefunden, der alles, was ich will, vollbringen wird. Aus seinem Geschlecht hat Gott dem Volk Israel, der Verheißung gemäß, Jesus als Retter geschickt. Vor dessen Auftreten hat Johannes dem ganzen Volk Israel eine Taufe der Umkehr verkündet.

Als Johannes aber seinen Lauf vollendet hatte, sagte er: Ich bin nicht der, für den ihr mich haltet; aber siehe, nach mir kommt einer, dem die Sandalen von den Füßen zu lösen ich nicht wert bin.

Brüder, ihr Söhne aus Abrahams Geschlecht und ihr Gottesfürchtigen! Uns wurde das Wort dieses Heils gesandt.

RUF VOR DEM EVANGELIUM

Vers: vgl. Lk 1,76

Halleluja. Halleluja.
Du wirst Prophet des Höchsten heißen;
denn du wirst dem Herrn vorausgehen und ihm den Weg bereiten.
Halleluja.

ZUM EVANGELIUM Die Zeit erfüllte sich: Neues Leben ist herangewachsen. Die Geburt eines Kindes steht bevor. Der Lebenswunsch einer gedemütigten Frau ist in Erfüllung gegangen. Die Zeit erfüllte sich: Gottes Erbarmen ist groß geworden. Die Zeit erfüllte sich: Was Gott verheißen hat, wurde wahr. Elisabet und Zacharias erfahren es am eigenen Leibe. Bei der Feier zur Beschneidung des Kindes werden es Nachbarn und Verwandte miterleben. Sie erschrecken. Nachdrücklich stellen sie die Frage, die jede Geburt stellt: Was wird aus diesem Kind werden? Die Geburt des Johannes ist die Erfüllung der Zeit, und der Anfang vom Anfang. Sind auch wir bereit: zur Begegnung mit Gottes Fülle, zur Begrüßung des Lebens, das, so ersehnt wie unverhofft, in uns keimen will und reifen?

EVANGELIUM

Lk 1,57–66.80

Johannes ist sein Name

+ Aus dem heiligen Evangelium nach Lukas.

Für Elisabet erfüllte sich die Zeit, dass sie gebären sollte, und sie brachte einen Sohn zur Welt. Ihre Nachbarn und Verwandten hörten, welch großes Erbarmen der Herr ihr erwiesen hatte, und freuten sich mit ihr.

Und es geschah: Am achten Tag kamen sie zur Beschneidung des Kindes und sie wollten ihm den Namen seines Vaters Zacharías geben.

Seine Mutter aber widersprach und sagte: Nein, sondern er soll Johannes heißen. Sie antworteten ihr: Es gibt doch niemanden in deiner Verwandtschaft, der so heißt.

Da fragten sie seinen Vater durch Zeichen, welchen Namen das Kind haben solle. Er verlangte ein Schreibtäfelchen und schrieb darauf: Johannes ist sein Name. Und alle staunten.

Im gleichen Augenblick konnte er Mund und Zunge wieder gebrauchen und er redete und pries Gott. Und alle ihre Nachbarn gerieten in Furcht und man sprach von all diesen Dingen im ganzen Bergland von Judäa.

Alle, die davon hörten, nahmen es sich zu Herzen und sagten: Was wird wohl aus diesem Kind werden? Denn die Hand des Herrn war mit ihm.

Das Kind wuchs heran und wurde stark im Geist. Und Johannes lebte in der Wüste bis zu dem Tag, an dem er seinen Auftrag für Israel erhielt.

Glaubensbekenntnis, S. 484 ff.

FÜRBITTEN

Elisabet hält auch gegen Erwartungen und Widerstände am besonderen Namen ihres Kindes fest. „Johannes“ soll er heißen, das heißt „Gott ist gnädig“. Zum Gott der Gnade rufen wir deshalb heute:

- Für die Gemeinschaft der Getauften bitten wir um Vertrauen und Mut. V: Gott, du unsere Stärke und unser Licht. A: Wir bitten dich, erhöre uns.
- Für alle, die ein kirchliches Leitungsamt innehaben, bitten wir um die Fähigkeit zu hören. V: Gott, du unsere Stärke und unser Licht. A: Wir bitten dich, erhöre uns.
- Für die Frauen weltweit, die benachteiligt und zum Verstummen gebracht werden. V: Gott, du unsere Stärke und unser Licht. A: Wir bitten dich, erhöre uns.
- Für die Menschen in den Kriegsgebieten dieser Erde, die flüchten müssen oder im Elend zurückbleiben. V: Gott, du unsere Stärke und unser Licht. A: Wir bitten dich, erhöre uns.
- Für die Neugeborenen unserer Erde, für alle Kinder, die hungern müssen und um ihre Kindheit gebracht werden. V: Gott, du unsere Stärke und unser Licht. A: Wir bitten dich, erhöre uns
- Für alle, die sich für Gerechtigkeit und Ausgleich einsetzen, nah und fern. V: Gott, du unsere Stärke und unser Licht. A: Wir bitten dich, erhöre uns.

Guter Gott, Herr des Himmels und der Erde, dein Prophet Johannes war ein Mensch der Klarheit. Du stärkst auch uns durch deinen Geist und hilfst uns so, seinem Vorbild zu folgen. Dafür loben wir dich und danken dir, heute und allezeit und in Ewigkeit.

EUCHARISTIEFEIER

GABENGEBET

Herr, unser Gott, in Freude legen wir unsere Gaben auf deinen Altar am Geburtsfest des heiligen Vorläufers Johannes. Er hat angekündigt, dass der Erlöser kommt, und als er gekommen war, auf ihn gezeigt, auf Jesus Christus, deinen Sohn, der mit dir lebt und herrscht in alle Ewigkeit.

PRÄFATION

In Wahrheit ist es würdig und recht, dir, allmächtiger Vater, zu danken und am Fest des heiligen Johannes das Werk deiner Gnade zu rühmen. Du hast ihn geehrt vor allen, die je eine Frau geboren hat, schon im Mutterschoß erfuhr er das kommende Heil, seine Geburt erfüllte viele mit Freude. Als Einziger der Propheten schaute er den Erlöser und zeigte hin auf das Lamm, das die Sünde der Welt hinwegnimmt. Im Jordan taufte er Christus, der seiner Kirche die Taufe geschenkt hat, so wurde das Wasser zum heiligen Quell des ewigen Lebens. Bis an sein Ende gab Johannes Zeugnis für das Licht und besiegelte mit dem Blut seine Treue. Darum preisen wir dich mit allen Engeln und Heiligen und singen vereint mit ihnen das Lob deiner Herrlichkeit: Heilig ...

KOMMUNIONVERS

Lk 1,78

Durch die barmherzige Liebe unseres Gottes
hat uns besucht das aufstrahlende Licht aus der Höhe.

SCHLUSSGEBET

Herr, unser Gott, am Geburtstag Johannes' des Täufers hast du deine Kirche zum Festmahl des Lammes geladen und sie mit Freude erfüllt. Gib, dass wir Christus, den Johannes vorausverkündigt hat, als den erkennen, der uns das ewige Leben erworben hat, der mit dir lebt und herrscht in alle Ewigkeit.

***

[In Stadt und Land bringt der Wettersegen die solidarische Sorge um das tägliche Brot vor Gott. Vor allem im ländlichen Raum wird in den Gemeinden vom Fest des heiligen Markus (25. April) bis Kreuzerhöhung (14. September) für das Gedeihen der Feldfrüchte gebetet.]

WETTERSEGEN

Gott, du Schöpfer aller Dinge, du hast uns Menschen die Welt anvertraut und willst, dass wir ihre Kräfte nützen. Aus dem Reichtum deiner Liebe schenkst du uns die Früchte der Erde: den Ertrag aus Garten und Acker, Weinberg und Wald, damit wir mit frohem und dankbarem Herzen dir dienen. Erhöre unser Gebet: Halte Ungewitter und Hagel, Überschwemmung und Dürre, Frost und alles, was uns schaden mag, von uns fern. Schenke uns alles, was wir zum Leben brauchen. Darum bitten wir durch Christus, unseren Herrn.
Und der Segen des allmächtigen Gottes, des Vaters und des Sohnes † und des Heiligen Geistes, komme auf euch herab und bleibe bei euch allezeit. – A: Amen.

***

FREUDE BEWEGT DICH

Christus, dem Herren,
dientest du als Herold.
Ewiger Ratschluss
fand in dir den Boten.
Glücklich, wir preisen
alle deinen Namen:
Gruß dir, Johannes.

Noch trägt die Mutter
dich in ihrem Schoße,
du aber fühlst schon,
dass sich naht der König;
Freude bewegt dich,
drängt dich, ihn zu grüßen,
ehe er geboren.

Nach „Ut queant laxis resonare fibris“,
Paulus Diaconus (gest. 799)

13. SONNTAG IM JAHRESKREIS

27. Juni 2021

Es fällt, weiß Gott, nicht immer leicht, zum Glauben zu stehen und aus der Menge der Unentschiedenen und Gleichgültigen herauszutreten. In Zeiten des Zweifels kann es hilfreich sein, sich daran zu erinnern, was der Gott, an den ich glaube, mir zutraut: auf die gerechte Ordnung in seiner Schöpfung zu achten und für einen Ausgleich zwischen Gemeinschaften zu sorgen, und was er mir schenkt: Unvergänglichkeit und Gaben, die mein Leben und das Leben anderer reicher machen. In solchen Zeiten ist es hilfreich, zu wissen, dass Jesus selbst mich stärkt: wenn ich mich nach ihm ausstrecke und mich von ihm ermutigen lasse.

ERÖFFNUNGSVERS

Ps 47 (46), 2

Ihr Völker alle, klatscht in die Hände;
jauchzt Gott zu mit lautem Jubel.

KYRIE-RUFE

Herr Jesus Christus, du bist der Arzt der Leiber und der Seelen.
V/A: Herr, erbarme dich.
Du bist gesandt, um die zu heilen, die gebrochenen Herzens sind.
V/A: Christus, erbarme dich.
Du bist die Auferstehung und das Leben.
V/A: Herr, erbarme dich.

Ehre sei Gott, S. 481 f.

TAGESGEBET

Gott, unser Vater, du hast uns in der Taufe zu Kindern des Lichtes gemacht. Lass nicht zu, dass die Finsternis des Irrtums über uns Macht gewinnt, sondern hilf uns, im Licht deiner Wahrheit zu bleiben. Darum bitten wir durch Jesus Christus.

WORTGOTTESDIENST

ZUR 1. LESUNG Eine kleine Theologie der Schöpfung steht am Anfang des Buches der Weisheit. Von Gottes Schöpferkraft ist da die Rede, von seiner Lebensfreundlichkeit. Und Gottes Schöpfung heißt: Er ordnet die Dinge so, dass alle leben können – also gerecht. Diese Lebensdienlichkeit macht die Gerechtigkeit unsterblich. Auch der Mensch ist zur Unvergänglichkeit erschaffen – er ist also zur Gerechtigkeit berufen. So darf er über den Tod hinaus hoffen. Deshalb ist er beauftragt, die gerechte Ordnung der Schöpfung zu achten – unter der Maßgabe, dass alles zum Dasein geschaffen ist und dass die Geschöpfe der Welt heilbringend sind.

ERSTE LESUNG Weish 1,13–15; 2,23–24

Durch den Neid des Teufels kam der Tod in die Welt

Lesung aus dem Buch der Weisheit.

Gott hat den Tod nicht gemacht und hat keine Freude am Untergang der Lebenden. Zum Dasein hat er alles geschaffen und heilbringend sind die Geschöpfe der Welt. Kein Gift des Verderbens ist in ihnen, das Reich der Unterwelt hat keine Macht auf der Erde; denn die Gerechtigkeit ist unsterblich.

Gott hat den Menschen zur Unvergänglichkeit erschaffen und ihn zum Bild seines eigenen Wesens gemacht. Doch durch den Neid des Teufels kam der Tod in die Welt und ihn erfahren alle, die ihm angehören.

ANTWORTPSALM Ps 30 (29), 2 u. 4.5–6b.6cd u. 12a u. 13b (Kv: vgl. 2ab)

Kv HERR, du zogst mich herauf aus der Tiefe;
ich will dich rühmen in Ewigkeit. – Kv

Ich will dich erheben, HERR, /
denn du zogst mich herauf *
und ließest nicht zu, dass meine Feinde sich über mich freuen.
HERR, du hast meine Seele heraufsteigen lassen aus der Totenwelt, *
hast mich am Leben erhalten, sodass ich nicht
in die Grube hinabstieg. – (Kv)

Singt und spielt dem HERRN, ihr seine Frommen, *
dankt im Gedenken seiner Heiligkeit!
Denn sein Zorn dauert nur einen Augenblick, *
doch seine Güte ein Leben lang. – (Kv)

Wenn man am Abend auch weint, *
am Morgen herrscht wieder Jubel.
Du hast mein Klagen in Tanzen verwandelt, *
HERR, mein Gott, ich will dir danken in Ewigkeit. – Kv

ZUR 2. LESUNG Die Verse aus dem zweiten Brief an die Gemeinde in Korinth laden zur Besinnung ein, vielleicht anhand von drei Fragen. Welchen Reichtum entdecke ich in mir, in meinem Leben – Glauben, Rede, Erkenntnis, Eifer, Liebe, oder etwas anderes? (Es wird niemals nichts sein.) Lebe ich im Wissen darum, dass Christus in seiner Menschwerdung arm geworden ist, um mir Anteil am Göttlichen zu geben? Wo kann ich mich, im Kleinen oder im Großen, um einen Ausgleich bemühen (ohne dadurch in Not zu geraten)?

ZWEITE LESUNG 2 Kor 8, 7.9.13–15

Euer Überfluss soll ihrem Mangel abhelfen

Lesung aus dem zweiten Brief des Apostels Paulus an die Gemeinde in Korínth.

Schwestern und Brüder! Wie ihr an allem reich seid, an Glauben, Rede und Erkenntnis, an jedem Eifer und an der Liebe, die wir in euch begründet haben, so sollt ihr euch auch an diesem Liebeswerk mit reichlichen Spenden beteiligen.

Denn ihr kennt die Gnade unseres Herrn Jesus Christus: Er, der reich war, wurde euretwegen arm, um euch durch seine Armut reich zu machen.

Es geht nicht darum, dass ihr in Not geratet, indem ihr anderen helft; es geht um einen Ausgleich. Im Augenblick soll euer Überfluss ihrem Mangel abhelfen, damit auch ihr Überfluss einmal eurem Mangel abhilft. So soll ein Ausgleich entstehen, wie es in der Schrift heißt: Wer viel gesammelt hatte, hatte nicht zu viel, und wer wenig, hatte nicht zu wenig.

RUF VOR DEM EVANGELIUM

Vers: vgl. 2 Tim 1,10

Halleluja. Halleluja.
Unser Retter Jesus Christus hat den Tod vernichtet
und uns das Licht des Lebens gebracht durch das Evangelium.
Halleluja.

ZUM EVANGELIUM Glaube und Berührung, das sind entscheidende Punkte in den Heilungsgeschichten. Glauben, das heißt hier heraustreten aus der anonymen Masse und mich bekennen zum Glauben an Jesus Christus. Berührung, das heißt hier, die Hand nach Jesus ausstrecken oder mich von ihm an die Hand nehmen lassen. In beidem kommt Jesus den Menschen entgegen: indem er die Begegnung mit der Frau sucht und sie anspricht, indem er den Glauben gegen Zweifel verteidigt und die Spötter eines Besseren belehrt.

EVANGELIUM

Mk 5,21–43

Mädchen, ich sage dir, steh auf!

+ Aus dem heiligen Evangelium nach Markus.

In jener Zeit fuhr Jesus im Boot an das andere Ufer des Sees von Galiläa hinüber und eine große Menschenmenge versammelte sich um ihn. Während er noch am See war, kam einer der Synagogenvorsteher namens Jaïrus zu ihm. Als er Jesus sah, fiel er ihm zu Füßen und flehte ihn um Hilfe an; er sagte: Meine Tochter liegt im Sterben. Komm und leg ihr die Hände auf, damit sie geheilt wird und am Leben bleibt! Da ging Jesus mit ihm.

Viele Menschen folgten ihm und drängten sich um ihn. Darunter war eine Frau, die schon zwölf Jahre an Blutfluss litt. Sie war von vielen Ärzten behandelt worden und hatte dabei sehr zu leiden; ihr ganzes Vermögen hatte sie ausgegeben, aber es hatte ihr nichts genutzt, sondern ihr Zustand war immer schlimmer geworden. Sie hatte von Jesus gehört.

Nun drängte sie sich in der Menge von hinten heran – und berührte sein Gewand. Denn sie sagte sich: Wenn ich auch nur sein Gewand berühre, werde ich geheilt. Und sofort versiegte die Quelle des Blutes und sie spürte in ihrem Leib, dass sie von ihrem Leiden geheilt war.

Im selben Augenblick fühlte Jesus, dass eine Kraft von ihm ausströmte, und er wandte sich in dem Gedränge um und fragte: Wer hat mein Gewand berührt? Seine Jünger sagten zu ihm: Du siehst doch, wie sich die Leute um dich drängen, und da fragst du: Wer hat mich berührt?

Er blickte umher, um zu sehen, wer es getan hatte. Da kam die Frau, zitternd vor Furcht, weil sie wusste, was mit ihr geschehen war; sie fiel vor ihm nieder und sagte ihm die ganze Wahrheit. Er aber sagte zu ihr: Meine Tochter, dein Glaube hat dich gerettet. Geh in Frieden! Du sollst von deinem Leiden geheilt sein.

Während Jesus noch redete, kamen Leute, die zum Haus des Synagogenvorstehers gehörten, und sagten zu Jaïrus: Deine Tochter ist gestorben. Warum bemühst du den Meister noch länger? Jesus, der diese Worte gehört hatte, sagte zu dem Synagogenvorsteher:

Fürchte dich nicht! Glaube nur! Und er ließ keinen mitkommen außer Petrus, Jakobus und Johannes, den Bruder des Jakobus. Sie gingen zum Haus des Synagogenvorstehers.

Als Jesus den Tumult sah und wie sie heftig weinten und klagten, trat er ein und sagte zu ihnen: Warum schreit und weint ihr? Das Kind ist nicht gestorben, es schläft nur. Da lachten sie ihn aus.

Er aber warf alle hinaus und nahm den Vater des Kindes und die Mutter und die, die mit ihm waren, und ging in den Raum, in dem das Kind lag. Er fasste das Kind an der Hand und sagte zu ihm: Talíta kum!, das heißt übersetzt: Mädchen, ich sage dir, steh auf! Sofort stand das Mädchen auf und ging umher. Es war zwölf Jahre alt. Die Leute waren ganz fassungslos vor Entsetzen. Doch er schärfte ihnen ein, niemand dürfe etwas davon erfahren; dann sagte er, man solle dem Mädchen etwas zu essen geben.

Oder:

KURZFASSUNG Mk 5,21–24.35b–43

Mädchen, ich sage dir, steh auf!

+ Aus dem heiligen Evangelium nach Markus.

In jener Zeit fuhr Jesus im Boot an das andere Ufer des Sees von Galiläa hinüber und eine große Menschenmenge versammelte sich um ihn. Während er noch am See war, kam einer der Synagogenvorsteher namens Jaïrus zu ihm. Als er Jesus sah, fiel er ihm zu Füßen und flehte ihn um Hilfe an; er sagte: Meine Tochter liegt im Sterben. Komm und leg ihr die Hände auf, damit sie geheilt wird und am Leben bleibt! Da ging Jesus mit ihm. Viele Menschen folgten ihm und drängten sich um ihn.

Unterwegs kamen Leute, die zum Haus des Synagogenvorstehers gehörten, und sagten zu Jaïrus: Deine Tochter ist gestorben. Warum bemühst du den Meister noch länger? Jesus, der diese Worte gehört hatte, sagte zu dem Synagogenvorsteher: Fürchte dich nicht! Glaube nur! Und er ließ keinen mitkommen außer Petrus, Jakobus und Johannes, den Bruder des Jakobus. Sie gingen zum Haus des Synagogenvorstehers.

Als Jesus den Tumult sah und wie sie heftig weinten und klagten, trat er ein und sagte zu ihnen: Warum schreit und weint ihr? Das Kind ist nicht gestorben, es schläft nur. Da lachten sie ihn aus.

Er aber warf alle hinaus und nahm den Vater des Kindes und die Mutter und die, die mit ihm waren, und ging in den Raum, in dem das Kind lag. Er fasste das Kind an der Hand und sagte zu ihm: Talíta kum!, das heißt übersetzt: Mädchen, ich sage dir, steh auf! Sofort stand das Mädchen auf und ging umher. Es war zwölf Jahre alt. Die Leute waren ganz fassungslos vor Entsetzen. Doch er schärfte ihnen ein, niemand dürfe etwas davon erfahren; dann sagte er, man solle dem Mädchen etwas zu essen geben.

Glaubensbekenntnis, S. 484 ff.

FÜRBITTEN

Durch Jesus kommt Leben, durch ihn kommen Heil und Heilung. Die Menschen um ihn erfahren seine heilsame Gegenwart. So kommen auch wir zu ihm, mit dem Unheilen und Gefährdeten in uns und in unserer Welt:

- Auch die Menschen unserer Zeit suchen Heil und Heilung: Hilf der Kirche und allen, die ein Amt in ihr haben, das Heil von Gott her glaubwürdig zu bezeugen. V: Du Gott des Heils. A: Höre und erhöre uns.

- Eigentlich heilbare Krankheiten sind in vielen Ländern der Erde tödliches Schicksal: Bewege diejenigen, die in Wohlstand leben, Verantwortung zu übernehmen für Menschen in Not. V: Du Gott des Heils. A: Höre und erhöre uns.

- Viele Kranke bekommen auch hierzulande wenig Zuwendung: Segne alle, die kranke Menschen pflegen und versorgen, und schenke ihnen geduldige Liebe. V: Du Gott des Heils. A: Höre und erhöre uns.

- Ablehnung und Abwertung gibt es auch in religiösen Gemeinschaften und gläubigen Familien: Hilf allen, einander mit neuen

Augen zu sehen und fest gefügte Vorurteile im Geist deiner Liebe zu überwinden. V: Du Gott des Heils. A: Höre und erhöre uns.

- Schwere Schicksalsschläge oder wiederholte Kränkungen haben den Lebensmut vieler Menschen gebrochen: Schenke ihnen neuen Lebensmut durch die Begegnung mit verständnisvollen und verlässlichen Menschen. V: Du Gott des Heils. A: Höre und erhöre uns.

Gott des Lebens, in Jesus, deinem Sohn, wird deine liebende Nähe neu erfahrbar. Wir danken dir für die wunderbaren Zeichen des Heils, heute und allezeit und in Ewigkeit.

EUCHARISTIEFEIER

GABENGEBET

Herr, unser Gott, in den Geheimnissen, die wir feiern, wirkst du unser Heil. Gib, dass wir den Dienst an diesem Altar würdig vollziehen, von dem wir deine Gaben empfangen. Darum bitten wir durch Christus, unseren Herrn.

Präfation, S. 496 ff.

KOMMUNIONVERS

Ps 103 (102), 1

Lobe den Herrn, meine Seele!
Alles in mir lobe seinen heiligen Namen.

SCHLUSSGEBET

Gütiger Gott, die heilige Opfergabe, die wir dargebracht und empfangen haben, schenke uns neues Leben. Lass uns Frucht bringen in Beharrlichkeit und dir auf immer verbunden bleiben. Darum bitten wir durch Christus, unseren Herrn.

***

Für eine Wort-Gottes-Feier:

ERÖFFNUNGSGEBET ZUR WAHL

Gott, Herr des Lebens, dein Sohn Jesus hat Kranke geheilt und Tote zum Leben erweckt. Unsere ganze Hoffnung setzen wir auf dich. Erhöre unsere Bitten und stärke uns durch dein Wort, Jesus Christus, deinen Sohn, der unser Heil und unsere Kraft ist und der mit dir und dem Heiligen Geist lebt, Gott von Ewigkeit.

***

DIE GESCHÖPFE

Weil die Geschöpfe gar in Gottes Wort bestehn:
Wie können sie dann je zerwerden und vergehn?

Angelus Silesius

HL. PETRUS UND HL. PAULUS, APOSTEL
HOCHFEST

29. Juni 2021

Petrus, der seinem verhafteten Freund und Meister noch bis zum Innenhof des hohenpriesterlichen Palastes gefolgt war, ihn dann aber verleugnet hatte, war zu einer überzeugenden Autorität der Jerusalemer Urgemeinde herangereift. Nach Jahren relativer Ruhe bläst der Gemeinde nun ein scharfer Wind ins Gesicht. Herodes Agrippa I. lässt Führungspersönlichkeiten der Christusleute verfolgen, um gesetzestreu zu erscheinen. Zwei Apostel sind von den Maßnahmen betroffen. Jakobus wird mit dem Schwert hingerichtet, doch Petrus kann entkommen. Seine Flucht ist ein wahres Wunder. Doch um die Offenheit für solche Wunder geht es wohl: dass wir mit schlafwandlerischer Sicherheit aufstehen und gehen, wenn unser Engel uns anstößt und weckt.

ERÖFFNUNGSVERS

Die Apostel Petrus und Paulus
haben die Kirche begründet;
sie haben den Kelch des Herrn getrunken,
nun sind sie Gottes Freunde.

KYRIE-RUFE

Herr Jesus Christus, du hast deine Kirche
auf das Fundament der Apostel und Propheten gebaut.
V/A: Herr, erbarme dich.
Du hast Paulus berufen, dich unter den Völkern zu verkünden.
V/A: Christus, erbarme dich.

Du hast Petrus beauftragt, deine Herde zu weiden.
V/A: Herr, erbarme dich.

Ehre sei Gott, S. 481 f.

TAGESGEBET

Herr, unser Gott, am Hochfest der Apostel Petrus und Paulus haben wir uns in Freude versammelt. Hilf deiner Kirche, in allem der Weisung deiner Boten zu folgen, durch die sie den Glauben und das Leben in Christus empfangen hat, der in der Einheit des Heiligen Geistes mit dir lebt und herrscht in alle Ewigkeit.

WORTGOTTESDIENST

ZUR 1. LESUNG Pfingsten, Signal für wunderbaren Durchbruch und Aufbruch der jungen jüdischen Christusgemeinschaft. Doch nun trifft es die Jerusalemer schwer. Ein Enkel Herodes' des Großen sucht durch hartes Vorgehen gegen die Jesusbewegung das Wohlwollen der jüdischen Behörden zu gewinnen. Der Apostel Jakobus fällt dem politischen Kalkül als Erster zum Opfer, Petrus wird auf wunderbare Weise gerettet. Vom Alptraum des Kerkers zur traumhaften Befreiung: Petrus, in Gefahr oftmals wankelmütig, dem Freund und Lehrer doch treu: hier jedenfalls folgt er seinem Engel mit schlafwandlerischer Sicherheit!

ERSTE LESUNG Apg 12,1–11

Nun weiß ich, dass der Herr mich der Hand des Herodes entrissen hat

Lesung aus der Apostelgeschichte.

In jenen Tagen ließ der König Herodes einige aus der Gemeinde verhaften und misshandeln. Jakobus, den Bruder des Johannes, ließ er mit dem Schwert hinrichten. Als er sah, dass es den Juden gefiel, ließ er auch Petrus festnehmen. Das geschah in den Tagen der Ungesäuerten Brote. Er nahm ihn also fest und warf ihn ins Gefängnis. Die Bewachung übertrug er vier Abteilungen von je vier Soldaten. Er beabsichtigte, ihn nach dem Paschafest dem Volk vorführen zu lassen. Petrus wurde also im Gefängnis bewacht. Die Gemeinde aber betete inständig für ihn zu Gott.

In der Nacht, ehe Herodes ihn vorführen lassen wollte, schlief Petrus, mit zwei Ketten gefesselt, zwischen zwei Soldaten; vor der Tür aber bewachten Posten den Kerker.

Und siehe, ein Engel des Herrn trat hinzu und ein Licht strahlte in dem Raum. Er stieß Petrus in die Seite, weckte ihn und sagte: Schnell, steh auf! Da fielen die Ketten von seinen Händen. Der Engel aber sagte zu ihm: Gürte dich und zieh deine Sandalen an! Er tat es. Und der Engel sagte zu ihm: Wirf deinen Mantel um und folge mir! Und Petrus ging hinaus und folgte ihm, ohne zu wissen, dass es Wirklichkeit war, was durch den Engel geschah; es kam ihm vor, als habe er eine Vision.

Sie gingen an der ersten und an der zweiten Wache vorbei und kamen an das eiserne Tor, das in die Stadt führt; es öffnete sich ihnen von selbst. Sie traten hinaus und gingen eine Gasse weit; und sogleich verließ ihn der Engel.

Da kam Petrus zu sich und sagte: Nun weiß ich wahrhaftig, dass der Herr seinen Engel gesandt und mich der Hand des Herodes entrissen hat und alldem, was das Volk der Juden erwartet hat.

ANTWORTPSALM

Ps 34 (33), 2–3.4–5.6–7.8–9 (Kv: vgl. 5b)

Kv All meinen Ängsten hat mich der HERR entrissen. – Kv

Ich will den HERRN allezeit preisen; *
immer sei sein Lob in meinem Mund.
Meine Seele rühme sich des HERRN; *
die Armen sollen es hören und sich freuen. – (Kv)

Preist mit mir die Größe des HERRN, *
lasst uns gemeinsam seinen Namen erheben!
Ich suchte den HERRN und er gab mir Antwort, *
er hat mich all meinen Ängsten entrissen. – (Kv)

Die auf ihn blickten, werden strahlen, *
nie soll ihr Angesicht vor Scham erröten.
Da rief ein Armer und der HERR erhörte ihn *
und half ihm aus all seinen Nöten. – (Kv)

Der Engel des HERRN umschirmt, die ihn fürchten, *
und er befreit sie.
Kostet und seht, wie gut der HERR ist! *
Selig der Mensch, der zu ihm sich flüchtet! – Kv

ZUR 2. LESUNG Auf der Straße nach Damaskus wurde er gerufen, seitdem setzt Paulus Kraft und Können, Leib und Leben dafür ein, dem Herrn zu dienen um des Evangeliums willen. Kein Weg ist ihm zu weit, zu gefährlich, zu schwer. Schläge und Rückschläge treffen den Apostel Jesu Christi, und treffen ihn nicht. Scheitern bedroht ihn, doch Paulus schwankt und schlingert nicht. Der Rachen des Löwen hat ihn gepackt, aber das Raubtier hat ihn nicht verschlungen. Er hat keine Bedingungen gestellt, sondern unbedingt vertraut. Gottes Treue nämlich rettet, den und die vertraut, durch Tod hindurch.

ZWEITE LESUNG

2 Tim 4,6–8.17–18

Schon jetzt liegt für mich der Kranz der Gerechtigkeit bereit

Lesung aus dem zweiten Brief des Apostels Paulus an Timótheus.

Mein Sohn! Ich werde schon geopfert und die Zeit meines Aufbruchs ist nahe. Ich habe den guten Kampf gekämpft, den Lauf vollendet, die Treue bewahrt.

Schon jetzt liegt für mich der Kranz der Gerechtigkeit bereit, den mir der Herr, der gerechte Richter, an jenem Tag geben wird, aber nicht nur mir, sondern allen, die sein Erscheinen ersehnen.
Der Herr stand mir zur Seite und gab mir Kraft, damit durch mich die Verkündigung vollendet wird und alle Völker sie hören; und so wurde ich dem Rachen des Löwen entrissen.
Der Herr wird mich allem bösen Treiben entreißen und retten in sein himmlisches Reich. Ihm sei die Ehre in alle Ewigkeit. Amen.

RUF VOR DEM EVANGELIUM

Vers: Mt 16,18

Halleluja. Halleluja.
(So spricht der Herr:)
Du bist Petrus – der Fels –
und auf diesen Felsen werde ich meine Kirche bauen
und die Pforten der Unterwelt werden sie nicht überwältigen.
Halleluja.

ZUM EVANGELIUM Du bist Petrus, der Fels! Vielleicht heißt es auch: du bist der kostbare Stein. Das berühmte Wort des Matthäus-Evangeliums ist von Aussagen gerahmt, die allen Menschen um Jesus und in seiner Nachfolge gelten. So knüpft das Bekenntnis Petri zum Gottessohn an das Gottessohn-Bekenntnis aller Jünger an (14,33), und die Seligpreisung des Petrus führt deren Seligpreisung fort (13,16–17). Das Wort, in dem Petrus die Vollmacht zu binden und zu lösen zugesprochen wird, weist voraus auf eine Aussage, die diese Vollmacht allen Jesus-Jüngern, und so allen Menschen in der Nachfolge Jesu, zuspricht (18,18). Für Matthäus ist Petrus der typische Jünger, der Jünger schlechthin. Petrus ist im Matthäus-Evangelium hoch bedeutsam, aber der Evangelist idealisiert ihn nicht. Glauben wagen – und versagen, die Wahrheit erkennen – und vor ihr zurückschrecken, den Herrn verleugnen – und Schwäche bereuen. Petrus, ein großes Vorbild, und ein herausfordernder Spiegel: „Du bist Petrus." Du bist mir kostbar.

EVANGELIUM

Mt 16,13–19

Du bist Petrus; ich werde dir die Schlüssel des Himmelreichs geben

+ Aus dem heiligen Evangelium nach Matthäus.

In jener Zeit, als Jesus in das Gebiet von Cäsaréa Philíppi kam, fragte er seine Jünger und sprach: Für wen halten die Menschen den Menschensohn?

Sie sagten: Die einen für Johannes den Täufer, andere für Elíja, wieder andere für Jeremía oder sonst einen Propheten.

Da sagte er zu ihnen: Ihr aber, für wen haltet ihr mich?

Simon Petrus antwortete und sprach: Du bist der Christus, der Sohn des lebendigen Gottes!

Jesus antwortete und sagte zu ihm: Selig bist du, Simon Barjóna; denn nicht Fleisch und Blut haben dir das offenbart, sondern mein Vater im Himmel. Ich aber sage dir: Du bist Petrus – der Fels – und auf diesen Felsen werde ich meine Kirche bauen und die Pforten der Unterwelt werden sie nicht überwältigen. Ich werde dir die Schlüssel des Himmelreichs geben; was du auf Erden binden wirst, das wird im Himmel gebunden sein, und was du auf Erden lösen wirst, das wird im Himmel gelöst sein.

Glaubensbekenntnis, S. 484 ff.

FÜRBITTEN

Die Kirche ist gebaut auf Menschen mit Stärken und Schwächen, die uns gerade so Vorbilder im Glauben sein können. Wir bitten Gott um seinen Beistand:

- Wir beten für unseren Papst und die Bischöfe, dass sie gestärkt werden durch den Heiligen Geist und immer wieder neu auf Gottes Wort hören. V: Treuer Gott. A: Höre und erhöre uns.
- Wir beten für die Getauften in den getrennten christlichen Kirchen um die Kraft, die Einheit zu suchen. V: Treuer Gott. A: Höre und erhöre uns.

- Wir beten um kreative Ideen für den Frieden überall dort, wo Misstrauen und Hass sich festgesetzt haben. V: Treuer Gott. A: Höre und erhöre uns.
- Wir beten um die Gabe des Teilens bei allen, die mehr als genug zum Leben haben. V: Treuer Gott. A: Höre und erhöre uns.
- Wir beten um dein Licht und dein Leben für unsere Verstorbenen. V: Treuer Gott. A: Höre und erhöre uns.

Wir alle sind gerufen, an deinem Reich der Gerechtigkeit mitzubauen. Schenke uns die Kraft zum Neubeginn, wenn wir versagt haben oder mutlos geworden sind. Darum bitten wir durch Jesus Christus, unseren Lehrer und Bruder.

EUCHARISTIEFEIER

GABENGEBET

Herr und Gott, in Gemeinschaft mit den Aposteln Petrus und Paulus bitten wir dich: Heilige unsere Gaben und lass uns mit Bereitschaft und Hingabe das Opfer deines Sohnes feiern, der mit dir lebt und herrscht in alle Ewigkeit.

PRÄFATION

In Wahrheit ist es würdig und recht, dich, allmächtiger Vater, in deinen Heiligen zu preisen und am Fest der Apostel Petrus und Paulus das Werk deiner Gnade zu rühmen. Petrus hat als Erster den Glauben an Christus bekannt und aus Israels heiligem Rest die erste Kirche gesammelt. Paulus empfing die Gnade tiefer Einsicht und die Berufung zum Lehrer der Heiden. Auf verschiedene Weise dienten beide Apostel der einen Kirche, gemeinsam empfingen sie die Krone des Lebens. Darum ehren wir beide in gemeinsamer Feier und vereinen uns mit allen Engeln und Heiligen zum Hochgesang von deiner göttlichen Herrlichkeit: Heilig …

KOMMUNIONVERS

Mt 16,16.18

Petrus sagte zu Jesus:
Du bist der Messias, der Sohn des lebendigen Gottes.
Jesus erwiderte ihm:
Du bist Petrus und auf diesen Felsen
werde ich meine Kirche bauen.

SCHLUSSGEBET

Herr, unser Gott, du hast uns durch das heilige Sakrament gestärkt. Gib, dass wir im Brotbrechen und in der Lehre der Apostel verharren und in deiner Liebe ein Herz und eine Seele werden. Darum bitten wir durch Christus, unseren Herrn.

FEIERLICHER SCHLUSSSEGEN

Seinen Segen gewähre euch der allmächtige Gott, der auf das Bekenntnis des Petrus die Kirche gegründet und durch ihn die Brüder im Glauben gestärkt hat. – A: Amen.
Durch Paulus hat er die Heidenvölker zum Glauben geführt; das Beispiel dieses Apostels lehre euch, Menschen für Christus zu gewinnen. – A: Amen.
Beide bezeugten den Herrn bis zum Tod: Petrus am Kreuz, Paulus unter dem Schwert; ihre Fürsprache geleite euch zur ewigen Heimat. – A: Amen.
Das gewähre euch der dreieinige Gott, der Vater und der Sohn † und der Heilige Geist. – A: Amen.

***

EINS

So viele Kirchen
wo sie beten
wo sie singen
wo sie hören
Gottes Wort.

Wo Gott ist
sind sie eins
weil Gott eins ist
und sein Geist
sie antreibt
nicht um sich selbst
zu tanzen
sondern rauszugehen
zu den Menschen
und ihnen
Gottes Wort
zu bringen.

Heinz Detlef Stäps

14. SONNTAG IM JAHRESKREIS

4. Juli 2021

Die Stimme des Herrn spricht zu Ezechiel. Und Ezechiel wird zum Propheten. Auch Paulus erhält auf seine Bitte direkt Antwort vom Herrn. Und er gibt sich zufrieden. In Nazaret spricht einer, den die Leute kennen, und sie nehmen Anstoß an ihm. Welchem Wort glauben wir – dem Wort der außergewöhnlichen Stimme, oder dem des gewöhnlichen Menschen? Beide können Leitworte sein, beide können in die Irre führen. Es gilt zu unterscheiden. Maßstab ist die Menschenfreundlichkeit des Mannes aus der Nachbarschaft in Nazaret.

ERÖFFNUNGSVERS

Ps 48 (47), 10–11

Deiner Huld, o Gott, gedenken wir in deinem heiligen Tempel.
Wie dein Name, Gott,
so reicht dein Ruhm bis an die Enden der Erde;
deine rechte Hand ist voll von Gerechtigkeit.

KYRIE-RUFE

Herr Jesus Christus, du bist ein Zeichen, dem widersprochen wird.
V/A: Herr, erbarme dich.
Du hast in deiner Heimat Anstoß erregt und Ablehnung erfahren.
V/A: Christus, erbarme dich.
Du hast diejenigen Bruder und Schwester und Mutter genannt,
die den Willen Gottes tun.
V/A: Herr, erbarme dich.

Ehre sei Gott, S. 481 f.

TAGESGEBET

Barmherziger Gott, durch die Erniedrigung deines Sohnes hast du die gefallene Menschheit wieder aufgerichtet und aus der Knechtschaft der Sünde befreit. Erfülle uns mit Freude über die Erlösung und führe uns zur ewigen Seligkeit. Darum bitten wir durch Jesus Christus.

WORTGOTTESDIENST

ZUR 1. LESUNG Hinterher ist man immer schlauer! Mit dieser flapsigen Bemerkung könnte man auch die Begegnung mit einem Propheten abtun. Sie werden erkennen müssen, dass mitten unter ihnen ein Prophet war. Hinterher werden sie schlauer sein! Aber was kann man tun, um vorher oder wenigstens rechtzeitig schlau zu werden? Selber prophetisch sein, sich vom Geist erfüllen lassen, sich auf die Füße stellen und den hören, der auf so vielfältige Weise zu mir redet – auch durch die Propheten und Prophetinnen unserer Tage.

ERSTE LESUNG Ez 1,28c – 2,5

Sie sind ein widerspenstiges Volk, sie werden erkennen müssen, dass mitten unter ihnen ein Prophet war

Lesung aus dem Buch Ezéchiel.

In jenen Tagen, schaute ich das Aussehen der Gestalt der Herrlichkeit des HERRN. Und ich fiel nieder auf mein Angesicht. Da hörte ich die Stimme eines Redenden. Er sagte zu mir: Menschensohn, stell dich auf deine Füße; ich will mit dir reden. Da kam Geist in mich, als er zu mir redete, und er stellte mich auf meine Füße. Und ich hörte den, der mit mir redete.

Er sagte zu mir: Menschensohn, ich sende dich zu den Söhnen Israels, zu abtrünnigen Völkern, die von mir abtrünnig wurden. Sie und ihre Väter sind von mir abgefallen, bis zum heutigen Tag. Es sind Söhne mit trotzigem Gesicht und hartem Herzen. Zu ihnen sende ich dich. Du sollst zu ihnen sagen: So spricht GOTT, der Herr.

Sie aber: Mögen sie hören oder es lassen – denn sie sind ein Haus der Widerspenstigkeit –, sie werden erkennen müssen, dass mitten unter ihnen ein Prophet war.

ANTWORTPSALM

Ps 123 (122), 1–2.3–4 (Kv: vgl. 2c)

Kv Unsere Augen sind erhoben zum HERRN, unserm Gott,
bis er uns gnädig ist. – Kv

Ich erhebe meine Augen zu dir, *
der du thronst im Himmel.
Siehe, wie die Augen der Knechte auf die Hand ihres Herrn, /
wie die Augen der Magd auf die Hand ihrer Herrin, *
so sind unsere Augen erhoben zum HERRN, unserem Gott,
bis er uns gnädig ist. – (Kv)

Sei uns gnädig, HERR, sei uns gnädig! *
Denn übersatt sind wir von Verachtung,
vom Spott der Selbstsicheren ist übersatt unsere Seele, *
von der Verachtung durch die Stolzen. – Kv

ZUR 2. LESUNG Wenn ich schwach bin, dann bin ich stark. Das klingt nach einer (typisch christlichen) Paradoxie. Der Satz enthält aber auch eine (typisch christliche) Wahrheit. Da, wo ich meine Schwächen und mein Unvermögen erkenne und anerkenne, da kann ich erfahren, dass ich in und mit dieser Schwäche getragen bin von der Kraft Gottes. Und diese Kraft treibt an, wie Paulus, den zu bezeugen und zu verkünden, der mich und andere trägt und stark macht.

ZWEITE LESUNG 2 Kor 12,7–10

Ich will mich meiner Schwachheit rühmen, damit die Kraft Christi auf mich herabkommt

Lesung aus dem zweiten Brief des Apostels Paulus an die Gemeinde in Korínth.

Schwestern und Brüder! Damit ich mich wegen der einzigartigen Offenbarungen nicht überhebe, wurde mir ein Stachel ins Fleisch gestoßen: ein Bote Satans, der mich mit Fäusten schlagen soll, damit ich mich nicht überhebe.

Dreimal habe ich den Herrn angefleht, dass dieser Bote Satans von mir ablasse. Er aber antwortete mir: Meine Gnade genügt dir; denn die Kraft wird in der Schwachheit vollendet.

Viel lieber also will ich mich meiner Schwachheit rühmen, damit die Kraft Christi auf mich herabkommt. Deswegen bejahe ich meine Ohnmacht, alle Misshandlungen und Nöte, Verfolgungen und Ängste, die ich für Christus ertrage; denn wenn ich schwach bin, dann bin ich stark.

RUF VOR DEM EVANGELIUM Vers: vgl. Jes 61,1ab (Lk 4,18)

Halleluja. Halleluja.
Der Geist des Herrn ruht auf mir.
Der Herr hat mich gesandt,
den Armen die frohe Botschaft zu bringen.
Halleluja.

ZUM EVANGELIUM Beinahe beiläufig erwähnt der Markus-Evangelist, dass Jesus einige Kranke heilte, obwohl er in seiner Heimatstadt doch eigentlich keine Machttaten tun konnte. Wie waren diese Ausnahmen möglich? Möglicherweise erkannten sich die Kranken, wie der Apostel Paulus selbst, als in ihrer Schwachheit getragen von der Stärke Gottes. Möglicherweise erlaubte es eben dieser

Glaube dem Mann aus Nazaret, Jesus, sie zu berühren und zu heilen, während er sich über den Unglauben der anderen wunderte. Ob auch wir Heilung erfahren werden, in welcher Schwäche auch immer, wenn unser Bruder Jesus uns berührt? Das Unmögliche. Bei Gott wird es möglich.

EVANGELIUM

Mk 6, 1b–6

Nirgends ist ein Prophet ohne Ansehen außer in seiner Heimat

+ Aus dem heiligen Evangelium nach Markus.

In jener Zeit kam Jesus in seine Heimatstadt; seine Jünger folgten ihm nach. Am Sabbat lehrte er in der Synagoge. Und die vielen Menschen, die ihm zuhörten, gerieten außer sich vor Staunen und sagten: Woher hat er das alles? Was ist das für eine Weisheit, die ihm gegeben ist? Und was sind das für Machttaten, die durch ihn geschehen? Ist das nicht der Zimmermann, der Sohn der Maria und der Bruder von Jakobus, Joses, Judas und Simon? Leben nicht seine Schwestern hier unter uns? Und sie nahmen Anstoß an ihm.

Da sagte Jesus zu ihnen: Nirgends ist ein Prophet ohne Ansehen außer in seiner Heimat, bei seinen Verwandten und in seiner Familie. Und er konnte dort keine Machttat tun; nur einigen Kranken legte er die Hände auf und heilte sie. Und er wunderte sich über ihren Unglauben. Und Jesus zog durch die benachbarten Dörfer und lehrte dort.

Glaubensbekenntnis, S. 484 ff.

FÜRBITTEN

Auch Jesus erfährt Ablehnung, die er nicht überwinden kann. Die allzu Vertrauten trauen ihm nicht zu, in Gottes Namen zu reden und zu handeln. Wir rufen zu ihm, der Mensch war wie wir, und bitten ihn:

- Erinnere die Kirche an ihre Pflicht, für die Ausgeschlossenen und Bedrängten da zu sein. V: Jesus Christus, Heiland der Menschen. A: Wir bitten dich, erhöre uns.
- Stärke alle, die sich für Gerechtigkeit einsetzen, auch wenn sie oft misstrauisch von den Mächtigen beäugt und drangsaliert werden. V: Jesus Christus, Heiland der Menschen. A: Wir bitten dich, erhöre uns.
- Schaffe Recht den Rechtlosen und eröffne Lebenschancen, denen die Chancen verwehrt werden. V: Jesus Christus, Heiland der Menschen. A: Wir bitten dich, erhöre uns.
- Schenke uns ein hörendes Herz, damit wir deine Stimme und die Stimme der Menschen in Not hören. V: Jesus Christus, Heiland der Menschen. A: Wir bitten dich, erhöre uns.
- Lass unsere Toten Geborgenheit erfahren in deiner Nähe und in deiner Liebe. V: Jesus Christus, Heiland der Menschen. A: Wir bitten dich, erhöre uns.

Jesus, du eröffnest Gemeinschaft, die niemanden ausgrenzt. Gottes Geist kann auch unsere engen Herzen weit machen. Darum bitten wir durch dich den Vater im Heiligen Geist.

EUCHARISTIEFEIER

GABENGEBET

Herr, zu deiner Ehre feiern wir dieses Opfer. Es befreie uns vom Bösen und helfe uns, Tag für Tag das neue Leben sichtbar zu machen, das wir von dir empfangen. Darum bitten wir durch Christus, unseren Herrn.

Präfation, S. 496 ff.

KOMMUNIONVERS

Mt 11,28

Kommt alle zu mir,
die ihr euch plagt und unter Lasten stöhnt!
Ich will euch Ruhe verschaffen – so spricht der Herr.

SCHLUSSGEBET

Herr, du hast uns mit reichen Gaben beschenkt. Lass uns in der Danksagung verharren und einst die Fülle des Heils erlangen. Darum bitten wir durch Christus, unseren Herrn.

***

Für eine Wort-Gottes-Feier:

ERÖFFNUNGSGEBET ZUR WAHL

Gott, dein Sohn ist als Messias und Heiland zu uns Menschen gekommen. Er ist das Wort, das du zu uns sprichst, er ist das Zeichen der Liebe, die du uns schenkst. Stärke unseren Glauben, damit wir sein Wort hören und danach handeln. So bitten wir im Heiligen Geist durch ihn, Jesus Christus, unseren Mittler und Herrn, der mit dir lebt in Ewigkeit.

***

ES TRÄGT UND WIRD GETRAGEN

Das Wort, das dich und mich und alle Dinge trägt,
wird wiederum von mir getragen und gehegt.

Angelus Silesius

15. SONNTAG IM JAHRESKREIS

11. Juli 2021

Der Anspruch Gottes setzt in Bewegung. Den Viehzüchter Amos holt er von seinen Herden und Ländereien weg und macht ihn zum Propheten. Die Zwölf sendet Jesus aus und macht sie zu Boten seines Evangeliums. Und getrieben in eine ungewisse und unangenehme Ferne und Fremde erfahren sie, Amos ebenso wie die Jünger, Ablehnung. Geborgen bleiben Amos und die Jünger in Gottes Wort und seinem Auftrag, in seiner Nähe und seinem Geheimnis.

ERÖFFNUNGSVERS

Ps 17 (16), 15

Ich will in Gerechtigkeit dein Angesicht schauen,
mich sattsehen an deiner Gestalt, wenn ich einst erwache.

KYRIE-RUFE

Herr Jesus Christus, du hast den Heiligen Geist gesandt,
damit er dein Werk weiterführt und alle Heiligung vollendet.
V/A: Herr, erbarme dich.
Du hast die Zwölf zu dir gerufen und sie ausgesandt.
V/A: Christus, erbarme dich.
Du hast ihnen die Vollmacht gegeben,
die unreinen Geister auszutreiben.
V/A: Herr, erbarme dich.

Ehre sei Gott, S. 481 f.

TAGESGEBET

Gott, du bist unser Ziel, du zeigst den Irrenden das Licht der Wahrheit und führst sie auf den rechten Weg zurück. Gib allen, die sich Christen nennen, die Kraft, zu meiden, was diesem Namen widerspricht, und zu tun, was unserem Glauben entspricht. Darum bitten wir durch Jesus Christus.

WORTGOTTESDIENST

ZUR 1. LESUNG Amos ist Viehhirte und veredelt Maulbeerfeigen. Das wird nicht einfach nur so erwähnt: Amos ist wirtschaftlich unabhängig und steht nicht im Dienst eines besonderen Interesses. Hinter seinen Worten als Prophet steht allein der Auftrag Gottes. Eine solche Unabhängigkeit ist auch heute nötig. Auch heute müssen sich prophetische Worte radikal in den Dienst Gottes stellen. Prophetische Worte können nicht interessengeleitet verwaltet werden. Sie sind Worte eines unbändigen Lebenswillens und einer umstürzenden Menschenfreundlichkeit.

ERSTE LESUNG Am 7,12–15

Geh und prophezeie meinem Volk Israel!

Lesung aus dem Buch Amos.

In jenen Tagen sagte Amázja, der Priester von Bet-El, zu Amos: Seher, geh, flieh ins Land Juda! Iss dort dein Brot und prophezeie dort! In Bet-El darfst du nicht mehr prophezeien; denn das hier ist das königliche Heiligtum und der Reichstempel.

Amos antwortete Amázja: Ich bin kein Prophet und kein Prophetenschüler, sondern ich bin ein Viehhirte und veredle Maulbeerfeigen. Aber der Herr hat mich hinter meiner Herde weggenommen und zu mir gesagt: Geh und prophezeie meinem Volk Israel!

ANTWORTPSALM

Ps 85 (84), 9–10.11–12.13–14 (Kv: 8)

Kv Lass uns schauen, o Herr, deine Huld
und schenke uns dein Heil! – Kv

Ich will hören, was Gott redet: /
Frieden verkündet der Herr seinem Volk und seinen Frommen, *
sie sollen sich nicht zur Torheit wenden.
Fürwahr, sein Heil ist denen nahe, die ihn fürchten, *
seine Herrlichkeit wohne in unserm Land. – (Kv)

Es begegnen einander Huld und Treue; *
Gerechtigkeit und Friede küssen sich.
Treue sprosst aus der Erde hervor; *
Gerechtigkeit blickt vom Himmel hernieder. – (Kv)

Ja, der Herr gibt Gutes *
und unser Land gibt seinen Ertrag.
Gerechtigkeit geht vor ihm her *
und bahnt den Weg seiner Schritte. – Kv

ZUR 2. LESUNG Gemeinschaft mit Christus im Himmel. Ein Bild, so schön wie abstrakt. Ein Bild des Segens und der Verheißung. Ein Bild gegen die Einsamkeit und die Selbstbezogenheit. Ein Bild der Christusnähe und der Zugänglichkeit Gottes. Ein Bild der Offenbarung und des Geheimnisses. Ja, das Ge-heim-nis seines Willens hat er uns kundgetan, damit wir darin unser Heim finden und geborgen sind – in Christus, aus dem und in dem wir leben.

ZWEITE LESUNG

Eph 1, 3–14

In Christus hat Gott uns erwählt vor der Grundlegung der Welt

Lesung aus dem Brief des Apostels Paulus an die Gemeinde in Éphesus.

Gepriesen sei Gott, der Gott und Vater unseres Herrn Jesus Christus. Er hat uns mit allem Segen seines Geistes gesegnet durch unsere Gemeinschaft mit Christus im Himmel.

Denn in ihm hat er uns erwählt vor der Grundlegung der Welt, damit wir heilig und untadelig leben vor ihm. Er hat uns aus Liebe im Voraus dazu bestimmt, seine Söhne zu werden durch Jesus Christus und zu ihm zu gelangen nach seinem gnädigen Willen, zum Lob seiner herrlichen Gnade. Er hat sie uns geschenkt in seinem geliebten Sohn. In ihm haben wir die Erlösung durch sein Blut, die Vergebung der Sünden nach dem Reichtum seiner Gnade.

Durch sie hat er uns reich beschenkt, in aller Weisheit und Einsicht, er hat uns das Geheimnis seines Willens kundgetan, wie er es gnädig im Voraus bestimmt hat in ihm. Er hat beschlossen, die Fülle der Zeiten heraufzuführen, das All in Christus als dem Haupt zusammenzufassen, was im Himmel und auf Erden ist, in ihm. In ihm sind wir auch als Erben vorherbestimmt nach dem Plan dessen, der alles so bewirkt, wie er es in seinem Willen beschließt; wir sind zum Lob seiner Herrlichkeit bestimmt, die wir schon früher in Christus gehofft haben.

In ihm habt auch ihr das Wort der Wahrheit gehört, das Evangelium von eurer Rettung; in ihm habt ihr das Siegel des verheißenen Heiligen Geistes empfangen, als ihr zum Glauben kamt. Der Geist ist der erste Anteil unseres Erbes, hin zur Erlösung, durch die ihr Gottes Eigentum werdet, zum Lob seiner Herrlichkeit.

Oder:

KURZFASSUNG Eph 1,3–10

In Christus hat Gott uns erwählt vor der Grundlegung der Welt

Lesung aus dem Brief des Apostels Paulus an die Gemeinde in Éphesus.

Gepriesen sei Gott, der Gott und Vater unseres Herrn Jesus Christus. Er hat uns mit allem Segen seines Geistes gesegnet durch unsere Gemeinschaft mit Christus im Himmel.

Denn in ihm hat er uns erwählt vor der Grundlegung der Welt, damit wir heilig und untadelig leben vor ihm. Er hat uns aus Liebe im Voraus dazu bestimmt, seine Söhne zu werden durch Jesus Christus und zu ihm zu gelangen nach seinem gnädigen Willen, zum Lob seiner herrlichen Gnade. Er hat sie uns geschenkt in seinem geliebten Sohn. In ihm haben wir die Erlösung durch sein Blut, die Vergebung der Sünden nach dem Reichtum seiner Gnade.

Durch sie hat er uns reich beschenkt, in aller Weisheit und Einsicht, er hat uns das Geheimnis seines Willens kundgetan, wie er es gnädig im Voraus bestimmt hat in ihm. Er hat beschlossen, die Fülle der Zeiten heraufzuführen, das All in Christus als dem Haupt zusammenzufassen, was im Himmel und auf Erden ist, in ihm.

RUF VOR DEM EVANGELIUM

Vers: vgl. Eph 1, 17 – 18

Halleluja. Halleluja.
Der Vater unseres Herrn Jesus Christus
erleuchte die Augen unseres Herzens,
damit wir verstehen, zu welcher Hoffnung wir berufen sind.
Halleluja.

ZUM EVANGELIUM Ob die Aussendung der Zwölf so ganz ohne Diskussionen abgelaufen ist? Fast nicht vorzustellen, dass die Ansage ihres Lehrers Jesus, ohne Vorräte und beinahe schutzlos aufzubrechen, bei seinen Schülern so ganz ohne Widerspruch blieb. Und überhaupt: Gerade hatten sie erlebt, wie Jesus in seiner Heimatstadt abgelehnt worden war. Und jetzt sollen sie sich ohne ihn loswagen? Jesus bereitet sie darauf vor, dass auch sie Ablehnung erfahren werden, und er sagt ihnen, was dann zu tun ist. Leider erfahren wir nicht, wie oft sie den Staub von den Füßen schüttelten. Es könnte ein Maß für Realismus, Gelassenheit und Ausdauer in der Verkündigung sein.

EVANGELIUM

Mk 6,7–13

Er begann, die Zwölf auszusenden

+ Aus dem heiligen Evangelium nach Markus.

In jener Zeit rief Jesus die Zwölf zu sich und sandte sie aus, jeweils zwei zusammen.
Er gab ihnen Vollmacht über die unreinen Geister und er gebot ihnen, außer einem Wanderstab nichts auf den Weg mitzunehmen, kein Brot, keine Vorratstasche, kein Geld im Gürtel, kein zweites Hemd und an den Füßen nur Sandalen.
Und er sagte zu ihnen: Bleibt in dem Haus, in dem ihr einkehrt, bis ihr den Ort wieder verlasst! Wenn man euch aber in einem Ort nicht aufnimmt und euch nicht hören will, dann geht weiter und schüttelt den Staub von euren Füßen, ihnen zum Zeugnis.
Und sie zogen aus und verkündeten die Umkehr. Sie trieben viele Dämonen aus und salbten viele Kranke mit Öl und heilten sie.

Glaubensbekenntnis, S. 484 ff.

FÜRBITTEN

Nicht alleine, sondern zu zweit sendet Jesus seine Freunde aus. Im Auftrag und in der Vollmacht Jesu sollen sie handeln. Wir rufen zu Jesus Christus, unserem Herrn, und bitten ihn:

- Für die Kirche, dass sie neue Wege sucht, das Heil von Gott den Menschen glaubwürdig zu bezeugen. V: Jesus Christus, Freund und Bruder. A: Höre und erhöre uns.

- Für alle, die im Dienst der Verkündigung müde und einsam geworden sind. V: Jesus Christus, Freund und Bruder. A: Höre und erhöre uns.
- Für die Menschen, deren Lebensgrundlage durch Dürre oder Waldbrände bedroht ist. V: Jesus Christus, Freund und Bruder. A: Höre und erhöre uns.
- Für alle, die ihr Zuhause verlassen müssen, um getrennt von ihren Freunden und Familien ihren kargen Lebensunterhalt zu verdienen. V: Jesus Christus, Freund und Bruder. A: Höre und erhöre uns.
- Für alle, die in diesen Wochen die Natur neu entdecken und die Freuden des Sommers genießen. V: Jesus Christus, Freund und Bruder. A: Höre und erhöre uns.

Jesus, so wie du einst Botinnen und Boten gesandt hast, so sendest du sie auch heute. Hilf uns, sie zu erkennen und die Türe unseres Herzens für sie und deine gute Nachricht zu öffnen. Darum bitten wir in Gottes Namen, heute und alle Tage unseres Lebens.

EUCHARISTIEFEIER

GABENGEBET

Gott, sieh auf dein Volk, das im Gebet versammelt ist, und nimm unsere Gaben an. Heilige sie, damit alle, die sie empfangen, in deiner Liebe wachsen und dir immer treuer dienen. Darum bitten wir durch Christus, unseren Herrn.

Präfation, S. 496 ff.

KOMMUNIONVERS

Joh 6,56

So spricht der Herr:
Wer mein Fleisch isst und mein Blut trinkt,
der bleibt in mir, und ich bleibe in ihm.

SCHLUSSGEBET

Herr, unser Gott, wir danken dir für die heilige Gabe. Lass deine Heilsgnade in uns wachsen, sooft wir diese Speise empfangen. Darum bitten wir durch Christus, unseren Herrn.

***

Für eine Wort-Gottes-Feier:

ERÖFFNUNGSGEBET ZUR WAHL

Gott, reich an Güte, in der Taufe hast du uns berufen, deine Zeugen zu sein. Öffne unsere Herzen für deine Botschaft, damit wir sie glaubwürdig verkünden. Darum bitten wir durch Jesus Christus, deinen Sohn, unseren Herrn, der mit dir und dem Heiligen Geist lebt jetzt und in Ewigkeit.

***

STEHN IST ZURÜCKE GEHEN

Wer in den Wegen Gotts gedächte still zu stehn,
der würde hinter sich und ins Verderben gehn.

Angelus Silesius

16. SONNTAG IM JAHRESKREIS

18. Juli 2021

Gerechtigkeit und Friede – die Sehnsucht danach ist ungebrochen. Viel zu viele Menschen leiden unter Ungerechtigkeit, Krieg und Gewalt. Von den einen wissen wir, weil wir ihr Leid aus der persönlichen Begegnung oder aus den Medien kennen. Von den vielen, die im Verborgenen leiden, wissen wir nicht. Der Mitleid mit ihnen allen hat, ist Jesus. Die Sehnsucht nach Gerechtigkeit und Friede ist auch die Sehnsucht nach ihm. Und offenbar auch nach seiner Lehre. Denn „er lehrte sie lange".

ERÖFFNUNGSVERS

Ps 54 (53), 6.8

Gott ist mein Helfer, der Herr beschützt mein Leben.
Freudig bringe ich dir mein Opfer dar
und lobe deinen Namen, Herr, denn du bist gütig.

KYRIE-RUFE

Herr Jesus Christus, du hast Mitleid mit den Menschen
in ihrer Orientierungs- und Hilflosigkeit.
V/A: Herr, erbarme dich.
Du sendest deine Boten aus,
damit sie die Menschen lehren und heilen.
V/A: Christus, erbarme dich.
Du kümmerst dich auch um die Boten
und lässt sie bei dir ausruhen.
V/A: Herr, erbarme dich.

Ehre sei Gott, S. 481 f.

TAGESGEBET

Herr, unser Gott, sieh gnädig auf alle, die du in deinen Dienst gerufen hast. Mach uns stark im Glauben, in der Hoffnung und in der Liebe, damit wir immer wachsam sind und auf dem Weg deiner Gebote bleiben. Darum bitten wir durch Jesus Christus.

WORTGOTTESDIENST

ZUR 1. LESUNG Das Bild von den Hirten und den Schafen passt nicht mehr. Weder in einer aufgeklärten Demokratie noch in einer zeitgemäßen Kirche. Zu groß das Versagen derer, die als Hirten eingesetzt waren. Zu groß das Selbstbewusstsein derer, die als Schafe nur folgen sollen. Doch verlangen die Menschen nicht immer wieder nach einer vermeintlich starken Führung, die ihnen zeigt, wo es entlanggeht? Und kommen nicht bis heute Menschen an die Macht, die Völker nur in ihrem eigenen Interesse lenken und sie ausnutzen? Schließlich: Ist überhaupt noch Sehnsucht nach und Raum für Gott da, damit dieser selbst seine Schafe führt und neue Hirten erweckt? „Der HERR ist unsere Gerechtigkeit" ist der Name des Königs, den Gott einsetzt. Gerechtigkeit ist der Maßstab, an dem die Mächtigen gemessen werden. Gerechtigkeit ist die Richtung, in die Gottes Hirten führen.

ERSTE LESUNG Jer 23,1–6

Ich sammle den Rest meiner Schafe und erwecke Hirten für sie

Lesung aus dem Buch Jeremía.

Weh den Hirten, die die Schafe meiner Weide zugrunde richten und zerstreuen – Spruch des HERRN.

Darum – so spricht der HERR, der Gott Israels, über die Hirten, die mein Volk weiden: Ihr habt meine Schafe zerstreut und sie versprengt und habt euch nicht um sie gekümmert. Jetzt kümmere ich mich bei euch um die Bosheit eurer Taten – Spruch des HERRN.

Ich selbst aber sammle den Rest meiner Schafe aus allen Ländern, wohin ich sie versprengt habe. Ich bringe sie zurück auf ihre Weide und sie werden fruchtbar sein und sich vermehren. Ich werde für sie Hirten erwecken, die sie weiden, und sie werden sich nicht mehr fürchten und ängstigen und nicht mehr verloren gehen – Spruch des HERRN.

Siehe, Tage kommen – Spruch des HERRN –, da werde ich für David einen gerechten Spross erwecken. Er wird als König herrschen und weise handeln und Recht und Gerechtigkeit üben im Land. In seinen Tagen wird Juda gerettet werden, Israel kann in Sicherheit wohnen. Man wird ihm den Namen geben: Der HERR ist unsere Gerechtigkeit.

ANTWORTPSALM

Ps 23 (22), 1–3.4.5.6 (Kv: 1)

Kv Der HERR ist mein Hirt,
nichts wird mir fehlen. – Kv

Der HERR ist mein Hirt, nichts wird mir fehlen. /
Er lässt mich lagern auf grünen Auen *
und führt mich zum Ruheplatz am Wasser.
Meine Lebenskraft bringt er zurück. *
Er führt mich auf Pfaden der Gerechtigkeit,
getreu seinem Namen. – (Kv)

Auch wenn ich gehe im finsteren Tal, *
ich fürchte kein Unheil;
denn du bist bei mir, *
dein Stock und dein Stab, sie trösten mich. – (Kv)

Du deckst mir den Tisch *
vor den Augen meiner Feinde.
Du hast mein Haupt mit Öl gesalbt, *
übervoll ist mein Becher. – (Kv)

Ja, Güte und Huld *
werden mir folgen mein Leben lang
und heimkehren werde ich ins Haus des HERRN *
für lange Zeiten. – Kv

ZUR 2. LESUNG Die, die einst in der Ferne waren, sind durch Jesus Christus in die Nähe gekommen. Genauer, durch sein Blut. Heute scheint es gerade umgekehrt zu sein. Gerade das Blutige, die, wie es scheint, verherrlichte Hinrichtung durch das Kreuz, schreckt Menschen ab, hält sie zum Christentum auf Distanz. Vermag das Großartige, nicht unmittelbar Einsichtige, was in diesem Tod geschah, Menschen zu überzeugen? Die Überwindung von Feindschaft zwischen Menschen und Gruppen, die sich voneinander abgrenzen. Der gestiftete Friede und sein guter Geist. Der Zugang zu Gott. Vermag all dies uns zu überzeugen?

ZWEITE LESUNG Eph 2,13–18

Er ist unser Friede: Er vereinigte Juden und Heiden

Lesung aus dem Brief des Apostels Paulus an die Gemeinde in Éphesus.

Schwestern und Brüder! Jetzt seid ihr, die ihr einst in der Ferne wart, in Christus Jesus, nämlich durch sein Blut, in die Nähe gekommen.

Denn er ist unser Friede. Er vereinigte die beiden Teile – Juden und Heiden – und riss die trennende Wand der Feindschaft in seinem Fleisch nieder. Er hob das Gesetz mit seinen Geboten und Forderungen auf, um die zwei in sich zu einem neuen Menschen zu machen. Er stiftete Frieden und versöhnte die beiden durch das Kreuz mit Gott in einem einzigen Leib. Er hat in seiner Person die Feindschaft getötet.

Er kam und verkündete den Frieden: euch, den Fernen, und Frieden den Nahen. Denn durch ihn haben wir beide in dem einen Geist Zugang zum Vater.

RUF VOR DEM EVANGELIUM

Vers: Joh 10,27

Halleluja. Halleluja.
(So spricht der Herr:)
Meine Schafe hören auf meine Stimme;
ich kenne sie und sie folgen mir.
Halleluja.

ZUM EVANGELIUM Die Apostel berichteten Jesus, was sie getan und gelehrt hatten. Mehr erfahren wir nicht. Sind sie frustriert nach den Erfahrungen, die sie machen mussten? Oder sind sie überwältigt von ihrem Erfolg? Sind sie erschöpft von all dem Reden, Dämonenaustreiben und Heilen? Sind sie froh, zurück zu sein, oder wollen sie gleich wieder los? Wie auch immer: Sie kommen wieder zu Jesus, der sie einlädt, an einem einsamen Ort auszuruhen. Wie auch immer es uns geht, ob wir gerade obenauf oder niedergeschlagen sind: Kehren wir zu Jesus zurück und ruhen wir bei ihm aus! Um Kraft zu schöpfen für die vielen, die ihn suchen.

EVANGELIUM

Mk 6,30–34

Sie waren wie Schafe, die keinen Hirten haben

+ **Aus dem heiligen Evangelium nach Markus.**

In jener Zeit versammelten sich die Apostel, die Jesus ausgesandt hatte, wieder bei ihm und berichteten ihm alles, was sie getan und gelehrt hatten. Da sagte er zu ihnen: Kommt mit an einen einsamen Ort, wo wir allein sind, und ruht ein wenig aus! Denn sie fanden nicht einmal Zeit zum Essen, so zahlreich waren die Leute, die kamen und gingen.

Sie fuhren also mit dem Boot in eine einsame Gegend, um allein zu sein. Aber man sah sie abfahren und viele erfuhren davon; sie liefen zu Fuß aus allen Städten dorthin und kamen noch vor ihnen an.

Als er ausstieg, sah er die vielen Menschen und hatte Mitleid mit ihnen; denn sie waren wie Schafe, die keinen Hirten haben. Und er lehrte sie lange.

Glaubensbekenntnis, S. 484 ff.

FÜRBITTEN

Auch die Ausgesandten bedürfen der Einkehr. Wir rufen zu Gott, dem erbarmenden Vater, und bitten ihn:

- Für alle, die erschöpft und ausgelaugt sind. Für alle, die keine Anerkennung erfahren. Für alle, die Freude und Lachen nicht mehr kennen. V: Gott, du Quell des Lebens. A: Wir bitten dich, erhöre uns.
- Für alle, die an einer schweren Krankheit leiden. Für alle, die zwischen Bangen und Hoffen leben. Für alle, die bei ihnen sind. V: Gott, du Quell des Lebens. A: Wir bitten dich, erhöre uns.
- Für alle, die unruhig und friedlos sind. Für alle, die immer wieder andere abwerten müssen. Für alle, die noch nie Geborgenheit erlebt haben. V: Gott, du Quell des Lebens. A: Wir bitten dich, erhöre uns.

Bei dir, guter Gott, wissen wir uns geborgen in den Bedrängnissen und Wechselfällen des Lebens. Stärke und erhalte unser Vertrauen in deine Liebe durch Jesus Christus, unseren Bruder und Herrn.

EUCHARISTIEFEIER

GABENGEBET

Herr, du hast die vielen Opfer, die dir je von Menschen dargebracht werden, in dem einen Opfer des Neuen Bundes vollendet. Nimm die Gaben deiner Gläubigen an und heilige sie, wie du einst das Opfer

Abels angenommen hast; und was jeder Einzelne zu deiner Ehre darbringt, das werde allen zum Heil. Darum bitten wir durch Christus, unseren Herrn.

Präfation, S. 496 ff.

KOMMUNIONVERS

Offb 3,20

So spricht der Herr:
Ich stehe an der Tür und klopfe.
Wenn einer meine Stimme hört und die Tür öffnet,
werde ich bei ihm eintreten und mit ihm Mahl halten,
und er mit mir.

SCHLUSSGEBET

Barmherziger Gott, höre unser Gebet. Du hast uns im Sakrament das Brot des Himmels gegeben, damit wir an Seele und Leib gesunden. Gib, dass wir die Gewohnheiten des alten Menschen ablegen und als neue Menschen leben. Darum bitten wir durch Christus, unseren Herrn.

***

Für eine Wort-Gottes-Feier:

ERÖFFNUNGSGEBET ZUR WAHL

Gott, du Hirte deines Volkes, du hast Mitleid mit den Menschen und lehrst sie durch dein Wort. Gib uns Ruhe und Geborgenheit in der

Nachfolge deines Sohnes, unseres Herrn Jesus Christus, der mit dir und dem Heiligen Geist lebt und herrscht in alle Ewigkeit.

***

ZUM URSPRUNG MUSST DU GEHN

Mensch, in dem Ursprung ist das Wasser rein und klar:
Trinkst du nicht aus dem Quell, so stehst du in Gefahr.

Angelus Silesius

17. SONNTAG IM JAHRESKREIS

25. Juli 2021

Gott will das Leben seines Volkes; nicht nur sein Überleben, sondern Leben in Fülle und Freiheit. Jesus hat auf wunderbare Weise Anteil an Gottes Willen und Macht. Das biblische Jesusbild ist nicht handlich, sondern sperrig, es ist nicht plan, sondern besitzt Tiefe. Unauslotbarkeit dessen, der ganz bei Gott und gerade darum ganz bei den Menschen ist. Unauslotbare Treue unseres Gottes. Die Schriftlesungen des heutigen Sonntags werfen ihr Senkblei aus.

ERÖFFNUNGSVERS

Vgl. Ps 68 (67), 6–7.36

Gott ist hier, an heiliger Stätte.
Gott versammelt sein Volk in seinem Haus,
er schenkt ihm Stärke und Kraft.

KYRIE-RUFE

Herr Jesus Christus, du siehst die Not der Menschen.
V/A: Herr, erbarme dich.
Du öffnest deine Hand
und sättigst alle mit dem, was sie brauchen.
V/A: Christus, erbarme dich.
Du gibst allen ihr tägliches Brot.
V/A: Herr, erbarme dich.

Ehre sei Gott, S. 481 f.

TAGESGEBET

Gott, du Beschützer aller, die auf dich hoffen, ohne dich ist nichts gesund und nichts heilig. Führe uns in deinem Erbarmen den rechten Weg und hilf uns, die vergänglichen Güter so zu gebrauchen, dass wir die ewigen nicht verlieren. Darum bitten wir durch Jesus Christus.

WORTGOTTESDIENST

ZUR 1. LESUNG Gott ist der Geber des Lebens. Wir leben aus Gottes Hand. Wir leben von Gottes Brot. Das sagt uns die Erzählung von den zwanzig kleinen Gerstenbroten, die eine Hundertschaft sättigen; das bezeugen die Überlieferungen vom Wüstenwunder Manna und von Staunen erregenden Vermehrungen von Broten und Fischen im Hörerkreis des Gottesboten Jesus. Wir leben aus Gottes Hand. Wir leben von Gottes Brot. Das sind Wahrheiten, die uns Menschen von heute nicht gerade naheliegen. Aus der Hand in den Mund? Wir haben vorgesorgt! Wir haben uns abgesichert! Unser Leben können wir letztlich nicht sichern, aber wir müssen es auch nicht: Wir sind zum Leben eingeladen – aus der Hand in den Mund.

ERSTE LESUNG 2 Kön 4,42–44

Man wird essen und noch übrig lassen

Lesung aus dem zweiten Buch der Könige.

In jenen Tagen kam ein Mann von Báal-Schalíscha und brachte dem Gottesmann Elíscha Brot von Erstlingsfrüchten, zwanzig Gerstenbrote und frische Körner in einem Beutel. Elíscha sagte: Gib es den Leuten zu essen! Doch sein Diener sagte: Wie soll ich das hundert Männern vorsetzen?

Elíscha aber sagte: Gib es den Leuten zu essen! Denn so spricht der HERR: Man wird essen und noch übrig lassen. Nun setzte er es ihnen vor; und sie aßen und ließen noch übrig, wie der HERR gesagt hatte.

ANTWORTPSALM

Ps 145 (144),8–9.15–16.17–18 (Kv: 16)

Kv Herr, du tust deine Hand auf
und sättigst alles, was lebt, mit Wohlgefallen. – Kv

Der HERR ist gnädig und barmherzig, *
langmütig und reich an Huld.
Der HERR ist gut zu allen, *
sein Erbarmen waltet über all seinen Werken. – (Kv)

Aller Augen warten auf dich *
und du gibst ihnen ihre Speise zur rechten Zeit.
Du tust deine Hand auf *
und sättigst alles, was lebt, mit Wohlgefallen. – (Kv)

Gerecht ist der HERR auf all seinen Wegen *
und getreu in all seinen Werken.
Nahe ist der HERR allen, die ihn rufen, *
allen, die ihn aufrichtig rufen. – Kv

ZUR 2. LESUNG Angst ist mit Enge verwandt. Angst macht eng. Aber der Geist gibt Mut, er nimmt die falsche Furcht. Der Geist macht frei und den Blick weit. Er hilft, das Fremde zu verstehen. Das hat Paulus immer wieder erfahren. Zugleich schenkt der Gottesgeist die Fähigkeit zu unterscheiden: Was gehört zur Mitte unseres Glaubens? Was ist unwichtig? Was lässt sich gar nicht mit dem Glauben vereinbaren? Spannungen gab es damals in Ephesus wie heute in der Kirche, zwischen Menschen mit höchst unterschiedlichen Herkünften und Vorgeschichten, mit schwer vereinbaren geistlichen Temperamenten. Erst durch die gemeinsame Besinnung auf den einen Herrn, den einen Geist und die in der einen Taufe vorgegebene Einheit konnte und kann es gelingen, Trennendes zu relativieren und die große Vor-Gabe täglich und tatkräftig umzusetzen. Eine Herausforderung für jeden und jede – und für den Gottesgeist: Gerade der Abschied von der Enge macht Angst!

ZWEITE LESUNG

Eph 4,1–6

Ein Leib, ein Herr, ein Glaube, eine Taufe

Lesung aus dem Brief des Apostels Paulus an die Gemeinde in Éphesus.

Schwestern und Brüder! Ich, der Gefangene im Herrn, ermahne euch, ein Leben zu führen, das des Rufes würdig ist, der an euch erging. Seid demütig, friedfertig und geduldig, ertragt einander in Liebe und bemüht euch, die Einheit des Geistes zu wahren durch das Band des Friedens!

Ein Leib und *ein* Geist, wie ihr auch berufen seid zu *einer* Hoffnung in eurer Berufung: *ein* Herr, *ein* Glaube, *eine* Taufe, *ein* Gott und Vater aller, der über allem und durch alles und in allem ist.

RUF VOR DEM EVANGELIUM

Vers: vgl. Lk 7,16

Halleluja. Halleluja.
Ein großer Prophet wurde unter uns erweckt:
Gott hat sein Volk heimgesucht.
Halleluja.

ZUM EVANGELIUM Durch das Brotwunder Jesu schimmert eine Zeichentat des Propheten Elischa hindurch, der einst hundert Männer mit sieben Gerstenbroten speiste (vgl. die erste Lesung). Der Hinweis auf das nahe Paschafest macht das Handeln Jesu durchsichtig für die dramatische Nacht der Befreiung Israels aus der ägyptischen Sklaverei. Jesus zieht sich auf den Berg zurück, Ort der Berührung von Himmel und Erde, um dem Volk rettende Weisung zu bringen wie einst der große Mose. Und schließlich erinnert Jesu Brotwunder an das rettende Himmelsbrot der Wüste (Ex 16). So viele Geschichten, so viele Schichten in einer Geschichte. So viele Boten, und gerade so eine einzige Botschaft.

EVANGELIUM

Joh 6,1–15

Jesus teilte an die Leute aus, so viel sie wollten

+ Aus dem heiligen Evangelium nach Johannes.

In jener Zeit ging Jesus an das andere Ufer des Sees von Galiläa, der auch See von Tibérias heißt. Eine große Menschenmenge folgte ihm, weil sie die Zeichen sahen, die er an den Kranken tat. Jesus stieg auf den Berg und setzte sich dort mit seinen Jüngern nieder. Das Pascha, das Fest der Juden, war nahe.

Als Jesus aufblickte und sah, dass so viele Menschen zu ihm kamen, fragte er Philíppus: Wo sollen wir Brot kaufen, damit diese Leute zu essen haben? Das sagte er aber nur, um ihn auf die Probe zu stellen; denn er selbst wusste, was er tun wollte. Philíppus antwortete ihm: Brot für zweihundert Denáre reicht nicht aus, wenn jeder von ihnen auch nur ein kleines Stück bekommen soll. Einer seiner Jünger, Andreas, der Bruder des Simon Petrus, sagte zu ihm: Hier ist ein kleiner Junge, der hat fünf Gerstenbrote und zwei Fische; doch was ist das für so viele?

Jesus sagte: Lasst die Leute sich setzen! Es gab dort nämlich viel Gras. Da setzten sie sich; es waren etwa fünftausend Männer. Dann nahm Jesus die Brote, sprach das Dankgebet und teilte an die Leute aus, so viel sie wollten; ebenso machte er es mit den Fischen.

Als die Menge satt geworden war, sagte er zu seinen Jüngern: Sammelt die übrig gebliebenen Brocken, damit nichts verdirbt! Sie sammelten und füllten zwölf Körbe mit den Brocken, die von den fünf Gerstenbroten nach dem Essen übrig waren.

Als die Menschen das Zeichen sahen, das er getan hatte, sagten sie: Das ist wirklich der Prophet, der in die Welt kommen soll. Da erkannte Jesus, dass sie kommen würden, um ihn in ihre Gewalt zu bringen und zum König zu machen. Daher zog er sich wieder auf den Berg zurück, er allein.

Glaubensbekenntnis, S. 484 ff.

FÜRBITTEN

Guter Gott, du willst das Wohl der Menschen. Deshalb kommen wir auch heute zu dir und vertrauen dir unsere Bitten an:

- Befähige unseren Papst, die Bischöfe, Priester, Diakone und alle, die in der Seelsorge tätig sind, dazu, die Nöte der Menschen heute zu erkennen und für sie da zu sein. V: Gott, du Geber aller Gaben. A: Höre unser Rufen.
- Stärke alle, die sich um eine gerechte Verteilung der Güter mühen und den Hunger in der Welt eindämmen wollen. V: Gott, du Geber aller Gaben. A: Höre unser Rufen.
- Ermutige junge Menschen, sich für die Bewahrung der Schöpfung in Wort und Tat einzusetzen. V: Gott, du Geber aller Gaben. A: Höre unser Rufen.
- Hilf uns, in unseren Familien und im Freundeskreis einander das zu geben, was stärkt und nährt. V: Gott, du Geber aller Gaben. A: Höre unser Rufen.
- Segne alle, die ihre hochbetagten, kranken und sterbenden Angehörigen liebevoll begleiten. V: Gott, du Geber aller Gaben. A: Höre unser Rufen.

Auch durch uns will der barmherzige Gott den Hunger der Menschen heute stillen. Er sei bei uns, wenn wir der Spur seines Sohnes folgen, heute und allezeit.

EUCHARISTIEFEIER

GABENGEBET

Gütiger Gott, nimm die Gaben an, die wir von deiner Güte empfangen haben. Lass deine Kraft in ihnen wirken, damit sie uns in diesem Leben heiligen und zu den ewigen Freuden führen. Darum bitten wir durch Christus, unseren Herrn.

Präfation, S. 496 ff.

KOMMUNIONVERS

Mt 5,7–8

Selig, die barmherzig sind;
denn sie werden Erbarmen finden.
Selig, die ein reines Herz haben;
denn sie werden Gott schauen.

SCHLUSSGEBET

Herr, unser Gott, wir haben das Gedächtnis des Leidens Christi gefeiert und das heilige Sakrament empfangen. Was uns dein Sohn in unergründlicher Liebe geschenkt hat, das werde uns nicht zum Gericht, sondern bringe uns das ewige Heil. Darum bitten wir durch Christus, unseren Herrn.

***

Für eine Wort-Gottes-Feier:

ERÖFFNUNGSGEBET ZUR WAHL

Gott, du Ursprung des Lebens, du gibst uns Nahrung für Geist und Leib. Erfülle uns mit deinem Wort und lass es fruchtbar werden in

Taten der Liebe. Darum bitten wir durch Jesus Christus, deinen Sohn, unseren Herrn und Gott, der mit dir und dem Heiligen Geist lebt heute, alle Tage und in Ewigkeit.

***

GIB UNS, HERR

Gib uns, Herr,
ein Stück Brot für den Tag;
einen Menschen gib jedem,
der mit ihm isst.

Sag uns, Herr,
ein Wort für den Tag;
einen Menschen gib jedem,
der mit ihm spricht.

Zeig uns, Herr,
einen Weg in das Morgen;
einen Menschen gib jedem,
der mit ihm geht.

Eleonore Beck

18. SONNTAG IM JAHRESKREIS

1. August 2021

Seit einigen Jahren erleben wir weltweit, aber auch im Herzen Europas, eine Art Renaissance der Autokraten, der, vermeintlich, „starken Männer". Überfordert uns unsere Freiheit, die Selbstverantwortung, das ständige Entscheiden-Müssen? Von der Furcht vor der Freiheit erzählt auch das Buch Exodus. Der Auszug aus Ägypten wurde zum Inbegriff israelitischer Befreiungserfahrung. Doch es gibt auch die andere Seite, das Zurückschrecken vor der geschenkten Freiheit, das Verwünschen der gewonnenen Freiheit, das Zurückwünschen. Zurück zu den Fleischtöpfen Ägyptens! Versorgt werden durch die Mächtigen. Mächtiger Versorgungswunsch. Sicherheit gibt doch nur das Haben, Halten, Horten! Diese Spannung kennen wir also auch, Menschen des 21. Jahrhunderts, und nicht immer können wir diese Spannung halten, nicht immer halten wir sie aus. Die Bibel aber macht uns Mut: Du bist frei. Du bist gehalten. Halte stand!

ERÖFFNUNGSVERS

Ps 70(69),2.6

Gott, komm mir zu Hilfe; Herr, eile, mir zu helfen.
Meine Hilfe und mein Retter bist du, Herr, säume nicht.

KYRIE-RUFE

Herr Jesus Christus, du bist das Brot des Lebens.
V/A: Herr, erbarme dich.
Du kommst vom Himmel herab und gibst uns Speise,
die für das ewige Leben bleibt.
V/A: Christus, erbarme dich.

Du stillst den Hunger und den Durst aller,
die zu dir kommen und an dich glauben.
V/A: Herr, erbarme dich.

Ehre sei Gott, S. 481 f.

TAGESGEBET

Gott, unser Vater, steh deinen Dienern bei und erweise allen, die zu dir rufen, Tag für Tag deine Liebe. Du bist unser Schöpfer und der Lenker unseres Lebens. Erneuere deine Gnade in uns, damit wir dir gefallen, und erhalte, was du erneuert hast. Darum bitten wir durch Jesus Christus.

WORTGOTTESDIENST

ZUR 1. LESUNG „Es war ja nicht alles schlecht …!" Diesen Satz haben wir doch schon einmal gehört? Oder mehr als nur einmal? Es war ja nicht alles schlecht, in Ägypterland. Am Volk nagt nicht nur der Hunger, sondern auch der Zweifel. Sind unsere Anführer Mose und Aaron verrückt, oder einfach Verführer? Wie der Rattenfänger von Hameln? Oder verrückte Verführer? Ist unsere so wundersame Flucht und diese ganze Verheißungsgeschichte etwa schwindelerregender Schwindel, eine ganz große Seifenblase, die jetzt gerade platzt? Wir haben Hunger, Hunger, Hunger; wir haben Durst! Gott leidet unter unserem Kleinglauben und mit den Kleingläubigen – und sendet Brot und Fleisch gegen Angst und Not.

ERSTE LESUNG Ex 16,2–4.12–15

Ich will euch Brot vom Himmel regnen lassen

Lesung aus dem Buch Éxodus.

In jenen Tagen murrte die ganze Gemeinde der Israeliten in der Wüste gegen Mose und Aaron. Die Israeliten sagten zu ihnen: Wären wir doch im Land Ägypten durch die Hand des HERRN gestorben, als wir an den Fleischtöpfen saßen und Brot genug zu essen hatten. Ihr habt uns nur deshalb in diese Wüste geführt, um alle, die hier versammelt sind, an Hunger sterben zu lassen.

Da sprach der HERR zu Mose: Ich will euch Brot vom Himmel regnen lassen. Das Volk soll hinausgehen, um seinen täglichen Bedarf zu sammeln. Ich will es prüfen, ob es nach meiner Weisung lebt oder nicht. Ich habe das Murren der Israeliten gehört. Sag ihnen: In der Abenddämmerung werdet ihr Fleisch zu essen haben, am Morgen werdet ihr satt werden von Brot und ihr werdet erkennen, dass ich der HERR, euer Gott, bin.

Am Abend kamen die Wachteln und bedeckten das Lager. Am Morgen lag eine Schicht von Tau rings um das Lager. Als sich die Tauschicht gehoben hatte, lag auf dem Wüstenboden etwas Feines, Knuspriges, fein wie Reif, auf der Erde. Als das die Israeliten sahen, sagten sie zueinander: Was ist das? Denn sie wussten nicht, was es war. Da sagte Mose zu ihnen: Das ist das Brot, das der HERR euch zu essen gibt.

ANTWORTPSALM

Ps 78 (77),3–4b.23–24.25 u. 54 (Kv: vgl. 24b)

Kv Der Herr gab ihnen Brot vom Himmel. – Kv

Was wir hörten und erfuhren, *
was uns die Väter erzählten,
das wollen wir ihren Kindern nicht verbergen, *
sondern dem kommenden Geschlecht erzählen. – (Kv)

Er gebot den Wolken droben *
und öffnete die Tore des Himmels.
Er ließ Manna auf sie regnen als Speise, *
er gab ihnen Korn vom Himmel. – (Kv)

Jeder aß vom „Brot der Starken“; *
er sandte Nahrung, sie zu sättigen.
Er brachte sie in sein heiliges Gebiet, *
zum Berg, den seine Rechte erworben hat. – Kv

ZUR 2. LESUNG „Kleider machen Leute“, sagt das Sprichwort, und der Verfasser des Epheserbriefes fordert zum Ablegen des alten und zum Anziehen des neuen Menschen auf. Damit ist offenbar nicht nur das Aussortieren von Kleidung, die wir nicht mehr tragen wollen, und nicht bloß die Freude an einem schönen neuen Kleidungsstück gemeint. Der frühchristliche Lehrer spricht von einem Neuwerden, das den Getauften ein für alle Mal widerfährt und doch immer neu ihr Ja verlangt. Noch heute erinnert das Taufkleid daran, dass der Täufling in der Taufe „den neuen Menschen“ anzieht, dass er oder sie neu geschaffen wird. Der weiche neue Mantel, der angesagte neue Anzug, sie haben in unserem Leben Gewicht – welche Aufmerksamkeit werden wir da erst jenem Kleid schenken, das wahrhaft Leute macht?

ZWEITE LESUNG Eph 4,17.20–24

Zieht den neuen Menschen an, der nach dem Bild Gottes geschaffen ist

Lesung aus dem Brief des Apostels Paulus an die Gemeinde in Éphesus.

Schwestern und Brüder! Das also sage ich und beschwöre euch im Herrn: Lebt nicht mehr wie die Heiden in ihrem nichtigen Denken!

Ihr habt Christus nicht so kennengelernt. Ihr habt doch von ihm gehört und seid unterrichtet worden, wie es Wahrheit ist in Jesus. Legt den alten Menschen des früheren Lebenswandels ab, der sich in den Begierden des Trugs zugrunde richtet, und lasst euch erneuern durch den Geist in eurem Denken!

Zieht den neuen Menschen an, der nach dem Bild Gottes geschaffen ist in wahrer Gerechtigkeit und Heiligkeit!

RUF VOR DEM EVANGELIUM

Vers: vgl. Mt 4,4b

Halleluja. Halleluja.
Nicht nur vom Brot lebt der Mensch,
sondern von jedem Wort aus Gottes Mund.
Halleluja.

ZUM EVANGELIUM Hunger und Durst? Wieder einmal keine Zeit gehabt für die Mittagspause, jetzt sind in München die Lebensmittelläden aber dicht; auf dem Hauptbahnhof findet sich doch immer noch eine Gelegenheit, etwas zu essen zu kaufen. Durst bedroht uns auch nicht, wir öffnen einfach den Wasserhahn. Als meine Nichte Miriam zehn Monate Freiwilligendienst in Ghana leistete, war das ganz anders. Zurück in Deutschland, genoss sie es zum ersten Mal bewusst: den freundlich gefüllten Kühlschrank und das Wasser, das jederzeit in bester Qualität aus der Leitung sprudelte. Heiß oder kalt. Jesu Umfeld, glich es wohl eher Miriams Ghana oder ihrem ruhigen, grünen Berliner Kiez? Brot des Lebens, Wasser für alle Durstigen – was für ein Wunder. Es geht um Gerechtigkeit, um Menschenwürde; Hunger und Durst tasten sie an. Und es geht um das Verlangen nach Leben, das wir teilen, die Hungrigen, und die Satten, die wir diese Sehnsucht fast vergaßen. Wir essen und trinken, weil wir leben wollen. Wer hungert, träumt vom Essen. Geben wir den Hungrigen zu essen. Und sehnen wir uns dann gemeinsam darüber hinaus.

EVANGELIUM

Joh 6,24–35

Wer zu mir kommt, wird nie mehr hungern, und wer an mich glaubt, wird nie mehr Durst haben

+ Aus dem heiligen Evangelium nach Johannes.

In jener Zeit, als die Leute sahen, dass weder Jesus noch seine Jünger am Ufer des Sees von Galiläa waren, stiegen sie in die Boote, fuhren nach Kafárnaum und suchten Jesus. Als sie ihn am anderen

Ufer des Sees fanden, fragten sie ihn: Rabbi, wann bist du hierhergekommen?

Jesus antwortete ihnen: Amen, amen, ich sage euch: Ihr sucht mich nicht, weil ihr Zeichen gesehen habt, sondern weil ihr von den Broten gegessen habt und satt geworden seid. Müht euch nicht ab für die Speise, die verdirbt, sondern für die Speise, die für das ewige Leben bleibt und die der Menschensohn euch geben wird! Denn ihn hat Gott, der Vater, mit seinem Siegel beglaubigt.

Da fragten sie ihn: Was müssen wir tun, um die Werke Gottes zu vollbringen?

Jesus antwortete ihnen: Das ist das Werk Gottes, dass ihr an den glaubt, den er gesandt hat.

Sie sagten zu ihm: Welches Zeichen tust du denn, damit wir es sehen und dir glauben? Was für ein Werk tust du? Unsere Väter haben das Manna in der Wüste gegessen, wie es in der Schrift heißt: Brot vom Himmel gab er ihnen zu essen.

Jesus sagte zu ihnen: Amen, amen, ich sage euch: Nicht Mose hat euch das Brot vom Himmel gegeben, sondern mein Vater gibt euch das wahre Brot vom Himmel. Denn das Brot, das Gott gibt, kommt vom Himmel herab und gibt der Welt das Leben.

Da baten sie ihn: Herr, gib uns immer dieses Brot!

Jesus antwortete ihnen: Ich bin das Brot des Lebens; wer zu mir kommt, wird nie mehr hungern, und wer an mich glaubt, wird nie mehr Durst haben.

Glaubensbekenntnis, S. 484 ff.

FÜRBITTEN

Nicht spektakuläre Wunder nähren den Glauben, sondern das Brot des Lebens, in dem Jesus sich selbst schenkt. Wir rufen zu Gott, dem barmherzigen Vater Jesu Christi, und bitten ihn:

- Für die Gemeinschaft der Glaubenden, dass sich ihr Glaube immer neu aus dem Leben in Christus und dem Hören des Wortes speist. V: Gott, du unsere Stärke. A: Wir bitten dich, erhöre uns.

- Für die Menschen, die im Urlaub sind und sich Erholung und Belebung von dieser Zeit erhoffen. V: Gott, du unsere Stärke. A: Wir bitten dich, erhöre uns.
- Für die Kinder und Jugendlichen weltweit, die auf Feldern, in Steinbrüchen, auf Müllkippen, in Fabriken arbeiten müssen, anstatt zu spielen und zu lernen. V: Gott, du unsere Stärke. A: Wir bitten dich, erhöre uns.
- Für die Familien, denen das tägliche Brot fehlt und sauberes Trinkwasser. V: Gott, du unsere Stärke. A: Wir bitten dich, erhöre uns.
- Für alle, die über den eigenen Tellerrand hinausschauen und Verantwortung übernehmen. V: Gott, du unsere Stärke. A: Wir bitten dich, erhöre uns.

Gott, das Manna, dein Himmelsbrot, stärkt uns auf unserem Weg. Lass uns diese Stärkung immer wieder neu als belebend erfahren, so bitten wir durch Jesus Christus, unseren Bruder und Herrn.

EUCHARISTIEFEIER

GABENGEBET

Barmherziger Gott, heilige diese Gaben. Nimm das Opfer an, das dir im Heiligen Geist dargebracht wird, und mache uns selbst zu einer Gabe, die für immer dir gehört. Darum bitten wir durch Christus, unseren Herrn.

Präfation, S. 496 ff.

KOMMUNIONVERS

Joh 6,35

So spricht der Herr:
Ich bin das Brot des Lebens,

wer zu mir kommt, wird nicht mehr hungern,
und wer an mich glaubt, wird nicht mehr Durst haben.

SCHLUSSGEBET

Barmherziger Gott, in den heiligen Gaben empfangen wir neue Kraft. Bleibe bei uns in aller Gefahr und versage uns nie deine Hilfe, damit wir der ewigen Erlösung würdig werden. Darum bitten wir durch Christus, unseren Herrn.

***

Für eine Wort-Gottes-Feier:

ERÖFFNUNGSGEBET ZUR WAHL

Gütiger Gott, unser Hunger nach Leben ist vielfältig und groß. Stille ihn durch den, der all unser Sehnen erfüllen will, Jesus Christus, dein Sohn, unser Herr und Gott, der in der Einheit des Heiligen Geistes mit dir lebt und herrscht in alle Ewigkeit.

***

KOMM IN UNSER REICHES LAND

Komm in unser reiches Land,
der du Arme liebst und Schwache,
dass von Geiz und Unverstand
unser Menschenherz erwache.
Schaff aus unserm Überfluss
Rettung dem, der hungern muss.

Hans von Lehndorff

VERKLÄRUNG DES HERRN – FEST

6. August 2021

Wer wird den Sieg davontragen? Wer die stärkeren Waffen hat? Wer seine Interessen auf Kosten der Schwächeren durchsetzen kann? Oder wer das Gute zu tun sucht, obwohl ihm das Nachteile bringt und er den Mächtigen unbequem wird? Die „Verklärung" schafft hier letzte Klarheit: Auch wenn der Weg des Gottessohns in die Nacht führt – Jesus bleibt durchlässig für Gottes strahlendes Licht.

ERÖFFNUNGSVERS

Vgl. Mt 17,5

Aus einer leuchtenden Wolke kam die Stimme des Vaters:
Dies ist mein geliebter Sohn,
an dem ich Gefallen gefunden habe:
Auf ihn sollt ihr hören.

KYRIE-RUFE

Herr Jesus Christus, du hast von Gott, dem Vater,
Ehre und Herrlichkeit empfangen.
V/A: Herr, erbarme dich.
Du hast die Stimme der erhabenen Herrlichkeit gehört.
V/A: Christus, erbarme dich.
Du bist Gottes geliebter Sohn, an dem er Gefallen gefunden hat.
V/A: Herr, erbarme dich.

Ehre sei Gott, S. 481 f.

TAGESGEBET

Allmächtiger Gott, bei der Verklärung deines eingeborenen Sohnes hast du durch das Zeugnis der Väter die Geheimnisse unseres Glaubens bekräftigt. Du hast uns gezeigt, was wir erhoffen dürfen, wenn unsere Annahme an Kindes Statt sich einmal vollendet. Hilf uns, auf das Wort deines Sohnes zu hören, damit wir Anteil erhalten an seiner Herrlichkeit. Darum bitten wir durch Jesus Christus.

WORTGOTTESDIENST

ZUR 1. LESUNG „Einer wie ein Menschensohn" kommt mit den Wolken zum Gericht, das Gott am Ende der Tage halten wird. Gott übergibt ihm alle Macht. So sieht es der Seher Daniel in einer nächtlichen Vision. Jesus hat sich selber „Menschensohn" genannt. Er teilt unser Menschsein. Er kennt unser Leben und Sterben. Zweifel kennt er, Ängste und Schmerzen, er kennt Leid und Mitleid. Hoffnung und Freude sind ihm vertraut; er hat Versuchungen bestanden. Jesus kennt Staunen, Zuversicht und Glück. Jesus kennt uns von innen. Wer sonst sollte unser Richter sein?

ERSTE LESUNG Dan 7,9–10.13–14

Sein Gewand war weiß wie Schnee

Lesung aus dem Buch Daniel.

Ich, Daniel, sah in einer nächtlichen Vision: Throne wurden aufgestellt und ein Hochbetagter nahm Platz. Sein Gewand war weiß wie Schnee, sein Haar wie reine Wolle. Feuerflammen waren sein Thron und dessen Räder waren loderndes Feuer. Ein Strom von Feuer ging von ihm aus. Tausendmal Tausende dienten ihm, zehntausendmal Zehntausende standen vor ihm. Das Gericht nahm Platz und es wurden Bücher aufgeschlagen.

Immer noch hatte ich die nächtlichen Visionen: Da kam mit den Wolken des Himmels einer wie ein Menschensohn. Er gelangte bis zu dem Hochbetagten und wurde vor ihn geführt. Ihm wurden Herrschaft, Würde und Königtum gegeben. Alle Völker, Nationen und Sprachen dienten ihm. Seine Herrschaft ist eine ewige, unvergängliche Herrschaft. Sein Reich geht niemals unter.

ANTWORTPSALM

Ps 97 (96), 1–2.5–6.8–9 (Kv: vgl. 1a.9a)

Kv Der Herr ist König,
er ist der Höchste über der ganzen Erde. – Kv

Der Herr ist König. Es juble die Erde! *
Freuen sollen sich die vielen Inseln.
Rings um ihn her sind Wolken und Dunkel, *
Gerechtigkeit und Recht sind die Stützen seines Thrones. – (Kv)

Berge schmelzen wie Wachs vor dem Herrn, *
vor dem Angesicht des Herrn der ganzen Erde.
Seine Gerechtigkeit verkünden die Himmel, *
seine Herrlichkeit schauen alle Völker. – (Kv)

Zion hört es und freut sich, *
Judas Töchter jubeln, Herr, über deine Urteile.
Denn du, Herr, bist der Höchste über der ganzen Erde, *
hoch erhaben bist du über alle Götter. – Kv

Oder:

ZUR 2. LESUNG Auf „Fake News“, also gefälschte, falsche Neuigkeiten, reagieren wir, mit Recht, enttäuscht und empört. Im Internet sind sie heute leider allgegenwärtig. In Zeiten realer, globaler Gefahren wie des „Corona“-Virus sind solche durch die „sozialen Netzwerke“ wabernden Verdächtigungen, Halbwahrheiten und Lügen besonders übel. Der Verfasser des zweiten Petrusbriefes legt großen Wert darauf, dass der Glaube nicht auf Fantastereien und Lügengeschichten beruht: Er zehrt von dem Augen- und Ohrenzeugnis der Apostel, die die Himmelsstimme vernahmen. Da fällt es ihnen auf dem heiligen Berg wie Schuppen von den Augen: Sie erkennen in Jesus die Erfüllung der Verheißungen. Das nährt das Vertrauen in das Wort Gottes, in die gültig bleibenden Hoffnungen, die immer neu mit Leben und Kraft gefüllt werden können. Wie so manches Bibelwort, das für uns jahrelang unverständlich blieb und dann, in einer konkreten Lebenssituation, eine ganz besondere Bedeutung gewinnt.

ZWEITE LESUNG

2 Petr 1,16–19

Die Stimme, die vom Himmel kam, haben wir gehört, als wir mit ihm auf dem heiligen Berg waren

Lesung aus dem zweiten Brief des Apostels Petrus.

Schwestern und Brüder! Wir sind nicht klug ausgedachten Geschichten gefolgt, als wir euch die machtvolle Ankunft unseres Herrn Jesus Christus kundtaten, sondern wir waren Augenzeugen seiner Macht und Größe.

Denn er hat von Gott, dem Vater, Ehre und Herrlichkeit empfangen, als eine Stimme von erhabener Herrlichkeit an ihn erging: Das ist mein geliebter Sohn, an dem ich Wohlgefallen gefunden habe. Diese Stimme, die vom Himmel kam, haben wir gehört, als wir mit ihm auf dem heiligen Berg waren.

Dadurch ist das Wort der Propheten für uns noch sicherer geworden und ihr tut gut daran, es zu beachten, wie ein Licht, das an einem finsteren Ort scheint, bis der Tag anbricht und der Morgenstern aufgeht in eurem Herzen.

RUF VOR DEM EVANGELIUM

Vers: vgl. Lk 9,35

Halleluja. Halleluja.
Aus der leuchtenden Wolke rief die Stimme des Vaters:
Das ist mein geliebter Sohn; auf ihn sollt ihr hören.
Halleluja.

ZUM EVANGELIUM Wer mit der Schrift vertraut ist, dem kommt hier einiges bekannt vor: Auch Mose steigt auf den Berg, auch er nimmt ausgewählte Begleiter mit, zuerst bedeckt eine Wolke den Berg, bevor die Gottesstimme aus der Wolke spricht (Ex 24). Doch die Verklärungsperikope stellt nicht nur die Gemeinsamkeit mit Mose, sondern gerade so die Besonderheit Jesu heraus. Auf dem Berg wird er vor den Augen seiner Schüler verwandelt, in eine himmlische Gestalt, wie das strahlende Weiß des Gewandes anzeigt. Ein solches Weiß lässt sich nicht handwerklich herstellen, es ist nicht von dieser Welt. Es erscheinen weitere Himmelsboten in Gestalt der Propheten Elija und Mose, von denen die jüdische Tradition erzählt, dass sie in den Himmel entrückt wurden. Man erwartet, dass sie wiederkommen werden, um im Geschehen der Endzeit wichtige Aufgaben zu übernehmen. Jesus selbst halten einige für den wiedergekehrten Elija (Mk 6,15; 8,28; 6,35–44). Doch nun redet er mit Mose und Elija, er kann also weder mit dem einen noch mit dem anderen Großen identisch sein. Das könnten die Jünger Jesu auf dem Berg lernen: Jesus, vom Himmel beglaubigter Prophet, und gerade so von unverwechselbarer Eigenart. Gottes geliebter Sohn. Die Schüler sind verunsichert: Jesus ist ein Anderer. Da spricht die Stimme aus den Wolken sie direkt an: Dieser ist mein Sohn, der Geliebte, hört auf ihn! Jesus erkennen heißt nicht, ihn bewundern und bestaunen, nicht, ihn einsortieren, sondern – auf ihn hören. Das konnten die Freunde Jesu auf dem Berg der Verklärung lernen. Kommen wir mit?

EVANGELIUM Mk 9,2–10

Es erscholl eine Stimme aus der Wolke: Dieser ist mein geliebter Sohn

+ Aus dem heiligen Evangelium nach Markus.

In jener Zeit nahm Jesus Petrus, Jakobus und Johannes beiseite und führte sie auf einen hohen Berg, aber nur sie allein. Und er wurde vor ihnen verwandelt; seine Kleider wurden strahlend weiß, so weiß, wie sie auf Erden kein Bleicher machen kann.

Da erschien ihnen Elíja und mit ihm Mose und sie redeten mit Jesus.

Petrus sagte zu Jesus: Rabbi, es ist gut, dass wir hier sind. Wir wollen drei Hütten bauen, eine für dich, eine für Mose und eine für Elíja. Er wusste nämlich nicht, was er sagen sollte; denn sie waren vor Furcht ganz benommen.

Da kam eine Wolke und überschattete sie und es erscholl eine Stimme aus der Wolke: Dieser ist mein geliebter Sohn; auf ihn sollt ihr hören. Als sie dann um sich blickten, sahen sie auf einmal niemanden mehr bei sich außer Jesus.

Während sie den Berg hinabstiegen, gebot er ihnen, niemandem zu erzählen, was sie gesehen hatten, bis der Menschensohn von den Toten auferstanden sei. Dieses Wort beschäftigte sie und sie fragten einander, was das sei: von den Toten auferstehen.

FÜRBITTEN

Das Taborlicht der Verklärung öffnet den Freunden Jesu die Augen. Wir rufen zu Jesus, dem Gottessohn, unserem Bruder, und bitten ihn:

- Befähige die Kirche durch dein helles Licht, die Menschen im Schatten, die Menschen in Leid und Dunkelheit zu sehen. V: Christus, höre uns. A: Christus, erhöre uns.

- Bestärke deine Getauften im Bewusstsein, deine geliebten Söhne und Töchter zu sein. V: Christus, höre uns. A: Christus, erhöre uns.

- Ermutige Menschen aller Generationen, sich für die Bewahrung deiner Schöpfung einzusetzen. V: Christus, höre uns. A: Christus, erhöre uns.

- Stärke in diesen Ferienwochen die familiären und freundschaftlichen Beziehungen durch das gemeinsame Erleben der Schönheit der Schöpfung. V: Christus, höre uns. A: Christus, erhöre uns.

- Segne alle, die keinen Urlaub machen können, und alle, die krank sind, dass sie Freude und menschliche Zuwendung erfahren. V: Christus, höre uns. A: Christus, erhöre uns.

- Umhülle du unsere lieben Toten mit deinem Licht und nimm sie auf in deine heilvolle Gegenwart. V: Christus, höre uns. A: Christus, erhöre uns.

Jesus ist uns vorausgegangen ins Licht. Wir bitten ihn, uns seine Nähe zu schenken, damit unser Glaube gestärkt wird und auch wir Licht sein können für unsere Welt. So bitten wir heute und alle Tage bis in Ewigkeit.

EUCHARISTIEFEIER

GABENGEBET

Gott, unser Vater, sende über uns und diese Gaben das Licht deiner Herrlichkeit, das in deinem Sohn aufgestrahlt ist. Es vertreibe das Dunkel der Sünde und mache uns zu Kindern des Lichtes. Darum bitten wir durch Christus, unseren Herrn.

PRÄFATION

In Wahrheit ist es würdig und recht, dir, Herr, heiliger Vater, allmächtiger, ewiger Gott, immer und überall zu danken durch unseren Herrn Jesus Christus. Denn er enthüllte auf dem Berg der Verklärung seine verborgene Herrlichkeit, er ließ vor auserwählten Zeugen seinen sterblichen Leib im Lichtglanz erstrahlen und gab den Jüngern die Kraft, das Ärgernis des Kreuzes zu tragen. So schenkte er der ganzen Kirche die Hoffnung, vereint mit ihrem Haupt die ewige Verklärung zu empfangen. Darum preisen wir deine Größe und vereinen uns mit den Chören der Engel zum Hochgesang von deiner göttlichen Herrlichkeit: Heilig …

KOMMUNIONVERS

1 Joh 3,2

Wenn der Herr offenbar wird,
werden wir ihm ähnlich sein,
denn wir werden ihn sehen, wie er ist.

SCHLUSSGEBET

Herr, unser Gott, in der Verklärung deines Sohnes wurde der Glanz seiner Gottheit offenbar. Lass uns durch den Empfang der himmlischen Speise seinem verherrlichten Leib gleichgestaltet werden. Darum bitten wir durch ihn, Christus, unseren Herrn.

FEIERLICHER SCHLUSSSEGEN

Num 6,24–26

Der Herr segne euch und behüte euch; der Herr lasse sein Angesicht über euch leuchten und sei euch gnädig; er wende euch sein Antlitz zu und schenke euch seinen Frieden. – A: Amen.
Das gewähre euch der dreieinige Gott, der Vater und der Sohn † und der Heilige Geist. – A: Amen.

⋆⋆⋆

TABOR

Eine Taborstunde
kannst du nur erleben
wenn du IHM auf den Berg folgst.

Der Weg hinauf
ist mühsam und beschwerlich.
Du brauchst dafür vielleicht ein Leben lang.

Der Lohn ist groß – doch nicht gewiss.
Vielleicht wird dir ganz unverhofft
ein kurzer Augenblick gewährt.

Ein Augenblick, wie du ihn nie erlebst.
Ein Augenblick, erfüllt von Glanz und Licht.
Ein Augenblick der Klarheit und des Glücks.

Erwarte nicht, dass du die Zeit anhalten kannst.
Du darfst hier keine Hütten bauen.
Du kannst und darfst nicht bleiben.

Bewahre die Erinnerung in deinem Herzen.
Sie gibt dir Kraft,
IHM auf dem Weg zu folgen.

Und sei es
nach Getsemani und Golgota.

Gisela Baltes

19. SONNTAG IM JAHRESKREIS

8. August 2021

An Gottes Gaben zeigen sich unsere Aufgaben. Aus seiner Fürsorge erwächst uns die Kraft, es aufzunehmen mit den Herausforderungen, die uns begegnen. Was Gott uns angedeihen lässt, stärkt uns, auch diesen Tag, auch diese Woche anzugehen. Die Macht der Mutlosigkeit ist gebrochen: Was Gott uns zutraut, dürfen wir uns auch selbst zutrauen.

ERÖFFNUNGSVERS

Vgl. Ps 74 (73), 20.19.22.23

Blick hin, o Herr, auf deinen Bund
und vergiss das Leben deiner Armen nicht für immer.
Erhebe dich, Gott, und führe deine Sache.
Vergiss nicht das Rufen derer, die dich suchen.

KYRIE-RUFE

Herr Jesus Christus, du bist das lebendige Brot,
das vom Himmel herabgekommen ist.
V/A: Herr, erbarme dich.
Du gibst dich hin für das Leben der Welt.
V/A: Christus, erbarme dich.
Du gibst dem, der glaubt, das ewige Leben.
V/A: Herr, erbarme dich.

Ehre sei Gott, S. 481 f.

TAGESGEBET

Allmächtiger Gott, wir dürfen dich Vater nennen, denn du hast uns an Kindes Statt angenommen und uns den Geist deines Sohnes gesandt. Gib, dass wir in diesem Geist wachsen und einst das verheißene Erbe empfangen. Darum bitten wir durch Jesus Christus.

WORTGOTTESDIENST

ZUR 1. LESUNG Man hätte denken können, jetzt genieße er den Triumph seines Lebens. Ein Gottesurteil zu seinen Gunsten! Der Baalskult blamiert und geschwächt! Elija könnte sich ganz oben fühlen. Er aber bekommt Angst. Fühlt sich elend, schal, müde; ohne Trost. Am liebsten jetzt sterben. Es reicht ihm. Keinen Schritt mehr will er weiter. Unendliche Schwäche überkommt ihn. Ein Stoßgebet noch, fast nur ein Aufseufzen, dann schläft er ein. Die Seelsorge an Elija beginnt mit der Leibsorge. Brot und Wasser. In unmittelbarer Nähe. Naheliegend. Erreichbar. Grundversorgung. Noch einmal schläft er. Ein Schlaf, anders als der vorige. Nicht mehr von Angst bestimmt. Nicht mehr todesnah. Der Hunger gestillt. Der Durst gelöscht. Erholsamer Schlaf. Und dann noch einmal der Bote Gottes, der ihn jetzt aufblicken lässt: Steh auf und iss! Ein weiter Weg liegt vor Elija. Anstrengend also. Kräftezehrend. Der Bote Gottes beschönigt nichts. Aber es ist eine Aufgabe. Gestärkt, belebt, gerüstet steht Elija auf. Geht seinen Weg. Vierzig Tage bis zum Horeb. Kein Wort mehr vom Sterben. Kein Sterbenswort. Wohl aber die Erinnerung an jene Begegnung: es ist ein Engel gewesen. Daran könnten wir denken, wenn wir aufbrechen vom Tisch des HERRN: gestärkt, belebt, gerüstet, ins Leben gesandt. Es wäre sonst jeder Weg zu weit. Aber es war der Engel des HERRN, der uns berührte.

ERSTE LESUNG 1 Kön 19,4–8

Durch diese Speise gestärkt, wanderte er bis zum Gottesberg

Lesung aus dem ersten Buch der Könige.

In jenen Tagen ging Elíja eine Tagereise weit in die Wüste hinein. Dort setzte er sich unter einen Ginsterstrauch und wünschte sich den Tod. Er sagte: Nun ist es genug, HERR. Nimm mein Leben; denn ich bin nicht besser als meine Väter. Dann legte er sich unter den Ginsterstrauch und schlief ein.

Doch ein Engel rührte ihn an und sprach: Steh auf und iss! Als er um sich blickte, sah er neben seinem Kopf Brot, das in glühender Asche gebacken war, und einen Krug mit Wasser. Er aß und trank und legte sich wieder hin.

Doch der Engel des HERRN kam zum zweiten Mal, rührte ihn an und sprach: Steh auf und iss! Sonst ist der Weg zu weit für dich. Da stand er auf, aß und trank und wanderte, durch diese Speise gestärkt, vierzig Tage und vierzig Nächte bis zum Gottesberg Horeb.

ANTWORTPSALM

Ps 34 (33),2–3.4–5.6–7.8–9 (Kv: 9a)

Kv Kostet und seht, wie gut der HERR ist! – Kv

Ich will den HERRN allezeit preisen; *
immer sei sein Lob in meinem Mund.
Meine Seele rühme sich des HERRN; *
die Armen sollen es hören und sich freuen. – (Kv)

Preist mit mir die Größe des HERRN, *
lasst uns gemeinsam seinen Namen erheben!
Ich suchte den HERRN und er gab mir Antwort, *
er hat mich all meinen Ängsten entrissen. – (Kv)

Die auf ihn blickten, werden strahlen, *
nie soll ihr Angesicht vor Scham erröten.
Da rief ein Armer und der HERR erhörte ihn *
und half ihm aus all seinen Nöten. – (Kv)

Der Engel des Herrn umschirmt, die ihn fürchten, *
und er befreit sie.
Kostet und seht, wie gut der Herr ist! *
Selig der Mensch, der zu ihm sich flüchtet! – Kv

ZUR 2. LESUNG Pfarrämter haben bis heute Siegelrechte. Bestätigt mit dem Siegel, wird noch aus der letzten dürftigen Kopie ein rechtskräftiges Dokument. Für den Epheserbrief ist klar: Gott hat sein Siegel schon gesetzt. Er hat bestätigt, dass die Gemeinde zu ihm gehört, dass er sie geheiligt hat, dass sie um seinetwillen Gemeinschaft der Heiligen ist. Undenkbar, dass sie sich als Fälschung erweist. Fürs Siegel- und Beglaubigungsrecht der Pfarrämter gibt es gute juristische und historische Gründe. Die schönste Begründung aber wäre die: dass die Gemeinde bestätigen darf, weil auch sie bestätigt wurde. Dass ihr das Siegel anvertraut ist, weil Gott ihr seinen Willen anvertraut hat.

ZWEITE LESUNG

Eph 4,30 – 5,2

Führt euer Leben in Liebe, wie auch Christus uns geliebt hat

Lesung aus dem Brief des Apostels Paulus an die Gemeinde in Éphesus.

Schwestern und Brüder! Betrübt nicht den Heiligen Geist Gottes, den ihr als Siegel empfangen habt für den Tag der Erlösung!
Jede Art von Bitterkeit und Wut und Zorn und Geschrei und Lästerung mit allem Bösen verbannt aus eurer Mitte! Seid gütig zueinander, seid barmherzig, vergebt einander, wie auch Gott euch in Christus vergeben hat. Ahmt Gott nach als seine geliebten Kinder und führt euer Leben in Liebe, wie auch Christus uns geliebt und sich für uns hingegeben hat als Gabe und Opfer, das Gott gefällt!

RUF VOR DEM EVANGELIUM

Vers: vgl. Joh 6,51

Halleluja. Halleluja.
(So spricht der Herr:)
Ich bin das lebendige Brot, das vom Himmel gekommen ist.
Wer dieses Brot isst, wird in Ewigkeit leben.
Halleluja.

ZUM EVANGELIUM Es ist atemberaubend, was Jesus hier vorträgt. Und wir, die Leser des Johannes-Evangeliums, sollten uns den Atem rauben lassen. Jesus, der einzige Offenbarer des Vaters. Er, das Fleisch gewordene Wort-bei-Gott. In seinen Worten begegnet Gottes eigenes Wort. Wer an Jesus glaubt, geht bei Gott in die Schule, öffnet sich dem Geheimnis Gottes (Jes 54,13). Wer Schüler und Schülerin Gottes ist, kommt bei Jesus an. Wir dürfen, ja wir sollen uns von dieser neuen Sicht aufrütteln und den Atem rauben lassen. Aber nicht Enge, Angst und Atemnot, sondern Lebenshauch ist uns zugesagt. Lebensbrot, nicht Lebensnot, wird unser Teil.

EVANGELIUM

Joh 6,41–51

Ich bin das lebendige Brot, das vom Himmel herabgekommen ist

+ Aus dem heiligen Evangelium nach Johannes.

In jener Zeit murrten die Juden gegen Jesus, weil er gesagt hatte: Ich bin das Brot, das vom Himmel herabgekommen ist. Und sie sagten: Ist das nicht Jesus, der Sohn Josefs, dessen Vater und Mutter wir kennen? Wie kann er jetzt sagen: Ich bin vom Himmel herabgekommen?

Jesus sagte zu ihnen: Murrt nicht! Niemand kann zu mir kommen, wenn nicht der Vater, der mich gesandt hat, ihn zieht; und ich werde ihn auferwecken am Jüngsten Tag.

Bei den Propheten steht geschrieben: Und alle werden Schüler Gottes sein. Jeder, der auf den Vater hört und seine Lehre annimmt, wird zu mir kommen.

Niemand hat den Vater gesehen außer dem, der von Gott ist; nur er hat den Vater gesehen. Amen, amen, ich sage euch: Wer glaubt, hat das ewige Leben.

Ich bin das Brot des Lebens. Eure Väter haben in der Wüste das Manna gegessen und sind gestorben. So aber ist es mit dem Brot, das vom Himmel herabkommt: Wenn jemand davon isst, wird er nicht sterben.

Ich bin das lebendige Brot, das vom Himmel herabgekommen ist. Wer von diesem Brot isst, wird in Ewigkeit leben. Das Brot, das ich geben werde, ist mein Fleisch für das Leben der Welt.

Glaubensbekenntnis, S. 484 ff.

FÜRBITTEN

In Jesus, der für die Menschen zum Brot wurde, ist uns Anteil am unvergänglichen Leben geschenkt. Sein Leben für uns ist Gabe und Aufgabe. Zu ihm rufen wir voll Vertrauen:

- Wir bitten für die Kirche, dass sie bei denen steht, die den Hunger nach Brot, nach Gerechtigkeit und nach Frieden stillen wollen. V: Jesus, du Brot des Lebens. A: Wir bitten dich, erhöre uns.

- Wir beten um das Wachsen von Geschwisterlichkeit in der Kirche. V: Jesus, du Brot des Lebens. A: Wir bitten dich, erhöre uns.

- Wir beten für die Menschen, deren prophetische Stimme kein Gehör findet. V: Jesus, du Brot des Lebens. A: Wir bitten dich, erhöre uns.

- Wir beten für alle, deren Existenz von Dürren, Waldbränden oder dem ansteigenden Meeresspiegel bedroht ist. V: Jesus, du Brot des Lebens. A: Wir bitten dich, erhöre uns.

- Wir beten für die vielen Erntehelfer aus dem Ausland, die mit ihrer schweren Arbeit dazu beitragen, dass wir vielfältige, frische Nahrung genießen können. V: Jesus, du Brot des Lebens. A: Wir bitten dich, erhöre uns.

- Wir beten für die Opfer von Übergriffen und Gewalt, die ohne Fürsprecher sind. V: Jesus, du Brot des Lebens. A: Wir bitten dich, erhöre uns.
- Wir beten für unsere lieben Verstorbenen, dass sie Freude und Fülle finden an deinem Tisch. V: Jesus, du Brot des Lebens. A: Wir bitten dich, erhöre uns.

Jesus, du bist das Brot des Lebens, das wahrhaft nährt und allen Hunger stillt. Dafür danken wir dir und loben dich. Dir sei Ehre in Ewigkeit.

EUCHARISTIEFEIER

GABENGEBET

Herr, unser Gott, wir bringen die Gaben zum Altar, die du selber uns geschenkt hast. Nimm sie von deiner Kirche entgegen und mache sie für uns zum Sakrament des Heiles. Darum bitten wir durch Christus, unseren Herrn.

Präfation, S. 496 ff.

KOMMUNIONVERS

Joh 6,51

So spricht der Herr:
Das Brot, das ich geben werde, ist mein Fleisch;
ich gebe es hin für das Leben der Welt.

SCHLUSSGEBET

Barmherziger Gott, wir haben den Leib und das Blut deines Sohnes empfangen. Das heilige Sakrament bringe uns Heil, es erhalte uns in der Wahrheit und sei unser Licht in der Finsternis. Darum bitten wir durch Christus, unseren Herrn.

FEIERLICHER SCHLUSSSEGEN

Gott, unser Vater, segne euch mit allem Segen des Himmels, damit ihr rein und heilig lebt vor seinem Angesicht. – A: Amen.
Er lehre euch durch das Wort der Wahrheit; er bilde euer Herz nach dem Evangelium Christi und gebe euch Anteil an seiner Herrlichkeit. – A: Amen.
Er schenke euch jene brüderliche Liebe, an der die Welt die Jünger Christi erkennen soll. – A: Amen.
Das gewähre euch der dreieinige Gott, der Vater und der Sohn † und der Heilige Geist. – A: Amen.

***

Für eine Wort-Gottes-Feier:

ERÖFFNUNGSGEBET ZUR WAHL

Gott und Vater, niemand kann zu deinem Sohn kommen, wenn nicht du ihn führst. Öffne unsere Herzen, dass wir auf dich hören und ihn erkennen, den du gesandt hast, Jesus Christus, unseren Herrn und Gott, der in der Einheit des Heiligen Geistes mit dir lebt und herrscht in Ewigkeit.

***

DU BIST VOM HIMMEL GEKOMMEN

Du bist vom Himmel gekommen,
Brot, das der Vater uns gibt.
Dich hat der Vater gesandt.
Er führt uns zu dir.

Du machst uns zu Schülern Gottes,
Einziger, der den Vater sah.
Du weckst uns am letzten Tag.
Mittler ewigen Lebens.

Du gibst dich hin,
wirst Brot für das Leben
der Welt;
Jesus, Josefs Sohn.

Eleonore Beck

MARIÄ AUFNAHME IN DEN HIMMEL
HOCHFEST

15. August 2021

Wir sind Mensch mit Leib und Seele: das lehrt die jüdisch-christliche, davon spricht unsere biblische Tradition. Leben heißt: im Leibe sein, geboren sein, verletzlich sein, bedürftig sein, berührbar sein, mit anderen verbunden sein. Während viele Menschen sich ein „irgendwie geistiges Weiterleben" nach dem Tod vorstellen können, glauben Christen, dass Gott den ganzen Menschen in ein neues Leben ruft, dass er den ganzen Menschen aus Seele und Leib auferwecken wird. Die Kirche bekennt: In Maria, unserer Schwester und Mutter im Glauben, hat sich Gottes Verheißung bereits erfüllt. Seine rettende Liebe meint den Menschen, ganz.

ERÖFFNUNGSVERS Offb 12,1

Ein großes Zeichen erschien am Himmel:
Eine Frau, umgeben von der Sonne,
den Mond unter ihren Füßen
und einen Kranz von zwölf Sternen auf ihrem Haupt.

Oder:

Freut euch alle im Herrn am Fest der Aufnahme
der seligsten Jungfrau Maria in den Himmel.
Mit uns freuen sich die Engel und loben Gottes Sohn.

KYRIE-RUFE

Herr Jesus Christus, du hast deine Mutter Maria im Himmel vollendet.
V/A: Herr, erbarme dich.

Du hast deine Mutter Maria zur Königin des Himmels gekrönt.
V/A: Christus, erbarme dich.
Du hast uns in der Aufnahme Marias ein leuchtendes Bild
der Herrlichkeit geschenkt, der auch wir selbst entgegengehen.
V/A: Herr, erbarme dich.

Ehre sei Gott, S. 481 f.

TAGESGEBET

Allmächtiger, ewiger Gott, du hast die selige Jungfrau Maria, die uns Christus geboren hat, vor aller Sünde bewahrt und sie mit Leib und Seele zur Herrlichkeit des Himmels erhoben. Gib, dass wir auf dieses Zeichen der Hoffnung und des Trostes schauen und auf dem Weg bleiben, der hinführt zu deiner Herrlichkeit. Darum bitten wir durch Jesus Christus.

WORTGOTTESDIENST

ZUR 1. LESUNG Die Offenbarungsschrift des Johannes reagiert auf die Bedrängnis der christlichen Gemeinschaften in Kleinasien. Durch die rücksichtslos auftrumpfende hellenistische Kultur und durch den römischen Kaiserkult ist die noch ungesicherte christliche Identität von außen und von innen bedroht. Doch Befreiung aus dieser Gefahr kann so wenig mit Gewalt herbeigezwungen werden wie eine bevorstehende Geburt. Die Zeit muss sich erfüllen. Dann aber werden wir gebraucht, wie Maria – mit unserem Mut und unserer Widerstandskraft, mit unserer Hoffnung und Ausdauer, und mit all unserer Liebe zum Leben.

ERSTE LESUNG

Offb 11,19a; 12,1–6a.10ab

Ein großes Zeichen erschien am Himmel: eine Frau, mit der Sonne bekleidet, der Mond unter ihren Füßen

Lesung aus der Offenbarung des Johannes.

Der Tempel Gottes im Himmel wurde geöffnet und in seinem Tempel wurde die Lade seines Bundes sichtbar: Dann erschien ein großes Zeichen am Himmel: eine Frau, mit der Sonne bekleidet; der Mond war unter ihren Füßen und ein Kranz von zwölf Sternen auf ihrem Haupt. Sie war schwanger und schrie vor Schmerz in ihren Geburtswehen.

Ein anderes Zeichen erschien am Himmel und siehe, ein Drache, groß und feuerrot, mit sieben Köpfen und zehn Hörnern und mit sieben Diademen auf seinen Köpfen. Sein Schwanz fegte ein Drittel der Sterne vom Himmel und warf sie auf die Erde herab. Der Drache stand vor der Frau, die gebären sollte; er wollte ihr Kind verschlingen, sobald es geboren war. Und sie gebar ein Kind, einen Sohn, der alle Völker mit eisernem Zepter weiden wird. Und ihr Kind wurde zu Gott und zu seinem Thron entrückt. Die Frau aber floh in die Wüste, wo Gott ihr einen Zufluchtsort geschaffen hatte.

Da hörte ich eine laute Stimme im Himmel rufen: Jetzt ist er da, der rettende Sieg, die Macht und die Königsherrschaft unseres Gottes und die Vollmacht seines Gesalbten.

ANTWORTPSALM

Ps 45 (44), 11–12.16 u. 18

Kv Selig bist du, Jungfrau Maria,
du stehst zur Rechten des Herrn. – Kv

Höre, Tochter, sieh her und neige dein Ohr, *
vergiss dein Volk und dein Vaterhaus!
Der König verlangt nach deiner Schönheit; *
er ist ja dein Herr, wirf dich vor ihm nieder! – (Kv)

Sie werden geleitet mit Freude und Jubel, *
sie kommen in den Palast des Königs.
Ich will deinen Namen in Erinnerung rufen
von Geschlecht zu Geschlecht; *
darum werden die Völker dich preisen auf immer und ewig. – Kv

ZUR 2. LESUNG Alles hängt mit allem zusammen. Das ist wohl wahr. Doch Paulus fasst diesen Zusammenhang sehr viel schärfer: Es ist der eine Mensch Jesus Christus, der für die ganze Menschheit Bedeutung hat. Paulus macht sich keine Illusionen: Noch marschieren wir mit im Todestrott der Welt. Untreue und Ungehorsam Gott gegenüber, Neid und Hass der Menschen untereinander wollen kein Ende nehmen. Hat der Tod nicht alle Macht der Welt? Doch in Jesus, Gottes Messias, schlägt die Menschheit einen neuen Weg ein. Darum feiern wir heute, dass Maria „mit Leib und Seele in die himmlische Herrlichkeit aufgenommen wurde". Wir glauben, dass sie ganz bei Gott lebt, dessen in Jesus lebendige Liebe todesbereit den Tod besiegt.

ZWEITE LESUNG 1 Kor 15,20–27a

In Christus werden alle lebendig gemacht werden:
Erster ist Christus; dann folgen alle, die zu ihm gehören

Lesung aus dem ersten Brief des Apostels Paulus an die Gemeinde in Korínth.

Schwestern und Brüder! Christus ist von den Toten auferweckt worden als der Erste der Entschlafenen.

Da nämlich durch *einen* Menschen der Tod gekommen ist, kommt durch *einen* Menschen auch die Auferstehung der Toten. Denn wie in Adam alle sterben, so werden in Christus alle lebendig gemacht werden.

Es gibt aber eine bestimmte Reihenfolge: Erster ist Christus; dann folgen, wenn Christus kommt, alle, die zu ihm gehören. Danach kommt das Ende, wenn er jede Macht, Gewalt und Kraft entmachtet hat und seine Herrschaft Gott, dem Vater, übergibt.

Denn er muss herrschen, bis Gott ihm alle Feinde unter seine Füße gelegt hat. Der letzte Feind, der entmachtet wird, ist der Tod. Denn: Alles hat er seinen Füßen unterworfen.

RUF VOR DEM EVANGELIUM

Halleluja. Halleluja.
Aufgenommen in den Himmel ist die Jungfrau Maria.
Die Engel freuen sich und preisen den Herrn.
Halleluja.

ZUM EVANGELIUM „Maria ging geschwind …" Maria ist in Eile. Es zieht sie zu Elisabet, ihrer Verwandten, die trotz ihres hohen Alters ein Kind erwartet. Maria erfuhr es durch den Boten, der ihr selbst die Empfängnis und Geburt eines Kindes verhieß. Auf Marias Begrüßung antwortet Elisabets Kind mit einem merklichen Hüpfen im Mutterleib. Dieser kindliche Freudensprung erinnert an ein Wort des Propheten Maleachi. Den Menschen, denen am Ende der Zeiten Gottes Gerechtigkeit sonnengleich aufscheinen wird, verheißt der Prophet: „Ihr werdet hinausgehen und Freudensprünge machen / wie Kälber, die aus dem Stall kommen." (Mal 3,20) Lukas deutet also schon zu Beginn seines Evangeliums an, dass Jesus die aufgehende Sonne der Gerechtigkeit ist, die mit ihrem hellen Schein alles durchdringt. Sie bewegt Johannes schon im Mutterleib zu Freudensprüngen! Für Lukas vollzieht sich Gottes Heil in menschlichen Beziehungen: in sehnsüchtigen und entschlossenen Aufbrüchen, in freudigen Begegnungen und freudigen Empfangsszenen und bewegten Begrüßungen. Das zeigen uns Maria und Elisabet und ihre ungeborenen Kinder. Das gilt auch von Marias Ankunft in Gottes ewiger Wirklichkeit.

EVANGELIUM

Lk 1,39–56

Der Mächtige hat Großes an mir getan: Er erhöht die Niedrigen

+ Aus dem heiligen Evangelium nach Lukas.

In jenen Tagen machte sich Maria auf den Weg und eilte in eine Stadt im Bergland von Judäa. Sie ging in das Haus des Zacharías und begrüßte Elisabet. Und es geschah: Als Elisabet den Gruß Marias hörte, hüpfte das Kind in ihrem Leib.

Da wurde Elisabet vom Heiligen Geist erfüllt und rief mit lauter Stimme: Gesegnet bist du unter den Frauen und gesegnet ist die Frucht deines Leibes. Wer bin ich, dass die Mutter meines Herrn zu mir kommt? Denn siehe, in dem Augenblick, als ich deinen Gruß hörte, hüpfte das Kind vor Freude in meinem Leib. Und selig, die geglaubt hat, dass sich erfüllt, was der Herr ihr sagen ließ.

Da sagte Maria: Meine Seele preist die Größe des Herrn und mein Geist jubelt über Gott, meinen Retter. Denn auf die Niedrigkeit seiner Magd hat er geschaut. Siehe, von nun an preisen mich selig alle Geschlechter. Denn der Mächtige hat Großes an mir getan und sein Name ist heilig. Er erbarmt sich von Geschlecht zu Geschlecht über alle, die ihn fürchten. Er vollbringt mit seinem Arm machtvolle Taten: Er zerstreut, die im Herzen voll Hochmut sind; er stürzt die Mächtigen vom Thron und erhöht die Niedrigen. Die Hungernden beschenkt er mit seinen Gaben und lässt die Reichen leer ausgehen. Er nimmt sich seines Knechtes Israel an und denkt an sein Erbarmen, das er unsern Vätern verheißen hat, Abraham und seinen Nachkommen auf ewig.

Und Maria blieb etwa drei Monate bei Elisabet; dann kehrte sie nach Hause zurück.

Glaubensbekenntnis, S. 484 ff.

FÜRBITTEN

Wir feiern heute, dass Gott in Maria bereits vollendet hat, wozu auch wir gerufen sind. Vereint mit der Bitte der Gottesmutter rufen wir:

- Ermutige die Bischöfe und alle Würdenträger, Teil einer dienenden Kirche zu sein, die den Menschen nahe ist. V: Gott des Lebens. A: Höre unser Rufen.

- Stärke alle Getauften im Glauben an dein Erbarmen, das die Niedrigen erhöht. V: Gott des Lebens. A: Höre unser Rufen.
- Sei den Kranken und Geschwächten, den Ängstlichen und den Traurigen nahe und stärke sie in der Hoffnung. V: Gott des Lebens. A: Höre unser Rufen.
- Sieh auf die Menschen, die auf der Suche sind, und lass sie Wege zur Mitte finden, zu dir. V: Gott des Lebens. A: Höre unser Rufen.
- Lass die Toten, vereint mit Maria und allen Heiligen des Himmels, teilnehmen am Gastmahl deiner Güte. V: Gott des Lebens. A: Höre unser Rufen.

Wie bei der Begegnung von Maria und Elisabet das Kind im Mutterleib vor Freude hüpfte, so lass auch uns voll Freude den Grund der Hoffnung erkennen, zu der wir berufen sind durch Christus Jesus, unseren Herrn und Bruder.

EUCHARISTIEFEIER

GABENGEBET

Allmächtiger Gott, unser Gebet und unser Opfer steige zu dir empor. Höre auf die selige Jungfrau Maria, die du in den Himmel aufgenommen hast, und entzünde in unseren Herzen das Feuer der Liebe, damit wir dich allezeit suchen. Darum bitten wir durch Christus, unseren Herrn.

PRÄFATION

In Wahrheit ist es würdig und recht, dir, allmächtiger Vater, zu danken und das Werk deiner Gnade zu rühmen. Denn heute hast du die jungfräuliche Gottesmutter in den Himmel erhoben, als Erste empfing sie von Christus die Herrlichkeit, die uns allen verheißen ist, und wurde zum Urbild der Kirche in ihrer ewigen Vollendung. Dem pilgernden Volk ist sie ein untrügliches Zeichen der Hoffnung und eine Quelle des Trostes. Denn ihr Leib, der den Urheber des Lebens geboren hat, sollte die Verwesung nicht schauen. Darum preisen wir jetzt und in Ewigkeit dein Erbarmen und singen mit den Chören der Engel das Lob deiner Herrlichkeit: Heilig …

KOMMUNIONVERS Lk 1,48–49

Von nun an preisen mich selig alle Geschlechter.
Denn der Mächtige hat Großes an mir getan.

SCHLUSSGEBET

Barmherziger Gott, wir haben das heilbringende Sakrament empfangen. Lass uns auf die Fürsprache der seligen Jungfrau Maria, die du in den Himmel aufgenommen hast, zur Herrlichkeit der Auferstehung gelangen. Darum bitten wir durch Christus, unseren Herrn.

FEIERLICHER SCHLUSSSEGEN

Gott, der allmächtige Vater, segne euch durch den Erlöser der Welt, unseren Herrn Jesus Christus, den Sohn der jungfräulichen Mutter Maria. – A: Amen.
Sie hat den Urheber des Lebens geboren; ihre mütterliche Fürsprache erwirke euch Gottes Hilfe. – A: Amen.
Euch und allen, die heute das Fest ihrer Aufnahme in den Himmel begehen, schenke Gott die wahre Freude und den ewigen Lohn. – A: Amen.
Das gewähre euch der dreieinige Gott, der Vater und der Sohn † und der Heilige Geist. – A: Amen.

* * *

VIELSTIMMIGES GOTTESLOB

Denn der Mächtige hat Großes an mir getan
und sein Name ist heilig

Das große Gotteslob der Maria
singt davon.
Das Pendel der Freude schwingt weit.
Elisabet hat es angestoßen
mit ihrem erkennenden Blick;
ihrem unbedingten Vertrauen
auf den Gott der Gerechtigkeit,
der die Macht der Mächte bricht
und Wunder wirkt.
Elisabet preist Maria selig,
diese preist den Gott des Erbarmens,
den sie erfahren hat.
Vielstimmig ist dieses Lob,
Stimmen überlagern sich,
klingen klar,
schwingen zusammen,
öffnen Räume,
erschließen Zeiten:
Hannas Stimme hören wir,
den Jubel der Psalmen,
den Klang der Hoffnung der Propheten.

Dorothee Sandherr-Klemp

21. SONNTAG IM JAHRESKREIS

22. August 2021

Unterwegs sein, neue Wege gehen, Unbekanntes erkunden – manchmal ist das reizvoll. Manchmal auch beängstigend. Und zugleich ist es manchmal dies: unabweisbare Notwendigkeit. Pflicht. Alles andere wäre Kleinglaube, Bequemlichkeit, geistlose Feigheit. Wie Kurs halten? Welcher Weg führt zum Ziel? Orientierung geben Gottes Wege mit dem Volk Israel und mit der Kirche; all die Erfahrungen, die Menschen auf diesen Wegen längst sammeln durften und noch immer dürfen. Orientierung gibt Jesus, der Christus: Weisung zum guten, zum ewigen Leben.

ERÖFFNUNGSVERS

Ps 86 (85), 1–3

Wende dein Ohr mir zu, erhöre mich, Herr,
hilf deinem Knecht, der dir vertraut,
sei mir gnädig, o Herr.
Den ganzen Tag rufe ich zu dir.

KYRIE-RUFE

Herr Jesus Christus, du hast Worte des ewigen Lebens.
V/A: Herr, erbarme dich.
Du hast uns zum Glauben geführt.
V/A: Christus, erbarme dich.
Du bist der Heilige Gottes.
V/A: Herr, erbarme dich.

Ehre sei Gott, S. 481 f.

TAGESGEBET

Gott, unser Herr, du verbindest alle, die an dich glauben, zum gemeinsamen Streben. Gib, dass wir lieben, was du befiehlst, und ersehnen, was du uns verheißen hast, damit in der Unbeständigkeit dieses Lebens unsere Herzen dort verankert seien, wo die wahren Freuden sind. Darum bitten wir durch Jesus Christus.

WORTGOTTESDIENST

ZUR 1. LESUNG Am Ende des Josua-Buches sind die Taten Gottes noch einmal ganz gegenwärtig. Josua ruft die Erinnerung wach an all das, was das Volk von Gott her empfangen hat. Was Gott an ihm getan hat. So wird es auch in den Zehn Geboten zur Begründung gesagt für die Beziehung zwischen Gott und seinem Volk: Ich bin es, der dich aus Ägypten geführt hat. Darauf keine entsprechende, keine angemessene Antwort zu geben, ist eigentlich ein Ding der Unmöglichkeit. Ausdrücklich fragt Josua nach einem solchen Bekenntnis. Denn er weiß ja: der religiöse Markt hat noch andere Angebote. Da gibt es die Götter, die die Vorfahren verehrten, „jenseits des Stroms". Da gibt es die Götter der Nachbarn im Lande. Deren Mythen erzählen von Fruchtbarkeit, von Macht, Glück und Sättigung. Doch die in Sichem Versammelten beharren darauf. Sie treffen ihre Wahl: weil sie doch schon erwählt sind. Sie ergreifen Partei, weil im Sklavenhaus Ägypten doch einer schon Partei für sie ergriffen hat. Sie wollen dem HERRN dienen, der ihnen doch alles längst bereitet hat: Befreiung und Schutz und Geleit und Zukunft. In solchem Dienst entfaltet sich ihre Freiheit.

ERSTE LESUNG

Jos 24,1–2a.15–17.18b

Wir wollen dem HERRN dienen; denn er ist unser Gott

Lesung aus dem Buch Jósua.

In jenen Tagen versammelte Jósua alle Stämme Israels in Sichem; er rief die Ältesten Israels, seine Oberhäupter, Richter und Aufsichtsleute zusammen und sie traten vor Gott hin.

Jósua sagte zum ganzen Volk: Wenn es euch nicht gefällt, dem HERRN zu dienen, dann entscheidet euch heute, wem ihr dienen wollt: den Göttern, denen eure Väter jenseits des Stroms dienten, oder den Göttern der Amoríter, in deren Land ihr wohnt. Ich aber und mein Haus, wir wollen dem HERRN dienen.

Das Volk antwortete: Das sei uns fern, dass wir den HERRN verlassen und anderen Göttern dienen. Denn der HERR, unser Gott, war es, der uns und unsere Väter aus dem Sklavenhaus Ägypten herausgeführt hat und der vor unseren Augen alle die großen Wunder getan hat. Er hat uns beschützt auf dem ganzen Weg, den wir gegangen sind, und unter allen Völkern, durch deren Gebiet wir gezogen sind. Auch wir wollen dem HERRN dienen; denn er ist unser Gott.

ANTWORTPSALM Ps 34 (33),2–3.16–17.18–19.20–21.22–23 (Kv: 9a)

Kv Kostet und seht, wie gut der HERR ist! – Kv

Ich will den HERRN allezeit preisen; *
immer sei sein Lob in meinem Mund.
Meine Seele rühme sich des HERRN; *
die Armen sollen es hören und sich freuen. – (Kv)

Die Augen des HERRN sind den Gerechten zugewandt, *
seine Ohren ihrem Hilfeschrei.
Das Angesicht des HERRN richtet sich gegen die Bösen, *
ihr Andenken von der Erde zu tilgen. – (Kv)

Die aufschrien, hat der HERR erhört, *
er hat sie all ihren Nöten entrissen.
Nahe ist der HERR den zerbrochenen Herzen *
und dem zerschlagenen Geist bringt er Hilfe. – (Kv)

Viel Böses erleidet der Gerechte, *
doch allem wird der HERR ihn entreißen.
Er behütet all seine Glieder, *
nicht eins von ihnen wird zerbrochen. – (Kv)

Den Frevler wird die Bosheit töten, *
die den Gerechten hassen, werden es büßen.
Der HERR erlöst das Leben seiner Knechte, *
niemals müssen büßen, die bei ihm sich bergen. – Kv

ZUR 2. LESUNG Gerade noch hat der Apostel sich Ordnung gewünscht für alle menschliche Beziehung. Und Ordnung bedeutet, gerade damals, Unterordnung. Insbesondere die Unterordnung der Frauen gegenüber ihren Männern. Doch der Gedanke an Christus führt ihn dann doch noch einmal andere Wege. Denkt er an Christus und die Gemeinde, dann muss er von Liebe schreiben, von Hingabe und Zuwendung und Würdigung. Und der Blick in die Schrift bezüglich der Gemeinschaft von Frau und Mann belehrt den Apostel: Ausgerechnet der Mann, das Haupt der Familie, gerade der soll nach dem Zeugnis der Genesis eben derjenige sein, der bedürftig ist und voller Sehnsucht und mit dem Wunsch nach Bindung zuallererst sich selbst bindet und binden soll. Der Briefschreiber staunt: Welch ein Geheimnis! Dass Hierarchie und Rangordnung sich von Gott her plötzlich ganz anders gestalten, als er dachte. Bei der Unterordnung hat der Epheserbrief begonnen. Bei der Liebe und ihrem Geheimnis hört er auf. Wohl denen, die sich von der Orientierung an Christus auf neue Wege führen lassen.

ZWEITE LESUNG Eph 5,21–32

Dies ist ein tiefes Geheimnis; ich beziehe es auf Christus und die Kirche

Lesung aus dem Brief des Apostels Paulus an die Gemeinde in Éphesus.

Schwestern und Brüder! Einer ordne sich dem andern unter in der gemeinsamen Furcht Christi! Ihr Frauen euren Männern wie dem Herrn; denn der Mann ist das Haupt der Frau, wie auch Christus das Haupt der Kirche ist. Er selbst ist der Retter des Leibes. Wie aber die Kirche sich Christus unterordnet, so sollen sich auch die Frauen in allem den Männern unterordnen.

Ihr Männer, liebt eure Frauen, wie auch Christus die Kirche geliebt und sich für sie hingegeben hat, um sie zu heiligen, da er sie gereinigt hat durch das Wasserbad im Wort! So will er die Kirche herrlich vor sich hinstellen, ohne Flecken oder Falten oder andere Fehler; heilig soll sie sein und makellos.

Darum sind die Männer verpflichtet, ihre Frauen so zu lieben wie ihren eigenen Leib. Wer seine Frau liebt, liebt sich selbst. Keiner hat je seinen eigenen Leib gehasst, sondern er nährt und pflegt ihn, wie auch Christus die Kirche. Denn wir sind Glieder seines Leibes.

Darum wird der Mann Vater und Mutter verlassen und sich an seine Frau binden und die zwei werden *ein* Fleisch sein. Dies ist ein tiefes Geheimnis; ich beziehe es auf Christus und die Kirche.

RUF VOR DEM EVANGELIUM

Vers: vgl. Joh 6,63b.68c

Halleluja. Halleluja.
Deine Worte, Herr, sind Geist und Leben.
Du hast Worte des ewigen Lebens.
Halleluja.

ZUM EVANGELIUM Worte können trösten und stärken. Worte können kränken und verletzen. Es gibt Worte, die sind unerträglich, man denke an Beschimpfungen und Verunglimpfungen in den sogenannten „sozialen Netzwerken“. Oder an rücksichtslose Schmähungen dessen, was schutzlosen Menschen heilig ist. Hier ist es die

Mehrzahl der Jünger Jesu, die seine Rede unerträglich finden. Unerträglich ist ihnen die Zumutung, Jesus als Mensch unter Menschen und zugleich als Mensch gewordenes Gotteswort zu begreifen. Ja, es ist unbegreiflich, es ist nicht griffig. Eine äußerste Herausforderung. Worte scheitern. Und doch sind Jesu Worte weder anmaßend noch verletzend, sondern rettend: offen und demütig, des einen Gottes Fingerzeige. Um der vielen willen, dem Einen treu.

EVANGELIUM

Joh 6,60–69

Herr, zu wem sollen wir gehen? Du hast Worte des ewigen Lebens

+ Aus dem heiligen Evangelium nach Johannes.

In jener Zeit sagten viele der Jünger Jesu, die ihm zuhörten: Diese Rede ist hart. Wer kann sie hören?

Jesus erkannte, dass seine Jünger darüber murrten, und fragte sie: Daran nehmt ihr Anstoß? Was werdet ihr sagen, wenn ihr den Menschensohn aufsteigen seht, dorthin, wo er vorher war? Der Geist ist es, der lebendig macht; das Fleisch nützt nichts.

Die Worte, die ich zu euch gesprochen habe, sind Geist und sind Leben. Aber es gibt unter euch einige, die nicht glauben. Jesus wusste nämlich von Anfang an, welche es waren, die nicht glaubten, und wer ihn ausliefern würde. Und er sagte: Deshalb habe ich zu euch gesagt: Niemand kann zu mir kommen, wenn es ihm nicht vom Vater gegeben ist.

Daraufhin zogen sich viele seiner Jünger zurück und gingen nicht mehr mit ihm umher. Da fragte Jesus die Zwölf: Wollt auch ihr weggehen?

Simon Petrus antwortete ihm: Herr, zu wem sollen wir gehen? Du hast Worte des ewigen Lebens. Wir sind zum Glauben gekommen und haben erkannt: Du bist der Heilige Gottes.

Glaubensbekenntnis, S. 484 ff.

FÜRBITTEN

Jesus will sich geben und kann vergeben, weil er aus Gottes Nähe lebt. Zu ihm, dem erbarmenden Vater, der die Quelle des Lebens ist, rufen wir und bitten:

- Für alle, die auf Jesus Christus getauft sind, dass sie wachsen in der Liebe zu Gott und den Nächsten. V: Gott, Quell unseres Seins. A: Wir bitten dich, erhöre uns.
- Für alle Bischöfe, Priester und Diakone, dass sie sich dem Wehen des Geistes auch heute mutig anvertrauen. V: Gott, Quell unseres Seins. A: Wir bitten dich, erhöre uns.
- Für alle, die politische Verantwortung tragen, dass sie die Würde des Menschen in jeder Lebensphase achten. V: Gott, Quell unseres Seins. A: Wir bitten dich, erhöre uns.
- Für alle, die in diesen Sommerwochen Erholung und Freude suchen, dass sie gestärkt in ihren Alltag zurückkehren. V: Gott, Quell unseres Seins. A: Wir bitten dich, erhöre uns.
- Für alle Kranken, die nicht verreisen konnten, dass sie Heilung finden und Menschen, die an ihrer Seite sind. V: Gott, Quell unseres Seins. A: Wir bitten dich, erhöre uns.

Guter Gott, zu wem sollen wir gehen? Deine Worte sind Anspruch und Ansporn, sie sind Geist und Leben. Dafür danken wir dir und bitten um deinen Beistand, heute und allezeit.

EUCHARISTIEFEIER

GABENGEBET

Herr und Gott, du hast dir das eine Volk des Neuen Bundes erworben durch das Opfer deines Sohnes, das er ein für alle Mal dargebracht hat. Sieh gnädig auf uns und schenke uns in deiner Kirche Einheit und Frieden. Darum bitten wir durch Christus, unseren Herrn.

Präfation, S. 496 ff.

KOMMUNIONVERS

Joh 6,54

So spricht der Herr:
Wer mein Fleisch isst und mein Blut trinkt,
hat das ewige Leben,
und ich werde ihn auferwecken am Letzten Tag.

SCHLUSSGEBET

Herr, unser Gott, schenke uns durch dieses Sakrament die Fülle deines Erbarmens und mache uns heil. Gewähre uns deine Hilfe, damit wir so vor dir leben können, wie es dir gefällt. Darum bitten wir durch Christus, unseren Herrn.

***

Für eine Wort-Gottes-Feier:

ERÖFFNUNGSGEBET ZUR WAHL

Heiliger Gott, durch das Wort, das dein Sohn Jesus Christus zu uns gesprochen hat, spendest du Geist und Leben. Stärke unseren Glauben, damit wir nie von ihm getrennt werden. Das gewähre uns durch ihn, Jesus Christus, deinen Sohn, der in der Einheit des Heiligen Geistes mit dir lebt in Ewigkeit.

***

DICH LOBEN MIT EINER STIMME

Wir bitten dich, Herr, für alle,
die Jesu Botschaft hören
und nicht ankommen lassen …
für alle, die, von erlittenem Unrecht verletzt,
selbst nicht verzeihen können …
für alle Söhne und Töchter,
die die Umkehr wagen
und vor verschlossener Tür stehen …
für die Väter und Mütter,
die Schwestern und Brüder,
die dem Sohn oder der Tochter,
dem Bruder oder der Schwester
keine Chance geben …
für alle, die hilflos und elend am Weg liegen,
und für alle, die sie sehen und weitergehen …
für alle, die, fixiert auf die Sorge
um das Eigene, das Brot und das Leben
nicht teilen können …

Begleite uns auf dem Weg.
Mach uns stark im Vertrauen,
dass wir zueinanderfinden
und dich loben mit einer Stimme.

Eleonore Beck

22. SONNTAG IM JAHRESKREIS

29. August 2021

Der Jakobusbrief hatte lange Zeit keine gute Presse. Martin Luther nannte ihn bekanntlich eine „stroherne Epistel". Wie so oft, schadet auch hier ein zweiter Blick nicht. Die Botschaft des Briefes ist die Mitte der Bibel: Der „Hörer des Wortes" wird auch der „Täter des Wortes" sein. In allen Schriftlesungen des heutigen Sonntags geht es um das Leben aus Gottes Wort und Weisung, um die Einheit von Gottes- und Menschenliebe.

ERÖFFNUNGSVERS

Ps 86 (85), 3.5

Sei mir gnädig, o Herr.
Den ganzen Tag rufe ich zu dir.
Herr, du bist gütig und bereit, zu verzeihen;
für alle, die zu dir rufen, reich an Gnade.

KYRIE-RUFE

Herr Jesus Christus, du schaffst in uns ein reines Herz.
V/A: Herr, erbarme dich.
Du erneuerst einen festen Geist in unserem Innern.
V/A: Christus, erbarme dich.
Du gibst uns den Mut, Gott mehr zu gehorchen als den Menschen.
V/A: Herr, erbarme dich.

Ehre sei Gott, S. 481 f.

TAGESGEBET

Allmächtiger Gott, von dir kommt alles Gute. Pflanze in unser Herz die Liebe zu deinem Namen ein. Binde uns immer mehr an dich, damit in uns wächst, was gut und heilig ist. Wache über uns und erhalte, was du gewirkt hast. Darum bitten wir durch Jesus Christus.

WORTGOTTESDIENST

ZUR 1. LESUNG „Anleitung zum Unglücklichsein", das ist der humorvoll-einprägsame Titel eines Büchleins des Sozialpsychologen Paul Watzlawick. Zu den Anleitungen, die Mose dem Volk übermittelt, würden ganz andere Überschriften passen: Wegweiser ins gute Leben, Ratgeber zum Glücklichsein! Es geht Gott darum, dass das Leben, das Zusammenleben der Menschen glückt. Seine Regeln betreffen Privatleben wie Öffentlichkeit, sie berühren Familie, Gesellschaft und Staat. Es handelt sich um familienrechtliche Bestimmungen, um Sozialsteuern zugunsten der Ärmsten, um Regelungen zur Befreiung von Schuldsklaven und um Rechtsvorschriften für den Tier-, Arten- und Umweltschutz. Geistlich gesehen, irrelevant, Nebensachen? Kleinkram für Kleingeister? Nein, Gottes Anleitungen zum Glücklichsein.

ERSTE LESUNG Dtn 4,1–2.6–8

Bewahrt die Gebote des HERRN! Fügt nichts hinzu!

Lesung aus dem Buch Deuteronómium.

Mose sprach zum Volk: Israel, hör auf die Gesetze und Rechtsentscheide, die ich euch zu halten lehre! Hört und ihr werdet leben, ihr werdet in das Land, das der HERR, der Gott eurer Väter, euch gibt, hineinziehen und es in Besitz nehmen. Ihr sollt dem Wortlaut dessen, worauf ich euch verpflichte, nichts hinzufügen und nichts davon wegnehmen; ihr sollt die Gebote des HERRN, eures Gottes, bewahren, auf die ich euch verpflichte.

Ihr sollt sie bewahren und sollt sie halten. Denn darin besteht eure Weisheit und eure Bildung in den Augen der Völker. Wenn sie dieses Gesetzeswerk kennenlernen, müssen sie sagen: In der Tat, diese große Nation ist ein weises und gebildetes Volk. Denn welche große Nation hätte Götter, die ihr so nah sind, wie der HERR, unser Gott, uns nah ist, wo immer wir ihn anrufen? Oder welche große Nation besäße Gesetze und Rechtsentscheide, die so gerecht sind wie alles in dieser Weisung, die ich euch heute vorlege?

ANTWORTPSALM

Ps 15 (14), 2–3.4.5 (Kv: 1)

Kv HERR, wer darf Gast sein in deinem Zelt,
wer darf weilen auf deinem heiligen Berg? – Kv

Der makellos lebt und das Rechte tut, /
der von Herzen die Wahrheit sagt, *
der mit seiner Zunge nicht verleumdet hat,
der seinem Nächsten nichts Böses tat *
und keine Schmach auf seinen Nachbarn gehäuft hat. – (Kv)

Der Verworfene ist in seinen Augen verachtet, *
aber die den HERRN fürchten, hält er in Ehren.
Er wird nicht ändern, *
was er zum eigenen Schaden geschworen hat. – (Kv)

Sein Geld hat er nicht auf Wucher verliehen *
und gegen den Schuldlosen nahm er keine Bestechung an.
Wer das tut, *
der wird niemals wanken. – Kv

ZUR 2. LESUNG Das Wort zu finden, das einem ins Herz gepflanzt wurde, ist eine Lebensaufgabe. Letztlich geht es darum zu erkennen, was die Mitte des eigenen Seins ausmacht, wer man ist, im tiefsten Inneren. In dieser innersten Tiefe ist Gott zu finden, weil es Gottes Wort, das Wort der Wahrheit, ist, das uns ins Leben gerufen, uns „geboren" hat. Wer dieses Wort in sich findet und darauf hören lernt, „in Sanftmut", wird jene Menschen sehen und sich für sie einsetzen, die durch alle gesellschaftlichen Sicherungssysteme fallen. Der „Hörer des Wortes" wird zum „Täter des Wortes"; Sein und Handeln dürfen bei Christen nicht auseinanderfallen, da Sein und Handeln bei Gott eins sind. Der Jakobus-Brief hat Witwen und Waisen (1,27) und um ihren Lohn geprellte Arbeiter (5,1–6) im Blick. Wen sehen wir?

ZWEITE LESUNG

Jak 1,17–18.21b–22.27

Werdet Täter des Wortes und nicht nur Hörer!

Lesung aus dem Jakobusbrief.

Meine geliebten Schwestern und Brüder! Jede gute Gabe und jedes vollkommene Geschenk kommt von oben herab, vom Vater der Gestirne, bei dem es keine Veränderung oder Verfinsterung gibt.

Aus freiem Willen hat er uns durch das Wort der Wahrheit geboren, damit wir eine Erstlingsfrucht seiner Schöpfung seien.

Nehmt in Sanftmut das Wort an, das in euch eingepflanzt worden ist und die Macht hat, euch zu retten! Werdet aber Täter des Wortes und nicht nur Hörer, sonst betrügt ihr euch selbst! Ein reiner und makelloser Gottesdienst ist es vor Gott, dem Vater: für Waisen und Witwen in ihrer Not zu sorgen und sich unbefleckt von der Welt zu bewahren.

RUF VOR DEM EVANGELIUM

Vers: vgl. Jak 1,18

Halleluja. Halleluja.
Durch das Wort der Wahrheit hat uns der Vater das Leben geschenkt
und uns zu Erstlingen seiner Schöpfung gemacht.
Halleluja.

ZUM EVANGELIUM Wie wichtig ist es eigentlich für Gott, dass wir uns an Traditionen halten, die die Glaubensgemeinschaft entwickelt hat? Letztlich spiegelt der Text des Evangeliums eine Diskussion wider, die es gibt, seit es Religionen und mit ihnen verbundene Riten gibt: Woran muss ich mich halten, damit ich dazugehöre? Braucht Gott die Einhaltung kultischer Vorschriften, oder bedürfen ihrer doch eher die Menschen? Was ist, wie Jesus sagt, „Gottes Gebot", und was „Überlieferung der Menschen"? Geht es um die Selbstvergewisserung einer Gemeinschaft oder um unser Offenbleiben für Gottes Überraschungs-Wort? Jesus gibt im Evangelium eine eindeutige Antwort: Gott sieht ins Herz. Das Innere des Menschen aber hat massive Folgen für das äußere Handeln, und wenn die innere Haltung nicht stimmt, könnt ihr euch die Einhaltung kultischer Vorschriften sparen. Die Antwort Jesus fordert heraus. Sie fordert uns heraus, unser Herz zu prüfen und aus hörenden Herzen zu handeln.

EVANGELIUM

Mk 7,1–8.14–15.21–23

Ihr gebt Gottes Gebot preis und haltet euch an die Überlieferung der Menschen

+ Aus dem heiligen Evangelium nach Markus.

In jener Zeit versammelten sich die Pharisäer und einige Schriftgelehrte, die aus Jerusalem gekommen waren, bei Jesus. Sie sahen, dass einige seiner Jünger ihr Brot mit unreinen, das heißt mit ungewaschenen Händen aßen. Die Pharisäer essen nämlich wie alle Juden nur, wenn sie vorher mit einer Handvoll Wasser die Hände gewaschen haben; so halten sie an der Überlieferung der Alten fest. Auch wenn sie vom Markt kommen, essen sie nicht, ohne sich vorher zu waschen. Noch viele andere überlieferte Vorschriften halten sie ein, wie das Abspülen von Bechern, Krügen und Kesseln.

Die Pharisäer und die Schriftgelehrten fragten ihn also: Warum halten sich deine Jünger nicht an die Überlieferung der Alten, sondern essen ihr Brot mit unreinen Händen?

Er antwortete ihnen: Der Prophet Jesája hatte Recht mit dem, was er über euch Heuchler sagte, wie geschrieben steht:

Dieses Volk ehrt mich mit den Lippen, sein Herz aber ist weit weg von mir. Vergeblich verehren sie mich; was sie lehren, sind Satzungen von Menschen.

Ihr gebt Gottes Gebot preis und haltet euch an die Überlieferung der Menschen.

Dann rief Jesus die Leute wieder zu sich und sagte: Hört mir alle zu und begreift, was ich sage! Nichts, was von außen in den Menschen hineinkommt, kann ihn unrein machen, sondern was aus dem Menschen herauskommt, das macht ihn unrein.

Denn von innen, aus dem Herzen der Menschen, kommen die bösen Gedanken, Unzucht, Diebstahl, Mord, Ehebruch, Habgier, Bosheit, Hinterlist, Ausschweifung, Neid, Lästerung, Hochmut und Unvernunft. All dieses Böse kommt von innen und macht den Menschen unrein.

Glaubensbekenntnis, S. 484 ff.

FÜRBITTEN

Nicht der schöne Schein zählt, sondern unser Herz und unser Handeln. Wir rufen zu Gott, der die Herzen der Menschen kennt, und bitten ihn:

- Hilf allen, die in der Kirche ein Amt innehaben, dieses als Dienst am Nächsten zu verstehen. V: Gott, du kennst unser Herz. A: Höre unser Rufen.

- Sei bei den Menschen in den vielen Ländern unserer Erde, wo Gefahren und Bedrohung zum Alltag gehören und Gewalt das Leben verdunkelt. V: Gott, du kennst unser Herz. A: Höre unser Rufen.

- Bewege die Regierenden, ihre Macht zum Wohl aller und zu einem friedlichen Miteinander in Freiheit einzusetzen. V: Gott, du kennst unser Herz. A: Höre unser Rufen.

- Öffne allen, die ihr Herz weiten und Unrecht bereuen, den Weg zu Vergebung und Erneuerung. V: Gott, du kennst unser Herz. A: Höre unser Rufen.

- Begleite die Schwerkranken und Sterbenden auf ihrem Weg in ein neues, helles Sein bei dir. V: Gott, du kennst unser Herz. A: Höre unser Rufen.

Du, guter Gott, zeigst uns den Weg ins Leben. Erleuchte die Augen unseres Herzens, damit wir das Rechte tun durch deinen Heiligen Geist, heute und alle Tage, die uns geschenkt sind.

EUCHARISTIEFEIER

GABENGEBET

Herr, unser Gott, diese Opferfeier bringe uns Heil und Segen. Was du jetzt unter heiligen Zeichen wirkst, das vollende in deinem Reich. Darum bitten wir durch Christus, unseren Herrn.

Präfation, S. 496 ff.

KOMMUNIONVERS Mt 5,9–10

Selig, die Frieden stiften;
denn sie werden Söhne Gottes genannt werden.
Selig, die um der Gerechtigkeit willen verfolgt werden;
denn ihnen gehört das Himmelreich.

SCHLUSSGEBET

Allmächtiger Gott, du hast uns gestärkt durch das lebendige Brot, das vom Himmel kommt. Deine Liebe, die wir im Sakrament empfangen haben, mache uns bereit, dir in unseren Brüdern zu dienen. Darum bitten wir durch Christus, unseren Herrn.

⁎⁎⁎

Für eine Wort-Gottes-Feier:

ERÖFFNUNGSGEBET ZUR WAHL

Guter Gott, du bist langmütig und reich an Erbarmen. Du hast uns in deinen Dienst gerufen. Du willst, dass wir dich mit ganzem Herzen lieben. Entferne das Böse und das Verhärtete und mach uns rein. Darum bitten wir durch Jesus Christus, deinen Sohn, der mit dir und dem Heiligen Geist lebt in alle Ewigkeit.

***

EIN NEUES HERZ

Ruf uns zur Umkehr:
wenn wir erstarren,
Formen und Bräuche,
Menschengebot
zum Maß unseres Urteils machen,
wenn wir unduldsam reagieren,
weil wir nicht stark genug sind,
die Vielfalt der Meinungen
und Lebensweisen
zu bejahen;
wenn wir uns in Gruppen zusammenschließen,
in Betriebsamkeit flüchten,
gute Werke auflisten,
das Gespräch verweigern;
wenn wir vergessen,
dass Gottesliebe in der Liebe zum Menschen
Wirklichkeit wird.
Schenk uns ein neues Herz.

Eleonore Beck

23. SONNTAG IM JAHRESKREIS

5. September 2021

Störungen haben Vorrang, lehrte die Psychologin Ruth Cohn (1912–2010). Alles schön und gut. Aber – Störungen stören nun einmal. Sie erschrecken, sie verschrecken und verstören uns. Einfach lästig. Bitte nicht stören! Fort mit den Störenfrieden! Doch was wäre das für ein Friede, der die Verstörten ausschlösse? Der gar zur Jagd bliese auf sie? Die Gestörten berühren, wie Jesus? Das ist Gottes Weg. Der stört.

ERÖFFNUNGSVERS

Ps 119 (118), 137.124

Herr, du bist gerecht und deine Entscheide sind richtig.
Handle an deinem Knecht nach deiner Huld.

KYRIE-RUFE

Herr Jesus Christus, du öffnest uns Augen und Ohren,
damit wir Gottes Wort hören und seine Wunder schauen.
V/A: Herr, erbarme dich.
Du öffnest uns das Herz, damit wir Gottes Nähe erfahren.
V/A: Christus, erbarme dich.
Du öffnest uns den stummen Mund,
damit wir Gottes Wahrheit kundtun.
V/A: Herr, erbarme dich.

Ehre sei Gott, S. 481 f.

TAGESGEBET

Gütiger Gott, du hast uns durch deinen Sohn erlöst und als deine geliebten Kinder angenommen. Sieh voll Güte auf alle, die an Christus glauben, und schenke ihnen die wahre Freiheit und das ewige Erbe. Darum bitten wir durch Jesus Christus.

WORTGOTTESDIENST

ZUR 1. LESUNG Wenn Gott gekommen ist, verändert sich die Welt und die Menschen werden regelrecht „entfesselt“: „Dann springt der Lahme wie ein Hirsch“ (Jes 35,6). Ein Heilungswunder, das Folgen hat, denn nun können sich die Menschen selbst auf den Weg machen. Staunenswertes Heimkommen der Erlösten! Ankunft Gottes und zugleich Aufbruch der Menschen in die Heimat. Endlich da ankommen, wo man sich willkommen weiß; das heißt es, zu Hause zu sein. Damit das möglich wird, verwandelt der HERR nicht nur Menschenherzen, sondern wandelt sich weite Welt. Plötzlich ist Wüste nicht mehr Wüste, sondern Garten, und mitten in der weglosen Wildnis gibt es einen gangbaren Weg: „Dort wird es eine Straße, den Weg geben; / man nennt ihn den Heiligen Weg“ (Jes 35,8). Ankunft Gottes bedeutet, dass Israel sich selbst auf den Weg machen kann. Das ist Gottes Entgegenkommen.

ERSTE LESUNG Jes 35,4–7a

Die Ohren der Tauben öffnen sich; die Zunge des Stummen frohlockt

Lesung aus dem Buch Jesája.

Sagt den Verzagten: Seid stark, fürchtet euch nicht! Seht, euer Gott! Die Rache kommt, die Vergeltung Gottes! Er selbst kommt und wird euch retten.

Dann werden die Augen der Blinden aufgetan und die Ohren der Tauben werden geöffnet. Dann springt der Lahme wie ein Hirsch und die Zunge des Stummen frohlockt, denn in der Wüste sind Wasser hervorgebrochen und Flüsse in der Steppe. Der glühende Sand wird zum Teich und das durstige Land zu sprudelnden Wassern.

ANTWORTPSALM

Ps 146 (145), 6–7.8–9a.9b–10 (Kv: 1)

Kv Lobe den Herrn, meine Seele! – Kv

(*Oder:* Halleluja.)

Der Herr ist es, der Himmel und Erde erschafft, /
das Meer und alles, was in ihm ist. *
Er hält die Treue auf ewig.
Recht schafft er den Unterdrückten, /
Brot gibt er den Hungernden, *
der Herr befreit die Gefangenen. – (Kv)

Der Herr öffnet die Augen der Blinden, *
der Herr richtet auf die Gebeugten,
der Herr liebt die Gerechten. *
Der Herr beschützt die Fremden. – (Kv)

Er hilft auf den Waisen und Witwen, *
doch den Weg der Frevler krümmt er.
Der Herr ist König auf ewig, *
dein Gott, Zion, durch alle Geschlechter. – Kv

ZUR 2. LESUNG Ohne Ansehen der Person, so soll ein gutes Urteil gebildet werden. Aber sollte man sich vor dem Urteilen die Person nicht erst einmal gut ansehen? Sonst bleibt doch alles beim Alten, bei meinem zähen, eingefleischten Vor-Urteil. Unser Verständnis von „Person“ hat sich durch die Zeiten geändert. Die Antike versteht darunter den gesellschaftlichen Status, die öffentliche Rolle eines Menschen. Rang und Namen, Geld und Geltung. In diesem Sinne die „Person" eines Beschuldigten außer Acht zu lassen, zeugt von Unabhängigkeit. Von Freiheit. Letztlich von Achtung, von Gerechtigkeit, von Liebe. Vor Gericht, aber auch im alltäglichen und auch im gemeindlichen Miteinander, wie schwer fällt uns das: Reden und Handeln nach dem „Gesetz der Freiheit" (V. 12). Den Nächsten lieben wie mich selbst (Lev 19,8), auch den Fremden, die Fremde, auch die, die anders aussieht, anders redet, anders tickt als ich selbst?

ZWEITE LESUNG — Jak 2,1–5

Hat nicht Gott die Armen zu Erben des Reiches erwählt?

Lesung aus dem Jakobusbrief.

Meine Schwestern und Brüder, haltet den Glauben an unseren Herrn Jesus Christus, den Herrn der Herrlichkeit, frei von jedem Ansehen der Person!

Wenn in eure Versammlung ein Mann mit goldenen Ringen und prächtiger Kleidung kommt und zugleich kommt ein Armer in schmutziger Kleidung und ihr blickt auf den Mann in der prächtigen Kleidung und sagt: Setz du dich hier auf den guten Platz! und zu dem Armen sagt ihr: Du stell dich oder setz dich dort zu meinen Füßen! – macht ihr dann nicht untereinander Unterschiede und seid Richter mit bösen Gedanken?

Hört, meine geliebten Brüder und Schwestern! Hat nicht Gott die Armen in der Welt zu Reichen im Glauben und Erben des Reiches erwählt, das er denen verheißen hat, die ihn lieben?

RUF VOR DEM EVANGELIUM — Vers: Mt 4,23b

Halleluja. Halleluja.
Jesus verkündete das Evangelium vom Reich
und heilte im Volk alle Krankheiten und Leiden.
Halleluja.

ZUM EVANGELIUM Vermutlich hat jeder Mensch eine Wunde oder einen Wundherd. Manchmal liegt die Verletzung offen zutage. Dann sehen wir Blut fließen, entdecken Hautabschürfungen oder Blutergüsse. Offene Wunden rufen nach Heilung. Und das ist gut so. Oftmals sind Wunden aber verborgen, heimlich; sie werden verheimlicht. Von uns selbst oder von anderen. Vor uns selbst und vor anderen. Manche Wunde peinigt nicht nur, sie ist uns peinlich. Nicht genug, dass sie uns schindet, wir halten sie für schändlich. Lieber sterben an der geheimen Wunde als an der Schande. Kein Wunder, dass diese Wunden versteckt werden müssen. Kein Wunder, dass sie stumm bleiben müssen. Nur dumpfe, halb erstickte Hilferufe dringen an unser Ohr. An Jesu Ohr. Jesus, der als auferstandener Gekreuzigter den Freunden seine Wunden zeigt, berührt den Verwundeten: „Effata" – „Öffne dich!" Verbirg dich nicht. Habe den Mut, dich zu öffnen: dem anderen, der angebotenen Hilfe, dem Schmerz, der Sehnsucht. Dem Treuen, der auch dir Leben verheißt – Gott.

EVANGELIUM Mk 7,31–37

Er macht, dass die Tauben hören und die Stummen sprechen

+ Aus dem heiligen Evangelium nach Markus.

In jener Zeit verließ Jesus das Gebiet von Tyrus und kam über Sidon an den See von Galiläa, mitten in das Gebiet der Dekápolis.

Da brachten sie zu ihm einen, der taub war und stammelte, und baten ihn, er möge ihm die Hand auflegen. Er nahm ihn beiseite, von der Menge weg, legte ihm die Finger in die Ohren und berührte dann die Zunge des Mannes mit Speichel; danach blickte er zum Himmel auf, seufzte und sagte zu ihm: Éffata!, das heißt: Öffne dich! Sogleich öffneten sich seine Ohren, seine Zunge wurde von ihrer Fessel befreit und er konnte richtig reden.

Jesus verbot ihnen, jemandem davon zu erzählen. Doch je mehr er es ihnen verbot, desto mehr verkündeten sie es. Sie staunten über alle Maßen und sagten: Er hat alles gut gemacht; er macht, dass die Tauben hören und die Stummen sprechen.

Glaubensbekenntnis, S. 484 ff.

FÜRBITTEN

Weil Jesus den Menschen nahe ist, kann er ihnen Herz und Sinn für Gott öffnen. Wir rufen zu Jesus, dem Heiland der Welt:

- Wir bitten für die Kirche um ein fühlendes Herz für die Sorgen und Nöte der Menschen heute. V: Jesus, Heiland der Menschen. A: Wir bitten dich, erhöre uns.
- Wir bitten für alle, die überfordert sind von der Schnelligkeit, den vielfältigen Ansprüchen und der Informationsfülle unserer Gegenwart. V: Jesus, Heiland der Menschen. A: Wir bitten dich, erhöre uns.
- Wir beten für alle jungen Menschen, die anfällig für gewalttätige Ideologien sind, seien sie religiös oder politisch verbrämt. V: Jesus, Heiland der Menschen. A: Wir bitten dich, erhöre uns.
- Wir bitten für alle, die sich um Verständigung und Ausgleich in unserer Gesellschaft bemühen. V: Jesus, Heiland der Menschen. A: Wir bitten dich, erhöre uns.
- Wir beten für alle, die in Armut leben und von schweren Krankheiten getroffen sind. V: Jesus, Heiland der Menschen. A: Wir bitten dich, erhöre uns.
- Wir beten für Menschen, die Verantwortung übernehmen. V: Jesus, Heiland der Menschen. A: Wir bitten dich, erhöre uns.
- Wir beten für alle, deren Leben sich nach langer Krankheit dem Ende zuneigt, und für diejenigen, die der Tod unerwartet trifft. V: Jesus, Heiland der Menschen. A: Wir bitten dich, erhöre uns.

„Effata“, „Öffne dich“, mit diesen Worten wendet sich Jesus dem gehör- und sprachlosen Mann im Evangelium zu. Wir bitten ihn, der ein Leben zu wenden und Zukunft zu eröffnen vermag, um die Kraft der Erneuerung auch für uns und unsere Zeit.

EUCHARISTIEFEIER

GABENGEBET

Herr, unser Gott, du schenkst uns den Frieden und gibst uns die Kraft, dir aufrichtig zu dienen. Lass uns dich mit unseren Gaben ehren und durch die Teilnahme an dem einen Brot und dem einen Kelch eines Sinnes werden. Darum bitten wir durch Christus, unseren Herrn.

Präfation, S. 496 ff.

KOMMUNIONVERS

Joh 8,12

So spricht der Herr:
Ich bin das Licht der Welt.
Wer mir nachfolgt, wird nicht in der Finsternis gehen,
sondern wird das Licht des Lebens haben.

SCHLUSSGEBET

Herr, unser Gott, in deinem Wort und Sakrament gibst du uns Nahrung und Leben. Lass uns durch diese großen Gaben in der Liebe wachsen und zur ewigen Gemeinschaft mit deinem Sohn gelangen, der mit dir lebt und herrscht in alle Ewigkeit.

***

Für eine Wort-Gottes-Feier:

ERÖFFNUNGSGEBET ZUR WAHL

Gott, du gibst Tauben das Gehör und Stummen die Sprache. Wir bitten dich: Öffne unsere Ohren für dein Wort, löse unsere Zunge für dein Lob. Entzünde das Herz für dich und deine Geschöpfe, damit wir dich rühmen und preisen durch Jesus Christus, deinen Sohn, der mit dir und dem Heiligen Geist lebt jetzt und in Ewigkeit.

***

ER HAT ALLES GUT GEMACHT

Er hat alles gut gemacht,
wie Gott,
am Anfang von allem.
Taube hören,
Stumme sprechen,
denn es ist Zeit,
Messiaszeit.
Öffne dich
wie einst Adam
für Gottes eigenen Atem.
Effata!
Und er konnte richtig reden.
– Könnte ich dich
verschweigen?

Susanne Sandherr

24. SONNTAG IM JAHRESKREIS

12. September 2021

Das Leben ist kein Wunschkonzert, und kein Ponyhof, so weit die Weisheit der Populärkultur. Aber, es stimmt. Ich hätte es ja schon viel früher wissen können. Doch jetzt sind sie da, seit zehn, zwanzig Jahren, diese deprimierenden Daten: Trennungen, Scheidungen im engsten Freundeskreis, plötzliche Tode, Tumor, Herzinfarkt ... mitten unter uns. Mich trifft es mitten ins Herz. Von den weltweiten Krisen ganz zu schweigen. Angst um uns selbst, im reichen Land, Angst um die Ärmsten der Armen global. Und doch lautet die Botschaft des heutigen Sonntags nicht: Gib auf! Mach dicht! Sondern: Öffne dein Ohr.

ERÖFFNUNGSVERS

Vgl. Sir 36,18.21–22

Herr, gib Frieden denen, die auf dich hoffen,
und erweise deine Propheten als zuverlässig.
Erhöre das Gebet deiner Diener und deines Volkes.

KYRIE-RUFE

Herr Jesus Christus, Messias, du rufst uns alle in deine Nachfolge.
V/A: Herr, erbarme dich.
Du rufst uns, uns selbst zu verleugnen
und unser Kreuz auf uns zu nehmen.
V/A: Christus, erbarme dich.
Du rufst uns, dir alles hinzugeben, unsere ganze Freiheit,
unseren ganzen Willen, alles, was wir haben.
V/A: Herr, erbarme dich.

Ehre sei Gott, S. 481 f.

TAGESGEBET

Gott, du Schöpfer und Lenker aller Dinge, sieh gnädig auf uns. Gib, dass wir dir mit ganzem Herzen dienen und die Macht deiner Liebe an uns erfahren. Darum bitten wir durch Jesus Christus.

WORTGOTTESDIENST

ZUR 1. LESUNG Das Dritte Gottesknechtslied aus dem Buch des Propheten Jesaja half den Schülern und Schülerinnen Jesu, das grausame und schändliche Leiden ihres Messias – ein Skandal ohnegleichen, eine schwere Verletzung – zu verstehen und innerlich anzunehmen. Wie der Gottesknecht des Jesaja-Buches weicht Jesus Gottes Auftrag auch in der Bedrängnis nicht aus. Wie der Gottesknecht ist Jesus bei Gott selbst in die Schule gegangen, auch ihm hat Gott selbst das Ohr geweckt. Vertrauensvoll wie der Gottesknecht bei Jesaja nimmt Jesus noch schwerste Anfeindungen auf sich. Weil Gott nahe ist, leistet Jesus dem Bösen Widerstand, ohne gewalttätig zu werden. Jesus ist der Mensch, der ganz durchlässig ist für Gottes Wort, ganz durchlässig für den Notschrei des Nächsten. Darum treffen ihn Gewalt und Unrecht mit voller Wucht. Aber darum hat ihn unsere Gewalt am Ende nicht in der Gewalt, und darum gibt ihm Gott Recht.

ERSTE LESUNG Jes 50,5–9a

Ich hielt meinen Rücken denen hin, die mich schlugen

Lesung aus dem Buch Jesája.

GOTT, der Herr, hat mir das Ohr geöffnet. Ich aber wehrte mich nicht und wich nicht zurück. Ich hielt meinen Rücken denen hin, die mich schlugen, und meine Wange denen, die mir den Bart ausrissen. Mein Gesicht verbarg ich nicht vor Schmähungen und Speichel.

Und GOTT, der Herr, wird mir helfen; darum werde ich nicht in Schande enden. Deshalb mache ich mein Gesicht hart wie einen Kiesel; ich weiß, dass ich nicht in Schande gerate. Er, der mich freispricht, ist nahe. Wer will mit mir streiten? Lasst uns zusammen vortreten! Wer ist mein Gegner im Rechtsstreit? Er trete zu mir heran.

Siehe, GOTT, der Herr, wird mir helfen.

ANTWORTPSALM

Ps 116 (114), 1–2.3–4.5–6.8–9 (Kv: vgl. 9)

Kv Ich gehe meinen Weg vor Gott
im Lande der Lebenden. – Kv

(*Oder:* Halleluja.)

Ich liebe den HERRN; *
denn er hört meine Stimme, mein Flehen um Gnade.
Ja, er hat sein Ohr mir zugeneigt, *
alle meine Tage will ich zu ihm rufen. – (Kv)

Mich umfingen Fesseln des Todes, /
Bedrängnisse der Unterwelt haben mich getroffen, *
Bedrängnis und Kummer treffen mich.
Ich rief den Namen des HERRN: *
„Ach HERR, rette mein Leben!“ – (Kv)

Gnädig ist der HERR und gerecht, *
unser Gott erbarmt sich.
Arglose behütet der HERR. *
Ich war schwach, er hat mich gerettet. – (Kv)

Ja, du hast mein Leben dem Tod entrissen, /
mein Auge den Tränen, *
meinen Fuß dem Straucheln.
So gehe ich meinen Weg vor dem HERRN *
im Lande der Lebenden. – Kv

ZUR 2. LESUNG Gehet hin in Frieden! Bis heute ist das ein vertrauter liturgischer Gruß. Schalom! Das hebräische Wort bedeutet mehr als das Schweigen der Waffen, nämlich umfassendes Heil, ein Leben ohne Schaden, in Sicherheit, in einer verlässlichen sozialen Ordnung, in der die Schwachen geschützt werden und wo auf das Wohlergehen aller Menschen geachtet wird (Jes 32,17). Das Gegenteil von Frieden ist also nicht einfach Krieg, sondern jegliche Form von Unheil, Krankheit, Zwist und Not. Glaube oder Werke? Das ist kein Entweder-oder. Das eine kann wohl nicht ohne das andere sein. Glaube für sich allein, ohne Konsequenzen, ist tot, das ist die Botschaft des Jakobus-Briefes. Auch Martin Luther, der den Brief in einer spezifischen historischen Situation als „eine recht stroherne Epistel" abwertete, begreift „gute Werke" als „Lobpreis, Bewährung, Zeichen, Siegel, Folge, Frucht, Beweis" des Glaubens. Das ist die Botschaft der Bibel. „Jüdisches und christliches Leben ist ein Weg zu Gott, es beschränkt sich nicht auf das Hier und Jetzt. Doch hier und jetzt entscheidet sich im beglaubigten Handeln die Zukunft." (Hubert Frankemölle)

ZWEITE LESUNG Jak 2,14–18

Der Glaube für sich allein ist tot, wenn er nicht Werke vorzuweisen hat

Lesung aus dem Jakobusbrief.

Meine Schwestern und Brüder, was nützt es, wenn einer sagt, er habe Glauben, aber es fehlen die Werke? Kann etwa der Glaube ihn retten?

Wenn ein Bruder oder eine Schwester ohne Kleidung sind und ohne das tägliche Brot und einer von euch zu ihnen sagt: Geht in Frieden, wärmt und sättigt euch!, ihr gebt ihnen aber nicht, was sie zum Leben brauchen – was nützt das? So ist auch der Glaube für sich allein tot, wenn er nicht Werke vorzuweisen hat.

Aber es könnte einer sagen: Du hast Glauben und ich kann Werke vorweisen; zeige mir deinen Glauben ohne die Werke und ich zeige dir aus meinen Werken den Glauben.

RUF VOR DEM EVANGELIUM

Vers: Gal 6,14

Halleluja. Halleluja.
Ich will mich allein des Kreuzes Jesu Christi, unseres Herrn, rühmen,
durch das mir die Welt gekreuzigt ist und ich der Welt.
Halleluja.

ZUM EVANGELIUM Simon Petrus ist eine wichtige Brücke zwischen dem Leben Jesu und dem Glauben an den Auferstandenen. Seine herausragende Stellung gründet nicht nur in seiner besonderen Bindung an den Herrn, sondern auch in seinem Wirken in der Urkirche. Petrus war zuerst unter Juden im palästinischen Raum tätig, öffnete sich aber auch der Heidenmission. Petrus war ein spontaner, begeisterungsfähiger und wortgewaltiger Mensch mit Führungsqualitäten als Gemeindeleiter. Die Szene, die uns das Markus-Evangelium zeigt, ist für ihn charakteristisch: Einerseits kommt Petrus seinem Rabbi ganz nahe, da er ihn als den von Gott gesandten Messias erkennt und bekennt. Fast im gleichen Atemzug aber entfernt er sich maximal von ihm, weil ihm der Gedanke eines leidenden Messias unerträglich ist. Seine Zurechtweisung durch Jesus ist dann von einer Schroffheit, die mit unserem Klischee vom immer-milden Jüngling Jesus nur schwer vereinbar ist. Es ist gut, dass die Evangelien uns Menschen zeigen, die mutig mit Jesus und zu Jesus unterwegs sind: Männer und Frauen mit Schwächen und Stärken, mit Ecken und Kanten – keine Abziehbilder.

EVANGELIUM

Mk 8,27–35

Du bist der Christus. – Der Menschensohn muss vieles erleiden

+ Aus dem heiligen Evangelium nach Markus.

In jener Zeit ging Jesus mit seinen Jüngern in die Dörfer bei Cäsaréa Philíppi. Auf dem Weg fragte er die Jünger: Für wen halten mich die Menschen? Sie sagten zu ihm: Einige für Johannes den Täufer, andere für Elíja, wieder andere für sonst einen von den Propheten.

Da fragte er sie: Ihr aber, für wen haltet ihr mich? Simon Petrus antwortete ihm: Du bist der Christus! Doch er gebot ihnen, niemandem etwas über ihn zu sagen.

Dann begann er, sie darüber zu belehren: Der Menschensohn muss vieles erleiden und von den Ältesten, den Hohepriestern und den Schriftgelehrten verworfen werden; er muss getötet werden und nach drei Tagen auferstehen. Und er redete mit Freimut darüber.

Da nahm ihn Petrus beiseite und begann, ihn zurechtzuweisen. Jesus aber wandte sich um, sah seine Jünger an und wies Petrus mit den Worten zurecht: Tritt hinter mich, du Satan! Denn du hast nicht das im Sinn, was Gott will, sondern was die Menschen wollen.

Er rief die Volksmenge und seine Jünger zu sich und sagte: Wenn einer hinter mir hergehen will, verleugne er sich selbst, nehme sein Kreuz auf sich und folge mir nach.

Denn wer sein Leben retten will, wird es verlieren; wer aber sein Leben um meinetwillen und um des Evangeliums willen verliert, wird es retten.

Glaubensbekenntnis, S. 484 ff.

FÜRBITTEN

Petrus: voll Glauben und doch fehlbarer Mensch – auch deshalb fühlen wir uns ihm nahe! Bitten wir Gott um seinen Heiligen Geist der Einsicht und der Erkenntnis, und vertrauen wir ihm die Anliegen und Sorgen unserer Gegenwart an:

- Bitten wir für alle, die nach Sinn suchen, dass sie vertrauenswürdige Menschen finden, die ihnen Wege öffnen. V/A: Höre und erhöre uns.
- Beten wir für die Religionslehrerinnen und Religionslehrer, für die in der Seelsorge Tätigen und für alle, die das Wort Gottes mit

anderen teilen, dass sie die Frohe Botschaft verständlich und überzeugend weitergeben. V/A: Höre und erhöre uns.

- Beten wir für diejenigen, die andere verletzt haben und nun Reue empfinden, dass sie Wege zur Versöhnung und Veränderung gehen können. V/A: Höre und erhöre uns.
- Beten wir für die Kinder, die ohne Eltern und ohne ausgleichende Vorbilder aufwachsen, dass sie eine Heimat finden und neue Lebenschancen sich ihnen eröffnen. V/A: Höre und erhöre uns.
- Bitten wir Gott für alle, die langmütig und liebevoll für andere da sind: für die Eltern chronisch kranker Kinder, für diejenigen, die ihre pflegebedürftigen Eltern versorgen, dass auch sie Hilfe und Entlastung erfahren. V/A: Höre und erhöre uns.

Gott, du hast uns zuerst geliebt und hast deinen Sohn in die Welt gesandt. Dafür danken wir dir und preisen dich, heute und alle Tage bis in Ewigkeit.

EUCHARISTIEFEIER

GABENGEBET

Herr, nimm die Gebete und Gaben deiner Kirche an; und was jeder Einzelne zur Ehre deines Namens darbringt, das werde allen zum Heil. Darum bitten wir durch Christus, unseren Herrn.

Präfation, S. 496 ff.

KOMMUNIONVERS

Vgl. 1 Kor 10, 16

Der Kelch des Segens, über den wir den Segen sprechen,
ist Teilhabe am Blut Christi.
Das Brot, das wir brechen, ist Teilhabe am Leib Christi.

SCHLUSSGEBET

Herr, unser Gott, wir danken dir, dass du uns Anteil am Leib und Blut Christi gegeben hast. Lass nicht unser eigenes Streben Macht über uns gewinnen, sondern gib, dass die Wirkung dieses Sakramentes unser Leben bestimmt. Darum bitten wir durch Christus, unseren Herrn.

***

Für eine Wort-Gottes-Feier:

ERÖFFNUNGSGEBET ZUR WAHL

Herr, unser Gott, in der Gegenwart deines Sohnes haben wir uns versammelt als deine Gemeinde. Gib, dass wir ihn als deinen Sohn erkennen und ihn bekennen als Messias, den du gesandt hast zu unserem Heil. Darum bitten wir durch ihn, Jesus Christus, deinen Sohn, der mit dir und dem Heiligen Geist lebt jetzt und in Ewigkeit.

***

WER NICHT

Wer nicht funktioniert,
hat schon verloren.
Gesundheit ist alles.
Stärke zahlt sich aus.

Petrus
unser Zeitgenosse:
Einen Verlierer-Messias
erträgt er nicht.

Leiden soll nicht sein!
Doch Krankheit,
Schwäche, Hilflosigkeit
sind menschlich.

Leiden soll nicht sein.
Darum will Gott,
Liebhaber des Lebens,
bei den Leidenden sein.

Dorothee Sandherr-Klemp

25. SONNTAG IM JAHRESKREIS

19. September 2021

Groß oder klein? Oben oder unten? Reich oder arm? Erster oder Letzter? Jesus von Nazaret, Gottes Wort und Weisung in Person, hat diese Fragen nicht für rhetorische Fragen gehalten. Nicht für banal. Sondern für Gottes Fragen an uns. Welchen Preis wollt ihr für das Siegerpodest zahlen? Wer soll noch alles dafür zahlen? Das ist nicht Gottes Währung. Gott gewährt eine Atmosphäre des Vertrauens und der Liebe. Jesus hat sie verkündet. Er hat sie gelebt. Bis zuletzt. Und das ist wohl die einzige Währung, die währt.

ERÖFFNUNGSVERS

Das Heil des Volkes bin ich – so spricht der Herr.
In jeder Not, aus der sie zu mir rufen, will ich sie erhören.
Ich will ihr Herr sein für alle Zeit.

KYRIE-RUFE

Herr Jesus Christus, du hast dich entäußert
und wurdest wie ein Sklave.
V/A: Herr, erbarme dich.
Du bist unter uns wie der, der bedient.
V/A: Christus, erbarme dich.
Du heißt den, der der Erste sein will,
der Diener aller zu sein.
V/A: Herr, erbarme dich.

Ehre sei Gott, S. 481 f.

TAGESGEBET

Heiliger Gott, du hast uns das Gebot der Liebe zu dir und zu unserem Nächsten aufgetragen als die Erfüllung des ganzen Gesetzes. Gib uns die Kraft, dieses Gebot treu zu befolgen, damit wir das ewige Leben erlangen. Darum bitten wir durch Jesus Christus.

WORTGOTTESDIENST

ZUR 1. LESUNG Das Buch der Weisheit ist eines der jüngsten Bücher der Bibel Israels, in christlicher Sicht: des Alten oder Ersten Testaments. Der Weisheitslehrer lebte wahrscheinlich im ägyptischen Alexandria, und er schrieb in griechischer Sprache für seine Glaubensgeschwister. Es will sie darin bestärken, am gemeinsamen Glauben und seinen praktischen Folgen so kreativ wie treu festzuhalten. Die „Frevler", von denen hier die Rede ist, sind die Gegenspieler. Sie haben eine rein materialistische Sicht des Lebens. Folglich versuchen sie, aus ihrem begrenzten irdischen Dasein ohne Rücksicht auf Verluste so viel Genuss wie möglich herauszupressen. Wozu Schwache schonen, sagen sie, das sind doch unnütze Esser, genussunfähig sind sie zudem, das ist lebensunwertes Leben! Die bloße Existenz eines Menschen, der in jedem Menschen Gottes Bild sieht und sich darum gerade um der Schwachen willen auf Gottes Weisung verpflichtet weiß, ist für sie ein Dorn im Auge. Ein solcher „Gerechter" wirkt auf sie wie ein wandelnder Vorwurf, eine permanente Provokation. Die selbst ernannten Realisten beschließen darum, ihn der Lächerlichkeit anheimzugeben und schließlich ganz zu vernichten. Und die Erfahrung, der Augenschein, scheint ihnen recht zu geben – doch, so sagt es das Buch der Weisheit, in Wirklichkeit glauben sie an den Tod, und von Gottes Geheimnissen verstehen sie rein gar nichts! Der biblische Weisheitslehrer hofft auf eine radikal andere, auf eine Gegen-Erfahrung von Gott her. Hat der roh und grausam behandelte, der entehrt und verlassen gestorbene, der wunderbar auferweckte und erhöhte Messias Jesus nicht eben jene große Gegenerfahrung, jene wahre Gottes-Erfahrung gemacht? Und in die Welt gebracht?

ERSTE LESUNG

Weish 2, 1a.12.17–20

Zu einem ehrlosen Tod wollen wir ihn verurteilen

Lesung aus dem Buch der Weisheit.

Die Frevler tauschen ihre verkehrten Gedanken aus und sagen: Lasst uns dem Gerechten auflauern! Er ist uns unbequem und steht unserem Tun im Weg. Er wirft uns Vergehen gegen das Gesetz vor und beschuldigt uns des Verrats an unserer Erziehung.

Wir wollen sehen, ob seine Worte wahr sind, und prüfen, wie es mit ihm ausgeht. Ist der Gerechte wirklich Sohn Gottes, dann nimmt sich Gott seiner an und entreißt ihn der Hand seiner Gegner.

Durch Erniedrigung und Folter wollen wir ihn prüfen, um seinen Gleichmut kennenzulernen und seine Widerstandskraft auf die Probe zu stellen. Zu einem ehrlosen Tod wollen wir ihn verurteilen; er behauptet ja, es werde ihm Hilfe gewährt.

ANTWORTPSALM

Ps 54 (53), 3–4.5–6.8–9 (Kv: 6)

Kv Gott ist mir Helfer,
der Herr ist unter denen, die mein Leben stützen. – Kv

Gott, durch deinen Namen rette mich, *
verschaff mir Recht mit deiner Kraft!
Gott, höre mein Bittgebet, *
vernimm die Worte meines Mundes! – (Kv)

Denn fremde Menschen standen auf gegen mich, /
Gewalttätige trachteten mir nach dem Leben, *
sie stellten sich Gott nicht vor Augen.
Siehe, Gott ist mir Helfer, *
der Herr ist unter denen, die mein Leben stützen. – (Kv)

Bereitwillig will ich dir opfern, *
will deinem Namen danken, HERR, denn er ist gut.

Denn er hat mich herausgerissen aus all meiner Not, *
mein Auge schaut herab auf meine Feinde. – Kv

ZUR 2. LESUNG Eifersucht und Ehrgeiz sind Gefühle, die den wenigsten Menschen fremd sind. Es sind aber auch Gefühle, die, wenn sie ungezügelt gelebt werden, Gemeinschaft unter Menschen unmöglich machen. Die zu andauerndem Streit führen. Streit darüber, wer der Erste oder die Erste ist. Streit darüber, ob ich genauso gesehen und geliebt werde wie die anderen. Streit darüber, ob die anderen mich als die Beste, als den Besten auch wirklich anerkennen. Herauszuführen aus solch einer schwierigen Situation vermag das Gebet. Allerdings nur das ehrliche Gebet. Das Gebet, das um den Frieden für die ganze Gemeinschaft und nicht nur um die Befriedigung meiner eigenen Bedürfnisse bittet.

ZWEITE LESUNG Jak 3,16 – 4,3

Die Frucht der Gerechtigkeit wird in Frieden für die gesät, die Frieden schaffen

Lesung aus dem Jakobusbrief.

Schwestern und Brüder! Wo Eifersucht und Streit herrschen, da gibt es Unordnung und böse Taten jeder Art. Doch die Weisheit von oben ist erstens heilig, sodann friedfertig, freundlich, gehorsam, reich an Erbarmen und guten Früchten, sie ist unparteiisch, sie heuchelt nicht. Die Frucht der Gerechtigkeit wird in Frieden für die gesät, die Frieden schaffen.

Woher kommen Kriege bei euch, woher Streitigkeiten? Etwa nicht von den Leidenschaften, die in euren Gliedern streiten? Ihr begehrt und erhaltet doch nichts. Ihr mordet und seid eifersüchtig und könnt dennoch nichts erreichen. Ihr streitet und führt Krieg.

Ihr erhaltet nichts, weil ihr nicht bittet. Ihr bittet und empfangt doch nichts, weil ihr in böser Absicht bittet, um es in euren Leidenschaften zu verschwenden.

RUF VOR DEM EVANGELIUM

Vers: vgl. 2 Thess 2,14

Halleluja. Halleluja.
Durch das Evangelium hat Gott uns berufen
zur Herrlichkeit Jesu Christi, unseres Herrn.
Halleluja.

ZUM EVANGELIUM Bis heute sind Kinder in vielen Gesellschaften rechtlos und vollständig abhängig von ihren Bezugspersonen. Kinder sind eben – die Kleinen. Wenn Jesus die Armen, die Hungernden und die Weinenden seligpreist (Lk 6,20–21), so muss man diese Reihe um die Kinder ergänzen. Den kleinen Leuten, den durch Krankheit und Behinderung Eingeschränkten, von den Ressourcen Geld, Macht und Ansehen Ausgeschlossenen, und hier ganz ausdrücklich den macht- und hilflosen Kindern, spricht Jesus Glück und Leben zu, verheißt er Gottes Gegenwart. Im scharfen Kontrast dazu die Debatte der Jünger: „Wer ist der Größte?" Oder, ganz einfach: „Ich bin der Größte!" Wer so denkt, hat die Botschaft vom ankommenden Gottesreich gründlich missverstanden. Dass der große Gott zu den Menschen kommen will, befreit uns das nicht von Statusdenken, von Größenwunsch und Größenwahn? Die elende Geburt von Betlehem – ein Messias in Windeln, kein Macher, keine Machtfigur –, erlöst sie uns nicht zu Bescheidenheit und Menschenmaß? Macht uns Gottes grundloses Entgegenkommen nicht Mut, einander grundlos entgegenzukommen?

EVANGELIUM

Mk 9,30–37

Der Menschensohn wird in die Hände von Menschen ausgeliefert.
Wer der Erste sein will, soll der Diener aller sein

+ Aus dem heiligen Evangelium nach Markus.

In jener Zeit zogen Jesus und seine Jünger durch Galiläa. Jesus wollte aber nicht, dass jemand davon erfuhr; denn er belehrte seine Jünger und sagte zu ihnen: Der Menschensohn wird in die Hände von Menschen ausgeliefert und sie werden ihn töten; doch drei Tage nach seinem Tod wird er auferstehen. Aber sie verstanden das Wort nicht, fürchteten sich jedoch, ihn zu fragen.

Sie kamen nach Kafárnaum. Als er dann im Haus war, fragte er sie: Worüber habt ihr auf dem Weg gesprochen? Sie schwiegen, denn sie hatten auf dem Weg miteinander darüber gesprochen, wer der Größte sei.

Da setzte er sich, rief die Zwölf und sagte zu ihnen: Wer der Erste sein will, soll der Letzte von allen und der Diener aller sein. Und er stellte ein Kind in ihre Mitte, nahm es in seine Arme und sagte zu ihnen: Wer ein solches Kind in meinem Namen aufnimmt, der nimmt mich auf; und wer mich aufnimmt, der nimmt nicht nur mich auf, sondern den, der mich gesandt hat.

Glaubensbekenntnis, S. 484 ff.

FÜRBITTEN

Für die Kleinen, Übersehenen und Schwachen ist Gott Mensch, klein und schwach geworden. Für sie zuerst. Wir kommen zu ihm mit den Sorgen und Nöten unserer Zeit:

- Hilf deiner Kirche und allen, die ein Amt in ihr haben, zu ihren Fehlern zu stehen und Umkehr und Erneuerung zu suchen. V: Erbarmender Gott. A: Höre unser Rufen.

- Leite die Menschen mit gesellschaftlichem Einfluss und politischer Macht, den Blick auf die Menschen am Rande zu richten und besonders benachteiligten Kindern zu helfen. V: Erbarmender Gott. A: Höre unser Rufen.

- Sieh auf die Menschen weltweit, die bis zur Erschöpfung arbeiten und doch nicht genug zum Leben haben, und gib, dass die Gerechtigkeit zunimmt und sich Lebenschancen für alle öffnen. V: Erbarmender Gott. A: Höre unser Rufen.

- Segne die Familien, in denen ein Kind mit einer Behinderung oder mit einer chronischen Krankheit aufwächst, und wecke in uns allen Verständnis für die besonderen Bedürfnisse dieser Familien. V: Erbarmender Gott. A: Höre unser Rufen.

- Stärke alle, die auf einen Karrieresprung verzichten, weil ihnen das Wohl ihrer Familie oder das Gemeinwohl wichtiger ist. V: Erbarmender Gott. A: Höre unser Rufen.

- Tröste die Eltern, die um ein Kind weinen, und behüte und segne die Geschwister. V: Erbarmender Gott. A: Höre unser Rufen.

Guter Gott, der du dich der Kleinen und Übersehenen annimmst. Dir vertrauen wir, und auf dich hoffen wir, heute und allezeit.

EUCHARISTIEFEIER

GABENGEBET

Herr, unser Gott, nimm die Gaben deines Volkes an und gib, dass wir im Geheimnis der heiligen Eucharistie empfangen, was wir im Glauben bekennen. Darum bitten wir durch Christus, unseren Herrn.

Präfation, S. 496 ff.

KOMMUNIONVERS

Joh 10,14

So spricht der Herr:
Ich bin der Gute Hirt, ich kenne die Meinen
und die Meinen kennen mich.

SCHLUSSGEBET

Allmächtiger Gott, du erneuerst uns durch deine Sakramente. Gewähre uns deine Hilfe und mache das Werk der Erlösung, das wir gefeiert haben, auch in unserem Leben wirksam. Darum bitten wir durch Christus, unseren Herrn.

***

Für eine Wort-Gottes-Feier:

ERÖFFNUNGSGEBET ZUR WAHL

Gott, du hast deinen Sohn in die Welt gesandt als Diener aller. In ihm schenkst du uns deine Gegenwart. Gib, dass wir sein Wort verstehen und seinem Beispiel folgen. Darum bitten wir durch ihn, Jesus Christus, unseren Herrn, der in der Einheit des Heiligen Geistes mit dir lebt und herrscht in Ewigkeit.

***

WER VON IHNEN DER GRÖSSTE SEI

Du musst steigen oder sinken,
du musst herrschen und gewinnen,
oder dienen und verlieren,
leiden oder triumphieren,
Amboss oder Hammer sein.

Stark oder schwach?
Genau diese Frage hält
die Welt in Atem:
Groß oder klein?
Amboss oder Hammer sein.

Hält diese Frage die Welt
im Innersten zusammen
oder schlägt sie
den Globus entzwei?
– Auch Jesu Jünger stellen sie!

Jesus nimmt die Frage ernst,
lässt sich auf sie ein –
und zeigt zugleich,
dass es anders geht:

Er stellte ein Kind in ihre Mitte
und nahm es in seine Arme …

Dorothee Sandherr-Klemp

26. SONNTAG IM JAHRESKREIS

26. September 2021

„Denn wer nicht gegen uns ist, der ist für uns", kommentiert Jesus das Tun des Mannes, der in Jesu Namen, doch ohne „uns" nachzufolgen, Dämonen austreibt (vgl. das heutige Evangelium). Und Jesus ist, in Gottes Namen, für den Menschen. In der ersten Lesung aus dem Buch Numeri stellt Mose ähnlich gegen Josuas Bedenken klar: Auch außerhalb der amtlichen Führungsstruktur lässt der Geist fruchtbare Charismen entstehen – innige Gotteserfahrung und ein neuer Blick auf die Welt, Leitungskompetenz, Sachautorität, Orientierung an Gottes Wort. Sollten wir uns davor fürchten?

ERÖFFNUNGSVERS

Vgl. Dan 3,31.29.30.43.42

Alles, was du uns getan hast, o Herr,
das hast du nach deiner gerechten Entscheidung getan,
denn wir haben gesündigt,
wir haben dein Gesetz übertreten.
Verherrliche deinen Namen und rette uns
nach der Fülle deines Erbarmens.

KYRIE-RUFE

Herr Jesus Christus, du hast uns zu Hütern
unserer Schwestern und Brüder gemacht.
V/A: Herr, erbarme dich.
Du hast uns einander anvertraut –
das Wohl des Leibes und das Wohl der Seele.
V/A: Christus, erbarme dich.

Du rufst uns, im Wort und ohne Worte
Zeugnis zu geben von deinem Heil.
V/A: Herr, erbarme dich.

Ehre sei Gott, S. 481 f.

TAGESGEBET

Großer Gott, du offenbarst deine Macht vor allem im Erbarmen und im Verschonen. Darum nimm uns in Gnaden auf, wenn uns auch Schuld belastet. Gib, dass wir unseren Lauf vollenden und zur Herrlichkeit des Himmels gelangen. Darum bitten wir durch Jesus Christus.

WORTGOTTESDIENST

ZUR 1. LESUNG Immer wieder durchkreuzt Gottes Geist unsere Erwartungen, auch die der Amts- und Würdenträger aller Zeiten. „Der Wind weht, wo er will" (Joh 3,8), berührt und bewegt überraschend, auch und gerade da, wo es nicht zu vermuten gewesen wäre. Gottes Geist hat hier Menschen auf seiner Liste, die der offiziellen Geistverleihung fernbleiben. Josua hat Probleme mit dieser geistlichen Demokratisierung, Mose befürwortet sie vehement: Für die gelebte Gottesnähe des ganzen Volkes ist sie ein großer Gewinn! Wo es gelingt, die Spannung zwischen dem Institutionellen und der freien Bewegung des Geistes furchtlos, in lernbereiter Aufmerksamkeit und im Gespräch miteinander zu gestalten, wachsen der Gemeinschaft Flügel.

ERSTE LESUNG

Num 11,25–29

Willst du dich für mich ereifern? Wenn nur das ganze Volk zu Propheten würde!

Lesung aus dem Buch Númeri.

In jenen Tagen kam der Herr in der Wolke herab und redete mit Mose. Er nahm etwas von dem Geist, der auf ihm ruhte, und legte ihn auf die siebzig Ältesten. Sobald der Geist auf ihnen ruhte, redeten sie prophetisch. Danach aber nicht mehr.

Zwei Männer aber waren im Lager geblieben; der eine hieß Eldad, der andere Medad. Auch über sie kam der Geist. Sie gehörten zu den Aufgezeichneten, waren aber nicht zum Offenbarungszelt hinausgegangen. Auch sie redeten prophetisch im Lager.

Ein junger Mann lief zu Mose und berichtete ihm: Eldad und Medad sind im Lager zu Propheten geworden. Da ergriff Jósua, der Sohn Nuns, der von Jugend an der Diener des Mose gewesen war, das Wort und sagte: Mose, mein Herr, hindere sie daran!

Doch Mose sagte zu ihm: Willst du dich für mich ereifern? Wenn nur das ganze Volk des Herrn zu Propheten würde, wenn nur der Herr seinen Geist auf sie alle legte!

ANTWORTPSALM

Ps 19 (18),8.10.12–13.14 (Kv: 9ab)

Kv Die Befehle des Herrn sind gerade;
sie erfüllen das Herz mit Freude. – Kv

Die Weisung des Herrn ist vollkommen, *
sie erquickt den Menschen.
Das Zeugnis des Herrn ist verlässlich, *
den Unwissenden macht es weise. – (Kv)

Die Furcht des Herrn ist lauter, *
sie besteht für immer.
Die Urteile des Herrn sind wahrhaftig, *
gerecht sind sie alle. – (Kv)

Auch dein Knecht lässt sich von ihnen warnen; *
reichen Lohn hat, wer sie beachtet.
Versehentliche Fehler, wer nimmt sie wahr? *
Sprich mich frei von verborgenen Sünden! – (Kv)

Verschone deinen Knecht auch vor vermessenen Menschen; *
sie sollen nicht über mich herrschen!
Dann bin ich vollkommen *
und frei von schwerer Sünde. – Kv

ZUR 2. LESUNG „... und noch am Schlachttag habt ihr euer Herz gemästet." So drastisch redet der Jakobusbrief den Reichen, die ihre Mitmenschen gewissenlos ausbeuten, ins Gewissen. Die Gemeinden sind im Umbruch. Immer mehr Begüterte schließen sich ihnen an, es kommt zu Bevorzugungen, zu Ungerechtigkeiten, zu sozialen Konflikten. Handel und Reichtum lehnt Jakobus nicht ab. Nichts aber fürchtet dieser Weisheitslehrer so sehr wie das Auseinanderklaffen von Glaube und Tat. Auf dem Boden seines Glaubens formuliert er sozialethische Grundsätze und skizziert Ansätze einer christlichen Wirtschaftsethik: Eigentum verpflichtet! Ungerechte weltwirtschaftliche Strukturen, Nord-Süd-Gefälle, die aufklaffende Schere zwischen Arm und Reich, zwischen Globalisierungsgewinnern und Globalisierungsverlierern – die Tatbestände sind uns nur zu gut bekannt. Wir winken ab. Der Jakobusbrief predigt gegen die alte Harthörigkeit an.

ZWEITE LESUNG

Jak 5,1–6

Euer Reichtum verfault

Lesung aus dem Jakobusbrief.

Ihr Reichen, weint nur und klagt über das Elend, das über euch kommen wird!
Euer Reichtum verfault und eure Kleider sind von Motten zerfressen, euer Gold und Silber verrostet. Ihr Rost wird als Zeuge gegen euch auftreten und euer Fleisch fressen wie Feuer.
Noch in den letzten Tagen habt ihr Schätze gesammelt. Siehe, der Lohn der Arbeiter, die eure Felder abgemäht haben, der Lohn, den ihr ihnen vorenthalten habt, schreit zum Himmel; die Klagerufe

derer, die eure Ernte eingebracht haben, sind bis zu den Ohren des Herrn Zebaoth gedrungen.

Ihr habt auf Erden geschwelgt und geprasst und noch am Schlachttag habt ihr eure Herzen gemästet. Verurteilt und umgebracht habt ihr den Gerechten, er aber leistete euch keinen Widerstand.

RUF VOR DEM EVANGELIUM

Vers: vgl. Joh 17,17

Halleluja. Halleluja.
Dein Wort, o Herr, ist Wahrheit;
heilige uns in der Wahrheit!
Halleluja.

ZUM EVANGELIUM Die Schülergruppe beobachtet einen fremden Exorzisten, der bei seinem Tun den Namen Jesu anruft. Dem muss man ja wohl das Handwerk legen. Entweder er macht ordentlich bei uns mit, oder er hört damit auf, sich auf Jesus zu berufen. Johannes, einer der selbstbewussten Zebedäus-Söhne, tritt Jesus gegenüber als Sprecher der Jünger auf, wie wir das sonst von Simon Petrus kennen. Doch Jesus stimmt nicht ein in den Chor der Bedenkenträger. Seine Reaktion ist einerseits klug – wer in Jesu Namen Wunder wirkt, kann nicht zugleich gegen ihn und seine Gruppe Stellung beziehen. Vor allem aber zeigt sich hier, dass es Jesus nicht um irgendein zu schützendes „Copyright“, sondern um den Schutz der Menschen geht. Heilungen und Dämonenaustreibungen in seinem Namen sind ihm kein Ärgernis, sie dienen den Menschen und offenbaren so das Kommen des Gottesreichs. Einander dienen, das soll auch das Miteinander in der Gemeinde bestimmen. Mit erschreckenden Bildern einer Notoperation – Hand, Fuß und Auge – bittet, ja kämpft Jesus um Gehör: Bedienen oder verachten? Ansehen oder übersehen? Der Umgang mit den „Kleinen“, dem Bruder ohne Prestige und der unbedeutenden Schwester, ist kein beliebiger Nebenschauplatz, sondern das Herzland des Glaubens.

EVANGELIUM

Mk 9,38–43.45.47–48

Wer nicht gegen uns ist, der ist für uns.
Wenn dir deine Hand Ärgernis gibt, dann hau sie ab!

+ Aus dem heiligen Evangelium nach Markus.

In jener Zeit sagte Johannes, einer der Zwölf, zu Jesus: Meister, wir haben gesehen, wie jemand in deinem Namen Dämonen austrieb; und wir versuchten, ihn daran zu hindern, weil er uns nicht nachfolgt.

Jesus erwiderte: Hindert ihn nicht! Keiner, der in meinem Namen eine Machttat vollbringt, kann so leicht schlecht von mir reden. Denn wer nicht gegen uns ist, der ist für uns. Wer euch auch nur einen Becher Wasser zu trinken gibt, weil ihr zu Christus gehört – Amen, ich sage euch: Er wird gewiss nicht um seinen Lohn kommen.

Wer einem von diesen Kleinen, die an mich glauben, Ärgernis gibt, für den wäre es besser, wenn er mit einem Mühlstein um den Hals ins Meer geworfen würde. Wenn dir deine Hand Ärgernis gibt, dann hau sie ab; es ist besser für dich, verstümmelt in das Leben zu gelangen, als mit zwei Händen in die Hölle zu kommen, in das nie erlöschende Feuer.

Und wenn dir dein Fuß Ärgernis gibt, dann hau ihn ab; es ist besser für dich, lahm in das Leben zu gelangen, als mit zwei Füßen in die Hölle geworfen zu werden.

Und wenn dir dein Auge Ärgernis gibt, dann reiß es aus; es ist besser für dich, einäugig in das Reich Gottes zu kommen, als mit zwei Augen in die Hölle geworfen zu werden, wo ihr Wurm nicht stirbt und das Feuer nicht erlischt.

Glaubensbekenntnis, S. 484 ff.

FÜRBITTEN

Wir sind Gott nicht gleichgültig. Und wie wir handeln und was wir tun, ist nicht gleichgültig. Bitten wir den Gott des Lebens um seinen Beistand:

- Für alle, die deine Botschaft glaubwürdig verkünden. V: Gott, du unsere Hoffnung. A: Wir bitten dich, erhöre uns.
- Für alle, die auf der Suche sind. V: Gott, du unsere Hoffnung. A: Wir bitten dich, erhöre uns.
- Für die Menschen, die chronische Schmerzen haben, und für alle Kranken. V: Gott, du unsere Hoffnung. A: Wir bitten dich, erhöre uns.
- Für alle, die sich für benachteiligte und leidende Menschen einsetzen. V: Gott, du unsere Hoffnung. A: Wir bitten dich, erhöre uns.
- Für die Kinder, die in Kriegs- und Krisengebieten als Kindersoldaten missbraucht werden. V: Gott, du unsere Hoffnung. A: Wir bitten dich, erhöre uns.
- Für alle, die sich um Frieden mühen und den durch Unfrieden geschädigten Menschen zu helfen suchen. V: Gott, du unsere Hoffnung. A: Wir bitten dich, erhöre uns.

Barmherziger Gott, du kennst das Leid, das Menschen erdulden und einander antun. Hilf uns, Not und Leid nicht auszublenden, sondern deine guten Wege zum Nächsten zu gehen. So bitten wir durch Christus, unseren Bruder und Erlöser.

EUCHARISTIEFEIER

GABENGEBET

Barmherziger Gott, nimm unsere Gaben an und öffne uns in dieser Feier die Quelle, aus der aller Segen strömt. Darum bitten wir durch Christus, unseren Herrn.

Präfation, S. 496 ff.

KOMMUNIONVERS

Vgl. 1 Joh 3, 16

Die Liebe Gottes haben wir daran erkannt,
dass Christus sein Leben für uns gegeben hat.
So müssen auch wir das Leben hingeben für die Brüder.

SCHLUSSGEBET

Allmächtiger Gott, in der Feier der Eucharistie haben wir den Tod des Herrn verkündet. Dieses Sakrament stärke uns an Leib und Seele und mache uns bereit, mit Christus zu leiden, damit wir auch mit ihm zur Herrlichkeit gelangen, der mit dir lebt und herrscht in alle Ewigkeit.

***

Für eine Wort-Gottes-Feier:

ERÖFFNUNGSGEBET ZUR WAHL

Gott, unser Vater, du zeigst uns in deinem Sohn den Weg zum Leben. Nimm alles von uns, was uns von ihm trennt, damit wir nie die Gemeinschaft verlieren mit ihm, unserem Herrn Jesus Christus, der in der Einheit des Heiligen Geistes mit dir lebt und herrscht in Ewigkeit.

***

GEIST DER ZUVERSICHT

Geist der Zuversicht,
Quelle des Trostes,
komm und stärke uns,
Geist der Freiheit,
Tröster Geist,
Schöpfer Geist.

Verfasser unbekannt

27. SONNTAG IM JAHRESKREIS

3. Oktober 2021

Ein Mensch allein – das ist unvorstellbar. Ohne alle Resonanz, ohne Antwort, ohne Zärtlichkeit und Zuwendung, ohne Teilnahme, ohne Nähe und Partnerschaft? Unbestritten: es gibt Einsamkeit, es gibt Zerwürfnis und Entfremdung. Doch im Miteinander und Füreinander werden wir Mensch. Gott spricht uns seinen Segen zu.

ERÖFFNUNGSVERS

Est 13,9.10–11 (Vulgata)

Deiner Macht ist das All unterworfen, Herr,
und niemand kann sich dir widersetzen;
denn du hast Himmel und Erde gemacht
und alles, was wir unter dem Himmel bestaunen.
Du bist der Herr über alles.

KYRIE-RUFE

Herr Jesus Christus, du hast die Verbindung
von Mann und Frau geheiligt.
V/A: Herr, erbarme dich.
Du verbietest zu trennen, was Gott verbunden hat.
V/A: Christus, erbarme dich.
Du sprichst das Reich Gottes denen zu,
die es annehmen wie ein Kind.
V/A: Herr, erbarme dich.

Ehre sei Gott, S. 481 f.

TAGESGEBET

Allmächtiger Gott, du gibst uns in deiner Güte mehr, als wir verdienen, und Größeres, als wir erbitten. Nimm weg, was unser Gewissen belastet, und schenke uns jenen Frieden, den nur deine Barmherzigkeit geben kann. Darum bitten wir durch Jesus Christus.

WORTGOTTESDIENST

ZUR 1. LESUNG „Es ist nicht gut, dass der Mensch allein ist", urteilt der Schöpfer im ersten Buch der Bibel. Darum ist „im Anfang" (Gen 1,1) nicht ein Mensch allein (Gen 1,27). Entdecken wir die Fingerzeige der Heiligen Schrift: auf ein stützendes Miteinander, auf die Ebenbürtigkeit der Geschlechter, auf die geschenkte und schenkende Nähe von Mensch zu Mensch! Es ist gut, dass der Mensch nicht allein ist. Gottes Schöpfung ist gut.

ERSTE LESUNG Gen 2,18–24

Und sie werden ein Fleisch

Lesung aus dem Buch Génesis.

Gott, der HERR, sprach: Es ist nicht gut, dass der Mensch allein ist. Ich will ihm eine Hilfe machen, die ihm ebenbürtig ist.

Gott, der HERR, formte aus dem Erdboden alle Tiere des Feldes und alle Vögel des Himmels und führte sie dem Menschen zu, um zu sehen, wie er sie benennen würde. Und wie der Mensch jedes lebendige Wesen benannte, so sollte sein Name sein. Der Mensch gab Namen allem Vieh, den Vögeln des Himmels und allen Tieren des Feldes. Aber eine Hilfe, die dem Menschen ebenbürtig war, fand er nicht.

Da ließ Gott, der HERR, einen tiefen Schlaf auf den Menschen fallen, sodass er einschlief, nahm eine seiner Rippen und verschloss ihre Stelle mit Fleisch. Gott, der HERR, baute aus der Rippe, die er vom

Menschen genommen hatte, eine Frau und führte sie dem Menschen zu. Und der Mensch sprach: Das endlich ist Bein von meinem Bein und Fleisch von meinem Fleisch. Frau soll sie genannt werden; denn vom Mann ist sie genommen.

Darum verlässt der Mann Vater und Mutter und hängt seiner Frau an und sie werden *ein* Fleisch.

ANTWORTPSALM

Ps 128 (127), 1–2.3.4–6 (Kv: vgl. 5)

Kv Der HERR segne uns alle Tage unseres Lebens. – Kv

Selig jeder, der den HERRN fürchtet, *
der auf seinen Wegen geht!
Was deine Hände erarbeitet haben, wirst du genießen; *
selig bist du – es wird dir gut ergehn. – (Kv)

Deine Frau ist wie ein fruchtbarer Weinstock *
im Innern deines Hauses.
Wie Schösslinge von Ölbäumen sind deine Kinder *
rings um deinen Tisch herum. – (Kv)

Siehe, so wird der Mann gesegnet, der den HERRN fürchtet. *
Es segne dich der HERR vom Zion her.
Du sollst schauen das Glück Jerusalems alle Tage deines Lebens. /
Du sollst schauen die Kinder deiner Kinder. *
Friede über Israel! – Kv

ZUR 2. LESUNG Was hat es mit dem kleinen und verletzlichen Menschen auf sich, dass Gott, der Schöpfer von Himmel und Erde, an ihn denkt und groß von ihm denkt? Für den Autor des Hebräerbriefs ist Jesus die Antwort auf die berühmte Frage aus dem achten Psalm (Hebr 2,6–8). Was der Mensch ist, zeigt sich im Leben und Sterben Jesu, des Menschen, der von Gott kommt und hier als Mittler von Schöpfung und Erlösung gerühmt wird. Jedem Menschen, auch dem verlorensten und kleinsten, wird er zum Bruder. Liebevoll teilt er unser

Leben bis in die Nacht von Leiden und Tod und gewinnt uns so Anteil an Gottes eigenem Leben.

ZWEITE LESUNG Hebr 2,9–11

Er, der heiligt, und sie, die geheiligt werden, stammen alle aus Einem

Lesung aus dem Hebräerbrief.

Schwestern und Brüder! Den, der ein wenig unter die Engel erniedrigt war, Jesus, ihn sehen wir um seines Todesleidens willen mit Herrlichkeit und Ehre gekrönt; es war nämlich Gottes gnädiger Wille, dass er für alle den Tod erlitt.

Denn es war angemessen, dass Gott, für den und durch den das All ist und der viele Söhne zur Herrlichkeit führen wollte, den Urheber ihres Heils durch Leiden vollendete.

Denn er, der heiligt, und sie, die geheiligt werden, stammen alle aus Einem; darum schämt er sich nicht, sie Brüder zu nennen.

RUF VOR DEM EVANGELIUM Vers: 1 Joh 4,12b

Halleluja. Halleluja.
Wenn wir einander lieben, bleibt Gott in uns
und seine Liebe ist in uns vollendet.
Halleluja.

ZUM EVANGELIUM Gottes Schöpfung ist gut, und zur guten Schöpfung gehört die Ehe. Doch auch zur Zeit Jesu wurde sie nicht immer so gelebt, wie es die Schrift, wie es also Gottes guter Wille vorsieht. Ehescheidung war durch das Gesetz des Mose erlaubt, gesellschaftlich im Allgemeinen toleriert; die Schulen stritten allenfalls noch über den hinreichenden Grund oder Anlass. Dieses Streitgespräch zwischen Jesus und einigen Pharisäern macht den entscheidenden Unterschied deutlich. Während diese sich auf das Gesetz des Mose berufen (vgl. Dtn 24,1–4), spricht Jesus von der Schöpfungsordnung, vom ursprünglichen Gotteswillen. Demnach sind Mann und Frau aufeinander bezogen, sie sollen in der Ehe „ein Fleisch“ werden – und bleiben: „Was aber Gott verbunden hat, darf der Mensch nicht trennen“. – Eine Abwertung von Menschen, deren Ehe gescheitert ist, lässt sich aus diesem Text freilich nicht herauslesen.

EVANGELIUM Mk 10,2–16

Was Gott verbunden hat, das darf der Mensch nicht trennen

+ Aus dem heiligen Evangelium nach Markus.

In jener Zeit kamen Pharisäer zu Jesus und fragten: Ist es einem Mann erlaubt, seine Frau aus der Ehe zu entlassen? Damit wollten sie ihn versuchen.

Er antwortete ihnen: Was hat euch Mose vorgeschrieben? Sie sagten: Mose hat gestattet, eine Scheidungsurkunde auszustellen und die Frau aus der Ehe zu entlassen.

Jesus entgegnete ihnen: Nur weil ihr so hartherzig seid, hat er euch dieses Gebot gegeben. Am Anfang der Schöpfung aber hat Gott sie männlich und weiblich erschaffen. Darum wird der Mann Vater und Mutter verlassen und die zwei werden *ein* Fleisch sein. Sie sind also nicht mehr zwei, sondern *ein* Fleisch. Was aber Gott verbunden hat, das darf der Mensch nicht trennen.

Zu Hause befragten ihn die Jünger noch einmal darüber. Er antwortete ihnen: Wer seine Frau aus der Ehe entlässt und eine andere heiratet, begeht ihr gegenüber Ehebruch. Und wenn sie ihren Mann aus der Ehe entlässt und einen anderen heiratet, begeht sie Ehebruch.

Da brachte man Kinder zu ihm, damit er sie berühre. Die Jünger aber wiesen die Leute zurecht. Als Jesus das sah, wurde er unwillig und sagte zu ihnen: Lasst die Kinder zu mir kommen; hindert sie nicht daran! Denn solchen wie ihnen gehört das Reich Gottes. Amen, ich sage euch: Wer das Reich Gottes nicht so annimmt wie ein Kind, der wird nicht hineinkommen. Und er nahm die Kinder in seine Arme; dann legte er ihnen die Hände auf und segnete sie.

Oder:

KURZFASSUNG

Mk 10,2–12

Was Gott verbunden hat, das darf der Mensch nicht trennen

+ Aus dem heiligen Evangelium nach Markus.

In jener Zeit kamen Pharisäer zu Jesus und fragten: Ist es einem Mann erlaubt, seine Frau aus der Ehe zu entlassen? Damit wollten sie ihn versuchen.

Er antwortete ihnen: Was hat euch Mose vorgeschrieben? Sie sagten: Mose hat gestattet, eine Scheidungsurkunde auszustellen und die Frau aus der Ehe zu entlassen.

Jesus entgegnete ihnen: Nur weil ihr so hartherzig seid, hat er euch dieses Gebot gegeben. Am Anfang der Schöpfung aber hat Gott sie männlich und weiblich erschaffen. Darum wird der Mann Vater und Mutter verlassen und die zwei werden *ein* Fleisch sein. Sie sind also nicht mehr zwei, sondern *ein* Fleisch. Was aber Gott verbunden hat, das darf der Mensch nicht trennen.

Zu Hause befragten ihn die Jünger noch einmal darüber. Er antwortete ihnen: Wer seine Frau aus der Ehe entlässt und eine andere heiratet, begeht ihr gegenüber Ehebruch. Und wenn sie ihren Mann aus der Ehe entlässt und einen anderen heiratet, begeht sie Ehebruch.

Glaubensbekenntnis, S. 484 ff.

FÜRBITTEN

Barmherzigkeit, nicht Hartherzigkeit, das lebt Jesus vorbildlich und das erwartet er auch von uns, in allen Bereichen des Lebens. Wir rufen zu ihm und bitten:

- Für die Kirche, dass sie dazu beiträgt, die reichen Güter dieser Erde gerecht zu verteilen, sodass alle satt werden. V: Christus, höre uns. A: Christus, erhöre uns.

- Für die vielen auf sich gestellten Kinder, die hungern nach Brot, nach Gerechtigkeit, nach Anerkennung und Liebe, dass sie einen guten Lebensort finden. V: Christus, höre uns. A: Christus, erhöre uns.
- Für die Politikerinnen und Politiker, die das Wohl aller und den Frieden suchen. V: Christus, höre uns. A: Christus, erhöre uns.
- Für unsere Gesellschaft, dass sie Kinder als Geschenk und Segen versteht und nicht als Störfaktor. V: Christus, höre uns. A: Christus, erhöre uns.
- Für die alten und hochbetagten Menschen, die so viel Gutes in ihrem Leben getan und anderen so viel Unterstützung und Hilfe gegeben haben. V: Christus, höre uns. A: Christus, erhöre uns.

Jesus, du sagst Ja zu uns, auch in unserer Schwachheit und Unzulänglichkeit. Hilf uns, unser Herz weit zu machen, damit alle leben können. So bitten wir für heute und für alle Tage, die uns geschenkt sind.

EUCHARISTIEFEIER

GABENGEBET

Allmächtiger Gott, nimm die Gaben an, die wir nach deinem Willen darbringen. Vollende in uns das Werk der Erlösung und der Heiligung durch die Geheimnisse, die wir zu deiner Verherrlichung feiern. Darum bitten wir durch Christus, unseren Herrn.

Präfation, S. 496 ff.

KOMMUNIONVERS

Vgl. 1 Kor 10,17

Ein Brot ist es, darum sind wir viele *ein* Leib.
Denn wir alle haben teil an dem einen Brot
und dem einen Kelch.

SCHLUSSGEBET

Gott und Vater, du reichst uns das Brot des Lebens und den Kelch der Freude. Gestalte uns nach dem Bild deines Sohnes, der im Sakrament unsere Speise geworden ist. Darum bitten wir durch ihn, Christus, unseren Herrn.

***

Für eine Wort-Gottes-Feier:

ERÖFFNUNGSGEBET ZUR WAHL

Vater im Himmel, du hast uns als deine Kinder angenommen und uns dein Reich verheißen. Nimm unser Beten und Arbeiten an und begleite unser Tun mit deinem Segen. Darum bitten wir durch Jesus Christus, deinen Sohn, unseren Herrn und Bruder, der in der Einheit des Heiligen Geistes mit dir lebt jetzt und in Ewigkeit.

***

DEM ALLE ENGEL DIENEN

Dem alle Engel dienen,
wird nun ein Kind und Knecht.
Gott selber ist erschienen
zur Sühne für sein Recht.
Wer schuldig ist auf Erden,
verhüll nicht mehr sein Haupt.
Er soll errettet werden,
wenn er dem Kinde glaubt.

Jochen Klepper

28. SONNTAG IM JAHRESKREIS

10. Oktober 2021

„Woran du dein Herz hängst, das ist dein Gott", schreibt Martin Luther in seiner Auslegung zum ersten Gebot im Großen Katechismus. In der Nachfolge Jesu geht es ums Ganze. Der Glaube ist nicht nur ein Bereich meines Lebens, wie der Sport oder ein Hobby. Wo ich mit dem Herzen nicht ganz bei Gott bin, bleibt eben alles nur halbherzig. Die Lesungen dieses Sonntags verweisen auf diese Weisheit, sich ganz auf Gott zu verlassen. Wer alles andere hintanstellt, wird am Ende alles gewinnen: das Leben in Fülle.

ERÖFFNUNGSVERS

Ps 130(129),3–4

Würdest du, Herr, unsere Sünden beachten,
Herr, wer könnte bestehen?
Doch bei dir ist Vergebung, Gott Israels.

KYRIE-RUFE

Herr Jesus Christus, du warnst vor dem bösen Mammon.
V/A: Herr, erbarme dich.
Du verheißt dem, der für dich und das Evangelium alles verlässt,
das Hundertfache dafür.
V/A: Christus, erbarme dich.
Du verheißt die Güter dieser Zeit
und in der kommenden Welt das ewige Leben.
V/A: Herr, erbarme dich.

Ehre sei Gott, S. 481 f.

TAGESGEBET

Herr, unser Gott, deine Gnade komme uns zuvor und begleite uns, damit wir dein Wort im Herzen bewahren und immer bereit sind, das Gute zu tun. Darum bitten wir durch Jesus Christus.

WORTGOTTESDIENST

ZUR 1. LESUNG Im Buch der Weisheit, vermutlich um die Zeitenwende entstanden, wendet sich ein gelehrter jüdischer Verfasser an die Mächtigen und Einflussreichen. Bewusst spricht er als „Salomo", der als Begründer der Weisheitstradition in Israel (vgl. 1 Kön 5,9–14) und als gerechter König gilt. Glaube und Handeln gehören nach der Logik des Buches untrennbar zusammen. Wer recht von Gott denkt, muss auch richtig handeln. Instrument und Maßstab dafür ist die Weisheit. Sie ist wertvoller als alles Geld und jeder Einfluss (V. 8), denn sie begründet den wahren Reichtum des Lebens, sie verleiht Klugheit, Maß und Einsicht.

ERSTE LESUNG Weish 7,7–11

Reichtum achtete ich für nichts im Vergleich mit der Weisheit

Lesung aus dem Buch der Weisheit.

Ich betete und es wurde mir Klugheit gegeben; ich flehte und der Geist der Weisheit kam zu mir. Ich zog sie Zeptern und Thronen vor, Reichtum achtete ich für nichts im Vergleich mit ihr.

Einen unschätzbaren Edelstein stellte ich ihr nicht gleich; denn alles Gold erscheint neben ihr wie ein wenig Sand und Silber gilt ihr gegenüber so viel wie Lehm.

Mehr als Gesundheit und Schönheit liebte ich sie und zog ihren Besitz dem Lichte vor; denn niemals erlischt der Glanz, der von ihr ausstrahlt.

Zugleich mit ihr kam alles Gute zu mir, unzählbare Reichtümer waren in ihren Händen.

ANTWORTPSALM

Ps 90 (89),12–13.14–15.16–17 (Kv: vgl. 14)

Kv Sättige uns, Herr, mit deiner Huld!
Dann werden wir jubeln und uns freuen. – Kv

Unsere Tage zu zählen, lehre uns! *
Dann gewinnen wir ein weises Herz.
Kehre doch um, Herr! – Wie lange noch? *
Um deiner Knechte willen lass es dich reuen! – (Kv)

Sättige uns am Morgen mit deiner Huld! *
Dann wollen wir jubeln und uns freuen all unsre Tage.
Erfreue uns so viele Tage, wie du uns gebeugt hast, *
so viele Jahre, wie wir Unheil sahn. – (Kv)

Dein Wirken werde sichtbar an deinen Knechten *
und deine Pracht an ihren Kindern.
Güte und Schönheit des Herrn, unseres Gottes, sei über uns! /
Lass gedeihen das Werk unsrer Hände, *
ja, das Werk unsrer Hände lass gedeihen! – Kv

ZUR 2. LESUNG Es kommt alles darauf an, dass wir als Menschen die Anrede Gottes nicht überhören. Darum kreist der Verfasser des Hebräerbriefes in dem Abschnitt (Hebr 3,7 – 4,13), der an die Lesung des letzten Sonntags anschließt. Denn das Wort, das wir hören und auf das wir achten sollen, ist Jesus Christus selbst (vgl. Hebr 1,2). In ihm ist das Wort Gottes unter uns lebendig geworden. Jesu Wort bewirkt, was es sagt, es ist lebendig und kräftig. Das erleben wir in den Wundergeschichten der Evangelien: Wenn Jesus spricht, werden Menschen geheilt und sie beginnen ein neues Leben. Und seine Worte decken „messerscharf" auf, worum es eigentlich geht. Das wird im heutigen Evangelium deutlich.

ZWEITE LESUNG

Hebr 4,12–13

Das Wort Gottes richtet über die Regungen und Gedanken des Herzens

Lesung aus dem Hebräerbrief.

Lebendig ist das Wort Gottes, wirksam und schärfer als jedes zweischneidige Schwert; es dringt durch bis zur Scheidung von Seele und Geist, von Gelenken und Mark; es richtet über die Regungen und Gedanken des Herzens; vor ihm bleibt kein Geschöpf verborgen, sondern alles liegt nackt und bloß vor den Augen dessen, dem wir Rechenschaft schulden.

RUF VOR DEM EVANGELIUM

Vers: Mt 5,3

Halleluja. Halleluja.
Selig, die arm sind vor Gott;
denn ihnen gehört das Himmelreich.
Halleluja.

ZUM EVANGELIUM Dem Mann ist es ernst. Er wirft sich vor Jesus auf die Knie und fragt, wie er das ewige Leben gewinnen kann. Das griechische Wort bedeutet eigentlich „erben" und schließt an die Rede von der Landverheißung für Israel an (vgl. Gen 15,7; Num 26,53). Das Erbe ist Geschenk und Lebensgrundlage. Wer das Reich Gottes „erbt", erhält Anteil an einem Lebensraum, der nicht mehr verloren gehen kann (vgl. Mt 25,34; 1 Kor 6,9.11). Der Mann fragt nicht, wie er sich dieses Erbe verdienen kann, er weiß um die Gnade dieses Geschenks. Aber wie soll er sich verhalten, um Anteil an diesem unzerstörbaren Leben zu erhalten? Jesus vertritt mit seinem Rat, den ganzen Besitz zu verkaufen und den Armen zu geben, keinen „geistlichen" Kapitalismus, der nach einem himmlischen Bankkonto schielt. Er legt den Finger in die Wunde: Woran hängt dein Herz? Diese Frage nach dem ewigen Leben muss ich mir jetzt stellen, denn sie wird Konsequenzen für meine Haltung, meinen Lebensstil, meinen Alltag haben.

EVANGELIUM

Mk 10,17–30

Verkaufe, was du hast, und folge mir nach!

+ Aus dem heiligen Evangelium nach Markus.

In jener Zeit lief ein Mann auf Jesus zu, fiel vor ihm auf die Knie und fragte ihn: Guter Meister, was muss ich tun, um das ewige Leben zu erben?

Jesus antwortete: Warum nennst du mich gut? Niemand ist gut außer der eine Gott. Du kennst doch die Gebote: Du sollst nicht töten, du sollst nicht die Ehe brechen, du sollst nicht stehlen, du sollst nicht falsch aussagen, du sollst keinen Raub begehen; ehre deinen Vater und deine Mutter!

Er erwiderte ihm: Meister, alle diese Gebote habe ich von Jugend an befolgt.

Da sah ihn Jesus an, umarmte ihn und sagte: Eines fehlt dir noch: Geh, verkaufe, was du hast, gib es den Armen und du wirst einen Schatz im Himmel haben; dann komm und folge mir nach! Der Mann aber war betrübt, als er das hörte, und ging traurig weg; denn er hatte ein großes Vermögen.

Da sah Jesus seine Jünger an und sagte zu ihnen: Wie schwer ist es für Menschen, die viel besitzen, in das Reich Gottes zu kommen! Die Jünger waren über seine Worte bestürzt. Jesus aber sagte noch einmal zu ihnen: Meine Kinder, wie schwer ist es, in das Reich Gottes zu kommen! Leichter geht ein Kamel durch ein Nadelöhr, als dass ein Reicher in das Reich Gottes gelangt.

Sie aber gerieten über alle Maßen außer sich vor Schrecken und sagten zueinander: Wer kann dann noch gerettet werden? Jesus sah sie an und sagte: Für Menschen ist das unmöglich, aber nicht für Gott; denn für Gott ist alles möglich.

Da sagte Petrus zu ihm: Siehe, wir haben alles verlassen und sind dir nachgefolgt.

Jesus antwortete: Amen, ich sage euch: Jeder, der um meinetwillen und um des Evangeliums willen Haus oder Brüder, Schwestern, Mutter, Vater, Kinder oder Äcker verlassen hat, wird das Hundertfache dafür empfangen. Jetzt in dieser Zeit wird er Häuser und Brüder, Schwestern und Mütter, Kinder und Äcker erhalten, wenn auch unter Verfolgungen, und in der kommenden Welt das ewige Leben.

Oder:

KURZFASSUNG

Mk 10,17–27

Verkaufe, was du hast, und folge mir nach!

+ **Aus dem heiligen Evangelium nach Markus.**

In jener Zeit lief ein Mann auf Jesus zu, fiel vor ihm auf die Knie und fragte ihn: Guter Meister, was muss ich tun, um das ewige Leben zu erben?

Jesus antwortete: Warum nennst du mich gut? Niemand ist gut außer der eine Gott. Du kennst doch die Gebote: Du sollst nicht töten, du sollst nicht die Ehe brechen, du sollst nicht stehlen, du sollst nicht falsch aussagen, du sollst keinen Raub begehen; ehre deinen Vater und deine Mutter!

Er erwiderte ihm: Meister, alle diese Gebote habe ich von Jugend an befolgt.

Da sah ihn Jesus an, umarmte ihn und sagte: Eines fehlt dir noch: Geh, verkaufe, was du hast, gib es den Armen und du wirst einen Schatz im Himmel haben; dann komm und folge mir nach! Der Mann aber war betrübt, als er das hörte, und ging traurig weg; denn er hatte ein großes Vermögen.

Da sah Jesus seine Jünger an und sagte zu ihnen: Wie schwer ist es für Menschen, die viel besitzen, in das Reich Gottes zu kommen! Die Jünger waren über seine Worte bestürzt. Jesus aber sagte noch einmal zu ihnen: Meine Kinder, wie schwer ist es, in das Reich Gottes zu kommen! Leichter geht ein Kamel durch ein Nadelöhr, als dass ein Reicher in das Reich Gottes gelangt.

Sie aber gerieten über alle Maßen außer sich vor Schrecken und sagten zueinander: Wer kann dann noch gerettet werden? Jesus sah sie an und sagte: Für Menschen ist das unmöglich, aber nicht für Gott; denn für Gott ist alles möglich.

Glaubensbekenntnis, S. 484 ff.

FÜRBITTEN

Geld regiert die Welt – und auch wir können uns diesem Einfluss nicht wirklich entziehen. Wir bitten Gott um sein Erbarmen:

- Bewahre die Kirche auf der ganzen Welt vor der Versuchung, Macht und Reichtum zu suchen und mit den Mächtigen und Reichen zu paktieren. V: Guter Gott, dein Reich komme. A: Wir bitten dich, erhöre uns.
- Segne alle, die in Ordensgemeinschaften, Hilfsorganisationen und in privaten Initiativen den Ausgebeuteten und Geflüchteten beistehen. V: Guter Gott, dein Reich komme. A: Wir bitten dich, erhöre uns.
- Stärke die jungen Menschen, denen das Klima und der Erhalt der Schöpfung ein großes Anliegen ist, und hilf uns allen, zerstörerische Gewohnheiten zu ändern. V: Guter Gott, dein Reich komme. A: Wir bitten dich, erhöre uns.
- Unterstütze jene Menschen, die in Situationen des Misstrauens und der Feindschaft glaubhafte Signale für Versöhnung und Frieden aussenden. V: Guter Gott, dein Reich komme. A: Wir bitten dich, erhöre uns.
- Bestärke alle, die im Wohlstand leben und bereit sind, Verantwortung für Not und Leid weltweit zu übernehmen. V: Guter Gott, dein Reich komme. A: Wir bitten dich, erhöre uns.

Guter Gott, du willst uns den Weg weisen durch Jesus Christus, deinen Sohn, unseren Bruder und Lehrer. Dafür danken wir dir und loben dich, heute und allezeit.

EUCHARISTIEFEIER

GABENGEBET

Herr und Gott, nimm die Gebete und Opfergaben deiner Gläubigen an. Lass uns diese heilige Feier mit ganzer Hingabe begehen, damit wir einst das Leben in der Herrlichkeit des Himmels erlangen. Darum bitten wir durch Christus, unseren Herrn.

Präfation, S. 496 ff.

KOMMUNIONVERS

Ps 34 (33), 11

Reiche müssen darben und hungern.
Wer aber den Herrn sucht,
braucht kein Gut zu entbehren.

SCHLUSSGEBET

Allmächtiger Gott, in der heiligen Opferfeier nährst du deine Gläubigen mit dem Leib und dem Blut deines Sohnes. Gib uns durch dieses Sakrament auch Anteil am göttlichen Leben. Darum bitten wir durch Christus, unseren Herrn.

***

Für eine Wort-Gottes-Feier:

ERÖFFNUNGSGEBET ZUR WAHL

Treuer Gott, du willst, dass alle Menschen gerettet werden. Hilf uns, dass wir unser Leben ganz auf dich ausrichten, und führe uns auf dem Weg deiner Gebote. So bitten wir im Heiligen Geist durch Jesus Christus, deinen Sohn, unseren Herrn, der mit dir lebt in Ewigkeit.

***

EIN ANDER ZIEL

Such, wer da will, ein ander Ziel,
die Seligkeit zu finden;
mein Herz allein bedacht soll sein,
auf Christus sich zu gründen.
Sein Wort sind wahr, sein Werk sind klar,
sein heilger Mund hat Kraft und Grund,
all Feind zu überwinden.

Ach sucht doch den, lasst alles stehn,
die ihr das Heil begehret;
er ist der Herr, und keiner mehr,
der euch das Heil gewähret.
Sucht ihn all Stund von Herzensgrund,
sucht ihn allein; denn wohl wird sein
dem, der ihn herzlich ehret.

Georg Weissel

29. SONNTAG IM JAHRESKREIS

17. Oktober 2021

Was können wir von Jesus lernen? Die Nachfolge Jesu besteht nicht zuerst darin, ein Dogma für wahr zu halten oder bestimmte Lehrsätze zu unterschreiben. Richtige Nachfolge will mich in meinem Handeln bestimmen, mein Selbstverständnis verändern. Das hat seinen Grund: Jesus war kein Guru, dem die Massen nachlaufen. Er hat sich selbst, sein Leben hingegeben, um uns neue Lebensperspektiven zu eröffnen. Warum er dies konnte und welche Perspektiven das sind, skizzieren die Texte dieses Sonntags.

ERÖFFNUNGSVERS

Ps 17 (16),6.8

Ich rufe dich an, denn du, Gott, erhörst mich.
Wende dein Ohr mir zu, vernimm meine Rede!
Behüte mich wie den Augapfel, den Stern des Auges,
birg mich im Schatten deiner Flügel.

KYRIE-RUFE

Herr Jesus Christus, du rufst in die Nachfolge des Kreuzes.
V/A: Herr, erbarme dich.
Du willst deine Gemeinde als Kontrastgesellschaft.
V/A: Christus, erbarme dich.
Du willst, dass deine Gläubigen nicht Macht übereinander ausüben.
V/A: Herr, erbarme dich.

Ehre sei Gott, S. 481 f.

TAGESGEBET

Allmächtiger Gott, du bist unser Herr und Gebieter. Mach unseren Willen bereit, deinen Weisungen zu folgen, und gib uns ein Herz, das dir aufrichtig dient. Darum bitten wir durch Jesus Christus.

WORTGOTTESDIENST

ZUR 1. LESUNG In vier sogenannten „Gottesknechtsliedern" spricht der zweite Teil des Buches Jesaja (Deuterojesaja) von einer geheimnisvollen Gestalt. Dieser „Gottesknecht" hat sich ganz dem Wort Gottes verschrieben und erträgt es sogar, angefeindet, verspottet und geschlagen zu werden. Er leidet stellvertretend für andere, und er weiß, dass Gott ihn dabei nicht verlässt. Der Prophet kann dabei sich selbst, das Volk Israel oder auch den kommenden Messias im Blick gehabt haben. Die christliche Gemeinde hat diesen Text auf Jesus bezogen, der als wahrer Gottesknecht sich selbst für uns hingegeben hat. Der gesamte Text des Liedes wird am Karfreitag gelesen. Heute wird daran erinnert: Er hat unsere Schuld weggenommen und uns erlöst.

ERSTE LESUNG Jes 53,10–11

Gott setzte sein Leben als Schuldopfer ein; er wird Nachkommen sehen und lange leben

Lesung aus dem Buch Jesája.

Der HERR hat Gefallen an dem von Krankheit Zermalmten. Wenn du, Gott, sein Leben als Schuldopfer einsetzt, wird er Nachkommen sehen und lange leben. Was dem HERRN gefällt, wird durch seine Hand gelingen.

Nachdem er vieles ertrug, erblickt er das Licht. Er sättigt sich an Erkenntnis. Mein Knecht, der gerechte, macht die Vielen gerecht; er lädt ihre Schuld auf sich.

ANTWORTPSALM

Ps 33 (32),4–5.18–19.20 u. 22 (Kv: 22)

Kv Lass deine Huld über uns walten, o Herr! – Kv

Das Wort des Herrn ist redlich, *
all sein Tun ist verlässlich.
Er liebt Gerechtigkeit und Recht, *
erfüllt von der Huld des Herrn ist die Erde. – (Kv)

Siehe, das Auge des Herrn ruht auf denen, die ihn fürchten, *
die seine Huld erwarten,
dass er ihre Seele dem Tod entreiße *
und, wenn sie hungern, sie am Leben erhalte. – (Kv)

Unsre Seele hofft auf den Herrn; *
er ist unsre Hilfe und unser Schild.
Lass deine Huld über uns walten, o Herr, *
wie wir auf dich hofften! – Kv

ZUR 2. LESUNG Die Verse stehen am Anfang des zentralen Abschnittes des Hebräerbriefes. In ihm wird das Bild von Jesus als dem Hohepriester entfaltet. Sein Priesterdienst ist universal, denn er stammt vom Himmel selbst (V. 14), er ist der Sohn Gottes. Und doch ist er einer von uns geworden, hat sich uns an die Seite gestellt und selbst den schmachvollen Tod am Kreuz ertragen. Jesus ist kein autoritärer Herrscher. Sein Thron flößt nicht Schauder und Schrecken ein, sondern strahlt Gnade und Barmherzigkeit aus. Sein Regierungsprogramm besteht nicht darin, uns kleinzuhalten, sondern uns frei zu machen. Wir können uns an ihn wenden in unserer Not, denn er weiß um sie.

ZWEITE LESUNG

Hebr 4,14–16

Lasst uns voll Zuversicht hinzutreten zum Thron der Gnade

Lesung aus dem Hebräerbrief.

Schwestern und Brüder! Da wir nun einen erhabenen Hohepriester haben, der die Himmel durchschritten hat, Jesus, den Sohn Gottes, lasst uns an dem Bekenntnis festhalten. Wir haben ja nicht einen Hohepriester, der nicht mitfühlen könnte mit unseren Schwächen, sondern einen, der in allem wie wir versucht worden ist, aber nicht gesündigt hat.

Lasst uns also voll Zuversicht hinzutreten zum Thron der Gnade, damit wir Erbarmen und Gnade finden und so Hilfe erlangen zur rechten Zeit!

RUF VOR DEM EVANGELIUM

Vers: vgl. Mk 10,45

Halleluja. Halleluja.
Der Menschensohn ist gekommen, um zu dienen
und sein Leben hinzugeben als Lösegeld für viele.
Halleluja.

ZUM EVANGELIUM Das Bild vom Thron spielt auch im Evangelium eine Rolle. Nach ihrem Einsatz in der Nachfolge Jesu sind die beiden Zebedäus-Söhne überzeugt, dass ihnen im Reich Gottes mindestens ein Ministersessel neben dem Thron Jesu zustehe. Aber Markus verdeutlicht den Unterschied zwischen dem aufstrebenden Hochmut der Jünger und der sich herabneigenden Demut Jesu. Bei der Nachfolge springt eben nichts heraus, steht kein Preis am Ende. Wenn ich Jesus nachfolge, lebe ich vielmehr aus dem Vertrauen. Mein Leben, mein Glauben, auch mein Leiden, sind keine Mittel zum Zweck, sondern ich weiß darum, dass Gott etwas damit anfängt. So kann ich mich frei machen von allem Leistungsdenken. Jesus hat das Lösegeld, nach antikem Verständnis den Kaufpreis für Sklaven, bezahlt und mich endgültig freigekauft.

EVANGELIUM

Mk 10,35–45

Der Menschensohn ist gekommen, um sein Leben hinzugeben als Lösegeld für viele

+ Aus dem heiligen Evangelium nach Markus.

In jener Zeit traten Jakobus und Johannes, die Söhne des Zebedäus, zu Jesus und sagten: Meister, wir möchten, dass du uns eine Bitte erfüllst. Er antwortete: Was soll ich für euch tun? Sie sagten zu ihm: Lass in deiner Herrlichkeit einen von uns rechts und den andern links neben dir sitzen!

Jesus erwiderte: Ihr wisst nicht, um was ihr bittet. Könnt ihr den Kelch trinken, den ich trinke, oder die Taufe auf euch nehmen, mit der ich getauft werde? Sie antworteten: Wir können es. Da sagte Jesus zu ihnen: Ihr werdet den Kelch trinken, den ich trinke, und die Taufe empfangen, mit der ich getauft werde. Doch den Platz zu meiner Rechten und zu meiner Linken habe nicht ich zu vergeben; dort werden die sitzen, für die es bestimmt ist.

Als die zehn anderen Jünger das hörten, wurden sie sehr ärgerlich über Jakobus und Johannes. Da rief Jesus sie zu sich und sagte: Ihr wisst, dass die, die als Herrscher gelten, ihre Völker unterdrücken und ihre Großen ihre Macht gegen sie gebrauchen. Bei euch aber soll es nicht so sein, sondern wer bei euch groß sein will, der soll euer Diener sein, und wer bei euch der Erste sein will, soll der Sklave aller sein.

Denn auch der Menschensohn ist nicht gekommen, um sich dienen zu lassen, sondern um zu dienen und sein Leben hinzugeben als Lösegeld für viele.

Oder:

KURZFASSUNG

Mk 10,42–45

Der Menschensohn ist gekommen, um sein Leben hinzugeben als Lösegeld für viele

+ Aus dem heiligen Evangelium nach Markus.

In jener Zeit rief Jesus die Jünger zu sich und sagte: Ihr wisst, dass die, die als Herrscher gelten, ihre Völker unterdrücken und ihre Großen ihre Macht gegen sie gebrauchen. Bei euch aber soll es nicht so sein, sondern wer bei euch groß sein will, der soll euer Diener sein, und wer bei euch der Erste sein will, soll der Sklave aller sein.

Denn auch der Menschensohn ist nicht gekommen, um sich dienen zu lassen, sondern um zu dienen und sein Leben hinzugeben als Lösegeld für viele.

Glaubensbekenntnis, S. 484 ff.

FÜRBITTEN

Das ewige Konkurrieren um Ansehen und Macht: „Bei euch aber soll es nicht so sein." Wir danken für die befreiende Weisung Jesu und bitten ihn:

- Wir beten für die ganze Kirche und besonders für alle Amtsträger, dass Jesu befreiendes Wort ihnen hilft, ihr Amt wahrhaft als Dienst zu verstehen. V: Jesus Christus, du unser Heil. A: Wir rufen zu dir.
- Wir beten für alle Menschen weltweit, die ihre Stimme erheben und Machtmissbrauch beim Namen nennen, wenn viele noch schweigen und wegsehen. V: Jesus Christus, du unser Heil. A: Wir rufen zu dir.
- Wir beten für die vielen, die heute wie Sklaven arbeiten müssen, oft fern von ihrer Heimat. V: Jesus Christus, du unser Heil. A: Wir rufen zu dir.
- Wir beten für alle, die in Freiwilligendiensten und im Ehrenamt für andere da sind. V: Jesus Christus, du unser Heil. A: Wir rufen zu dir.
- Wir beten für die Opfer von Gewalt, Ausbeutung und Missbrauch und für all diejenigen, die dem lautlosen Leid ihre Stimme verleihen. V: Jesus Christus, du unser Heil. A: Wir rufen zu dir.

Jesus, du bist Mensch geworden wie wir, hast lieben und lachen und glauben gelernt und Not und Tod durchlitten. Wir danken dir, dass du uns nahe sein willst und uns stärkst, damit wir frei sind, für andere da zu sein: heute und alle Tage.

EUCHARISTIEFEIER

GABENGEBET

Hilf uns, Herr, dass wir den Dienst am Altar mit freiem Herzen vollziehen. Befreie uns durch diese Feier von aller Schuld, damit wir rein werden und dir gefallen. Darum bitten wir durch Christus, unseren Herrn.

Präfation, S. 496 ff.

KOMMUNIONVERS

Mk 10,45

Der Menschensohn ist gekommen,
um sein Leben als Lösegeld hinzugeben für viele.

SCHLUSSGEBET

Allmächtiger Gott, gib, dass die heiligen Geheimnisse, die wir gefeiert haben, in uns Frucht bringen. Schenke uns Tag für Tag, was wir zum Leben brauchen, und führe uns zur ewigen Vollendung. Darum bitten wir durch Christus, unseren Herrn.

***

Für eine Wort-Gottes-Feier:

ERÖFFNUNGSGEBET ZUR WAHL

Gütiger Gott, allen Menschen hast du die gleiche Würde geschenkt. Hilf uns, als deine Kinder zu leben, uns gegenseitig anzunehmen als Brüder und Schwestern und einander zu dienen. Darum bitten wir durch Jesus Christus, unseren Herrn, der in der Einheit des Heiligen Geistes mit dir lebt in Ewigkeit.

***

NACH DEM BESTEN BILD

Schau doch aber unsre Ketten,
da wir mit der Kreatur
seufzen, ringen, schreien, beten
um Erlösung von Natur,
von dem Dienst der Eitelkeiten,
der uns noch so hart bedrückt,
ob auch schon der Geist zu Zeiten
sich auf etwas Bessers schickt.

Ach wie teu'r sind wir erworben,
nicht der Menschen Knecht zu sein!
Drum so wahr du bist gestorben,
musst du uns auch machen rein,
rein und frei und ganz vollkommen,
nach dem besten Bild gebild't,
der hat Gnad um Gnad genommen,
wer aus deiner Füll sich füllt.

Gottfried Arnold

30. SONNTAG IM JAHRESKREIS

24. Oktober 2021

Sie können so vieles sein, diese alten biblischen Texte: veraltete Prophezeiungen, kaum mehr verständliche Deutungen eines vergangenen religiösen Kults, unglaubliche Wundergeschichten. Wenn wir die Lesungen in diese Kategorien einordnen, dann bleiben sie uns fern und äußerlich, dann können sie uns egal sein. Aber sie können eben auch Ausdruck bleibender Sehnsüchte der Menschen sein. Und dann sind sie uns nicht mehr egal, dann stimmen sie ein in unsere Sehnsüchte, in unser Wirken für eine andere Welt, dann markieren sie den Beginn einer neuen Wirklichkeit.

ERÖFFNUNGSVERS

Vgl. Ps 105 (104),3–4

Freuen sollen sich alle, die den Herrn suchen.
Sucht den Herrn und seine Macht,
sucht sein Antlitz allezeit.

KYRIE-RUFE

Herr Jesus Christus, du hast dem blinden Bartimäus
das Augenlicht geschenkt.
V/A: Herr, erbarme dich.
Du hast Bartimäus für seinen Glauben gelobt.
V/A: Christus, erbarme dich.
Du öffnest uns die Augen des Glaubens,
damit wir dich erkennen und dir folgen.
V/A: Herr, erbarme dich.

Ehre sei Gott, S. 481 f.

TAGESGEBET

Allmächtiger, ewiger Gott, mehre in uns den Glauben, die Hoffnung und die Liebe. Gib uns die Gnade, zu lieben, was du gebietest, damit wir erlangen, was du verheißen hast. Darum bitten wir durch Jesus Christus.

WORTGOTTESDIENST

ZUR 1. LESUNG Niemand wird zurückgelassen! Auch die Schwachen und Langsamen kommen mit, wenn der HERR sein Volk sammelt von den Enden der Erde. So verheißt es der Prophet Jeremia. Wie anders stellt sich das menschliche Mühen dar! Zwar sorgen staatliche Stellen und zivilgesellschaftliche Gruppen dafür, dass viele Menschen, die durch die Ansprüche der Leistungsgesellschaft ausgeschlossen und von der Mehrheitsgesellschaft abgehängt werden, trotzdem am gesellschaftlichen Leben teilhaben. Aber immer wieder bleiben Menschen zurück und auf der Strecke. Da ist es gut, die Vision des Jeremia zu lesen und zu verkünden – nicht als längst überholte Tröstung oder erst endzeitliche Erlösung, sondern als Szenario der anbrechenden Wirklichkeit Gottes.

ERSTE LESUNG — Jer 31,7–9

Blinde und Lahme, in Erbarmen geleite ich sie heim

Lesung aus dem Buch Jeremía.

So spricht der HERR: Jubelt Jakob voll Freude zu und jauchzt über das Haupt der Völker! Verkündet, lobsingt und sagt: Rette, HERR, dein Volk, den Rest Israels!

Siehe, ich bringe sie heim aus dem Nordland und sammle sie von den Enden der Erde, unter ihnen Blinde und Lahme, Schwangere und Wöchnerinnen; als große Gemeinde kehren sie hierher zurück.

Weinend kommen sie und in Erbarmen geleite ich sie. Ich führe sie an Wasserbäche, auf ebenem Weg, wo sie nicht straucheln. Denn ich bin Vater für Israel und Éfraim ist mein Erstgeborener.

ANTWORTPSALM

Ps 126 (125), 1–2b.2c–3.4–5.6 (Kv: 3)

Kv Groß hat der HERR an uns gehandelt.
Da waren wir voll Freude. – Kv

Als der HERR das Geschick Zions wendete, *
da waren wir wie Träumende.
Da füllte sich unser Mund mit Lachen *
und unsere Zunge mit Jubel. – (Kv)

Da sagte man unter den Völkern: *
Groß hat der HERR an ihnen gehandelt!
Ja, groß hat der HERR an uns gehandelt. *
Da waren wir voll Freude. – (Kv)

Wende doch, HERR, unser Geschick *
wie du versiegte Bäche wieder füllst im Südland!
Die mit Tränen säen, *
werden mit Jubel ernten. – (Kv)

Sie gehen, ja gehen und weinen *
und tragen zur Aussaat den Samen.
Sie kommen, ja kommen mit Jubel *
und bringen ihre Garben. – Kv

ZUR 2. LESUNG Der Hebräerbrief beschreibt den Hohepriester, der am Jerusalemer Tempel seinen Dienst tat, und überträgt dessen Funktion auf Jesus Christus. Aber in der Beschreibung steckt auch eine Berufung aller zum hohepriesterlichen Dienst: „Er ist fähig, mit den Unwissenden und Irrenden mitzufühlen, da er auch selbst behaftet ist mit Schwachheit." Im Wissen um die eigene Schwachheit und Fehleranfälligkeit den anderen mit Mitgefühl zu begegnen, andere nicht überheblich als Unwissende oder Irrende hinzustellen und stehen zu lassen, das ist ein wahrhaft priesterlicher Dienst. Und das Opfer, bei dem ich eigene Ansprüche oder verletzende Rechthaberei verbrenne, wird dann ebenfalls seine Wirkung entfalten.

ZWEITE LESUNG Hebr 5,1–6

Du bist Priester auf ewig nach der Ordnung Melchisedeks

Lesung aus dem Hebräerbrief.

Jeder Hohepriester wird aus den Menschen genommen und für die Menschen eingesetzt zum Dienst vor Gott, um Gaben und Opfer für die Sünden darzubringen.
Er ist fähig, mit den Unwissenden und Irrenden mitzufühlen, da er auch selbst behaftet ist mit Schwachheit, und dieser Schwachheit wegen muss er wie für das Volk so auch für sich selbst Sündopfer darbringen. Und keiner nimmt sich selbst diese Würde, sondern er wird von Gott berufen, so wie Aaron.
So hat auch Christus sich nicht selbst die Würde verliehen, Hohepriester zu werden, sondern der zu ihm gesprochen hat:
Mein Sohn bist du. Ich habe dich heute gezeugt,
wie er auch an anderer Stelle sagt:
Du bist Priester auf ewig nach der Ordnung Melchísedeks.

RUF VOR DEM EVANGELIUM Vers: vgl. 2 Tim 1,10

Halleluja. Halleluja.
Unser Retter Jesus Christus hat den Tod vernichtet
und uns das Licht des Lebens gebracht durch das Evangelium.
Halleluja.

ZUM EVANGELIUM Der blinde Bettler ruft laut, und als die Menge es ihm verbietet, noch viel lauter. In unserer Gesellschaft ist Aufschreien tunlichst zu unterlassen. Öffentlich zu schreien, das wird nur noch bei Kleinkindern geduldet. Erwachsene tun es höchstens hinter verschlossenen Türen oder im Wald. Dabei gibt es viele Situationen, die nach einem Aufschrei verlangen, auch und gerade in der Öffentlichkeit. „Aktion Aufschrei" heißt eine Kampagne gegen den Waffenhandel. Da, wo Leben bedroht ist – durch die Verbreitung tödlicher Waffen –, da, wo Leben nicht zur ersehnten Fülle gelangt – wie im Leben des blinden Bettlers –, da ist ein Aufschrei nötig. Jesus, Sohn Davids, hab Erbarmen mit unserem Schweigen, und gib uns den Mut zum Aufschrei!

EVANGELIUM

Mk 10,46b–52

Rabbuni, ich möchte sehen können

+ Aus dem heiligen Evangelium nach Markus.

In jener Zeit, als Jesus mit seinen Jüngern und einer großen Menschenmenge Jéricho verließ, saß am Weg ein blinder Bettler, Bartimäus, der Sohn des Timäus. Sobald er hörte, dass es Jesus von Nazaret war, rief er laut: Sohn Davids, Jesus, hab Erbarmen mit mir! Viele befahlen ihm zu schweigen. Er aber schrie noch viel lauter: Sohn Davids, hab Erbarmen mit mir!

Jesus blieb stehen und sagte: Ruft ihn her! Sie riefen den Blinden und sagten zu ihm: Hab nur Mut, steh auf, er ruft dich. Da warf er seinen Mantel weg, sprang auf und lief auf Jesus zu. Und Jesus fragte ihn: Was willst du, dass ich dir tue? Der Blinde antwortete: Rabbúni, ich möchte sehen können.

Da sagte Jesus zu ihm: Geh! Dein Glaube hat dich gerettet. Im gleichen Augenblick konnte er sehen und er folgte Jesus auf seinem Weg nach.

Glaubensbekenntnis, S. 484 ff.

FÜRBITTEN

Jesus hört die Rufe der Menschen am Rande. Voll Hoffnung rufen auch wir heute zu ihm und bitten ihn:

- Für alle, die das Wort Gottes verkünden und die Nöte der Menschen sehen und nicht übersehen. V/A: Höre und erhöre uns.
- Für alle, die vom Verlust der Sehfähigkeit bedroht sind. V/A: Höre und erhöre uns.
- Für alle, die sie stärken und ihnen helfen, den Alltag zu meistern. V/A: Höre und erhöre uns.
- Für alle, die in Depression gefangen sind und das Nahen der dunklen Jahreszeit fürchten. V/A: Höre und erhöre uns.
- Für alle, die ihnen Wege zur Hilfe aufzeigen und sie durch die Dunkelheit begleiten. V/A: Höre und erhöre uns.
- Für alle, die durch Krankheit und Schmerzen ihre Lebengrundlage verloren haben. V/A: Höre und erhöre uns.
- Für alle, die zur Verbesserung der medizinischen und sozialen Versorgung beitragen. V/A: Höre und erhöre uns.
- Für unsere Verstorbenen und für alle Toten, dass sie dein Licht und dein Heil schauen. V/A: Höre und erhöre uns.

Jesus Christus, Heiland und Lehrer, du willst, dass wir sehend werden und vertrauen. Hilf uns, das Schöne, das uns umgibt, aber auch Not zu sehen. Sende uns deinen Geist, damit wir mit offenen Augen durchs Leben gehen, heute und alle Tage, die uns geschenkt sind.

EUCHARISTIEFEIER

GABENGEBET

Allmächtiger Gott, sieh gnädig auf die Gaben, die wir darbringen, und lass uns dieses Opfer so feiern, dass es dir zur Ehre gereicht. Darum bitten wir durch Christus, unseren Herrn.

Präfation, S. 496 ff.

KOMMUNIONVERS

Eph 5,2

Christus hat uns geliebt und sich für uns hingegeben
als Gabe und Opfer, das Gott wohlgefällt.

SCHLUSSGEBET

Herr, unser Gott, gib, dass deine Sakramente in uns das Heil wirken, das sie enthalten, damit wir einst als unverhüllte Wirklichkeit empfangen, was wir jetzt in heiligen Zeichen begehen. Darum bitten wir durch Christus, unseren Herrn.

***

Für eine Wort-Gottes-Feier:

ERÖFFNUNGSGEBET ZUR WAHL

Guter Gott, in Jesus Christus schenkst du uns deine ganze Liebe. Öffne uns die Augen, dass wir ihn als unseren Heiland erkennen und ihm folgen auf seinem Weg. Darum bitten wir durch ihn, Jesus Christus, deinen Sohn, unseren Herrn und Gott, der in der Einheit des Heiligen Geistes mit dir lebt in Ewigkeit.

***

WENN ICH

Wenn ich
nicht nur
mein eigenes Leben
im Blick habe
sondern auch
das Leben aller
dann werde ich
nicht nur
Au schreien
sondern auch
aufschreien.

Stefan Voges

31. SONNTAG IM JAHRESKREIS

31. Oktober 2021

Mit Gott ins Gespräch kommen. Das ist vielleicht der tiefste und schönste Sinn von Religion. Auf Gott hören ist ein Teil dieses Gesprächs; Fragen zu stellen, ein anderer. Erreichbar, ansprechbar zu sein, ist eine unabdingbare Voraussetzung für ein Gespräch. Gott zeigt sich als ein Ansprechbarer. Sind wir auch für ihn erreichbar?

ERÖFFNUNGSVERS

Ps 38 (37),22–23

Herr, verlass mich nicht, bleib mir nicht fern, mein Gott!
Eile mir zu Hilfe, Herr, du mein Heil.

KYRIE-RUFE

Herr Jesus Christus, du heißt uns, Gott, unseren Herrn
zu lieben mit ganzem Herzen und mit all unserer Kraft.
V/A: Herr, erbarme dich.
Du heißt uns, unseren Nächsten zu lieben wie uns selbst.
V/A: Christus, erbarme dich.
Du heißt uns, unsere Feinde zu lieben
und denen Gutes zu tun, die uns hassen.
V/A: Herr, erbarme dich.

Ehre sei Gott, S. 481 f.

TAGESGEBET

Allmächtiger, barmherziger Gott, es ist deine Gabe und dein Werk, wenn das gläubige Volk dir würdig und aufrichtig dient. Nimm alles von uns, was uns auf dem Weg zu dir aufhält, damit wir ungehindert der Freude entgegeneilen, die du uns verheißen hast. Darum bitten wir durch Jesus Christus.

WORTGOTTESDIENST

ZUR 1. LESUNG Man stelle sich einmal vor, die Israeliten wären Mose damals ins Wort gefallen. Dann hätte er ihnen nur den Gott vorgestellt, der sie auf Satzungen und Gebote verpflichtet, der sie ermahnt, die Gebote zu halten. Dann wären die Verheißungen im Widerspruch untergegangen. „Damit du lange lebst", „damit es dir gut geht" – dieses Ziel der Gebote hätten die Israeliten dann nicht mehr gehört. Dann wäre ihnen die Zuwendung und Zuneigung ihres Gottes, der auf die tiefe Sehnsucht der Menschen antwortet, verborgen geblieben. Dann hätten sie ihn wohl abgelehnt und kaum lieben können. Aber sie haben Mose ausreden lassen. So konnten sie Gott von ihrer Sehnsucht her verstehen und vertrauen. Können wir das auch?

ERSTE LESUNG Dtn 6,2–6

Höre, Israel! Du sollst den Herrn, deinen Gott, lieben mit ganzem Herzen

Lesung aus dem Buch Deuteronómium.

Wenn du den Herrn, deinen Gott, fürchtest, indem du auf alle seine Gesetze und Gebote, auf die ich dich verpflichte, dein ganzes Leben lang achtest, du, dein Sohn und dein Enkel, wirst du lange leben.

Deshalb sollst du hören, Israel, und sollst darauf achten, sie zu halten, damit es dir gut geht und ihr so unermesslich zahlreich werdet, wie es der Herr, der Gott deiner Väter, dir zugesagt hat: ein Land, wo Milch und Honig fließen!

Höre, Israel! Der HERR, unser Gott, der HERR ist einzig. Darum sollst du den HERRN, deinen Gott, lieben mit ganzem Herzen, mit ganzer Seele und mit ganzer Kraft.
Und diese Worte, auf die ich dich heute verpflichte, sollen auf deinem Herzen geschrieben stehen.

ANTWORTPSALM

Ps 18 (17),2–3.4 u. 47.51 u. 50 (Kv: 2)

Kv Ich will dich lieben, HERR, meine Stärke. – Kv

Ich will dich lieben, HERR, meine Stärke, *
HERR, du mein Fels und meine Burg und mein Retter;
mein Gott, mein Fels, bei dem ich mich berge, *
mein Schild und Horn meines Heils, meine Zuflucht. – (Kv)

Ich rufe: Der HERR sei hoch gelobt! *
und ich werde vor meinen Feinden gerettet.
Es lebt der HERR, gepriesen sei mein Fels. *
Der Gott meiner Rettung sei hoch erhoben. – (Kv)

Seinem König verleiht er große Hilfe, /
Huld erweist er seinem Gesalbten, *
David und seinem Stamm auf ewig.
Darum will ich dir danken, HERR, inmitten der Nationen, *
ich will deinem Namen singen und spielen. – Kv

ZUR 2. LESUNG In zwei Punkten unterscheidet sich Jesus von den Hohepriestern des ersten Bundes. Er wirkt nicht nur in einer begrenzten Lebensspanne, sondern er bleibt in Ewigkeit. Und er muss sich nicht um eigene Sünden kümmern, weil er frei vom Bösen ist. So positiv diese Eigenschaften für einen Hohepriester sein mögen, sie könnten auch dazu führen, dass sie Jesus über die Sphäre des Menschlichen erheben, dass sie ihn entrücken und unerreichbar machen für die Menschen. Aber das geschieht nicht. Jesus bleibt ansprechbar.

So wie er allezeit lebt, um den Menschen einen positiven Kontakt mit Gott zu vermitteln, so bleibt er allezeit für die Menschen erreichbar. Und weil er sich nicht um sich selbst sorgen muss, ist er ziemlich gut, nämlich jederzeit, erreichbar.

ZWEITE LESUNG

Hebr 7,23–28

Weil Jesus in Ewigkeit bleibt, hat er ein unvergängliches Priestertum

Lesung aus dem Hebräerbrief.

Schwestern und Brüder! Im Ersten Bund folgten viele Priester aufeinander, weil der Tod sie hinderte zu bleiben; Jesus aber hat, weil er in Ewigkeit bleibt, ein unvergängliches Priestertum.

Darum kann er auch die, die durch ihn vor Gott hintreten, für immer retten; denn er lebt allezeit, um für sie einzutreten.

Ein solcher Hohepriester ziemte sich in der Tat für uns: einer, der heilig ist, frei vom Bösen, makellos, abgesondert von den Sündern und erhöht über die Himmel; einer, der es nicht Tag für Tag nötig hat, wie die Hohepriester zuerst für die eigenen Sünden Opfer darzubringen und dann für die des Volkes; denn das hat er ein für alle Mal getan, als er sich selbst dargebracht hat.

Das Gesetz nämlich macht Menschen zu Hohepriestern, die der Schwachheit unterworfen sind; das Wort des Eides aber, der später als das Gesetz kam, setzt den Sohn ein, der auf ewig vollendet ist.

RUF VOR DEM EVANGELIUM

Vers: vgl. Joh 14,23

Halleluja. Halleluja.
(So spricht der Herr:)
Wer mich liebt, hält mein Wort.
Mein Vater wird ihn lieben
und wir werden bei ihm Wohnung nehmen.
Halleluja.

ZUM EVANGELIUM Das ist doch einmal ein Gespräch, auf Augenhöhe und mit Tiefgang. Der Schriftgelehrte fragt, Jesus antwortet, jener lobt die Antwort Jesu, und dieser lobt das Verständnis des Schriftgelehrten. Unbefriedigend ist, was der Evangelist danach notiert: Keiner wagte mehr, Jesus eine Frage zu stellen. Damals, in der Situation, mag das so gewesen sein, und umso mehr, als das Gespräch das Wesentliche des Glaubens ins Wort und auf den Punkt gebracht hat. Heute darf es nicht die Haltung suchender und fragender Menschen sein. Sie sind eingeladen, Jesus ihre Fragen zu stellen, mit ihm ins Gespräch zu kommen über ihre Sinnkrisen und gescheiterten Pläne. Die Chancen stehen gut, dass das Gespräch das Wesentliche auf den Punkt bringt.

EVANGELIUM Mk 12,28b–34

Du sollst den Herrn, deinen Gott, lieben; du sollst deinen Nächsten lieben wie dich selbst

+ **Aus dem heiligen Evangelium nach Markus.**

In jener Zeit ging ein Schriftgelehrter zu Jesus hin und fragte ihn: Welches Gebot ist das erste von allen? Jesus antwortete: Das erste ist: Höre, Israel, der Herr, unser Gott, ist der einzige Herr. Darum sollst du den Herrn, deinen Gott, lieben mit ganzem Herzen und ganzer Seele, mit deinem ganzen Denken und mit deiner ganzen Kraft. Als zweites kommt hinzu: Du sollst deinen Nächsten lieben wie dich selbst. Kein anderes Gebot ist größer als diese beiden.

Da sagte der Schriftgelehrte zu ihm: Sehr gut, Meister! Ganz richtig hast du gesagt: Er allein ist der Herr und es gibt keinen anderen außer ihm und ihn mit ganzem Herzen, ganzem Verstand und ganzer Kraft zu lieben und den Nächsten zu lieben wie sich selbst, ist weit mehr als alle Brandopfer und anderen Opfer.

Jesus sah, dass er mit Verständnis geantwortet hatte, und sagte zu ihm: Du bist nicht fern vom Reich Gottes. Und keiner wagte mehr, Jesus eine Frage zu stellen.

Glaubensbekenntnis, S. 484 ff.

FÜRBITTEN

Jesus stellt etwas klar, ein für alle Mal: Die doppelte Liebe, die Liebe zu Gott und den Menschen, steht über dem Kult, über allen äußeren Formen der Frömmigkeit. Das kann nicht folgenlos bleiben für unser Sehen und Tun. Deshalb kommen wir heute zu ihm, unserem Lehrer und Bruder, und bitten ihn:

- Hilf deiner Kirche, dein Wort als Richtschnur für gelingendes Leben zu verkünden. V: Jesus Christus, Sohn des Vaters. A: Wir bitten dich, erhöre uns.
- Stärke alle, die festgefahrenes Misstrauen und Feindschaften überwinden. V: Jesus Christus, Sohn des Vaters. A: Wir bitten dich, erhöre uns.
- Hilf den religiös oder politisch radikalisierten jungen Menschen, zurückzufinden in ein Leben verantwortlichen Tuns. V: Jesus Christus, Sohn des Vaters. A: Wir bitten dich, erhöre uns.
- Segne alle, die den Schwächsten beistehen, den Menschen ohne Heimat, und den Kranken. V: Jesus Christus, Sohn des Vaters. A: Wir bitten dich, erhöre uns.
- Schenke deine erlösende Liebe denen, die uns im Tod vorausgegangen sind. V: Jesus Christus, Sohn des Vaters. A: Wir bitten dich, erhöre uns.

Jesus Christus, du bist den Weg der Liebe gegangen, unendlich eng verbunden mit dem Vater, dem Quell göttlicher Liebe. Hilf uns, uns in deiner Kraft hier und heute einzusetzen, damit unsere Welt immer mehr die Gestalt gewinnt, die du ihr geben willst.

EUCHARISTIEFEIER

GABENGEBET

Heiliger Gott, diese Gabe werde zum reinen Opfer, das deinen Namen groß macht unter den Völkern. Für uns aber werde sie zum Sakrament, das uns die Fülle deines Erbarmens schenkt. Darum bitten wir durch Christus, unseren Herrn.

Präfation, S. 496 ff.

KOMMUNIONVERS

Joh 6,57

So spricht der Herr:
Wie mich der lebendige Vater gesandt hat
und wie ich durch den Vater lebe,
so wird jeder, der mich isst, durch mich leben.

SCHLUSSGEBET

Gütiger Gott, du hast uns mit dem Brot des Himmels gestärkt. Lass deine Kraft in uns wirken, damit wir fähig werden, die ewigen Güter zu empfangen, die uns in diesen Gaben verheißen sind. Darum bitten wir durch Christus, unseren Herrn.

***

Für eine Wort-Gottes-Feier:

ERÖFFNUNGSGEBET ZUR WAHL

Gott, du willst, dass wir dich lieben aus ganzem Herzen und mit ganzer Seele. Hilf uns, deinen Willen zu erfüllen, damit wir Anteil haben an deinem Reich. Darum bitten wir durch Jesus Christus, deinen Sohn, unseren Herrn, der mit dir und dem Heiligen Geist lebt, jetzt und in Ewigkeit.

***

LASSEN

Gott
ausreden lassen
heißt
meine Ausreden
lassen.

Stefan Voges

ALLERHEILIGEN – HOCHFEST

1. November 2021

Die Anfänge des Hochfestes Allerheiligen liegen in einem Fest zum Gedächtnis aller Märtyrer, also jener, die schon bei Gott sind. Die Lesungen versuchen auf unterschiedliche Weise, eine Antwort auf die Frage zu geben, wie es ist, heilig, beim Heiligen, bei Gott zu sein. Allerheiligen erinnert an die tragende und das Jenseits umfassende Gemeinschaft aller Heiligen und wirft einen – bei aller Ungewissheit – verheißungsvollen Blick auf das Jenseits. Im Blick auf das Diesseits korrespondiert mit Allerheiligen ein anderes Fest, das nicht im Kalender verzeichnet ist: das Fest unseres Lebens mit dem vielsagenden Namen „Alles heiligen".

ERÖFFNUNGSVERS

Freut euch alle im Herrn am Fest aller Heiligen;
mit uns freuen sich die Engel und loben Gottes Sohn.

KYRIE-RUFE

Herr Jesus Christus, du gibst allen Menschen Anteil
an den Gütern des Heils.
V/A: Herr, erbarme dich.
Du berufst alle, die dir folgen, zur Heiligkeit.
V/A: Christus, erbarme dich.
Du versammelst die pilgernde Kirche
in der Einheit mit der Kirche des Himmels.
V/A: Herr, erbarme dich.

Ehre sei Gott, S. 481 f.

TAGESGEBET

Allmächtiger, ewiger Gott, du schenkst uns die Freude, am heutigen Fest die Verdienste aller deiner Heiligen zu feiern. Erfülle auf die Bitten so vieler Fürsprecher unsere Hoffnung und schenke uns dein Erbarmen. Darum bitten wir durch Jesus Christus.

WORTGOTTESDIENST

ZUR 1. LESUNG Die erste Vision aus der Offenbarung des Johannes erschreckt. Die Bildwelt mag eigentümlich sein und die Szene in die Ferne rücken, aber die Ankündigung, dass Land, Meer und Bäume Schaden nehmen, katapultiert den Schrecken in die Gegenwart. Die zweite Vision erfreut. Denn die Ankündigung, dass „eine große Schar aus allen Nationen und Stämmen, Völkern und Sprachen“ vor dem Thron steht, nährt die Hoffnung, dass Menschen schon im Hier und Jetzt sich über Grenzen hinweg verstehen und für das Gute zusammenarbeiten.

ERSTE LESUNG Offb 7,2–4.9–14

Ich sah eine große Schar aus allen Nationen und Sprachen; niemand konnte sie zählen

Lesung aus der Offenbarung des Johannes.

Ich, Johannes, sah vom Aufgang der Sonne her einen anderen Engel emporsteigen; er hatte das Siegel des lebendigen Gottes und rief den vier Engeln, denen die Macht gegeben war, dem Land und dem Meer Schaden zuzufügen, mit lauter Stimme zu und sprach: Fügt dem Land, dem Meer und den Bäumen keinen Schaden zu, bis wir den Knechten unseres Gottes das Siegel auf die Stirn gedrückt haben!

Und ich erfuhr die Zahl derer, die mit dem Siegel gekennzeichnet waren. Es waren hundertvierundvierzigtausend aus allen Stämmen der Söhne Israels, die das Siegel trugen:

Danach sah ich und siehe, eine große Schar aus allen Nationen und Stämmen, Völkern und Sprachen; niemand konnte sie zählen. Sie standen vor dem Thron und vor dem Lamm, gekleidet in weiße Gewänder, und trugen Palmzweige in den Händen. Sie riefen mit lauter Stimme und sprachen: Die Rettung kommt von unserem Gott, der auf dem Thron sitzt, und von dem Lamm.

Und alle Engel standen rings um den Thron, um die Ältesten und die vier Lebewesen. Sie warfen sich vor dem Thron auf ihr Angesicht nieder, beteten Gott an und sprachen:

Amen, Lob und Herrlichkeit, Weisheit und Dank, Ehre und Macht und Stärke unserem Gott in alle Ewigkeit. Amen.

Da nahm einer der Ältesten das Wort und sagte zu mir: Wer sind diese, die weiße Gewänder tragen, und woher sind sie gekommen? Ich erwiderte ihm: Mein Herr, du weißt das. Und er sagte zu mir: Dies sind jene, die aus der großen Bedrängnis kommen; sie haben ihre Gewänder gewaschen und im Blut des Lammes weiß gemacht.

ANTWORTPSALM

Ps 24 (23), 1–2.3–4.5–6 (Kv: vgl. 6)

Kv Aus allen Völkern hast du sie erwählt,
die dein Angesicht suchen, o Herr. – Kv

Dem Herrn gehört die Erde und was sie erfüllt, *
der Erdkreis und seine Bewohner.
Denn er hat ihn auf Meere gegründet, *
ihn über Strömen befestigt. – (Kv)

Wer darf hinaufziehn zum Berg des Herrn, *
wer darf stehn an seiner heiligen Stätte?
Der unschuldige Hände hat und ein reines Herz, /
der seine Seele nicht an Nichtiges hängt *
und keinen trügerischen Eid geschworen hat. – (Kv)

Er wird Segen empfangen vom Herrn *
und Gerechtigkeit vom Gott seines Heils.

Das ist das Geschlecht, das nach ihm fragt, *
die dein Angesicht suchen, Jakob. – Kv

ZUR 2. LESUNG Was soll denn da noch kommen? Wir wissen bereits, dass wir Kinder Gottes sind; nur was wir sein werden, wissen wir noch nicht. Den Status der Gotteskindschaft werden wir kaum verlieren. Aber was soll es darüber hinaus Größeres oder Besseres geben? Wir werden Gott noch ähnlicher sein, weil wir ihn sehen und weil uns diese Schau verwandelt. Genaueres können wir nicht sagen. Für das Jetzt bleiben zwei Fragen: Leben wir schon entsprechend unserer Würde als Gotteskinder? Lassen wir uns schon im Heute von Gottes Gegenwart in der Welt, in der Natur und im Angesicht der anderen verwandeln?

ZWEITE LESUNG 1 Joh 3, 1–3

Wir werden Gott sehen, wie er ist

Lesung aus dem ersten Johannesbrief.

Schwestern und Brüder! Seht, welche Liebe uns der Vater geschenkt hat: Wir heißen Kinder Gottes und wir sind es. Deshalb erkennt die Welt uns nicht, weil sie ihn nicht erkannt hat.

Geliebte, jetzt sind wir Kinder Gottes. Doch ist noch nicht offenbar geworden, was wir sein werden. Wir wissen, dass wir ihm ähnlich sein werden, wenn er offenbar wird; denn wir werden ihn sehen, wie er ist.

Jeder, der diese Hoffnung auf ihn setzt, heiligt sich, so wie er heilig ist.

RUF VOR DEM EVANGELIUM Vers: Mt 11, 28

Halleluja. Halleluja.
(So spricht der Herr:)
Kommt alle zu mir,
die ihr mühselig und beladen seid!

Ich will euch erquicken.
Halleluja.

ZUM EVANGELIUM Ungeschickte Dramaturgie. Am Anfang stehen die Seligpreisungen, die etwas weltfremd daherkommen und ganz allgemein über „die" sprechen. Dann der Wechsel in die direkte Anrede: „Selig seid ihr." Darauf folgt eine wenig verlockende Aussicht und das Versprechen himmlischen Lohns, der in einer Zeit, die auf das Diesseits ausgerichtet ist, nur einen geringen und zudem ungewissen Entschädigungswert hat. Der Schluss dürfte nicht selten enttäuschtes Abwinken hervorrufen. Ist damit auch die vorausgehende Vision einer seligen, einer gerechten und gewaltfreien Welt abgehakt? Wie gewinnen die Seligpreisungen wieder ihre visionär-gestalterische Kraft?

EVANGELIUM

Mt 5,1–12a

Freut euch und jubelt: Denn euer Lohn wird groß sein im Himmel

+ Aus dem heiligen Evangelium nach Matthäus.

In jener Zeit, als Jesus die vielen Menschen sah, die ihm folgten, stieg er auf den Berg. Er setzte sich und seine Jünger traten zu ihm. Und er öffnete seinen Mund, er lehrte sie und sprach:

Selig, die arm sind vor Gott; denn ihnen gehört das Himmelreich. Selig die Trauernden; denn sie werden getröstet werden. Selig die Sanftmütigen; denn sie werden das Land erben. Selig, die hungern und dürsten nach der Gerechtigkeit; denn sie werden gesättigt werden. Selig die Barmherzigen; denn sie werden Erbarmen finden. Selig, die rein sind im Herzen; denn sie werden Gott schauen. Selig, die Frieden stiften; denn sie werden Kinder Gottes genannt werden. Selig, die verfolgt werden um der Gerechtigkeit willen; denn ihnen gehört das Himmelreich.

Selig seid ihr, wenn man euch schmäht und verfolgt und alles Böse über euch redet um meinetwillen. Freut euch und jubelt: Denn euer Lohn wird groß sein im Himmel.

Glaubensbekenntnis, S. 484 ff.

FÜRBITTEN

Die Menschen, die Jesus seligpreist, dürfen sich ihres Heils freuen. Sie leben so, wie Jesus es gepredigt und gelebt hat. Die Liebe ist das Zentrum. Bitten wir nun Gott, vereint mit der Fürbitte aller Heiligen, um seinen Beistand:

- Selig, die arm sind vor Gott: Wir bitten für die Kirche um die Kraft, an der Seite der Bedrängten und Armen zu stehen. V: Gott des Lebens. A: Höre unser Rufen.
- Selig die Trauernden: Wir bitten für alle, die einen geliebten Menschen verloren haben und nun im Dunkel der Trauer sind. V: Gott des Lebens. A: Höre unser Rufen.
- Selig, die keine Gewalt anwenden: Wir bitten für alle, die sich gewaltlos für die Freiheit einsetzen und für alle, die auf Rache und auf den Einsatz von gewaltsamen Instrumenten ihrer Macht verzichten. V: Gott des Lebens. A: Höre unser Rufen.
- Selig, die hungern und dürsten nach Gerechtigkeit: Wir bitten für alle, die politischer Willkür und Gewalt ausgeliefert sind, und für alle, die Gerechtigkeit für sie einfordern. V: Gott des Lebens. A: Höre unser Rufen.
- Selig, die ein reines Herz haben: Wir bitten für unsere lieben Verstorbenen und für die, derer niemand mehr gedenkt, um Freude und Frieden bei dir, in Gemeinschaft mit allen Heiligen des Himmels. V: Gott des Lebens. A: Höre unser Rufen.

Guter Gott, oft handeln wir nicht reinen Herzens, oft handeln wir nicht gewaltlos, oft ignorieren wir das Leid der anderen, oft übersehen wir die Trauernden. Doch du zeigst uns durch deinen Sohn und das Vorbild der Heiligen den Weg des Lebens: Dir sei Lob und Dank in Ewigkeit.

EUCHARISTIEFEIER

GABENGEBET

Herr, unser Gott, nimm die Gaben entgegen, die wir am heutigen Fest darbringen. Wir glauben, dass deine Heiligen bei dir leben und dass Leid und Tod sie nicht mehr berühren. Erhöre ihr Gebet und lass uns erfahren, dass sie uns nahe bleiben und für uns eintreten. Darum bitten wir durch Christus, unseren Herrn.

PRÄFATION

In Wahrheit ist es würdig und recht, dir, allmächtiger Vater, zu danken und dich mit der ganzen Schöpfung zu rühmen. Denn heute schauen wir deine heilige Stadt, unsere Heimat, das himmlische Jerusalem. Dort loben dich auf ewig die verherrlichten Glieder der Kirche, unsere Brüder und Schwestern, die schon zur Vollendung gelangt sind. Dorthin pilgern auch wir im Glauben, ermutigt durch ihre Fürsprache und ihr Beispiel, und gehen freudig dem Ziel der Verheißung entgegen. Darum preisen wir dich in der Gemeinschaft deiner Heiligen und singen mit den Chören der Engel das Lob deiner Herrlichkeit: Heilig …

KOMMUNIONVERS

Mt 5,8–10

Selig, die ein reines Herz haben;
denn sie werden Gott schauen.
Selig, die Frieden stiften;
denn sie werden Söhne Gottes genannt werden.
Selig, die um der Gerechtigkeit willen verfolgt werden;
denn ihnen gehört das Himmelreich.

SCHLUSSGEBET

Gott, du allein bist heilig, dich ehren wir, wenn wir der Heiligen gedenken. Stärke durch dein Sakrament in uns das Leben der Gnade und führe uns auf dem Weg der Pilgerschaft zum ewigen Gastmahl, wo du selbst die Vollendung der Heiligen bist. Darum bitten wir durch Christus, unseren Herrn.

FEIERLICHER SCHLUSSSEGEN

Der gütige Gott, der die Heiligen zur Vollendung geführt hat, segne euch und bewahre euch vor allem Unheil. – A: Amen.
Das Vorbild der Heiligen lehre euch und ihre Fürsprache helfe euch, Gott und den Menschen zu dienen. – A: Amen.
Am heutigen Festtag gedenkt die Kirche in Freude aller Heiligen; Gott führe euch nach diesem Leben zur ewigen Gemeinschaft mit ihnen. – A: Amen.
Das gewähre euch der dreieinige Gott, der Vater und der Sohn † und der Heilige Geist. – A: Amen.

***

EIN FEST DER MENSCHENWÜRDE

Allerheiligen ist das Fest aller Heiligen. Wir gedenken nicht nur der großen Namen, sondern auch der Namenlosen, deren Name in Gottes Hand steht. Wir gedenken nicht nur der überall Erinnerten, sondern auch der Vergessenen, die in unserem Herzen leben. Und wir gedenken ihrer nicht nur, sondern wir feiern sie auch als Hoffnung auf ein Leben über den Tod hinaus. Ein Fest der Menschenwürde!

Stefan Voges

ALLERSEELEN

2. November 2021

Nur in Bildern können wir vom Jenseits sprechen, von dem, was nach dem Tod kommt. Nur in zeitlicher Offenheit können wir vom Ende sprechen, da wir weder den Zeitpunkt unseres Todes kennen noch wissen, wann Gott die Schöpfung vollenden wird. In dieser mehrfachen Unsicherheit bietet Allerseelen zwei Sicherungen. Die eine ist die Verbundenheit mit allen Menschen; Verbundenheit, die wir gedenkend und betend erleben. Sie überwindet den Tod, der unserem Gedenken und Gebet keine Grenze zu setzen vermag. Die andere Sicherung ist das Bewusstsein, dass wir zur Gesamtheit aller Seelen gehören, die wir in ihrer Unüberschaubarkeit nur in einer – göttlichen – Ewigkeit denken können. Auch mit dieser Ewigkeit, mit Gott, dürfen wir uns glaubend und betend verbinden.

ERÖFFNUNGSVERS

1 Thess 4,14; 1 Kor 15,22

Wie Jesus gestorben und auferstanden ist,
so wird Gott auch die in Jesus Entschlafenen
mit ihm vereinen.
Denn wie in Adam alle sterben,
so werden in Christus einst alle lebendig gemacht.

KYRIE-RUFE

Herr Jesus Christus, du willst,
dass alle Menschen gerettet werden.
V/A: Herr, erbarme dich.
Durch dein Kreuz und deine Auferstehung hast du
allen eine unverlierbare Hoffnung geschenkt.

V/A: Christus, erbarme dich.
Du entlockst den Toten, was ihnen an Glaube,
Hoffnung und Liebe noch gefehlt hat.
V/A: Herr, erbarme dich.

TAGESGEBET

Allmächtiger Gott, wir glauben und bekennen, dass du deinen Sohn als Ersten von den Toten auferweckt hast. Stärke unsere Hoffnung, dass du auch unsere Brüder und Schwestern auferwecken wirst zum ewigen Leben. Darum bitten wir durch ihn, Jesus Christus.

WORTGOTTESDIENST

ZUR 1. LESUNG Ich weiß, dass mein Erlöser lebt. Für christliche Ohren klingen die Worte Ijobs wie ein vorchristliches Bekenntnis zur Auferstehung Jesu. Doch für Ijob selbst stehen diese Worte für einen Glauben, der einem leidvollen Leben ein hoffnungsvolles Gottvertrauen abtrotzt. In welches Leid spricht die Hoffnung auf die Auferstehung der Toten in meinem Leben hinein? Welchem leidgeprüften Menschen in der Nähe oder Ferne wünsche ich in der Solidarität des Glaubens das trotzige Vertrauen des Ijob und die hoffnungsvolle Zuwendung des Lebens?

ERSTE LESUNG Ijob 19,1.23–27a

Ich weiß: Mein Erlöser lebt

Lesung aus dem Buch Íjob.

Íjob sprach: Würden meine Worte doch geschrieben, würden sie doch in ein Buch eingeritzt, mit eisernem Griffel und mit Blei, für immer gehauen in den Fels.

Doch ich, ich weiß: Mein Erlöser lebt, als Letzter erhebt er sich über dem Staub. Ohne meine Haut, die so zerfetzte, und ohne mein Fleisch werde ich Gott schauen. Ihn selber werde ich dann für mich schauen; meine Augen werden ihn sehen, nicht mehr fremd.

ANTWORTPSALM Ps 42 (41), 2–3.5bcd; Ps 43 (42), 3–4 (Kv: 42 [41], 3a)

Kv Meine Seele dürstet nach Gott,
nach dem lebendigen Gott. – Kv

Wie der Hirsch lechzt nach frischem Wasser, *
so lechzt meine Seele, Gott, nach dir.
Meine Seele dürstet nach Gott, /
nach dem lebendigen Gott. *
Wann darf ich kommen und erscheinen vor Gottes Angesicht? – (Kv)

Ich will in einer Schar einherziehn. *
Ich will in ihr zum Hause Gottes schreiten,
im Schall von Jubel und Dank *
in festlich wogender Menge. – (Kv)

Sende dein Licht und deine Wahrheit; sie sollen mich leiten; *
sie sollen mich bringen zu deinem heiligen Berg
und zu deinen Wohnungen.
So will ich kommen zu Gottes Altar, /
zum Gott meiner Freude und meines Jubels. *
Ich will dir danken zur Leier, Gott, du mein Gott. – Kv

ZUR 2. LESUNG Wann wird es denn endlich einmal etwas mit der Herrlichkeit, die offenbar werden soll? – so könnte man empört fragen, wenn man die Verse aus dem Römerbrief zum wiederholten Male hört. Dem vagen Zeithorizont, vor dem Paulus das Warten, Seufzen und Offenbarwerden der Schöpfung und der Menschen beschreibt, fehlt in einer von Terminen und Fristen bestimmten Gesellschaft jegliche Verbindlichkeit. Sicher und verlässlich ist nur der Geist, der uns bereits verliehen ist. Aber auch der Geist wirkt und weht nicht nach einem festen Fahrplan. Ist die Lesung am Ende ein Plädoyer für mehr spontane Lebensfreude, in der die Freiheit und Herrlichkeit der Kinder Gottes zeichen- und zeugnishaft zum Ausdruck kommt?

ZWEITE LESUNG Röm 8,14–23

Wir warten auf die Erlösung unseres Leibes

Lesung aus dem Brief des Apostels Paulus an die Gemeinde in Rom.

Schwestern und Brüder! Alle, die sich vom Geist Gottes leiten lassen, sind Kinder Gottes. Denn ihr habt nicht einen Geist der Knechtschaft empfangen, sodass ihr immer noch Furcht haben müsstet, sondern ihr habt den Geist der Kindschaft empfangen, in dem wir rufen: Abba, Vater!

Der Geist selber bezeugt unserem Geist, dass wir Kinder Gottes sind. Sind wir aber Kinder, dann auch Erben; Erben Gottes und Miterben Christi, wenn wir mit ihm leiden, um mit ihm auch verherrlicht zu werden.

Ich bin nämlich überzeugt, dass die Leiden der gegenwärtigen Zeit nichts bedeuten im Vergleich zu der Herrlichkeit, die an uns offenbar werden soll. Denn die Schöpfung wartet sehnsüchtig auf das Offenbarwerden der Söhne Gottes.

Gewiss, die Schöpfung ist der Nichtigkeit unterworfen, nicht aus eigenem Willen, sondern durch den, der sie unterworfen hat, auf Hoffnung hin: Denn auch sie, die Schöpfung, soll von der Knechtschaft der Vergänglichkeit befreit werden zur Freiheit und Herrlichkeit der Kinder Gottes.

Denn wir wissen, dass die gesamte Schöpfung bis zum heutigen Tag seufzt und in Geburtswehen liegt. Aber nicht nur das, sondern auch wir, obwohl wir als Erstlingsgabe den Geist haben, auch wir seufzen in unserem Herzen und warten darauf, dass wir mit der Erlösung unseres Leibes als Söhne offenbar werden.

RUF VOR DEM EVANGELIUM

Vers: vgl. Joh 14,2a.3b

Lob sei dir, Herr, König der ewigen Herrlichkeit! – Kv
(So spricht der Herr:)
Im Hause meines Vaters sind viele Wohnungen.
Ich werde wiederkommen und euch zu mir holen,
damit auch ihr dort seid, wo ich bin.

ZUM EVANGELIUM So tröstlich das Bild vom Haus mit den vielen Wohnungen ist, so unmissverständlich wird der Weg dorthin benannt: Jesus Christus. „Glaubt an mich." „Ich bin der Weg." „Niemand kommt zum Vater außer durch mich." An Jesus führt kein Weg vorbei. Und gewiss ist Jesus mit seinem Leben und seiner Botschaft kein einfacher, sondern ein fordernder Weg. Ein Weg, der, selbst wenn er einmal beschritten, immer wieder zu wählen ist. Ein Weg aber auch, auf den man immer zurückkehren kann. Ein Weg, der schon hier und jetzt ins Leben führt, weil er sich in den und durch die Beziehungen zu Jesus und zu den Menschen öffnet. Ein Weg, auf dem er selbst, Jesus, uns dereinst abholen wird, um uns in eine besondere Wohngemeinschaft zu führen.

EVANGELIUM

Joh 14,1–6

Im Haus meines Vaters gibt es viele Wohnungen

+ Aus dem heiligen Evangelium nach Johannes.

In jener Zeit sprach Jesus zu seinen Jüngern: Euer Herz lasse sich nicht verwirren. Glaubt an Gott und glaubt an mich! Im Haus meines Vaters gibt es viele Wohnungen. Wenn es nicht so wäre, hätte ich euch dann gesagt: Ich gehe, um einen Platz für euch vorzubereiten?

Wenn ich gegangen bin und einen Platz für euch vorbereitet habe, komme ich wieder und werde euch zu mir holen, damit auch ihr dort seid, wo ich bin. Und wohin ich gehe – den Weg dorthin kennt ihr.

Thomas sagte zu ihm: Herr, wir wissen nicht, wohin du gehst. Wie können wir dann den Weg kennen?
Jesus sagte zu ihm: Ich bin der Weg und die Wahrheit und das Leben; niemand kommt zum Vater außer durch mich.

FÜRBITTEN

Jesus Christus weist uns den Weg und bleibt an unserer Seite, über den Tod hinaus. Deshalb rufen wir auch heute zu ihm und bitten ihn:

- Stärke in deiner Kirche das Vertrauen, dass die Nähe zu dir den guten Weg, den wahren Weg weist. V: Kyrie, eleison. A: Christe, eleison.
- Segne alle, die den Tod vor Augen haben, und lass sie das letzte Stück des Weges gemeinsam mit dir gehen. V: Kyrie, eleison. A: Christe, eleison.
- Nimm alle Opfer von Terror, Kriegen und jeglicher Form von Gewalt auf in deinen heilenden Frieden. V: Kyrie, eleison. A: Christe, eleison.
- Erhelle das Leben derer, die in der Dunkelheit der Schwermut leben. V: Kyrie, eleison. A: Christe, eleison.
- Sei bei uns, wenn wir spüren, dass wir mit leeren Händen vor dir stehen, und hilf uns allezeit, deine Nähe und unseren Nächsten zu suchen. V: Kyrie, eleison. A: Christe, eleison.
- Lass unsere lieben Verstorbenen und alle Toten Gemeinschaft finden an deinem Tisch des Lebens. V: Kyrie, eleison. A: Christe, eleison.

Jesus, du unser treuer Freund und Bruder, leite uns durch unsere Lebenszeit, bis wir Heimat und Wohnung finden bei dir, so bitten wir heute und für allezeit.

EUCHARISTIEFEIER

GABENGEBET

Herr, unser Gott, schau gütig auf unsere Gaben. Nimm deine Diener und Dienerinnen auf in die Herrlichkeit deines Sohnes, mit dem auch wir durch das große Sakrament der Liebe verbunden sind. Darum bitten wir durch ihn, Christus, unseren Herrn.

PRÄFATION

In Wahrheit ist es würdig und recht, dir, allmächtiger Vater, zu danken durch unseren Herrn Jesus Christus. Denn er ist das Heil der Welt, das Leben der Menschen, die Auferstehung der Toten. Durch ihn rühmen dich Himmel und Erde, Engel und Menschen und singen wie aus einem Munde das Lob deiner Herrlichkeit: Heilig …

KOMMUNIONVERS

Joh 11,25–26

So spricht der Herr:
Ich bin die Auferstehung und das Leben;
wer an mich glaubt, wird leben, auch wenn er stirbt,
und jeder, der lebt und an mich glaubt,
wird in Ewigkeit nicht sterben.

SCHLUSSGEBET

Barmherziger Gott, wir haben das Gedächtnis des Todes und der Auferstehung Christi gefeiert für unsere Brüder und Schwestern. Führe sie vom Tod zum Leben, aus dem Dunkel zum Licht, aus der Bedrängnis in deinen Frieden. Darum bitten wir durch Christus, unseren Herrn.

FEIERLICHER SCHLUSSSEGEN

Die Gnade seines Segens schenke euch der Gott allen Trostes, der uns aus Liebe erschaffen und uns in Christus die Hoffnung auf die selige Auferstehung geschenkt hat. – A: Amen.
Den Lebenden gewähre er die Verzeihung der Sünden, die Verstorbenen führe er in sein Licht und seinen Frieden. – A: Amen.
Der Lebenden und der Toten erbarme sich Christus, der wahrhaft aus dem Grabe erstanden ist. – A: Amen.
Das gewähre euch der dreieinige Gott, der Vater und der Sohn † und der Heilige Geist. – A: Amen.

***

DARÜBER HINAUS

Allerseelen ist das Fest aller Seelen. Und die mit einer Seele, die sind miteinander verwandt. Wie weit reichen meine Seelenverwandtschaften – über die Menschen hinaus, in das Mehr-als-menschliche-Leben? Und die mit einer Seele, die sind durch etwas Unzerstörbares miteinander verbunden. Wie mutig ist mein Einsatz für das Leben – über den Versuch hinaus, in den Verzicht? Und die mit einer Seele, die haben einen gemeinsamen Vater und eine gemeinsame Mutter. Wie stark ist mein Glaube an die Seligkeit – über die Toten hinaus, für die Lebenden?

Stefan Voges

32. SONNTAG IM JAHRESKREIS

7. November 2021

Dass seine Taten mehr über einen Menschen verraten als seine Worte, ist eine alte Erkenntnis. So drückt sich auch das wahre Gottvertrauen eines Menschen nicht in vielen frommen Worten aus, sondern in dem, was ein Mensch um Gottes und des Guten willen tut und riskiert. Dieses Kriterium ist nicht nur für die nüchterne Wahrnehmung anderer und für die eigene Gewissenserforschung nützlich. In Zeiten des Zweifels und der Krise kann es auch hilfreich sein, weil es mir umgekehrt zeigt, dass ich viel vertrauensvoller aus Gott lebe, als ich gerade mit Worten sagen kann.

ERÖFFNUNGSVERS

Ps 88 (87),3

Herr, lass mein Gebet zu dir dringen,
wende dein Ohr meinem Flehen zu.

KYRIE-RUFE

Herr Jesus Christus, du rufst uns in eine ungeteilte Nachfolge
und eine ungeteilte Hingabe.
V/A: Herr, erbarme dich.
Du heißt uns, Gott zu lieben mit ganzem Herzen,
mit ganzer Seele, dem ganzen Denken und mit aller Kraft.
V/A: Christus, erbarme dich.
Du liebst den großherzigen und fröhlichen Geber.
V/A: Herr, erbarme dich.

Ehre sei Gott, S. 481 f.

TAGESGEBET

Allmächtiger und barmherziger Gott, wir sind dein Eigentum, du hast uns in deine Hand geschrieben. Halte von uns fern, was uns gefährdet, und nimm weg, was uns an Seele und Leib bedrückt, damit wir freien Herzens deinen Willen tun. Darum bitten wir durch Jesus Christus.

WORTGOTTESDIENST

ZUR 1. LESUNG Fürchte dich nicht! Dieses Wort des Elija markiert den Wendepunkt in seiner Begegnung mit der Witwe in Sarepta. Fürchte dich nicht! Das klingt im Fluss der Erzählung ziemlich formelhaft und fast unpassend. Aber es ist zugleich so ehrlich und kraftvoll, dass es die Haltung der Witwe verändert und sie aus der Resignation ins Vertrauen führt. Elija kann dieses Wort sagen, weil er es von Gott her und im Vertrauen auf ihn spricht.

ERSTE LESUNG 1 Kön 17,10–16

Die Witwe machte aus der Handvoll Mehl ein kleines Gebäck und brachte es zu Elija heraus

Lesung aus dem ersten Buch der Könige.

In jenen Tagen machte sich der Prophet Elíja auf und ging nach Sarépta. Als er an das Stadttor kam, traf er dort eine Witwe, die Holz auflas. Er bat sie: Bring mir in einem Gefäß ein wenig Wasser zum Trinken! Als sie wegging, um es zu holen, rief er ihr nach: Bring mir auch einen Bissen Brot mit!

Doch sie sagte: So wahr der Herr, dein Gott, lebt: Ich habe nichts mehr vorrätig als eine Handvoll Mehl im Topf und ein wenig Öl im Krug. Ich lese hier ein paar Stücke Holz auf und gehe dann heim, um für mich und meinen Sohn etwas zuzubereiten. Das wollen wir noch essen und dann sterben.

Elíja entgegnete ihr: Fürchte dich nicht! Geh heim und tu, was du gesagt hast! Nur mache zuerst für mich ein kleines Gebäck und bring es zu mir heraus! Danach kannst du für dich und deinen Sohn etwas zubereiten; denn so spricht der HERR, der Gott Israels: Der Mehltopf wird nicht leer werden und der Ölkrug nicht versiegen bis zu dem Tag, an dem der HERR wieder Regen auf den Erdboden sendet.

Sie ging und tat, was Elíja gesagt hatte. So hatte sie mit ihm und ihrem Haus viele Tage zu essen. Der Mehltopf wurde nicht leer und der Ölkrug versiegte nicht, wie der HERR durch Elíja versprochen hatte.

ANTWORTPSALM

Ps 146 (145), 6–7.8–9a.9b–10 (Kv: 1)

Kv Lobe den HERRN, meine Seele! – Kv

(*Oder:* Halleluja.)

Der HERR ist es, der Himmel und Erde erschafft, /
das Meer und alles, was in ihm ist. *
Er hält die Treue auf ewig.
Recht schafft er den Unterdrückten, /
Brot gibt er den Hungernden, *
der HERR befreit die Gefangenen. – (Kv)

Der HERR öffnet die Augen der Blinden, *
der HERR richtet auf die Gebeugten,
der HERR liebt die Gerechten. *
Der HERR beschützt die Fremden. – (Kv)

Er hilft auf den Waisen und Witwen, *
doch den Weg der Frevler krümmt er.
Der HERR ist König auf ewig, *
dein Gott, Zion, durch alle Geschlechter. – Kv

ZUR 2. LESUNG Es ist nicht ganz leicht, das, was der Hebräerbrief über den himmlischen Christus sagt, mit dem irdischen und menschlichen Wanderprediger der Evangelien in Verbindung zu bringen. Vielleicht wünschen wir uns das Nachdenken über Jesus Christus bodenständiger. Dann erinnert uns die Lesung an den weiten Horizont der Zeit – von der Erschaffung der Welt bis zum Ende der Zeiten –, vor dem wir unser Leben verstehen. Sie erinnert uns an das Unverfügbare in unserem Leben und an die durch Christus überwundene Gottferne der Sünde. Und sie erinnert uns daran, dass uns durch Jesus Christus ein neues Verständnis der Welt eröffnet ist, eine neue Perspektive aufs Leben.

ZWEITE LESUNG Hebr 9,24–28

Christus wurde ein einziges Mal geopfert, um die Sünden vieler hinwegzunehmen

Lesung aus dem Hebräerbrief.

Christus ist nicht in ein von Menschenhand gemachtes Heiligtum hineingegangen, in ein Abbild des wirklichen, sondern in den Himmel selbst, um jetzt vor Gottes Angesicht zu erscheinen für uns; auch nicht, um sich selbst viele Male zu opfern, wie der Hohepriester jedes Jahr mit fremdem Blut in das Heiligtum hineingeht; sonst hätte er viele Male seit der Erschaffung der Welt leiden müssen. Jetzt aber ist er am Ende der Zeiten ein einziges Mal erschienen, um durch sein Opfer die Sünde zu tilgen.

Und wie es dem Menschen bestimmt ist, ein einziges Mal zu sterben, worauf dann das Gericht folgt, so wurde auch Christus ein einziges Mal geopfert, um die Sünden vieler hinwegzunehmen; beim zweiten Mal wird er nicht wegen der Sünde erscheinen, sondern um die zu retten, die ihn erwarten.

RUF VOR DEM EVANGELIUM

Vers: Mt 5,3

Halleluja. Halleluja.
Selig, die arm sind vor Gott;
denn ihnen gehört das Himmelreich.
Halleluja.

ZUM EVANGELIUM Der Unterschied zwischen den religiösen Profis und der armen Witwe könnte größer nicht sein: die einen schein-heilig bis zum Gehtnichtmehr, die andere religiös bis auf die Knochen. Aber vor allem unterscheiden sie sich in ihrem Gottvertrauen. Die einen setzen auf das Menschengemachte und überlassen sich der Gier, die andere verlässt sich auf Gott und riskiert sich bis in eine radikale Freigebigkeit. Die einen sprechen lange Gebete und glauben kaum, was sie sagen. Die andere schweigt und tut, was sie glaubt.

EVANGELIUM

Mk 12,38–44

Diese arme Witwe hat mehr in den Opferkasten hineingeworfen als alle andern

+ Aus dem heiligen Evangelium nach Markus.

In jener Zeit lehrte Jesus eine große Menschenmenge und sagte: Nehmt euch in Acht vor den Schriftgelehrten! Sie gehen gern in langen Gewändern umher, lieben es, wenn man sie auf den Marktplätzen grüßt, und sie wollen in der Synagoge die Ehrensitze und bei jedem Festmahl die Ehrenplätze haben. Sie fressen die Häuser der Witwen auf und verrichten in ihrer Scheinheiligkeit lange Gebete. Umso härter wird das Urteil sein, das sie erwartet.

Als Jesus einmal dem Opferkasten gegenübersaß, sah er zu, wie die Leute Geld in den Kasten warfen. Viele Reiche kamen und gaben viel. Da kam auch eine arme Witwe und warf zwei kleine Münzen hinein.

Er rief seine Jünger zu sich und sagte: Amen, ich sage euch: Diese arme Witwe hat mehr in den Opferkasten hineingeworfen als alle andern. Denn sie alle haben nur etwas von ihrem Überfluss hineingeworfen; diese Frau aber, die kaum das Nötigste zum Leben hat, sie hat alles hergegeben, was sie besaß, ihren ganzen Lebensunterhalt.

Oder:

KURZFASSUNG Mk 12,41–44

Diese arme Witwe hat mehr in den Opferkasten hineingeworfen als alle andern

+ Aus dem heiligen Evangelium nach Markus.

In jener Zeit, als Jesus im Tempel dem Opferkasten gegenübersaß, sah er zu, wie die Leute Geld in den Kasten warfen. Viele Reiche kamen und gaben viel. Da kam auch eine arme Witwe und warf zwei kleine Münzen hinein.

Er rief seine Jünger zu sich und sagte: Amen, ich sage euch: Diese arme Witwe hat mehr in den Opferkasten hineingeworfen als alle andern. Denn sie alle haben nur etwas von ihrem Überfluss hineingeworfen; diese Frau aber, die kaum das Nötigste zum Leben hat, sie hat alles hergegeben, was sie besaß, ihren ganzen Lebensunterhalt.

Glaubensbekenntnis, S. 484 ff.

FÜRBITTEN

Schein und Sein – nicht immer stimmen sie überein. Wir rufen zu Gott, dessen Freiheit auch uns von falschen Abhängigkeiten befreit, und bitten ihn:

- Für die Getauften verschiedener Konfessionen, dass sie mit neuer Kraft die Einheit in Glaube, Liebe und Hoffnung suchen. V: Guter Gott. A: Wir bitten dich, erhöre uns.

- Für die Menschen, die die innere Bereitschaft zum Teilen haben, unabhängig davon, ob sie nun viel oder wenig besitzen. V: Guter Gott. A: Wir bitten dich, erhöre uns.
- Für alle, die im Streben nach Besitz und Ansehen gefangen sind, dass sich ihr Blick weite für die Nöte der Menschen nah und fern. V: Guter Gott. A: Wir bitten dich, erhöre uns.
- Für alle, die trotz bedrückender Arbeitslast in Armut leben, dass sie die Chance bekommen, menschenwürdig zu leben. V: Guter Gott. A: Wir bitten dich, erhöre uns.
- Für alle, deren Leben in diesen dunkler werdenden Wochen zu Ende geht, dass dein Licht der Hoffnung ihnen hell und sicher leuchte. V: Guter Gott. A: Wir bitten dich, erhöre uns.

Guter Gott, Geber aller Gaben. Du schenkst uns die Freiheit, unseren Weg zu gehen. Gib, dass wir ihn in der Spur deines Sohnes, unseres Bruders gehen, heute und allezeit.

EUCHARISTIEFEIER

GABENGEBET

Gott, unser Vater, nimm unsere Opfergaben gnädig an und gib, dass wir mit gläubigem Herzen das Leidensgeheimnis deines Sohnes feiern, der mit dir lebt und herrscht in alle Ewigkeit.

Präfation, S. 496 ff.

KOMMUNIONVERS

Ps 23 (22), 1–2

Der Herr ist mein Hirte, nichts wird mir fehlen.
Er lässt mich lagern auf grünen Auen
und führt mich zum Ruheplatz am Wasser.

SCHLUSSGEBET

Wir danken dir, gütiger Gott, für die heilige Gabe, in der wir die Kraft von oben empfangen. Erhalte in uns deinen Geist und lass uns dir stets aufrichtig dienen. Darum bitten wir durch Christus, unseren Herrn.

***

Für eine Wort-Gottes-Feier:

ERÖFFNUNGSGEBET ZUR WAHL

Gott, du siehst in unser Herz, du kennst unseren guten Willen und weißt um unser Versagen. Wir bitten dich: Bewahre uns vor falschem Schein und stärke unser Verlangen nach dir und deinem Wort. So bitten wir durch Jesus Christus, deinen Sohn, der mit dir und dem Heiligen Geist lebt und herrscht in Ewigkeit.

***

EINES IST ES

Eines ist es,
Gott vor sich
herzutragen,
ein anderes,
Gott hinter sich
zu wissen.

Stefan Voges

33. SONNTAG IM JAHRESKREIS

14. November 2021

Im Film „Das Beste kommt zum Schluss" schreiben die beiden todkranken Hauptdarsteller eine „Löffelliste", eine Liste mit Dingen, die sie tun wollen, bevor sie den Löffel abgeben. Das verändert ihr Leben. Im geistlichen Leben gibt es die Übung, sich in Gedanken auf das Sterbebett zu legen und sich zu fragen, wie man dann auf das eigene Leben zurückschauen möchte. Das Leben verändert sich, wenn wir es von seinem – glücklicherweise unbekannten – Ende her planen und verstehen. Und wenn wir einmal vom Ende der Welt aus zurückschauen? Wie möchten wir dann auf und mit der Erde leben? Was wollen wir gemeinsam mit ihrem Schöpfer ändern?

ERÖFFNUNGSVERS

Vgl. Jer 29,11.12.14

So spricht der Herr:
Ich sinne Gedanken des Friedens und nicht des Unheils.
Wenn ihr mich anruft, so werde ich euch erhören
und euch aus der Gefangenschaft
von allen Orten zusammenführen.

KYRIE-RUFE

Herr Jesus Christus, du sitzest zur Rechten Gottes,
des allmächtigen Vaters.
V/A: Herr, erbarme dich.
Du wirst wiederkommen in Herrlichkeit,
zu richten die Lebenden und die Toten.
V/A: Christus, erbarme dich.

Du allein bist der Höchste,
deiner Herrschaft wird kein Ende sein.
V/A: Herr, erbarme dich.

Ehre sei Gott, S. 481 f.

TAGESGEBET

Gott, du Urheber alles Guten, du bist unser Herr. Lass uns begreifen, dass wir frei werden, wenn wir uns deinem Willen unterwerfen, und dass wir die vollkommene Freude finden, wenn wir in deinem Dienst treu bleiben. Darum bitten wir durch Jesus Christus.

WORTGOTTESDIENST

ZUR 1. LESUNG Wir sind in vielen Büchern verzeichnet. Unsere Namen stehen in den Akten der öffentlichen Verwaltung und in den Taufbüchern der Kirchengemeinden. Diese Bücher dokumentieren, dass wir da sind und zu einer Gemeinschaft gehören. Sie sagen meist wenig darüber aus, wie wir da sind und wie wir in den kleinen und großen Gemeinschaften, zu denen wir gehören, leben. Wenn in dem Buch, von dem der Prophet Daniel spricht, neben unseren Namen auch Notizen zu unserem Leben stehen, dann sollten wir das nicht als Drohung verstehen, sondern als Ermutigung, unseren Verstand einzusetzen und mit anderen ein gutes Zusammenleben zu gestalten.

ERSTE LESUNG Dan 12,1–3

Dein Volk wird zu jener Zeit gerettet

Lesung aus dem Buch Daniel.

In jener Zeit tritt Michael auf, der große Fürst, der für die Söhne deines Volkes eintritt. Dann kommt eine Zeit der Not, wie noch keine da war, seit es Völker gibt, bis zu jener Zeit. Doch zu jener Zeit wird dein Volk gerettet, jeder, der im Buch verzeichnet ist.

Von denen, die im Land des Staubes schlafen, werden viele erwachen, die einen zum ewigen Leben, die anderen zur Schmach, zu ewigem Abscheu.

Die Verständigen werden glänzen wie der Glanz der Himmelsfeste und die Männer, die viele zum rechten Tun geführt haben, wie die Sterne für immer und ewig.

ANTWORTPSALM

Ps 16 (15),5 u. 8.9–10.2 u. 11 (Kv: vgl. 1)

Kv Behüte mich, Gott,
denn ich vertraue auf dich. – Kv

Der Herr ist mein Erbteil, er reicht mir den Becher, *
du bist es, der mein Los hält.
Ich habe mir den Herrn beständig vor Augen gestellt, *
weil er zu meiner Rechten ist, wanke ich nicht. – (Kv)

Darum freut sich mein Herz und jubelt meine Ehre, *
auch mein Fleisch wird wohnen in Sicherheit.
Denn du überlässt mein Leben nicht der Totenwelt; *
du lässt deinen Frommen die Grube nicht schauen. – (Kv)

Ich sagte zum Herrn: Mein Herr bist du, *
mein ganzes Glück bist du allein.
Du lässt mich den Weg des Lebens erkennen. /
Freude in Fülle vor deinem Angesicht, *
Wonnen in deiner Rechten für alle Zeit. – Kv

ZUR 2. LESUNG Ein merkwürdiges Bild: Passiv wartet Jesus, bis seine Feinde ihm als Schemel unter die Füße gelegt werden. Dieses Zitat unterscheidet sich vom Original (Psalm 110) dadurch, dass es im Psalm Gott ist, der ihm die Feinde unter die Füße legt. Der Hebräerbrief beschreibt dies im Passiv: Die Feinde werden ihm unter die Füße gelegt. Sind mit diesen Feinden die Mächte der Sünde gemeint, die die Menschen von Gott und vom Guten entfernen? Durch sein Opfer hat Christus diesen Mächten die Macht genommen. Jetzt müssen die von Gott erfüllten Menschen aktiv werden, um sie ihm endgültig unter die Füße zu legen.

ZWEITE LESUNG Hebr 10,11–14.18

Durch ein einziges Opfer hat er die, die geheiligt werden, für immer zur Vollendung geführt

Lesung aus dem Hebräerbrief.

Jeder Priester des Ersten Bundes steht Tag für Tag da, versieht seinen Dienst und bringt viele Male die gleichen Opfer dar, die doch niemals Sünden wegnehmen können.

Jesus Christus aber hat nur ein einziges Opfer für die Sünden dargebracht und sich dann für immer zur Rechten Gottes gesetzt; seitdem wartet er, bis seine Feinde ihm als Schemel unter die Füße gelegt werden. Denn durch ein einziges Opfer hat er die, die geheiligt werden, für immer zur Vollendung geführt.

Wo also die Sünden vergeben sind, da gibt es kein Opfer für die Sünden mehr.

RUF VOR DEM EVANGELIUM Vers: vgl. Lk 21,36

Halleluja. Halleluja.
Wacht und betet allezeit,
damit ihr hintreten könnt vor den Menschensohn.
Halleluja.

ZUM EVANGELIUM Manche Dinge im Leben überraschen uns. Doch wenn wir dann zurückschauen, erkennen wir, dass sie sich –

mal länger, mal kürzer, mal deutlicher, mal weniger deutlich – angekündigt haben. Wir stellen fest, dass wir die An-Zeichen nicht erkannt oder nicht richtig gedeutet haben. Mit Blick auf das Ende der Zeit, auf das Kommen des Menschensohns, spricht Jesus von überaus deutlichen, ja unübersehbaren Zeichen. Wir werden merken, wenn es so weit ist, und bis dahin lohnt es sich nicht, über diesen Zeitpunkt zu spekulieren. Bis dahin leben wir im Hören auf die unvergänglichen und zeitlosen Worte Jesu, um auf große und kleine Überraschungen im Leben gefasst zu sein.

EVANGELIUM

Mk 13,24–32

Er wird die von ihm Auserwählten aus allen vier Windrichtungen zusammenführen

+ Aus dem heiligen Evangelium nach Markus.

In jener Zeit sprach Jesus zu seinen Jüngern: In jenen Tagen, nach jener Drangsal, wird die Sonne verfinstert werden und der Mond wird nicht mehr scheinen; die Sterne werden vom Himmel fallen und die Kräfte des Himmels werden erschüttert werden.

Dann wird man den Menschensohn in Wolken kommen sehen, mit großer Kraft und Herrlichkeit.

Und er wird die Engel aussenden und die von ihm Auserwählten aus allen vier Windrichtungen zusammenführen, vom Ende der Erde bis zum Ende des Himmels.

Lernt etwas aus dem Vergleich mit dem Feigenbaum! Sobald seine Zweige saftig werden und Blätter treiben, erkennt ihr, dass der Sommer nahe ist. So erkennt auch ihr, wenn ihr das geschehen seht, dass er nahe vor der Tür ist.

Amen, ich sage euch: Diese Generation wird nicht vergehen, bis das alles geschieht. Himmel und Erde werden vergehen, aber meine Worte werden nicht vergehen.

Doch jenen Tag und jene Stunde kennt niemand, auch nicht die Engel im Himmel, nicht einmal der Sohn, sondern nur der Vater.

Glaubensbekenntnis, S. 484 ff.

FÜRBITTEN

Nicht zur Spekulation über ein Ende unserer Erdenzeit sind wir gerufen, sondern zum Hören auf das bleibende Wort. Wir rufen zu ihm, Christus, der unser Sein umfängt und trägt:

- Wir bitten für die Kirche, dass sie sich in all ihrem Tun immer wieder neu auf die kraftvolle Botschaft Jesu bezieht. V: Christus, höre uns. A: Christus, erhöre uns.
- Wir bitten für die Mitarbeiterinnen und Mitarbeiter in kirchlichen Hilfsorganisationen, dass sie umsichtig das Wohl der Menschen im Blick haben. V: Christus, höre uns. A: Christus, erhöre uns.
- Wir bitten für die politisch Verantwortlichen, dass sie ihre Verantwortung für die Gegenwart und die Zukunft in Frieden und Freiheit erkennen und wahrnehmen. V: Christus, höre uns. A: Christus, erhöre uns.
- Wir bitten für die hochbetagten Menschen, deren Blick sich schon öffnet für den neuen Himmel und die neue Erde, dass ihre letzte Lebensphase von innerem Frieden und Hoffnung geprägt ist. V: Christus, höre uns. A: Christus, erhöre uns.
- Wir beten für die Toten, dass sie gehalten sind in deiner Liebe. V: Christus, höre uns. A: Christus, erhöre uns.

Alle Tage willst du bei uns sein, Jesus, du unser Bruder und lieber Herr. Wir vertrauen dir und hoffen auf dich, heute und alle Tage, die uns geschenkt sind.

EUCHARISTIEFEIER

GABENGEBET

Herr, unser Gott, die Gabe, die wir darbringen, schenke uns die Kraft, dir treu zu dienen, und führe uns zur ewigen Gemeinschaft mit dir. Darum bitten wir durch Christus, unseren Herrn.

Präfation, S. 496 ff.

KOMMUNIONVERS

Ps 73 (72),28

Gott nahe zu sein ist mein Glück.
Ich setze mein Vertrauen auf Gott, den Herrn.

SCHLUSSGEBET

Barmherziger Gott, wir haben den Auftrag deines Sohnes erfüllt und sein Gedächtnis begangen. Die heilige Gabe, die wir in dieser Feier empfangen haben, helfe uns, dass wir in der Liebe zu dir und unseren Brüdern Christus nachfolgen, der mit dir lebt und herrscht in alle Ewigkeit.

***

Für eine Wort-Gottes-Feier:

ERÖFFNUNGSGEBET ZUR WAHL

Gott, unsere Hoffnung, du allein kennst die Stunde, in der du alles vollenden wirst. Wecke uns aus trügerischer Sicherheit, damit wir auf deine Zeichen achten und bereit sind für die Wiederkunft deines Sohnes, unseres Herrn Jesus Christus, der in der Einheit des Heiligen Geistes mit dir lebt und regiert in Ewigkeit.

***

DAS LEBEN

Das Leben
von seinem Ende her
gedacht:
Habe ich
mit meinem Gott
genug gelacht?

Stefan Voges

CHRISTKÖNIGSSONNTAG – HOCHFEST

21. November 2021

Es ist ein kritisches Fest, das Christkönigsfest. Denn allzu leicht könnte der Anspruch der Königsherrschaft Christi in eine Überheblichkeit der Christen umschlagen, in einen Herrschaftsanspruch, der vor gewaltsamen Zügen nicht gefeit ist. Aber es ist ein kritisches Fest auch in dem Sinne, dass es weltliche und kirchliche Herrschaftsansprüche kritisiert. Dadurch, dass jeder Mensch zum König Jesus Christus in Beziehung treten kann, wird jede Totalität durchbrochen. Dadurch, dass das Königtum Jesu Christi jede Herrschaft in Raum und Zeit übersteigt, wird jede menschengemachte Absolutheit relativiert. Dass die Königswürde Jesu Christi wirkmächtig und beständig ist, liegt darin begründet, dass sie ihm von Gott, dem Schöpfer, verliehen ist. Im Wissen um das eigene Geschaffensein, im Angesicht des unverfügbaren Lebens, verfällt jede menschliche Überheblichkeit.

ERÖFFNUNGSVERS

Offb 5,12; 1,6

Würdig ist das Lamm, das geschlachtet ist,
Macht zu empfangen,
Reichtum und Weisheit, Kraft und Ehre.
Ihm sei die Herrlichkeit und die Herrschermacht
in Ewigkeit.

KYRIE-RUFE

Herr Jesus Christus, du lebst und herrschst mit Gott dem Vater
und dem Heiligen Geist von Ewigkeit zu Ewigkeit.
V/A: Herr, erbarme dich.
Du befreist uns von allen Mächten und Gewalten.
V/A: Christus, erbarme dich.

Du lockst unsere Freiheit, Gott zu lieben
und mit unserem ganzen Leben zu dienen.
V/A: Herr, erbarme dich.

Ehre sei Gott, S. 481 f.

TAGESGEBET

Allmächtiger, ewiger Gott, du hast deinem geliebten Sohn alle Gewalt gegeben im Himmel und auf Erden und ihn zum Haupt der neuen Schöpfung gemacht. Befreie alle Geschöpfe von der Macht des Bösen, damit sie allein dir dienen und dich in Ewigkeit rühmen. Darum bitten wir durch Jesus Christus.

WORTGOTTESDIENST

ZUR 1. LESUNG Im Wissen um die Herrschaft von Diktatoren und Tyrannen könnte Daniels Traum auch eine Schreckensvision sein. Da erhält einer auf ewig die Weltherrschaft – kein Umsturz möglich. Zur Heilsvision wird Daniels Traum erst durch den Menschensohn. Der da die unvergängliche und umfassende Herrschaft erhält, ist wirklich ein Mensch, im Unterschied zu den tierischen Ungeheuern, die in der vorausgehenden Vision beschrieben werden. Und weil dieser von Gott eingesetzte Herrscher wirklich Mensch ist, regiert er wahrhaft menschlich, zugewandt und liebevoll. Auch wenn sie hinter den gierigen Fratzen der Macht nicht immer zu sehen ist – das Reich der behutsamen Menschlichkeit, der werbenden und wandelnden Liebe geht niemals unter.

ERSTE LESUNG Dan 7,2a.13b–14

Seine Herrschaft ist eine ewige Herrschaft

Lesung aus dem Buch Daniel.

Daniel sagte: Ich schaute in meiner Vision während der Nacht und siehe: Da kam mit den Wolken des Himmels einer wie ein Menschensohn. Er gelangte bis zu dem Hochbetagten und wurde vor ihn geführt.
Ihm wurden Herrschaft, Würde und Königtum gegeben. Alle Völker, Nationen und Sprachen dienten ihm. Seine Herrschaft ist eine ewige, unvergängliche Herrschaft. Sein Reich geht niemals unter.

ANTWORTPSALM

Ps 93 (92), 1.2–3.4–5 (Kv: 1a)

Kv Der Herr ist König, bekleidet mit Hoheit. – Kv

Der Herr ist König, bekleidet mit Hoheit; *
der Herr hat sich bekleidet und mit Macht umgürtet.
Ja, der Erdkreis ist fest gegründet, *
nie wird er wanken. – (Kv)

Dein Thron steht fest von Anbeginn, *
du bist seit Ewigkeit.
Fluten erhoben, Herr, /
Fluten erhoben ihr Tosen, *
Fluten erheben ihr Brausen. – (Kv)

Mehr als das Tosen vieler Wasser, /
gewaltiger als die Brandung des Meeres *
ist gewaltig der Herr in der Höhe.
Deine Gesetze sind fest und verlässlich; /
deinem Haus gebührt Heiligkeit, *
H RR , für alle Zeiten. – Kv

ZUR 2. LESUNG Es ist kein Entrinnen möglich. Gott ist der Herr der Zeit, in Vergangenheit, Gegenwart und Zukunft. Er ist der Anfang und das Ende der Zeit, ihr Ursprung und ihr Ziel. Da wir Menschen in der Zeit leben, können wir ihr und damit Gott nicht entkommen. Den meisten Menschen, die mit Gott nichts am Hut und mit dem Glauben abgeschlossen haben, mag das egal sein; einige empfinden die göttliche Herrschaft über die Zeit vielleicht als vermessen und übergriffig. Menschen, die glauben, wird die Zeit durch diese Vorstellung heilig: eine von Gott anvertraute und durchwirkte Lebenszeit, in der sie mit königlicher und priesterlicher Würde Leben gestalten.

ZWEITE LESUNG

Offb 1,5b–8

Der Herrscher über die Könige der Erde hat uns zu einem Königreich gemacht und zu Priestern vor Gott

Lesung aus der Offenbarung des Johannes.

Jesus Christus ist der treue Zeuge, der Erstgeborene der Toten, der Herrscher über die Könige der Erde.

Ihm, der uns liebt und uns von unseren Sünden erlöst hat durch sein Blut, der uns zu einem Königreich gemacht hat und zu Priestern vor Gott, seinem Vater: Ihm sei die Herrlichkeit und die Macht in alle Ewigkeit. Amen.

Siehe, er kommt mit den Wolken und jedes Auge wird ihn sehen, auch alle, die ihn durchbohrt haben; und alle Völker der Erde werden seinetwegen jammern und klagen. Ja, Amen.

Ich bin das Alpha und das Ómega, spricht Gott, der Herr, der ist und der war und der kommt, der Herrscher über die ganze Schöpfung.

RUF VOR DEM EVANGELIUM

Vers: Mk 11,9.10

Halleluja. Halleluja.
Gesegnet sei er, der kommt im Namen des Herrn!
Gesegnet sei das Reich unseres Vaters David,
das nun kommt.
Halleluja.

ZUM EVANGELIUM Ein Königtum, das nicht von dieser Welt ist, kann nicht viel wert sein. Ein Königtum, das nur ausgedacht oder eingebildet ist, ist doch gar kein richtiges Königtum. Ein König, der sein Reich nur auf schöne Worte und Gedanken baut, hat keine Macht. Wer etwas anderes meint, der ist nicht ganz von dieser Welt. Diese Weltfremdheit könnte man Jesus durchaus vorwerfen. Man könnte ihm sagen, dass sein Königtum eine Illusion und er selbst ziemlich machtlos ist. Oder man könnte ihn ergänzen und sagen: Dein Königtum, Jesus, ist nicht von dieser Welt. Aber es ist in dieser Welt. Und so weltfremd sie manchmal scheinen mag: Die Wahrheit der Liebe macht sich immer wieder vernehmbar.

EVANGELIUM

Joh 18,33b–37

Du sagst es, ich bin ein König

\+ **Aus dem heiligen Evangelium nach Johannes.**

In jener Zeit fragte Pilatus Jesus: Bist du der König der Juden? Jesus antwortete: Sagst du das von dir aus oder haben es dir andere über mich gesagt? Pilatus entgegnete: Bin ich denn ein Jude? Dein Volk und die Hohepriester haben dich an mich ausgeliefert. Was hast du getan?

Jesus antwortete: Mein Königtum ist nicht von dieser Welt. Wenn mein Königtum von dieser Welt wäre, würden meine Leute kämpfen, damit ich den Juden nicht ausgeliefert würde. Nun aber ist mein Königtum nicht von hier.

Da sagte Pilatus zu ihm: Also bist du doch ein König? Jesus antwortete: Du sagst es, ich bin ein König. Ich bin dazu geboren und dazu in die Welt gekommen, dass ich für die Wahrheit Zeugnis ablege. Jeder, der aus der Wahrheit ist, hört auf meine Stimme.

Glaubensbekenntnis, S. 484 ff.

FÜRBITTEN

Jesus Christus ist der König mit der Dornenkrone, der verlachte und verachtete König, dessen Königtum doch die Mächte und Gewalten bricht. Zu ihm, unserem Herrn und Bruder, rufen wir, ihn bitten wir:

- Für alle, die ein Amt in der Kirche innehaben, um die Gabe, deine Hirtensorge zu teilen und den Menschen nahe zu sein. V: Jesus Christus, Herr und Bruder. A: Wir bitten dich, erhöre uns.
- Für alle, die in Familien leben, um gegenseitige liebevolle Fürsorge und um Achtsamkeit im Umgang miteinander. V: Jesus Christus, Herr und Bruder. A: Wir bitten dich, erhöre uns.
- Für alle, die in Armut und Bedrängnis leben, und für alle, die ihre Not sehen, sie stärken und stützen. V: Jesus Christus, Herr und Bruder. A: Wir bitten dich, erhöre uns.
- Für alle, die sich für Gerechtigkeit einsetzen, und für alle, die Schritte des Friedens gehen. V: Jesus Christus, Herr und Bruder. A: Wir bitten dich, erhöre uns.
- Für alle, die in diesen Tagen ihr Leben in deine Hände zurückgeben, und für alle Toten, dass sie Licht und Leben finden bei dir. V: Jesus Christus, Herr und Bruder. A: Wir bitten dich, erhöre uns.

Christus, du unser Bruder und unser König: dein ist das Reich und die Kraft und die Herrlichkeit, in Ewigkeit.

EUCHARISTIEFEIER

GABENGEBET

Herr, unser Gott, wir bringen das Opfer deines Sohnes dar, das die Menschheit mit dir versöhnt. Er, der für uns gestorben ist, schenke allen Völkern Einheit und Frieden, der mit dir lebt und herrscht in alle Ewigkeit.

PRÄFATION

In Wahrheit ist es würdig und recht, dir, Herr, heiliger Vater, immer und überall zu danken. Du hast deinen eingeborenen Sohn, unseren Herrn Jesus Christus, mit dem Öl der Freude gesalbt zum ewigen Priester und zum König der ganzen Schöpfung. Als makelloses Lamm und friedenstiftendes Opfer hat er sich dargebracht auf dem Altar des Kreuzes, um das Werk der Erlösung zu vollziehen. Wenn einst die ganze Schöpfung seiner Herrschaft unterworfen ist, wird er dir, seinem Vater, das ewige, alles umfassende Reich übergeben: das Reich der Wahrheit und des Lebens, das Reich der Heiligkeit und der Gnade, das Reich der Gerechtigkeit, der Liebe und des Friedens. Durch ihn rühmen dich Himmel und Erde, Engel und Menschen und singen das Lob deiner Herrlichkeit: Heilig …

KOMMUNIONVERS

Ps 29 (28), 10–11

Der Herr thront als König in Ewigkeit.
Der Herr segne sein Volk mit Frieden.

SCHLUSSGEBET

Allmächtiger Gott, du hast uns berufen, Christus, dem König der ganzen Schöpfung, zu dienen. Stärke uns durch diese Speise, die uns Unsterblichkeit verheißt, damit wir Anteil erhalten an seiner Herrschaft und am ewigen Leben. Darum bitten wir durch ihn, Christus, unseren Herrn.

FEIERLICHER SCHLUSSSEGEN

Num 6, 24–26

Der Herr segne euch und behüte euch; der Herr lasse sein Angesicht über euch leuchten und sei euch gnädig; er wende euch sein Antlitz zu und schenke euch seinen Frieden. – A: Amen.

Das gewähre euch der dreieinige Gott, der Vater und der Sohn † und der Heilige Geist. – A: Amen.

***

Für eine Wort-Gottes-Feier:

ERÖFFNUNGSGEBET ZUR WAHL

Gott, du Herrscher des Alls, in deinem Sohn ist dein Reich unter uns angebrochen: das Reich der Gerechtigkeit, der Liebe und des Friedens. Mach uns bereit, auf dein Wort zu hören, damit deine Herrschaft wachse in dieser Welt. Darum bitten wir dich durch ihn, Jesus Christus, deinen Sohn, unseren Herrn und König, der mit dir lebt und herrscht in der Einheit des Heiligen Geistes, heute und alle Tage und in Ewigkeit.

***

DEINE STÄRKE

Deine Stärke ist nicht
von dieser Welt.
Ist sie deshalb so weise?
Deine Wahrheit ist nicht
von dieser Welt.
Ist sie deshalb so leise?
Doch ist die Liebe
in dieser Welt,
stark und weise,
wahr und leise.

Stefan Voges

VERZEICHNIS DER SCHRIFTLESUNGEN

ALTES TESTAMENT

JEREMIA

BARUCH

EZECHIEL

DANIEL

HOSEA

JOËL

AMOS

JONA

MALEACHI

NEUES TESTAMENT

MATTHÄUS

MARKUS

LUKAS

JOHANNES

APOSTELGESCHICHTE

VERZEICHNIS DER PRÄFATIONEN

VERZEICHNIS DER FEIERLICHEN SCHLUSSSEGEN

STICHWORTVERZEICHNIS ZU DEN MEDITATIONSTEXTEN

VERZEICHNIS DER AUTOREN UND IHRER EINFÜHRUNGEN UND TEXTE

FLORIAN BRUCKMANN, Apl. Prof. Dr. theol., geboren 1974, Studium der Katholischen Theologie, arbeitet im Bischöflichen Ordinariat Dresden–Meißen; Publikationen zum christlich-jüdischen Dialog, zur Christologie und zum Gespräch mit philosophischen Positionen der Gegenwart.
Einführungen: Aschermittwoch; 1. Fastensonntag; 2. Fastensonntag; 3. Fastensonntag; 4. Fastensonntag; Heiliger Josef, Bräutigam der Gottesmutter Maria – Hochfest; 5. Fastensonntag; Verkündigung des Herrn – Hochfest; Palmsonntag; Gründonnerstag – Hoher Donnerstag; Karfreitag; Ostersonntag – Die Feier der Osternacht; Ostersonntag – Am Tag; Ostermontag.

KIRA BUSCH-WAGNER, geboren 1961, Studium der Evangelischen Theologie und Judaistik, Pfarrerin in Karlsruhe, Vorsitzende des Studienkreises „Kirche und Israel" der Evangelischen Landeskirche in Baden; theologische Bildungsarbeit, Veröffentlichungen in Fachzeitschriften und Presse.
Einführungen: Hochfest der Gottesmutter Maria (1.1.); 2. Sonntag nach Weihnachten; Erscheinung des Herrn – Hochfest; Taufe des Herrn – Fest; 2. Sonntag im Jahreskreis; 3. Sonntag im Jahreskreis; 4. Sonntag im Jahreskreis; Dreifaltigkeitssonntag – Hochfest (Zum Evangelium); 19. Sonntag im Jahreskreis (Einführung, Zur 1. Lesung).

RENÉ DAUSNER, Dr. theol. habil., geboren 1975, Professor für Systematische Theologie (Fundamentaltheologie und Dogmatik) an der Universität Hildesheim. Dogmatische und Fundamentaltheologische Publikationen, Forschungsschwerpunkte im jüdisch-christlichen Gespräch, Phänomenologie sowie Theologie und Literatur.
Einführungen: 10. Sonntag im Jahreskreis; Heiligstes Herz Jesu – Hochfest; 11. Sonntag im Jahreskreis; 12. Sonntag im Jahreskreis.

KATRIN GROSSMANN, geboren 1980, Studium der katholischen Theologie in Tübingen und Jerusalem, Dipl. Theol., Diözesanbeauftragte für Ökumene und interreligiösen Dialog im Bistum Osnabrück.
Einführungen: Darstellung des Herrn – Fest; 5. Sonntag im Jahreskreis; 6. Sonntag im Jahreskreis.

TOBIAS LICHT, geboren 1962, Studium der Katholischen Theologie, Dipl. Theol., Leiter des „Karlsruher Foyers Kirche und Recht", Leiter des Bildungszentrums Karlsruhe (Bildungswerk der Erzdiözese Freiburg), Katholischer Beauftragter für privaten Hörfunk in Karlsruhe, umfangreiche Tätigkeit im publizistischen und im Bildungsbereich, Beirat für theologische Fragen der Zeitschrift MAGNIFICAT.
Texte: Kyrie-Rufe.
Einführungen: 1. Adventssonntag; 2. Adventssonntag.

SUSANNE SANDHERR, Dr. theol., geboren 1960, Studium der Katholischen Theologie, Philosophie, Germanistik und Erziehungswissenschaft, Professorin für Systematische Theologie an der Katholischen Stiftungshochschule München, Schwerpunkte: jüdisch-christlicher Dialog, Gespräche zwischen Theologie und Literatur; Theologie und Philosophie, Theologie und Therapie. Redakteurin der Zeitschrift MAGNIFICAT.
Einführungen: Hochfest der ohne Erbsünde empfangenen Jungfrau und Gottesmutter Maria; 3. Adventssonntag; 4. Adventssonntag; Weihnachten – Am Heiligen Abend; Weihnachten – In der Heiligen Nacht; Weihnachten – Am Morgen; Weihnachten – Am Tag; Heiliger Stephanus, erster Märtyrer – Fest; Fest der Heiligen Familie; Palmsonntag (Zur Passion); Pfingsten – Hochfest (allg. Einführung); Pfingstmontag; Dreifaltigkeitssonntag – Hochfest (Einführung, Zur 1. Lesung, Zur 2. Lesung); Fronleichnam; Geburt des heiligen Johannes des Täufers – Hochfest; Hl. Petrus und hl. Paulus, Apostel – Hochfest; 17. Sonntag im Jahreskreis; Verklärung des Herrn – Fest; 19. Sonntag im Jahreskreis (Zur 2. Lesung, Zum Evangelium); Mariä Aufnahme in den Himmel – Hochfest; 21. Sonntag im Jahreskreis; 22. Sonntag im Jahreskreis; 23. Sonntag im Jahreskreis; 24. Sonntag im Jahreskreis; 25. Sonntag im Jahreskreis; 26. Sonntag im Jahreskreis; 27. Sonntag im Jahreskreis.

DOROTHEE SANDHERR-KLEMP, geboren 1960, Studium der Katholischen Theologie, Germanistik und Erziehungswissenschaft; Staatsexamen; Redakteurin der Zeitschrift MAGNIFICAT, Herausgeberin und Autorin, Geistliche Beirätin des Bundesverbandes des Katholischen Deutschen Frauenbundes.
Texte: Fürbitten.

INGA SCHMITT, geboren 1971, Studium der Theologie in Freiburg i. Br. und Münster, Dipl.-Theol., Pastoralreferentin, Koordinatorin des Bereichs Liturgie und Kirchenmusik und Referentin für den Bereich Glaubenskommunikation im Seelsorgeamt des Bistums Osnabrück.
Einführungen: Pfingsten – Hochfest – Am Tag.

STEFAN VOGES, Dr. theol., geboren 1978, Studium der Geschichte, Journalistik und Katholischen Theologie; Pastoralreferent im Bistum Aachen, Autor.
Einführungen: 13. Sonntag im Jahreskreis; 14. Sonntag im Jahreskreis; 15. Sonntag im Jahreskreis; 16. Sonntag im Jahreskreis; 30. Sonntag im Jahreskreis; 31. Sonntag im Jahreskreis; Allerheiligen – Hochfest; Allerseelen; 32. Sonntag im Jahreskreis; 33. Sonntag im Jahreskreis; Christkönigssonntag – Hochfest.

MARC WITZENBACHER, Dr. theol., geboren 1971, Studium der Evangelischen Theologie und Altphilologie, Pfarrer, Oberkirchenrat; Leiter des Koordinierungsbüros der Vollversammlung des ÖRK 2021 in Karlsruhe.
Einführungen: 2. Sonntag der Osterzeit; 3. Sonntag der Osterzeit; 4. Sonntag der Osterzeit, 5. Sonntag der Osterzeit; 6. Sonntag der Osterzeit; Christi Himmelfahrt – Hochfest; 7. Sonntag der Osterzeit; Pfingsten – Hochfest – Am Vorabend; 28. Sonntag im Jahreskreis; 29. Sonntag im Jahreskreis.

VERZEICHNIS DER SCHRIFTLESUNGEN AN DEN WOCHENTAGEN

1. ADVENTSWOCHE

Mo.	30.11.	Röm 10,9–18 I Mt 4,18–22
Di.	1.12.	Jes 11,1–10 I Lk 10,21–24
Mi.	2.12.	Jes 25,6–10a I Mt 15,29–37
Do.	3.12.	Jes 26,1–6 I Mt 7,21.24–27
Fr.	4.12.	Jes 29,17–24 I Mt 9,27–31
Sa.	5.12.	Jes 30,19–21.23–26 I Mt 9,35–10,1.6–8

2. ADVENTSWOCHE

Mo.	7.12.	Jes 35,1–10 I Lk 5,17–26
Di.	8.12.	siehe Seite 31 ff.
Mi.	9.12.	Jes 40,25–31 I Mt 11,28–30
Do.	10.12.	Jes 41,13–20 I Mt 11,7b.11–15
Fr.	11.12.	Jes 48,17–19 I Mt 11,16–19
Sa.	12.12.	Sir 48,1–4.9–11 I Mt 17,9a.10–13

3. ADVENTSWOCHE

Mo.	14.12.	Num 24,2–7.15–17a I Mt 21,23–27
Di.	15.12.	Zef 3,1–2.9–13 I Mt 21,28–32
Mi.	16.12.	Jes 45,6b–8.18.21b–25 I Lk 7,18b–23
Do.	17.12.	Gen 49,2.8–10 I Mt 1,1–17
Fr.	18.12.	Jer 23,5–8 I Mt 1,18–24
Sa.	19.12.	Ri 13,2–7.24–25a I Lk 1,5–25

4. ADVENTSWOCHE

Mo.	21.12.	Hld 2,8–14 oder Zef 3,14–17(14–18a) I Lk 1,39–45
Di.	22.12.	1 Sam 1,24–28 I Lk 1,46–56
Mi.	23.12.	Mal 3,1 – 4.23–24 I Lk 1,57–66
Do.	24.12.	2 Sam 7,1–5.8b–12.14a.16 I Lk 1,67–79

WEIHNACHTSZEIT

Sa.	26.12.	Apg 6,8–10; 7,54–60 I Mt 10,17–22
Mo.	28.12.	1 Joh 1,5 – 2,2 I Mt 2,13–18
Di.	29.12.	1 Joh 2,3–11 I Lk 2,22–35
Mi.	30.12.	1 Joh 2,12–17 I Lk 2,36–40
Do.	31.12.	1 Joh 2,18–21 I Joh 1,1–18
Sa.	2.1.	1 Joh 2,22–28 I Joh 1,19–28

Mo.	4.1.	1 Joh 3,7–10 I Joh 1,35–42
Di.	5.1.	1 Joh 3,11–21 I Joh 1,43–51
Mi.	6.1.	siehe Seite 126 ff.
Do.	7.1.	1 Joh 3,22 – 4,6 I Mt 4,12–17.23–25
Fr.	8.1.	1 Joh 4,7–10 I Mk 6,34–44
Sa.	9.1.	1 Joh 4,11–18 I Mk 6,45–52

1. WOCHE IM JAHRESKREIS

Mo.	11.1.	Hebr 1,1–6 I Mk 1,14–20
Di.	12.1.	Hebr 2,5–12 I Mk 1,21–28
Mi.	13.1.	Hebr 2,11–12.13c–18 I Mk 1,29–39
Do.	14.1.	Hebr 3,7–14 I Mk 1,40–45
Fr.	15.1.	Hebr 4,1–5.11 I Mk 2,1–12
Sa.	16.1.	Hebr 4,12–16 I Mk 2,13–17

2. WOCHE IM JAHRESKREIS

Mo.	18.1.	Hebr 5,1–10 I Mk 2,18–22
Di.	19.1.	Hebr 6,10–20 I Mk 2,23–28
Mi.	20.1.	Hebr 7,1–3.15–17 I Mk 3,1–6
Do.	21.1.	Hebr 7,25 – 8,6 I Mk 3,7–12
Fr.	22.1.	Hebr 8,6–13 I Mk 3,13–19
Sa.	23.1.	Hebr 9,2–3.11–14 I Mk 3,20–21

3. WOCHE IM JAHRESKREIS

Mo.	25.1.	Apg 22,1a.3–16 oder Apg 9,1–22 I Mk 16,15–18
Di.	26.1.	2 Tim 1,1–8 oder Tit 1,1–5 I Mk 3,31–35
Mi.	27.1.	Hebr 10,11–18 I Mk 4,1–20
Do.	28.1.	Hebr 10,19–25 I Mk 4,21–25
Fr.	29.1.	Hebr 10,32–39 I Mk 4,26–34
Sa.	30.1.	Hebr 11,1–2.8–19 I Mk 4,35–41

4. WOCHE IM JAHRESKREIS

Mo.	1.2.	Hebr 11,32–40 I Mk 5,1–20
Di.	2.2.	siehe Seite 170 ff.
Mi.	3.2.	Hebr 12,4–7.11–15 I Mk 6,1b–6
Do.	4.2.	Hebr 12,18–19.21–24 I Mk 6,7–13
Fr.	5.2.	Hebr 13,1–8 I Mk 6,14–29
Sa.	6.2.	Hebr 13,15–17.20–21 I Mk 6,30–34

5. WOCHE IM JAHRESKREIS

Mo.	8.2.	Gen 1,1–19 | Mk 6,53–56
Di.	9.2.	Gen 1,20 – 2,4a | Mk 7,1–13
Mi.	10.2.	Gen 2,4b–9.15–17 | Mk 7,14–23
Do.	11.2.	Gen 2,18–25 | Mk 7,24–30
Fr.	12.2.	Gen 3,1–8 | Mk 7,31–37
Sa.	13.2.	Gen 3,9–24 | Mk 8,1–10

6. WOCHE IM JAHRESKREIS

Mo.	15.2.	Gen 4,1–15.25 | Mk 8,11–13
Di.	16.2.	Gen 6,5–8; 7,1–5.10 | Mk 8,14–21

ASCHERMITTWOCH BIS SAMSTAG

Mi.	17.2.	siehe Seite 198 ff.
Do.	18.2.	Dtn 30,15–20 | Lk 9,22–25
Fr.	19.2.	Jes 58,1–9a | Mt 9,14–15
Sa.	20.2.	Jes 58,9b–14 | Lk 5,27–32

1. FASTENWOCHE

Mo.	22.2.	1 Petr 5,1–4 | Mt 16,13–19
Di.	23.2.	Jes 55,10–11 | Mt 6,7–15
Mi.	24.2.	Apg 1,15–17.20ac–26 | Joh 15,9–17
Do.	25.2.	Est 4,17k.17l–m.17r–t(4,17n.p–r.aa–bb.gg–hh) | Mt 7,7–12
Fr.	26.2.	Ez 18,21–28 | Mt 5,20–26
Sa.	27.2.	Dtn 26,16–19 | Mt 5,43–48

2. FASTENWOCHE

Mo.	1.3.	Dan 9,4b–10 | Lk 6,36–38
Di.	2.3.	Jes 1,10.16–20 | Mt 23,1–12
Mi.	3.3.	Jer 18,18–20 | Mt 20,17–28
Do.	4.3.	Jer 17,5–10 | Lk 16,19–31
Fr.	5.3.	Gen 37,3–4.12–13a.17b–28 | Mt 21,33–43.45–46
Sa.	6.3.	Mi 7,14–15.18–20 | Lk 15,1–3.11–32

3. FASTENWOCHE

Mo.	8.3.	2 Kön 5,1–15a | Lk 4,24–30
Di.	9.3.	Dan 3,25.34–43 | Mt 18,21–35
Mi.	10.3.	Dtn 4,1.5–9 | Mt 5,17–19
Do.	11.3.	Jer 7,23–28 | Lk 11,14–23

Fr.	12.3.	Hos 14,2–10 ǀ Mk 12,28b–34
Sa.	13.3.	Hos 6,1–6 ǀ Lk 18,9–14

4. FASTENWOCHE

Mo.	15.3.	Jes 65,17–21 ǀ Joh 4,43–54
Di.	16.3.	Ez 47,1–9.12 ǀ Joh 5,1–16
Mi.	17.3.	Jes 49,8–15 ǀ Joh 5,17–30
Do.	18.3.	Ex 32,7–14 ǀ Joh 5,31–47
Fr.	19.3.	siehe Seite 241 ff.
Sa.	20.3.	Jer 11,18–20 ǀ Joh 7,40–53

5. FASTENWOCHE

Mo.	22.3.	Dan 13,1–9.15–17.19–30.33–62 ǀ Joh 8,1–11 oder Joh 8,12–20
Di.	23.3.	Num 21,4–9 ǀ Joh 8,21–30
Mi.	24.3.	Dan 3,14–21.49.91–92.95 ǀ Joh 8,31–42
Do.	25.3.	siehe Seite 257 ff.
Fr.	26.3.	Jer 20,10–13 ǀ Joh 10,31–42
Sa.	27.3.	Ez 37,21–28 ǀ Joh 11,45–57

KARWOCHE

Mo.	29.3.	Jes 42,5a.1–7 ǀ Joh 12,1–11
Di.	30.3.	Jes 49,1–6 ǀ Joh 13,21–33.36–38
Mi.	31.3.	Jes 50,4–9a ǀ Mt 26,14–25
Do.	1.4.	siehe Seite 287 ff.
Fr.	2.4.	siehe Seite 298 ff.

OSTEROKTAV

Mo.	5.4.	siehe Seite 366 ff.
Di.	6.4.	Apg 2,14a.36–41 ǀ Joh 20.11–18 oder Mt 28,8–15
Mi.	7.4.	Apg 3,1–10 ǀ Lk 24,13–35 oder Joh 20,11–18
Do.	8.4.	Apg 3,11–26 ǀ Lk 24,35–48
Fr.	9.4.	Apg 4,1–12 ǀ Joh 21,1–14
Sa.	10.4.	Apg 4,13–21 ǀ Mk 16,9–15

2. WOCHE DER OSTERZEIT

Mo.	12.4.	Apg 4,23–31 ǀ Joh 3,1–8
Di.	13.4.	Apg 4,32–37 ǀ Joh 3,7–15
Mi.	14.4.	Apg 5,17–26 ǀ Joh 3,16–21
Do.	15.4.	Apg 5,27–33 ǀ Joh 3,31–36

Fr.	16.4.	Apg 5,34–42 I Joh 6,1–15
Sa.	17.4.	Apg 6,1–7 I Joh 6,16–21

3. WOCHE DER OSTERZEIT

Mo.	19.4.	Apg 6,8–15 I Joh 6,22–29
Di.	20.4.	Apg 7,51–8,1a I Joh 6,30–35
Mi.	21.4.	Apg 8,1b–8 I Joh 6,35–40
Do.	22.4.	Apg 8,26–40 I Joh 6,44–51
Fr.	23.4.	Apg 9,1–20 I Joh 6,52–59
Sa.	24.4.	Apg 9,31–42 I Joh 6,60–69

4. WOCHE DER OSTERZEIT

Mo.	26.4.	Apg 11,1–18 I Joh 10,1–10
Di.	27.4.	Apg 11,19–26 I Joh 10,22–30
Mi.	28.4.	Apg 12,24–13,5 I Joh 12,44–50
Do.	29.4.	1 Joh 1,5 – 2,2 I Mt 11,25–30
Fr.	30.4.	Apg 13,26–33 I Joh 14,1–6
Sa.	1.5.	Apg 13,44–52 I Joh 14,7–14

5. WOCHE DER OSTERZEIT

Mo.	3.5.	1 Kor 15,1–8 I Joh 14,6–14
Di.	4.5.	Apg 14,19–28 I Joh 14,27–31a
Mi.	5.5.	Apg 15,1–6 I Joh 15,1–8
Do.	6.5.	Apg 15,7–21 I Joh 15,9–11
Fr.	7.5.	Apg 15,22–31 I Joh 15,12–17
Sa.	8.5.	Apg 16,1–10 I Joh 15,18–21

6. WOCHE DER OSTERZEIT

Mo.	10.5.	Apg 16,11–15 I Joh 15,26–16,4a
Di.	11.5.	Apg 16,22–34 I Joh 16,5–11
Mi.	12.5.	Apg 17,15.22–18,1 I Joh 16,12–15
Do.	13.5.	siehe Seite 417 ff.
Fr.	14.5.	Apg 18,9–18 I Joh 16,20–23a
Sa.	15.5.	Apg 18,23–28 I Joh 16,23b–28

7. WOCHE DER OSTERZEIT

Mo.	17.5.	Apg 19,1–8 I Joh 16,29–33
Di.	18.5.	Apg 20,17–27 I Joh 17,1–11a
Mi.	19.5.	Apg 20,28–38 I Joh 17,6a.11b–19
Do.	20.5.	Apg 22,30; 23,6–11 I Joh 17,20–26

Fr.	21.5.	Apg 25,13–21 | Joh 21,1.15–19
Sa.	22.5.	Apg 28,16–20.30–31 | Joh 21,20–25

8. WOCHE IM JAHRESKREIS

Mo.	24.5.	siehe Seite 463 ff.
Di.	25.5.	Sir 35,1–15 | Mk 10,28–31
Mi.	26.5.	Sir 36,1–2.5–6.13.16–20(1–2a.5–6.13–19) | Mk 10,32–45
Do.	27.5.	Sir 42,15–25(15–26) | Mk 10,46–52
Fr.	28.5.	Sir 44,1.9–13 | Mk 11,11–25
Sa.	29.5.	Sir 51,12c–20(17–28) | Mk 11,27–33

9. WOCHE IM JAHRESKREIS

Mo.	31.5.	Tob 1,3; 2,1b–8 | Mk 12,1–12
Di.	1.6.	Tob 2,9–14 | Mk 12,13–17
Mi.	2.6.	Tob 3,1–11a.16–17a | Mk 12,18–27
Do.	3.6.	siehe Seite 600 ff.
Fr.	4.6.	Tob 11,5–17 | Mk 12,35–37
Sa.	5.6.	Tob 12,1.5–15.20 | Mk 12,38–44

10. WOCHE IM JAHRESKREIS

Mo.	7.6.	2 Kor 1,1–7 | Mt 5,1–12
Di.	8.6.	2 Kor 1,18–22 | Mt 5,13–16
Mi.	9.6.	2 Kor 3,4–11 | Mt 5,17–19
Do.	10.6.	2 Kor 3,15–4,1.3–6 | Mt 5,20–26
Fr.	11.6.	siehe Seite 623 ff.
Sa.	12.6.	2 Kor 5,14–21 | Mt 5,33–37

11. WOCHE IM JAHRESKREIS

Mo.	14.6.	2 Kor 6,1–10 | Mt 5,38–42
Di.	15.6.	2 Kor 8,1–9 | Mt 5,43–48
Mi.	16.6.	2 Kor 9,6–11 | Mt 6,1–6.16–18
Do.	17.6.	2 Kor 11,1–11 | Mt 6,7–15
Fr.	18.6.	2 Kor 11,18.21b–30 | Mt 6,19–23
Sa.	19.6.	2 Kor 12,1–10 | Mt 6,24–34

12. WOCHE IM JAHRESKREIS

Mo.	21.6.	Gen 12,1–9 | Mt 7,1–5
Di.	22.6.	Gen 13,2.5–18 | Mt 7,6.12–14
Mi.	23.6.	Gen 15,1–12.17–18 | Mt 7,15–20

Do.	24.6.	siehe Seite 649 ff.
Fr.	25.6.	Gen 17,1.9–10.15–22 I Mt 8,1–4
Sa.	26.6.	Gen 18,1–15 I Mt 8,5–17

13. WOCHE IM JAHRESKREIS

Mo.	28.6.	Gen 18,16–33 I Mt 8,18–22
Di.	29.6.	siehe Seite 667 ff.
Mi.	30.6.	Gen 21,5.8–20 I Mt 8,28–34
Do.	1.7.	Gen 22,1–19 I Mt 9,1–8
Fr.	2.7.	Zef 3,14–18 oder Röm 12,9–16b I Lk 1,39–56
Sa.	3.7.	Eph 2,19–22 I Joh 20,24–29

14. WOCHE IM JAHRESKREIS

Mo.	5.7.	Gen 28,10–22a I Mt 9,18–26
Di.	6.7.	Gen 32,23–33 I Mt 9,32–38
Mi.	7.7.	Gen 41,55–57; 42,5–7a.17–24a I Mt 10,1–7
Do.	8.7.	Gen 44,18–21.23b–29; 45,1–5 I Mt 10,7–15
Fr.	9.7.	Gen 46,1–7.28–30 I Mt 10,16–23
Sa.	10.7.	Gen 49,29–33; 50,15–26a I Mt 10,24–33

15. WOCHE IM JAHRESKREIS

Mo.	12.7.	Ex 1,8–14.22 I Mt 10,34–11,1
Di.	13.7.	Ex 2,1–15a I Mt 11,20–24
Mi.	14.7.	Ex 3,1–6.9–12 I Mt 11,25–27
Do.	15.7.	Ex 3,13–20 I Mt 11,28–30
Fr.	16.7.	Ex 11,10–12,14 I Mt 12,1–8
Sa.	17.7.	Ex 12,37–42 I Mt 12,14–21

16. WOCHE IM JAHRESKREIS

Mo.	19.7.	Ex 14,5–8 I Mt 12,38–42
Di.	20.7.	Ex 14,21–15,1 I Mt 12,46–50
Mi.	21.7.	Ex 16,1–5.9–15 I Mt 13,1–9
Do.	22.7.	Hld 3,1–4a oder 2 Kor 5,14–27 I Joh 20,1–2.11–18
Fr.	23.7.	Gal 2,19–20 I Joh 15,1–8
Sa.	24.7.	Ex 24,3–8 I Mt 13,24–30

17. WOCHE IM JAHRESKREIS

Mo.	26.7.	Ex 32,15–24.30–34 I Mt 13,31–35
Di.	27.7.	Ex 33,7–11; 34,4b.5–9.28 I Mt 13,36–43
Mi.	28.7.	Ex 34,29–35 I Mt 13,44–46

Do.	29.7.	Ex 40,16–21.34–38 | Joh 11,19–27 oder Lk 10,38–42
Fr.	30.7.	Lev 23,1.4–11.15–16.27.34b–37 oder Jer 26,1–9 | Mt 13,54–58
Sa.	31.7.	Lev 25,1.8–17 | Mt 14,1–12

18. WOCHE IM JAHRESKREIS

Mo.	2.8.	Num 11,4b–15 | Mt 14,13–21
Di.	3.8.	Num 12,1–13 | Mt 14,22–36 oder Mt 15,1–2.10–14
Mi.	4.8.	Num 13,1–2.25 – 14,1.26–29.34–35 | Mt 15,21–28
Do.	5.8.	Num 20,1–13 | Mt 16,13–23
Fr.	6.8.	siehe Seite 715 ff.
Sa.	7.8.	Dtn 6,4–13 | Mt 17,14–20

19. WOCHE IM JAHRESKREIS

Mo.	9.8.	Est 4,17k–m.17r–t(4,17n.p–r.aa–bb.gg–hh) | Joh 4,19–24
Di.	10.8.	2 Kor 9,6–10 | Joh 12,24–26
Mi.	11.8.	Dtn 34,1–12 | Mt 18,15–20
Do.	12.8.	Jos 3,7–10a.11.13–17 | Mt 18,21–19,1
Fr.	13.8.	Jos 24,1–13 | Mt 19,3–12
Sa.	14.8.	Jos 24,14–29 | Mt 19,13–15

20. WOCHE IM JAHRESKREIS

Mo.	16.8.	Ri 2,11–19 | Mt 19,16–22
Di.	17.8.	Ri 6,11–24a | Mt 19,23–30
Mi.	18.8.	Ri 9,6–15 | Mt 20,1–16a
Do.	19.8.	Ri 11,29–39a | Mt 22,1–14
Fr.	20.8.	Rut 1,1.3–6.14b–15.22 | Mt 22,34–40
Sa.	21.8.	Rut 2,1–3.8–11; 4,13–17 | Mt 23,1–12

21. WOCHE IM JAHRESKREIS

Mo.	23.8.	1 Thess 1,1–5.8b–10 | Mt 23,13–22
Di.	24.8.	Offb 21,9b–14 | Joh 1,45–51
Mi.	25.8.	1 Thess 2,9–13 | Mt 23,27–32
Do.	26.8.	1 Thess 3,7–13 | Mt 24,42–51
Fr.	27.8.	1 Thess 4,1–8 | Mt 25,1–13
Sa.	28.8.	1 Thess 4,9–11 | Mt 25,14–30

22. WOCHE IM JAHRESKREIS

Mo.	30.8.	1 Thess 4,13–18 | Lk 4,16–30

Di.	31.8.	1 Thess 5,1–6.9–11 | Lk 4,31–37
Mi.	1.9.	Kol 1,1–8 | Lk 4,38–44
Do.	2.9.	Kol 1,9–14 | Lk 5,1–11
Fr.	3.9.	Kol 1,15–20 | Lk 5,33–39
Sa.	4.9.	Kol 1,21–23 | Lk 6,1–5

23. WOCHE IM JAHRESKREIS

Mo.	6.9.	Kol 1,24–2,3 | Lk 6,6–11
Di.	7.9.	Kol 2,6–15 | Lk 6,12–19
Mi.	8.9.	Mi 5,1–4a oder Röm 8,28–30 | Mt 1,1–16.18–23
Do.	9.9.	Kol 3,12–17 | Lk 6,27–32
Fr.	10.9.	1 Tim 1,1–2.12–14 | Lk 6,39–42
Sa.	11.9.	1 Tim 1,15–17 | Lk 6,43–49

24. WOCHE IM JAHRESKREIS

Mo.	13.9.	1 Tim 2,1–8 | Lk 7,1–10
Di.	14.9.	Num 21,4–9 oder Phil 2,6–11 | Joh 3,13–17
Mi.	15.9.	1 Tim 3,14–16 | Joh 19,25–27 oder Lk 2,33–35
Do.	16.9.	1 Tim 4,12–16 | Lk 7,36–50
Fr.	17.9.	1 Tim 6,3b–12 | Lk 8,1–3
Sa.	18.9.	1 Tim 6,13–16 | Lk 8,4–15

25. WOCHE IM JAHRESKREIS

Mo.	20.9.	Esra 1,1–6 | Lk 8,16–18
Di.	21.9.	Eph 4,1–7.11–13 | Mt 9,9–13
Mi.	22.9.	Esra 9,5–9 | Lk 9,1–6
Do.	23.9.	Hag 1,1–8 | Lk 9,7–9
Fr.	24.9.	Hag 1,15b – 2,9 | Lk 9,18–22
Sa.	25.9.	Sach 2,5–9.14–15a | Lk 9,43b–45

26. WOCHE IM JAHRESKREIS

Mo.	27.9.	Sach 8,1–8 | Lk 9,46–50
Di.	28.9.	Sach 8,20–23 | Lk 9,51–56
Mi.	29.9.	Dan 7,9–10.13–14 oder Offb 12,7–12a | Joh 1,47–51
Do.	30.9.	Neh 8,1–4a.5–6.7b–12 | Lk 10,1–12
Fr.	1.10.	Bar 1,15–22 | Lk 10,13–16
Sa.	2.10.	Bar 4,5–12.27–29 | Mt 18,1–5.10

27. WOCHE IM JAHRESKREIS

Mo.	4.10.	Jona 1,1 – 2,1.11 | Lk 10,25–37

Di.	5.10.	Jona 3,1–10 I Lk 10,38–42
Mi.	6.10.	Jona 3,10b; 4,1–11 I Lk 11,1–4
Do.	7.10.	Mal 3,13–20a I Lk 11,5–13
Fr.	8.10.	Joël 1,13–15; 2,1–2 I Lk 11,14–26
Sa.	9.10.	Joël 4,12–21 I Lk 11,27–28

28. WOCHE IM JAHRESKREIS

Mo.	11.10.	Röm 1,1–7 I Lk 11,29–32
Di.	12.10.	Röm 1,16–25 I Lk 11,37–41
Mi.	13.10.	Röm 2,1–11 I Lk 11,42–46
Do.	14.10.	Röm 3,21–30a I Lk 11,47–54
Fr.	15.10.	Röm 4,1–8 I Lk 12,1–7
Sa.	16.10.	Röm 4,13.16–18 I Lk 12,8–12

29. WOCHE IM JAHRESKREIS

Mo.	18.10.	2 Tim 4,10–17b I Lk 10,1–9
Di.	19.10.	Röm 5,12.15b.17–19.20b–21 I Lk 12,35–38
Mi.	20.10.	Röm 6,12–18 I Lk 12,39–48
Do.	21.10.	Röm 6,19–23 I Lk 12,49–53
Fr.	22.10.	Röm 7,18–25a I Lk 12,54–59
Sa.	23.10.	Röm 8,1–11 I Lk 13,1–9

30. WOCHE IM JAHRESKREIS

Mo.	25.10.	Röm 8,12–17 I Lk 13,10–17
Di.	26.10.	Röm 8,18–25 I Lk 13,18–21
Mi.	27.10.	Röm 8,26–30 I Lk 13,22–30
Do.	28.10.	Eph 2,19–22 I Lk 6,12–19
Fr.	29.10.	Röm 9,1–5 I Lk 14,1–6
Sa.	30.10.	Röm 11,1–2a.11–12.25–29 I Lk 14,1.7–11

31. WOCHE IM JAHRESKREIS

Mo.	1.11.	siehe Seite 834 ff.
Di.	2.11.	siehe Seite 842 ff.
Mi.	3.11.	Röm 13,8–10 I Lk 14,25–33
Do.	4.11.	Röm 14,7–12 I Lk 15,1–10
Fr.	5.11.	Röm 15,14–21 I Lk 16,1–8
Sa.	6.11.	Röm 16,3–9.16.22–27 I Lk 16,9–15

32. WOCHE IM JAHRESKREIS

Mo.	8.11.	Weish 1,1–7 I Lk 17,1–6

Di. 9.11. Ez 47,1–2.8–9 oder 1 Kor 3,9c–11.16–17 | Joh 2,13–22
Mi. 10.11. Weish 6,1–11 | Lk 17,11–19
Do. 11.11. Weish 7,22–8,1 | Lk 17,20–25
Fr. 12.11. Weish 13,1–9 | Lk 17,26–37
Sa. 13.11. Weish 18,14–16; 19,6–9 | Lk 18,1–8

33. WOCHE IM JAHRESKREIS

Mo. 15.11. 1 Makk 1,10–15.41–43.54–57.62–64 | Lk 18,35–43
Di. 16.11. 2 Makk 6,18–31 | Lk 19,1–10
Mi. 17.11. 2 Makk 7,1.20–31 | Lk 19,11–28
Do. 18.11. 1 Makk 2,15–29 | Lk 19,41–44
Fr. 19.11. 1 Makk 4,36–37.52–59 | Lk 19,45–48
Sa. 20.11. 1 Makk 6,1–13 | Lk 20,27–40

34. WOCHE IM JAHRESKREIS

Mo. 22.11. Dan 1,1–6.8–20 | Lk 21,1–4
Di. 23.11. Dan 2,31–45 | Lk 21,5–11
Mi. 24.11. Dan 5,1 – 6.13–14.16–17.23–28 | Lk 21,12–19
Do. 25.11. Dan 6,12–28 | Lk 21,20–28
Fr. 26.11. Dan 7,2–14 | Lk 21,29–33
Sa. 27.11. Dan 7,15–27 | Lk 21,34–36

NAMENSTAGSVERZEICHNIS

Die mit (H – Hochfest), (F – Fest), (G – gebotener Gedenktag) und (g – nichtgebotener Gedenktag) gekennzeichneten Heiligen und Seligen sind entsprechend ihrem liturgischen Rang im römischen Generalkalender bzw. deutschsprachigen Regionalkalender erwähnt.

Achilleus 12. 5. *(g)*
Adalbert von Prag 23. 4. *(g)*
Adam 24. 12.
Adelgund 30. 1.
Adelheid 16. 12.
Adolf Kolping 4. 12. *(g)*
Agatha 5. 2. *(G)*
Agnes 21. 1. *(g)*
Agritius 19. 1.
Albert der Große 15. 11. *(g)*
Alexander 10. 7.
Alfons Maria von Liguori 1. 8. *(G)*
Alfred 28. 10.
Aloysius Gonzaga 21. 6. *(G)*
Ambrosius 7. 12. *(G)*
Anastasia 25. 12.
Andreas, Ap. 30. 11. *(F)*
Andreas Dung-Lac 24. 11. *(G)*
Andreas Kim Taegon 20. 9. *(G)*
Angela von Foligno 4. 1.
Angela Merici 27. 1. *(g)*
Anna 26. 7. *(G)*
Anna Katharina Emmerick 9. 2.
Anno 5. 12. *(g)*
Anselm 21. 4. *(g)*
Ansgar von Hamburg 3. 2. *(g)*
Antonius, Abt 17. 1. *(G)*
Antonius Maria Claret 24. 10. *(g)*
Antonius Maria Zaccaria 5. 7. *(g)*
Antonius von Padua 13. 6. *(G)*
Apollinaris 20. 7. *(g)*
Arbogast von Straßburg 21. 7.
Arnold 18. 7.
Arnold Janssen 15. 1.
Athanasius der Große 2. 5. *(G)*
Augustinus 28. 8. *(G)*
Augustinus von Canterbury 27. 5. *(g)*
Augustinus Zhao Rong 9. 7. *(g)*

Bantus 28. 7.
Barbara 4. 12. *(g)*
Barnabas, Ap. 11. 6. *(G)*
Bartholomäus, Ap. 24. 8. *(F)*
Basilius der Große 2. 1. *(G)*
Basin 23. 9.
Beatrix 30. 7.
Beatus 28. 7.
Beda der Ehrwürdige 25. 5. *(g)*
Benedikt Josef Labre 16. 4.
Benedikt von Nursia 11. 7. *(F)*
Benno 16. 6. *(g)*
Bernadette Soubirous 16. 4.
Bernhard von Baden 15. 7.
Bernhard von Clairvaux 20. 8. *(G)*
Bernhardin von Siena 20. 5. *(g)*
Bernward 20. 11.
Berta 28. 11.
Bertold 14. 12.
Birgitta von Schweden 23. 7. *(F)*
Blasius 3. 2. *(g)*
Bonaventura 15. 7. *(G)*
Bonifatius 5. 6. *(F)*
Bonosus 17. 2.
Britto 6. 5.
Bruno 6. 10. *(g)*
Bruno von Köln 11. 10.
Bruno von Querfurt 9. 3. *(g)*
Burkhard 14. 10.

Cäcilia 22. 11. *(G)*
Carl Lampert 13. 11. *(g)*
Charlotte 17. 7.
Christian 4. 2.
Christine 24. 7.
Christophorus 24. 7. *(g)*
Christophorus Magallanes 21. 5. *(g)*
Clemens August Graf von Galen 22. 3.
Cyprian 16. 9. *(G)*
Cyrill (Konstantin) 14. 2. *(F)*
Cyrill von Alexandrien 27. 6. *(g)*
Cyrill von Jerusalem 18. 3. *(g)*

Damasus I. 11. 12. *(g)*
Damian 26. 9. *(g)*
Damian Deveuster 15. 4.
Daniel 21. 7.
David 29. 12.
Detlev 23. 11.
Diana 10. 6.
Dietmar 5. 3.
Dietrich I. 7. 9.
Dionysius 9. 10. *(g)*
Dominikus 8. 8. *(G)*
Dominikus Savio 9. 3.
Dorothea 6. 2.

Eberhard 22. 6.
Edith 8. 12.
Edith Stein (Theresia Benedicta vom Kreuz) 9. 8. *(F)*
Edmund 20. 11.
Eduard 18. 3.
Ekkehard 28. 6.
Eleonore 25. 6.
Elfriede 20. 5.
Elisabeth von Portugal 4. 7. *(g)*
Elisabeth von Thüringen 19. 11. *(G)*
Elmar 28. 8.
Engelbert von Köln 7. 11.
Ephräm der Syrer 9. 6. *(g)*
Erhard 8. 1.
Erich von Schweden 10. 7. *(g)*
Ernst 7. 11.
Eucharius 9. 12.
Eusebius von Vercelli 2. 8. *(g)*
Euthymia 9. 9.
Eva 24. 12.
Ewald 3. 10.

Fabian 20. 1. *(g)*
Fabiola 27. 12.
Felix I. 30. 12.
Felizitas 7. 3. *(G)*
Ferdinand III. 30. 5.
Fidelis von Sigmaringen 24. 4. *(g)*
Florian von Lorch 4. 5. *(g)*
Franz von Assisi 4. 10. *(G)*
Franz von Paula 2. 4. *(g)*
Franz von Sales 24. 1. *(G)*
Franz Xaver 3. 12. *(G)*
Franziska von Rom 9. 3. *(g)*
Fridolin von Säckingen 6. 3. *(g)*
Friedrich 3. 3.

Gabriel 29. 9. *(F)*
Gallus vom Bodensee 16. 10. *(g)*
Gebhard von Konstanz 26. 11. *(g)*
Genovefa 3. 1.
Georg 23. 4. *(g)*
Gereon 10. 10.
Gerhard 24. 9.
Gerold 19. 4.
Gertrud von Altenberg 13. 8.
Gertrud von Helfta 17. 11. *(g)*
Gertrud von Nivelles 17. 3. *(g)*
Gilbert 4. 2.
Gisbert 7. 11.
Gisela 7. 5.
Godehard von Hildesheim 5. 5. *(g)*
Gottfried von Kappenberg 13. 1.

Gregor VII. 25. 5. *(g)*
Gregor der Große 3. 9. *(G)*
Gregor von Nazianz 2. 1. *(G)*
Gregor von Utrecht 26. 8.
Gudula 8. 1.
Guido 4. 5.
Gunther 8. 10.
Gunthild 21. 2.
Gustav 10. 3.

Harald 1. 11.
Hartmut 23. 1.
Hartwig 5. 12.
Hedwig 16. 10. *(g)*
Heimerad von Meßkirch 27. 6.
Heinrich II. 13. 7. *(g)*
Heinrich Seuse 23. 1. *(g)*
Helene 18. 8.
Hemma von Gurk 27. 6. *(g)*
Heribert 30. 8.
Hermann Josef 21. 5. *(g)*
Herta 12. 4.
Hieronymus 30. 9. *(G)*
Hieronymus Ämiliani 8. 2. *(g)*
Hilarius 13. 1. *(g)*
Hildegard von Bingen 17. 9. *(g)*
Hildegard Burjan 12. 6. *(g)*
Hildegund 6. 2.
Hiltrud 27. 9.
Hippolyt 13. 8. *(g)*
Hubert 3. 11. *(g)*
Hugo 1. 4.

Ida von Herzfeld 4. 9.
Ignatius von Antiochien 17. 10. *(G)*
Ignatius von Loyola 31. 7. *(G)*
Ingeborg 30. 7.
Ingrid 2. 9.
Irenäus 28. 6. *(G)*
Irene 1. 4.
Iris 4. 9.
Irmengard 16. 7.
Irmgard von Aspel 19. 2.
Irmgard von Süchteln 4. 9.
Irmina 3. 1.
Isaak Jogues 19. 10. *(g)*
Isabella 22. 2.
Isidor 4. 4. *(g)*

Jakobus der Ältere, Ap. 25. 7. *(F)*
Jakobus der Jüngere, Ap. 3. 5. *(F)*
Januarius 19. 9. *(g)*
Jean de Brébeuf 19. 10. *(g)*
Jeanne d'Arc 30. 5.
Joachim 26. 7. *(G)*
Johanna Franziska von Chantal 12. 8. *(g)*
Johannes, Ap. u. Ev. 27. 12. *(F)*
Johannes I. 18. 5. *(g)*
Johannes Baptist de La Salle 7. 4. *(G)*
Johannes Bosco 31. 1. *(G)*
Johannes Capestrano 23. 10. *(g)*
Johannes Chrysostomus 13. 9. *(G)*
Johannes von Damaskus 4. 12. *(g)*
Johannes Eudes 19. 8. *(g)*
Johannes von Gott 8. 3. *(g)*
Johannes von Kety 23. 12.
Johannes von Krakau 23. 12. *(g)*
Johannes vom Kreuz 14. 12. *(G)*
Johannes Leonhardi 9. 10. *(g)*
Johannes Maria Vianney 4. 8. *(G)*
Johannes Nepomuk 16. 5. *(g)*
Johannes Paul II. 22. 10. *(g)*
Johannes der Täufer 24. 6. *(H)*
John Fisher 22. 6. *(g)*
Josaphat 12. 11. *(G)*
Josef von Calazanz 25. 8. *(g)*
Josemaria Escrivá de Balaguer 26. 6. *(g)*
Josefa Stenmanns 20. 5.
Josefine Bakhita 8. 2. *(g)*
Joseph 19. 3. *(H)*

Juan Diego/Johann Didacus 9. 12. *(g)*
Judas Thaddäus, Ap. 28. 10. *(F)*
Judith 29. 6.
Julia 22. 5.
Justin 1. 6. *(G)*
Jutta 22. 12.

Kajetan 7. 8. *(g)*
Kalixtus I. 14. 10. *(g)*
Kamillus von Lellis 14. 7. *(g)*
Karl Borromäus 4. 11. *(G)*
Karl der Große 28. 1.
Karl Leisner 12. 8.
Karl Lwanga 3. 6. *(G)*
Kasimir 4. 3. *(g)*
Kaspar 6. 1.
Kastor 13. 2.
Katharina von Alexandrien 25. 11. *(g)*
Katharina von Siena 29. 4. *(F)*
Kilian von Würzburg 8. 7. *(g)*
Klara 11. 8. *(G)*
Klaudia 18. 8.
Klemens I. 23. 11. *(g)*
Klemens Maria Hofbauer 15. 3. *(g)*
Knud von Dänemark 10. 7. *(g)*
Kolumban 23. 11. *(g)*
Konrad von Konstanz 26. 11. *(g)*
Konrad von Parzham 21. 4. *(g)*
Korbinian 20. 11.
Kordula 22. 10.
Kornelius 16. 9. *(G)*
Kosmas 26. 9. *(g)*
Kunibert 12. 11.
Kunigunde 13. 7. *(g)*

Lambert von Maastricht 18. 9. *(g)*
Landelin 22. 9.
Laurentius 10. 8. *(F)*
Laurentius von Brindisi 21. 7. *(g)*
Leo der Große 10. 11. *(G)*
Leo IX. 19. 4. *(g)*
Leonhard 6. 11. *(g)*
Leopold III. von Österreich 15. 11. *(g)*
Liborius 23. 7.
Lioba 28. 9. *(g)*
Liudger von Münster 26. 3. *(g)*
Liutwin 23. 9.
Lorenzo Ruiz 28. 9. *(g)*
Lothar 29. 12.
Lubentius 13. 10.
Ludwig IX. 25. 8. *(g)*
Ludwig Maria Grignion de Montfort 28. 4. *(g)*
Lukas, Ev. 18. 10. *(F)*
Luzia 13. 12. *(g)*
Luzius 2. 12. *(g)*

Magdalena Sophie Barat 24. 5.
Magnerich 27. 7.
Manfred 28. 1.
Marcel Callo 19. 4. *(g)*
Marcellinus 2. 6. *(g)*
Margareta 20. 7. *(g)*
Margareta Maria Alacoque 16. 10. *(g)*
Margarete von Schottland 16. 11. *(g)*
Maria 12. 9. *(g)*
Maria Droste zu Vischering 8. 6.
Maria Goretti 6. 7. *(g)*
Maria Magdalena 22. 7. *(F)*
Maria Magdalena von Pazzi 25. 5. *(g)*
Marina 17. 7.
Marius 19. 1.
Markus, Ev. 25. 4. *(F)*
Marta 29. 7. *(G)*
Martin I. 13. 4. *(g)*
Martin von Porres 3. 11. *(g)*
Martin von Tours 11. 11. *(G)*
Martina 30. 1.
Maternus 11. 9.
Mathilde 14. 3. *(g)*
Matthäus, Ap. 21. 9. *(F)*

Matthias, Ap. 24. 2. *(F)*
Mauritius 22. 9. *(g)*
Maximin 29. 5.
Maximilian Maria Kolbe 14. 8. *(G)*
Mechthild 26. 2.
Medard 8. 6.
Meinrad von Reichenau 21. 1. *(g)*
Melanie 31. 12.
Melitta 15. 9.
Methodius 14. 2. *(F)*
Michael 29. 9. *(F)*
Mildred 13. 7.
Modesta 6. 11.
Modoald 12. 5.
Monika 27. 8. *(G)*

Natalie 1. 12.
Nepomuk Neumann 5. 1. *(g)*
Nereus 12. 5. *(g)*
Niels Stensen 25. 11.
Niketius 3. 10.
Nikolaus 6. 12. *(g)*
Nikolaus von Flüe 25. 9. *(g)*
Norbert von Xanten 6. 6. *(g)*
Notburg 15. 9.

Odilia 13. 12. *(g)*
Olaf von Norwegen 10. 7. *(g)*
Olga 11. 7.
Oliver 11. 7.
Oswald 5. 8.
Otmar von St. Gallen 16. 11.
Otto von Bamberg 30. 6. *(g)*

Pankratius 12. 5. *(g)*
Patrick 17. 3. *(g)*
Paul Chon Hasang 20. 9. *(G)*
Paul vom Kreuz 19. 10. *(g)*
Paul Miki 6. 2. *(G)*
Paulinus von Nola 22. 6. *(g)*
Paulinus von Trier 31. 8. *(g)*
Paulus, Ap. 29. 6. *(H)*
Pelagius 1. 9.
Perpetua 7. 3. *(G)*
Peter Chanel 28. 4. *(g)*
Petronilla 31. 5.
Petrus 2. 6. *(g)*
Petrus, Ap. 29. 6. *(H)*
Petrus Chrysologus 30. 7. *(g)*
Petrus Claver 9. 9. *(g)*
Petrus Damiani 21. 2. *(g)*
Petrus Fourier 9. 12.
Petrus Julianus Eymard 2. 8. *(g)*
Petrus Kanisius 27. 4. *(g)*
Pierre Chanel 28. 4. *(g)*
Philipp Neri 26. 5. *(G)*
Philippus, Ap. 3. 5. *(F)*
Pirmin 3. 11. *(g)*
Pius V. 30. 4. *(g)*
Pius von Pietrelcina 23. 9. *(G)*
Pius X. 21. 8. *(G)*
Polykarp 23. 2. *(G)*
Pontianus 13. 8. *(g)*

Rabanus Maurus 4. 2. *(g)*
Rafael 29. 9. *(F)*
Raimund Nonnatus 31. 8.
Raimund von Peñafort 7. 1. *(g)*
Regina 22. 8.
Reiner 14. 1.
Reinhard 7. 3.
Reinhild 30. 5.
Remigius 1. 10.
Renate 22. 5.
Richard 30. 12.
Rita 22. 5. *(g)*
Robert Bellarmin 17. 9. *(g)*
Roland 15. 9.
Romuald 19. 6. *(g)*
Rosa von Lima 23. 8. *(g)*

Roswitha 5. 9.
Rudolf 17. 4.
Rupert 24. 9. *(g)*
Ruth 1. 9.

Sabina 29. 8.
Scharbel Mahluf 24. 7. *(g)*
Scholastika 10. 2. *(G)*
Sebastian 20. 1. *(g)*
Severin von Norikum 8. 1. *(g)*
Sigfrid 15. 2.
Sigismund 2. 5.
Silvester I. 31. 12. *(g)*
Simeon von Trier 1. 6.
Simon, Ap. 28. 10. *(F)*
Sixtus II. 7. 8.
Sophia 15. 5.
Stanislaus 11. 4. *(G)*
Stephan I. von Ungarn 16. 8. *(g)*
Stephanus 26. 12. *(F)*
Susanna 11. 8.

Thea 25. 7.
Thekla 23. 9.
Theodor 19. 9.
Theresia von Jesus (von Avila) 15. 10. *(G)*
Theresia vom Kinde Jesus 1. 10. *(G)*
Thomas, Ap. 3. 7. *(F)*
Thomas von Aquin 28. 1. *(G)*
Thomas Becket 29. 12. *(g)*
Thomas Morus 22. 6. *(g)*
Timotheus 26. 1. *(G)*
Titus 26. 1. *(G)*
Tobias 13. 9.
Turibio von Mongrovejo 23. 3. *(g)*
Trudpert von Breisgau 26. 4.

Ulrich von Augsburg 4. 7. *(g)*
Ulrich von Zell 14. 7.
Ursula 21. 10. *(g)*

Valentin von Rätien 7. 1. *(g)*
Valerius 29. 1.
Vera 24. 1.
Verena von Zurzach 1. 9.
Veronika 4. 2.
Viktor 10. 10.
Viktoria 23. 12.
Vinzenz 22. 1. *(g)*
Vinzenz Ferrer 5. 4. *(g)*
Vinzenz Pallotti 22. 1.
Vinzenz von Paul 27. 9. *(G)*
Virgil 24. 9. *(g)*
Vitus 15. 6. *(g)*
Volker 7. 3.

Walburga von Tauberbischofsheim 25. 2. *(g)*
Walter 17. 5.
Wendelin von der Saar 20. 10. *(g)*
Wenzel 28. 9. *(g)*
Werner 19. 4.
Wilfrid 24. 4.
Wilhelm 28. 5.
Willehad 8. 11.
Willibald von Eichstätt 7. 7. *(g)*
Willibrord 7. 11. *(g)*
Willigis 23. 2.
Wiltrud 6. 1.
Wolfgang von Regensburg 31. 10. *(g)*
Wolfram 25. 1.

Xystus II. 7. 8. *(g)*

Zacharias 15. 3.

QUELLENNACHWEIS

S. 22: aus: Karl Rahner, Grundkurs des Glaubens, © 2008 Verlag Herder GmbH, Freiburg i. Br.
S. 30: aus: Ignatius von Loyola, Die Exerzitien, übersetzt von Hans Urs von Balthasar, Johannes Verlag Einsiedeln, Freiburg 15. Auflage 2016, Nr. 316, S. 82.
S. 47: aus: Heinz Detlef Stäps, Suchet mein Angesicht. Meditationen im Kirchenjahr, © 2020 Butzon & Bercker GmbH, Kevelaer, S. 17, www.bube.de
S. 55: aus: Heinz Detlef Stäps, Suchet mein Angesicht, a. a. O., S. 36.
S. 73: aus: Wilhelm Willms, lichtbrechung. geistliche lyrik, © 1982 Butzon & Bercker GmbH, Kevelaer, S. 89, www.bube.de
S. 89: Heinz Detlef Stäps, Suchet mein Angesicht, a. a. O., S. 12.
S. 96, 169, 215, 240, 286, 354, 472, 706, 732, 750, 758: © Eleonore Beck.
S. 108: aus: Heinz Detlef Stäps, Suchet mein Angesicht, a. a. O., S. 29.
S. 125: aus: Alfons Gerhardt/Dorothee Sandherr-Klemp, Du gibst mir neue Kraft. Gebete für Tage der Krankheit, © 2013 Butzon & Bercker GmbH, Kevelaer, S. 129, www.bube.de
S. 179: aus: Thomas Schlager-Weidinger, verwand(el)te seelen. theopoetische annäherungen an 55 biblische gestalten, © Echter Verlag Würzburg 2015, S. 76f.
S. 188: aus: Silvia Ostertag, Lebendige Stille, © 2020 Butzon & Bercker GmbH, Kevelaer, S. 29, www.bube.de
S. 207: aus: Heinz Detlef Stäps, Suchet mein Angesicht, a. a. O., S. 51.
S. 223: in: MAGNIFICAT. Das Stundenbuch 3/2020, © 1994 Magnificat SAS, Paris. Deutsche Ausgabe © 2000 Butzon & Bercker GmbH, Kevelaer, www.bube.de
S. 232: aus: Heinz Detlef Stäps, Suchet mein Angesicht, a. a. O., S. 11.
S. 249: aus: Heinz Janssen, Der Mann am Rande. Josef aus dem Hause David, © 1995 Butzon & Bercker GmbH, Kevelaer, www.bube.de
S. 256: © Hans Günter Saul.
S. 297: aus: Heinz Detlef Stäps, Suchet mein Angesicht, a. a. O., S. 98.
S. 317: a. a. O., S. 63.
S. 365: Susanne Ruschmann, in: dies., Maria von Magdala. Jüngerin. Apostolin, Glaubensvorbild, KBW 2003, S. 53, © Susanne Ruschmann.
S. 375: aus: Heinz Detlef Stäps, Suchet mein Angesicht, a. a. O., S. 67.
S. 392: aus: Zweites Vatikanisches Konzil, Dogmatische Konstitution über die göttliche Offenbarung, 21, © Libreria Editrice Vaticana.
S. 408: aus: Zweites Vatikanisches Konzil, Pastorale Konstitution über die Welt von heute, 24, © Libreria Editrice Vaticana.

S. 599: aus: Heinz Detlef Stäps, Suchet mein Angesicht, a. a. O., S. 18.
S. 613: a. a. O., S. 85.
S. 675: a. a. O., S. 71.
S. 714: © (Text) Evangelischer Sängerbund e. V., Wuppertal.
S. 723: aus: Gisela Baltes, Dein Wort – mein Leben. Impulstexte zur Bibel, 2011 Butzon & Bercker GmbH, Kevelaer, S. 60, www.bube.de, © Gisela Baltes.

Die Rechte an den übrigen namentlich gezeichneten Texten liegen bei den Verfassern/Verfasserinnen.

Wir sind bemüht, jeweils die genaue Quelle anzugeben. Trotz intensiver Recherche war dies nicht in allen Fällen möglich. Für entsprechende Hinweise ist der Verlag dankbar.

Impulse der Zuversicht

Dorothee Sandherr-Klemp

RICHTET EUCH AUF UND ERHEBT EURE HÄUPTER

(zu Lk 21,25–28.34–36)

Die Menschen spüren:
In Jesus ist Gott nahe.
Jesu Gottesnähe lässt sie aufleben!

Richtet euch auf und erhebt eure Häupter

Wer weckt unsre müden Glieder auf?
Wer holt uns aus dem Schlaf der Sicherheit?
Wer löst unsre Fesseln der Gewöhnung?

Richtet euch auf und erhebt eure Häupter

Wer Jesu Gottesnähe spürt,
hebt den Kopf und richtet sich auf.
Jesu Liebe lässt Menschen gesunden.

Richtet euch auf und erhebt eure Häupter

Wer durchdringt unsere Betäubung?
Wer erwärmt unser steinernes Herz?
Wer lehrt uns, erwartungsvoll zu leben?

Richtet euch auf und erhebt eure Häupter

RUF UNS

Ruf uns
Herr Jesus,
neugeborenes Kind in der Krippe,
der du das Licht der Völker bist:
Ruf uns,
wenn wir zu erstarren drohen.

Dann kehrt Leben in uns ein,
dann kehren wir um,
dann gehen wir auf dich zu,
immer wieder, immer wieder neu.

Dein Glanz wird über uns aufstrahlen,
nahe wirst du uns sein,
neugeborenes Kind in der Krippe,
du unser Herr.
Dann kehren wir ein
bei dir.

MIT LEIB UND SEELE

(zu Lk 1,26–38)

Maria,
von Gottes Boten angesprochen,
erschrickt
vor solcher Anrede, solchem Anspruch!

Wie alle Propheten der Bibel
zögert sie, hält dagegen:
Es ist unmöglich!
Es kann nicht sein!

Doch durch ein Zeichen
lässt Gott selbst sie wissen:
Du hast Grund – guten Grund –
zu vertrauen.

So kann Maria antworten,
in Klarheit und in Demut,
frei, ganz frei,
für Gott da zu sein.

Sie, eine einfache Frau,
berufen,
mit Leib und mit Seele
Gottes Prophetin zu sein!

GOTT ALLEIN IST KÖNIG
(zu Mt 21, 1 – 11)

Gott allein ist König,
und sein Reich kommt!
Hosianna!

Der Friedenskönig reitet
heut in Jerusalem ein.
Hosianna!

Die Königsherrschaft Davids
hält Einzug hier und jetzt.
Hosianna!

Friede, das große Sehnsuchtswort,
es wird nun Wirklichkeit!
Hosianna!

Frieden: den verheißen auch
waffenstarrende Eroberer.
Doch Jesu Rüstung ist – die Liebe.

Er kommt ohne Streitmacht,
er trägt keine Waffen,
er braucht keine Gewalt.

Als einfacher Festpilger naht er,
und doch als Friedensfürst
der Schriften Israels.

Er *ist* der Friedenskönig,
verkündet Gottes Herrschaft –
und macht ihr demütig Platz.

Denn Gott allein ist König,
und sein Reich
kommt!

SICH FINDEN LASSEN
(zu Joh 20,1–2.11–18)

Im Dunkel der Trauer
bricht sie auf:
Maria von Magdala,
berufen, Zeugin zu sein.

Dreimal spricht das Evangelium
von ihren Tränen –
der Tiefe des Schmerzes –
den sie durchleidet.

Ihre Tränen stehen für die
lösende, erlösende Kraft,
die sie nun wiederfindet,
von der sie gefunden wird:

„Maria!“ – „Rabbuni!“

Ohne den Gang zum Grab,
ohne die Suche nach dem Toten,
ohne die Tränen der Trauer
keine Begegnung mit IHM!

Sich auf der Suche nach dem Toten
vom Lebendigen finden lassen:
das ist die Botschaft
der Maria von Magdala.

KOMM, HEILIGER GEIST

Ja, damals.
Nein, heute!

Gottes guter Geist
wird dort erfahren,
wo Angst nicht
das letzte Wort hat,
wo Widerstand wächst
gegen Gewaltverhältnisse,
wo Versöhnung gesucht wird
und nicht Vernichtung,
wo Hoffnung keimt
ohne Illusion,
wo Trost gespendet wird
ohne Vertröstung,
wo Schuld nicht bagatellisiert,
sondern vergeben wird.

Komm, heiliger Hauch!
Nimm von uns
Enge und Kälte.
Entzünde in uns
das Feuer deiner Liebe.
Komm, Heiliger Geist,
komm
heute!

CHRISTKÖNIG

(zu Lk 23,35b–43)

Der „Erste der Schöpfung“
hängt erstickend am Kreuz:
verachtet, verspottet, verlacht.

Der wahrhaft Mächtige
liefert sich aus
in völliger Ohnmacht.

Sein Leiden teilt er
mit den Geschundenen
und Geplagten dieser Welt.

Einer der beiden, am Kreuz wie er,
kann an die Botschaft
der Macht der Ohnmacht glauben:

Nicht Gleiches
mit Gleichem vergelten,
sondern lieben und geben.

Dem königlichen Beispiel
des barmherzigen Vaters folgen:
Christkönig.